JN414763

공권력자의 경제적 범죄

부동산 실명법은 관치주의 반거래 질서법
"사회적 약자 필독서"
Developer site

재산권 적반하장 가해자

청주시, 충청북도, 한국토지주택공사

추상적 법규범으로 소급 적용 가해자

법제처, 법무부, 법원, 충청북도 행심위

반경제적 질서행위 직무유기 기관

대법원 사법등기국, 국회, 헌법재판소,
감사원, 국민권익위원회, 정부,
신문사, 방송사, 변호사

編著 金正善

1967 예산중학교 졸업
1970 성동고등학교 졸업
1974 인하대 토목공학과 졸업
1977 육군 병장 만기 제대
1978~1998 한국토지공사 근무
2002~2021 (사)토우회 사무국장

공권력자의 경제적 범죄

부동산 실명법은 관치주의 반거래 질서법

1판 1쇄 인쇄 2022년 8월 10일
1판 1쇄 발행 2022년 8월 15일

지은이 | 김정선
인쇄/제본 | 대성당

발행인 | 김병계
발행처 | 도서출판 보문당
등 록 | 1990년 6월 15일(제 1-1066호)
주 소 | 서울시 마포구 토정로 222
한국출판콘텐츠센터 422호
전 화 | 704-7025 / 704-0635
팩 스 | 704-2324
전자우편 | bmdpub@nate.com

값 40,000원

978-89-8413-240-5(03320)

※ 파본이나 잘못된 책은 교환하여 드립니다.
※ 이 책은 저작권법에 의해 보호받는 저작물입니다.
저자와 출판사 허락 없이 내용의 일부를 인용하거나 발췌하는 것을 금합니다.

목 차

長福

머리말

1 부동산 취득자에게 소유권 이전 관련 과징금을 규정한 부동산 실명법의 계산 기산일에 대하여 법률주관 발의자가 시행령(안)으로 대금 청산일로 공포한 것을 법제처가 누가 법률 해석을 하더라도 같을 것이라고 직권 삭제하였고 법률공동 발의자인 법무부가 법률을 이관 받아 법률시행 16년 후 대금 청산일로 볼수 없다고 진정 소급해석을 하여 부동산 취득가격 보다도 많은 재산권을 빼앗기도록 하고는 10년동안 헌법과 법률에 위반되지 않는다는 것을 공개하여 달라는 요구를 일체 거부하므로서 법무부와 법제처는 정부 조직법을 위반한 국민기만 저승사자 조직 이었기에 피해자는 관치주의 국가라는 것을 전파 하고자 합니다.

2 법률전문가의 도움없이 일반국민이 공권력자와 의 행정소송 및 민사소송은 추상적 법규범으로 법률을 진정 소급해석(청산일로 볼 수 없음)하고 행정청의 작위(표시변경등기 완료일 공시)의무 불이행과 부작위(지체없이 과징금부과 규정 위반)에 대한 법적 책임까지도 국민들에게 뒤집어 씌우므로 법정에 헌법과 법률은 티끌만치도 없어 소 귀에 경을 읽는 형상이므로 계란으로 바위를 치는 것과 같다(100% 패소한다)는 입소문을 확실히 국민들에게 알리는 것이 소시민으로서 애국하는 길 이라고 판단하여 눈물을 머금고 졸필로 집필을 하게 되었습니다

3 공권력자들의 부동산 실명법 시행 16년 후 진정소급해석은 자신들의 직무유기, 불로소득, 적반하장 행위에 해당되므로 사건에 대한 실체를 모두 숨기고, 양심을 감추고, 책임을 회피하고자 전문지식을 갖춘 업무담당자, 법률 해석권자, 법률 심사권자는 소송에 직접 참여하지 않고 의도적으로 관련업무에 대한 전문지식이 없고 판결 결과에 대한 향후 책임이 없는

외부변호사를 소송대리인으로 선임하여

4 토지면적확정은 매도자와 매수자의 이익이 상반되며 진정소급해석시 비유법을 사용하면 토지 면적 증감이 하늘(법률적용시기를 매수자가 결정)과 땅(매도자가 결정)차이 임에도 하늘과 땅이 맞닿아 있고(평등권 침해가 아님) 신생아가 태어나기 (표시변경등기완료)전에 초음파로 출생신고(표시변경등기 신청일에 소유권이전 등기신청)를 해야 한다는 법리주장을 하였으므로 민법상 심신장애자로 하여금 소송을 수행케 함으로서 조직원이 오직 자신 만을 위해 공권력자 의 저승사자 대역을 맡긴 것입니다.

5 부동산 매수자에 대한 벌칙금 규정의 적용시점을 매도자 및 쌍무계약의 제3자인 행정청이 우월적 지위로 담합 남용하여 매도자가 조기에 결정하지 못하도록 하고 매수자가 임의적으로 결정하기 위해서는 부동산 취득일이 아니므로 지적공부 및 등기공부에 표기되지 않지만 소유권이전등기 신청이 가능한 표시변경등기 완료일까지 약 5%의 잔금을 연체하는 것이 매수자에게 유리하다는 원고의 역설적 주장을 10년동안 소송수행자, 소송대리인들 및 수십명의 재판관 들이 받아들이지 않았으므로 공권력자에 의한 재산적 신체적 피해자인 원고가 공권력 국가에서의 사회적 약자 등에게 피해가 없도록 반거래질서행위를 전파하는 것은 당연한 권리 및 의무라고 생각됩니다.

6 국가공기업은 국가정책을 수행하는 산하기관이며 정부정책 및 지방행정청의 세수 전략과 한국토지공사 소속직원으로서의 애사심에 의한 부동산 취득자에게 제3자로서 부동산 취득자의 재산권을 이용해 불로소득을 얻은 당해 지방행정청인 충청북도와 청주시는 부동산 실명법의 법리를 16년 후 허위공문서까지 작성하여 헌법에 위반되는 진정 소급해석을 법무부로부터 확인 받아 재산권과 신체의 자유를 침해하였고 한국토지주택공사 직원들은

부동산등기제도 악용여부에 묵비권을 행사하였으므로 퇴직후에도 사적자치의 원칙이 없는 정부의 소모품이라는 것을 자인하였고 삼권분립의 원칙을 지켜야할 공권력을 가진 공무원 수백명은 법률의 진정소급해석이 국민들 및 국가에 부동산 반거래질서 권유와 경제적 손실이 발생하더라도 나와는 상관이 없다고 평등의 원칙 및 과잉금지의 원칙에 위반된다는 헌법재판소 결정까지도 10년동안 직무유기 하는 치외법권자들 이었습니다.

7 더불어 살아야 하는 세상이므로 공기업 소속직원으로서 단독주택지를 취득한 애국자 에게 법률 불소급의 원칙을 위반한 당해 행정청 등 이 적반하장 으로 5년간 급료에 해당하는 재산권을 빼앗고 10년간 신체의자유를 침해하였기 마지막으로 가해자들에게 구상권을 청구하였으나 거부하였고 입법권자인 국회 및 정부 관계기관에 재판관을 포함한 공권력자는 헌법과 법률, 판례를 준수할 의사가 0.1%도 없는 조직구성원 이었기 위법행위관련자들을 징계하여 달라는 요구도 국가가 이행하지 않았기 편저자는 재산권을 공기관에 할애해준 자폭토지 매수자였고 공권력자는 모두 반국가적 비경제적 자폭토지 매도자였습니다.

8 솔선수범하여 법률을 준수해야할 법제처 및 법무부에 의한 미필적 고의 법리를 16년후 충청북도, 구청원군(청주시포함), 충청북도 행정심판위원회, 법무부, 법제처, 사법부(법원, 사법등기국, 법원행정처), 한국토지주택공사(4년간 묵비권을 행사하고도 재심사유가 안 된다고 법원에 10년동안 유일하게 답변서 제출) 에서는 표시변경등기 신청일 (2002.08.22)과 완료일 (2002.10.4)이 같은 날 이라고 10년간 모든 답변자료에서 주장하고 판결서에 설시 하였으므로 이는 중학교 학생수준도 안되는 너무나 터무니 없는 판단을 계속한 것입니다.

9 곁다리 매도자인 충청북도의 감사지적에 의하여 또다른 곁다리 매도

자인 구청원군이 불법개입 13년후 법리를 진정소급 해석하여 장기 미등기 과징금을 재산권을 할애해준 토지 매수자(원고, 편저자)에게 적반하장으로 부과하였기 구청원군을 상대로한 과징금 부과 취소 소송 중

10 실질적인 매도자인 구 한국토지공사(현 한국토지주택공사)가 용지규정 제76조의 규정에도 불구하고 역차별 토지면적 확정일로부터 청산금 지급일까지 이자지급도 거절하고 소유권이전이 가능한 표시변경등기 완료일을 공시관리 않았음에도 청주지방법원 1심은 표시변경등기 완료일 이 아닌 43일을 소급한 부동산등기부상 표시변경등기일(2002.08.22 : 공시 관리되는 등기신청일)을 매수자의 소유권이전등기 기산일로 설시하고 실제로는 구청원군이 9년전 표시변경등기 완료일을 알수 없었기에 장기미등기 기산일을 토지면적 확정일(2001.12.26)로 계산한 것을 인정하여 원고 패소 판결을 하였습니다.

11 편저자(원고: 등기권리자)는 항소장을 제출,등기의무자인 한국토지주택공사에 민원을 제기하여 2012.08.17.에 전자보관 문서를 회신 받은 바에 의하면 토지면적 확정일은 2001.12.26.(취득세 유예 약정에 의한 취득세 신고 기산일: 2002.01.08.통보) 이었고 소유권이전이 가능한 표시변경등기 완료일은 2002.10.04.(소유권 이전 안내문 발송 : 2002.10.09) 로 확인 되었습니다.(갑 제44호증으로 법원에 제출 하였으나 10년간 인용하지 않았음)

12 등기는 신청주의여서 등기부 등본에는 표시변경등기신청일(2002.08.22) 만 표기되며 1990.08.01 공포한 부동산등기 특별 조치법(60일이내 소유권이전 등기신청) 및 1995.3.30공포한 부동산실명법 (3년이내소유권이전)에서 규정하고 있는 확정되지 아니한 부동산 취득일이 표시변경등기 완료일 이라면 정부는 헌법 제1조등에 의하여 표시변경등기 완료일을 소유권

이전 등기에 인용토록 하는 행정작위를 30년간 이행하지 않았기 원고가 민법 및 민사소송법에 의하여 가해자 및 국가를 상대로 그 피해액 5천6백만원의 손해배상을 청구한 사건에 대하여 법원이 일체 인정하지 않았으므로 반민주국가 였습니다.

13 입법예고 하지 않은 법률 조문으로서 시장, 군수가 부동산평가액의 30%까지 과징금을 부과할 수 있는 부동산실명법 제10조 제1항 제1호로 규정한 부동산 취득일을 국민들에게 피해가 없도록 시행령으로 명확히 규정하겠다는 구 재정경제원의 입법행정업무를 시행령 확정 과정에서 법제처 및 법무부가 법리를 오해하지 않을 것이라고 국무위원까지 속이고 주권을 침해하여 미필적 고의로 훼방 하였음이 국회자료 및 국가기록원자료 언론보도 자료 등으로 명백함에도

14 편저자가 법률시행 16년후 10년동안 법원에 국민주권 등을 침해한 법리를 구체적으로 판단하여 달라고 약 삼십번의 청구의 소 등과 수차례의 1인 시위 도 하였으나 일체 수용하지 않았기 부득이 부동산 취득가격보다도 많은 재산권 등 (5년간 소득금액과 10년 건강을 해침)을 빼앗긴 편저자는 국민의 한사람으로서 다른 피해자가 발생하지 않도록 사건을 압축하여 편저를 하였습니다.

가. 대법원앞, 국회앞, 청와대앞, 헌법재판소앞 : 2018.11.30~2019.08.15.
- 청주지방법원은 충청북도의 사기행위 양성기관이다.
- 대법원마저 충청북도 사기행위 방패 역할을 할 것인가.
- 부동산 실명법 제10조제1항은 대국민 기만법률이다.

나. 대법원 앞, 청와대 앞, 국회 앞, 법무부 앞, 정부법무공단 앞, 한국토지주택공사 앞, 한국방송공사 앞, 조선일보사 앞, 동아일보사 앞, 연합뉴스건물 앞

: 2021.05.18 ~2021.06.11

• 부동산 실명법이 지방세 세입권자인 지방행정청의 사기법률로 둔갑

15 법률 불소급의 원칙은 헌법 제13조제2항에 규정되어 있고 일사부재리의 원칙은 민사소송법에 규정되어 있음에도 법원이 하위법률인 일사부재리의 원칙 만으로 사건을 판단한 것도 편저자는 납득할 수 없었습니다.

16 편저자는 사적자치의 원칙에 의하여 이 사건 부동산을 취득한 것이 아니고 소속 직장이었던 구 한국토지공사(현 한국토지주택공사), 정부, 충청북도, 구 청원군(현 청주시)의 침체된 부동산 경기의 회복을 위한 정책에 의하여 사업시행자 소속직원 이었기에 사회적 정의상 취득할 수 없는 오창산업단지 내 단독주택지를 사익(3년분할납부계약후 잔금일부를 연체하여 소유권이전등기 신청시기를 매수자가 임의적으로 결정) 보다 공익(일시납 계약으로 소속회사의 운영자금조달 및 충청북도의 지역균형발전에 기여) 을 위한 피동적 매수자였습니다

17 편저자가 애사심이 없었다면 한국토지공사 보유 도상가분할 부동산을 취득하지 않을 수도 있었고, 년18% 연체이자가 부리되는 고금리 시기에 부족한 돈은 잔금지급일에 처가에서 차용하기로 하여 일시납 계약을 하지 않고 3년분할 납부계약을 할 수도 있었고, 계약금을 손해보고 계약을 해지할 수도 있었지만 일시납 계약 후 선이행까지 하였으므로 선량한 공기업소속 직원이었습니다.

18 확정되지 아니한 부동산거래는 소유권이전이 가능한 시점에 잔금을 납부토록 하는 3년분할 계약을 하는 것이 통상적 표준 계약이며 국토교통부는 사업 시행자에게 좀더 용이하게 토지조성자금 조달토록 일시납 계약제도도 운영하고 있습니다.

19 충청북도(취득세 등록세 세입권자) 청원군(재산세 세입권자) 은 오창 산업단지 조기 조성으로 인한 지방세 세수 확보전략으로 실질적 매도자인 한국토지공사와 담합하여 궁박한 처지에 있었던 편저자등 사업시행자 소속 직원들에게 일시납 계약을 유도하였으므로 한국토지공사, 곁다리 매도자인 충청북도, 청원군은 일시납 계약에 동조하여 매매대금을 조기에 납부한 부동산 취득자에게 어떠한 차별 행위 및 처분을 해서는 절대 안됨에도

20 한국토지공사는 도상가분할 선매각 토지의 조성공사 완료 후 토지면적확정시 블록단위 면적 증감을 각필지에 안분하여 0.7㎡씩 감소시키지 않고 토지면적확정 3년 5개월전 매매대금을 납부한 매수자토지는 5.1㎡를 감소시키고도 8년 후(2009년)청산금을 지급하였기 소유권이전 등기를 경료하였음에도 충청북도와 청원군은 역차별 받은 피해자에게 10년후(2011년) 유일하게 장기미등기 과징금을 부과하였고 같은 블록내 3년 분할납부계약 후 연체 중이던 매수자토지는 3.8㎡를 증가시켜주는 역대우를 함으로써 역대우를 받은 매수자는 9년후 (2010년) 소유권이전 등기를 경료 하였음에도 2011년 에 장기 미등기자가 아니었으므로 등기의무자 및 관할 행정청이 절대 용납할 수 없는 적반하장 행위를 한 것입니다.

21 실질매도자인 등기의무자와 곁다리 매도자인 충청북도, 청원군이 지방세법, 부동산 소유권이전 등기제도를 악용하여 매수자에게 가해행위를 하였기 표시변경등기 완료후 7년동안 권리행사를 못한 피해자인 등기권리자에게 9년후 적반하장으로 쌍무계약 에 사유없이 개입하여 불로소득을 얻은 행정청인 곁다리 매도자가 오히려 적선행위를 한 매수자가 부동산 소유권이전 등기 제도를 악용할 의사가 있었다고 이익 형량도 전혀 하지 않고 과징금을 부과한 사기사건이 발생하였습니다.

22 부동산실명법 제10조제1항제1호는 확정되지 아니한 부동산거래에 있

어서 당해 조문의 문리적 해석만으로는 매수자가 매도자에게 지급할 채무가 없으면 표시변경등기가 완료된 날로 해석될 수 있으나 매도자 및 매수자가 소유권이전 등기제도를 악용했을 경우에는 법률적용 대상자가 아니므로 헌법 제1조로 규정한 국민주권 과 제11조로 규정한 평등권을 전제로 해석하면 당해조문은 시행령(안)제6조로 사전 입법예고한 대금청산일로 해석되어야 당해 법률의 제정목적에 합치되기 때문에 법제처에 의한 미필적 고의 조문 시행 27년동안 대금청산일로 볼 수 없다는 법률 해석례 및 판례가 없었음에도 불구하고 당해사건은 적반하장으로 행정청이 사유없이 등기권리자의 재산권을 이용해 불로소득을 얻었기 발생한 사건이 분명 함에도 부동산 취득가격보다도 많은 재산권을 침해하였으므로 당해행정청 의 안하무인, 후안무치 사건이었습니다.

23 충청북도 행정심판위원회는 행정심판법 제40조를 위반하여 구술심리를 거절하고도 10년동안 대법원에도 위원회 회의록 공개까지 거부하였으므로 행정심판을 청구하는 것은 피청구인의 일방적 주장만을 인정하고 행정심판 재결서 는 중립 의무를 위반 하여 피청구인이 주장하지 않은 내용을 추가하여 사건의 성질이 전혀 다른 판결문(법령에 의한 권리제한 회피 의혹사건)을 인용하였고, 1심법원에서 그대로 재결서를 인용하여 판결을 하였기 일반국민이 행정심판을 청구하는 것은 청구인(원고)의 패소로 직결됩니다.

24 10년간의 패소 경험에 의하면 법관들은 변호사를 선임하지 않으면 무법천지로 원고를 허수아비로 생각하고 반말을 하고도 약속한 심리에 대하여 판결서에 설시도 하지 않았고 법정에서 자기가 한말을 변론조서에 기록하지도 않는 것은 기본이고 법정에 들어서기 전에 사건개요도 파악하지 않기도 하고 원고가 제출한 관계법령은 증거자료가 안 된다고 반환하고 중점사항에 언더라인을 친 준비서면 서류는 접수를 거부하기도 하고 변론분위

기와는 180도 다른 판결문을 작성하기도 하였고 판사의 변론진행은 진의 아닌 의사표시가 대부분이어서 판결서는 오리무중 이었습니다.

25 편집방법은 제2장 도상가분할 토지 거래제도의 맹점, 제3장 부동산 실권리자 명의 등기에 관한 법률의 법리, 제4장 충청북도가 주도한 적반하장 사건경위 에서는 해당 문구에 대한 증거자료를 매장 후반부에 삽입했으며(상대방이 제출한 법리는 가급적 생략) 원고의 주장은 사건마다 반복되었기 분량이 너무 많으므로 발췌하는 것은 사실을 전달하는데 미흡하지만 앞서 기술한 사건개요 등과 정부관련부처 청원 등을 중심으로 대체하였고 구청원군을 상대로 한 행정심판 및 행정소송과 청주시,한국토지주택공사, 충청북도를 상대로한 민사소송편에서는 위헌법률신청, 기피신청, 전문심리위원 참여결정신청, 판결 경정 신청을 포함하였고 국가를 상대로한 소송편에서는 소송비용 현금공탁 결정과 149개 증거설명서 중심으로 편집하였고 헌법소원, 국회, 대통령, 감사원, 국민권익위원회, 마지막으로의 가해자 및 정부부처 청원 등 순으로 편집하였습니다.

26 편저자는 국가(대한민국)를 상대로한 소송 2심법원에 149개 증거설명서를 제출하였고 대법원에는 증거자료까지 첨부하였음에도 상고를 기각한다는 심리 불속행 판결(주심 이기택 재판장 김선수)후 대법원에 신청한 재심판결 이전 법원의 관치주의 판결은 국가 및 국민들에게 악영향을 미치는 판결이므로 악영향 의 사전차단 및 피해자의 최후 방어 방법으로 가해자인 한국토지주택공사, 충청북도(의회 포함), 청주시(의회 포함)에 정무적 피해구상권을 청구하였으나 거부하였고 대통령, 국회, 법원행정처, 인사혁신처에 재판관 및 공무원 징계요청을 하였으나 이첩 이외에는 실행하지 않았고, 대법원 재심에서는 7개월만에 기막히게도 관련법리에 비추어 재심사유가 있다고 인정되지 아니한다. 로 기각판결(주심 노정희, 재판장 김재형, 선고에 배석한 대법관 1명은 서명하지 않았음)을 함으로써 편저자는 불가피하

게 공권력자의 경제적 범죄에 대하여 기술 하게 되었습니다.

27 이 도서는 소속직장인으로서 소임을 다하기 위하여 부동산을 취득한 토목공학을 전공한 사회적 약자로서 공인중개사 준비가 법률지식의 전부인 소시민이 10년간 공권력에 의한 가해자는 권리만 있고 의무가 전혀 없다는 소송기록을 발췌하다 보니 똑같은 얘기가 수없이 반복되고 두서없이 오자 수정도 못하고 편집한 것이므로 이점 양지하여 주시고 다른 사람을 비판할 의도는 없고 공무원이 우월적 지위를 남용해 얄팍한 지식으로 법률 심사를 하고 법률해석을 하고 감사 처분을 하고 상급자와 감사처분을 의식하여 소신없이 행정처분을 하는 것이 얼마나 많은 공무원과 선량한 국민들에게 정신적 고통을 주고 국가 및 국민 모두에게 경제적 피해를 주는지 공무원들이 실감토록 하고 사회적 약자에게는 공권력 조직이 선의를 베풀면 피도 눈물도 없는 저승사자로 돌변하고 법조조직이 이러한 곳이었다는 사실을 국민들이 새삼 느낄 수 있는 소송패소 경험을 선의의 국민들에게 전파 함으로써 행정청의 작위행위로 피해를 보아 손해배상을 청구해야 할 경우와 본의 아니게 소송을 당한 경우 일반국민이 대응하는데 조금이라도 도움을 주는 것이 우선이라는 생각에서 매수자에게 소유권이전 관련 악의를 권유 해야 하는 심리적 갈등과 고통을 감수하고 편집하게 되었습니다.

제1장 토지취득경위, 사건개요

1 부동산경기 침체로 주택지를 필요로 하는 실수요자가 없어 사업시행자인 구 한국토지공사(현 한국토지주택공사)는 편저자 등 소속직원들에게 선 매각하여 사업비를 조달할 수밖에 없었고,

2 오창산업단지(공업단지)는 충청북도와 구청원군(현청주시)의 숙원사업이었기에 지원반까지 운영하였고 5년후에 소유권 이전이 가능할 도상가분할 토지매매거래에 제3자로서 지방세 유예조건을 제시 5개월약정 일시납 계약을 호소하였고.

3 한국토지공사는 토지면적 확정시(유예조건에 의한 취득시기) 잔금이 남아있으면 조기에 소유권이전이 불가능하므로 부동산 소유권이전 등기제도를 역 악용하여 소유권이전등기를 지체할 의도로 연체 중이던 매수자토지는 역대우로 3.8㎡를 증가시켜주어 소유권이전 등기 신청시기를 매수자가 임의적으로 결정토록 했고

4 같은 블록내 토지면적확정 3년5개월전 매매대금을 납부한 편저자 토지는 역차별로 5.1㎡를 감소시키고도 7년후 청산금을 지급하였음에도 피해자인 편저자가 부동산투기 행위를 하였다고 소유권 이전등기 경료 2년후 (매매대금납부 13년 후) 결다리 매도자가 부동산 평가액의 20% 장기미등기 과징금을 부과한 것은 충청북도와 청주시가 선량한 전 국가공기업 소속직원에게 지방세 구걸행위 및 좀도둑질 행위를 하고도 모자라 재산권을 약탈까지 한 전대미문의 사건이었습니다

5 부동산등기 특별조치법 및 부동산 실권리자 명의등기에 관한 법률은 등기권리자(매수자)의 의무이행(권리제한)법률로 무전(계약이행 지체

자) 무죄 (의무이행 시기를 임의로 결정), 유전(계약 성실이행자) 유죄(의무이행시기를 법률로 규정하여 확정되지 아니한 부동산거래의 경우 등기의무자가 결정) 법률입니다.

6 미필적 고의 법률의 소급해석에 따른 유전유죄 시기를 국민들에게 헌법과 법률에 따라 논리적으로 판단하여 고지하여 달라는 국민청원성 소송을 국가가 10년동안 직접, 간접으로 거부한 것은 대한민국은 주권이 국민에게 있는 법치주의 국가가 아니고 상위 신분계급에 있는 공권력자에 의한 묻지마 관치주의 국가라는 것을 입증한 것입니다.

7 법률을 해석함에 있어서 헌법과 법률 및 계약서의 조항해석은 당해조항 만의 문리적 해석에만 의존해서는 안되고 평등권을 전제로 하여 전체조항의 논리에 맞게 해석되어야 하기때문에 정부조직에 소관부처 및 심사부처가 필요하다고 판단됨에도 오히려 당해조직은 법리를 훼방하는 무위도식 하는 조직이었습니다.

8 이 사건의 경우 평등권을 침해하고 위법 및 불법행위를 한 것은 쌍무계약에 사유없이 개입한 행정청 및 등기의무자 인데도 법원은 중립의무를 위반, 행정청 및 등기의무자에게는 사유를 일체 묻지도 않았고 평등권을 침해하지 않았다는 주장도, 위법 및 불법행위를 하지 않았다는 증거 및 반박 주장을 하지 않았음에도 피고가 주장하지도 않은 사실까지 설시하여 등기권리자의 청구원인을 모두 기각한 것은 대한민국은 유권(권력을 가진자) 무죄(가해행위를 하여도 된다), 무권(일반국민) 유죄(헌법과 법률에 따라 보호받지 못함) 인 공권력 국가라는 것을 입증한 것입니다.

9 법원은 헌법불합치 결정 및 헌법소원 결정을 제목만 읽어보고 위헌법률심판 제청 신청도 수차례 기각했고 헌법재판소는 공익을 위한 헌법소원도 지정재판부에서 수차례 기각 결정을 하였습니다.

가. 위헌법률 심판 제청 신청(2015나 10227 : 2015.04.10) (2015재나 105 : 2016.07.08) (2019재다 3750 : 2019.04.04)

나. 제정과정 위헌법률 심판 제청(2015재나 105 : 2016.09.29)

다. 헌법소원 심판청구서(2019.06.21.)

라. 법과 정의가 없는 헌법재판소 사전심사 결정에 대한 재판부심판요청(2019.07.23.)

마. 국민및 국회를 기만한 법률의 헌법소원을 사전심사 각하한 것은 재심사유에 해당됩니다.(2019.09.04)

바. 헌법재판소법제70조 제2항도 국민기만 법률입니까 (2019.10.16)

10 부동산 실명법 공포 3년 후인 1998년 편저자 소속직장 이었던 한국토지공사와 편저자 간의 위력에 의한 쌍무계약에 사유없이 충청북도와 청원군이 토지면적 확정시(추후2001.12.26.) 까지 지방세 유예조건을 제시하여 일시납 계약을 유도하였기 이에 협조한 편저자 등 매수자들 덕분에 충청북도와 청원군이 불로소득을 얻었고 (지방세 세수물건이 조기확보), 토지면적확정시 한국토지공사의 부동산 등기제도를 악용한 역차별로 불법불로소득(편저자 등의 재산권을 좀도둑질) 까지 얻었음에도

11 부동산 실명법 시행 16년후.편저자가 청산금을 받고 소유권이전 등기를 경료 한 날부터 2년후인 2011년에 충청북도 감사실 신승민이 장기미등기 기산일은 문리적 해석상 소득세법에 의한 매매대금 청산일(2009.03.02)이 아니라 부동산 취득일이 아니기 때문에 공시관리 되지 않는 표시변경등기 완료 일이라고 독선적으로 해석하여 청원군과 충청북도가 일시납 계약을 호소하였기 토지면적 확정 3년5개월 전에 매매대금을 납부하고,토지면적확정일 기준 취득세납부, 재산세납부, 종합부동산세까지 납부한 편저자를 유일하게 장기 미등기자라고 판단하였고 청원군은 거래대금기준 법령상 최고 요율인 부동산 평가액의20%에 해당하는 24,071,740원의 장기 미

등기 과징금을 이익 형량도 하지 않고 부과하였으므로 배은망덕한 천인공노할 사기 행정처분을 한 것 입니다.

12 확정되지 아니한 부동산의 등기의무자 겸 등기권리자인 매도자의 표시변경 등기완료일(2002.10.04)은 등기권리자인 매수자가 소유권이전 등기를 신청할 수 있는 년 월 일 이지만 지방세법 및 소득세법상 부동산 취득일이 아니기때문에 소유권이전등기 의무자인 한국토지공사(토지매각원부, 등록세용 토지대금 완납 확인서), 관할행정청 인 청원군(토지대장), 동청주등기소 (등기부등본작성, 표시변경 등기필증 발급)도 관리하고 있지 않았고 부동산 등기 주관부처인 법원행정처 사법등기국도 10년간 진행중인 사건에 대하여는 답변할 권한이 없다고 삼권분립의 원칙을 위반하였습니다.

13 표시변경등기가 완료되었다고 하더라도 소유권이전 등기신청을 지연할 목적으로 매매대금을 고의로 연체하거나 토지면적확정시 매도자의 배려로 당초분양면적보다 증가(오창읍 양청리 745-0: 3.8㎡ 증가) 한 경우에는 표시변경등기 완료 후 대금 완납일이 소유권이전등기 의무 기산일이 명백함에도 (법무부 인정) 매도자로부터 토지면적확정시 역차별 받아 당초분양면적보다 감소 (동소 745-7 : 5.1㎡ 감소)하여 매매대금이 완납 처리된 매수자에게는 공시관리 되지 않는 표시변경 등기가 완료되면 소유권이전등기 신청이 가능하므로 장기미등기 기산일을 대금청산일로 볼 수 없다는 해석은 가중 역차별 법률로써 선량한 국민의 재산권 을 이용해 사유없이 불로소득을 얻은 행정청은 허위공문서 까지 작성하여 선량한 국민의 재산권을 약탈하여도 취소하거나 손해배상을 할 필요가 없다는 법률해석 및 판결 이었으므로 법무부 및 법원, 법제처, 법원행정처 사법등기국이 지방행정청의 사기행위에 동의한 것입니다 .

14 충청북도, 청원군, 법무부, 법원은 부동산 실명법 제10조제1항제1호

는 매수자의 권리를 제한한 법률이므로 매수자의 반대급부 이행일(매매대금 성실납부자를 역차별한 토지면적확정에 의하여 매매대금이 완납처리 된 날)이 소유권이전등기 기산일(청원군의 지연일자 계산기산일) 이라고 주장하면서도, 한편으로는 표시변경등기 완료일(매도자의 반대급부 이행일: 당시담당자만 알고 있음)이 소유권 이전등기 기산일 이라고 주장하고도 실제로 모든 답변자료는 43일전인 표시변경등기 신청일이 기산일 이라는 모순된 주장으로 법률시행 16년후 10년동안 추상적 독선적으로 진정소급해석을 하였으므로 탈세, 탈법, 투기행위를 방지하기위한 법률이 오히려 등기권리자들로 하여금 등기의무자가 토지면적확정시 고의로 면적을 감소시키더라도 매매대금이 완납처리 되지 않도록 5%정도의 잔금을 연체 시켜 소유권이전등기 신청시기를 임의로 결정하라는 반경제적 반거래질서법으로 둔갑되었습니다.

15 부동산 등기 특별조치법에 의한 과태료 또는 부동산 실명법에 의한 장기미등기 과징금은 등기권리자(매수자)가 소유권이전등기를 악용하지 못하도록 벌칙을 규정한 법률이나, 이사건의 경우는 확정되지 아니한 부동산거래에 관할행정청 및 등기의무자가 지방세법 및 소유권이전 등기제도를 악용하고도 소속직원들에게 위력을 이용해 매도하였을 뿐만 아니라 등기권리자에게 언제든지 청산금을 환급해 줄 수 있는 여건에 있었음에도 청산금지급을 7년동안 지체하였기 자존심에 상처를 받은 등기권리자인 편저자는 오히려 그동안 권리행사를 못한 피해자였고 매도자에게 민법상 동시이행항변권이 있으므로 매도자로부터 역차별 받은 매수자에게도 청산금을 환급받을 때까지 동시이행 항변권이 있다고 판단하여 약 1백만원의 등록세를 7년 늦게 납부하였다고 9년 후 약 2천4백만원 의 벌칙금을 납부해야 된다는 논리에 대하여는 어느 누구도 수긍 하지 않았을 것입니다.

16 법률 주관발의자인 기획재정부, 도상가분할 토지 거래제도 운영부처

인 국토교통부, 행정절차법 소관부처인 안전행정부, 지적측량 전문기관은 간접적으로 편저자를 피해자로 보았는데 부동산등기업무 전문지식이 없는 행정처분권자 및 행정처분이 적법한 행위였는지 감시할 정부조직은 피해자로 보지 않는 것은 헌법과 법률을 준수할 의도가 없는 공권력 남용하는 조직이므로 국민들이 소환해야 합니다.

17 설령 장기미등기 기산일을 국민들에게 고지된 부동산 취득일이 아닌 공시관리 되지 않는 표시변경 등기완료일 (2002.10.04)이라고 하더라도 편저자는 소속회사의 위력에 의한 피동적 매수자이므로 충청북도와 한국토지공사가 불법으로 토지조성을 하지 않았거나,부동산 쌍무계약에 행정청이 개입하여 불로소득을 얻지 않았거나 ,한국토지공사가 부동산 소유권이전 등기제도를 악용하여 역차별 하지 않았거나,헌법재판소의 헌법 불합치 결정에 의한 기속 규정인 개정법률을 적용한 다른 판례와 같이 50%감경을했거나, 청원군이 연대 채무자이므로 부동산등기특별 조치법에 의한 과태료 부과징수규칙 제2조4호를 적용했거나, 소유권보존등기가 되어있지 아니한 부동산거래 이었으므로 부동산특별조치법 제2조 제5항을 적용했거나, 사실상의소유자라고 재산세부과시 과징금을 부과했거나, 소유권이전 등기신청시 과징금을 부과했다면 법원이 비송사건으로 재판을 진행하여 등기관 및 등기의무자가 법정에 출석하여 부동산소유권 등기업무에 대한 진술 및 부동산소유권 이전등기제도를 악용하였는지 답변을 하였을 것 이므로,공권력자가 상기 사유 중 한가지 사유만 발생시키지 않았거나 한가지 규정만 준수했더라도 발생하지 않았을 사건임에도.

18 법원은 등기권리자의 등기신청해태 여부를 판단함에 있어서 등기분야 전문가인 등기관 의견 및 상대방인 등기의무자의 사실확인 조회답변을 수신하지도 않았고 적반하장 행위 행정청은 판사의 문서제출명령거부와 허위 공문서작성, 위증, 모순된 논리만을 주장했음에도 중립의무를 위반 독선적

으로 피해자인 원고의 패소판결을 8년간 지속하였고, 법리에 대하여 주권을 침해한 대한민국을 상대로한 민사소송에서도 편저자는 149개 증거자료를 제출하였음에도 하나도 인용하지 않았고 10년동안 법리해석 및 사실확인을 위한 실질적 변론을 한번도 진행하지 않았으므로 법치주의 판결이 아닌 100% 관치주의 판결을 함으로써 부동산 실명법은 가중역차별 법률이되어 토지면적 미확정 부동산거래 약관에는 면적정산관련 평등권 조항을 삽입토록 개선 해야 하고, 사업시행자 스스로 필지경계표지를 설치해서는 안되고 잔금약정일을 토지면적확정일 이후로 미루어야 하고 표시변경등기 완료일을 등기부 기재해야 하는 반경제적 판결을 한 것입니다.

19 원고가 미필적 고의 법률의 장기미등기 기산일을 국가법령정보센터에 게시할 수 있도록 법리적으로 사건을 판단하여 달라는 청구의 소를 법률 최고의 집단으로 구성된 국가가 소송대리인으로 하여금 거부 한 것은 5천만 국민의 주권을 침해한 것이 명백하며 법원이 법리적 사실적 심리를 모두 간과한 것은 공권력으로부터 국민이 헌법 등에 의한 권리를 침해 받지 않도록 설립한 법원이 존립할 필요가 없다는 것을 스스로 입증한 것으로 사료됩니다.

제2장 도상가분할 토지 거래제도의 맹점

1 토지의 매매거래는 확정된 면적으로 쌍무계약을 하는 것이 원칙이며, 도상가분할 토지거래 제도는 사업시행자 에게 매매대금의 전부 또는 일부를 미리 받아 사업시행에 필요한 자금을 확보해 주는 사업시행자를 배려한 토지 선 분양 제도이나

2 현행 소유권이전등기 제도상 매수자가 매도자에게 지급할 매매대금이 남아있는 경우에는 매도자에게 민법상 동시이행 항변권이 있어 매도자가 소유권 이전등기에 필요한서류를 매수자에게 발급해주지 않아 현실적으로 소유권 이전이 불가능하므로

3 사업시행자(등기의무자)는 토지 면적 확정시 필지경계표지 설치오차로 확정 면적이 당초 분양 면적보다 증가되었을 경우에는 증가된 면적에 대한 매매대금을 완납할 때까지 소유권 이전이 지연되어 지방세 납부상 불리하기 때문에 매매대금 납부 현황을 참조하여 전략적으로 매매대금을 사실상 완납한 매수자 토지는 면적을 감소시키고 소유권 이전등기 신청지연으로 지방세를 절세하려고 고의로 연체중인 매수자 토지는 면적을 증가시켜주는 매도자(등기 의무자)가 소유권이전 등기제도를 역 악용할 수 있는 맹점이 있는 제도이므로

4 매도자는 대지조성공사 후 경계석으로 도로와 대지를 구분하는 블록의 시공면적을 산출하여 도상가분할 블록면적과의 차이를 평등권을 침해하지 않도록 도상가분할 각 필지분양 면적에 안분, 각 필지의 경계 표지를 현지 경계석에 설치 하여 각필지면적을 확정해야 합니다

5 신규 분양 아파트 등 미등기 전매 등 을 방지하기 위한 부동산 등기 특

별조치법 시행 3년 후, 충청북도는 지역 균형 발전을 위해 1993.12.26. 한국토지공사를 오창 지방과학산업단지 사업 시행자로 지정했고 주택단지 및 공업단지를 개발하는 사업이 주요사업인 국가가 100% 출자한 한국토지공사는 부동산 등기제도를 악용한 투기, 탈세, 탈법행위 등을 방지하기 위한 부동산 실권리자의 명의 등기에 관한 법률 공포 3년 후인 1998년 부동산경기 침체로 대지를 필요로 하는 실수요자로부터 토지조성 자금을 조달할 수 없었기 수의계약으로 편저자 등 한국토지공사 소속 직원들에게 위력을 이용해 토지를 매각하여 토지 조성 자금을 조달해야만 했고

6 충청북도와 청원군은 5년 후 소유권 이전이 가능할 주택지에 대하여 토지면적 확정시까지 지방세 유예 조건으로 5개월 약정 일시납 계약(1998.06.08)을 유도하였기 편저자는 소속 회사 및 지방행정청을 신뢰 하였고 퇴직금으로 5개월약정을 46일후인 1998년 7월 24일 매매 대금을 사실상 완납하였고 국가가 1999년 3월 31일에는 미등기전매를 방지하기 위한 부동산 등기 특별조치법을 한시적으로 미등기 전매도 가능하도록 개정하여 매각을 촉진함으로써 2001년 12월 26일 토지 면적을 확정할 수 있었습니다. (# 용지매매 계약서, # 토지매각원부, #부동산등기특별치법 제2조 제4항)

7 국토의 효율적 이용 및 공공의 이익을 위하여 대지 조성 사업 시행자가 사유지 또는 국공유지 등을 매수(협의 또는 강제 수용) 한 후 대지조성 공사의 공사비용을 조달하기 위하여 주택 등 건축물을 신축하고자 대지를 필요로 하는 실수요자로부터 대지 매매대금 (보상비 + 조성 공사비)을 미리 받아 그 회수자금으로 도로, 상하수도, 전기통신시설 등을 설치한 후 도상에서의 가분할 면적(좌표)을 토대로 조성공사 현지 에서 각 필지의 토지 면적을 확정하여 소유권 보존 등기 형식을 빌린 표시 변경 등기 후 선수금을 납부한 매수자(등기 권리자)에게 대지의 소유권을 이전해 주는 것이 도상가

분할 토지 거래 제도입니다. (# 국토교통부 2016.03.04. 민원 회신 참조)

8 사업 시행자인 한국토지공사는 토지 면적 확정시 매매 대금을 성실하게 납부한 매수자를 매도자가 소유권이전등기제도를 역 악용하여 역 차별할 수 있는 주관이 개입하지 않도록 지적측량 대행기관(대한 지적 공사)에 각 필지 경계 표지 설치까지 의뢰하여야 하나 지적측량 비용도 절감(50% 할증 없음)하고 부동산 소유권 이전 등기제도를 역 악용하기 위하여 각 필지 경계 표지를 역차별로 직접 설치함으로써 매매 대금을 성실하게 납부한 등기권리자에게 자존심을 짓밟는 역차별을 하였기 펀저자 로 하여금 소유권 이전 등기 신청을 지연 토록하는 원인을 제공하였습니다. (#토지분할 측량결과에 대한 질의, # 대한지적공사의 회신)

9 한국토지공사는 펀저자가 매수한 745블록(가지번272 블록) 의 경우 3,355㎡ 보다 7.2㎡ 감소한 3,347.8㎡로 블록이 조성되었으므로 당초분양 면적에서 각필지에 안 분 0.7㎡ 씩 감소시켜 확정시켜야 하나 지방세 세입 권자인 충청북도와 청원군이 토지면적 확정시까지 지방세 유예조건을 제시하였기 1998.07.24. 매매대금을 사실상 완납(미확정 부동산 거래 이었으므로 자투리잔금 0.8㎡ 해당금액 남김)한 펀저자 매수토지(745-7)는 5.1㎡를 감소시키는 역차별을 하고도 7년후 청산금을 환급했기 2009.10.30. 소유권이전 등기를 경료 했음에도 13년 후인 2011.12.29 유일한 장기미등기자였고, 3년분할 납부계약 체결 후 고의로 연체 중이던 매수자 토지(745-0)는 3.8㎡를 증가시켜주는 역대우를 하여 2010.10.13 소유권이전 등기를 신청하였어도 장기미등기자 가 아니었으며, 755블록의 경우 12.9㎡를 증가시켜준 필지도, 7.8㎡를 감소시킨 필지도 있었으므로 등기의무자(매도자)가 소유권이전 등기제도를 악용한 것이 명백하다. (# 확정측량 결과에 의한 각 필지 면적 증감 및 경계점 표지 환산오차, #펀저자 토지메각원부 #역대우받은 매수자토지대장, #가산세없는 취득세영수증, #취득세용

토지대금완납확인서)

10 부동산등기제도를 등기의무자로부터 역 악용당한 등기권리자인 편저자가 행정절차법 제4조를 위반하여 과징금을 부과한 청원군을 상대로한 과징금 부과 처분 취소소송시 등기권리자가 전략적 역차별을 받았는지 여부를 확인 할 수 있는 자료공개를 등기의무자는 일체 거부하고 소송에의 참여도 거부하고 사실조회 답변도 법원의 독촉에도 이행하지 않았으므로 청원군은 1990.08.01 공포한 부동산 등기특별조치법 제11조 단서 조항에 의하여 등기의무자(매도자)에게 과태료를 부과할 수는 있어도, 등기권리자는 부동산 등기제도를 등기의무자 및 청원군 으로부터 악용 당해 재산권을 침해 당했으므로 부동산등기 특별조치법에 의한 과태료 부과징수 규칙 제2조 제4호에 의하여 등기권리자에게 청원군이 부동산 실명법에 의하여 과징금을 부과해서는 안됩니다.(#사실조회신청서1, #사실조회독촉, #소송고지서)

11 역차별받은 편저자에게 과징금을 부과한 시점도 사실상의 소유자라고 재산세를 부과한 시점(2006년)도, 소유권이전 등기신청시점(2009년)도 아닌 소유권이전등기 경료 2년 후인 2011년 충청북도의 감사 지적에 의하여 유일한 장기 미등기자로 판단 부동산 평가액의 20% 과징금을 쌍무계약에 불법 개입하여 편저자의 재산권을 이용해 불로소득 뿐만 아니라 불법 불로소득을 얻은 청원군에 납부하여야 했고 (# 과징금 입금의뢰 확인증)

12 같은 블록내 3년 분할납부 계약 후 연체중인 매수자 토지(745-0)는 역대우로 3.8㎡를 증가시켜주어 편저자보다 12년 늦게 매매 대금을 완납하고 2010.10.13. 소유권 이전을 신청하였어도 매수자가 채무자이었으므로 지방세도 절감하고 과징금을 부과 받지도 않았으므로 부동산 실명법 및 그 전제 조건인 부동산 등기 특별 조치법은 매수자로 하여금 매매 대금을 성

실하게 납부하지 말고 연체하라는 법률 제정 목적에 반하는 반경제적 적반하장 법률로 16년 후 둔갑(#역대우받은 매수자 토지대장)

13 등기 의무자인 한국토지공사가 도상 가분할 토지 소유권 이전 등기제도를 역 악용하여 실질적인 매도자, 쌍무계약에 불법 개입하여 불로소득을 얻은 지방세 세입권자인 청원군, 충청북도에게 유리한 토지 면적을 확정하였으므로 쌍무계약의 매수자만의 권리 제한 법률을 해석함에 있어 매수자의 반대 급부 이행일이 계약 당사자 간의 채권 채무 관계를 깨끗이 해결한 날인 대금청산일이 아니고 외상 매출 부동산 매도자의 역차별 토지 면적 확정에 의하여 매매 대금이 완납 처리된 날 또는 부동산 취득일이 아니기 때문에 공시 관리되지 않는 표시 변경등기 완료일이라고 법조 행정조직 및 사법부는 판단 함으로서 선분양제도 및 등기법을 개정해야 하는 공공의 이익에 반하는 비경제적 법률로 전락되었다. (#국토교통부 2017.01.20. 회신문서 참조)

법무사 최 용 민
청주시 흥덕구 산남동 362
TEL:(043)285-9908~9

검 인
접수번호: 1P24
부동산등기 특별조치법 제3조의 규정에 따라 검인함
2009. 10. 2
청원군수

(매각-일시수납용)

용지매매계약서

용지의 표시

소재지	지번	지정용도	지목	면적(㎡)	
오창첨단	272 - 5	단독주택건설용지	대	356.0㎡	사용가능시기

위 표시의 용지(이하 '목적용지'라 한다)에 관하여 매도인 한국토지공사(이하 '갑'이라 한다)와 매수인 김 정선 (이하 '을'이라 한다)간에 다음과 같이 매매계약을 체결한다.

제1조(매매대금 및 대금납부방법) ①갑은 목적용지를 다음표의 가격으로 을에게 매각하며 을은 매매대금을 다음표의 납부방법에 따라 갑에게 납부하여야 한다.

매매대금	금四千四百九拾五萬六千원정(₩44,956,000-)
납부방법	98년 06월 08일 계약보증금 ₩4,495,600- 98년 07월 08일 1차 중도금 ₩13,486,800- 98년 09월 08일 2차 중도금 ₩13,486,800- 98년 11월 08일 잔 금 ₩13,486,800-
납부장소	농협 은행 오창 지점 계좌번호:401038 - 51 - 015906 토공충북

②갑은 제1항의 잔금납부약정일 현재 조성공사가 준공되지 않은 때에는 잔금중 매매대금의 100분의 30에 해당하는 금액의 납부약정일을 조성공사준공일 또는 사용승낙일까지 연장할 수 있다.

③매매대금의 변제충당순서는 중도금에서부터 지연손해금, 원금의 순에 의한다.

제2조(지연손해금) ①을이 제1조의 매매대금(정산금을 포함한다)을 납부약정일에 지급하지 아니할 때에는 체납한 금액에 대하여 지연기간에 년 18% 의 이율을 적용하여 산정한 지연손해금을 갑에게 납부하여야 한다.

②시중은행 일반대출금 연체금리가 상승 또는 하락하는 경우에는 갑은 제1항의 연체이자율을 조정할 수 있다. 이 경우 지연손해금은 변경일을 기준으로 각각 일할 계산한다.

제3조(지정용도 사용의무) 을은 목적용지를 이 계약체결일(조성공사준공전에 계약을 체결하는 경우에는 조성공사준공일)로부터 3년이내에 지정용도로 사용하여야 한다.

제4조(면적정산) ①조성공사준공전에 가분할면적으로 계약체결한 용지로서 조성공사준공후 지적공부정리결과 면적증감이 있는 경우에는 그 증감분에 대하여 이 계약체결당시의 필지별 공급단가에 의하여 정산하기로 한다.

②갑은 조성공사준공후 확정측량성과 및 정산내역, 정산금납부방법을 을에게 통보하기로 한다. 이 경우 갑은 정산금을 정산일이후 납부약정일이 도래하는 중도금 또는 잔금에 가감하여 수납하거나 반환에 갈음할 수 있다.

제5조(조성사업에 대한 수인) 을은 조성사업준공전에 목적용지를 공급받은 때에는 조성사업으로 인하여 불가피하게 발생하는 토지사용의 제한 기타 불이익을 수인하기로 한다. 이 경우 갑은 을의 불이익이 최소화되도록 조성사업을 성실히 이행하여야 한다.

제6조(소유권이전) ①갑은 을이 매매대금을 완납한 후에 목적용지의 소유권을 이전하기로 한다. 다만, 조성사업준공전에 목적용지를 공급한 경우에는 조성사업준공과 지적 및 등기공부 정리를 완료한 후에 소유권을 이전하기로 하되 이 경우 갑은 조성사업 준공과 지적 및 등기공부 정리절차를 성실히 이행하여야 한다.

②갑은 을의 소유권이전등기에 필요한 서류를 을에게 제공하여야 하며 소유권이전등기비용은 을이 부담하기로 한다.

제7조(환매특약등기) ①갑은 제6조에 의거 목적용지의 소유권을 을에게 이전할 때에는 그 이전등기시 제9조제1항의 환매권행사를 담보하기 위하여 갑을 환매권자로 하는 환매특약등기를 하기로 하며 을은 이를 승낙한다.

②제1항의 환매특약등기에는 다음 각호의 사항을 명시한다.

1. 환매기간은 이 계약체결일로부터 5년으로 한다.
2. 환매금액은 이 계약에 의한 매매대금원금 해당액에 환매권행사일까지 년5%의 이율을 적용하여 산정한 금액을 가산한 금액으로 한다.

제8조(계약의 해제) ①다음 각호의 1에 해당하는 때에는 갑은 이 계약을 해제할 수 있다.

1. 을이 허위의 진술, 부실한 증빙서류의 제시, 담합 기타 부정한 방법에 의하여 목적용지를 매수하였을 때
2. 을이 목적용지를 지정기일내에 지정용도에 사용하지 아니 하거나 다른 목적으로 사용한 때
3. 을이 목적용지를 지정용도 사용전에 갑의 동의없이 타인에게 양도하였을 때

4. 을이 중도금이나 잔금의 지급을 3월이상 지연하였을 때

5. 을이 중도금이나 잔금을 지급하기 전에 을에 대하여 회사정리법에 의한 회사정리절차개시의 신청 또는 파산의 신청(자기신청을 포함한다) 이 있었을 때

6. 기타 을의 귀책사유로 인하여 이 계약의 순조로운 이행이 심히 지연되거나 계약을 존속시킬 수 없는 것으로 인정되는 때

②을은 다음 각호의 1에 해당하는 때에는 이 계약의 해제를 갑에게 청구할 수 있다.

1. 갑의 귀책사유로 목적용지의 명도 및 소유권의 이전이 상당기간 지연됨으로써 계약목적을 달성할 수 없는 경우

2. 제4조의 면적정산결과 면적이 10%이상 증감하는 때

③이 계약체결일이후 갑 또는 을의 귀책사유없이 국가 · 자방자치단체의 지원사업의 지연이나 정책등의 변경, 도시계획의 변경, 공용징수, 천재지변 등으로 이 계약의 순조로운 이행이 상당거간 지연되거나 불가능하다고 판단되는 경우에는 갑과 을은 협의하여 이 계약을 해제할 수 있다.

④이 계약이 해제되었을 때에는 을은 즉시 목적용지를 이 계약체결일 당시의 원상대로 회복하여야 하며 소유권이전등기후에 계약을 해제하였을 경우에는 소유권회복등기에 필요한 조치에 협력하여야 한다.

⑤제1항의 규정에 의하여 계약이 해제되었을 때에는 갑은 을로부터 수납한 매매대금중 계약보증금을 제외한 나머지 금액에 법정이자를 가산하여 을에게 반환하며 계약보증금은 갑에게 귀속한다. 이 경우 제4항의 소유권회복비용과 계약해제일까지의 제세공과금은 을이 부담하며 갑은 을에게 반환하는 매매대금에서 이를 공제하기로 한다.

⑥제2항의 규정에 의하여 계약이 해제되었을 때에는 갑은 을로부터 수납한 매매대금에 법정이자를 가산하여 반환하며 갑은 위약금으로 계약보증금 상당액을 을에게 지급한다.

제9조(환매권의 행사) ①을이 제8조제1항제1호 내지 제3호의 사유에 해당하는 경우 목적용지의 소유권이 을로부터 제3자에게 이전되어 있는 때에는 갑은 제7조에 의거 환매권을 행사하여 목적용지를 환매할 수 있다.

②제7조의 환매특약등기를 하지 않은 경우라도 을 또는 을로부터 목적용지를 취득한 자가 제8조제1항제2호의 사유에 해당하는 경우에는 갑은 택지개발촉진법 제19조제2항의 규정에 의한 환매권을 행사하여 목적용지를 환매할 수 있다.

③제8조제4항은 환매권행사의 경우에 준용한다.

④제1항 및 제2항의 환매권의 행사는 을의 의무불이행으로 인하여 갑이 입은 손해에 대한 을의 배상의무를 면제하는 것은 아니다.

제10조(환매특약등기의 말소) ①갑은 을이 목적용지를 지정기일내에 지정용도의 사용에 착수할 경우에는 을의 요청에 따라 환매특약등기를 말소할 수 있다.

②제1항의 환매특약말소등기는 을이 갑으로부터 필요한 서류를 받아 을이 이행하기로 한다.

제11조(조세공과금의 부담) ①제1조의 잔금납부약정일 이후의 조세 및 공과금은 갑의 명의로 부과되는 것이라 하더라도 이를 을이 부담

②을이 매매대금완납전에 갑으로부터 토지사용승낙을 득한 때에는 그 사용승낙일을 제1항의 잔금납부약정일로 본다.

제12조(을의 통지의무) ①을은 이 계약일이후 성명 · 명칭 또는 주소 · 사무실의 소재지를 변경한 때는 즉시 갑에게 통지하여야 한다.

②을이 제1항의 의무를 이행하지 아니함으로써 받는 불이익은 이를 을의 부담으로 한다.

제13조(해석) 이 계약문서의 해석에 관하여 이의가 있거나 갑 · 을 쌍방의 견해가 다를 때에는 갑과 을이 협의하여 결정한다.

<특약사항>

1. 오창과학산업단지는 도시계획법 제20조의 3의 규정에 의한 상세계획 수립대상 구역으로서 건축시 상세계획 내용에 따라야 하며, 상세계획에 언급되지 않는 사항은 관계법령 및 조례를 준수하여야 한다.
2. 건축시 당해 사업지구 환경영향평가 내용 및 교통영향평가 내용을 준수하여야 하며, 건축 등 토지사용시 도로, 상하수도, 경계석, 가로수 등 시설물을 파손 · 훼손한 경우에는 즉시 원상 회복하여야 한다.
3. 한국토지공사는 토지대금을 직접 수납하지 않으며 공사의 예금구좌에 직접 입금하여야 한다. (공사 예금구좌에 입금된 금액만 유효함)
4. 다음 각호의 사유로 토지사용시기의 지연등이 예상되는 경우에는 이를 갑 또는 을의 귀책사유가 아닌것으로 보아 갑과 을 쌍방은 위약금 배상 이 매매계약을 해제하기로 한다.
   1) 국가 또는 지방자치단체가 당해 개발사업과 연계하여 시행하는 항만, 도로, 용수 등 기반시설의 사업부진
   2) 문화재발굴, 관련부처와의 협의지연 등 실시계획승인권자가 사업기간의 연장이 불가피하다고 인정하는 경우
   3) 수용재결 절차의 지연등 갑의 귀책사유 없이 토지사용가능시기등이 지연되는 경우　4) 국가 또는 지방자치단체의 계획 또는 정책의 변경
   5) 태풍 · 해일 · 홍수 등 불가항력의 자연재해　6) 기타 제1호 내지 제5호에 준하는 사유가 있는 경우

위 각 조항을 준수하기 위하여 이 계약서 2통을 작성하여 갑 · 을이 각각 1통씩 보관한다.

1998 년 6월 8일

갑(매도인) 한국토지공사, 법인등록번호:114271-0001818

주소:경기도 성남시 분당구 정자동 217

위대리인 충북 청주시 상당구 우암동 274-4

한국토지공사 충북지사장 최영해

을(매수인) 성 명: 김 정 선

주민(법인):

주 소:

전화번호:

토지매각원부

사업지구 : 오창공단 (00213 - 0 - 1134 - 1117 -0) 단독주택용지(일반분양)-121-00

매각물건 소재지 : 충청북도 청원군 오창면 양청리 필지제약사항여부 : N 회계준공일자 : 2001.12.31
확정예정지번 : 272-5 가분할면적 : 356.0 ㎡ 사정가격 : 44,956,000 원

정 산 확정지번 : 745-7 확정면적 : 350.9 ㎡ 가격정산일 : 선수금이자정산기준일 :
토지사용가능시기 : 면적정산일: 2001.12.26 가격정산가격 : 원 선수금이자정산일 :
면적정산가격 : 44,311,960 원 선수금이자정산가격 : 원

계 약 공급용도 : 실수요자택지 점포겸용 공급방법 : 분양후수의 가격결정방법 : 감정평가100%대 계약면적 : 350.9 ㎡
계약일 : 1998.06.08 계약보증금 : 4,495,600 원 공급가격 : 44,956,000 원 이자율 : 10 %
계약구분 : 일반계약 대금수납방법 : 일시불 대금수납간격 : 2 개월 대금수납횟수 : 3 회
변경계약일 : 1998.06.08 총매수인수 : 1 환매등기여부 : 환매말소일 :
부지조성공사준공일 : 2001.06.05 사용승낙일 : 인허가사용승낙일 : 소유권이전일 : 2002.11.27
대납재산세토지 : Y 대납재산세완납여부 : Y 리턴토지여부 : N 대출금액 :
복합용도내역 :

대표매수인

성명/상호 : 김정선 주민/사업자등록번호 : 5 우편번호 : 463-729
대표자성명 : 법인등록번호 : 명의변경일자 :

<약정사항>

회차	약정구분	약정일	약정원금	약정이자	미납원금
0	약정금액	1998.06.08	4,495,600	0	0
1	약정금액	1998.07.08	13,486,800	0	0
2	약정금액	1998.09.08	13,486,800	0	0
3	약정금액	1998.11.08	13,486,800	0	0
	년간합계		44,956,000	0	0
4	면적정산금액	2001.12.26	-481,930	0	0
	년간합계		-481,930	0	0
	합계		44,474,070	0	0

<수납사항> [(-)정산금반환이자]

회차	회수	약정구분	회수일	원금	약정이자	연체이자	선납할인금	실수납액
0	1	약정금액	1998.06.08	4,495,600	0	0	0	4,495,600
1	2	약정금액	1998.07.08	8,000,000	0	0	0	8,000,000
1	3	약정금액	1998.07.24	5,486,800	0	43,290	0	5,530,090
2	3	약정금액	1998.07.24	13,486,800	0	0	271,950	13,214,850
3	3	약정금액	1998.07.24	13,382,760	0	0	627,700	12,755,060
		년간합계		44,851,960	0	43,290	899,650	43,995,600
4	4	면적정산금액	2001.12.26	-644,040	0	-620	-75,520	-644,660
3	4	약정금액	2001.12.26	104,040	0	58,690	0	162,730
		년간합계		-540,000	0	58,070	-75,520	-481,930
		합계		44,311,960	0	101,360	824,130	43,513,670

<정산반환사항>

정산구분	정산일자	약정원금	약정이자	연체이자	추가선납할인금	반환원금	반환이자	총반환금
면적	2001.12.26	644,040	0	0	0	644,660	75,520	720,180
합 계		644,040	0	0	0	644,660	75,520	720,180

1/1

2011-7-28 12:22:44 보안문서이므로 무단 복사 및 외부 유출을 금합니다.

LH

부동산등기특별조치법

[시행 2000.1.21.] [법률 제6183호, 2000.1.21., 일부개정]

법무부(법무심의관실), 02-2110-3164~5

제2조 (소유권이전등기등 신청의무) ① 부동산의 소유권이전을 내용으로 하는 계약을 체결한 자는 다음 각호의 1에 정하여진 날부터 60일 이내에 소유권이전등기를 신청하여야 한다. 다만, 그 계약이 취소·해제되거나 무효인 경우에는 그러하지 아니하다.

1. 계약의 당사자가 서로 대가적인 채무를 부담하는 경우에는 반대급부의 이행이 완료된 날
2. 계약당사자의 일방만이 채무를 부담하는 경우에는 그 계약의 효력이 발생한 날

②제1항의 경우에 부동산의 소유권을 이전받을 것을 내용으로 하는 계약을 체결한 자가 제1항 각호에 정하여진 날 이후 그 부동산에 대하여 다시 제3자와 소유권이전을 내용으로 하는 계약이나 제3자에게 계약당사자의 지위를 이전하는 계약을 체결하고자 할 때에는 그 제3자와 계약을 체결하기 전에 먼저 체결된 계약에 따라 소유권이전등기를 신청하여야 한다.

③제1항의 경우에 부동산의 소유권을 이전받을 것을 내용으로 하는 계약을 체결한 자가 제1항 각호에 정하여진 날 전에 그 부동산에 대하여 다시 제3자와 소유권이전을 내용으로 하는 계약을 체결한 때에는 먼저 체결된 계약의 반대급부의 이행이 완료되거나 계약의 효력이 발생한 날부터 60일 이내에 먼저 체결된 계약에 따라 소유권이전등기를 신청하여야 한다.

④국가·지방자치단체·한국토지공사·대한주택공사·한국수자원공사 또는 토지구획정리조합(1999년 5월 1일 전에 조합설립의 인가를 받아 토지구획정리사업의 시행자인 토지구획정리사업법에 의한 토지구획정리조합에 한한다)이 택지개발촉진법에 의한 택지개발사업, 토지구획정리사업법에 의한 토지구획정리사업 또는 산업입지및개발에관한법률에 의한 특수지역개발사업(주거시설용 토지에 한한다)의 시행자인 경우에 당해시행자와 부동산의 소유권을 이전받을 것을 내용으로 하는 계약을 최초로 체결한 자가 파산 기타 이와 유사한 사유로 소유권이전등기를 할 수 없는 때에는 지방자치단체의 조례로 정하는 자에 대하여 제2항 및 제3항의 규정을 적용하지 아니한다. <신설 1999.3.31., 2000.1.21.>

⑤소유권보존등기가 되어 있지 아니한 부동산에 대하여 소유권이전을 내용으로 하는 계약을 체결한 자는 다음 각호의 1에 정하여진 날부터 60일 이내에 소유권보존등기를 신청하여야 한다.

1. 부동산등기법 제130조 또는 제131조의 규정에 의하여 소유권보존등기를 신청할 수 있음에도 이를 하지 아니한 채 계약을 체결한 경우에는 그 계약을 체결한 날

경제혁신 3개년 계획, "3년의 혁신, 30년의 성장"

국 토 교 통 부

수신 김정선 귀하
(경유)
제목 민원 회신

1. 평소 국토교통행정업무에 많은 관심을 가져주셔서 감사드립니다.

2. 귀하께서 보내주신 의견은 법령의 적용 및 구상권청구 등에 대한 진정에 관한 사항이었으나, 관련법령을 담당하는 산업입지정책과에 접수되어 회신하게 되었습니다. 이와 관련하여 「산업입지 및 개발에 관한 법률」(이하 '산입법') 제32조에서 "사업시행자는 그가 조성하는 용지를 분양받거나 시설물을 이용하려는 자로부터 대통령령으로 정하는 바에 따라 대금의 전부 또는 일부를 미리 받을 수 있다"고 규정하고 있습니다. 이에 따른 선수금 제도는 사업시행자가 산업단지 개발사업의 완료 전에 토지의 분양대금이나 시설물의 이용 대금의 일부 또는 전부를 미리 받을 수 있게 함으로써 사업 진행에 필요한 자금을 확보할 수 있게 해 주는 제도로서, 산업단지개발사업부지내의 주택건설용지의 토지매매계약으로 인한 피해 등을 이유로 제도를 폐지하는 것은 어려움을 양해하여 주시기 바랍니다. 끝.

국토교통부장관

국토교통부장관인

주무관 이현영 기술서기관 전결 2016. 3. 4. 김은영

협조자

시행 산업입지정책과-770 (2016. 3. 4.) 접수

우 30103 세종특별자치시 도움6로 11 국토도시실 국토정책관 산업입지정책과 / http://www.molit.go.kr

전화번호 044-201-3682 팩스번호 044-201-5564 / hyl1702@molit.go.kr / 비공개(6)

개방·공유·소통·협력의 정부3.0, 국민과 함께 만들어 나가겠습니다.

발신 :

수신 : 대한지적공사
참조 : 충북지역 본부장

제목 : 오창과학단지 토지분할 측량결과에 대한 질의

1. 국가의 지적업무발전을 위하여 수고하시는 귀 공사 임직원님들의 노고에 감사드리며 공사다망하시더라도 혜량하여 주시면 감사하겠습니다.

2. 저는 IMF시절 한국토지공사 충북지사 사업처장으로 재직중이던 1998년 6월 8일 오창읍 양청리 745-7번지(가지번 272-5) 단독주택지 1필지를 한국토지공사와 매매계약 체결하였고

3. 약 1개월후 공사의 상위직급자 퇴직 종용이라는 2차 경영전략에 의하여 퇴직하였습니다

4. 귀 공사에서 수주하여 시행한 동단지 확정측량 결과(2001.12.26)에 의하면 별첨과 같이 당초분양 면적과 큰차이가 있어 한국토지공사와의 정산금 지급방법에 대한 이견으로 정산금 환급신청과 소유권 이전이 늦어지므로서

5. 청원군으로부터 장기미등기에 따른 과징금 부과 고지서를 발부 받았는바

6. 한국토지공사로부터의 가분할면적에 의한 과업지시 내용과 토지분할 측량 결과가 필지별로 면적 차이가 다른 사유 및 측량방법에 따른 오차의 한계를 회신하여 주시면 대단히 감사하겠습니다.

2012.07.19
김정선

첨부 : 오창공단 매입토지 및 매매알선 토지 해당블록의 필지별 면적증감 현황

오창공단 매입토지 및 매매알선토지 해당블록의 필지별 면적증감현황

확정측량일 : 2001.12.26 / 구획정리일 : 2002.08.07 / 등기부생성일 : 2002.08.22

지번		분양면적(㎡)	확정측량 면적(㎡)	면적증감(㎡)	비고
오창읍 양청리	745-	356	350.9	-5.1	일시불 계약 선납할인
	745-	356	351.5	-4.5	
	745-	342	342.5	+0.5	
	745-	342	342.1	+0.1	
	745-	342	341.9	-0.1	
	745-	352	355.8	+3.8	
	745-	239	240.3	+1.3	
	745	342	340.5	-1.5	
	745	342	341.2	-0.8	
	745-	342	341.1	-0.9	
블록 소계		3,355	3347.8	-7.2	
오창읍 양청리	663-6	360	358.6	-1.4	분할납부 계약 준공시미납
	663-5	357	355.1	-1.9	
	663-4	440	434.3	-5.7	
	663-3	366	354.2	-11.8	
	663-2	336	336.7	+0.7	
	663-1	374	382.5	+8.5	
	663-7	360	359.3	-0.7	
	663-8	372	374	+2	
	663-9	372	375.5	+3.5	
	663-10	360	360.4	+0.4	
	663-11	360	360.4	+0.4	
	663-12	359	358.4	-0.6	
	663-13	309	309.6	+0.6	
	663-14	388	387.5	+0.5	
블록 소계		5,113	5106.5	-5.5	

청렴한 세상

「우리는 국토정보를 창조하여 행복한 미래를 만든다.」

대 한 지 적 공 사

社訓
合理
創意
和合

수 신 자 김 정 선 고객님

(경 유)

제 목 오창과학단지 확정측량에 대한 회신

1. 고객님의 가정에 건강과 행운이 함께 하시길 기원합니다.

2. 고객님이 질의하신 오창과학단지 확정측량과 관련하여 측량·수로조사 및 지적에 관한 법률시행령 제55조 제5항에 지상경계의 결정은 공사가 완료된 현황대로 결정하도록 되어있습니다. 고객님께서 문의하신 오창과학단지 확정측량 면적은 현지에 설치된 경계석 및 경계점을 실측, 면적을 산출하여 사업시행자와 일필지별 대조, 확인하여 처리한 사항이며,

3. 측량성과에 따른 오차는 지적측량시행규칙 제27조 제1항 4호에 경계점 좌표시행지역은 0.10미터로 규정되어 있습니다. 위 조항은 지적측량성과와 검사측량 성과의 연결오차를 의미하는 것으로 고객님께서 문의하신 확정측량면적은 현지에 설치된 경계석 및 경계표시점을 실측해서 면적을 산출, 등록한 것으로 오차의 한계와는 무관함을 알려드리며,

4. 위 사항과 관련하여 궁금하신 사항은 043-261-1810으로 전화주시면 성심껏 답변해드리겠습니다. 끝.

대한지적공사 충청북도본부장

「지적제도와 공간정보산업 진흥을 선도하는 글로벌 리더」

07/25

★차장김지호 사업처장최현경 본 부 장 김재갑

협조자

시행 사업처-3468 (2012.07.25.) 접수 ( )

우 361-832 충북 청주시 흥덕구 예체로149(사창동242-1) / http://www.kcsc.or.kr

전화 043-261-1810 /전송 043-261-1855 / jiho@kcsc.or.kr / 공개

확정측량 결과에의한 각 필지별 경계점 표지 환산오차

지번		분양면적(㎡)	확정측량 면적(㎡)	면적증감(㎡)	경계점 표지 환산오차(㎝)
오창읍 양청리 평균 (-0.72㎡) (-3.9㎝)	745-	239	240.3	1.3	8.3
	745-	352	355.8	3.8	20.4
	745-	342	341.9	-0.1	-0.5
	745-	342	342.1	0.1	0.5
	745-	342	342.5	0.5	1.7
	745-	356	351.5	-4.5	-23.9
	745-	356	350.9	-5.1	-27.1
	745-	342	340.5	-1.5	-8.3
	745-	342	341.2	-0.8	-4.4
	745-	342	341.1	-0.9	-5
오창읍 양청리 평균 (1.12㎡) (6.2㎝)	755-1	286	298.9	+12.9	+75.8
	755-2	296	295.1	-0.9	-5.3
	755-3	328	326.2	-1.8	-10
	755-4	329	329.6	+0.6	+3.3
	755-5	333	328.5	-4.5	-25
	755-6	323	327.4	+4.4	+24.4
	755-7	317	315.4	-1.6	-9.4
	755-8	332	332.2	+0.2	+1
	755-9	326	325.2	-0.8	-4.4
	755-10	333	325.2	-7.8	-43.3
	755-11	314	322.7	+8.7	+49.7
오창읍 양청리 평균 (-0.39㎡) (-2㎝)	663-1	374	382.5	8.5	44.7
	663-2	336	336.7	0.7	3.7
	663-3	366	354.2	-11.8	-63
	663-4	440	434.3	-5.7	-30

오창읍 양청리 평균 (-0.39㎡) (-2㎝)	663-5	357	355.1	-1.9	-10
	663-6	360	358.6	-1.4	-7
	663-7	360	359.3	-0.7	-3.6
	663-8	372	374	+2	+10.5
	663-9	372	375.5	+3.5	+18.4
	663-10	360	360.4	+0.4	+2.1
	663-11	360	360.4	+0.4	+2.1
	663-12	359	358.4	-0.6	-3.2
	663-13	309	309.6	+0.6	+3.4
	663-14	388	387.5	+0.5	+2.5
오창읍 양청리 평균 (0.025㎡) (0.2㎝)	743-1	293	292.9	-0.1	-0.1
	743-2	328	328.6	+0.6	+3.3
	743-3	332	332.4	+0.4	+2.2
	743-4	332	333	+1	+5.5
	743-5	332	332.6	+0.6	+3.3
	743-6	248	248	0	0
	743-7	397	399.1	+2.1	+10.5
	743-8	282	285.2	+3.2	+8.8
	743-9	397	295.9	-2.1	-18.2
	743-10	298	297.3	-0.7	-4.1
	743-11	298	295.9	-2.1	-12.3
	743-12	298	296.3	-1.7	9.7
오창읍 양청리 평균 (-0.34㎡) (-1.8㎝)	746-1	338	336.7	-1.3	-7
	746-2	338	335.6	-2.4	-13
	746-3	341	341.2	+0.2	+11
	746-4	342	395.7	0	0
	746-5	342	289.3	0	0
	746-6	371	370.4	-0.6	-3

오창읍 양청리 평균 (-0.34㎡) (-1.8㎝)	746-7	406	407.1	+1.1	+5.5
	746-8	388	390.3	+2.3	+11.8
	746-9	312	313.7	+1.7	+9.5
	746-10	302	299.8	-2.2	-12
	746-11	308	306.1	-1.9	-10.8
	746-12	342	342.1	+0.1	+0.01
	746-13	342	342	0	0
	746-14	342	340.9	-1.1	-6
오창읍 양청리 평균 (1㎡) (4.4㎝)	764-1	316	319.7	+3.7	+20.5
	764-2	351	351.5	+0.5	+2.6
	764-3	350	349.9	-0.1	-0.5
	764-4	347	348.4	+1.4	+7.4
	764-5	349	350.2	+1.2	+6.3
	764-6	340	343.1	+3.1	+17.2
	764-7	340	342.8	+2.8	+15.3
	764-8	340	341.2	+1.2	+6.5
	764-9	332	333.6	+1.6	+8.8
	764-10	331	329.9	-1.1	-9.2
	764-11	337	336.7	-0.3	-1.6
	764-12	337	338.5	+1.5	+8.1
	764-13	337	338.9	+1.9	+10.3
	764-14	329	328.9	-0.1	-0.5
	764-15	333	332.9	-3.1	-17.2
	764-16	331	330.9	-0.1	-0.5
	764-17	329	328.5	-0.5	-2.7
	764-18	297	299.6	+2.6	+15

무인민원발급창구용

고유번호	4371025345-10745-0002		
토지소재	충청북도 청원군 오창읍 양청리		
지 번	745	축 척	수치

토지 대장

도면번호	19	발급번호	20130709-0091-0001
장 번 호	1-1	처리시각	14시 35분 08초
비 고		작 성 자	김정환

토지표시			소유자		
지 목	면 적 (㎡)	사 유	변동일자 변동원인	주 소 성명 또는 명칭	등록번호
(08) 대	*355.8	(62)2002년8월7일 구획정리 완료	2002년6월28일 (08)환지	경기도 성남시 분당구 정자동 217 한국토지공사	114271-0******
(08) 대	*355.8	(50)2007년1월1일 오창면에서 행정구역명칭변경	2010년10월13일 (03)소유권이전		
		--- 이하 여백 ---	2011년6월21일 (03)소유권이전		

등급수정 연월일							
토지등급 (기준수확량등급)							
개별공시지가기준일	2009년1월1일	2010년1월1일	2011년1월1일	2012년1월1일	2013년1월1일		용도지역 등
개별공시지가(원/㎡)	340,000	335,000	335,000	390,000	400,000		

수입증지 500 2013.07.09 성남시

토지대장에 의하여 작성한 등본입니다.

2013년 7월 9일

성남시 분당구청장

[20130709143508201307090091000I1001]

무 통 장 입 금 증

2002 01월 23 일 분당 하나은행

※과목/상대은행	타행환입금 - 농협	적 요	입 금 액
계 좌 번 호	40103851017507	현 금	₩955,060
예 금 주 명	오창면장	자기앞	
의 뢰 인	김정선	기 타	
송금수수료	₩2,100 (감면액: ₩900)		
입금점전화	031 7114051	합 계	₩955,060
취 급 자	404-03	전문번호	10404000025

※ 타행환 입금시는 상대은행명 및 지점명이 인자됩니다.
※ 전화하나로 ARS서비스를 이용하여 타행으로 송금하시면 수수료가 훨씬 저렴합니다.
4-08-1015 (148×80) 모조지 100g/m²

하나은행

청원군

취득세영수증(자납분) (납세자 보관용)

청원군 | 710

※수납인과 취급자인이 없으면 이영수증은 무효입니다.

납세번호	과세기관	검	회계	과목	세목	연도	월	기분	동	과세번호	검
	7100	0	10	101	001	2002	01	3	420	000108	7

납기내	2002 년 01 월25 일까지
	955060원

납 세 자 김정선 귀하(귀중) 주민등록번호:
주 소
과세대상 오창면 각리 745-7
토 지:350.900m²

세 (과) 목	납 부 세 액
취 득 세 액	868240
가 산 세	0
농어촌 특별세	86820
합 계 세 액	955060

과 세 표 준 액	43412310

담 당 자 :오민향 위의 금액을 영수합니다.
문의전화 :251-3685
접수번호 :20020123-000045 2002년 01월 23일 수납인
납부장소: 관내 금융기관 및 전국우체국 ※영수증은 5년간 보관하시기 바라며
문 의 처 이면 참조 과세증명서로 사용할 수 있습니다.

(공 통)

거 래 내 역 확 인 서

(고객용)

항상 저희 농협을 이용하여 주셔서 감사합니다.

계좌번호 790-10600838951 거래일시: 2014.07.09 11:07:01
취급점 221136 낙생농협 오리(031-717-2442)) 취급자: 140904305 정혜련

가상계좌 입금의뢰 확인증

김정선 님 귀하

입금은행: 농 협
계좌번호: 790-10600838951
수취인명: 김정선_청주시청원구
적 요 : 가상계좌 입금
금 액 : 24,071,740

토지대금완납확인서

0 소 재 지 : 오창공단 확정예정지번 272 -5
(확정지번745 -7 오창면)

0 면 적 : 350.9 ㎡

0 매 수 자 :

성 명: 김정선
주 소:
주민/사업자번호:
법인번호 :
지 분: /

0 납 부 금 액

원 금	할부이자	지연손해금	선납할인금	계
44,311,960		101,360	899,650	43,513,670

0 용 도 : 취득세납부용

0 완 납 일 : 2001.12.26

상기와 같이 토지대금을 완납하였음을 확인합니다.

2002. 01. 08

한국토지공사 충북지사장

사실조회 신청서 I

사건번호 (청주)2012 누 547 부동산 장기 미등기에 따른 과징금 부과처분 취소

[담당 재판부 : 대전고등법원 청주 제1행정부]

원고(항 소 인) : . 김정선

피고(피항소인) : (북문로 1가 171-3)

(우 306-706) 청원군수

위 사건에 관하여 원고는 주장사실을 입증하기 위하여 아래와 같이 사실조회를 신청합니다.

1. 사실조회의 목적 :
매도인인 한국토지공사에서 토지분할 측량을 공정하게 실시하였는지 여부 표시변경등기(소유권보존등기)가 늦어진 사유, 소유권이전등기 안내문을 원고(항소인)이 받았다는 입증. 원고(항소인)을 포함한 한국토지공사 직원들이 오창공단 토지를 매수하므로서 단지조성 및 지역경제 활성화에 기여했다는 사실을 확인하기 위함.

2. 사실조회 할 기관 : 충북 청주시 흥덕구 청남로 2060 (수곡동) (우 361-722)
한국토지주택공사 사장(충북지역 본부장)

3. 사실조회 사항 : 별지기재와 같음.

첨부자료

2012. 9. 6.

위 원(피)고 김정선 (날인 또는 서명)

대전고등법원 귀중

사실조회 할 사항

1. 오창공단 단독주택지 각 필지별 면적 및 매매대금 납부현황

지번	분양면적(㎡)	확정측량면적(㎡)	면적증감(㎡)	확정측량시 매매대금 납부율(%)	매수자
(예시)					
745-7	356	350.9	-5.1	99.8	김정선
663-6	360	358.6	-1.4	85.1	김정선 매매 알선
오창읍 양청리					
					이 국
					하 용
					최 용
					김 문 매매 알선
					송 달 매매 알선
					곽 영 매매 알선
					연 흠 매매 알선
745-1 : 745-10					

663-1 : 663-14					
746-1 : 746-14					
743-1 : 743-12					
755-1 : 755-11					
764-1 : 764-18					

2. 토지분할 확정측량시 각 필지별 면적증감이 안분되지 아니한 사유.

3. 오창공단 단독주택지 및 근린생활 시설용지중 한국토지공사 직원들이 매입한 토지 및 매매알선 토지 현황(필지수)

4. 표시변경등기가 늦어진 사유 및 원고(항소인)가 소유권 이전 안내를 받았다는 입증자료.

대전고등법원(청주)

사실조회독촉

한국토지주택공사(충북지역본부장) 귀하

사　　건　　2012누547 부동산 장기 미등기에 따른 과징금 부과 처
원　　고　　김정선
피　　고　　청원군수

평소 우리 법원의 업무에 적극 협조하여 주시고 있는데 대하여 감사드립니다.
위 사건에 관하여 사실조회를 의뢰하였는바, 그 회신이 도착하지 아니한 관계로 재판이 오래 지연되고 있습니다.
여러 업무에 바쁘신 줄은 잘 알고 있으나, 사실조회에 대한 회신서를 가능한 한 조속히 송부하여 주실 것을 부탁드립니다.
아울러 빠른 시일 내에 회신의 송부가 불가능한 경우에는 그 이유 및 송부 가능한 시기를 알려주시기 바랍니다.

※ 우리 법원이 발송한 사실조화서가 귀하에게 도착된 일자는 2012. 9. 24.입니다.
※ 첨　　부 : 사실조회촉탁서 사본 1부. 끝.

2012. 12. 10.

재판장　　판사　　사 공 영 진

※ 이 법원에 제출하는 서면에는 사건번호(2012누547)를 반드시 기재하여 주시기 바랍니다.

※ 문의사항 연락처 : 대전고등법원(청주)　청주제1행정부　법원사무관　곽수균
직통전화 : 043-249-7106(민원동 2층 원외재판부)
팩　　스 : 043-249-7108　　　e-mail :

소송고지서

고지인(원고) : 김정선

피고지인 : 충북 청주시 흥덕구 청남로 2060(수곡동) (우 361-722)
한국토지주택공사 사장(충북지역 본부장)

1. 고지할 소송의 내용

가. 소송이 계류된 법원 : 대전고등법원 (청주)제1행정부

나. 사건번호, 사건명 : (청주)2012누547 부동산 장기 미등기에 따른 과징금 부과처분 취소

다. 고지인(원고) : 김정선
피고지인 : 한국토지주택공사 사장(충북지역 본부장)

라. 청구취지

1. 피고(청원군수)가 2011.12.29. 원고에 대하여 한 금 24,071,740원(금 이천사백칠만천칠백사십원)의 과징금 부과 처분을 취소한다.
2. 소송 비용을 1, 2심 모두 피고의 부담으로 한다. 라는 판결을 구합니다.

마. 청구 원인

1. 피고지인이 원고에게 매각한 오창읍 양청리 745-7와 관련입니다.
2. 토지분할 확정측량은 지적법, 민법 제103조, 민법 137조, 민법 제150조등에 의하여 무효인 법률행위이다.
3. 부동산등기특별조치법 제2조1항을 해석함에 있어 확정측량결과 면적이 증가하였다면 면적대금정산일이 반대급부 이행일이라고 해석된바 있고 등기소에서도 인정하고 있으므로 면적이 감소하였다면 정산금을 환급받은날을 이행일로 보아야 헌법 11조에 의한 평등권이 보장되는 것이다.
4. 만약 면적이 감소하는 경우에는 민법 제538조에 의하여 지체에 따른 책임은 피고지자에게 있으며 원고는 평등에 원칙에 의하여 피고지자에게 매매대금을 온라인 계좌로 입금시켰으므로 환불금을 온라인 계좌로 입금 시켜달라는 요구를 피고지자가 거절하였으므로 원고는 면적정산 지

체에대한 책임이 없다(퇴직금도 온라인 계좌로 입금되었고 2002.11.01.부터는 전·현직 경조사 업무를 담당했기 때문에 주야간 주말등 언제든지 원고와 연락이 가능하다)

5. 피고지인은 원고에게 소유권이전안내문을 발송하였다고 하나 원고는 송달받지 못하여 기간내 소유권이전 못했기 때문에 원고의 잘못이 아니고 피고지인에게 책임이 있다. (2002.11.26. 등록세용 토지대금 완납확인서에 측량일만 표시되어있어 등기완료일을 알 수 없었다.)

6. 피고지인은 용지 매매계약서 제6조(소유권이전)에 의하여 지적 공부 및 등기공부 정리 절차를 성실히 이행하여야 함에도 불구하고, 등기 신청일로부터 등기완료일까지 43일이 경과되어 소유권이전 안내문을 받은 사람은 입증자료를 가지고 있어 등기완료일로부터 60일 이내에 소유권 이전 등기 신청을 하면되나, 송달받지 못한 사람은 신문공고일로부터 14일이 경과되어야 효력이 발생하므로 부동산 등기특별조치법에 의한 60일 경과되어 등기 해태에 따른 과태료를 부과받도록 한 책임이 있으며 피고지인은 부동산 특별조치법 제2조⑤항을 위반하였고 그 영향이 매수자들에게 전가되었으므로 이에대한 책임을 져야 마땅하다.

7. 만약 원고가 과징금 대상이었다면 2006년 재산세 부과시 피고는 원고가 장기미등기자라는 사실을 알았었으므로 과징금이 늘어난 2011.11.29. 부과 과징금 부과는 무효이다.

8. 오창공단은 피고의 복리증진을 위한 사업이었으며 피고지인은 대행사업자에 불과하다고 볼 수있으며 IMF시절 피고지인 직원들이 발벗고나서서 단독주택지의 3분의 1이상 매수 또는 알선하여 사업계획에 차질이 없었고, 원고는 상위직급자라는 사유로 명예퇴직하여 사회적약자로 전락하였고, 중증환자가 되었고, 퇴직금으로 매매대금을 선납하였을 뿐만아니라 재산세도 연체 없이 납부하였고, 원고는 면적정산에 의한 환급받을 돈도 있는데도 불구하고 피고지인이 재산세에 대한 구상권을 청구해 이행도 했으나 위법한 확정측량의 원인으로 관계법령을 몰라 장기미등기한 원고에게 감경조항을 적용하지 않은 것은 재량권의 남용이다.

2. 고지의 이유

피고지인이 위법하게 토지분할측량을 실시하고도 면적감소에 따른 반환금 지급관련하여 인격권을 침해하였고, 소유권보존등기 형식을 빌린 표시등기를 하면서 등기신청일로부터 등기완료일까지 장기간 소요되었으므로 이를 공시하고 원고등에게 통보함과 동시에 소유권이전등기 신청서류에 표시했어야 하나 이를 이행하지 않아 원고는 통보받지 못하여 등기완료일(1심 재판까지 원고, 피고, 법원 아무도 몰랐음)을 알지 못했기 때문에 원고는 피고지인의 확정측량시 위법때문에 등기에 손해가 많다고 판단하여 공박에의해 취득하여 관련 법령을 몰랐기 때문에 원고가 면적 감소에 따른 정산금을 받지 않고 소유권이전 등기 신청을 늦게하게 되는 원인이 되었다.

이소송에 참여할 의사가 있으면 법원의 허가를 받아 신청하기 바라며 상기사실 및 피고지인의 과실, 피고지인이 사실조회신청 및 문서제출명령서를 법원에 제출하지 않아 원고에게 불리한 판결이 있을 경우 이에 대한 구상을 청구할 사정이 있습니다. 따라서 이사건 소송을 고지하는 것입니다.

3. 소송의 정도

고지인(원고)은 위 소송에 대하여

가. 원고의 준비서면을 3회에 결쳐 제출하였고

나. 2회의 변론이 있었으며 최종변론은 2013.04.17. 14:15임을 알려드립니다.

2013. 3. 27.

위 원고 김정선

대전고등법원(청주) 귀중

경제혁신 3개년 계획, "3년의 혁신, 30년의 성장"

국토교통부

국 토 교 통 부

경제혁신 3개년 계획

수신 김정선 귀하(

(경유)

제목 민원에 대한 회신

김정선 선생님 안녕하십니까?

평소 국토교통행정업무에 관심과 애정을 가져 주신 점 깊이 감사드립니다. 2017.1.4. 서면으로 우리 부에 제출하신 민원에 대해 아래와 같이 답변 드립니다.

1. 민원 요지 : 토지 선분양 제도 폐지 및 한국토지주택공사 지도 감독요청

2. 답변 내용

「산업입지 및 개발에 관한 법률」(이하 '산입법') 제32조에서의 선수금은 사업시행자는 그가 조성하는 용지를 분양받거나 시설물을 이용하려는 자로부터 대금의 전부 또는 일부를 미리 받아 사업 진행에 필요한 자금을 확보할 수 있게 해주므로 산업입지의 원활한 공급을 통하여 균형 있는 국토개발과 지속적인 산업발전을 촉진함으로써 국민경제의 건전한 발전에 이바지함을 목적으로 도입된 제도입니다.

따라서, 사인간의 거래인 용지매매계약으로 발생된 피해 등의 이유로 동 제도를 폐지하는 것은 수용하기 곤란함을 알려드립니다만, 산업단지 개발계획 및 실시계획 승인시 사전검토 등을 통해 민원이 발생되지 않도록 지도 감독에 최선을 다할 계획임을 알려드리니 이점 널리 양해하여 주시기 바랍니다.

추가 문의사항이 있을 경우에는 국토교통부 산업입지정책과(☎044-201-3682 담당 이현영)에 문의하여 주시면 친절히 답변해 드리도록 하겠습니다. 감사합니다. 끝.

국토교통부장관

국토교통부장관인

제3장 부동산 실권리자 명의 등기에 관한 법률의 법리

1 부동산 실명법 및 부동산등기 특별조치법은 등기권리자(매수자)에게 일정기간내 소유권이전 등기의무를 규정한 법률이므로 상대방인 등기의무자(매도자)가 등기 해태원인을 제공하였는지 여부와 행정권자의 행정처분 관련법률이 상위법률인 헌법에 위반되는지 여부가 우선검토 되어야 함에도 불구하고 수백명의 공권력자는 부동산실명법이 헌법의 상위법률인 것처럼 육하원칙도 없이 구렁이 담 넘어가듯 행정처분, 민원, 청원을 모두 얼버무렸으므로 관련자들은 삼권분립의 원칙을 위반하고 헌법 제7조 및 공무원법 제56조 등을 위반한 것입니다.

2 건전한 부동산 거래 질서를 확립(아파트 미등기 전매 방지) 하기 위하여 법무부는 국회에서 의결된 부동산 등기 특별조치법을 법률 제4,244호로 1990.08.01. 공포하였고

3 제2조 (소유권 이전 등기 등 신청 의무) 제1항 제1호로 부동산의 소유권 이전을 내용으로 계약을 체결한 자 중 계약의 당사자가 서로 대가적인 채무를 부담하는 경우에는 반대급부의 이행이 완료된 날부터 60일 이내에 소유권 이전 등기를 신청하여야 한다로, 제2항 및 제 3항으로 거래계약의 순차 등기를 하라고 규정하고 있고.

4 제11조(과태료) 제1항으로 등기 권리자가 상당한 사유 없이 제2조의 규정에 의한 등기 신청을 해태 한 때에는 그 해태 한 날 당시에 그 부동산에 대한 등록세액이 5배이하에 상당하는 금액의 과태료에 처한다. 다만 등기 의무자의 책임 있는 사유로 등기를 신청하지 못한 때에는 등기 의무자를 과태료에 처한다로, 제2항으로 과태료의 금액을 정함에 있어서 해태 기간, 해태 사유, 목적 부동산의 가액 등을 참작하여야 한다로 규정하였고,

5 제12조(과태료 부과 징수) 제1항으로 과태료는 그 부동산의 소재지를 관할하는 시장 등이 이를 부과 징수한다, 제5항으로 시장 등은 지체 없이 지방법원에 그 사실을 통지하여야 하고 지방법원은 비송 사건 절차법에 의한 과태료 재판을 한다. 제7항으로 등기관은 제11조의 규정에 의한 과태료에 처할 사유가 인정될 때에는 지체없이 목적 부동산의 소재지를 관할하는 시장 등에게 이를 통지하여야 한다. 제8항으로 과태료의 부과 징수에 관하여 필요한 사항은 내무부령으로 정한다 라고 규정하였다.(#부동산 등기 특별조치법 2조,제11조,제12조)

6 행정안전부는 1991.01.01 내무부령 제 519호로 부동산 등기특별조치법에 의한 과태료 부과 징수 규칙 제2조 제4호로 시장 등은 신청 해태에 관하여 상당한 사유가 있다고 인정하는 경우에는 그 사유가 존재하는 기간은 법 제2조의 등기 신청 기간에 이를 산입하지 아니한다 로 제3조 (부과 기준 및 감경) 제1항으로 시장등 은 별표의 과태료 부과 기준에 의하여 과태료의 금액을 정하여야 한다.(#부동산 특별조치법에 의한 과태료 부과징수규칙)

7 법무부는 부동산 실명법 공포 전 1993.07.02 사업 준공된 확정되지 아니한 부동산 거래인 안산 신도시 선 매각토지의 경우 반대급부 이행일을 표시 변경 등기 후 대금청산일로 법령 해석을 하여 법제처가 운영하는 국가 법령정보센터에 이 사건 발생 이후인 2014년 경까지 게시하였고 (#부동산 등기 특별조치법 제2조 제1항에 대한 질의: 2011.08.08 편저자 확인)

8 재정경제원 주관 법무부가 공동으로 국회에 부동산등기특별조치법에 의한 취득일이 부동산 실명법의 장기 미등기 기간 계산일이라고 제안(법제처심의) 하였고 1995.03.30 부동산 실명법 공포 직후 정부는 시행령에 반대급부 이행일을 대금청산일로 규정하겠다고 국민들에게 고지하였고 (# 부동산 실권리자 명의 등기에 관한 법률안 제안 설명, 법률안, #부동산 실권

리자 명의 등기에 관한 법률 시행령입법예고)

9 시행령 공포 전 구 재정경제원이 국민들에게 피해가 없도록 1995.04.26. 부동산 실명법 해설집으로 장기미등기 기산일을 잔금청산일로 행정기관 및 국민들에게 고지 하였고(#부동산 실명법 해설집)

10 1995.0 4.04 입법 예고한 대금청산일로 한다는 시행령(안) 제6조를 법제처가 의견수렴 중 누가 법률 해석을 하더라도 같은 것이라고 직권 삭제하였기 구 재정경제원은 직권삭제는 수용하되 기간계산일이 필요하여 소득세법 시행령 제162조(양도 또는 취득의시기)의한 취득일이라고 1995.05.09. 국무회의를 통과하였고 (#법제처 심의과정에서 문제점검토, 장기미등기의 기간계산)

11 1995.05.19.부동산 실명법 시행령 공포시 시행령(안) 제6조를 삭제한 사유를 관보 등으로 국민들에게 고지하지 않았고 부동산 실명법 및 동법 시행령은 1995. 07.01. 시행되었고

12 대법원 사법등기국에서도 반대급부 이행일이 대금청산일이 아니라면 반대급부의 이행일을 언제로 보아야 하는지 등기법에서 규정하지 않았고 부동산 취득일을 지방세법에서는 매매대금 완납처리일(2001.12.26), 소득세법에서는 매매대금청산일(2009.03.02), 편저자 부동산 등기부에는 일시납 계약이므로 소득세법시행령에 의한 계약체결일을 등기원인일(1998.06.08)로 등기하고 있음에도 (#취득세영수증, #취득세용 토지대금 완납 확인서, #환지등기 촉탁서; 등기필증, #등록세용 토지대금 완납확인서, #부동산등기부)

13 부동산 등기특별조치법 시행 21년 후, 부동산 실명법 시행 16년 후, 반대급부의 이행이 완료된 날을 대금청산일로 볼수 없다는 충청북도, 청원

군, 법무부의 법률 해석은 도상 가분할 토지 거래의 맹점 때문에 헌법 제1조에 규정된 주권, 제13조에 규정된 법률 불소급의 원칙, 제37조에 규정된 공공의 이익에 반하는 권리 제한 법률이므로 위헌 법률입니다.

14 법무부는 부동산 등기 특별조치법 제11조 단서 조항인 등기 의무자의 책임 있는 사유로 등기를 신청하지 못한 때에는 등기 의무자를 과태료에 처한다라는 규정을 부동산 실명법 시행일에 타법(부동산실명법) 개정으로 삭제하였으므로 부동산 실명법 및 전제조건인 부동산 등기 특별조치법은 등기 의무자와 등기 권리자 간의 헌법 제11조에 의한 평등권을 침해한 법률이 되었다.

15 1995.03.30 공포한 부동산실권리자 명의 등기에 관한 법률 제10조 제1항 제1호는 부동산 매수자에게 부동산 취득일로부터 3년이내에 소유권이전등기를 신청하지 않았을 경우 부동산 가액의 30%까지 장기미등기 과징금을 시장군수가 부과할 수 있는 조문이지만 당해조문은 부동산 실소유자명의 등기에 관한 법률로 입법예고한 조문이 아니기 때문에,

16 법률 주관발의자인 재정경제원(공동발의자 법무부, 법제처심사)은 법률에서 규정하고 있는 부동산 취득일(부동산등기특별조치법 문구인용)에 대한 해석을 명확히 하도록 하기 위하여 1995.04.04. 시행령(안)조문으로서 대금청산일로 한다 고 공포(법제처 심사필: 관보 제12980호 30p~33p)하여 국민여론을 수렴하였고, 의견수렴 기간 중 법제처가 갑자기 생각을 달리하여 누가 법률해석을 하더라도 같을 것이라고 직권삭제 하였고 그 사유를 국민들에게 한번도 고지하지 않았으므로 헌법 제1조 및 행정절차법 제5조를 위반한 중대한 하자가 있는 미필적 고의법률이 시행되도록 한 법제처는 정부 업무분장상 법률 해석권한이 없다고(법제업무 운영지침) 행정작위에 대하여 10년동안 소외자 또는 당사자 로서 묵비권을 행사했습니다.

17 미필적 고의법률이 시행되었지만 도상가분할 토지거래의 경우 부동산 양도 및 취득시기는 소득세법상 대금청산일 이고 양도소득세 계산 기산일 이며 법률시행전 재정경제원이 1995.04.26. 법률해설집으로 잔금청산일 이라고 고지하였고 법률공포시 및 시행령(안) 공포 시 언론보도자료도 대금 청산일이었으므로 2011년 부동산 실무경험이 전혀 없는 법무부 계약직 공무원이 충청북도로부터 허위공문서 작성에 의한 법령질의를 받고 헌법 제13조 및 행정절차법 제4조를 위반하여 대금청산일로 볼 수 없다(법무부는 15차례 민원을 수용하지 않았음)는 이 사건 법률해석 외 에는 청산일로 볼 수 없다는 판례 및 법률해석례가 한 건도 없었습니다.

18 지방세법에서 규정하고 있는 부동산 취득일은 매수자가 매도자에게 매매대금을 납부한 날로 원칙적으로 1개월이내에 취득세를 납부(일시납 또는 분납)하여야 하며 소득세법에서 규정하고 있는 부동산취득일은 매수자와 매도자간 의 채권 채무관계가 깨끗이 해결된 날로서 부동산 취득일 및 양도일이며 양도소득세 기산일이 되므로 소유권이전 관련 법률에 의한 취득일은 민법상 채권채무관계 규정에 의하여 대금청산일로 해석되어야 하는 것은 너무나 당연한 논리입니다.

19 법무부는 부동산 실명법 공포 5년전인 1990.08.01. 신규분양 아파트 등 미등기전매를 방지하기 위하여 부동산 취득일을 서로 대가적인 채무를 부담하는 경우에는 반대급부의 이행이 완료 된날이라는 문구를 사용하여 60일이내에 소유권을 이전하도록 부동산 등기특별조치법을 공포하였고 1993.07.02 사업 준공된 안산신도시 도상가분할 토지거래의 경우 표시변경등기후 대금청산일이라고 해석하여 2014년경까지 법제처 국가법령정보센터에 게시되어 있었습니다.

20 부동산 등기특별조치법은 확정된 부동산의 거래질서에 초점을 맞추

었기 매도자가 과태료 기산일 결정권을 갖고 있지 않으므로 청산일 개념이 필요치 않았을 것으로 판단되나 부동산실명법 주관 발의자인 재정경제원은 미확정된 부동산 거래의 경우 매도자가 토지면적확정시 오차라는 이유로 매수자의 매매대금 완납처리일 결정권을 가지고 있으므로 과징금 기산일에 청산일개념이 필요하다고 판단했기때문에,

21 재정경제원은 법제처가 대금청산일로 한다 라는 시행령(안)조문을 삭제하는 것은 수용하되 그 기간 계산일은 소득세법 시행령 제162조에 의한 부동산 취득일이라고 설명하여 국무회의시 시행령이 확정된 것으로 법령제정과정에 명백히 기록되어 있습니다.

22 부동산 취득일은 대금청산일로 한다라는 시행령 조문은 삭제되었지만 부동산의 소유권 이전은 소득세법에서 규정하고 있는 양도 또는 취득일로 규정된 조문에 의하여 이루어지므로 소득세법에 의한 취득일로 25년동안 수많은 행정직공무원 및 등기공무원 들이 판단하여 기산일관련 사건이 발생하지 않았기 때문에 국가법령 정보센터에 판례가 게시되어 있지 않다고 판단됩니다.

23 법무부는 편저자가 부동산 실명법에서 규정하고 있는 반대급부 이행일이 부동산 등기 특별조치법에서 규정하고 있는 반대급부 이행일과 다르게 해석하여서는 아니 된다는 민원을 계속 제기하자 벌칙에 대한 법무부 소관 법 규정에 대한 해석을 국가 법령 정보에서 삭제하라고 요구하여 법제처는 국가법령정보센터에 게시되어 있었던 부동산 등기 특별조치법에서 규정하고 있는 반대급부 이행일에 대한 해석까지도 삭제하였으므로 30년 동안 국민을 농락한 것입니다.

24 법무부는 구재정경제원으로부터 부동산 실명법 제10조 제1항의 헌법재판소 헌법 불합치 결정에 따른 입법예고 개정법률(안), 개정 시행령(안)

을 2002.01.01.이관 받아 2002.03.30.에는 법률을, 2002.04.08일에는 시행령을 개정하였음에도, 국가기록원에 소장되어 있는 반대급부 이행일에 대한 해석 자료도 일체 공개를 거부하였으므로 법무부가 입법권 행정권까지 사법부에 넘겨준 삼권 분립의 원칙을 위반하였기 사법부는 무법천지 판결을 10년간 지속하였고

25 헌법재판소의 헌법 불합치 결정(과잉금지의 원칙위반,평등권 침해)에 의한 개정법률의 주요골자는 제5조제3항으로 과징금은 규정을 위반한 기간, 조세를 포탈 하거나 법령에 의한 제한을 회피할 목적으로 하였는지 여부등을 고려하여 대통령 령으로 정한다 라고 규정하였음에도 법원이 관계법령은 증거자료가 되지 않는다고 증거자료를 반환하고도 개정법률에 대한 판단을 일체 하지 않았으므로 명백한 심리미진 하극상 판결을 하였다. (#부동산 실권리자 명의 등기에 관한 법률 중 개정요약, #부동산 실권리자 명의등기에 관한법률 개정, #동법시행령개정 #법무부 공개여부검토결과)

26 반대급부의 이행이 완료된 날로 규정한 법률의 해석을 명확히 하기 위한 시행령(안) 조문을 누가 법률 해석을 하더라도 같을 것이라고 직권 삭제(행정절차법 제5조 위반)함으로써 미필적 고의 법률을 시행 토록 한 법제처와 법무부, 부동산 등기 특별조치법 시행 21년 후, 부동산 실명법 시행 16년 후 주권을 침해하여 자기부정 법률 해석을 10년간 고수한 법무부(행정절차법 제4조위반), 등기관련 법률제정에 따른 등기 행정 지침 유무에 대하여 묵비권을 행사한 대법원 사법등기국, 입법 당시의 국회 자료, 법률 주관 발의자인 구 재정경제원의 부동산 실명법 해설집, 언론 보도 자료, 관보, 헌법재판소의 헌법 불합의 결정에 의한 개정 법률, 판례를 모두 간과한 법원의 진정 소급 법률 해석에 의한 판결이 헌법 제1조, 제7조, 제10조, 제11조, 제13조, 제23조, 제37조에 위반되는지 여부의 법리를 판결문 등으로 10년동안 공개를 거부하고 명시하지 않았으므로 법조인들은 모두 5천만 국민에

게 기망 행위를 하는 사람들이라는 것을 명확히 입증한 것입니다. (#기획재정부 회신 문서, #안전행정부 질의 및 회신 문서 참조)

27 정부법무공단은 개인이나 기업으로부터 국가의 재정을 지키도록 설립한 법무법인임에도 피고 겸 법률상 대표자인 법무부의 소송대리인으로서 반거래질서적 반경제적 답변서를 제출하였으므로 스스로 존재할 이유가 없다고 자인한 것입니다.

28 부동산 실명법 제10조 제1항, 제2항, 제3항은 입법, 사법, 행정권자 수백명이 대한민국 국민 이기를 거부하고 헌법, 법률, 육하원칙도 없이 채증의 법칙 비례의 원칙, 법률 불소급의 원칙도 모두 간과하여 10년간 판단하고 직무유기한 반사회적 비경제적 저승사자 법률이므로 폐기되어야 합니다.

부동산등기특별조치법

[시행 1990. 9. 2.] [법률 제4244호, 1990. 8. 1., 제정]

제2조 (소유권이전등기등 신청의무) ①부동산의 소유권이전을 내용으로 하는 계약을 체결한 자는 다음 각호의 1에 정하여진 날부터 60일이내에 소유권이전등기를 신청하여야 한다. 다만, 그 계약이 취소·해제되거나 무효인 경우에는 그러하지 아니하다.

1. 계약의 당사자가 서로 대가적인 채무를 부담하는 경우에는 반대급부의 이행이 완료된 날

④소유권보존등기가 되어 있지 아니한 부동산에 대하여 소유권이전을 내용으로 하는 계약을 체결한 자는 다음 각호의 1에 정하여진 날부터 60일이내에 소유권보존등기를 신청하여야 한다.

2. 계약을 체결한 후에 부동산등기법 제130조 또는 제131조의 규정에 의하여 소유권보존등기를 신청할 수 있게 된 경우에는 소유권보존등기를 신청할 수 있게 된 날

제11조 (과태료) ①등기권리자가 상당한 사유없이 제2조 각항의 규정에 의한 등기신청을 해태한 때에는 그 해태한 날 당시의 그 부동산에 대한 등록세액(登錄稅가 非課稅·免除·減輕되는 경우에는 地方稅法의 規定에 의한 不動産價額에 不動産登記稅率을 곱한 금액)의 5배이하에 상당하는 금액의 과태료에 처한다. 다만, 등기의무자의 책임있는 사유로 등기를 신청하지 못한 때에는 등기의무자를 과태료에 처한다.

제12조 (과태료의 부과·징수) ①제11조의 규정에 의한 과태료는 그 부동산의 소재지를 관할하는 시장등이 이를 부과·징수한다.

⑦등기공무원은 제11조의 규정에 의한 과태료에 처할 사유가 있다고 인정된 때에는 지체없이 목적부동산의 소재지를 관할하는 시장등에게 이를 통지하여야 한다.

⑧과태료의 부과·징수에 관하여 필요한 사항은 내무부령으로 정한다.

부동산등기특별조치법에의한과태료부과·징수규칙

[시행 1991. 1. 1.] [내무부령 제519호, 1990. 12. 31., 제정]

제2조 (등기신청기간의 산정) 시장·군수·구청장(이하 "시장등"이라 한다)은 등기권리자가 다음 각호의 1에 해당하는 사유로 등기신청을 해태한 경우에는 등기권리자에게 등기신청을 해태한 상당한 사유가 있는 것으로 보아 그 사유가 존재하고 있는 기간은 법 제2조의 등기신청기간에 이를 산입하지 아니한다.

4. 기타 시장등이 등기신청해태에 관하여 상당한 사유가 있다고 인정하는 경우

제3조 (부과기준 및 감경) ①시장등은 별표의 과태료부과기준에 의하여 과태료의 금액을 정하여야 한다.

[별표]

과태료부과기준(제3조제1항 관련)

부 과 기 준	부 과 금 액
2월미만 해태	등록세액의 100분의 30
2월이상 4월미만 해태	등록세액의 100분의 50
4월이상 6월미만 해태	등록세액의 100분의 80
6월이상 8월미만 해태	등록세액의 100분의 120
8월이상 12월미만 해태	등록세액의 100분의 200
12월이상 해태	등록세액의 100분의 300

부동산등기특별조치법 제2조제1항에 관한 질의

[법무부연도미상, 법무부]

【질의요지】

한국수자원공사가 산업기지개발촉진법에 의거, 건설부장관의 승인을 얻어 건설하고 있는 안산 신도시개발사업은 아래와 같은 절차를 거쳐 피분양자에게 소유권이 이전되는바, 동 절차에 따라 소유권을 이전하고 있는 경우 등기신청 해태에 따른 과태료부과의 기준이 되는 「부동산등기특별조치법 제2조제1항」의 "반대급부의 이행이 완료된날"을 언제로 보아야 하는지 여부.

산업기지개발구역지정(건설부)→기본계획수립(건설부)→개발사업실시계획수립(수자원공사)→토지취득(수자원공사)→공사시행(수자원공사)→토지가분할(도상분할, 수자원공사)→토지분양계약체결(수자원공사, 피분양자)→공사준공(수자원공사)→지적측량(지적공사)→지적공부정리(토지대장, 표시변경등기)→확정면적에 따른 대금정산(수자원공사, 피분양자)→소유권이전

○ 갑설

공사준공전 가면적으로 분양계약된(잠정)분양대금 잔금.

○ 을설

공사준공후 지적 측량에 의해 확정된 면적에 대한 대금 정산일.

【회답】

분양면적이 확정된후 그에 따른 토지대금을 정산한 날을 "반대급부의 이행이 완료된 날"로 보는 을설이 타당함.

【이유】

「부동산등기특별조치법 제2조제1항」에서 쌍무계약의 경우에는 반대급부의 이행이 완료된 날, 편무계약의 경우에는 그 계약의 효력이 발생한 날을 각 이전등기신청기산일로 규정한 것은 등기신청이 가능한 날로부터 일정기간내 등기를 신청하도록 한 것임.

이건의 경우를 보면 분양자인 한국수자원공사는 토지를 우선 도상분할하여 피분양자에게 분양하면서 일응 대금을 받되 토지조성공사가 완료된 다음 지적측량을 실시하여 그 면적을 확정한 후 증감된 토지에 대하여는 그 대금을 정산하기로 약정하여 분양한 것이므로, 그 면적이 확정되어 대금이 결정된후 그 대금이 정산되어야 반대급부의 이행이 완료된 것으로 볼 수 있는데다가, 현실적으로도 공사가 완료된 다음 그 면적이 확정되어 표시변경등기가 이루어져야 피분양자 앞으로 이전등기가 가능하므로 지적측량을 실시, 분양면적을 확정한 후 그에따른 토지대금을 정산한 날을 위 법상의 이전등기 신청기산일로 보는 을설이 타당하다고 생각됨.

不動産實權利者名義登記에관한法律案

提 案 說 明

1995. 2.

副總理 兼 財政經濟院 長官
法 務 部 長 官

尊敬하는 朴熺太 法制司法委員會 委員長님,

그리고 尊敬하는 여러 委員님!

不動産實權利者名義登記에관한法律制定案에 대한 提案說明을 드리겠습니다.

먼저 提案理由를 말씀드리면,

不動産에 관한 所有權 기타 物權은 實體的 權利關係에 부합하도록 實權利者 名義로 登記하게 함으로써 投機·脫稅·脫法行爲등 反社會的 行爲를 방지하고 不動産去來의 正常化와 不動産價格의 安定을 도모하고자 하는 것입니다.

다음 主要骨子를 말씀드리면,

다섯째, 不動産 取得日부터 60일 이내에 所有權移轉登記를 하지 아니하여 현행 不動産登記特別措置法에 의하여 過怠料의 賦課對象이 되는 자로서 3년이 경과하도록 所有權移轉登記를 하지 아니한 자에 대하여는 課徵金등을 부과하고,

副總理 兼 財政經濟院 長官 洪 在 馨

法 務 部 長 官 安又萬

法律 第 號

不動産實權利者名義登記에관한法律案

第1條(目的) 이 法은 不動産에 관한 所有權 기타 物權을 實體的 權利關係에 부합하도록 實權利者 名義로 登記하게 함으로써 不動産登記制度를 악용한 投機·脫稅·脫法行爲등 反社會的 행위를 방지하고 不動産去來의 正常化와 不動産價格의 안정을 도모하여 國民經濟의 건전한 발전에 이바지함을 目的으로 한다.

第2條(定義) 이 法에서 사용하는 用語의 定義는 다음과 같다.

1. "名義信託約定"이라 함은 不動産에 관한 所有權 기타 物權(이하 "不動産에 관한 物權"이라 한다)을 보유한 者 또는 사실상 취득하거나 취득하려고 하는 者(이하 "實權利者"라 한다)가 他人과의 사이에서 對內的으로는 實權利者가 不動産에 관한 物權을 보유하거나 보유하기로 하고 그

의 回避를 目的으로 하지 아니하는 경우에는 第4條 내지 第7條 및 第12條第1項·第2項의 規定을 적용하지 아니한다.

1. 宗中이 보유한 不動産에 관한 物權을 宗中(宗中과 그 代表者를 같이 표시하여 登記한 경우를 포함한다)외의 者의 名義로 登記한 경우

2. 配偶者 名義로 不動産에 관한 物權을 登記한 경우

第9條(調査등) ①市長·郡守 또는 區廳長은 필요하다고 인정하는 경우에는 第3條·第10條 내지 第12條 및 第14條의 規定에 위반한 여부를 확인하기 위한 調査를 할 수 있다.

②國稅廳長은 脫稅嫌疑가 있다고 인정하는 경우에는 第3條·第10條 내지 第12條 및 第14條의 規定에 위반한 여부를 확인하기 위한 調査를 할 수 있다.

③公務員이 그 職務를 행함에 있어 第3條·第10條 내지 第12條 및 第14條의 規定에 위반한 사실을 알게 된 경우에는 國稅廳長과 당해 不動産의 所在地를 관할하는 市長·郡守 또는 區廳長에게 그 사실을 통보하여야 한다.

第10條(長期未登記者에 대한 罰則등) ①不動産登記特別措置

法 第2條第1項 · 第11條 및 同法 附則 第2條의 적용을 받는 者로서 다음 各號의 1에 의한 날부터 3年이내에 所有權移轉登記를 申請하지 아니한 登記權利者(이하 "長期未登記者"라 한다)에 대하여는 不動產評價額의 100分의 30에 해당하는 금액(不動產登記特別措置法 第11條의 規定에 의한 過怠料가 이미 賦課된 경우에는 이를 差減한 금액을 말한다)을 課徵金으로 賦課한다. 다만, 第4條第2項 本文 및 第12條第1項의 規定에 의하여 登記의 효력이 발생하지 아니함에 따라 새로이 登記를 申請하여야 할 사유가 발생한 경우와 登記를 申請하지 못할 정당한 사유가 있는 경우에는 그러하지 아니하다.

1. 契約當事者가 서로 代價的인 債務를 부담하는 경우에는 反對給付의 이행이 사실상 완료된 날
2. 契約當事者의 一方만이 債務를 부담하는 경우에는 그 契約의 효력이 발생한 날

②第5條第3項 내지 第6項의 規定은 第1項의 規定에 의한 課徵金에 관하여 이를 準用한다.

보도자료

이 자료는 '95년 4월 4일 조간부터 보도하여 주시기 바랍니다

"부동산실권리자명의등기에관한법률시행령" 입법예고

- 제173회 임시국회에서 확정된 "부동산실권리자명의등기에관한법률"(부동산실명법)은 '95.3.30 공포되어 '95.7.1부터 시행될 예정임
- 이에 따라 정부는 법에서 위임된 사항과 시행에 필요한 구체적인 사항을 규정할 시행령(안)을 입법예고하게 된 것임
- 시행령(안)은 입법예고기간('95.4.4～4.15)과 국무회의 심의('95.4월중)를 거쳐 확정, 법 시행과 동시에 시행할 예정임
- 시행령(안)의 주요내용은 별첨과 같음

보도자료 생산과 : 금융·부동산실명제실시단 503-6792
세제실 재산세제과 503-9221

②매각방법 : 원칙 공매 (일정요건하 수의계약 가능)

③매각조건

- 당사자간 협의에 의하여 결정하되 회수에 따라 체감
  (6회 공매시 50%까지 체감, 그후 추가 공매시 10%씩 체감)

3. 과징금의 부과 · 징수

①위반사실이 확인된 후 1개월이내에 과징금 납부통지

②과징금 납부통지후 3개월이내 납부

③1천만원이상 과징금은 물납 가능

④불복절차는 행정심판법 준용(시 · 군을 경유하여 시 · 도에서 재결 → 행정소송)

4. 장기미등기의 기산일

①반대급부의 이행이 사실상 완료된 날은 대금청산일로 함

②교환의 경우에는 교환계약이 성립한 날

5. 조세부과의 특례대상 부동산의 범위

①"1건"의 범위

- 토지 : 1필지(인접한 수필지 포함, 매수시점이 다른 경우도 포함)

- 건물 : 1동의 건물 및 부속토지

②부동산 가액 : 법시행일 현재의 평가액

不動產實名法 解說

— 不動產實權利者名義登記에관한法律 —

1995. 4

財 政 經 濟 院

원본대조필

국가기록원 보존문서(원본,광디스크,마이크로필름)
로부터 복사되었음을 증명함 2016. 03. 31

국가기록원 서울기록관장

이 책자는 7월 1일 법이 시행되기 전에 不動產實名制의 내용을 알기 쉽게 설명함으로써 一般國民과 商工人이 뜻하지 않는 불이익을 당하는 사례가 없도록 하기 위하여 작성된 것입니다. 또한, 이 책자에는 法律案 成案過程에서 논의되었던 사항에 대하여 고심했던 점과 정책판단 이유도 기록하여 둠으로써 차후 법 해석에 도움이 되도록 하였습니다.

끝으로, 不動產實名制가 빠른 시일내에 정착하여 不動產 去來秩序를 바로잡는데 중요한 역할을 함으로써 건전한 國民經濟發展에 이바지하게 되기를 기대합니다. 감사합니다.

1995. 4. 26

副總理 兼 財政經濟院長官

홍재형

⑦ 장기미등기 3년의 기산일은 계약당사자가 서로 대가적인 債務를 부담하는 경우(예 : 賣買, 交換)에는 반대급부의 이행이 사실상 완료된 날이므로 잔금청산일이 된다. 契約當事者의 일방만이 채무를 부담하는 경우(예 : 贈與)에는 그 계약의 효력이 발생한 날이 기산일이 된다. 한편, 實名法은 부칙에서 경과규정을 두어 법 시행일('95.7.1)이전에 장기미등기의 기산일이 되는 취득일이 경과한 경우에는 법 시행일을 장기미등기의 기산일로 하도록 하였다(부칙 §3). 따라서, 實名法上의 長期未登記者에 대한 벌칙 부과는 법 시행일부터 3년이 경과하는 '98.6.30 이후에 최초로 이루어지게 된다.

사. 長期未登記者에 대한 罰則(§10)

○ 不動産登記特別措置法 제2조제1항의 적용을 받는 자로서 3년이내에 所有權移轉登記를 신청하지 않은 등기권리자(장기미등기자)에 대하여는 不動産評價額의 30%에 해당하는 課徵金 賦課(不動産登記特別措置法에 의한 과태료가 이미 부과된 경우에는 차감)

- 名義信託約定 및 등기의 무효로 인하여 새로이 등기를 신청할 사유가 발생한 경우와 登記를 신청하지 못할 정당한 사유가 있는 경우는 제외

* 長期未登記의 기산일(취득일)

- 契約當事者가 서로 대가적인 債務를 부담하는 경우에는 반대급부의 이행이 사실상 완료된 날
- 契約當事者의 일방만이 債務를 부담하는 경우에는 그 계약의 효력이 발생한 날(§10①,②)

○ 課徵金을 부과받고도 所有權移轉登記를 신청하지 않는 때는 이행강제금을 부과(§10③)

○ 長期未登記者와 교사자는 5년이하의 징역 또는 2억원이하의 벌금에 처함

- 방조자는 1년이하의 징역 또는 3천만원이하의 벌금에 처함(§10④)

○ 법 시행전 취득일이 경과한 경우에는 3년은 법 시행일부터 기산(부칙 §3)

부동산실명법시행령 입법예고(안)에 대한 법제처 심의과정에서 제기된 문제 검토

1995. 4

금융 · 부동산실명제실시단

· 개발이익환수에관한법률에 의한 개발부담금의 납부기한은 6월

· 택지초과소유부담금의 경우 금액에 따라 납부기한 1~2월 차등

ㅇ 제4항의 경우

- 법에서 체납처분은 지방세법을 준용하도록 하고 있는 규정과 연관하여 부과·징수도 지방세법을 준용하도록 한 것임

2. 제6조 (장기미등기의 기산일)

법 제10조제1항제1호에서 "반대급부의 이행이 사실상 완료된 날"은 대금청산일로 한다. 다만, ……….

가. 법제처 의견 : 동 조문 삭제

<이유>

- 반대급부의 이행이 사실상 완료된 날로써 충분하고 세법을 원용하여 다시 불필요하게 규정할 필요없음

- 의무위반시 형사처벌의 대상이 되는바, 기산일을 몇가지 규정으로만 나눔으로써 기소유지 곤란(법무부 의견)

나. 검토의견 : 수용가능

3. 제7조 (종교단체 및 향교등의 실명등기등)

② 2. 제1항의 종교단체 및 향교등의 그 고유목적을 위하여 사용하는 농지(농지에 정착된 건축물을 포함한다.)

시행령 입법예고 이후 주요 수정 사항

1. 미등기의 기산일

ㅇ 당초안

- 실명법은 장기미등기의 기산일을 계약의 "반대급부의 이행이 사실상 완료된 날"로 규정하고 있는 바,
- 시행령(안)은 이를 대금청산일로 하고, 교환의 경우에는 교환계약이 성립한 날로 하는 해석조항을 둠

ㅇ 최종안 : 삭 제

ㅇ 이 유 : 기산일에 대한 해석조항이 없어도 동일한 해석이 가능하므로 불필요

2. 성업공사에 대한 매각의뢰

ㅇ 당초안

- 가등기, 저당권등으로 인하여 매각이 심히 곤란한 부동산을 매각의뢰하는 경우 성업공사는 승락하지 않을 수 있음

ㅇ 최종안 : 삭 제

ㅇ 이 유

- 당초안은 가등기, 저당권 등이 설정된 부동산을 매각의뢰한 후 부동산 가격 상승시 이를 되사는 방법 등으로 악용할 소지를 막기 위한 것이었으나,
- 허위로 가등기하는 경우 부동산실명법상 명의신탁에 해당되어 과징금 · 벌칙등 제재를 받게 되며, 또한 매각의뢰자는 입찰에 참여할 수 없음
- 따라서, 현실적으로 이러한 경우가 발생할 가능성이 없기 때문에 악용의 소지가 없음

제6조(장기미등기의 가산일) 법 제10조제1항제1호에서 "반대급부의 이행이 사실상 완료된 날"은 대금청산일로 한다. 다만, 다음 각호의 규정에 해당하는 경우에는 각호에서 정하는 날로 한다. 1. 대금을 청산한 날이 분명하지 아니한 경우에는 매매계약서에 기재된 잔금지급약정일. 다만, 잔금지급약정일이 확인되지 아니하거나 잔금지급약정일 전에 당해 부동산에 관한 물권을 사용·수익하는 경우에는 사용·수익을 개시한 날. 2. 완성 또는 확정되지 아니한 부동산을 취득한 경우로서 당해 자산의 대금을 청산한 날까지 당해 부동산이 완성 또는 확정되지 아니한 경우에는 그 부동산이 완성 또는 확정된 날.	<삭 제>

Ⅲ. 기타 검토사항

1. 장기미등기의 기간계산

가. 실명법 규정

○ 미등기기간의 기산점이 되는 부동산취득일을 "계약당사자가 서로 대가적인 채무를 부담하는 경우에는 반대급부의 이행이 사실상 완료된 날"로 규정(§10①)

나. 검토사항

○ 시행령 위임 조항은 아니나, "반대급부의 이행이 사실상 완료된 날"에 대한 해석규정이 필요

○ 소득세법 시행령상 자산의 양도 또는 취득시기 규정 원용(§162)

- "반대급부의 이행이 사실상 완료된 날"은 대금청산일로 하되,

- 대금청산일이 분명하지 않은 경우 : 매매계약서에 기재된 잔금지급약정일
  잔금지급약정일이 확인되지 않거나, 잔금지급약정일 전에 부동산에 관한 물권을 사용·수익하는 경우 : 사용·수익을 개시한 날

- 장기할부 조건의 경우 : 첫회 부불금의 지급일

- 완성 또는 확정되지 않은 부동산을 취득한 경우로서 대금청산일까지 그 부동산이 완성 또는 확정되지 않은 경우 : 부동산이 완성 또는 확정된 날로 규정

등 기 필 증

등기목적 : 환지등기

접수 : 2002년 08월 22일　　제 38523 호

청주지방법원　동청주등기소

등기필

淸州地方法務士會

환 지 등 기 촉 탁 서

접수	2002년8월22일	처리인	접 수	조 사	기 입	교 합	각 종 통 지
	제 호						

종 전 토 지	환 지	소유권 이외의 권리 또는 처분의 제한, 가등기			환지의 교부를 받은 자의 성명 · 주민등록번호 및 주소	비 고
		종별	환지부분	부호		
환지확정지정서 참조	환지확정지정서 참조				한국토지공사 성남시 분당구 정자동217	
등록세	무세 (지방세법 제127조의2 제2항 및 109조 제3항)					

등기원인과 그 년 월 일	2002년 6월 28일 환지
첨 부 서 류	준공인가필증사본 1 , 관보고시문 1 , 지적정리통지문1

산업단지개발사업에 따른 등기를 촉탁함.

환지확정도 1부

2002. 8. 22

200 년 월 일

38523

No. 접수 2002. 8. 22 청주지방법원 동청주등기소

신청인 겸 사업시행자

한 국 토 지 공 사

성남시 분당구 정자동217

위 대리인 충북지사장 이 국

청주시 상당구 우암동 374-4

위 대리인 법무사 지용민

청주시 흥덕구 수곡동

청주지방법원 동청주등기소 귀중

구분		종전의 토지						환지					
연번		면	리	지번	지목	면적(㎡)	비고	면	리	지번	지목	면적(㎡)	비고
2114	1	오창	송대	229 - 3	도로	291		오창	양청	743-11	대	295.9	
2115	2	오창	송대	229 - 4	도로	11		오창	양청	743-12	대	296.3	
2116	3	오창	송대	229 - 1	답	2,813		오창	양청	744-1	공원	1,500.0	
2117	4	오창	송대	229 - 2	답	42		오창	양청	744-2	대	283.5	
2118	5	오창	송대	230 - 1	도로	67		오창	양청	744-3	대	275.7	
2119	6	오창	송대	230 - 0	답	3,292		오창	양청	744-4	대	276.3	
2120	7	오창	송대	231 - 1	도로	23		오창	양청	744-5	대	283.0	
2121	8	오창	송대	231 - 0	답	2,413		오창	양청	745-1	대	240.3	
2122	9	오창	송대	232 - 0	답	2,618		오창	양청	745-2	대	355.8	
2123	10	오창	송대	233 - 0	답	2,602		오창	양청	745-3	대	341.9	
2124	11	오창	송대	234 - 5	도로	20		오창	양청	745-4	대	342.1	
2125	12	오창	송대	234 - 2	전	1,193		오창	양청	745-5	대	342.5	
2126	13	오창	송대	234 - 3	전	168		오창	양청	745-6	대	351.5	
2127	14	오창	송대	234 - 4	전	975		오창	양청	745-7	대	350.9	
2128	15	오창	송대	234 - 1	전	612		오창	양청	745-8	대	340.5	
2129	16	오창	송대	235 - 3	도로	833		오창	양청	745-9	대	342.1	
2130	17	오창	송대	235 - 1	전	436		오창	양청	745-10	대	341.1	
2131	18	오창	송대	235 - 2	전	241		오창	양청	746-1	대	336.7	
2132	19	오창	송대	235 - 4	전	67		오창	양청	746-2	대	335.6	
2133	20	오창	송대	236 - 3	도로	403		오창	양청	746-3	대	341.2	
2134	21	오창	송대	236 - 1	전	354		오창	양청	746-4	대	395.7	
2135	22	오창	송대	236 - 2	전	302		오창	양청	746-5	대	289.3	
2136	23	오창	송대	236 - 4	전	72		오창	양청	746-6	대	370.4	
2137	24	오창	송대	237 - 1	전	1,772		오창	양청	746-7	대	407.1	
2138	25	오창	송대	237 - 2	전	218		오창	양청	746-8	대	390.3	
2139	26	오창	송대	238 - 0	전	1,712		오창	양청	746-9	대	313.7	
2140	27	오창	송대	239 - 4	도로	23		오창	양청	746-10	대	299.8	
2141	28	오창	송대	239 - 2	임야	1,228		오창	양청	746-11	대	306.1	
2142	29	오창	송대	239 - 0	전	1,233		오창	양청	746-12	대	342.1	
2143	30	오창	송대	239 - 1	전	734		오창	양청	746-13	대	342.0	

138 중 73

토지대금완납확인서

0 소 재 지 : 오창공단 확정예정지번 272 - 5
(확정지번745 -7 양청리)

0 면 적 : 350.9 ㎡

0 매 수 자 :

성 명: 김진선
주 소:
주민/사업자번호:
법인번호 :
지 분: /

0 납 부 금 액

원 금	할부이자	지연손해금	선납할인금	계
44,311,960		101,360	899,650	43,513,670

0 용 도 : 등록세 납부용

0 완 납 일 : 2001.12.26

상기와 같이 토지대금을 완납하였음을 확인합니다.

2002. 11. 26

한국토지공사 충북지사장

등기부 등본 (말소사항 포함) - 토지 [제출용]

[토지] 충청북도 청원군 오창읍 양청리 745-7 　　　　고유번호 1547-1996-417401

【 표 제 부 】 (토지의 표시)

표시번호	접 수	소 재 지 번	지 목	면 적	등기원인 및 기타사항
~~1 (전 2)~~	~~1985년6월15일~~	~~충청북도 청원군 오창면 송대리 234-4~~	~~전~~	~~975㎡~~	
					부동산등기법 제177조의 6 제1항의 규정에 의하여 1999년 11월 24일 전산이기
~~2~~	~~2002년8월22일~~	~~충청북도 청원군 오창면 양청리 745-7~~	~~대~~	~~350.9㎡~~	~~토지구획정리사업에 의한 환지 환지확정도제1호~~
3		충청북도 청원군 오창읍 양청리 745-7	대	350.9㎡	2008년12월12일 행정구역명칭변경으로 인하여 2008년12월12일 등기 환지확정도제1호

【 갑 구 】 (소유권에 관한 사항)

순위번호	등 기 목 적	접 수	등 기 원 인	권 리 자 및 기 타 사 항
1 (전 3)	소유권이전	1997년2월19일 제8872호	1997년2월5일 공공용지의 협의 취득	소유자 한국토지공사 114271-0001818 서울 강남구 삼성동 164
				부동산등기법 제177조의 6 제1항의 규정에 의하여 1999년 11월 24일 전산이기

[인터넷 발급] 문서 하단의 바코드를 스캐너로 확인하거나, **인터넷등기소(http://www.iros.go.kr)의 발급확인 메뉴에서 발급확인번호를 입력하여 위·변조 여부를 확인할 수 있습니다. 발급확인번호**를 통한 확인은 발행일부터 3개월까지 5회에 한하여 가능합니다.

발행번호 154200150071991110109640210OJ0174845I9910127091112　　1/2　　**발급확인번호 AANO-BPKC-4015**　　발행일 2009/11/02

[토지] 충청북도 청원군 오창읍 양청리 745-7 고유번호 1547-1996-417401

순위번호	등 기 목 적	접 수	등 기 원 인	권 리 자 및 기 타 사 항
2	소유권이전	2009년10월30일 제134437호	1998년6월8일 매매	소유자 김정선

-- 이 하 여 백 --

수수료 800원 영수함 관할등기소 청주지방법원 등기과 / 발행등기소 법원행정처 등기정보중앙관리소

이 등본은 부동산 등기부의 내용과 틀림 없음을 증명합니다.

서기 2009년 11월 2일

법원행정처 등기정보중앙관리소 전산운영책임관 [등기정보중앙관리소전산운영책임관인]

* 실선으로 그어진 부분은 말소사항을 표시함. * 등기부에 기록된 사항이 없는 갑구 또는 을구는 생략함. * 등기부는 컬러 또는 흑백으로 출력 가능함.

[인터넷 발급] 문서 하단의 바코드를 스캐너로 확인하거나, 인터넷등기소(http://www.iros.go.kr)의 발급확인 메뉴에서 발급확인번호를 입력하여 위·변조 여부를 확인할 수 있습니다. 발급확인번호를 통한 확인은 발행일부터 3개월까지 5회에 한하여 가능합니다.

발행번호 15420015007199111010964021OOJ01748451992O127091112 2/2 발급확인번호 AANO-BPKC-4015 발행일 2009/11/02

公布番號	6683	公布日子	2002 · 3 · 30	題名	不動産實權利者名義登記에관한法律中改正法律

〔일부개정〕

명의신탁약정에 의하여 수탁자의 명의로 등기를 한 명의신탁자, 부동산을 매수한 날부터 3년 이내에 소유권이전등기를 신청하지 아니한 장기미등기자 등에 대하여 당해 위반행위가 탈세나 투기의 방편으로 이용되었는지 여부, 의무위반기간 등을 고려함이 없이 일률적으로 부동산가액의 30퍼센트에 해당하는 과징금을 부과하도록 한 것은 과잉금지의 원칙 및 평등의 원칙에 반한다는 이유로 헌법불합치결정(2001. 5. 31, 99헌가18 등)이 내려짐에 따라 앞으로는 부동산가액의 30퍼센트에 해당하는 금액의 범위안에서 부동산가액 · 의무위반기간 · 조세포탈의 목적이 있었는지 여부 등을 고려하여 과징금을 부과하도록 하려는 것임.

〔헌법불합치조항〕

제5조제2항 본문은 헌법재판소의 헌법불합치결정(2006 · 5 · 25)으로 입법자가 2007. 5. 31.까지 개정하지 아니하면 2007. 6. 1.부터 그 효력을 상실하며, 법원 기타 국가기관 및 지방자치단체는 입법자가 개정할 때까지 이 법 조항의 적용을 중지

公布番號	8418	公布日子	2007 · 5 · 11	題名	不動産實權利者名義登記에관한法律 일부개정법률

〔일부개정〕

현행법은 부동산 실권리자명의 등기의무를 위반한 자에게 과징금을 부과할 때에 명의신탁관계의 종료, 실명등기 등의 존재여부와 상관없이 과징금 산정을 일률적으로 "과징금을 부과하는 날 현재"의 부동산 가액을 기준으로 하고 있어 법 위반 사실이 없는 기간에 발생한 부동산가액 상승분에 대하여도 과징금을 부과하고 있어 「헌법」이 보장하는 재산권과 평등권을 침해하고 있는 바, 과징금 부과시 명의신탁관계가 종료하지 않은 경우에는 기존의 법률에 따라 과징금을 부과하고, 명의신탁관계가 종료하였거나 실명등기를 하였을 때에는 명의신탁관계 종료시점 또는 실명등기시점의 부동산가액에 대하여 과징금을 부과하도록 하려는 것임.

부동산실권리자명의등기에관한법률 (약칭: 부동산실명법)

[시행 2002.3.30.] [법률 제6683호, 2002.3.30., 일부개정]

법무부(법무심의관), 02-2110-3164

제5조 (과징금)①다음 각호의 1에 해당하는 자에 대하여는 당해 부동산가액의 100분의 30에 해당하는 금액의 범위안에서 과징금을 부과한다. <개정 2002.3.30.>

1. 제3조제1항의 규정을 위반한 명의신탁자
2. 제3조제2항의 규정을 위반한 채권자 및 동조동항의 규정에 의한 서면에 채무자를 허위로 기재하여 제출하게 한 실채무자

②제1항의 부동산가액은 과징금을 부과하는 날 현재의 다음 각호의 가액에 의한다. <개정 1996.12.30., 1998.12.28.>

1. 소유권의 경우에는 소득세법 제99조의 규정에 의한 기준시가
2. 소유권외의 물권의 경우에는 상속세및증여세법 제61조제5항 및 제66조의 규정에 의하여 대통령령이 정하는 방법에 의하여 평가한 금액

③제1항의 규정에 의한 과징금의 부과기준은 제2항의 규정에 의한 부동산가액(이하 "부동산평가액"이라 한다), 제3조의 규정을 위반한 기간, 조세를 포탈하거나 법령에 의한 제한을 회피할 목적으로 하였는지 여부 등을 고려하여 대통령령으로 정한다. <신설 2002.3.30.>

④제1항의 규정에 의한 과징금의 금액이 대통령령이 정하는 금액을 초과하는 경우에는 그 초과하는 부분은 대통령령이 정하는 바에 의하여 이를 물납할 수 있다.

⑤제1항의 규정에 의한 과징금은 당해 부동산의 소재지를 관할하는 시장·군수 또는 구청장이 부과·징수한다. 이 경우 과징금은 위반사실이 확인된 후 지체없이 이를 부과하여야 한다.

⑥제1항의 규정에 의한 과징금을 납부기한내에 납부하지 아니한 때에는 지방세체납처분의 예에 의하여 이를 징수한다.

⑦제1항의 규정에 의한 과징금의 부과 및 징수등에 관하여 필요한 사항은 대통령령으로 정한다.

[2002.3.30. 법률 제6683호에 의하여 2001.5.31. 헌법재판소에서 헌법불합치 결정된 제1항을 개정함.]

제10조 (장기미등기자에 대한 벌칙등)①부동산등기특별조치법 제2조제1항·제11조 및 법률 제4244호 동법 부칙 제2조의 적용을 받는 자로서 다음 각호의 1에 의한 날부터 3년 이내에 소유권이전등기를 신청하지 아니한 등기권리자(이하 "장기미등기자"라 한다)에 대하여는 부동산평가액의 100분의 30에 해당하는 금액의 범위안에서 과징금(부동산등기특별조치법 제11조의 규정에 의한 과태료가 이미 부과된 경우에는 이를 차감한 금액을 말한다)을 부과한다. 다만, 제4조제2항 본문 및 제12조제1항의 규정에 의하여 등기의 효력이 발생하지 아니함에 따라 새로이

정보공개 청구 대상 기록물 공개여부 검토결과

청구인	접수번호	철관리번호	철제목	생산기관	생산년도	해당건(건)	건제목	페이지	공개여부 검토결과
김**	13475	DA1273056	법령자문(52)(2003년)	법무부 법무실 법무심의관	2003	4	부동산실권리자명의등기에관한법률위반 과징금 관련 질의	38-39	공개 (단, 38쪽 주택' 삭제 후 공개)
						20	부동산실명법상 과징금 부과 관련 질의에 대한 의견회신	161 - 163	공개
		DA1273019	법령자문	법무부 법무실 법무심의관	2002	1	부동산실명법위반 과징금부과에 대한 질의	1 - 121	비공개
						2	부동산실권리자명의등기에관한법률 질의		
						4	부동산실명법위반 과징금부과 대상 여부	126-138	비공개
						5	부동산실권리자명의등기에관한법률위반 과징금부과 기준에 관한 질의	139~142	공개
						10	부동산실명법위반 과징금부과에 대한 의견회신	158 - 168	비공개
						11	부동산실명제관련 질의에 대한 의견회신		
						13	부동산실명법위반 과징금부과 대상에 대한 의견회신	175 - 178	비공개
						14	부동산실권리자명의등기에관한법률위반 과징금부과 기준에 대한 의견회신	179 - 180	공개

※ 비공개 사유 및 근거 : 성명·주민등록번호 등 개인정보에 관한 사항으로 사생활의 비밀 또는 자유 침해 우려(정보공개법 제9조 제1항 제6호)

정부3.0, 국민과의 약속

기획재정부

기 획 재 정 부

수신 김정선 귀하(,)
(경유)
제목 민원회신(김정선)

1. 2016.2.19. 우리부에 접수한 귀하의 민원에 대한 회신입니다.

2. 「부동산 실권리자명의 등기에 관한 법률 시행령」 제정에 대한 입법예고(재정경제원 공고 제25호, 1995.4.4.)시 해당 시행령(안)에서 장기미등기의 기산일은 아래와 같이 되어 있었습니다.

> 第6조(장기미등기의 기산일) 법 제10조제1항제1호에서 "반대급부의 이행이 사실상 완료된 날"은 대금청산일로 한다. 다만, 다음 각호의 규정에 해당하는 경우에는 각호에서 정하는 날로 한다.
> 1. 대금을 청산할 날이 분명하지 아니한 경우에는 매매계약서에 기재된 잔금지급 약정일. 다만, 잔금지급약정일이 확인되지 아니하거나 잔금지급약정 전에 당해 부동산에 관한 물건을 사용·수익하는 경우에는 사용·수익을 개시한 날.
> 2. 완성 또는 확정되지 아니한 부동산을 취득한 경우로서 당해 자산의 대금을 청산한 날까지 당해 부동산이 완성 또는 확정되지 아니한 경우에는 그 부동산이 완성 또는 확정된 날.
> 3. 부동산 교환의 경우에는 교환계약이 성립한 날

이후 해당 시행령 제6조(장기미등기의 기산일)는 법제처 심사과정에서 아래의 이유로 삭제되어 1995.5.19. 공포된 「부동산 실권리자명의 등기에 관한 법률 시행령」에는 반영되지 않았음을 알려드리니 참고하시기 바랍니다.

> 반대급부의 이행이 사실상 완료된 날로써 충분하고 세법을 원용하여 다시 불필요하게 규정할 필요 없음.
> 의무위반시 형사처벌의 대상이 되는 바, 기산일을 몇가지 규정으로만 나눔으로써 기소유지 곤란(법무부 의견)

[민원인입력사항]			
신청번호	1AA-1304-115344		
신청인구분	개인		
신청인이름	김정선		
연락처	0(	휴대전화	(
주소			
진행상황통보방식	SMS(문자)		
이메일		나의민원확인방식	간편형
신청일	2013.04.23. 17:43:24		

[민원신청내용]	
민원제목	행정절차법 제4조(신의성실 및 신뢰보호) 해석요청

민원내용보기

행정절차법 제4조(신의성실 및 신뢰보호) 해석요청

1. 내용

민원인은 IMF시절 한국토지공사 충북지사에 재직중 지사관내 오창공단 단독주택지를 애사심으로 매매계약 체결(공사직원이 30%)하였으나 상위직급자 퇴직전략(상위직급 77% 퇴직)에 의하여 명예퇴직 하였고 실직인 상태에서 확정측량결과를 통보받고 면적이 과다(5.1㎡)하게 감소하여 민원을 제기할 수도 있었으나 공사에 재직하였다는 점을 감안하여 온라인계좌로 매매대금을 송금하였고 퇴직금도 온라인으로 입금 받았으므로 온라인 송금을 요청하였으나 거절하여 청산금 반환 및 소유권이전이 7년간 늦어졌음.

청원군으로부터 장기미등기에 따른 과징금 부과 사전통보를 받고 부동산등기 특별조치법 및 부동산실권리자명의등기에관한법률을 검토하고 토지분할 확정측량 당시 매매관련 담당자에게 문의해보니 확정측량결과 면적이 줄어들었으므로 완납처리되어 본인의 반대급부일을 통보했다는 사실을 알았고 50% 감경이라도 받으려고 확정측량의 위법 및 청원군의 방조에 대하여는 언급하지 않고 토지매수경위 및 민원인이 처한 현재의 상황을 설명하고 선처를 호소하였습니다. 추가로 면적정산금 환급받은 날짜를 통장사본을 첨부하여 정정통보하였고 부동산 등기특별조치법 제2조1항에 대한 법무부 해석 자료를 송부했습니다.

청원군은 충청북도에 법령해석 질의시 민원인이 제출한 의견서 및 세금관련 부서에 확인하지 않고 등록세도 토지분할 확정측량일자에 납부한 것으로 보인다고 허위로 기재하고 지번 및 지적확정일자, 매도자명의 등기신청일을 다르게 작성하였고, 충청북도는 더욱이 민원인이 제출한 기존법령해석등 서류를 전부 삭제하고 사건개요만 작성하여 민원인에게 불리한 해석이 되었는바, 행정절차법 제4조를 위반하였다고 판단하여 민원을 제기합니다.

충청북도는 부동산 실명법상 장기미등기에 관하여 소비대차계약 건과 미확정 부동산에 대한 건을 질의하면서 소비대차계약 건은 소비대차를 위한 계약이므로 부동산 등기 특별조치법 제2조의 규정에 비추어 봤을대 장기미등기자가 아니라는 의견을 내면서 차용금증서 및 부동산 매매계약서를 첨부했으면서도 미확정 부동산에 대한 건은 이미 법령해석이 이루어진 것을 몰랐던것처럼 가장하여 용지매매계약서등을 제외시키고 작성하여 장기미등기자라는 의견을 낸 것은 의도적임이 분명합니다.

기존법령해석건과 민원인 사건의 차이점은 기존법령 해석건은 확정측량결과 면적이 증가하여 추가로 납부해야 하는 경우이고 민원인 사건은 면적이 감소하여 정산금 환불을 받아야 하는 경우로서 지적법에 위반되게 확정측량이 되었음에도 민원인이 평등권에 입각하여 안면있는 직장선배인 민원인 계좌로 온라인 송금요청을 하였는데 매도인이 서류로 제출하라고 거절하였기 정산금 반환 및 소유권 이전등기가 늦어졌습니다. 따라서 기존 법령해석을 근거로 판단을 하던지 기존법령해석을 첨부하여 질의를 해야 마땅함에도 질의개요만 작성하여 질의한 것은 행정절차법 제4조를 위반한 행위라고 판단됩니다.

2. 사건경위

- 1992. 05. 13 : 지방공업단지 지정 및 개발기본계획승인
(건설부→충청북도)
- 1993. 12. 26 : 한국토지공사로 사업시행자 변경
- 1996 ~ 1997 : 단지조성공사 착공
- 1998. 06. 08 : IMF시 한국토지공사 재직중 오창공단 단독주택지 356㎡를 청원군이 취득세 납부시기를 확정측량이후로 미루기로 함에따라 3년분할 납부방식이 아닌 일시납(5개월, 44,956,000원)으로 공사와 매매계약체결
- 1998. 07. 24 : 공사의 상위직급자 퇴직전략에 따라 퇴직금으로 선납금액 31,500,000원을 온라인계좌 입금, 면적감

소대비 104,040원(0.23%) 잔금남김
- 2001. 12. 26 : 토지분할 확정측량결과 350.9㎡로 5.1㎡(1.43%) 줄어듬. 면적이 많이 줄어든것에 대하여 공사직원이었으므로 이의제기도 할수 없어 온라인 계좌입금을 요청하였으나 공사에서 안면몰수하여 문서로서 정산금 반환신청을 하지는 않았음
- 2001. 12. 30 : 공사준공
- 2002. 01. 23 : 취득세 납부
- 2002. 08. 22 : (표시변경등기 신청) 본인은 정산금반환에 관하여 안면몰수를 당하였고 소유권이전 안내문을 못받아 소유권 이전 등기시 표시변경등기일을 알았음
- 2002. 10. 04 : (표시변경등기 완료)등기부에는 신청일만 표시되므로 2012.08.17 한국토지공사에 민원을 제기하여 알았음
- 2002. 11. 26 : 한국토지공사 퇴직자 모임 실무를 담당하게 되어 공사로부터 등록세용 토지대금완납확인서를 받아오니 면적이 감소하였기 확정측량일만 대금 완납일로 표시되어 있어 표시변경등기가 공사준공시점에 완료된 것으로 판단하여 등록비용 및 국민주택채권매입 가격이 많은 것으로 생각하여 정산금 반환신청 및 소유권이전등기신청은 하지 않음
- 2006. 10. 02 : 청원군으로부터 재산세 납부고지를 받고 재산세 납부
- 2009. 02. 12 : 면적정산 반환금 신청 통보(공사→본인)
- 2009. 03. 02 : 면적정산 반환금 입금됨

3. 민원인이 제출한 과징금 부과 사전고지에 따른 의견서와 청원군, 충청북도 질의내용 차이

민원인 의견제출서 내용
1998 : 토지대금납부(확정측량시 면적감소 대비 104,040원 남김)
2001.12.26 : 지번 및 지적확정, 정산금반환 사유발생
2002.01.23 : 취득세 납부
2009.03.02 : 면적정산금 환급받음
부동산 특별조치법 제2조제1항에 관한질의해석(법무부)
정산금 입금통장사본
용지매매계약서
양도세영수증 첨부
인건비 사본
중증환자 진료내역 및 병원비

청원군→충청북도
2001.12.26 : 취등록세를 납부한 일자로 보여짐
2002.08.07 : 택지개발 완료후 확정측량 지번결정 및 등기부 생성
※등기신청을 했다가 반려되어 8.22 촉탁등기신청
(추후 확인된바 2002.10.04 등기부작성 완료)
2009.03.02 : 면적정산금 환급받음
부동산등기특별조치 제2조1항에 관한 질의해석(법무부)
정산금 입금통장사본
용지매매계약서

충청북도→법무부
2001.12.26 : 잔금을 납부하여 취등록세 납부
2002.08.07 : 지번,지적,확정 및 등기부 생성
2009.03.02 : 면적정산금 환급받음
청원군이 제출한 첨부물을 삭제하고 질의요지만 작성

4. 의견서
면적정산금 환불은 매매계약을 성실히 이행한 매수자에게만 일어날 수 있는 사건으로서 면적이 감소하는 경우에는 면적이 증가하는 경우보다 취득세 납부시기 등록세 납부시기 재산세 납세의무자로 전환 등
불리한 점이 많으므로 지적법에 따라 오차를 안분해야 되나 안분하지 않아 발생한 사건으로서 사업시행자 및 지자체는 자신들의 이익을 추구하고 행정업무를 줄이기 위하여 우수고객을 토지분할 측량시 역차별 하는 소지가 대단히 많습니다.
민원인은 청원군이 취득세 납부시기를 확정측량이후 미루었기에 애사심으로 3년6개월후에 완성예정인 토지를 일시납으로 계약을 체결하였고 퇴직금으로 선납하며 IMF시 누구보다도 우수한 매수자인데 우수 매수자에게 납세도 불리하고

2년간 근로소득에 해당하는 과징금도 부과하는 것은 법률의 제정.해석.집행하는데 평등권을 유지했다고 볼 수 없으며 기존 법령해석을 기준으로 판단해야 하는 동일 사안에 대하여 민원인에게 불리하도록 허위로 문건을 작성하여 재질의 하는 것은 행정부, 사법부, 민원인(너무 억울해서 2년간 악몽에 시달리고 있음)들에게 고통을 주는 행위라고 판단되므로 다시는 이러한일이 발생하지 않도록 현명한 판단을 부탁드립니다.

별 첨 : 1. 부동산 등기 특별조치법 제2조제1항에 관한 질의
(법무부 기존해석 자료)
2. 민원인 의견서(민원인→청원군)
3. 장기미등기 과징금 부과 대상자 여부관련 질의
(청원군→충청북도)
4. 장기미등기자 적용관련 질의사항(충청북도→법무부)
5. 부동산 실명법 관련 질의에 대한 회신(법무부→충청북도)
6. 부동산 실명법 시행령 어떻게 되어있나(1995.4.3)
7. 오창공단 매입토지 및 매매알선 토지 필지면적 증감현황
(표본조사)
8. 취득세 납부용 토지대금 완납 확인서
9. 등록세 납부용 토지대금 완납 확인서
10. 토지매각원부(민원인)

첨부파일	토우회 사무국장.pdf

[민원공유여부]

민원공유여부	비공유

[처리기관정보]

처리기관	안전행정부 창조정부전략실 제도정책관 제도총괄과		
담당자(연락처)	김□ 환 (02-2100-3415)	민원인 신청번호	1AA-1304-115344
접수일	2013.04.24. 09:45:22	처리기관 접수번호	2AA-1304-277372
처리예정일	2013.05.09. 23:59:59		

※ 민원처리기간은 최종 민원 처리 기관의 접수일로부터 보통 7일 또는 14일임
(해당 민원을 처리하는 소관 법령에 따라 달라질 수 있음)

1차 답변일	2013.05.08. 20:24:25

안전행정부 국민신문고를 방문하여 주셔서 감사합니다.
귀하의 질의에 대하여 아래와 같이 답변드립니다.

○「행정절차법」제4조 제1항은 "행정청은 직무를 수행함에 있어서 신의에 따라 성실히 하여야 한다."고 규정하고 있고, 제2항은 "행정청은 법령등의 해석 또는 행정청의 관행이 일반적으로 국민들에게 받아들여진 때에는 공익 또는 제3자의 정당한 이익을 현저히 해할 우려가 있는 경우를 제외하고는 새로운 해석 또는 관행에 의하여 소급하여 불리하게 처리하여서는 아니된다."고 규정하고 있는 바,

- 이는 행정청은 행정권을 행사함에 있어 신의에 좇아 성실히 수행하여야 할 의무가 발생하여, 행정청이 스스로 행해 온 법령의 해석, 관행 등을 국민의 신뢰에 반하는 임의적인 변경의 금지를 선언한 것이라 할 수 있습니다.

처리결과 (1차 답변내용)	○ 다만, 「행정절차법」 상 처분절차 등에서 신뢰보호를 위한 취소권 및 철회권의 제한 등 실체적인 규정을 두고 있지 않은 점, 판례에서도 신의성실 및 신뢰보호의 원칙에 대해서 특별한 사정이 있는 경우에 한하여 예외적으로 인정하고 있는 점 등을 종합적으로 고려할 때, 귀 사례의 경우가 신의성실 및 신뢰보호의 원칙에 위배되는지 여부를 우리부에서 직접 판단하기는 곤란한 사항임을 알려드립니다. ○ 참고로 신의성실 및 신뢰보호의 원칙에 대한 아래의 관련 판례를 참조하기 바랍니다. * 관련 판례(대법원 2004.7.22, 2002 두 11233 판결) 신의성실의 원칙은 법률관계의 당사자는 상대방의 이익을 배려하여 형평에 어긋나거나 신뢰를 저버리는 내용 또는 방법으로 권리를 행사하거나 의무를 이행하여서는 아니된다는 추상적 규범을 말하는 것으로 그 적용요건으로는 첫째, 상대방에게 신의를 주었다거나 객관적으로 보아 상대방이 그러한 신의를 가짐이 정당한 상태에 이르러야 하고, 둘째 상대방의 신의에 반하여 권리를 행사하는 것이 정의관념에 비추어 용인될 수 없는 정도의 상태에 이르러야 하며, 셋째 행정관청이 합법성의 원칙을 희생하여서라도 처분의 상대방의 신뢰를 보호함이 정의의 관념에 부합하는 것으로 인정되는 특별한 사정이 있는 경우에 한하여 예외적으로 적용되는 것(이하 생략) * 관련 판례(대법원 2006.2.24, 2004 두 13592 판결, 대판 2005.7.8, 2005두3165, 대판 2000.8.18, 98두2713) 일반적으로 행정상의 법률관계에 있어서 행정청의 행위에 대하여 신뢰보호의 원칙이 적용되기 위하여는, 1.행정청이 개인에 대하여 신뢰의 대상이 되는 공적인 견해를 표명하여야 하고, 2.행정청의 견해표명이 정당하다고 신뢰한 데에 대하여 그 개인에게 귀책사유가 없어야 하며, 3.그 개인이 그 견해표명을 신뢰하고 이에 어떠한 행위를 하였어야 하고, 4.행정청이 위 견해표명에 반하는 처분을 함으로써 그 견해표명을 신뢰한 개인의 이익이 침해되는 결과가 초래되어야 하며, 어떠한 행정처분이 이러한 요건을 충복할 때에는, 5.공익 또는 제3자의 정당한 이익을 현저히 해할 우려가 있는 경우가 아닌 한, 신뢰보호의 원칙에 반하는 행위로서 위법하게 된다. 기타 궁금한 사항은 02-2100-3415로 문의하여 주시면 친절히 답변드리도록 하겠습니다. 귀하의 무궁한 발전을 기원합니다. 감사합니다.
첨부파일	첨부파일 없음

제4장 충청북도가 주도한 적반하장 사건 경위

1 충청북도 감사담당은 확정되지 아니한 부동산의 소유권이전등기(표시변경등기 신청일로부터 43일도과하여 등기완료) 신청가능일에 대하여 전문지식이 없음에도 부동산실명법 시행 16년후 미필적 고의 법률의 조문을 추상적 법규범으로 진정소급 해석하여 구한국토지공사 소속직원들이 책무에 의하여 자사토지 취득하였기 도민들의 숙원사업에 재산권을 할애해 주었음에도 오히려 구청원군으로 하여금 재산권을 침해토록(부동산 평가액의 20%과징금)감사처분하였고 충청북도 토지정보과에서는 법무부에 법령질의시 공문서를 위변조하여 법령질의를 하였으므로 감사하여 달라고 직접방문까지 하는 등 수차례 요구하였으나 뇌물을 받지 않았으면 감사할 이유가 없다고 거부했음에도 10년동안 과징금부과는 구청원군에서 부과한 것이므로 모든 민원 및 청원을 구청원군에 떠넘겼으므로 사기행위의 주책임자입니다.

2 충청북도는 1992.06.29. 건설교통부로부터 지역균형발전을 위해 산업입지 및 개발에 관한 법률에 의하여 청원군 오창면 옥산면 일원을 지방공업단지로 지구지정을 받아 1993.12.26. 한국토지공사(현 한국토지주택공사)를 오창 과학지방산업단지 사업시행자로 지정하였다.

3 충청북도가 한국토지공사와의 합의사항을 계속번복함으로써 한국토지공사는 사업착수 유효기간을 넘겨 오창 과학지방산업단지 실시계획(사업착수)을 충청북도에 신청하였다.

- 오창 과학 지방산업단지(이하 "오창산업단지"라 한다) 지원반까지 운영한 충청북도는 사업 시행자에 대한 무리한 요구로 지구 지정일(1992.06. 29.)로부터 산업 입지 및 개발에 관한 법률 제13조 (공업단

지 지정의 해제) 제1항, 동법 제18조(지방공업단지 실시 계획의 승인) 제1항, 동법 시행령 제15조(공업단지 지정의 해제) 제1항 제2호(지구 지정일로부터 3년 이내) 동법 시행령 제 22조(지방산업단지 실시계획) 제1항(사업 시행자로 지정된 날부터 1년 이내)을 위반하여 한국토지공사가 충청북도에 실시계획을 신청하였으므로 동공업단지는 법률적으로 원인 무효인 단지조성 사업이었고

- 충청북도가 우월적 지위를 남용해 사업 시행자로 지정한 한국토지공사는 사업 준공 보고서에 의하면 회계적으로 2004년 기준 약 780억 원의 사업 손실이 있었다.

4 충청북도와 청원군은 취득세를 토지면적 확정시까지 유예하는 조건을 한국토지공사 소속 직원이었던 편저자 등에게 제시하여 자금조달 여건상 5년 이후에 소유권 이전이 가능할 단독주택지에 대하여 5개월 약정 일시납 계약을 유도하였다. (#용지매매 계약서, #토지매각원부, #취득세 영수증)

- 편저자는 3년 분할납부 계약후 최종 잔금 일부 (약 5%정도)를 연체하면 1991. 09.02. 시행된 부동산 등기 특별조치법 제2조 제1항 제1호(계약의 당사자가 서로 대가적인 채무를 부담하는 경우에는 반대 급부의 이행이 완료된 날로부터 60일 이내에 소유권 이전 등기를 신청해야 한다) 규정의 해석에 관계없이 매도자에게 동시이행 항변권이 있어 소유권이전등기 신청시기를 잔금납부 일정조정으로 매수자가 결정할 수 있다는 사실을 알고 있었지만

- 지방세 세입권자가 자진 납부해야 하는 취득세의 유예 조건까지 제시하였기 구사적 애사심에서 향후 양도소득세 납부 등 여러 가지로 유리한 3년분할 납부 계약을 하지 않고 5개월 약정 일시납계약으로 한국토지공사와 주택지 356㎡를 44,956,000원에 계약을 체결하였다.

(# 용지 매매 계약서)

- 토지조성사업은 국민들의 토지를 수용하여 조성한 것이므로 사업시행자 소속 직원이었던 편저자는 사회적 정의상 취득할 수 없는 토지를 국가경제위기 시절이었기에 소속회사의 운영자금 조달에 일조하고자 향후 손해를 감수한 매매계약이었으므로 일시납 계약은 충청북도, 청원군, 한국토지공사에 편저자의 재산권을 할애해 준 것이며

- 충청북도와 청원군이 지방세 유예조건을 제시하지 않았으면 편저자는 취득세를 토지의 사용수익이 가능한 4년 7개월 전 납부하고 경우에 따라서는 매년 재산세를 납부해야 하는 일시납 계약을 하지 않고 3년 분할 납부계약을 했을 것이 확실하고,

- 토지면적 확정시 한국토지공사가 소유권 이전 등기 제도를 역 악용하여 역차별 했더라도 거래가격이 분양가 이하였으므로 일시납 계약 유도로 행정청 및 매도자가 선량한 국민의 재산권을 이용해 불로소득이 없었다고 인식하여 매도자의 역차별에 대한 역채무의 이행과 편저자의 소유권이전등기 신청 의무는 동시이행관계가 있다고 판단하지 않았을 것이기 때문에 자존심으로 인한 편저자의 소유권이전등기 신청 지연 사건이 발생할 수 없었습니다.

5 편저자의 일시납 계약 체결 다음날인 1998.06.09 한국토지공사는 매각안내 홍보물에 연 9%의 할부이자를 가산하여 매매가로 표시하고 3년 무이자 할부 판매, 일시불 매입시 25.8% 할인분양, 원하는 토지 수의계약 중으로 일시납 매각을 촉진하는 홍보까지 시행하였다. (#1998.06.09 매각 홍보물)

6 정부정책, 한국토지공사의 경영전략에 의한 피동적 매수자인 편저자

는 2차 정부 정책, 한국토지공사의 장기근속자 퇴직전략에 의하여 1998.07.24에 5개월 약정을 46일만에 이행하였다.

- 명예퇴직(상위 직급자 77%로 퇴직)하여 3,150만원을 납부하고 면적이 확정되지 아니한 부동산 거래이므로 시공시 블록단위 면적증감에 의하여 감소될 정도의 104,040원(0.8㎡해당 금액)만 남겨 놓았다.(#.토지매각원부)

7 정부는 침체된 부동산 경기를 활성화하기 위하여 1999.03.30 미등기 전매를 방지하기 위한 부동산 등기 특별조치법에 제2조 제4항을 신설하여 산업단지 내 주택용지는 미등기 전매도 가능토록 함으로써 한국토지공사가 이사건 토지 등의 토지조성 자금을 조기 조달토록 정부는 정책 시행 (# 부동산 등기 특별조치법 제2조 제4항)

- 편저자가 매매 대금을 사실상 완납한 날로부터 9개월 내지 21개월 늦게 주택지 매수 계약을 체결한 자는 미등기 전매도 할 수 있었고 매매 차익에 있었어도 한국토지공사, 청원군 승인을 받아 양도소득세를 납부하지 않은 경우도 상당수 있었다고 하며.

- 사회적 정의상 취득할 수 없는 토지에 대하여 국가경제위기였기에 사업 시행자 소속 직원들이 1,282개 단독주택지의 3분의 1 이상을 매수하거나 매매 알선하여 (담당자 구두답변)그 회수자금으로 조성공사를 시행하여 지방세 세입을 앞당겼으므로 충청북도와 청원군은 편저자 등 한국토지공사 직원들의 공로를 인정하여 행정처분이 필요할 경우 반드시 이익형량에 반영해야 하는 것이 인간의 도리입니다.

8 편저자 등 한국토지공사 직원들이 향후 손해를 감수하고 토지를 매수하여 토지조성자금을 조달하였기 2001.12.26. 공사준공에 의하여 토지 면

적을 확정할 수 있었습니다.

– 편저자 등 한국토지공사 직원들의 각고의 노력으로 충청북도와 구청원군은 최소한 4년 정도 앞당겨 지방세 세수 물건이 조기 확보되었으므로 행정청이 쌍무계약에 개입하여 전략적 불로소득을 얻은 것은 부인할 수 없는 사실입니다.

– 토지면적 확정시 한국토지공사는 부동산 소유권이전등기제도를 역 악용하여 계약을 성실하게 이행한 매수자의 토지면적을 오차라는 이유로 면적을 감소시키는 역차별로 청원군은 사업시행자 보유분 재산세의 2배의 재산세를 역차별 받은 매수자에게 부과징수 할 수 있었고 충청북도는 등록세를 조기수납 받았고 한국토지공사는 재산세를 매수자에게 전가하였으므로 등기의무자 및 행정청이 불법 불로소득을 얻은 계획적 범죄행위도 명백한 사실입니다.

– 구지적법 및 동법 시행령에 하여 블록 단위 면적 증감을 1cm 단위로 측정하여 0.1㎡ 단위로 오차 없이 각 필지에 안분(0.7㎡ 감소)하지 않고 1998.07.24 사실상 매매 대금을 완납한 편저자 매수 토지는 5.1㎡를 감소시켜 약 3천원 채무자를 481,930원 채권자로 확정하고, 3년 분할납부 계약후 고의로 연체 중이던 매수자 토지는 3.8㎡를 증가시켜주어 소유권 이전 등기 신청 시기를 임의적 (2010.10.13)으로 결정하도록 한 토지면적 확정은 자폭매도 행위, 안면몰수, 배은망덕한 토지면적 확정이었습니다.

9 충청북도 세입인 취득세 세입 대행자인 청원군과 협의에 의하여 한국토지공사가 토지면적확정(2001.12.26)에 의하여 대금 완납 처리된 매수자들과 청원군에게 토지면적 확정일로부터 1개월 이내에 취득세를 자진 신고납부하고 수납받으라는 문서를 일괄적으로 2002.01.08. 송달하였기 편저

자는 지방세법에 의한 가산세 없이 청원군 오창면 사무소에 취득세를 온라인 송금 (#취득세 영수증 #취득세용 토지대금 완납 확인서)

- 토지면적 확정은 오차로 도저히 인정할 수 없는 토지면적 감소이었기 청산금을 퇴직금 지급 계좌로 송금하여 달라고 요청하였으나 이마저 거부 함으로써 편저자는 안면몰수까지 당하였기 향후 소유권 이전 등기 신청에는 관심이 없었습니다.

10 공사 준공 후 오창면과 옥산면간의 행정구역 변경 지연 승인으로 충청북도 숙원사업인 오창산업단지는 토지 면적 확정 6개월 후인 2002.06.28. 사업 준공됨에 따라 한국토지공사는 표시 변경 등기를 신청할 수 있었다.

- 사업 준공일을 편저자는 청원군과 과징금 부과 처분 취소 소송 중 알았고 청원군이 관리하고 있는 토지 대장에는 2002.06.28을 환지일로 기재되어 있습니다. (# 745-0토지 대장)

11 청원군은 토지대장에 2002.08.07 구획정리완료일로 표기되어 있는 것을 확인하고 표시변경등기가 작성되었다고 주장하나 동청주 등기소에서 한국토지공사가 신청한 서류를 반려하여 등기필 정보 에는 2002.08.22. 지용민 법무사 촉탁으로 표시변경 등기 신청(#환지등기 촉탁신청서:등기필증)

12 동청주 등기소에서 2002.10.04. 환지등기 완료 예정일로 한국토지공사에 통보

- 한국토지공사에서는 편저자에게 소유권이전 등기신청 안내문을 발송하였다고 하나 편저자는 송달 받지 못했음.

- 표시변경 등기 완료일은 등기의무자가 공시관리하지 않는 연원일이

므로 편저자는 2012년 청원군과 과징금부과 처분취소 소송 중 한국토지주택공사 로부터 전자보관문서에 의하여 확인할 수 있었습니다.

- 부동산 등기 특별조치법 에서는 부동산 취득일부터 60일이내에 소유권 이전 등기를 신청하도록 규정하고 있고 표시변경 등기완료는 신청일부터 43일 도과 하였을 뿐만 아니라 사업 시행자(등기의무자)도 관리하고 있지 않는 표시변경 등기 완료일을 등기법상 서로 대가적인 채무를 부담한 경우에는 반대급부 이행이 완료된 날로 볼수 없습니다.

- 부동산 등기 특별조치법 제2조 제1항 1호 및 부동산 실권리자 명의 등기에 관한 법률 제10조 제1항 제1호에서 규정하고 있는 부동산 취득일이 표시 변경 등기 완료일이라면 등기소, 등기 의무자인 사업시행자, 등록세 세입 대행자인 청원군이 소유권 이전등기에 인용하도록 공시관리 하였어야 합니다.

13 편저자는 2002.11.01로부터 한국토지공사 전현직원의 경조사 친목모임 실무를 한국토지공사 본사 사무실 임차하여 수행하였기 2002.11.26 등록세용 토지대금 완납 확인서를 팩스로 받아보니 역차별 토지 면적 확정으로 매매대금이 완납 처리된 2001.12.26 만 표시되어 있어 충청북도 숙원사업이었기에 표시 변경 등기가 조기에 완료된 것으로 편저자는 오판을 하게 되었습니다. (#등록세용 토지 대금 완납 확인서)

- 등록세용 토지대금 완납 확인서에 표시변경등기 완료일이 표시되어 있었으면 2002.11.26은 2002.10.04로부터 부동산 등기 특별조치법에서 규정하고 있는 60일이내 이므로 편저자는 소유권 이전 등기 지연에 따른 과태료가 없는 것이 명백하므로 차용을 해서라도 소유권이전등기를 신청하였을 것입니다.

- 한국토지공사에서 관리하고 있는 토지 매각원부에도 표시변경등기 완료일을 관리하고 있지 않으므로 소유권 이전 등기에 인용되지 않는 연월일이라는 것이 명백합니다. (#편저자 토지 매각 원부)

14 편저자는 표시변경등기 완료일을 몰랐기 때문에 사전통보에 따른 의견제출시 토지면적확정일로부터 단기간내 소유권이전이 가능했을 것이라는 의견도 제출하였고 2002.12.11에는 부동산 등기 특별조치법에 의하여 과태료를 납부하지 않은 매수자는 부동산 취득가액을 기준으로 국민주택채권을 매입하였을 것이므로 편저자도 국민주택 채권을 시가표준액이 아닌 부동산취득 가격으로 국민주택채권을 매입하게 하여 달라고 민원을 제기했으나 청원군은 민원을 수용하지 않았습니다.

- 편저자가 청원군에 국민주택채권 매입 기준을 문의한 것은 한국토지공사나 청원군이 청주시 소재 법무사에게 개인정보를 유출히여 매도자가 표시변경등기를 신청을 하기 훨씬 전에 법무사가 편저자 주소로 소유권이전등기 안내문을 발송하면서 국민주택 채권을 시가표준액 기준으로 매입하라고 하였기 때문입니다.

15 청원군은 2006년 재산세부과 고지시 한국토지공사로부터 편저자가 지방세법상 사실상의 소유자라는 통보를 받고 정기부과 고지기간을 지나 재산세 수시부과시 사업시행자 보유분 재산세(50%로 경감)를 편저자에게 부과고지했다가 잘못 부과했다는 사실을 확인하고 경감없는 재산세를 2006.10.02. 수시 재 부과하여 편저자로부터 재산세를 수납받았다.(#2006년 재산세 납부 영수증)

- 부동산 실명법에서 규정하고 있는 과징금 기산일이 표시변경등기 완료일이라면 청원군은 재산세 수시부과 고지시 편저자에게 과징금부과 사전고지를 했어야 하며 그 당시 과징금을 부과하지 않아 과징금

이 2배(10%에 서20%)로 증가했으므로 청원군이 부동산 실명법 제10조 제3항(제5조 제5항)을 위반한 것입니다.

- 한국토지공사도 매수자가 매매 대금을 연체하면 연 18% 이자를 부리했으면서도 편저자에게 사실상의 소유자라고 재산세를 전가하고도 부동산 등기제도를 역 악용한 역차별 토지면적 확정에 의한 역 채무는 이자가 지급하지 않는 채무라고 채권자인 편저자에게 청산금을 그 당시 지급하지 않았으므로 역연대채무자인 청원군은 부동산 등기 특별조치법에 의한 과태료 부과 징수 규칙 제 2조 제4호에 의거, 청산금을 등기의무자가 지급한 날까지 등기 신청 해태에 상당한 사유가 있으므로 편저자에게 과징금을 부과해서는 안되는 사안이었습니다.

--# 공과금거래명세(청원군 재산세: 2007.09.28)

--#종합 합산토지분 과세대상 물건 명세서(2007년)

16 한국토지공사 충북지사는 2009년 2008회계년도 본사 회계 결산감사시 예수금 (청산금)을 환급해 주라는 감사 지적을 받아 편저자(채권자)에게 퇴직금 지급 계좌인 하나은행 계좌로 송금하겠다고 문서 발송(#면적정산 관련 환불금 신청 안내)

- 한국토지공사는 2009.03.02. 편저자 퇴직금 지급계좌(안내계좌)인 하나은행 계좌로 청산금 ₩ 557,450원(원금 + 토지 면적 확정일까지 이자) 송금

17 용지 매매서 검인 및 등록세납부 : 2009.10.27. (#용지매매계약서, #등록세영수증,)

18 소유권 이전 등기 신청 : 2009.10.30.

– 소유권 이전 등기 경료: 2009.11.02.(#등기필정보 및 등기완료 통지)

19 오창산업단지 조성사업이 충청북도의 숙원사업이었기 지방세 유예조건으로 지방세 세수 물건을 조기에 확보하였음에도 2011.05.06 충청북도가 청원군에 대한 감사시 부동산 취득일이 아니기 때문에 공시 관리되지 않는 표시 변경 등기가 완료되면 소유권 이전등기 신청이 가능하다고 1,282개 단독주택지 매수자 중 가장 먼저 매매 대금을 납부한 편저자를 유일한 장기 미등기자 라고 감사 처분 하였다.(#2011년 충청북도 종합감사 결과 처분 요구 사항 알림)

– 법리적으로 부동산 등기특별조치법과 부동산 실명법에서 규정하고 있는 부동산 취득일은 법률제정과정 및 조문의 논리상 동일하며, 다만 60일 이내, 3년이내의 차이와 의무기간 경과 기간차이에 따른 부과비율만 상이하므로 부동산등기 특별조치법 및 부동산 실명법에 의하여 편저자가 장기 미등기자라면 청원군이 용지 매매계약서 검인시(2009.10.27) 또는 등기신청이 접수되었을 때 (2009.10.30)에 등기관이 청원군에 문서로 통보하여 과태료 또는 과징금부과 사전고지를 했어야 하므로 충청북도가 확실한 법률해석 및 판례가 없는 논리로 확실한 법적근거도 없이 청원군 및 등기소 업무에 대하여 월권 행위를 한 것입니다.

– 등기소에서는 모든 등기에 대하여 등기신청 기간 해태사실이 의심되면 등기완료후 즉시 지방법원에 통보하여 재판을 받도록 함.(사단법인 토우회의 경우 수원지방법원)

– 부동산 실명법 제정 과정 및 동법 시행령 시행(1995.07.01) 이전에 대금청산일로 국회 및 국민들의 법률 제안 및 법률 해설집으로 고지한 해석을 법률 시행 16년 후, 소유권 이전 등기 경료 2년 후에 대금 청

산일로 볼 수 없다고 해석하는 것은 헌법 제1조 및 제13조 2항에 위반되는 진정 소급 해석으로서 법률 불소급의 원칙에 의해 위법한 감사 처분이었다.

20 청원군은 2011.07.07. 충청북도의 감사 처분에 따라 부동산 특별조치법 제2조 제1항의 적용을 받는자로서 부동산 실명법 제10조 1항에 의한 장기미등기자에 해당된다고 편저자에게 과징금 부과 사전 고지 (# 부동산 장기미등기에 따른 과징금 부과처분 통지서 통보)

- 청원군은 등기부등본 표제부에 표시되어 있는 표시변경등기 신청일도 확인하지 않고 사업 준공 6개월 전, 표시변경등기 완료 280일전인 토지면적 확정일로부터 기산하여 지연일수 2,865일로 계산, 부동산 가액을 기준으로 한 법령상 최고인 20% 과징금 24,071,740원을 사전고지

21 편저자는 과징금 부과 사전 통지에 따른 의견서 를 2011.07.25~08.08까지 제출하였다. (#의견제출서)

- 부동산 등기 특별조치법 제2조 제1항을 해석함에 있어 청원군은 지적측량이 완료된 날로 보고 있으나 편저자는 면적 증감에 따른 거래대금 종결일(2009.03.02) 로 보아야 한다고 생각됨

- IMF시절 한국토지공사 경영난에 일조하기 위하여 수의 계약으로 구입하였고 취득한 해에 매매대금 대부분 납부

- 병원 수술비 및 자녀 등록금이 필요하게 되어 소유권 이전 등기 후 매각

- 취득세 재산세 양도소득세 등을 납부하였으므로 조세를 조세의 포탈이나 법적용을 회피할 목적이 없었음.

- 충청북도와 청원군의 숙원 사업이었던 오창산업단지의 활성화에 기여한 한국토지공사 직원들의 공로와 편저자의 어려운 현실을 감안하여 선처를 부탁
- 의견서 접수시 담당자 윤영재는 50%로 감경이 가능할 것 같다고 답변을 하였고 팀장 박의선은 과징금이 아니고 과태료 대상이었으면 좋겠다는 의견을 피력했습니다.
- 편저자는 지인 김병후에게 계약금을 대납해주고 매매계약 알선도 하였음
- 매매대금 청산이 늦어진 이유는 주소나 연락처가 변경되지 않았음에도 부동산등기제도를 악용한자가 환급신청 서류 징구를 요구함에 따라 지연됨
- 편저자는 한국토지공사에 20년 이상 근무했으므로 한국토지공사가 토지면적 확정 시 역차별 한다는 치부를 공무원들에게 알리고 싶지 않아 오차로 도저히 인정할 수 없는 토지면적 감소였다는 사실을 의견서에 적시하지 않았고
- 충청북도와 청원군이 일시납 계약을 유도하여 불로소득을 얻지 않았느냐는 반론은 반감을 일으킬 수 있으므로 의도적으로 의견서에 포함하지 않았다.
- 부동산 등기 특별법 제2조 1항 제1호에 대한 법무부 해석을 2011년 8월 8일 추가로 제출 (#부동산 등기 특별조치법 제2조 1항에 관한 질의)

22 청원군은 2011.08.08. 충청북도 토지정보과에 부동산실명법 법령 질

의를 하면서 편저자의 매매대금납부 현황을 편저자 및 매도자에게 확인하지도 않았을 뿐만 아니라 청원군이 관리하고 있는 토지대장(2002.06.28 환지), 등기소가 관리하는 등기부등본(표제부 표시변경등기일은 2002.08.22인 것을 2011.08.04열람확인) 참조도 하지 않고 충청북도 감사관실 신승민이 감사지적 한대로 등기부가 작성되면 소유권 이전이 가능하므로 편저자가 장기 미등기자에 해당된다는 의견으로 질의 (#부동산 등기부정보 청원군의 출력자료)

- 13년 전인 1998년 충청북도와 청원군이 토지 면적 확정시까지 취득세 납부 시기를 유예하였기 1998.07.24매매 대금을 납부한 편저자 매수토지를 한국토지공사가 블록단위 면적 증감을 각 필지에 안분하지 않고 오차로 도저히 인정할 수 없는 5.1 ㎡를 감소시켜 토지면적 확정일에 토지대금 이 완납 처리되었기 취득세를 납부하고 수납받도록 2002.01.08 편저자와 청원군에 통보한 사실을 민원과 담당자는 모르고 있었고 유예조건에 의한 세무과 전산 자료에 대하여 세무과 직원에게 확인도 하지 않고 현행 지방세법에 따라 등록세까지도 납부(세무과에서는 닙부한 사실이 없다고 답변) 한 것으로 사실과 다르게 사건개요를 작성하였다.

- 지적이 확정된 후 충청북도, 청원군, 한국토지공사의 합의에 의하여 편저자가 취득세를 납부하였음에도 편저자가 취득세, 등록세 납부 후 지적이 확정된 것으로 공문서를 위변조 하여 사건개요 작성

- 표시변경등기를 신청하였다고 소유권 이전이 가능한 것이 아니고 등기가 완료되어야 신청이 가능하며 부동산등기특별조치법 제2조 제1항 에서는 부동산 취득일로 부터 60일 이내에 소유권 이전 등기를 신청하게 되어있음에도 청원군이 등기부가 작성되었다고 주장한

2002.08.07부터 57일이 도과한 2002.10.04 표시 변경 등기가 경료되었으므로 3일 이내에 소유권 등기를 신청하지 않으면 과태료 부과 대상이라는 것은 청원군이 낫 놓고 기억자도 모른다는 것을 입증한 것입니다.

- 편저자가 청원군에 제출한 부동산 등기 특별조치법 제2조 1항에 대한 법무부 질의 해석, 일시납 용지매매계약서, 취득세, 재산세, 양도소득세 영수증 첨부 (#장기미등기 과징금 부과대상자 여부관련 질의2)

23 충청북도 토지정보과는 2011.08.17 법무부에 장기 미등기 적용 관련 질의를 함 (#장기미등기자 적용관련 질의사항2)

- 청원군의 위변조 문서에 의한 사건 개요를 확인도 하지 않고 그대로 인용
- 질의시 청원군이 첨부한 자료는 모두 삭제하고 법무팀장 정민택에게도 부동산 등기특별조치법 제2조제1항 법무부 해석례를 숨기고 위변조한 사건 개요만으로 질의
- 확정 지번이 생성되고 등기부가 작성된 시점부터 등기 신청이 가능하기 때문에 장기 미등기자에 해당된다는 의견으로 제출
- 청원군과 과징금 부과 처분 취소소송 중 충청북도에 정보공개 청구하여 질의 요지만 작성하였다는 것을 공문서 기안자인 토지정보과 조혜민 에게 재확인하였음.

24 반대급부 이행일에 대한 2011년 11월 법무부 회신

- 일반적으로 잔금이 지급되어 등기에 필요한 서류를 등기 의무자로부터 받을 수 있는 시점을 말한다고 회신함으로써 1993.07.02. 사업 준

공된 안산 신도시 도상 가분할 토지 거래의 경우 표시변경 등기 후 대금 청산일이라고 법령 해석을 한 것과 다르게 청산일로 보기 어렵다는 진정소급 해석을 하였으므로 자기부정 행정 행위를 하였다.

- 쌍무계약에서 매수자만의 권리 제한 법률을 해석함에 있어 매매계약서에 환불 받는다는 것을 소유권 이전 등기와 동시 이행관계가 없어 청산일로 볼 수 없다고 법리를 해석한 것은 모순이 있는 해석이다.(# 부동산 실명법 관련 질의에 대한 회신2)

25 충청북도가 2011.12.07. 청원군에 법무부 질의 회신 문서 시달

26 사유없이 편저자의 재산권을 이용해 불로 소득을 얻었기 발생한 사건임에도 2011.12. 29 청원군은 표시변경등기 완료일을 장기미등기 기산일이라고 주장하였음 에도 9년전 문서로 한국토지주택공사 전자보관문서에만 남아 있는 표시변경등기 완료일을 모르기 때문에 등기부작성 완료 10개월 전인 토지 면적 확정 일을 부동산 취득일로 판단하여 부동산 평가액 기준 최고 요율인 20% 과징금부과

- 토지면적 확정일 기준 과징금 부과 문서에 기속 규정인 시행령 제4조 2항에 의한 부과라고 표기되어 있으나 50%감경하지 않았으므로 결재 과정에서 과징금이 수정된 것으로 판단됨

- 헌법재판소의 헌법 불합치 결정에 의해 신설된 동법 시행령 제4조의 2에 의하여 부과한다고 기술하였으나 헌법재판소의 결정은 헌법재판소법에 의하여 행정청 및 법원을 기속 하도록 규정되어 있음에도 재량권이라고 판례를 무시하고 50% 감경 하지도 않았으므로 충청북도와 청원군은 사기성 과징금을 부과한 것입니다. (#부동산 장기 미등기에 따른 과징금 부과 통지)

27 배신행위에 의한 피해자인 편저자는 더 이상 법적 구제절차가 남아있지 않았기 10년간 법원의 판단이 있었더라도 공권력자의 우월적 지위남용 및 직무유기에 의한 법원의 판단은 국가, 행정청 등 이 도저히 회복할 수 없는 경제적 손실과 명예 실추가 될수 있으므로 최후수단으로 정무적 판단에 의한 구상금 청구 및 재판관을 포함한 관련자 징계요청을 하였으나 거부하였으므로 편저자 가 언급한 입법 사법 행정 공권력자는 반국가적 작위를 지속하거나 복지부동, 묵비권을 행사였으므로 모든 국민들에게 가해행위자들 로 비춰질 수밖에 없다고 사료됩니다.

(98. 6. 9 현재)
0만의 신도시 탄생! (상주인구 5만/고용인구 5만)
오창테크노밸리 단독주택지분양
마을 ①
고등학교
초등학교
범례
마을 ① 토지내역

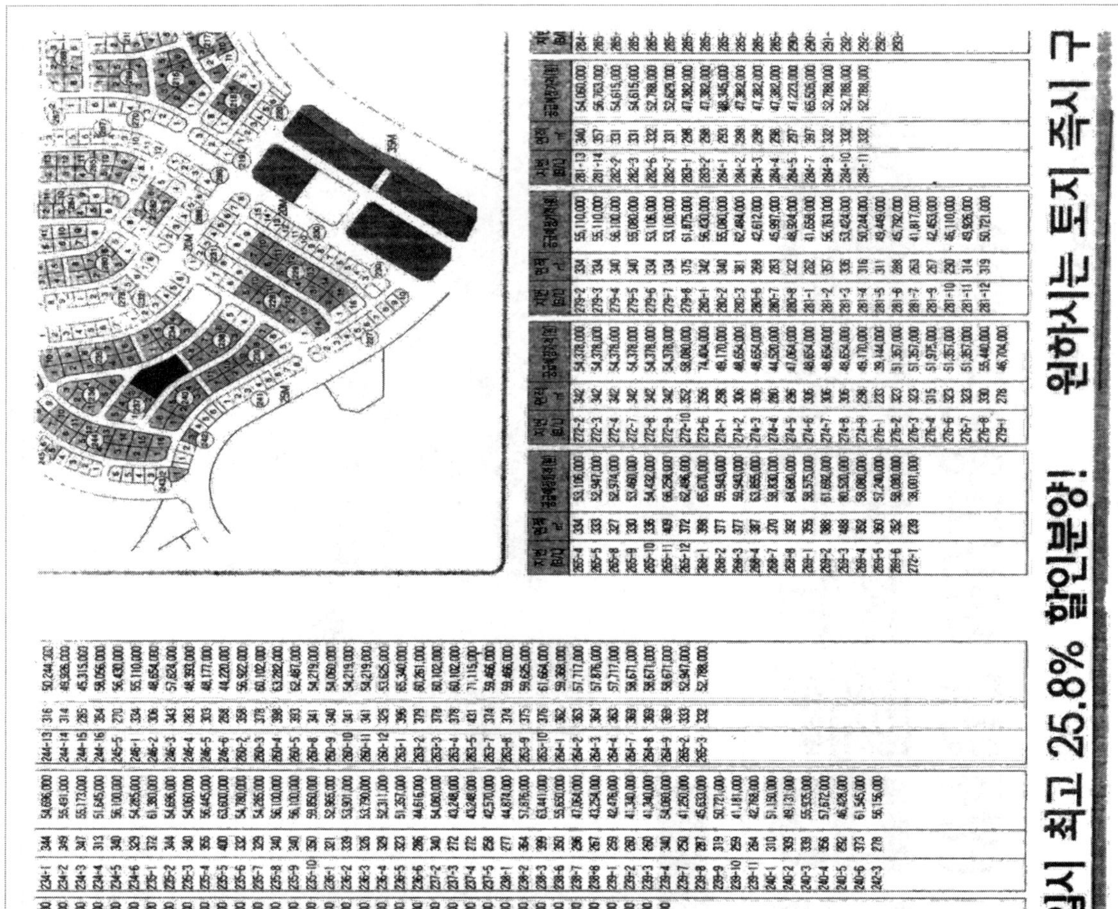
3년 무이자 할부판매! 일시불 매입시 최고 25.8% 할인분양! 원하시는 토지 즉시 구
마을② 토지내역
마을③ 토지내역

청원군 재산세(토지) 납세고지서 겸 영수증(수시 분) (납세자 보관용) 청원군 710

납세번호	과세기관	검	회계	과목	세목	연도	월	기	동	과세번호	검
	710740	1	05	004		2006	09	2	420	0011133	6

납기내 2006.10.31 까지
납기후 2006.11.30 까지

납 세 자 김정선

주 소 경 … 120동 502호 (9통3반)

과세대상 오창면 양청리 745-7 1호 (면적 175.4㎡)(2006년분 추징)

세목	납기내금액	납기후금액
재산토지	70030	72130
도시계획세	52520	54090
지방교육세	14000	14420
계	136550	140640

부과내역(과표)	비고
35018610	

위의 금액을 납부하시기 바랍니다.
2006 년 09 월 28 일
청 원 군

담당자: 박근철
전 화: 043-251-3185

위의 금액을 영수합니다.
년 월 일

우리함께만들어요! 안전청원! 수납인

* 납부장소: 관내금융기관 및 전국우체국, 농협

* 영수증은 5년간 보관하시기 바라며, 과세증명서로 사용할 수 있습니다.

청원군 재산세(토지) 납세고지서 겸 영수증(수시 분) (납세자 보관용) 청원군 710

납세번호	과세기관	검	회계	과목	세목	연도	월	기	동	과세번호	검
	710740	1	05	004		2006	10	2	420	0012357	7

납기내 2006.10.31 까지
납기후 2006.11.30 까지

납 세 자 김정선

주 소 경

과세대상 오창면 양청리 745-7 1호 (면적 350.9㎡)(2006년분 추징)

세목	납기내금액	납기후금액
재산토지	142110	146370
도시계획세	105080	108230
지방교육세	28420	29270
계	275610	283870

부과내역(과표)	비고
70057185	

위의 금액을 납부하시기 바랍니다.
2006 년 10 월 02 일
청 원 군

담당자: 박근철
전 화: 043-251-3185

위의 금액을 영수합니다.
년 월 일

우리함께만들어요! 안전청원! 수납인

* 납부장소: 관내금융기관 및 전국우체국, 농협

* 영수증은 5년간 보관하시기 바라며, 과세증명서로 사용할 수 있습니다.

【종합부동산세사무처리규정 제6호 서식】 (2010.3.15. 개정)

페이지 : 2/2

2007 년	종합합산토지분 과세대상 물건명세서				
관 할 시.군.구	충청북도 청원군	성 명 (법인명또는단체명)	김정선	주민등록번호 (법인등록번호)	

(단위 : ㎡, 원)

구 분	①과세면적	해 당 연 도		직 전 연 도	
		②감면후공시가격	③부과된재산세액	④감면후공시가격	⑤표준세율재산세액
합 계	350.90	127,376,700	179,278	127,376,700	160,171

구분	⑥소 재 지	⑦ 지목	⑧ 총면적	⑨ 과세면적		연 도
					⑩개별공시지가	⑭감면후공시가격
신고 (당초)						
경정	충청북도 청주시 청원구 오창읍 양청리 745-7-1	대지	350.90	350.90	363,000	127,376,700

공과금 거래명세표 (영수증)

취 급 우 체 국	성남수내동우체국
거 래 일 자	2007년 09월 28일 12:44:58
거 래 번 호	71-104471-005-000167
계 좌 번 호	104471-02-064***
요금종류(거래내용)	지로공과금

1. 청원군재산세 329,750 원

합 계	원
거 래 후 잔 액	[illegible] 원
장 애 내 용	

※ 결정 및 경정된 물건만 기재

297㎜×210㎜(전산계산기록용지 70g/㎡)

투명한 원가, 투명한 기업
한국토지공사가 국민과 함께 소중한 국토를 만듭니다!

한 국 토 지 공 사

수신자 : 고객님 귀하
(경유)
참 조 :
제 목 : 면적정산 관련 환불금 신청 안내

1. 귀 하의 무궁한 발전을 기원합니다.

2. 귀하께서 우리공사로부터 매입하신 토지(청주용암1, 용암2, 오창공단, 충주금릉, 제천산단, 청주산남3 등)와 관련하여, 매입토지의 면적정산 환불금이 정리되지 않고 미반환 상태로 남아 있어, 아래와 같이 면적정산 환불금 지급을 안내하오니 관련 서류를 지참하시어 지급신청하시기 바랍니다.

- 아 래 -

지번	금액(원)	이름
272-5	557,450	김정선

- 내 용 : 면적정산금 환불
- 제출서류 : 신분증, 통장사본 1부.

※ 환불금액의 확인은 유선(043-220-8802)으로 문의하시면 됩니다. 끝.

한국토지공사 충북지역본부장

결재 주임 석지홍 차장 김용수 부장 전결 문부열

시행 충북지역본부-2104 (2009.02.12.)
우360-814 충북 청주시 상당구 우암동 374-4 / http://www.lplus.or.kr/
전화 043-220-8802 전송 043-220-8807 / mypower@lplus.or.kr / 공개

등기필정보 및 등기완료통지

대리인 : 법무사 지용민

권 리 자 : 김정선
(주민)등록번호 :
주 소 :

부동산고유번호 : 1547-1996-417401
부 동 산 소 재 : [토지] 충청북도 청원군 오창읍 양청리 745-7

접 수 일 자 : 2009년10월30일 접 수 번 호 : 134437
등 기 목 적 : 소유권이전
등기원인및일자 : 1998년06월08일 매매

부착기준선

• 등기필정보 보안스티커 •

※ 경 고

권리자 본인의 허락 없이 이 스티커를 떼어내거나 일련번호 또는 비밀번호를 알아낼 경우 관계 법령에 따라 민•형사상의 책임을 질 수 있습니다.

◀끝을 누르고 떼어내시오 대법원

2009년 11월 2일

청주지방법원 등기과
등기관

※ 주 의 사 항

☞ 등기필정보는 종래의 등기필증을 대신하여 발행된 것입니다.

◈ 전자신청등기소에서는 등기 완료후 종래와 같이 등기필증을 교부하지 아니하고, 그 대신에 등기 유형에 따라 **등기필정보** 또는 **등기완료통지서**를 발행합니다.

☞ 등기필정보 사용 및 관리방법

◈ 보안스티커 안에는 다음에 등기신청 시 필요한 일련번호와 50개의 비밀번호가 기재되어 있습니다.
◈ 등기신청 시 보안스티커를 떼어내고 일련번호와 비밀번호 1개를 임의로 선택하여 해당 순번과 함께 신청서에 기재하면 종래의 등기필증을 첨부한 것과 동일한 효력이 있으며, 등기필정보서면 자체를 첨부하는 것이 아님에 유의하시기 바랍니다.
◈ 따라서 등기신청 시 등기필정보서면을 거래상대방이나 대리인에게 줄 필요가 없고, 대리인에게 위임한 경우에는 일련번호와 비밀번호 50개 중 1개와 해당 순번만 알려주시면 됩니다.
◈ 만일 등기필정보의 비밀번호 등을 다른 사람이 안 경우에는 종래의 등기필증을 분실한 것과 마찬가지의 위험이 발생하므로 철저하게 관리하시기 바랍니다.

제출자	
총	건

전자표준양식(e-Form)번호: **1501-2009-0140437-1**

소유권이전등기신청(매매)

접수	년 월 일	처리인	접수	기입	교합	각종 통지
	제 호					

본 신청서 상의 정보와 전자표준양식(e-Form)으로 저장된 정보는 동일함을 확인합니다. 작성완료일시 : 2009-10-30 11:41:51

본 신청서는 최초 작성 후 3개월까지만 등기소에 제출 가능합니다. 최초작성일시 : 2009-10-30 11:28:55

부동산의 표시(거래신고일련번호/거래가액)
1. 토지 고유번호[1547-1996-417401] 충청북도 청원군 오창읍 양청리 745-7 대 350.9㎡ 이상

등기원인과 그 연월일	1998년 06월 08일 매매
등기의 목적	소유권이전
이전할 지분	

구분	성명	주민등록번호	주소	지분(개인별)
의무자	한국토지공사 (충북지역본부장) 하[illegible] 용			
권리자	김정선			

OCR

71073010200120091032530518329

김정선

유상취득(농지외)

토지 오창읍 양청리 745-7번지 350.9000㎡

868240
173640
0
1041880

43412310

2009 10 27

251-3696

잘사는 청원 따뜻한 지역사회

청 원 군

수신자 수신자참조

(경유)

제목 2011년도 충청북도 종합감사결과 처분요구사항 알림

1. 충청북도 감사관-3455(2011.05.03)호와 관련입니다.

2. 위 호에 의거 2011년도 충청북도 종합감사결과 처분요구사항을 붙임과 같이 알려드리니 감사처분요구 처리요령에 따라 조속한 시일 내 조치를 취한 후 그 결과를 관련증빙서(2부)를 첨부하여 보고서식에 의거 **2011. 6. 20일까지** 제출하여 주시기 바랍니다.

3. 아울러, 감사결과 처분요구사항에 대하여 이의가 있을 경우에는 행정 감사규정 제27조의2 규정에 의하여 처분요구일(접수일 기준)부터 1월 이내에 이의신청을 제기할 수 있으며, 본 처분요구에 따라 행한 처분에 대하여 소송이 제기된 때에는 소장 사본 1부를, 판결이 있은 때에는 판결분 사본 1부를 제출하시기 바랍니다.

4. 또한, 지적사항(처분요구)에 대하여는 향후 유사한 사례가 재발되지 않도록 법규연찬은 물론, 책임의식 고취를 위한 직무교육 실시 등 업무능력 향상 및 취약요소를 근절하기 위한 조치를 강구하시기 바라며,

5. 사회복지시설장과의 간담회 시 건의된 사항은 군정에 적극 반영될 수 있도록 해당과에서는 조치하여 주시기 바랍니다.

붙 임 : 1. 2011 청원군 종합감사 결과 1부
2. 감사결과 처분요구 목록(본처본) 1부
3. 감사결과 처분요구서 각1부
4. 감사결과 처분요구 처리요령 1부
5. 감사결과 처분요구사항 조치결과 보고서식 1부. 끝.

■ 본처분 처분요구서 목록

일련번호	제목	관련부서	처분요구		
			행정상	재정상(건/천원)	
계	23건 (시정 19, 주의 3, 개선 1)		합 계 추 징 회 수 감 액 기 타		163/709,404 155/240,766 7/208,649 1/259,989
1	징계처분자 봉급 및 수당 지급 부적정	상하수도사업소	시 정	회 수	1/4,295
2	군의 토산품판매장 관리운영 부적정	문화체육과	시 정		
3	사회복지시설후원금 집행부적정 지도감독 소홀	사회복지과	시 정		
4	경로당설치사업 추진 부적정	〃	시 정		
5	자활센터 운영 관리 소홀	주민생활과	시 정		
6	2009~2010 뭇사리뱅크 지원사업 부적정	농정과	시 정	회 수	1/136,599
7	2009 농산물 수출단지육성 지원사업 부적정	〃	시 정	회 수	1/30,408
8	2009 소규모 농산물 유통시설 지원사업 부적정	〃	시 정	회 수	1/13,790
9	2010 젖소 오수처리 정화조시설 지원사업 부적정	축산과	시 정	회 수	1/23,127
10	부동산 장기 미등기자 과징금 부과 누락	민원과	시 정	추 징	14/185,764
11	부동산 등기 해태 과태료 부과 누락	〃	시 정	추 징	141/55,002
12	농업기반시설 목적외 사용료 부과 지연	건설과	주 의		
13	오창읍 회계집행에 관한 사항	오창읍	시 정	회 수	2/430
14	전, 농업기술센터 실증포 부지 관리 및 매각업무 소홀	재무과 농업기술센터	주 의		
15	건축물 구조안전 및 내진설계 업무처리 소홀	건축디자인과	시 정		
16	시설공사 하자검사 업무 소홀	상하수도사업소	시 정		
17	산지전용복구비 예치 업무처리 부적정	산림과	시 정		
18	옥산산업단지 진입도로 개설공사 설계 부적정	건설과	시 정	감 액	1/259,989
19	도시계획정보체계(UPIS)구축용역사업 감독 및 검사 소홀	도시과	시 정		
20	산림사업 산림조합과 수의계약 개선	산림과 재무과	개 선		
21	수질개선부담금 집행 부적정	환경과	주 의		
22	폐기물처리업 및 재활용신고 사업장 관리 소홀	〃	시 정		
23	성병건강진단 관리업무 처리 부적정	보건소	시 정		

잘사는 청원 따뜻한 지역사회

청 원 군

수신자 수신처 참조
(경유)
제목 부동산 장기미등기에 따른 과징금 부과처분 통지서 송부

1.평소 군청 발전에 적극적으로 협조하여 주심에 깊은 감사를 드립니다.

2.귀하께서는 부동산실권리자명의 등기에 관한법률 제10조 (장기미등기에 대한 벌칙등) 및 동법 시행령 제4조 2항의 규정에 의한 과징금 부과 처분에 앞서 증거제출등 의견진술의 기회를 드리고자 처분내용을 사전통지하오니, **2011. 7. 27.(수)까지** 붙임 서식에 의거 의견을 제출하시기 바라며,

3.위 지정된 기일까지 의견제출이 없는 경우에는 의견이 없는 것으로 간주하여 직권부과 처분함을 알려 드립니다.

붙 임 1. 처분 사전 통지서 12부.
2. 의견제출서 각1부.
3. 수신처 1부. 끝.

청 원 군 수

주무관 윤영재 토지정보담당 박의선 민원과장 전결 07/07 김항구

협조자

시행 민원과-13591 (2011.07.07.) 접수 ( )
우 360-706 충북 청주시 상당구 상당로 69번길 38 (북문로1가 171-3)/ http://www.puru.net
전화 043)251-3782 /전송 043)251-3758 / sasla1@korea.kr / 공개

『위기를 넘어 다함께 성장』

처 분 사 전 통 지 서

1.예정된 처분의 제목		부동산실권리자명의등기에 관한 법률 위반자 과징금부과 사전 통지
2. 당사자	성 명	김정선
	주 소	
3.처분이 원인이 되는 사실		▶ 물건소재지 : 청원군 오창읍 양청리 745-7번지 2001.12.26. 취득을 원인으로 계약을 체결하였음에도 불구하고 2009.10.30. 등기를 경료함으로써 장기미등기 사실이 발견 됨.
4.처분하고자하는 내 용		▶과징금 부과 · 과징금 : **24,071,740원** · 산출기초: 별 첨
5.법 적 근 거		▶ 부동산 실권리자명의 등기에 관한 법률 제10조 제1항 ① 「부동산등기 특별조치법」 제2조제1항, 제11조 및 법률 제4244호 부동산등기특별조치법 부칙 제2조를 적용받는 자로서 다음 각 호의 어느 하나에 해당하는 날부터 3년 이내에 소유권이전등기를 신청하지 아니한 등기권리자(이하 "장기미등기자"라 한다)에게는 부동산평가액의 100분의 30의 범위에서 과징금(「부동산등기 특별조치법」 제11조에 따른 과태료가 이미 부과된 경우에는 그 과태료에 상응하는 금액을 뺀 금액을 말한다)을 부과한다. 다만, 제4조제2항 본문 및 제12조제1항에 따라 등기의 효력이 발생하지 아니하여 새로 등기를 신청하여야 할 사유가 발생한 경우와 등기를 신청하지 못할 정당한 사유가 있는 경우에는 그러하지 아니하다. 1. 계약당사자가 서로 대가적(代價的)인 채무를 부담하는 경우에는 반대급부의 이행이 사실상 완료된 날 2. 계약당사자의 어느 한쪽만이 채무를 부담하는 경우에는 그 계약의 효력이 발생한 날

6. 의 견 제 출	기관명	청원군청	부서명	민원과 토지정보담당
	주 소		충북 청주시 상당구 상당로 69번길 38 (북문로1가 171-3) 담당자 : 윤영재 (☎043-251-3782)	
	기 한		2011년 7월 27일	

과징금부과 산출기초

납세자명	납세물건 소재지	면적 (㎡)	지목	취득 일자	등기 일자	지연 일자 (일)	공시지가/ 시가 표준액(원)	부동산 평가액 (원)	부과율	과징금 (원)
김정선	오창읍 양청리 745-7	350.9	대	01.12.26.	09.10.30.	2,865	343,000	120,358,700	20%	24,071,740
계								120,358,700		24,071,740

※ 산 출 기 초

○ 부동산평가액 산출기초 : 필지별 면적×개별공시지가 (건물인 경우 소득세법에 의한 건물기준시가)

○ 과징금 산출기초 : 부동산평가액×20/100(과징금 부과율)

○ 과징금 부과율 : 20/100(부동산 실권리자명의 등기에 관한 법률 시행령 제4조의2)

- 부동산평가액을 기준으로 하는 과징금 부과율 5억원 이하 **5%**
- 의무위반 경과기간을 기준으로 하는 과징금 부과율 2년초과 **15%**

의 견 제 출 서

<table>
<tr><td>1. 예정된 처분의 제목</td><td colspan="2">부동산실권리자명의등기에 관한 법률 위반 과징금 부과 사전 통지</td></tr>
<tr><td rowspan="2">2. 당사자</td><td>성 명</td><td>김 정 선</td></tr>
<tr><td>주 소</td><td></td></tr>
<tr><td>3. 의 견</td><td colspan="2">o 부동산 등기 특별조치법 제2조 제1항을 해석함에 있어서 귀 군에서는 계약당사자가 서로 대가적인 채무를 부담하는 경우에는 반대급부의 이행이 사실상 완료된 날로 지적 확정측량 완료일(2001.12.26)로 보고 있으나 저는 한국토지공사와의 면적 증감에 따른 거래대금의 종결일(2009.03.02)로 보아야 한다고 생각됩니다.

o 저는 IMF시기인 1998년 한국토지공사 사업처장으로 근무하고 있었으며 돈의 여유가 있는것이 아니었지만 한국토지공사 경영난에 일조하기 위하여 1인 1필지 매각운동에 동참하여 본토지를 수의계약으로 구입하였고, 최종근무지에서 어렵게 마련한 대지이기에 정이가고 다른 사업지구에 비하여 대지 면적이 넓어 노후에 도시내 주거지로서 적합하다고 판단하여, 중간생략 등기가 가능한 시기 및 부동산 경기 활성화 시기에도 매각하지 않았으나, 병원수술비 및 자녀등록금이 필요하게 되어 소유권이전 등기후 매각하였습니다.

별지 계속</td></tr>
<tr><td>4. 기 타</td><td colspan="2"></td></tr>
<tr><td colspan="3">행정절차법 제27조 제1항의 규정에 의하여 위와 같이 의견을 제출 합니다.
2011년 7월 25일

의견제출인 주소 :
성명 : 김 정 선 (서명또는 인)

청 원 군 수 귀하</td></tr>
<tr><td>비 고</td><td colspan="2">1. 기재란이 부족한 경우에는 별지를 사용하실 수 있습니다.
2. 증거자료등을 첨부하실 수 있습니다.
3. 위 의견제출과 관련하여 문서를 받으신 경우에는 문서번호와 일자를 제1호와 함께 기재하여 주시기 바랍니다.</td></tr>
</table>

o 부동산 등기 특별조치법 제2조 제1항을 해석함에 있어서 귀 군에서는 계약당사자가 서로 대가적인 채무를 부담하는 경우에는 반대급부의 이행이 사실상 완료된 날로 지적 확정측량 완료일(2001.12.26)로 보고 있으나 저는 한국토지공사와의 면적 증감에 따른 거래대금의 종결일(2009.03.02)로 보아야 한다고 생각됩니다.

o 저는 IMF시기인 1998년 한국토지공사 사업처장으로 근무하고 있었으며 돈의 여유가 있는것이 아니었지만 한국토지공사 경영난에 일조하기 위하여 1인 1필지 매각운동에 동참하여 본토지를 수의계약으로 구입하였고, 최종근무지에서 어렵게 마련한 대지이기에 정이가고 다른 사업지구에 비하여 대지 면적이 넓어 노후에 도시내 주거지로서 적합하다고 판단하여, 중간생략 등기가 가능한 시기 및 부동산 경기 활성화 시기에도 매각하지 않았으나, 병원수술비 및 자녀등록금이 필요하게 되어 소유권이전 등기후 매각하였습니다.

o 취득세 재산세 양도소득세 등을 납부하였으므로 조세의 포탈이나 법적용을 회피할 목적이 아니었음을 확인할 수 있고, 한때 건설경기 침체로 중간등기 생략까지 가능했던 공공기관에서 조성공급한 단독주택지의 실수요자인 최초계약자이므로 부동산 거래의 사회적 혼란을 가져오는 거래가 아닌 것이 분명하며, 단순한 무지와 등기비용 부담관계로 소유권 이전 등기를 늦게 한 사람에게 과태료가 아닌 시가 표준액의 100분의 20에 해당하는 과징금을 부과하는 것은 조세의 평등원칙에 어긋난다고 판단됩니다.
(본인 근로소득 2년치가 넘는 금액)

o 재직중이던 회사의 경영난 타개에 조금이나마 도움이 되고자 매입한 토지에 대하여 단순한 무지로 인한 소유권 이전등기 해태에 따른 과징금(약 24백만원) 및 양도소득세(약 22,300천원) 취·등록세, 재산세 등의 세금이 당해물건 매입가격(약 43백만원) 보다 많은 것이 타당한가요.
1998년 매매 대금을 대부분 납부했으므로 11년간 물가상승률을 감안하면 11년후의 양도차익의 75%를 국가 및 지방자치단체에서 세금으로 거두어 들이는 것입니다. (법인세 및 근로소득세율 35%와 형평성, 은행에 예치하는 것보다 수익률이 훨씬 못미침)

o 2002년 12월 소유권 이전 안내문을 받고 등기를 하려고 등기비용을 알아보니 돈이 부족하여 오창과학단지의 성숙도를 사유로 하여 계약체결당시 가격을 기준으로 하여 등록세를 산출할 것을 귀군에 문서로 건의하였으나 받아들여지지 않았고 등기비용 때문에 은행대출을 받는것이 마음내키지 않아 부동산 실권리자 명의 등기에 관한 법률을 알지못했기 때문에 추후 건축 시 등기를 할 생각이었습니다.

o 저는 2002년부터 지금까지 한국토지공사 퇴직자와 현직들의 친목도모와 상조를 위하여 활동하고 있으며 최저임금수준의 근로소득 등으로 어려운 생활을 하고 있습니다.
다섯식구 생활비도 많이 드는데 아내는 2009년 유방암 수술을 받았고 저도 전립선질환으로 2003년 수술권유를 받았으나 지금까지 미뤄왔고 조만간 수술을 해야 합니다.
충청북도와 귀군의 숙원사업이었던 오창과학단지 활성화를 위하여 기여한 한국토지공사 전현직의 공로와 저의 현실을 감안하여 선처를 부탁드립니다.

※ 취득경위 : 1998년 한국경제는 IMF 여파로 부동산 경기가 꽁꽁 얼어 붙었고 충청북도와 협약체결하여 한국토지공사에서 시행하던 오창과학단지도 상대적으로 저렴하였지만 조성이 완료되지 않았고, 수요량에 비하여 공급량이 많아서 그런지 예외는 아니었습니다.
기초과학분야를 유치하여 충북도의 중점정책인 IT·BT 지원정책에 기여하고 지역활성화를 위한 오창과학단지는 1500필지가 넘는 단독주택지와 공동택지가 8필지로서 인근 주민들의 수요로는 공급량이 너무 과다 하였습니다.
그때 당시 한국토지공사도 경영난으로 전직원이 홍보요원이 되어 매각권유활동을 하였고, 저도 학교동창, 지인, 청주에 거주하는 택시기사, 버스 승객들에게 오창과학단지의 단독필지 매입을 권유 하였습니다만, 반응은 너무 싸늘했습니다.
저도 매입할 수 있는 여력이 부족했지만 공사의 위기극복에 동참하기 위하여 1필지를 1998년 6월8일 계약하였고 막내의 유치원 친구 아빠(김병후)에게 계약금을 대납해주고 계약서에 대리 서명까지 하여 충북대학교 입주예정지 부근 1필지의 거래를 성사 시켰습니다.
그때 당시 본사 담당 본부장은 소망교회 신도들을 버스로 모셔와 많은 필지의 계약을 성사시킨 것으로 알고 있습니다. 1999년도 및 2000년도는 부동산 경기가 더욱 악화되었기
그때당시 공사직원들의 적극적인 매각 활동이 없었다면 오창과학단지는 지금보다 늦게 활성화 되었을 것이라고 생각 합니다.

※ 취득대금 납부 : 본 토지를 취득한 해에 한국토지공사 구조조정으로 직장을 그만두었고 퇴직금으로 매입대금 대부분 납부(가지번이며 도상분할 면적이기 때문에 확정측량시 면적 증감이 있을 것으로 판단하여 일부 남겨둠)

※ 취득세 납부 : 2002년 확정측량 결과에 따라 면적이 감소하였고, 취득세를 귀군 오창면 농협계좌로 송금(₩ 955,060 , 2002.1.23)

※ 소유권 이전 등기가 늦어진 이유 :
공사 준공에 따른 확정측량 결과 및 사업준공에 따라 2002년 8월 22일 등기부에 본토지가 정식 등재되어 소유권이전 동기를 할수 있었으나 5식구 가장으로서 퇴직금도 다 써버린 상태에서 국민주택채권매입등 등기비용이 많이 들어 소요비용을 마련하지 못해 소유권이전등기가 늦어지게 되었습니다.
부동산 실권리자 명의 등기에 관한 법률 제10조(장기미등기자에 관한 벌칙 등)를 몰랐기 때문에 소유권 이전 등기를 하려고 은행 대출을 받는것이 마음이 내키지 않았습니다.
단순한 생각으로 지금 건축할 것도 아니고 거주지에서 멀리 떨어져 있기 때문에 소유권을 한국토지공사로 놔두면 소유권 보전이 더 안전할 것이라는 생각도 들었습니다.

※ 한국토지공사와의 매매대금의 종결이 늦어진 사유 :
확정측량 결과에 따라 면적이 감소되었기 공사에서 본인에게 환급해주어야 하니 계약서상 주소와 전화번호등이 일치하므로 간단히 은행계좌로 송금해 줄 수도 있으나 귀찮게 서류를 제출해달라고 요구하였기에 2009년 3월 2일 종결되었음.

첨 부 : 1. 한국토지공사와의 용지매매계약서 사본 1부.
2. 최종 정산금 입금내역통장 사본 1부.
3. 양도소득세등 납부 영수증 사본 1부.
4. 2002년도 토우회 이사회(사무국장 임명건) 및 연간 인건비 사본.
5. 2010년도 근로소득 지급조서(김정선) 사본 1부.
6. 2010년도 의료비 지출내역서(아내) 사본 1부.
7. 병원검사 자료(김정선) 사본 1부. 끝.

『잘사는 청원 따뜻한 지역사회』

청 원 군

수신자 충청북도지사(토지정보과장)

(경유)

제목 장기미등기 과징금 부과 대상자 여부 관련 질의

1. 2011년 충청북도 종합감사 부동산실권리자명의 등기에 관한 법률 제10조 『장기미등기(3년)에 대한 과징금 부과』와 관련입니다.

2. 과징금 부과 처분에 앞서 과징금 부과 대상자 여부에 대한 질의가 있어 붙임과 같이 질의하고자 하오니 회신하여 주시기 바랍니다.

- 아 래 -

○ 질의 요지: 가. 채권담보를 위한 가등기에 의한 본등기 경료시 장기미등기에 해당되는지 여부.

~~나. 소유권이전에 따른 반대급부이행완료일의 시점 문의~~

붙 임 : 질의서 2부. 끝.

청 원 군

★주무관 윤영재 토지정보담당 박의선 민원과장 전결 08/08 김항구

협조자

시행 민원과-15981 .. (2011.08.08.) 접수 (

우 360-706 충북 청주시 상당구 상당로 69번길 38 (북문로1가 171-3)/ http://www.puru.net

전화 043)251-3782 /전송 043)251-3758 / sasla1@korea.kr / 공개

『2011청원생명축제 2011.9.30~10.9(10일간)』

질의 2

질의 제목: 소유권이전에 따른 반대급부이행완료일의 시점 문의

사건 개요

1. 1998.6.8. 갑(이하 매도인 '한국토지공사'를 '갑'이라 한다)이 택지개발하여 분양 할 가지번의 토지를 을(이하 매수인을 '을'이라 한다.)이 매입한다는 계약서 작성
2. 세금관련 부서의 전산자료에는 2001.12.26. 반대급부이행완료일로 등록 (※ 실제로 잔금을 완납하고 취등록세를 납부한 일자로 보여짐)
3. 2002.8.7. 택지개발 완료 후 확정지번 결정 및 등기부 생성 (※ 가지번 당시 면적과 확정당시 면적 차이 있음)
4. 2009.3.2. 면적차이에 대한 매매대금 일부 환불 받음
5. 2009.10.30. 을(乙)로 소유권이전등기 경료

질의 요지

소유권이전등기에 따른 반대급부이행완료일을 [①실제로 잔금을 지급한 2001.12.26. ② 구획정리 완료로 확정지번 결정 된 2002.8.7.③ 계약당시 면적과 상이하여 매매대금 일부를 환불받은 2009.3.2.] 중 어느 일자로 보아야 하는지?

의 견

갑 설 : 면적차이에 대한 매매대금을 일부 환급받은 2009.3.2. 실제 반대급부의 이행이 완료된 날이므로 장기미등기에는 해당되지 않는다고 주장 함.
(민원인 의견 ▶ 부동산등기특별조치법 제2조 제1항에 관한 질의 참고)

을 설 : 택지개발에 따른 확정지번이 생성되고 그로인해 등기부가 작성된 2002.8.7. 비로소 을(乙) 소유로 등기를 경료할 수 있는 시점으로 보여지기에 본 사건의 실제 반대급부 이행완료일은 2002.8.7.이며 이로인해 을(乙)은 장기미등기자에 해당된다고 사료 됨.
(우리군 의견)

등기부 열람

100αΩregistryζη

부동산 등기부 정보 (말소사항 포함) - 토지

고유번호 1547-1996-417401

[토지] 충청북도 청원군 오창읍 양청리 745-7

[표 제 부]	(토지의 표시)				
표시번호	접 수	소재지번	지목	면적	등기원인 및 기타사항
~~1 (전 3)~~	~~[illegible]~~	~~충청북도 청원군 오창면 [illegible]~~	임	~~[illegible]~~	
					부동산등기법 제177조의 6 제1항의 규정에 의하여 1999년 11월 24일 전산이기
2	~~[illegible]~~	~~충청북도 청원군 오창면 양청리 745-7~~	대	~~350.0㎡~~	~~[illegible]~~
3		충청북도 청원군 오창읍 양청리 745-7	대	350.9㎡	2008년12월12일 행정구역명칭변경으로 인하여 2008년12월12일 등기 관계법령도제1호

[갑 구]	(소유권에 관한 사항)			
순위번호	등 기 목 적	접 수	등 기 원 인	권 리 자 및 기 타 사 항
1 (전 3)	소유권이전	1997년2월10일 제8872호	1997년2월5일 공공용지의 협의 취득	소유자 한국토지공사 114271-0001818 서울 강남구 삼성동 164
				부동산등기법 제177조의 6 제1항의 규정에 의하여 1999년 11월 24일 전산이기
2	소유권이전	2009년10월30일	1998년6월8일	소유자 김정선

- 함께하는 충북 -

충 청 북 도

수신자 법무부장관(법무심의관)
(경유)
제목 장기미등기자 적용 관련 질의사항

부동산 실권리자명의 등기에 관한 법률 운영에 따른 장기미등기자 적용 관련 사항을 질의하오니 회신하여 주시기 바랍니다.

□ 질의 1

【질의요지】

1. 갑(매도인)과 을(매수인)은 금전소비대차에 의한 차용증서를 1996.10.20. 작성하였으나, 원금을 계속 받지 못하여 을은 2000.12.26. 차용금을 매매대금으로 부동산 매매계약서를 작성하고 이를 근거로 2000.12.27 소유권 이전 청구권 가등기를 경료하였음(차용금을 받을 시 가등기를 말소하기로 약정)

2. 을이 계속 원금을 받지 못하는 사이 한국자산관리공사에서 본 부동산에 가압류에 따른 강제경매개시결정등기를 실시하였고, 이에 부득이하게 갑으로부터 원금을 받지 못한 상태에서 2006. 8.22. 가등기에 의한 본등기를 경료하게 될 경우 을이 장기미등기자에 해당하는지 여부

【갑 설】본 사안은 부동산등기특별조치법 제2조에 따라 소유권이전을 내용으로하는 계약을 체결하였고, 계약서상에 잔금지급완료일(반대급부이행완료일)이 명시되어있어, 이를 근거로 지연일자를 산출함이 타당하기에 장기미등기에 해당

【을 설】계약서에 잔금지급일이 명시되어 있다고 하나, 채권확보를 위한 가등기 설정을 위하여 체결된 형식적인 계약이며. 또한 부동산등기특별조치법 제2조에 규정에 비추어봤을 때, 본 사안은 실제로 당사자간 금전거래 관계도 없어 진정한 의미의 계약이라고 볼수 없으므로 장기미등기자에 해당되지 않음

【우리도의견】을 설이 타당하다고 사료 됨

〈이 유〉채권담보확보를 위한 거래로써 부동산의 소유권 이전을 내용으로 하는 계약이라고 볼 수 없기에 장기미등기자에 해당되지 않음

□ 질의 2

【질의요지】

1. 1998. 6. 8 갑(한국토지공사)이 택지개발하여 분양 할 가지번의 토지를 을이 매입한다는 계약서를 작성하고, 2001. 12.26 을이 갑에게 잔금을 완납하고 취등록세를 납부하였음

2. 2002. 8. 7 택지개발이 완료되어 확정지번 결정 및 등기부가 생성된 후 가지번 당시 면적과 확정지번 당시 면적차이로 인해 2009. 3. 2 을은 갑에게 매매대금 일부를 환불받았음

3. 2009.10.30 을로 소유권이전등기 경료

4. 위와 같은 경우 소유권이전등기에 따른 반대급부이행완료일을 ① 확정지번 결정 및 등기부 생성일자 ② 면적차이로 인한 매매대금 일부를 환불받은 날 중 어느 일자를 반대급부이행완료일로 보아야하는지 여부

【갑 설】 면적차이에 대한 매매대금을 일부 환급받은 2009. 3. 2 실제 반대급부이행완료된 날이므로 장기미등기에 해당되지 않음

【을 설】 택지개발에 따른 확정지번이 생성되고 그로인해 등기부가 작성된 2002. 8. 7은 소유로 등기를 경료할 수 있는 시점으로 보아 장기미등기에 해당

【우리도의견】 을 설이 타당하다고 사료 됨

〈이 유〉 확정지번이 생성되고 등기부가 작성된 시점부터 등기신청이 가능하기 때문에 장기미등기자에 해당

붙 임 1. 차용금증서 및 부동산매매계약서 각 1부. 끝.

충 청 북 도

수임관 조혜민 노시행정담당 김종현 토지정보과장 08/16 한흥구

협조자 법제담당 정민택

시행 토지정보과-9367 (2011. 08. 17.) 접수

우 360-765 충북 청주시 상당구 상당로 82(문화동) 신관2층 203호 / www.cb21.net

전화 220-4415 전송 043)220-4419 / fan@korea.kr / 대국민공개

- 대한민국의 중심 당당한 충북 -

인쇄 : 권미미 / 토지정보과 (2012-05-07 13:24)

서민을 따뜻하게, 중산층은 두텁게 2011. 11.

부동산실명법 관련 질의에 대한 회신

법무부 법무심의관실

1 질의요지

- 채권담보를 목적으로 가등기를 경료한 이후 장기간에 걸쳐 본등기를 하지 않은 경우 「부동산 실권리자명의 등기에 관한 법률」(이하, '부동산실명법'이라 함) 제10조제1항을 위반한 장기미등기에 해당하는지 여부(질의 1)
- 부동산실명법 제10조제1항제1호에 따른 '반대급부의 이행이 사실상 완료된 날'의 구체적 판단(질의 2)

《 부동산실명법 관련 규정》

[부동산실명법]

제10조(장기미등기자에 대한 벌칙 등) ① **「부동산등기 특별조치법」 제2조제1항, 제11조 및 법률 제4244호 부동산등기특별조치법 부칙 제2조를 적용받는 자로서** 다음 각 호의 어느 하나에 해당하는 날부터 3년 이내에 소유권이전등기를 신청하지 아니한 등기권리자(이하 "장기미등기자"라 한다)에게는 부동산 평가액의 100분의 30의 범위에서 과징금(「부동산등기 특별조치법」 제11조에 따른 과태료가 이미 부과된 경우에는 그 과태료에 상응하는 금액을 뺀 금액을 말한다)을 부과한다. 다만, 제4조제2항 본문 및 제12조제1항에 따라 등기의 효력이 발생하지 아니하여 새로 등기를 신청하여야 할 사유가 발생한 경우와 등기를 신청하지 못할 정당한 사유가 있는 경우에는 그러하지 아니하다.

1. **계약당사자가 서로 대가적(代價的)인 채무를 부담하는 경우에는 반대급부의 이행이 사실상 완료된 날**(이하 생략)

[부동산등기 특별조치법]

제2조(소유권이전등기등 신청의무) ①부동산의 소유권이전을 내용으로 하는 계약을 체결한 자는 다음 각호의 1에 정하여진 날부터 60일 이내에 소유권이전등기를 신청하여야 한다. 다만, 그 계약이 취소·해제되거나 무효인 경우에는 그러하지 아니하다.

1. 계약의 당사자가 서로 대가적인 채무를 부담하는 경우에는 반대급부의 이행이 완료된 날

나. 질의 2에 대한 검토

- 부동산실명법 제10조제1항은 부동산특조법 제2조제1항, 제11조 및 법률 제4244호 동법 부칙 제2조의 적용을 받는 자로서 계약당사자가 서로 대가적인 채무를 부담하는 경우에는 반대급부의 이행이 사실상 완료된 날부터 3년 이내에 소유권이전등기를 신청하지 아니한 등기권리자에 대하여 과징금을 부과하도록 규정하고 있음

- 이때 반대급부의 이행이 사실상 완료된 날이라 함은 일반적으로 잔금이 지급되어 등기에 필요한 서류를 등기의무자로부터 받을 수 있는 시점을 말함

- 사안의 경우 매수인 B는 '01. 12. 26. 매도인 A에게 잔금(취등록세 포함)을 완납하였으나, ① 택지개발이 완료되어 확정지번이 결정되고 등기부가 생성된 시점은 '02. 8. 7. 이었으며 ② 가지번 당시 면적과 확정지번 당시의 면적 차이로 인해 매매대금 일부를 B가 A로부터 환불받은 것은 '09. 3. 2. 임

- 따라서 B가 잔금을 납부하고 이후 택지개발이 완료되어 확정지번이 결정되고 등기부가 생성된 시점에서 이미 등기신청이 가능하였다는 점, 가지번과 확정지번 상의 면적 차이로 인해 매매대금 일부를 B가 환불받는 것을 소유권이전등기와 동시이행관계로 하는 특약도 존재하지 않는 것으로 보이는 점 등에 비추어 면적 차이로 인한 매매대금을 일부 환불한 시점을 반대급부이행완료일로 보기는 어려움 ▨

『잘사는 청원 따뜻한 지역사회』

청 원 군

수신자 김정선 귀하

(경유)

제목 부동산장기미등기에 따른 과징금 부과 통지

1. 평소 군정발전에 적극적으로 협조하여 주신데 대하여 깊은 감사드립니다.

2. 귀하께서 질의 요청하신 건에 대하여 붙임과 같이 회신이 되어, 회신내용에 따라 부동산실권리자명의등기에 관한 법률 제10조 1항(장기미등기에 대한 벌칙등) 및 동법 시행령 제4조의 2(장기미등기에대한 과징금 부과 기준)에 의거 과징금을 부과하오니 **2012.3.30. 까지 납부**하여 주시기 바라며,

3. 만일, 위 처분에 이의가 있을 경우에는 처분이 있음을 안 날로부터 90일 이내에 청원군수 또는 충청북도행정심판위원회에 행정심판을 청구 할 수 있고 청원군수를 상대로 청주지방법원에 행정소송을 제기할 수 있음을 알려드립니다.

붙 임 1. 과징금 부과처분 통지서 및 과징금 부과 산출기초 1부.

2. 과징금 납부고지서 1부(별송).

3. 질의 회신 내용 1부. 끝.

청 원 군 수

주무관 윤영재 토지정보담당 박의선 민원과장 전결 12/29 김항구

협조자

시행 민원과-27698 (2011.12.29.) 접수 ( )

우 360-706 충북 청주시 상당구 상당로 69번길 38 (북문로1가 171-3)/ http://www.puru.net

전화 043)251-3782 /전송 043)251-3758 / sasla1@korea.kr / 공개

청 원 군

문서번호 :
수 신 : 김정선 귀하
제 목 : 장기미등기에 따른 과징금 부과 통지

1. 귀하께서 다음과 같이 부동산 실권리자 명의 등기에 관한 법률 제10조 제1항의 규정을 위반한 사실이 있습니다.

○ 대상부동산 : 청원군 오창읍 양청리 745-7 대 350.9㎡
○ 대 상 자 : 김정선
○ 부 과 내 역 : 붙임 "과징금부과 산출기초" 참조
○ 과 징 금 :금 24,071,740원(금이천사백칠만천칠백사십원)

2. 위의 위반사실에 대하여 부동산 실권리자 명의 등기에 관한 법률 제10조 제1항 및 같은법 시행령 제4조의2 규정에 의하여 24,071,740원의 과징금을 부과하오니 2012년 3월 28일까지 청원군 농협금고,금융기관,우체국등에 납부하시기 바랍니다.

3. 과징금 부과 처분에 불복이 있을 경우에는 처분이 있음을 안 날부터 90일 이내에 청원군수 또는 충청북도행정심판위원회에 행정심판을 청구할 수 있고, 청원군수를 상대로 청주지방법원에 행정소송을 제기할 수 있음을 알려 드립니다.

첨 부 : 과징금 납부고지서 1부. 끝.

2011. 12. .

청 원 군 수

과징금부과 산출기초

납세자명	납세물건 소재지	면적 (㎡)	지목	취득 일자	등기 일자	지연 일자 (일)	공시지가/ 시가 표준액(원)	부동산 평가액 (원)	부과율	과징금 (원)
김정선	오창읍 양청리 745-7	350.9	대	01.12.26.	09.10.30.	2,865	343,000	120,358,700	20%	24,071,740
계								120,358,700		24,071,740

※ 산 술 기 초

○ 부동산평가액 산출기초 : 필지별 면적×개별공시지가 (건물인 경우 소득세법에 의한 건물기준시가)

○ 과징금 산출기초 : 부동산평가액×20/100(과징금 부과율)

○ 과징금 부과율 : 20/100(부동산 실권리자명의 등기에 관한 법률 시행령 제4조의2)

- 부동산평가액을 기준으로 하는 과징금 부과율 5억원 이하 5%
- 의무위반 경과기간을 기준으로 하는 과징금 부과율 2년초과 15%

제5장 행정심판

행 정 심 판 청 구				
청 구 인	① 성 명	김정선	②주민등록번호	
	③ 주 소			
④ 선정대표자·관리인또는대리인				
⑤ 피 청 구 인	청원군수		⑥ 재 결 청	충청북도 지사
⑦ 청구대상인 처분내용(부작위의 전제가 되는 신청 내용 · 일자)	피청구인이 2011.12.29. 청구인에 대하여 한 과징금 부과 처분			
⑧ 처분있음을안날	2012.1.3			
⑨ 심 판 청 구 취 지·이 유	(별지 기재와 같음)			
⑩ 처 분 청 의 고 지 유 무	행정심판청구에 대한 안내가 있었음	⑪ 고 지 내 용	과징금 부과 처분에 대한 이의시 행정심판청구 할 수 있음	
⑫ 증 거 서 류 (증 거 물)	1. 과징금 부과 처분 사전통지서, 의견서, 과징금부과 통지서 1. 기타(별첨)			
⑬ 근 거 법 조	행정심판법 제 19조, 동법시행령 제18조			

위와 같이 행정심판을 청구합니다.

2012. 1. 18.

청구인 김정선 서명 또는 인

충청북도 지사 귀하

※ 첨부서류 : 청구서부본	수수료
	없 음

청구 취지

“ 피청구인이 2011.12.29. 청구인에 대하여 한 과징금 (금24,071,740원) 부과 처분은 이를 취소한다”는 재결을 구합니다.

청구 원인

1. 이건 심판청구의 경위

피청구인은 2011.12.29. 청구인에게 오창과학단지내 청원군 오창읍 양청리 소재 745-7 대 350.9㎡에 대한 장기 미등기에 따른 과징금(금24,071,740원)부과를 하였으나(#1),

피청구인의 장기 미등기에 따른 과징금 부과 사전통지서(2011.7.7 #2)에 따른 청구인 의견서 제출시(2011.7.25 #3,#4)에 소유권 이전 가능 기산일은 매도자와 청구인 간의 면적증감에 따른 대금정산일(2009.3.2)로 보아야 한다고 주장하였고, 추가로 법제처에서 제공한 부동산 등기 특별조치법 제2조 제1항에 관한 질의 해석(안산신도시 개발사업) 내용을 제출(2011.8.8 #5)하여 과징금 부과 사전통지가 부당하다는 사실을 제시하였음에도 불구하고,

피청구인은 실무자로서 판단이 안된다는 사유로 피청구인이 입수한 정보(등록세도 납부한 것으로 피청구인측 전산자료에 입력되어 있음)를 청구인에게 확인도 하지 않고 법제처에 제공함으로서 실무적으로 가능한지 모르지만 중간 생략등기를 염두에둔 등기지연으로 판단하여 법제처에서 이전 해석내용(매도자와 매수자간의 면적정산일)과 다르게 해석(면적 정산일로 볼 수 없음)을 한 것으로 판단되므로 행정절차법 제4조(신의성실 및 신뢰보호)에의거 과징금 부과는 취소되어야 합니다.

2. 청구인의 주장

○ 피청구인이 청구인에게 장기미등기 하였다고 과징금을 부과한 건은 매도자(구 한국토지공사)가 조성한 오창과학단지내 주거용지로서, 조성중이던 1998년 6월 8일 가분할 면적으로 청구인과 용지매매계약을 일시불로 체결한 건으로서(#6) 청구인은 1998년 퇴직금으로 매매대금을 대부분 납부하였습니다.(#7)

○ 본 오창과학단지는 충청북도에서 기초과학분야를 유치하여 IT,BT지원 정책에 기여하고 지역활성화를 기하기 위하여 건설교통부로부터 사업시행자지정을 받아 추진하다가 사업성, 자금등의 사유로 청구인의 직장이었던 한국토지공사로 사업시행자가 바뀌게 되었습니다.

○ 1998년 한국경제는 IMF여파로 부동산 경기가 너무 침체되었고 한국토지공사도 경영난 타개를 위하여 오창과학단지 용지를 공시준공 4년전에 도상 가분할 선매각을 하고 대대적인 구조조정을 하였습니다.

○ 청구인은 충북지사 사업처장으로 근무하면서 직장에 살아남기 위하여 IMF시 본건 토지를 매입하였고 지인에게도 계약금을 대납해주고 용지매매계약서에 대리 사인하여 매매계약을 성사시키기도 했으나 그해 실직하고 말았습니다.(1998년 한국토지공사 충북지사 소속 관리자 5명중 오창과학단지 관리자 1명만 남고 4명은 모두 40대의 젊은나이에 실직함)

○ 취득세는 지방세법에 불구하고 피청구인과 사업시행자인 한국토지공사(매도인)와의 협의에 의하여 피청구인이 2001년12월 확정측량에 의한 면적 기준으로 납부 안내하였기 2002년1월 피청구인 오창면사무소 농협계좌로 입금했습니다.(#8)

○ 면적감소에 따른 정산이 늦어진 이유는 청구인이 생각하기에는 오차범위를 벗어난 면적감소였기 때문에(#13) 청구인 스스로 인정하고 싶은 마음이 없었고 면적 정산금 환급에 꼭 징구되어야 하는 서류가 아닌데도 매도자가 행정편의적으로 요구하였기 때문이며, 청구인은 매도자와의 매매계약체결일로부터 현재까지 주소와 전화번호가 변경되지 않았기 때문에 고의적으로 환급을 회피하지는 않았습니다.

○ 피청구인 주장대로 가분할 면적으로 분양한 토지가 확정측량 결과에 따라 면적이 증가할 경우는 대금정산일을 소유권이전 가능 기준일로 하고 면적감소하여 대금을 환급할 경우에는 확정측량일을 소유권이전 가능 기준일로 한다면 매도인과 매수인 사이에 너무나 불공평한 계약입니다. 매매대금을 연체했을 경우는 연 18%의 연체이율을 적용하고 환매할 경우에는 연 5%로 하여 돌려주면서 매도자의 의도에 따라 확정측량시 소유권이전 가능일이 결정될 수도 있기 때문입니다. 피청구인(승인권자) 및 매도자는 청구인에게 필지별 지적측량이 행정편의적으로 실시되지 않았다는 명백한 증거를 제시하여야 합니다.(준공시 사업면적 증감이 없는데도 청구인 토지감소면적이 크므로 각 블록별 도상 분양면적과 지적측량 면적비교, 해당 블록의 필지별 도상분양면적과 지적측량 면적비교 자료제출)
청구인의 경험에 의하면 대금납부 현황에 따라 필지별 면적 조정이 가능할 수도 있다고 판단되므로 면적증감에 따라 소유권이전 가능일을 형평의 원칙에 어긋나게 법 해석을 해서는 안된다고 생각 합니다.

○ 청구인은 20년 직장생활의 마지막 근무지에서 사연많게 매입한 본건 토지에 주택을 건축하여 노년기를 보낼 생각이었으나 자녀등록금 및 아내의 유방암수술비 마련을 위하여 급히 처분할 수밖에 없어 2009년 10월 청구인 명의로 소유권 이전후 타인에게 매각하고 양도소득세를 납부하였습니다.(#14,#15)

○ 청구인은 2002년 1월 소유권 이전 안내문을 받았으나 3년 넘게 실직상태로 생활고와 청구인 자신의 무력감, 실직에 따른 상대적 박탈감, 좌절감이 겹쳐있었기 때문에 소유권 이전등기를 미루게 되었고, 2002년11월부터 최저생계비 수준이었지만 한국토지공사 퇴직자 모임 실무를 담당하게 되어 소유권이전 등기를 하려고 피청구인에게 국민주택 채권매입기준 가격을 문의한 결과 시가표준액을 기준으로 매입하여야 한다고 답변을 듣고 피청구인에게 문서로서 본세인 취득세, 등록세 기준가격으로 준조세 성격인 국민주택채권을 구입 하는것이 타당하다는 의견을 제시했으나 받아들여지지 않아 소유권 이전등기에 따른 비용이 부족하여 소유권 이전등기를 하지 못하였습니다.(#9,#10)

○ 부동산 실권리자 명의등기에 관한 법률의 제정 목적이나, 용어의 정의에 장기미등기라는 문구가 없어 실직후 부동산 공인중개사를 취득한 청구인은 제10조1항을 몰랐고,
2002년 청구인의 채권매입 기준관련 민원문서에 대한 피청구인의 문서 회신당시 엄청난 금액이 과징금 부과에 대한 관련법을 알려주었으면 무슨 수를 써서라도 소유권 이전 등기를 완료했을 것입니다.

○ 피청구인으로부터 2011년 7월 과징금 부과 사전통지를 받고 의견서 첨부자료로 사용하고자 피청구인에게 2002년 12월 민원을 제출한 문서와 회신문서를 찾아보았으나 타인에게 소유권이전을 한지도 1년이 넘었기 때문에 2011년 1월 사무실 이전을 하면서 폐기되었기(일부분만 남았음) 피청구인에게 관련 문서 공개를 요청하였으나 문서대장에는 기록이 남아있으나 문서는 보존기간이 지나 폐기하였기에 공개할 수 없다는 회신을 받았습니다.(#11,#12)

○ 피청구인도 잘알다시피 공공기관에서 매각하는 토지는 조세를 포탈할 염려가 없기 때문에 취득세 및 등록세 기준가격으로 인정하고 있으며,

청구인은 매도자로부터 소유권이전을 받기전에 피청구인에게 취득세, 재산세등을 연체없이 납부하였으므로 조세를 포탈하거나 법령에 의한 제한을 회피할 목적이 없었다는 것은 분명합니다.(#16)

○ 만약 피청구인은 전산자료에 2001년 12월 26일 청구인이 등록세를 납하였다고 입력되어있다면 등록세를 두번납부 했으므로 청구인에게 등록세는 되돌려 주어야 하며 과징금 부과가 불가피하다면 등기지연에 대한 과징금은 안분계산되어야 한다고 판단 됩니다.

○ 피청구인에게 묻겠습니다.

피청구인이 사업을 하려고 하다가 어렵게되자 청구인측 사업주(한국토지공사)를 끌여들여 사업을 하게 하였고 청구인측 사업주도 경제사정이 어렵게 되자 제품을 만들기도전에 직원(청구인)들에게 반강제적으로 팔아놓고도 부족하여 직원을 해고한 현실과 해고되기전에 사업주측 직원들의 살아남기위한 필사적인 선매각 노력으로 제품이 만들어 졌다는 사실을 피청구인은 알면서도 제품이 만들어졌으니 사업주측 해고된 직원들에게 세금(국민주택채권)을 올려을 달라고 요구하고 세금을 올려줄 돈이 없다고 하자 지금 세금을 안내면 벌금이 눈덩이처럼 불어난다는 사실도 알려주지 않고 있다가 징벌성 세금에 관한 법률을 모른다고 실직하여 배고프고 병들은 사업주측 직원(청구인)이 11년간 지켜온 유품의 처분 과실을 3/4 가져가는 행정처분이 합당하다고 판단합니까?

○ 피청구인은 청구인 의견서를 제출한지 5개월동안 중간회신도 않고 잠자코 있다가 기존의 법령해석과 다르게 과징금을 부과하는 것이 올바른 행정 이라고 판단됩니까?

○ 청구인은 IMF시 실직에 따른 스트레스등으로 2003년 전립선암 진단을 받았고(#17) 변변치 못한 직장인이지만 수술후 직장을 잃을 염려도 있어 운동으로 악화되지 않도록 노력하며 수술을 미루어 왔으나 피 청구인으로부터 과징금 부과 사전통지를 받고 잠을 못이루고 갑자기 병세가 악화되어 2011년 12월 전립선암수술을 받고(#18) 회복중에 있으며, 남자를 상실하였고, 남자 소변기 앞에 서지 못하는 나날을 보내고 있습니다.

위원님들께서는 넓은 아량으로 청구인의 입장을 헤아려주시고 선처를 부탁드립니다.

3. 이건처분의 부당성

피청구인은 직무를 수행함에 있어 신의에따라 성실히 하여야하며 공익또는 제3자의 정당한 이익을 현저히 해할 우려가 있는 경우를 제외하고는 새로운 해석 또는 관행에 의하여 소급하여 불리하게 처리하여서는 아니됨에도 불구하고 이미 법령해석이 내려진 같은 사안(단지개발시 도상 가분할 선매각 토지)에 대하여 사실과 다른 내용도 법령해석 기관에 제공하였고 청구인에게 불리하게 행정처분을 한것은 부당하다.

답 변 서

Ⅰ. 개 요

□ 청 구 인 : 김 정 선

□ 피 청 구 인 : 청원군수

□ 심판청구접수일 : 2012. 1. 20.

□ 심판청구 대상이 되는 처분의 내용

○ 처 분 명 : 부동산 장기미등기에 따른 과징금 부과처분

○ 처 분 일 : 2011. 12. 29.

○ 처분사유

- 부동산실권리자명의등기에 관한 법률 제10조 1항(장기미등기에 대한 벌칙등) 및 동법 시행령 제4조의 2(장기미등기에 대한 과징금 부과 기준)에 의거 처분

□ 고지의 유무 및 내용 : 유(2011. 12. 29. - 고지일자)

이 행정처분에 이의가 있을 경우에는 처분이 있음을 안 날부터 90일 이내에 청원군수 및 충청북도행정심판위원회에 행정심판을 청구할 수 있음을 고지함.

Ⅱ. 청구취지에 대한 답변

"청구인의 청구를 기각한다." 라는 재결을 구함.

Ⅲ. 답 변 이 유

1. 사건 경위

○ 2011. 05. 06. - 2011년도 충청북도 도감사 결과 처분요구

○ 2011. 07. 07. - 「과징금 부과처분 사전통지서」 송부

○ 2011. 07. 25. - 「의견 제출서」 접수

○ 2011. 08. 08. - 충청북도(토지정보과) 질의

○ 2011. 12. 07. - 충청북도(토지정보과) 회신 접수

○ 2011. 12. 29. - 과징금 부과처분 (과징금 : 24,071,740원)

2. 처분의 적법 · 타당성(사건개요)

○ 「부동산 실권리자명의 등기에 관한 법률(이하 '「부동산실명법」'이라 합니다.)」 제10조 제1항에 따라, 누구든지 3년이내에 소유권이전등기를 신청해야 함에도 불구하고,

○ 청구인은 2001. 12. 26. 충북 청원군 오창읍 양청리 745-7번지 350.9㎡(이하 '이 사건 부동산'이라고 합니다.)를 취득 이후 8년이 지난 2009. 10. 30.에 청구인 명의로 소유권이전등기를 하였는데, 2002년 당시 소유권이전에 관련한 안내문을 받았음에도 불구하고, 이 사건 부동산의 면적감소에 따른 한국토지공사와의 정산문제 등으로 소유권이전등기를 못한 정당한 사유가 있고 또한 조세를 포탈하거나 법령 제한을 회피할 목적으로 소유권이전등기를 지연한 것은 아니라고 주장하면서, 이 사건 처분의 위법 · 부당성을 주장하고 있으나,

○ 피청구인은 위와 같은 청구인의 명백한 위법사실을 기초로 상급기관에 질의회신을 통해 2011. 12. 29. 부동산실명법 제10조 제1항을 위반에 따른 같은 법 시행령 제4조의 2(장기미등기에 대한 과징금 부과 기준)에 의거 금 24,071,740원을 과징금으로 부과(이하 '이 사건 과징금 부과처분'이라고 합니다.) 한 것은 관계법령에 규정된 처분의 절차 및 기준을 충족하였음이 분명하므로 이는 적법 · 타당한 처분이라고 할 것입니다.

3. 피청구인의 답변

가. 부동산실권리자명의 등기의무 위반행위에 대한 제재 목적 및 필요성

(1) 부동산실명법은 부동산에 관한 소유권 기타 물권을 실체적 권리관계에 부합하도록 실권리자 명의로 등기하게 함으로써 부동산등기제도를 악용한 투기·탈세·탈법행위 등 반사회적 행위를 방지하고 부동산거래의 정상화와 부동산가격의 안정을 도모하여 국민경제의 건전한 발전에 이바지함을 목적으로 제정된 것으로서 (제1조), 종전의 투기·탈세 등의 방법으로 이용되어 오던 명의신탁약정을 무효로 규정하고 있으며(제4조), 소유권 이전등기를 할 수 있음에도 불구하고 이를 하지 아니한채 일정한 기간 동안 방치하는 경우에도 미등기전매 등 각종 탈법행위의 수단으로 이용될 수 있음을 고려하여 그와 같은 장기미등기에 대하여도 과징금 및 형사처벌을 할 수 있도록 한 부동산실명법의 입법취지에 비추어 보면,

(2) 부동산실명법 제10조의 규정은 부동산의 매매 등 법률행위로 인한 물권변동의 경우 그에 따른 신속한 소유권이전등기를 하도록 하고, 정당한 사유 없이 이를 지연하는 경우 제재를 할 수 있음을 정하여 둔 것이므로, 부동산실명법 제10조 제1항 제1호에서 <u>**반대급부의 이행이 사실상 완료되는 날은 등기권리자가 자신의 반대급부를 전부 이행함으로써 언제라도 등기의무자에 대하여 무조건의 등기절차의 이행을 청구할 수 있게 되는 날을 의미한다고 해석하여야 한다.**</u> 왜냐하면 부동산실명법 제10조 제1항 제1호는 쌍무계약의 경우 부동산등기특별조치법 제2조 제1항·제11조 및 부칙 제2조의 적용을 받는 자, 즉 등기권리자에 대하여 적용되는 것으로서 상대방의 반대급부의 이행이라고 하지 아니하고 그냥 반대

급부의 이행이라고 규정하고 있어, 그 반대급부는 등기권리자 자신의 반대급부를 의미한다고 보는 것이 제재규정의 문리해석상 옳을 뿐더러, 만약 원고의 주장과 같이 제10조 제1항 제1호에서 반대급부의 이행이 사실상 완료되는 날을 등기의무자의 의무이행까지도 모두 완료된 날로 해석하는 것은, 부동산실명법의 입법취지에 반하여 등기신청의 기간을 부당히 연장하는 것으로서 허용될 수 없기 때문이다. 따라서 등기권리자는 자신의 반대급부를 전부 이행한 날로부터 3년 내에 등기의무자의 협력을 받아 등기신청을 하거나, 협력을 받은 수 없는 경우에는 등기의무자를 상대로 소유권이전등기 절차 이행을 구하는 소송을 제기하여 그 의사의 진술을 명하는 내용의 판결을 받아 등기신청을 하여야 하고, 그 기간 내에 등기신청을 하지 아니하면 그 기간경과에 정당한 사유가 있다는 점을 입증하지 아니하는 한 부동산실명법 제10조 제1항 소정의 제재를 벗어날 수 없다고 보아야 한다.(서울행정법원 1999.11.26. 99구27008 판결 참조)고 판시하고 있습니다.

(3) 청구인은 2001. 12. 26. 충북 청원군 오창읍 양청리 745-7번지 350.9㎡를 취득하면서 매도인인 한국토지공사에 잔금을 완납하고 2002. 8. 7. 택지개발이 완료되어 확정지번이 결정되고 등기부가 생성된 시점에서 등기이전신청이 가능하였던 사정에 비추어보면, 청구인은 자신의 반대급부를 전부 이행함으로써 언제라도 등기의무자에 대하여 무조건의 등기절차의 이행을 청구할 수 있게 되는 날에 해당되어 소유권이전등기신청이 사실상 가능했음에도 불구하고, 청구인은 2009. 10. 30.에서야 소유권이전을 경료함으로써「부동산실명법」제10조제1항을 위반하였음이 명백한 바, 피청구인이 위 법규 위반 행위에 대한 행정상의 제재로써 과징금 금24,071,740원을 부과한 것은 위와 같은 「부동산실명법」의 입법취지와 공익 목적 달성을 위한 정당한 조처라고 할 것입니다.

나. 이 사건 과징금액 산출근거와 부과처분의 적법·타당성

(1) 피청구인은 청구인의 법규위반사실을 기초로 「부동산실명법」 제10조 및 같은 법 시행령 제4조의2 별표에 규정된 바에 따라,

i) 2001. 12. 26.부터 2009. 10. 30.까지의 부동산 등기 지연 위반행위에 대하여 이 사건 토지의 부동산평가액 총 120,358,700원에 대한 부과율 20/100을 적용하여 과징금 24,071,740원을 산출하였고,

> **※ 이 사건 과징금 부과금액 산출방법**
> ○ 과징금 산출기초: 부동산평가액 × 과징금 부과율
> ○ <u>부동산 평가액</u> 산출기초
> - 필지별 면적 × 개별공시지
> · 토지 : 부동산 가격공시 및 감정평가에 관한 법률에 의한 개별공시지가
> ○ 과징금 부과율(= ㉠ + ㉡)
> ㉠ 부동산평가액을 기준으로 하는 과징금 부과율
> - 5억원 이하 5%
> - 5억원 초과 30억이하 10%
> ㉡ 의무위반 경과기간을 기준으로 하는 과징금 부과율
> - 1년 초과 2년 이하 : 10%
> - 2년 초과 : 15%

(2) 2011. 12. 29. 과징금 부과처분 통지서, 산출기초 및 납부고지서 등을 첨부하여 청구인에게 통보하기에 이르렀습니다.(을 제6호증의 1 내지 4)

(3) 위와 같이 피청구인이 청구인의 명백한 위법행위를 근거로 「부동산실명법」이 규정한 바에 따라 금 24,071,740원을 부과 처분한 것은 관련 법률에서 관할 행정청에게 부여한 권한과 의무를 적법한 절차에 따라 성실하게 이행한 것임은 물론 그 내용 및 정도에 있어서도 청구인이 이 사건 과징금 부과 처분으로 인하여 입게 될 불이익 보다 동 처분이

지향하는 공익적 필요가 보다 크다고 봄이 상당하므로, 그 적법·타당성이 당연히 인정된다고 보아야 할 것입니다.

5. 결 론

가. 앞서 살펴본 바와 같이 청구인은 「부동산실명법」을 명백히 위반하였고 그 위법사실을 인정하면서도 이 사건의 경우와는 다른 법령해석 사례를 들어 피청구인의 행정행위를 비난하는 잘못을 행하고 있는 것이고,

나. 또한, 단순히 피청구인의 과징금 처분으로 청구인이 어려운 처지에 처하게 될 것이라는 등 경제적 불이익을 받게 된다는 이유만으로는 그것이 이 사건 처분이 위법·부당하다고 볼 수는 없는 것이고, 앞서 살펴본 바와 같이 청구인의 주장은 여러 모로 이유가 없다고 할 것이므로, 그 청구를 기각하여 주시기 바랍니다.

6. 관련법령

□ 부동산 실권리자명의 등기에 관한 법률

제1조 (목적)
이 법은 부동산에 관한 소유권과 그 밖의 물권을 실체적 권리관계와 일치하도록 실권리자 명의(名義)로 등기하게 함으로써 부동산등기제도를 악용한 투기·탈세·탈법행위 등 반사회적 행위를 방지하고 부동산 거래의 정상화와 부동산 가격의 안정을 도모하여 국민경제의 건전한 발전에 이바지함을 목적으로 한다.

답변서에 대한 의견서

1. 청구인은 피청구인으로부터 부동산 등기 특별조치법 제2조1항의 적용을 받는자로서 부동산 실권리자 명의에 관한법률 제10조1항의 규정을 위반하였다는 사전통지를(2011.07.07 발송) 받기전 까지는 부동산 실 명의자 법률의 제정목적이나 용어의 정의에 장기미등기자에 관한 내용이 없어 부동산실명법 제10조1항을 전혀 알지 못했습니다.

2. 청구인은 피청구인에게 부동산등기특별 조치법 제2조 1항의 적용시점과 관련하여 지적측량이 불공정하게 행정편의적으로 실시되지 않았다는 자료제시와 법제처에 법령해석 요청시 청구인이 등록세도 취득세 납부시기에 납부하였다는 내용의 증거자료를 요청하였으나 답변내용에 포함되지 않았고 충청북도 감사지적사항이고 법제처에 질의하여 과징금을 부과하였는데 왜 피청구인을 비난하는가 라고 답변하고 있습니다.

3. 모든법률의 적용은 사회적 규범, 상식 , 정황등을 감안하여 판단해야 되기 때문에 행정이 필요하다고 보며 모든 자연인은 행정청의 행정행위에 대하여 약간의 불공정이 있더라도 수긍이 되는 상식적 사항에 대하여는 그냥 지나칠수도 있다고 생각 됩니다.

4. 청구인도 이 사건 토지의 확정측량결과를 통보받았을때 감소면적이 오차범위를 벗어났다고 판단하여 매도자, 피청구인, 측량시행자가 의견조율(각 필지별 대급납부현황을 감안한 측량)에 의하여 지적측량이 되었을 것이라는 의증은 있었으나 청구인이 20년넘게 몸 담았던 직장후배들의 입장, 격무에 시달리는 피청구인의 입장, 발주자의 요구사항을 받아들어야하는 측량업자의 입장을 이해하여 행정편의적 (피청구인은 지방세 수입을 앞당길수 있고 매도인은 소유권이전을 촉진) 행정행위를 했는지 여부를 묻지않았고 취득세는 피청구

인 계좌로 납부하였고 그 당시 실직상태로 경제적 어려움이 있어 소유권 이전을 미루게 되었습니다.

5. 그러나 현 시점에서는 이사건 토지의 형성에 기여를 한 청구인이 의무를 다하지 않았다고 피청구인이 징벌성 과징금을 부과하였기 확정측량시 행정편의적으로 행정행위를 하지 않았다는 증거를 요청하게 되었습니다.

6. 도상 가분할 선매각 토지이므로 국민주택 채권매입 기준이 주택건설 촉진법령에 시가표준액으로 명시되어있더라도 2001년12월 확정측량이 완료되었으나, 2002년 8월 22일 등기부가 만들어졌으므로 비로서 물권을 이동할 수 있는 시점으로 보아야 하며 공시지가의 적용사례(당해년도 상반기 공시지가를 하반기 및 다음연도 상반기까지 각종세금 자료로 활용)로 볼때 적어도 2002년도 말까지는 공공기관등으로 부터의 매수 토지에 적용되는 취득세 및 등록세 기준가격인 취득가격을 국민주택채권 매입 시가표준액으로 보아야 한다는 민원을 2002년 12월 제출하였으나 피청구인이 인정하지 않았고 부동산실명법을 제대로 알지 못해 등기비용이 부족하여 (채권매입 누진적용) 등기를 미루게 되었습니다.

7. 도상 가분할 면적으로 분양하였고 면적증감에 따라 매매대금을 정산하도록 되어있는 쌍무계약이므로 물권이동이 가능한 시기는 주소변경등으로 상대방에게 의사전달을 할수 없는 경우를 제외하고는 대금정산일로 보아야 하며 기존 법제처 해석(면적 정산일)도 그런 맥락에서 이루어졌다고 봅니다.

8. 그러나 피청구인은 법제처에 법령해석 요청시 청구인이 2002년 초에 등록세를 납부하였다고 자료를 제공하였으나 상식적으로 등록세는 등기할 시점에 고지서를 발급받아 국민주택채권을 구입하고 등기하는 것으로 알고 있는데 청구인에게는 물증이 없습니다.(등록세도 취득세와 마찬가지로 피청구인 계좌로 입금시킨지도 몰라도 피

청구인 거소를 방문한 기억이 없습니다.)

9. 부동산 경기의 부침에 따라 법령이 만들어 지기도 하고 없어지기도 하며, 세율도 변경되기 때문에 일반인들은 특별히 관심을 갖지 않는한 특별법은 잘 모르며 청구인도 토지매입시기와 토지완성 시기의 차이가 4년이 넘어 부동산실명법을 잘 몰랐습니다.

10. 극심한 부동산 경기침체기가 아니었으면 청구인은 수의계약 물건이라도 취업규칙등 관계법령에 의하여 내부자거래에 해당되어 당해 토지를 취득하면 처벌을 받습니다.

11. 단지개발된 주택지를 취득하여 반사회적 행위를 하거나 부동산 거래 질서를 혼란시킬 목적이었다고 생각하는 사람은 아무도 없을 것이며 취득세 및 재산세를 청구인이 납부하였으므로 피청구인에게 손해를 끼치지도 않았다고 생각 됩니다.

12. 청구인은 피청구인이 사정에 의하여 사업권을 넘겨받은 공기업의 직원으로 살아남기 위해 본 사건 토지를 취득하였(실적을 올리려고 지인의 계약금을 대납하기도 함)고 IMF 경제위기 때문에 공기업도 대대적인 구조조정을 실시하여 실직하고 말았으며 당시에는 금리가 년 12%를 넘었고 건설경기침체로 1999년도에는 중간 생략등기도 가능하도록 법령까지 개정하였으므로 1998년도에 공사직원들이 전사적 판매활동을 하지 않았다면 본 단지의 개발이 5년정도 늦어졌을 것입니다.

13. 청구인은 본사건 토지를 20년간 직장생활의 애환이 서린 열매로 생각하고 부동산 경기침체로 중간생략등기가 가능한 시기 및 부동산 경기가 활발했던 시기에도 매각하지 않았으나 생활고와 병원비 마련을 위해 매입대금납부 후 11년 3개월 동안 보유하였다가 매각하였으나 비사업용토지로 인정되어 장기보유특별공제도 받지 못하고 양도소득세 등을 납부하였습니다.

14. 피청구인은 확정측량과 관련하여 행정편의적으로 청구인에게 행정행위를 한 의증이 있으며 청구인이 소유권이전 등기를 하려고 국민주택 채권매입기준을 등기부가 만들어진것이 2002년 8월 22일이므로 취득가격을 시가표준액으로 인정해야 한다고 민원을 제기하였으나(2002년 12월 11일) 받아들여지지 않았고 부동산실명법을 제대로 알려주지 않아 돈이 부족하여 소유권 이전을 미루게 되었습니다.

또한 본사건의 토지가 만들어진 경위를 보면 청구인은 피청구인의 동반자였고 협력자인 동시에 고객이었고 법제처에 법령해석 요청시 사실과 다른 내용도 제공하므로서 기존의 법령해석과 다르게 판단되었을수도 있으므로 과징금 부과는 취소되어야 합니다.

2012.02.08 김정선

구술심리신청

①사 건	행심 2012-15 부동산장기미등기에 따른 과징금부과 처분취소 심판청구사건		
②청 구 인	김 정 선	③피 청 구 인	청원군수
④신 청 취 지	행정청의 부당한 처분에 대하여 국민의 권리를 구제하여야하나 심판청구내용에 대한 답변이 미흡하고 법제처의 당초해석의 타당성에 대한 청구인의 구두진술이 필요하다고 판단되기 때문입니다.		
⑤신 청 이 유	부동산 특별조치법. 제2조1항을 해석함에 있어 계약 당사자가 서로 대가적인 채무를 부담하는 경우에 반대급부의 사실상 완료된 날로 기존 안산신도시의 경우에는 표시등기 완료후 면적정산이 이루어진 날이라는 법제처해석이 있었으나, 충북도에서 같은 사안에 대하여 법제처에 질의 해석에 대한 회신은 면적정산일로 보기 어렵다는 회신을 받아 과징금을 부과하였는바 구술심리를 통하여 재결해야 한다고 판단됩니다.		
⑥근 거 법 조	행정심판법 제 26 조 제 2 항, 동법시행령 제 23 조 제 1 항		

위와 같이 구술심리를 신청합니다.

2012. 02. 24.

신청인 주소

성명 김정선 (서명 또는 인)

충청북도 행정심판위원회 귀중

<부동산 장기 미등기에 따른 과징금 부과처분 취소청구>

청구인 답변서 <준비자료>

토지 취득 동기

○ 청구인은 2001. 12월 한국토지공사의 직원으로 근무하면서 오창과학산업단지의 시행자인 한국토지공사 (현 토지주택공사) 로부터 청원군 오창읍 양청리 745-7번지 350.9㎡을 취득하였습니다.(1998.6 계약)

- 당시는 건설경기 침체등으로 토지 매각이 부진하여 직원들이 회사를 살리기 위하여 토지매각에 앞장서는 시기였으므로 순수한 애사심과 회사 내부방침에 의해서 토지 취득이 이루어 졌습니다.

법률 적용의 적정성 검토

○ 본 사건과 관련하여 피청구인은 답변서 10쪽 6줄에서 부동산실명법 제10조 제1항 제1호의 규정을 들어

" 따라서 등기권리자는 자신의 반대급부를 전부 이행한 날로부터 3년내에 등기의무자의 협력을 받아 등기신청을 하거나, 협력을 받을 수 없는 경우에는 등기의무자를 상대로 소유권이전등기 절차 이행을 구하는 소송을 제기하여 그 의사의 진술을 명하는 내용의 판결을 받아 등기신청을 하여야 하고, 그 기간 내에 등기신청을 하지 아니하면 그 기간경과에 정당한 사유가 있다는 점을 입증하지 아니하는 한 부동산실명법 제10조 제1항 소정의 제재를 벗어날 수 없다고 보아야 한다."

는 서울행정법원 판결(1999. 11. 26. 99구27008)을 제시하면서

- 매도인인 한국토지공사에 잔금을 완납하였고 2002. 8. 7 택지개발이 완료되어 등기절차의 이행이 사실상 가능했음에도 불구하고, 청구인은 2009. 10. 30 에서야 소유권 이전을 경료함으로써 "부동산실명법 제10조1항을 위반" 하였음을 주장하고 있으나

- 이는 기간 경과에 대한 정당한 사유가 있었음을 간과한 주장입니다.

청구인 주장

○ 부동산 실권리자명의 등기에 관한 법률 제10조 제1항에서 쌍무계약의 경우에는 반대급부의 이행이 완료된 날, 편무계약의 경우에는 그 계약의 효력이 발생한 날을 각 이전등기신청기산일로 규정한 것은 등기신청이 가능한 날로부터 일정기간(3년)내 등기를 신청토록 한 것으로

- 이 사건의 경우 사업시행자인 한국토지공사는 토지를 우선 도상 분할하여 청구인에게 분양하면서 일응 대금을 받되 토지조성공사가 완료된 다음 지적측량을 실시하여 그 면적을 확정한 후 증감된 토지에 대하여는 그 대금을 정산하기로 약정하여 분양한 것이므로, 그 면적이 확정되어 대금이 결정된 후 그 대금이 정산되어야 반대급부의 이행이 완료된 것으로 볼 수 있고

- 현실적으로도 공사가 완료된 다음 그 면적이 확정되어 표시변경등기가 이루어져야 피분양자 앞으로 이전등기가 가능하므로 지적측량을 실시하고 분양면적을 확정한 후 그에 따른 토지대금을 정산한 날을 위 법상의 이전등기기산일로 보는것이 타당합니다.

○ 따라서 사건토지는 2001. 12월 면적이 확정 (356㎡에서 350.9㎡으로 감소) 되어 대금이 결정되었으며, 2009. 3. 2 한국토지공사로부터 피청구인에게 대금 정산이 완료되었으므로 등기기산일은 2009. 3. 2일이 됩니다.

- 청구인은 2009. 10. 30 소유권이전등기를 신청하여 소유권이전을 완료하였으므로 법률을 위반한 사실이 없으며, 이로 인한 과태료 처분이 부당함을 주장하는 바입니다.

○ 참고로 청구인은 한국토지공사 퇴직이후 전립선 암 진단을 받았고, 최근 건강악화와 본 사건으로 인하여 잠을 못이루고 병세가 악화되어 2011. 12월 전립선암 수술을 받고 남자를 상실하였습니다.

○ 위원님들의 넓으신 아량으로 청구인의 입장을 헤아려 주시고 선처를 부탁드립니다.

※ 붙 임 : 토지매매계약서, 정산금 통장, 등기 신청일(등기부 등본)

- 더 평화롭고 안전한 세계, 2012 서울 핵안보정상회의 -

충 청 북 도

수신자 수신자 참조
(경유)
제목 **행정심판 재결서 정본 송달**

1. 행정심판법 제48조제1항에 따라 행정심판 청구사건에 대한 2012년도 제2회 행정심판위원회 재결결과를 붙임과 같이 송달하며,

2. 아울러, 행정심판법 제51조에 따라 이 사건에 대하여 다시 행정심판을 청구할 수 없고, 청구인이 행정심판 결과에 불복하는 경우 행정소송법 제13조제1항 및 제20조 제1항에 따라 이 재결서를 받은 날부터 90일 이내에 관할 행정법원에 행정소송을 제기할 수 있음을 알려드립니다.

붙임 재결서 정본 각 1부. 끝.

충청북도행정심판위원회

수신자 피청구인, 청구인 귀하

주무관 이승열 송무팀장 고명수 법무통계담당관 박완수 기획관리실장 강성조
전결 03/09
행정부지사 박경국
협조자
시행 법무통계담당관-1837 (2012. 03. 09.) 접수
우 360-765 충북 청주시 상당구 상당로 158 / www.cb21.net
전화 220-2323 전송 220-2319 / 1004sylee@korea.kr / 비공개(6)
- 대한민국의 중심 당당한 충북 -

충청북도행정심판위원회
재 결 서

① 사 건	충북행심 2012-15 부동산 장기 미등기에 따른 과징금 부과처분 취소청구		
청 구 인	② 성 명	김 정 선	
	③ 주 소		
선정대표자 · 대 리 인	④ 성 명		
	⑤ 주 소		
⑥ 피청구인	청 원 군 수	⑦ 참 가 인	
⑧ 주 문	청구인의 청구를 기각한다.		
⑨ 청구취지	피청구인이 2011. 12. 29. 청구인에 대하여 한 부동산 장기 미등기에 따른 과징금 24,071,740원 부과처분은 이를 취소한다는 재결을 구함.		
⑩ 이 유	별지에 적은 내용과 같음.		
⑪ 근거법조	「행정심판법」 제46조		

위 사건에 대하여 주문과 같이 재결합니다.

2012. 2. 29.

충청북도행정심판위원회

이 유

15

1. 사건 개요

청구인은 1998. 6. 8. 택지개발중인 청원군 오창읍 양청리 745-7번지 350.9㎡의 토지에 대하여 한국토지공사와 가분할 면적으로 용지매매계약을 체결한 후 2001. 12. 26. 매매대금 정산이 완료되었고, 2002. 8. 22. 확정지번이 결정되고 등기부가 생성되어 소유권 이전등기 신청이 가능했음에도 지연하여 2009. 10. 30. 소유권을 이전 등기한 사실이 적발되어 피청구인이 2011. 12. 29. 과징금 24,071,740원을 부과 처분하였다.

2. 청구인 주장의 요지

소유권 이전 가능일은 면적증감에 따른 대금 정산일인 2009. 3. 2.로 봄이 타당하므로 이 사건 처분은 부당하며, 취득세, 재산세 등을 연체없이 납부하였으므로 조세를 포탈하거나 법령에 의한 제한을 회피할 목적이 아님이 분명함에도 과징금을 부과하는 것은 부당하다.

3. 피청구인 주장의 요지

이 사건 토지에 대한 매매대금 정산은 2001. 12. 26. 완료되었고, 2002. 8. 22. 확정지번이 결정되고 등기부가 생성된 바, 청구인이 이 사건 부동산을 장기간 미등기한 사실이 명백하므로 이 사건 과징금 처분은 적법 타당하다.

4. 관계법령

부동산실권리자 명의 등기에 관한 법률 제10조, 같은법 시행령 제4조의2

5. 인정사실

당사자가 제출한 청구서, 답변서 및 증거서류 등에 의하면 다음과 같은 사실을 인정할 수 있다.

가. 청구인은 택지개발중인 청원군 오창읍 양청리 272-5번지 356.0㎡의 토지를 가분할 면적으로 총 매매대금은 44,956,000원으로 하고, 조성공사 준공후 지적공부정리 결과 면적증감이 있는 경우에는 그 증감분에 대하여 이 계약체결 당시의 필지별 공급단가에 의하여 정산하기로 하는 용지매매계약을 1998. 6. 8. 한국토지공사와 체결하였다.

나. 청구인이 제출한 토지매각원부에 의하면 상기 가항 토지의 지번은 청원군 오창면 양청리 745-7번지로, 면적은 350.9㎡로 확정되었고, 면적정산일은 2001. 12. 26.로 기재되어 있다.

다. 등기부 등본에 의하면 상기 나항의 확정지번과 면적은 2002. 8. 22. 생성되었으며, 청구인이 이 사건 토지를 한국토지공사로부터 소유권을 이전한 것은 2009. 10. 30.로 기재되어 있다.

라. 상기 다항의 부동산 장기 미등기 사실은 2011년도 충청북도 종합감사에서 적발되었고, 충청북도지사는 피청구인에게 부동산 장기 미등기에 따른 과징금 부과를 요구하였다.

마. 상기 라항에 따라 피청구인은 2011. 7. 7. 행정처분 사전통지 하였고, 이에 대해 청구인은 피청구인은 계약 당사자가 서로 대가적인 채무를 부담하는 경우에는 반대급부의 이행이 사실상 완료된 날로 지적 확정측량 완료일(2001. 12. 26.)로 보고 있으나 청구인은 한국토지공사와의 면적 증감에 따른 거래대금의 종결일(2007. 7. 26.)로 보아야 한다는 의견서를 2011. 7. 25. 제출하였다.

바. 상기 마항에 따라 피청구인은 소유권 이전에 따른 반대급부 이행완료일의 시점에 대하여 충청북도지사에게 질의하였고, 충청북도지사는 잔금을 납부하고 이후 택지개발이 완료되어 확정지번이 결정되고 등기부가 생성된 시점에서 이미 등기신청이 가능하였다는 점, 가지번과 확정지번 상의 면적차이로 인해 매매대금 일부를 환불받는 것을 소유권 이전등기와 동시 이행관계로 하는 특약도 존재하지 않는 것으로 보이는 점 등에 비추어 면적차이로 인한 매매대금을 일부 환불한 시점을 반대급부 이행완료일로 보기는 어렵다는 법무부 질의회신문을 2011. 12. 7. 피청구인에게 통지하였다.

사. 상기 바항에 따라 피청구인은 부동산 장기 미등기에 따른 과징금 24,071,740원을 부과처분하였다.

6. 판 단

가. 살피건대 부동산 실권리자명의 등기에 관한 법률 제10조 제1항 제1호에 의하면 부동산등기 특별조치법 제2조 제1항, 제11조 및 법률 제4244호 부동산등기특별조치법 부칙 제2조를 적용받는 자로서 계약당사자가 서로 대가적인 채무를 부담하는 경우에는 반대급부의 이행이 사실상 완료된 날부터 3년 이내에 소유권이

전등기를 신청하지 아니한 등기권리자에게는 부동산 평가액의 100분의 30의 범위에서 과징금을 부과하도록 정하고 있고, 같은법 같은조 제2항에 의하면 제1항에 따른 과징금의 부과기준은 부동산 평가액, 소유권 이전등기를 신청하지 아니한 기간, 조세를 포탈하거나 법령에 따른 제한을 회피할 목적으로 하였는지 여부, 부동산등기 특별조치법 제11조에 따른 과태료가 부과되었는지 여부 등을 고려하여 대통령령으로 정하도록 정하고 있으며, 같은법 시행령 제4조의2에 의하면 법 제10조 제2항의 규정에 의한 과징금 부과기준을 정하면서 다만, 조세를 포탈하거나 법령에 의한 제한을 회피할 목적이 아닌 경우에는 100분의 50을 감경할 수 있도록 정하고 있다.

나. 위 인정사실에 의하면 청구인은 이 사건 토지를 한국토지공사와 1998. 6. 8. 용지매매계약을 체결한 후 1998. 7. 24. 잔금을 납부하고 2001. 12. 26. 면적정산을 하였음에도 2009. 10. 30. 이 사건 토지의 소유권을 이전하였으므로 청구인이 위 법령에서 정하고 있는 기간내에 소유권 이전등기를 신청하지 아니한 사실은 명백하다 할 것이다.

청구인은 소유권 이전 가능일은 면적증감에 따른 대금 정산일인 2009. 3. 2.로 봄이 타당하므로 이 사건 처분은 부당하다고 주장하고 있으나, 청구인이 제출한 토지매각 원부에 의하면 면적정산일이 2001. 12. 26.로 기재되어 있는 점, 이 사건 오창과학산업단지 공사가 2001. 12월에 준공된 점, 등기부 등본에 이 사건 토지의 지번, 면적이 2002. 8. 22. 생성되어 기재된 점 등으로 미루어 볼 때 청구인의 소유권 이전 가능일은 등기부 등본에 지번, 면적 등이 생성된 2002. 8. 22.로 봄이 타당하다고 판단되며, 본 위원회에서 LH공사에 확인한 바에 의하면 2009. 3. 2.은 청구인이 정산금 반환을 지체 청구함에 따른 것이라고 확인된 바, 이를 위 법령에서 정하고 있는 반대급부의 이행이 사실상 완료된 날로 보기는 어렵다 할 것이므로 청구인의 주장은 이유없다.

위 법령에 의하면 조세를 포탈하거나 법령에 의한 제한을 회피할 목적이 아닌 경우에는 100분의 50을 감경할 수 있다고 규정하고 있으나, 이는 임의적 감경규정으로 위와 같은 감경사유가 존재하더라도 과징금을 감경할 것인지 여부는 과징금 부과관청의 재량에 속한다 할 것이며, 조세를 포탈하거나 법령에 의한 제한을 회피할 목적이 아닌 경우에 해당한다는 점은 이를 주장하는 자가 입증하여야 할 것인데, 청구인이 제출한 증거자료에는 이 사건 위반행위와 관련하여 청구인이 조세를 포탈하거나 법령에 의한 제한을 회피할 목적이 없었다는 명확한 근거를 찾을 수 없다. 또한 장기미등기는 권리행사의 지체로서 미등기라는 부작위 상태가 장기화 될 경우 사실상 전 소유자와 명의신탁의 관계에 있는 것과 유사하며,

부동산을 장기 미등기하는 것은 특별한 사정이 없는 한 조세를 포탈하거나 소유권의 취득이나 변동 등을 규정하는 각종 법령상의 제한을 회피할 목적이 있었다고 보아야 할 것이나, 이 사건에서 청구인에게 부동산을 장기간 미등기할 만한 특별한 사정이 있었다고 보기는 어렵다 할 것이다. 결론적으로 청구인이 부동산 실권리자 명의 등기에 관한 법률 제10조제1항을 위반한 사실이 명백하므로 피청구인의 이 사건 부동산 장기 미등기에 따른 과징금 부과처분이 위법하다고 할 수 없다.

7. 결 론

그렇다면, 청구인의 청구는 이유 없다고 인정되므로 기각하기로 하여 주문과 같이 재결한다.

제6장 과징금부과처분 취소행정소송 (1심, 2심, 3심)

소 장

원고 : 김정선

)

피고 : 충청북도 청원군수
청북 청주시 상당구 상당로 69번길 38(북문로 1가 171-3)
(우 306-706)

부동산 장기 미등기에 따른 과징금 부과 처분 취소 청구의 소

청구취지

1. 피고가 2011. 12. 29 원고에 대하여 한 금 24,071,740원(금이천사백칠만천칠백사십원)의 과징금 부과 처분을 취소한다.

2. 소송비용은 피고의 부담으로 한다.
라는 판결을 구합니다.

청구 원인

"별 첨 "

첨부서류
1. 송달료 납부서 1부.
1. 소장 부본 1부.

2012. 03. 21.

위 원고 김정선

청주지방법원 귀중

청구 원인

1. 사건경위

- 1998. 06. 08 : 구 한국토지공사 충북지사에 재직중 공사 경영난 타개에 도움을 주고자 오창과학단지 내 단독주택지를 도상가분할 상태에서 매매계약 체결(₩44,956,000)
- 1998. 07. 20 : 공사의 구조조정으로 원고 실직
- 1998. 07. 24 : 매매대금 대부분 납부(잔금 117,840원)
- 2001. 12. 26 : 확정측량결과 면적이 감소(356㎡→350.9㎡) 환급사유 발생
- 2002. 01. 23 : 취득세는 납부하였으나 실직상태였기 때문에 생활고로 등기비용이 부족하여 등기 못함
- 2002. 08. 22 : 표시 변경 등기완료(등기부 만들어짐)
- 2002. 12. 11 : 최저 생계비 수준이지만 소득이 있어 등기를 하려고 피고에게 국민주택채권매입기준을 지방세 시가표준액이 아닌 취득가격이 타당하다고 의견을 문서로 제출하였으나 받아들여지지 않았기에 등기비용 부족으로 등기 지연
- 2009. 03. 02 : 면적감소에 따른 환급금이 매도인으로부터 원고 은행계좌로 입금됨
- 2009. 10. 30 : 소유권 이전(매도인→원고)
- 2011. 07. 07 : 피고가 원고에게 장기미등기에 따른 과징금 부과 사전통지
- 2011. 07. 25 : 피고에게 의견서 제출

∘ 2011. 08. 03 : 2002. 12. 11 민원인이 제출한 문서 및 답변자료 공개요청(원고는 민원문서 일부만 남아있음)

∘ 2011. 08. 10 : 자료 부존재로 공개불가 회신(피고→원고)
- 문서대장에는 기록이 있으나 보존기간이 지나 문서폐기(실무자)

∘ 2011. 12. 29 : 원고에게 과징금 부과처분 (₩24,071,740)

∘ 2012. 01. 18 : 행정심판 청구

∘ 2012. 01. 31 : 답변서 송달(충청북도 행정심판위원회 → 원고)

∘ 2012. 02. 08 : 답변서에 대한 의견서 제출(원고 → 행정심판위원회)

∘ 2012. 02. 24 : 구술심리 신청

∘ 2012. 02. 28 : 위원장 직권으로 구술심리 거절되었다고 통보 받음

∘ 2012. 02. 29 : 행정심판 구술심리 거절당함

∘ 2012. 03. 09 : 행정심판 재결서 송달

2. 피고의 과징금 부과 처분의 부당성

∘ 부동산 실권리자 명의 등기에 관한 법률 제10조1항은 부동산등기특별 조치법 제2조제1항의 적용을 받는 자로서 계약당사자가 서로 대가적인 채무를 부담하는 경우에는 반대급부의 이행이 사실상 완료된 날부터 3년 이내에 소유권이전등기를 신청하지 아니한 등기권리자에 대하여 과징금을 부과하도록 규정하고 있습니다.

∘ 부동산 등기 특별조치법 제2초1항에는 부동산의 소유권 이전을 내용으로 계약을 체결한자는 계약의 당사자가 서로 대가적인 채무를 부담하는 경우에는 반대급부의 이행이 완료된날로 부터 60일 이내에 등기신청을 하도록 되어있는바
가지번 가분할 면적으로 계약 체결되어 공사준공시 확정측량에 의하여 면적증감에따라 매매금액이 달라지므로 반대급부의 이행이 완료된날을 언제로 보아야 하는 것이 쟁점입니다

∘ 법무부의 기존해석은 분양면적이 확정된후 그에따른 토지대금을 정산한 날을 "반대급부의 이행이 완료된 날로 본다고 해석되었습니다.

∘ 충북도청에서 질의한 본사건에 대한 법령해석은 환불받는것을 소유권 이전등기와 동시 이행관계로 하는 특약도 존재하지 않는 것으로 보이는 점등에 비추어 면적차이로 인한 매매대금을 일부 환불한 시점을 반대급부이행완료일로 보기 어렵다는 해석을 했습니다.
충청북도에서는 법무부에 질의시 원고가 사업준공일인 2011.12.26 취등록세를 납부하였고 등기부가 생성된것은 2002.08.07 이라고 질의 하였으나, 실제는 2002.01.23일 취득세는 납부하였으나 등록세는 실직으로 돈이 없었기에 납부하지 못했으며, 등기부가 만들어지기 8개월 전에 등록세를 납부하였다는 모순으로 질의 하였으므로 충청북도의 질의해석은 효력이 없다고 판단됩니다.

∘ 피고가 과징금을 부과처분한 부동산 실권리자의 명의 등기에 관한 법률 제 10조 1항(장기미등기에 대한 벌칙등)은 과잉금지의 원칙

및 평등의 원칙에 반하다는 이유로 2001.05.31 헌법 불합치 결정이 내려져 법의 적용이 중지되어 피고가 주장하는 본건 등기 의무기간('02.02.26)이 지난 이후인 2002.03.30일 효력이 발생하였고, 과징금 부과 조항인 제5조2항 본문은 「헌법」이 보장하는 재산권과 평등권을 침해하고 있다는 사유로 헌법 불합치 결정 (2006.05.25)으로 2007.05.11 효력이 발생하였습니다.

◦ 부동산 실권리자 명의등기에 관한법률 제10조제1항 위헌 제청(99헌가 18, 2001.05.31) 결정요지를 보면, 장기미등기는 기본적으로는 권리의 불행사에 불과하며 정해진 기간내에 소유권 이전등기 신청을 하지 않는것은 행정상 의무 위반이라는 측면이 강하는 점을 감안할 때, 법익균형성을 갖추었다고 보기 어려워, 위헌의 결정을 하여야 할 것이나 법적규제의 공백상태가 되어 법 집행상의 혼란과 형평성 문제가 발생할 수 있어 헌법 불합치 결정을 선고하였습니다.

◦ 입법요지를 살펴보면 반사회적 행위에 대하여 양도세 수준의 과징금 성격이며 검토내용을 보면 단순한 무지로 또는 등기에 따른 각종 비용을 대기 어려워 장기 미등기 상태로 방치하는 권리자도 상당수 있다 할 것인바 특히 사인이 아닌 공공기관으로부터 분양받고 장기간 등기를 하지 않는 사건에 있어서 권리자가 과연 장기미등기에 반사회적 의도를 가지고 있었는지 여부에 관하여 의문을 갖지 않을 수 없다고 제시하고 있으며 원고는 피고측 충청북도에서 추진하던 사업을 인수한 공기업이 IMF로 자금난에 직면하여 직장에 살아남기위해 도상 분할상태로 선취득하였으나 그해 실직하여 소유권 이전이 가능한 시점에는 생활고를 겪게 되었고 원고에게 부과된 재산세는 연체 없이 납부하였습니다.

◦ 부동산 등기 특별조치법 제2조(소유권이전등기등 신청의무)를 적용함에 있어 표시변경 등기후 소유권 이전을 해야하는 경우에는 별도 조항이 없어 피고는 제1항(부동산의 소유권 이전을 내용으로 하는 계약을 체결한 자)을 적용하여 원고에게 과징금을 부과하였으나 피

고가 주장하는 확정측량에 의한 면적증감일을 적용일로 보는것은 소유권을 이동할 수 있는 실체가 없었으므로 피고의 과징금 처분이 부당함을 원고는 주장합니다.
만약 동법 제2조를 적용한다면 확정측량 결과 및 표시변경등기에 따라 적용일이 달라지기 때문에 제5항의 소유권보존등기가 되어 있지 아니한 부동산에 대하여 소유권이전을 내용하는 계약을 체결한자로 보아야 하며 쌍무계약이므로 면적정산이 아닌 대금정산일로 보아야 합니다.

- 부동산 등기법상 표시변경등기는 1개월이내에 하도록 되어 있으나 본건 토지의 경우 8개월 경과한 후 등기를 완료했으므로 이는 분명히 사유재산권에 대한 침해이므로 피고는 원고에게 이에 대한 책임을 져야 합니다.

- 부동산 특별조치법 제2조 1항과 관련하여 확정측량에 대하여 언급하면 좌표측량및 GPS측량을 실시하기 때문에 오차가 많이 나오지 않는 것으로 알고 있는데 면적이 많이 감소되었기에 대금납부현황을 참고하여 행정편의적으로 측량을 하지 않았다는 측량결과를 피고에게 제시토록 요청하였으나 피고는 원고가 요구하는 자료를 제시하지 않는 부당행위를 하고 있습니다.

- 국토해양부 국민주택채권 업무편람을 참고하면 본건 토지는 2002.08.22일 등기부가 만들어졌고 개별공시지가가 최초로 2002년 1월1일 기준 공시되었으므로 채권매입 기준 가격으로 취득가격이나 공시지가를 적용토록 되어있으나 2002.12 피고는 지방세법 시행령이 정하는 기준에 따라 산정한 가격으로 국민주택채권을 매입하라고 회신하였기 돈이 부족하여 원고가 소유권 이전을 미루게 되었으므로 그 책임은 피고에게 있음을 주장합니다.

- 피고는 원고에게 확정측량일인 2001.12.26부터 과징금 부과시까지 2001.12.26을 부동산등기 특별조치법 제2조1항의 반대급부의 이행

이 완료된날로 주장해오다가 행정심판 답변서부터 등기부가 생성된 날로 보아야 한다고 답변내용을 바꾸고 있습니다.

◦ 원고는 피고측 충청북도가 추진하던 사업을 인수한 한국토지공사 충북지사 사업처장으로 근무하면서 직장에 살아남기 위하여 본사건 토지를 취득하였으나 실직하여 소득이 없는데다 면적이 줄어들어 옛직장 동료들에 대한 서운한 감정을 갖고 있는데 피고측 행정착오로 과태료도 내야하고 채권도 많이 사라는 피고의 행정처리 때문에 확정측량결과에 대한 승복은 할 수 있어도 먼저 승낙은 할 수 없다는 생각으로 매매대금 정산일도 미루어졌고 부동산 실명법 및 특별조치법을 잘 몰랐기때문에 소유권 이전도 미루게 되었으므로 피고는 이에 대한 책임을 져야 합니다.

◦ 피고측은 과징금부과 전 사전통지에 대한 답변서 제출시에 부동산실권리자 명의등기에 관한법률 시행령 제4조의2 적용을 받아 100분의 50을 감정에 적용을 받을수 있을것 같다고 말했으나 추가로 법무부 법령해석자료를 제출했는데도 불구하고 사실과 다른 내용으로 법무부에 질의해 해석을 받고 과징금 경감을 하지 않고 과징금을 부과한것에 대한 철저한 규명이 필요하다고 판단됩니다.

◦ 피고가 인정하거나 확인할 수 있는 사항은 다음과 같습니다.
- 본사건 토지의 형성은 피고의 상급기관인 충청북도에서 국토해양부로부터 사업시행자 지정을 받았으나 사업시행이 어려워 구 한국토지공사로 사업시행자 지정을 넘겨주었고 사업을 조속히 추진하도록 도에 지원반을 설치하여 이루어졌다.
- 본단지 사업시행중 IMF 경제위기가 닥쳐 국가경제가 휘청거렸으며 사업시행자도 경영난에 빠져 전직원을 매각홍보에 활용하고 오창과학단지도 1998년 서둘러 도상분할 가지번으로 매각하였다
- 극심한 경기침체기가 아니면 한국토지공사직원은 수의계약 대상 토지라도 취업규칙등에 의하여 매입할 수 없으나 경영난으로 보유토지 매각실적을 개인별로 점검하여 인사에 반영하겠다고 직원들에게

매입을 적극적으로 유도하였다.

- 원고는 충북지사에 재직중 본 사건토지를 매입하였고 알고지내던 김병후 명의로 계약서를 대리작성 해주기도 했다.(계약금을 빌려주었으나 서류상 입증 안됨)
- 한국토지공사의 대대적인 구조조정으로 원고는 최[illegible]해 지사장, [illegible]우 관리처장, 권[illegible]길 업무개발처장과 함께 실직하였다.
- 부동산 경기침체로 1999년부터 2000년까지 한국토지공사등에서 조성한 주택지는 중간생략 등기가 가능하도록 법령까지 개정하였기 때문에 원고를 포함한 한국토지공사 직원들의 노력이 없었으면 자금부족으로 조성공사가 늦어지고 매각이 안되어 충청북도 및 피고의 숙원사업인 오창과학단지의 성숙도가 상당히 지연될 수밖에 없었다.
- 피고는 원고가 2002년 12월 등기비용관련 민원 문서를 제출하였다는 사실을 문서대장에 의하여 2011.08.03일 확인했다.
- 피고는 과징금 부과사전통지에 대한 원고의 답변의견서에 대하여 구두로 상급기관에 법령해석을 요청하였다고 원고에게 설명하였으나 민원 업무처리 규정에 의하여 상급기관에서 법무부에 질의하였다는 중간회신을 하지 않았고 4개월후 질의 해석을 받아 민원처리 기간을 지나서 원고의 2년치 근로소득에 해당하는 과징금을 부과했으므로 피고측 지역발전을 위하여 노력한 원고인 중증환자에게 가혹한 행정처리를 하였다.
- 피고는 2001.12.26일 확정측량으로 지적이 356㎡에서 350.9㎡로 감소함에 따라 환급사유가 발생하였기 때문에 부동산 특별조치법 제2조1항의 적용일로 행정처리를 하였다.

◦ 충청북도 행정심판위원회에서 인정하거나 확인할 수 있는 사항은 다음과 같습니다.

- 피고측 답변서에 대한 원고측 의견서에 대하여 피고측이 답변을 안했을 경우에는 피고측이 원고측 주장을 인정했다는 사실로 간주하여야 하나, 인정하기는 커녕 원고의 피고측 답변이 불충분하므로 구술심리가 필요하다는 간청을 받아들이지 않고 원고에게 불리한

심판을 하였다.

- 피고가 부과한 과징금에 대하여 원고가 효력정지 요청을 구두로 하였으나 재결청에서는 효력정지를 시킬수 없다고 답변하였다.
- LH공사로부터 면적정산금이 2009.03.02 이었음을 확인하였다.

◦ 부동산 실권리자 명의등기에 관한법률 위헌소지

- 부동산 실권리자 명의등기에 관한법률의 제1목적 및 제2조 용어의 정의 제5조의 과징금 조항에 장기 미등기 관련 문구가 없어 원고의 경우와 같이 도상분할 선분양받은 경우 매입당시와 소유권을 이전받을시기에 경제적 여건변화로 장기미등기에 대한 과징금 규정을 모르고 소유권 이전을 미룰수도 있으므로 법률의 재정비가 필요하다고 판단됩니다.
- 또한 부동산 특별조치법 제2조도 표시변경등기가 되어있지 않은 경우 어떻게 적용해야 되는지 명확히 표현되어야 합니다.

3. 결론

위와 같이 피고의 원고에 대한 과징금 부과처분은 위법하다고 할 것이므로 조속히 위처분을 취소하여 주시기 바랍니다.

첨부서류

1. 행정심판 청구서(2012.01.18)
2. 행정심판 재결서(2012.03.09)
3. 부동산 장기 미등기에따른 과징금 부과 통지(2011.12.29)
4. 행정심판청구사건 답변서
5. 과징금 부과처분 취소청구 답변서에 대한 의견서
6. 구술심리신청
7. 충북사건번호 12-15 행정심판구술심리 준비자료
8. 부동산 장기미등기에 따른 과징금 부과 처분통지(2011.07.07)
9. 부동산 장기 미등기에 따른 과징금 부과 처분통지에 따른 의견서

청 주 지 방 법 원

행 정 부

결 정

정본입니다.
2012. 3. 21.
청 주 지 방 법 원
법원사무관 유 경 수

사 건	2012아23 효력정지
신 청 인	김정선
피 신 청 인	청원군수 소송수행자 윤영재

주 문

이 사건 신청을 기각한다.

신 청 취 지

피신청인이 2011. 12. 29. 신청인에 대하여 한 과징금 부과처분은 이 법원 2012구합596호 사건의 본안판결 선고시까지 그 효력을 정지한다.

이 유

신청인이 제출한 소명자료만으로는, 피신청인의 위 처분으로 인하여 신청인에게 회복하기 어려운 손해가 발생하고 이를 예방하기 위하여 긴급한 필요가 있다고 인정되지 아니하므로, 이 사건 신청을 기각하기로 하여 주문과 같이 결정한다.

2012. 3. 29.

재판장 판사 최병준

판사 이경민

판사 권수아

답 변 서

사 건 : 청주지방법원 2012구합 596

부동산 장기 미등기에 따른 과징금 부과 처분 취소

원 고 : 김 정 선

피 고 : 청원군수

위 사건에 관하여 피고 소송수행자는 다음과 같이 답변합니다.

청구취지에 대한 답변

1. 원고의 청구를 기각한다.
2. 소송비용은 원고의 부담으로 한다.

라는 판결을 구합니다.

청구원인에 대한 답변

1. 원고 주장의 요지

원고는 구 한국토지공사(이하 "토지공사"라고 한다)와 1998. 6. 8. 충북 청원군 오창읍 양청리 272-5번지(이하 "이 사건 토지"라고 한다) 356.0㎡(가분할 당시 면적)의 토지를 도상가분할 상태에서 총 매매대금은 금44,956,000원으로 하여 용지매매계약을 체결하였으며, 2001. 12. 26. 확정측량결과 이 사건 토지 면적이 356㎡에서 350.9㎡로 감소하여 환급사유가 발생하였으나, 원고자신이 환급신청하지 않았으며 2002. 1. 23. 취득세는 납부하였으나 등기비용이 부족하여 등기를 못하였고, 2002. 8. 22. 이 사건 토지의 확정지번이 결정되고 등기부가 생성되었으며, 2009. 3. 2. 매도인으로부터 면적감소에 따른 환급금이 입금되었고, 2009.10.30. 이 사건 토지의 소유권이전등기를 경료한 사실이 있는 바, 피고는 원고가 이 사건 토지의 등기부가 생성된 시점에서 소유권이전등기가 가능했음에도 2009. 10. 30.에서야 소유권이전등기를 경료하여 「부동산 실권리자명의 등기에 관한 법률」(이하 "부동산실명법"이라 한다) 제10조를 위반하였음을 이유로 2011. 12. 29. 원고에게 부동산 장기미등기에 따른 과징금 부과처분(이하 "이 사건 처분"이라 한다)을 하였다고 하면서,

원고는 다음과 같은 이유로 피고의 이 사건 처분이 위법하다고 주장합니다.

① 부동산등기 특별조치법 제2조제1항에는 부동산의 소유권이전을 내용으로 계약을 체결한 자는 계약의 당사자가 서로 대가적인 채무를 부담하는 경우에는 반대급부의 이행이 완료된 날로부터 60일 이내에 등기신청을 하도록 되어있는바, 가지번 가분할 면적으로 계약체결되어 공사준공시 확정측량에 의하여 면적증감에 따라 매매금액이 달라지므로 반대급부의 이행이 완료된 날을 언제로 보아야 하는 것이 쟁점이며 소유권이전등기 신청 가능일은 면적정산일이 아닌 대금정산일로 보아야 한다면서 피고가 확정측량에 의한 면적증감일을 적용일로 보는 것은 소유권을 이동할 수 있는 실체가 없었으므로 피고의 과징금 처분은 부당하다.

② 원고는 피고와 구 한국토지공사를 구분하지 못하고 피고가 행하지 않은 표시변경등기 지연에 대하여 사유재산권 침해라고 주장하고 있으며, 2002. 8. 22. 등기부가 만들어졌으나, 2002.12 피고가 잘못된 기준에 따라 산정한 가격으로 국민주택채권을 매입하라고 회신하여 돈이 부족한 원고는 소유권이전을 미루게 되었으므로 피고에게 소유권이전등기 지연에 대한 책임이 있다.

③ 원고는 피고 행정착오로 매매대금정산일도 미루어졌고, 부동산실명법 및 특별조치법을 잘 몰랐기 때문에 소유권이전도 미루게 되었는 바, 피고에게 그 책임이 있다.

④ 피고는 과징금 부과시 부동산 실권리자 명의등기에 관한 법률 제4조의2를 적용하여 100분의 50을 감경해야함에도 과징금 경감을 하지 않고 부과하였다.

2. 위 원고의 주장 ①에 대한 반박

원고가 이 사건 토지에 대한 반대급부의 이행이 완료된 날은 원고가 토지공사에 잔금지급을 완납함으로써 사실상 반대급무의무를 이행하여 토지공사에게 이전등기 절차의 이행을 청구할 수 있게 되는 날로 보아야 합니다.

가. 부동산실명법 제10조의 규정은 부동산의 매매 등 법률행위로 인한 물권변동의 경우 그에 따른 신속한 소유권이전등기를 하도록 하고, 정당한 사유 없이 이를 지연하는 경우 제재를 할 수 있음을 정하여 둔 것이므로, 부동산실명법 제10조 제1항 제1호에서 **반대급부의 이행이 사실상 완료되는 날은 등기권리자가 자신의 반대급부를 전부 이행함으로써 언제라도 등기의무자에 대하여 무조건의 등기절차의 이행을 청구할 수 있게 되는 날을 의미한다고 해석하여야 한다.** 왜냐하면 부동산실명법 제10조 제1항 제1호는 쌍무계약의 경우 부동산등기특별조치법 제2조 제1항·제11조 및 부칙 제2조의 적용을 받는 자, 즉 등기권리자에 대하여 적용되는 것으로서 상대방의 반대급부의 이행이라고

하지 아니하고 그냥 반대급부의 이행이라고 규정하고 있어, **그 반대급부는 등기권리자 자신의 반대급부를 의미한다고 보는 것이 제재규정의 문리해석상 옳을 뿐더러**, 만약 원고의 주장과 같이 제10조 제1항 제1호에서 반대급부의 이행이 사실상 완료되는 날을 등기의무자의 의무이행까지도 모두 완료된 날로 해석하는 것은, 부동산실명법의 입법취지에 반하여 등기신청의 기간을 부당히 연장하는 것으로서 허용될 수 없기 때문이다. 따라서 등기권리자는 자신의 반대급부를 전부 이행한 날로부터 3년 내에 등기의무자의 협력을 받아 등기신청을 하거나, 협력을 받은 수 없는 경우에는 등기의무자를 상대로 소유권이전등기 절차 이행을 구하는 소송을 제기하여 그 의사의 진술을 명하는 내용의 판결을 받아 등기신청을 하여야 하고, 그 기간 내에 등기신청을 하지 아니하면 그 기간경과에 정당한 사유가 있다는 점을 입증하지 아니하는 한 부동산실명법 제10조 제1항 소정의 제재를 벗어날 수 없다고 보아야 한다.(서울행정법원 1999.11.26. 99구27008 판결 참조)고 판시하고 있습니다.

나. 원고는 다음과 같은 사실 ①2001. 12. 26. 충북 청원군 오창읍 양청리 745-7번지 350.9㎡를 취득하면서 면적정산과 매도인인 한국토지공사에 잔금을 완납한 점 ②2002. 8. 22. 택지개발이 완료되어 확정지번이 결정되고 등기부가 생성된 시점에서 등기이전신청이 가능했던 점 ③원고는 자신의 반대급부를 전부 이행하였으므로 원고가 제출한 갑제12호증의 용지매매계약서 제6조에 따라 언제라도 등기의무자에 대하여 무조건적인 등기절차의 이행을 청구할 수 있어서 소유권이전등기 신청이 사실상 가능했던 점 ④충청북도행정심판위원회에서 현 LH공사에 확인한 바와 같이 대금정산, 엄밀히 말해서 원고에게 면적정산에 따른 환급금 지급이 지연된 것은 원고의 청구가 지체되었음이 원인이었던 점에 비추어 볼 때, 원고는 2002. 8. 22. 소유권이전등기가 가능했음에도 불구하고 2009. 10. 30.에서야 소유권이전

등기를 경료함으로써「부동산 실권리자」제10조제1항을 위반하였음이 명백한 바, 피고가 원고의 위 법규 위반 행위에 대한 행정상의 제재로써 과징금 금24,071,740원을 부과한 것은 부동산실명법의 입법취지와 공익 목적 달성을 위한 정당한 조처라고 할 것입니다.

2. 위 원고의 주장 ②, ③에 대하여

원고는 토지공사와 피고를 동일시하고 있는 오류를 범하고 있습니다.

가. 원고는 소장에서 주장하는 내용 중 상당부분에서 원고와 토지공사와 사이에서의 사실관계를 피고의 행위로 간주하고 있습니다.
원고가 재산권침해라고 주장하는 표시변경등기 지연과, 확정측량에 대해 주장하는 사항은 토지공사를 상대로 다투어야 할 사항이지 피고에게 책임을 물을 수는 없는 사항이므로 피고로서는 본 소송의 계쟁대상이 아니라고 판단되므로 더 이상 다투지 않겠습니다.

나. 또한, 원고는 주장에서 이미 위헌적 요소를 제거하여 헌법에 부합하는 현행 부동산실명법에 대해 과거 헌법불합치 결정의 이유를 들며 원고에게 유리한 주장을 하려하고 있으나, 헌법불합치 결정사유와 이 사건 처분의 위법을 다투는 쟁점과는 전혀 상관없는 내용입니다.

다. 원고는 위 주장 ③에서 2002년 등기이전을 하려 했으나 국민주택채권 매입 안내를 받고 돈이 부족하여 소유권이전을 미루게 되었으며, 법에 대해 잘 몰랐기 때문이라며 변명하고 있으나, 이는 엄연히 소유권이전을 해태한 원인이 원고에게 있음을 보여주는 것일 뿐, 피고에게 책임을 돌릴 수는 없는 억지 주장일 뿐이며 이 사건 처분과 직접적 인과관계가 없는 별개사안임이 분명하고 쟁점만 흐리려는 사안이라 판단되므로 피고로서는 계쟁의 이익이 없어 더 이상 언급하지 않겠습니다.

3. 위 원고의 주장 ④에 대하여

과징금을 감경할 것인지의 여부는 피고의 재량이지 원고의 요청에 기속되어야 할 의무는 없습니다.

가. 피고는 원고의 법규위반사실을 기초로 「부동산실명법」 제10조 및 같은 법 시행령 제4조의2 별표에 규정된 바에 따라,

1) 원고의 부동산 등기 지연 위반행위에 대하여 이 사건 토지의 부동산평가액 총 120,358,700원에 대한 부과율 20/100(부동산 평가액 5억원 이하 5% + 의무위반 경과기간 2년 초과 15%)를 적용하여 과징금 24,071,740원을 산출하였고,

※ 이 사건 과징금 부과금액 산출방법
○ 과징금 산출기초: 부동산평가액 × 과징금 부과율
○ <u>부동산 평가액</u> 산출기초
- 필지별 면적 × 개별공시지가
· 토지 : 부동산 가격공시 및 감정평가에 관한 법률에 의한 개별공시지가
○ 과징금 부과율(= ㉠ + ㉡)
㉠ 부동산평가액을 기준으로 하는 과징금 부과율
- 5억원 이하 5%
- 5억원 초과 30억이하 10%
㉡ 의무위반 경과기간을 기준으로 하는 과징금 부과율
- 1년 초과 2년 이하 : 10%
- 2년 초과 : 15%

(2) 2011. 12. 29. 원고가 제출한 갑제3호증과 같이 과징금 부과처분 통지서, 산출기초 및 납부고지서 등을 첨부하여 원고에게 통보하기에 이르렀습니다.

(3) 원고의 주장처럼 법령에 조세를 포탈하거나 법령에 의한 제한을 회피할 목적이 아닌 경우에는 100분의 50을 감경할 수 있다고 규정하고 있으나, 이는 기속규정이 아닌 **임의적 감경규정임이 명백하고 원고에게 감경조항을 적용할 특별한 사정이 있었다고 볼 수도 없으므로, 피고가 이 사건 처분을 함에 있어 감경조항을 적용하지 아니하고 산정된 과징금 전부를 부과하였다고 하여 재량권을 일탈·남용했다고 볼 수는 없을 것입니다.**

5. 처분의 적법·타당성

가. 부동산실명법 제10조 제1항에 따라, 원고는 반대급부의 이행이 완료된 날부터 3년 이내에 소유권이전등기를 신청해야 함은 규정상 명백한바,

나. 원고는 2002. 8. 22. 이 사건 토지의 소유권이전등기가 가능했음에도 불구하고 2009. 10. 30.에서야 원고 명의로 소유권이전등기를 경료하였고, 2002년 당시 원고 스스로가 소유권이전등기를 하려했음에도 불구하고, 이 사건 부동산의 면적감소에 따른 토지공사와의 정산지연과 법에 대한 무지를 호소하며 소유권이전등기를 못한데 대한 정당한 사유가 있었음을 항변하면서 피고가 2011.12.29. 원고에게 한 부동산 장기 미등기에 따른 과징금 부과처분은 위법·부당한 것이라 주장하고 있으나,

다. 피고는 위와 같은 원고의 명백한 위법행위를 기초로 하여 원고가 제출한 갑제3호증과 같이 상급기관의 질의회신을 통해, 2011. 12. 29. 원고에게 부동산실명법 제10조 제1항을 위반했음을 이유로, 같은 법 시행령 제4조의 2에 따라 산정한

금24,071,740원을 과징금으로 부과하면서, **관계법령에 규정된 처분의 절차 및 기준을 준수하였으며, 원고에게 감경조항을 적용할 특별한 사정이 있었다고도 볼 수도 없으므로, 피고가 이 사건 처분을 함에 있어 감경조항을 적용하지 아니하고 산정된 과징금 전부를 부과하였다고 하여 재량권을 일탈·남용했다고 볼 수는 없을 것이므로 이 사건 처분은 적법·타당한 처분이라고 할 것입니다.**

6. 결　론

앞서 살펴본 바와 같이 원고는 「부동산실명법」을 위반하였음이 명백하고, 이에 터잡은 피고의 이 사건 처분은 적법·타당하다 할 것이며, 원고의 주장은 이유없음이 분명하므로 원고의 청구를 모두 기각해 주시기 바랍니다.

첨 부 서 류

1. 답변서 부본 1부.

2012. 4. 19.

피고 소송수행자 김 항 구 (인)
이 원 복 (인)
윤 영 재 (인)
전화번호 043-251-3782
팩스번호 043-251-3758

청주지방법원 행정부 귀중

청 주 지 방 법 원
변 론 조 서

1차

사　　건　2012구합596 부동산 장기 미등기에 따른 과징금 부과처분 취소

재판장판사	최 병 준	기　일	: 2012. 5. 17. 15:30
판　　사	이 경 민	장　소	: 524호법정
판　　사	권 수 아	공개 여부	: 공　개
법원사무관	유 경 수	고지된 다음 기일	: 2012. 6. 14. 10:30

사건과 당사자의 이름을 부름

원고 김정선　　출석

피고 소송수행자 윤영재　　출석

원 고

소장 진술

피고 소송수행자

2012. 4. 19.자 답변서 진술

증거관계 별지와 같음(원고 서증)

속 행

법 원 사 무 관　　유 경 수

재 판 장 판 사　　최 병 준

서 면 원 인

1. 피고는 원고에게 반사회적 행위를 하였다고 과징금을 부과하였으나 피고의 도덕적으로 이해할 수 없는 부당행위 및 불법행위를 원고는 언급하지 않을 수 없습니다.

가. 원고는 확정측량일 까지는 한국토지공사의 매매계약 체결후 46일만에 매매대금을 납부하였고 그 대금으로 조성사업을 계속할 수 있었기 때문에 약 1500여명의 피고의 간접적 고객중 최우수 고객(대금회수 우선 2%, 갑증41호)이었으나 토지분할 확정측량결과 및 면적감소에 따른 정산금 지급방법과 관련하여 공사에 대한 불만, 국민주택채권매입기준에 대하여 피고에 대한 불만으로 정산금 반환과 소유권 이전이 지연된바 있습니다.

나. 원고는 IMF경제위기가 발생하여 사회적 요구에 따라 본사건 토지를 취득하였고, 실직하였고, 부부가 중증 환자가 되었기 때문에 재산과 건강과 명예도 잃어버렸습니다. 피고는 IMF로 인하여 오히려 본인을 포함한 한국토지공사직원이 오창과학단지의 토지 매입이 가능하였고 매입하였기 때문에 경제적 이득을 보았음에도 불구하고, 실직으로 사회적 약자로 전락한 원고에게 피고는 소유권 이전시 매입해야되는 국민주택채권 매입기준을 취득가로 적용하여야 하나 준공으로 호가가 올랐다고 새로이 지방세 시가표준액을 결정하여 원고가 공사에 대한 불공정 행위를 수인하고 소유권 이전등기를 하려던 원고의 의지를 피고가 꺽어버려 원고는 부동산 특별조치법 및 부동산실명법을 몰랐기 때문에 소유권 이전을 미루게되는 원인을 피고가 제공하였다고 볼 수 있습니다. (갑증16호)

다. 피고 및 한국토지공사, 등기공무원은 서로 협력하여 등기법 및 부동산특별조치법상 2개월이내에 소유권 보존등기 형식을 빌린 표시변경등기를 하여야 하나, 등기에 8개월이 소요되었고 피고 및 한국토지공사에서는 과세대장, 토지매각원부, 등록세용 토지완납 확인서에 등기부 형성일을 관리하고 있지 않아 등기부등본을 발급받기전에는 알 수 없으나, 피고는 법무부에 질의시 소유권 이전 가능 기산일로 확정측량일을 지금까지 적용했음에도 불구하고 등기부 형성일로 주장한 것은 불법입니다. (갑증19, 갑증28, 갑증36)

2. 피고는 부동산 등기 특별조치법 제 2조1항의 적용을 받는자로서 부동산 실권리자 명의 등기에 관한법률 제10조(장기미등기자에대한 벌칙등)1항에 의거 원고에게 과징금을 부과하였으나 다음과 같은 사실을 간과해서는 안됩니다.

가. 피고는 2006년 본사건 토지의 매도자인 한국토지공사로부터 공부상 소유자는 한국토지공사이나 사실상의 소유자는 원고라는 사실을 통보받고 원고에게 재산세를 부과한 사실이 있으며, ('06.10.02 갑증22호증1)피고는 원고가 본사건 토지에 대한 취득세를 2002.01.23 납부하였고 표시변경등기가 2002.08.22 한국토지공사 명의로 경료되었다는 사실을 확인하였으나, 부동산 실권리자 명의등기에 관한법률 제5조(과징금)5항에 의거 지체없이 과징금을 부과하지 않은것은 기존 법무부의 부동산 등기특별조치법 제2조1항의 해석에따라 과징금을 부과하지 않았다고 보아야 합니다.

- 법무부에서는 안산신도시 개발사업과 관련하여 부동산 특별조치법 제2조1항에 관한 질의 회신에서 공사 준공후 지적측량에 의해 확정된 면적에 대한 대금정산일로 해석한 이유로 토지를 우선 도상분할하여 피분양자에게 분양하면서 일응대금을 받되 토지조성공사가

완료된 다음 지적측량을 실시하여 그 면적을 확정한후 증감된 토지에 대하여는 그 대금을 정산하기로 약정하여 분양한 것으로 그 면적이 확정되어 대금이 결정된후 그 대금이 정산되어야 반대 급부의 이행이 완료된 것으로 볼수 있다고 해석을 했습니다.

- 따라서 원고와 한국토지공사간의 용지매매계약서 제4조1항에 조성공사 준공전에 가분할 면적으로 계약체결한 용지로서 조성공사 준공후 지적공부 정리 결과 면적증감이 있는경우에는 그 증감분에 대하여 이 계약체결당시의 필지별 공급단가에 의하여 정산하기로 한다. 2항에 갑은 조성공사 준공후 확정측량성과 및 정산내역, 정산금 납부방법을 을에게 통보하기로 한다. 이 경우 갑은 정산금을 정산일 이후 납부약정일이 도래하는 중도금 또는 잔금에 가감하여 수납하거나 반환에 갈음할 수 있다로 약정되었으므로(갑증12호) 기존 법무부의 부동산 특별조치법 제2조1항에 관한 질의 회신에 대하여 원고와 한국토지공사간의 매매계약체결 건에 대하여 이론이 있을수 없습니다.

- 또한 용지매매서 제2조(지연손해금)①을이 제1조의 매매대금(정산금을 포함한다)은 지급하지 아니할때에는 체납한 금액에 대하여 지연기간에 년 18%의 이율을 적용하여 산정한 지연손해금을 갑에게 납부하여야 한다라고 약정되었고 매매대금에 정산금이 포함되어 있으므로 상호평등의 원칙에 의하여 면적이 줄어든경우에는 갑이 을에게 이행할 의무가 있다는 것이라 볼 수 있습니다.

- 대법원의 양도소득세등 부과처분취소에서 한국수자원공사로부터 택지조성사업지구대의 토지를 취득하면서 지적확정후 면적증감에 따라 약정한 토지의 취득시기는 택지조성사업 완료후 지번 지적의 확정일이 아니라 대금정산일이라고 한 사례[대법원 2001.3.27 선고99두2550 판결]

나. 따라서 피고가 충청북도를 경유하여 실권리자 명의등기에 관한 법률 제10조1항에 관한 법무부에 기관 질의시 원고가 피고에게 제출한 부동산 특별조치법에 관한 기존 법무부 해석자료와 매매 계약서를 삭제하고 등록세도 납부하였다고 허위로 문건을 만들어 행정행위를 한것은 신의 성실의 원칙에 어긋나는 불법행위를 한 사실이 있기 때문에 2011.12.29 원고에게 부과한 과징금은 취소 되어야 합니다.

3. 오창공단은 충청북도에서 사업을 추진하다가 한국토지공사로 사업 시행자가 변경되었고 계약체결당시는 국가경제위기에 처한 시기 였기 때문에 공사에 자금이 없어 조성공사를 중단해야할 어려움이 있었고 토지매각 및 대금회수를 촉진하기 위하여 지방세법 시행령 제20조에 의한 취득세 납부시기는 잔금지급일 기준이나 한국토지공사와 피고가 확정측량일을 기준으로 하기로 협의하였고 한국토지공사에서 매각을 시행했습니다.

가. 피고의 입장에서는 취득세를 조속히 징수하기 위하여 한국토지 공사와 피고가 담합하여 매매대금 납부현황을 참고하여 확정측량을 했을것으로 원고가 작성한 필지별 면적증감 현황 및 지적도(갑증27호)에 의하여 입증된다고 보아야 합니다.

나. 따라서 한국토지공사와 피고가 원고에게 불법행위를 했기 때문에 면적감소에따른 정산금을 지급함에 있어서 확정측량일로부터 7년동안 언제라도 자택, 핸드폰, 회사내 전화로 통화가 가능하므로 환급해줄 수 있음에도 불구하여 면적정산 회신문서를 징구하려 했던 것으로 판단되기 때문에 불법으로 간주되며

다. 원고가 제출한 자료만으로 증거가 불충분하다면, 한국토지주택

공사가 보존하고 있는 각 필지별 토지매각 원부에 대금납부 현황이 포함되어 있음으로 공사로 하여금 제출토록 하여 주시기 바랍니다.

4. 대법원의 과징금 부과처분취소 판결에서 등기권리자가 조세를 포탈하거나 법령에 의한 제한을 회피할 목적을 가지고 있는지의 여부는 3년 의 유예기간이 경과하는 시점을 기준으로 판단해야 한다고 판시하였으므로 원고는 3년이 경과하는 시점에 관계 법령을 모르고 있었기 때문에 조세를 포탈하거나 법령에의한 제한을 회피할 목적이 없다고 보아야하며 행정행위를 함에 있어 이익형량을 전혀하지 아니하거나 이익형량의 고려대상에 마땅히 포함시켜야 할 사항을 누락한 경우 또는 이익형량을 하였으나 정당성 객관성이 결여된 경우에는 그 행정행위는 재량권을 일탈 남용한 위법한 처분이라고 할 수 밖에 없다고 판시하고 있습니다.[대법원 2005.9.15 선고 2005두3257 판결]

- 법무부에서는 2012년 부동산 실명법 해석사례집에서 국세나 지방세를 전혀 추징당한 사실이 없다면 일응 조세포탈의 목적이 없었다고도 볼 수 있다고 제시하고 있으며 원고에게 부과된 재산세는 연체없이 납부하였습니다.

- 관계법령을 모르고 있었다는 증거는 2002년 확정측량 및 면정정산에 대한 불만을 원고가 수인하고 소유권이전을 하려고 피고에게 국민주택채권 매입기준을 문의한 사실이 있습니다.

- 피고 및 한국토지공사는 국민주택채권매입기준을 잘못적용하고 토지분할 측량을 불공정하게 시행하여 원고가 소유권이전을 미루게 되는 원인을 제공하였습니다.

- 원고의 사건토지 취득목적이 재산을 증식하기 위한것이 아니고

IMF시 어쩔수 없이 매입하였으나 곧바로 실직하여 사업준공 시점에는 근로소득이 없었기 때문에 경제적으로 어려움이 있었습니다.

- 원고를 포함한 한국토지공사 직원들은 매입후 실직하였으나 피고는 IMF시기였기 때문에 한국토지공사 직원들이 매입하여 주므로 활성화되었기 때문에 그 혜택을 받았다고 볼 수 있습니다.

- 원고에게 부과된 과징금은 원고의 2년간의 근로소득에 해당되나 피고에게는 그다지 많은 돈이라고 할 수 없습니다.

발신 :

김정선 (2)

수신 : 한국토지주택공사 사장

참조 : 충북지역본부장

제목 : 오창과학단지 면적정산에 따른 이자지급 요청

1. 귀 공사의 무궁한 발전을 기원합니다.

2. 오창과학단지내 단독택지(양청리 745-7)확정측량 결과 면적감소에 따른 정산금액에 대한 이자지급 요청건입니다.

3. 본인은 구 한국토지공사 충북지사 사업처장으로 재직중이던 1998.06.08 오창과학단지내 단독주택지 1필지를 가지번(272-5) 도상가분할 면적(356㎡)으로 귀공사와 매매계약을 채결하였으며 2001.12.26 확정측량결과 350.9㎡로 감소되었다는 통보를 받았습니다.

4. 귀공사의 실수도 있는 것으로 판단되고 본인의 부동산 등기특별조치법 제2조1항 및 부동산 실명법 제10조(장기미등기)를 몰랐기 때문에 청원군과 장기미등기 과징금 부과에 대하여 소송중에 있으며

5. 귀 공사에서 토지분할을 공정하게 하지 않았음에도 불구하고 반환금 신청서류를 계속 요구함에따라 면적정산금을 늦게 지불한것에 대한 연체이자 662,846원을 본인명의 외환은행 계좌로 입금시켜주시기 바라며

6. 만일 불이행으로 인하여 본인이 불리한 판결을 받은 경우 그 책임이 귀공사에 있을수도 있으니 양지하시기 바랍니다.

첨부 : 1. 사유 및 내용.

2. 필지별 면적증감 현황 및 지적도.

사유 및 내용

1. 귀 공사도 잘 알다시피 평상시에는 공사직원은 복무규정등에 의하여 수의계약대상 토지라고 하더라도 매입할 수 없으나 그 당시에는 IMF 국가경제위기로 인하여 구 한국토지공사에서는 경영전략으로 반 강제적으로 직원들에게 매입을 권유하였고 본인도 공사, 청원군청, 본인에게도 도움이 되는 일시납으로 계약을 하였으며 지인 김병후에게도 양청리 336-10(확정지번 663-6)를 계약금을 빌려주면서까지 매매알선을 하였으나, 공사의 상위직급 퇴직이라는 2차 경영전략에의거 1998.7.20 명예퇴직하였고 1998.7.24 매매대금 3,150만원을 귀 공사 외환은행 계좌로 무통장 입금시켰습니다.

2. 2002.01 귀 공사로부터 확정측량결과 확정면적이 감소되었다는 통보를 받고 취득세는 납부하였으나 토지면적이 5.1㎡ 줄어든것은 가분할 면적이 잘못산출되었던지, 시공을 잘못하였던지, 토지분할이 잘못되었다는 생각이 들었습니다.

3. 본인은 공사직원으로 근무했던 시절을 기억하며 토지분할이 그럴수도 있다는 생각을 가졌고 공사에 전화로 본인 은행 계좌번호를 알려줄테니, 온라인입금 시켜달라고 요청하였으나 문서로 요청해야만 지급된다는 얘기를 듣고 착잡한 심정은 이루 말할 수 없었습니다.

4. 본인은 공사가 경영난을 겪게 됨에 따라 공사 보유토지를 매입하였고 그것도 부족하여 명예퇴직하여 몇 년째 소득이 없는데 본인얼굴을 기억하고 있는 후배로부터 전화로는 신분확인이 안된다는 얘기를 들었을때는 너무나 서글펐습니다.

5. 본인이 충북지사에 근무했으므로 급여지급내용도 있을 것이고 계약

서로도 확인이 가능하며 공사에서 토지분할을 잘못해놓고도 후배들을 위하여 명퇴한 선배에게 그만한 수고도 할 수 없다는 것인가? 라는 생각이 들어 면적정산금 환불 신청서도 제출하지 않았고 등록세도 납부하지 않았습니다.

6. 2002.11.01.부터 구한국토지공사의 퇴직자 모임 실무를 맡게됨에 따라 과거의 나쁜기억을 지워버리고 소유권이전등기를 하려고 청원군에 국민주택채권매입기준을 문의한 결과 취등록세 기준가격이 아니라 지방세 시준표준액이라고 문서를 받고 불합리하다는 생각이 들어 부동산 등기특별조치법 제2조1항 및 부동산실명법 제10조(장기미등기)를 몰랐기 때문에 소유권이전을 미루게 되었습니다.
그 당시(2002.11.26) 귀 공사에서 확인해주는 등록세용 토지대금완납확인서에 확정측량일만 표시되어있어 이날짜를 소유권이전가능일로 알고 있었으나 이 사건을 접하면서 확인해보니 귀 공사로의 등기부가 만들어진 것은 2002.08.22. 이었습니다.

7. 본인은 토지매입일로부터 현재까지 주소나 전화번호가 바뀌지 않았고 2009.02.12 귀 공사로부터 면적정산관련 환불금신청안내에따라, 정산금 신청서 없이 주민등록증 및 통장사본만을 제출하여 557,450원을 본인 계좌로 입금 받았습니다.

8. 2011.07.07. 청원군으로부터 과징금 부과 사전통지를 받고 구 한국토지공사에 20년이상 몸담았던 본인으로서는 실직의 고통을 느꼈기 때문에 토지분할 관계는 의도적으로 언급하지 않고 토지매입경위, 소유권이전등기시 매입해야되는 국민주택매입기준, 본인이 처한 경제적 육체적 환경, 쌍무계약이므로 반대급부의 이행일을 확정측량일이 아닌 매매대금 정산일로 보아야 한다고 선처를 부탁했으며 추가로 법제처 유권해석도 제출하였습니다.

9. 충청북도에서는 청원군으로부터 법령해석 질의요청를 받고 법무부에 유권해석을 요청할시에는 본인이 확정측량일에 등록세를 납부하

였다고 사실과 다르게 사건개요를 만들어 기존 법제처 해석내용과 다른 회신을 받아 청원군에 통보하였고 청원군에서는 본인에게 2011.12.29. 과징금 24,071,740원을 부과처분 하였습니다.

10. 귀 공사에서는 토지분할시 블록의 면적이 줄어들었으면 줄어든 만큼 각필지에 공통배분하는 기것이 원칙이나 10개 필지 전체 감소면적이 7,2㎡인데 본인 매입필지는 5.1㎡ 옆필지(양청리 745-6)는 4.5㎡ 줄어들었으므로 토지분할이 잘못되었음을 알 수 있습니다.

11. 따라서 본인이 확정측량시까지 연체한 금액에 대하여 연체이자(18%)를 귀 공사에 납부하였으므로, 귀 공사에서도 필지분할을 잘못하였기 때문에 확정측량일로부터 면적감소에 따른 환불금 지급시까지 연체이자 662,846원을 본인에게 지급하여 주셔야만, 면적정산금이 늦어진 사유가 본인에게 있지 않다는 판단을 할 수 있을 것 같습니다.

12. 대한지적공사 청원군 출장소에서는 오창은 GPS로 분할측량을 했기 때문에 공차가 0이고 차이가 있더라도 1㎝미만이라고 하며 말박기 분할측량을 했더라도 옆필지 645-6번지도 면적이 줄어들었기 때문에 배할선에 대한 차이는 없다고 보아야합니다. 따라서 말박기 측량을 하여 최대오차를 10㎝라고 인정하더라도 2.8배 오차가 발생하였으므로 토지분할이 잘못되었음은 명백합니다.

호국정신 함양하여 꽃 피우자 보훈정신

한 국 토 지 주 택 공 사

수신자 : 김정선님 귀하
(경유)
참　조 :
제　목 : 오창과학단지 면적정산에 따른 이자지급 요청에 대한 회신

1. 귀하의 앞날에 행운이 가득하시길 기원하오며 귀하께서 2012.5.24일자로 작성하시어 2012.5.29일자로 우리 공사에 접수된 "오창과학단지 면적정산에 따른 이자지급 요청"에 대한 회신입니다.

2. 귀하와 우리 공사가 1998.6.8일자로 토지매매 계약체결한 단독주택용지 충북 청원군 오창읍 양청리 745-7번지에 대하여 "면적정산금을 늦게 지급하였으므로 이에 대한 연체이자 662,846원을 지급하라"는 요청에 대하여 동 토지는 조성공사 준공전에 계약을 체결한 토지로 우리 공사는 계약서 제4조(면적정산)에 따라 면적정산을 하고 그 면적감소분에 대한 대금을 반환하고자 통장사본 등 대금반환에 필요한 서류를 요청하여 귀하께서 이를 제출하신 시기에 정상적으로 대금반환이 이루어졌으며, 면적정산금에 대한 이자는 지급되지 않음을 회신하오니 양지하시기 바랍니다.

3. 또한 동토지는 조성공사 완료전 가분할한 면적으로 공급하였고, 공사완료후 확정측량 결과에 따라 면적에 차이가 발생하였음을 알려드립니다. 끝.

한국토지주택공사 충북지역본부장

결재　과장 이정진　부장대우 대결 연진흠　센터장 전결

시행 충북판매고객센터-1275 (2012.06.01.)　접수
우 361-722 충청북도 청주시 흥덕구 청남로 2060 (수곡동) / http://www.lh.or.kr/
전화 043-290-3819 전송 043-298-2840 / jeje7@lh.or.kr / 공개

발신 : ´

김정선

수신 : 한국토지주택공사 사장

오창공단 관련 민원 처리 위법시정 요구

1. 귀 공사의 무궁한 발전을 기원합니다.

2. 본인은 구 한국토지공사 사업처장으로 재직중이던 1998.06.08 IMF 위기 탈출 1단계 전략에 의하여 한국토지공사의 오창과학단지 내 단독택지를 도상가지번 가분할 면적으로 매매계약을 체결하였고 2단계 상위직급자 퇴직전략에 의하여 1998.7.20 명예퇴직하였고 동년 7월 24일 선납할인으로 가격 3,150만원을 온라인으로 입금시켰습니다.

3. 귀 공사로부터 2002년 1월 토지분할측량결과 동초 분양면적보다 5.1㎡ 줄어들었다고 통보됨에 따라 취득세는 납부하였으나 면적이 줄어들은 것에 대한 서명날인 회신요청이 있었기에 토지 분할측량 및 면적정산방법에 불만이 있어

4. 면적이 줄어든 사유를 귀 공사에 문서로서 요청할수도 있었으나 본인이 공사에 재직하던 점을 감안하여 당초 분양면적보다 줄어들게 한 원인이 귀 공사에 있으므로 본인 계좌로 입금시켜줄 것을 유선상으로 요청하였으나 거절하였기 2009.02.12일 귀 공사로부터 정산금 요청서 없이 주민등록증 사본과 통장사본만 제출하라는 문서를 받고 본인 통장으로 2009.03.02 입금 받았습니다.

5. 본인은 청원군으로부터 2011.07.07 과징금 부과 시전 통지를 받고 부동산등기 특별조치법 제2조1항 및 부동산실명법 제10조1항을 처음 알았으며 청원군에 면적정산금 수령이 방법에 다툼이 있었고 국민주택채권매입기준에 문제가 있어 소유권이전이 늦어졌다고 선처를 호소하였고, 법무부의 부동산 등기 특별조치법 해석 자료를 제출하였

으나 과징금 24,071,740원을 부과받고 소송중에 있으며

6. 쌍무계약인 경우 반대급부의 이행일로 법무부의 기존해석은 특별조치법 제2조1항 상 면적대금정산일로 보았으며 충청북도에서 부동산실명법 10조1항으로 질의한 결과 법무부해석은 2002.08.22 등기부가 생성되었기 때문에 면적대금 정산일로 보기 어렵다는 해석을 받았기 때문에

7. 면적 정산금 지연 사유가 본인의 잘못이 아니라는 입증이 필요하여 귀 공사에 면적 정산금에 대한 지연이자를 요청하게 되었고 귀 공사에서 관리하고 있는 토지매각 원부 및 등록세용 토지대금 완납확인서(2002.11.26)에 표시변경등기(보존등기)일이 표시되어 있지 않아 부동산등기부를 발부받아 보기 전에는 청원군이 반대급부이행일로 주장하는 귀 공사명의로의 등기일을 알 수 없습니다.

8. 귀 공사에서는 매수가가 납부해야 되는것에 대하여는 연체료를 부과하면서 본인은 매매계약체결 일로부터 현재까지 주소나 연락처가 바뀌지 않았을 뿐만아니라, 2002.11.01부터 토우회 사무국장을 맡게 됨에따라 언제라도 연락이 가능함에도 불구하고 면적정산 서류에 서명날인이 필요하다고 주장하여 정산금 지급을 늦게 받았습니다.

9. 토지분할 측량이 잘못되었다고 주장하는 사유는 블록면적이 7.2㎡ 줄어들었기때문에 각 필지당 0.72㎡정도 줄여 분할측량하여야 하나 본인 매입필지는 5.1㎡ 줄었들었으므로 공정한 토지분할 측량이었다고 볼 수 없습니다.

10. 상기와 같은 사유로 귀 공사 충북지역본부에 민원을 제출하였으나 귀 공사 위임전결규정상 공사완료된 선분양용지의 정산은 지역본부장으로 되어있음에도 불구하고 부장대우가 대결, 전결하여 본인에게 회신하였기 위법함을 주장하는 바입니다.

11. 따라서 조속한 시일내에 시정조치하여 귀 공사 및 본인이 소송에서 불리함이 없도록 선처하여 주시기 바랍니다.

호국정신 함양하여 꽃 피우자 보훈정신

LH

한 국 토 지 주 택 공 사

수신자 : 김정선님 귀하
(경유)
참 조 :
제 목 : 민 원 회 신

1. 귀하의 앞날에 행운이 가득 하시길 기원하오며 우리 공사 충북판매고객센터-1275호("오창과학단지 면적정산에 따른 이자지급 요청에 대한 회신", 2012.6.1)와 관련하여 귀하께서 2012.6.5일 작성하시어 2012.6.7일자로 우리 공사에 접수된 "오창공단 관련 민원 처리 위법시정 요구(민원번호 2012000012347)"에 대한 회신입니다.

2. 우리 공사 위임전결시행세칙 상 일반민원의 회신전결권자는 지역본부의 경우 "부장"으로 지정되어 있으며 민원내용에 대해서는 본부장까지 보고 후 회신하였음을 알려드리오며 그 외 면적정산 및 대금반환에 대한 내용은 기 회신한 내용으로 갈음하고자 하오니 양해하여 주시기 바랍니다. 끝.

한국토지주택공사 충북지역본부장

발신 :

수신 : 법무부 장관

부동산등기특별조치법 및 부동산 실명법 상 반대급부의 이행이 완료된날에 관한 재 질의

1. 국민들을 위하여 평등하게 권리를 부여하고 의무를 이행하도록 노력하시는 귀부 직원들의 노고에 감사드립니다.

2. 충청북도 토지정보과 - 9367(2011.08.17)호로 질의한 부동산 실권리자 명의등기에 관한 법률 운영에 따른 적용과 관련하여 귀부에서 2011년 11월 회신한 문서와 관련입니다.

3. 평상시에는 공사에서 조성하는 토지는 규정상 매입할 수 없으나 IMF 국가경제위기에 대처하기 위한 1단계 공사전략에 의하여 본인은 구 한국토지공사 충북지사 사업처장으로 재직중이던 1998년 6월 8일 오창 과학단지내 단독주택지 1필지를 도상가분할 면적으로 공사와 매매계약을 체결하였고 1필지를 지인에게 계약금을 빌려주면서까지 매매알선 하였으나,

4. 공사의 IMF 탈출 2단계 전략인 상위직급자 퇴직 종용에 따라 매매계약체결후 42일만에 명예퇴직하였고 퇴직후 4일만에 선납할인가격으로 매매대금을 납부하였습니다. (상위직급자 121명중 98명 퇴직)

5. 명예퇴직후 계속 실직인 상황에서 2001.12.26 토지분할 측량결과 5.1㎡ 면적이 줄어들었으니, 면적감소에 따른 반환금을 신청하라는(2002.01.08) 문서를 받고 취득세는 납부하였으나, 부동산 등기 특별조치법 제2조1항 및 부동산 실권리자 명의등기에 관한법률 제10조1항을 몰랐고 면적이 과다하게 감소하였기 때문에 정산금 반환방법에 관한 이견으로 2009.03.02 정산금을 반환 받았고 2009.10.30 소유권 이전을 경료하였습니다.

6. 2011.07.07 청원군으로부터 부동산등기특별조치법 제2조1항의 적용을 받는자로서 부동산 실권리자 명의 등기에 관한법률 제10조1항에 의거 과징금을 부과하겠다는 사전통지를 받고 쌍무계약이므로 정산금을 받은날을 반대급부의 이행일로 보아야 하며, 본인이 토지를 취득하게 된 경위, 본인이 처한 경제적

여건, 실직으로 인한 스트레스로 부부가 암에 걸린 육체적 여건등을 첨부하여 청원군에 선처를 호소하였고, 추가로 귀부에서 제공하는 법령해석을 검색하여 부동산등기특별조치법 제2조1항의 반대급부의 이행일은 분양면적이 확정된후 그에따른 토지대금을 정산한 날로 보아야 한다고 해석한 자료를 청원군에 알려주었습니다.

7. 청원군에서는 충청북도의 청원군에 대한 감사지적사항이기 때문인지 모르지만 판단이 어렵다는 이유로 용지매매계약서 본인명의 정산금 입금통장 사본, 토지대장, 부동산등기특별조치법 제2조1항에관한 귀부 해석자료를 첨부하여 토지분할측량일(2001.12.26)에 등록세도 납부한 것으로 보인다고 애매한 문구로 사실과 다르게 사건개요를 만들어 충청북도에 질의하였고,

8. 충청북도에 정보공개 요청하여 확인한 바에 의하면 충청북도에서는 청원군에서 첨부한 서류를 제외하고 등록세도 토지분할 측량일에 납부하였다고 허위로 질의요지만 작성하여 반대급부의 이행일로 지금까지 청원군이나 매도자의 소유권이전 관련 행정처리 기준일로 제시된바 없는 등기부 생성일로 보는 것이 타당하다는 의견으로 귀부에 질의하여

9. 면적감소에 따른 정산금지급일을 반대급부의 이행일로 보기 어렵다는 귀부의 해석자료를 근거로 본인에게 부동산 실권리자 명의 등기에 관한 법률시행령 제4조2항에 의한 100분의 50 감경없이 과징금 24,071,740원을 부과하였으나 별첨과 같은 사유로 귀부에서 당초 부동산등기특별조치법 제2조1항을 해석한 바와같이 토지대금을 정산한날을 반대급부 이행일로 보아야 합니다.

2012.05.31

김 정 선

첨 부

1. 개요
2. 부동산등기특별조치법 제2조제1항에 관한 질의해석
3. 장기미등기자 적용관련 질의사항(충청북도→법무부)
4. 부동산 실명법 관련 질의에 대한 회신(법무부→충청북도)
5. 장기미등기 과징금 부과 대상자 여부관련 질의(청원군→충청북도)

정본입니다.
2012. 7. 13.
법원사무관 유 경

청 주 지 방 법 원

행 정 부

판 결

사 건 2012구합596 부동산 장기 미등기에 따른 과징금 부과 처분 취소

원 고 김정선

피 고 청원군수

소송수행자 윤영재

변 론 종 결 2012. 6. 14.

판 결 선 고 2012. 7. 12.

주 문

1. 원고의 청구를 기각한다.
2. 소송비용은 원고가 부담한다.

청 구 취 지

피고가 2011. 12. 29. 원고에 대하여 한 24,071,740원의 과징금 부과처분을 취소한다.

이 유

1. 처분의 경위

가. 구 한국토지공사(이하 '한국토지공사'라 한다)는 1993. 12. 16.경 충북 청원군 옥산면 및 오창면 일원에서 추진되던 오창과학산업단지 조성사업의 사업시행자로 지정되어 위 사업을 시행하게 되었는데, 당시 한국토지공사 충북지사에서 사업처장으로 근무하던 원고는 위 사업에 따른 택지개발 도중인 1998. 6. 8. 한국토지공사와 사이에 오창과학산업단지 내 단독주택건설용지인 충북 청원군 오창면 양청리 272-5 대 356.0㎡(이후 위 토지의 지번 및 면적은 '충북 청원군 오창읍 양청리 745-7 대 350.9㎡'로 확정되었는바, 이하 '이 사건 토지'라 한다)에 관하여 가분할 상태에서 대금 44,956,000원에 아래와 같은 내용으로 용지매매계약(이하 '이 사건 계약'이라 한다)을 체결하였다.

제4조 (면적정산)

① 조성공사 준공 전에 가분할 면적으로 계약 체결한 용지로서 조성공사 준공 후 지적공부 정리 결과 면적 증감이 있는 경우에는 그 증감분에 대하여 이 계약 체결 당시의 필지별 공급단가에 의하여 정산하기로 한다.

② 한국토지공사는 조성공사 준공 후 확정 측량 성과 및 정산내역, 정산금 납부방법을 원고에게 통보하기로 한다. 이 경우 한국토지공사는 정산금을 정산일 이후 납부약정일이 도래하는 중도금 또는 잔금에 가감하여 수납하거나 반환에 갈음할 수 있다.

제6조 (소유권이전)

① 한국토지공사는 원고가 매매대금을 완납한 후에 목적 용지의 소유권을 이전하기로 한다. 다만, 조성사업 준공 전에 목적 용지를 공급한 경우에는 조성사업 준공과 지적공부 및 등기공부 정리를 완료한 후에 소유권을 이전하기로 하되, 이 경우 한

국토지공사는 조성사업 준공과 지적공부 및 등기공부 정리절차를 성실히 이행하여야 한다.

② 한국토지공사는 원고의 소유권이전등기에 필요한 서류를 원고에게 제공하여야 하며, 소유권이전등기비용은 원고가 부담하기로 한다.

나. 원고는 1998. 7. 24.경까지 한국토지공사에 이 사건 계약에 따른 매매대금 대부분을 지급(일부는 선납 할인받았다)함으로써 잔금으로 117,840원만 남게 되었다.

다. 이후 위 사업은 2001. 12.경 완료되었고, 2001. 12. 26. 이 사건 토지에 관하여 확정 측량을 실시한 결과 그 면적이 350.9㎡로서 이 사건 계약 체결 당시 예정하였던 면적보다 5.1㎡ 감소하였음이 확인됨으로써, 이 사건 계약 제4조 제1항에 따라 원고는 한국토지공사에 위 잔금을 지급할 필요가 없음은 물론 오히려 이미 지급한 매매대금 중 일부를 한국토지공사로부터 환급받을 수 있게 되었다.

라. 원고는 2002. 1. 23. 이 사건 토지에 관하여 취득세 및 농어촌특별세 합계 955,060원을 납부하였고, 2002. 8. 22. 이 사건 토지에 관하여 새로 확정된 지번과 면적 등에 따른 표시변경등기가 이루어졌다.

마. 한편 위와 같이 매매대금 환급사유가 발생하였음에도 원고는 수년간 그 환급을 신청하지 않았고, 한국토지공사는 2009. 3. 2. 원고 명의의 계좌에 면적 감소에 따른 환급금 557,450원을 입금하였다.

바. 원고는 이 사건 토지에 관하여 2009. 10. 30.경에 이르러 자신 앞으로 소유권이전등기를 마쳤고 곧이어 2009. 11. 17.경 '2009. 10. 27. 매매'(거래가액은 155,000,000원으로 신고되었다)를 원인으로 하여 정 희, 곽 자에게 다시 소유권이전등기를 마쳐주었다.

사. 피고는, 원고가 이 사건 토지에 관하여 2009. 10. 30.경에 이르러서야 소유권이전

등기를 마침으로써 부동산 실권리자명의 등기에 관한 법률(이하 '부동산실명법'이라 한다) 제10조 제1항에 해당한다는 이유로, 2011. 12. 29. 원고에 대하여 과징금 24,071,740원을 부과하였다(이하 '이 사건 처분'이라 한다).

【인정근거】 다툼 없는 사실, 갑 제1호증 내지 갑 제5호증, 갑 제7호증 내지 갑 제13호증, 갑 제15호증, 갑 제19호증, 갑 제25호증 내지 갑 제31호증, 갑 제38호증(가지번호 있는 것은 가지번호 포함)의 각 기재, 변론 전체의 취지

2. 이 사건 처분의 적법 여부

가. 원고의 주장 요지

1) 이 사건 처분의 근거가 된 부동산실명법 제10조 제1항에 관하여서는 과잉금지의 원칙 및 평등의 원칙에 반한다는 이유로 2001. 5. 31. 헌법불합치 결정이 내려진 바 있으므로, 이 사건 처분은 위법하다.

2) 이 사건에서 부동산실명법 제10조 제1항 제1호에 따른 '반대급부의 이행이 사실상 완료된 날'은 원고와 한국토지공사 사이에 대금 정산이 완료된 날인 '2009. 3. 2.'로 보아야 하고, 그렇다면 원고는 그로부터 3년 이내에 이 사건 토지에 관한 소유권이전등기를 신청함으로써 부동산실명법 제10조 제1항에 해당하지 않으므로, 이와 다른 전제에선 이 사건 처분은 위법하다.

3) 피고가 2002. 12.경 원고에게 국민주택채권 매입기준을 잘못 알려주는 바람에 원고는 그 매입자금이 부족하여 이 사건 토지에 관한 소유권이전등기절차를 이행하지 못한 것인 이상, 이는 피고의 책임이므로, 원고를 탓하는 이 사건 처분은 위법하다.

4) 원고는 자신이 근무하던 한국토지공사의 경영난 타개에 도움을 주기 위하여 어쩔 수 없이 이 사건 토지를 매수하였고, 1998. 7. 20. 구조조정으로 실직하는 바람에 생

활고로 말미암아 소유권이전등기비용이 부족하여 소유권이전등기를 신청하지 못하고 있었을 뿐, 이 사건 토지에 관한 재산세는 모두 납부하였고, 장기 미등기로 얻은 이익도 없으며, 조세를 포탈하거나 법령에 의한 제한을 회피할 목적이 전혀 없었으므로, 피고는 부동산실명법 시행령 제4조의2 단서에 따라 과징금의 100분의 50을 감경하였어야 함에도 이와 같은 사정을 전혀 고려하지 않은 채 가혹하게 이 사건 처분을 하였는바, 이 사건 처분은 재량권을 일탈·남용한 위법이 있다.

나. 관계 법령

별지 기재와 같다.

다. 판단

1) 이 사건 처분의 근거법령의 위헌성 여부 관련

헌법재판소는 2001. 5. 31. 선고 99헌가18, 99헌바71·111, 2000헌바51·64·65·85, 2001헌바2(병합) 전원재판부 결정에서 장기미등기자에 대하여 부동산가액의 100분의 30에 해당하는 과징금을 부과하도록 규정한 구 부동산실명법(2002. 3. 30. 법률 제6683호로 개정되기 전의 것) 제10조 제1항 본문이 특별히 조세의 포탈이나 법적용의 회피 등 반사회적 의도나 목적을 가지지 않은 경우에까지 일률적으로 부동산가액의 30%에 해당하는 과징금을 부과함으로써 법익균형성을 갖추었다고 보기 어려워 과잉금지의 원칙에 반할 뿐만 아니라 명의신탁의 경우와 똑같은 과징금의 부과규정을 두었다는 측면에서 평등의 원칙에도 위반된다고 하면서 위 규정은 입법자가 2002. 6. 30.까지 개정하지 아니하면 2002. 7. 1. 그 효력을 상실한다는 내용의 헌법불합치 결정을 한 바 있는데, 이후 위 규정은 2002. 3. 30. 법률 제6683호로 개정되어 그 위헌적 요소가 제거되었고(2010. 3. 31. 법률 제10203호로 다시 개정되었으나 역시 위 헌법불합치 결정에서 문제되었던 위헌적 요소는 제거된 상태이다), 이 사건 처분은 위와 같이 위헌적 요소가 제거된 현행 부동산실명법 제10조 제1항을 근거로 한 것인 이상, 원고의 이 부분 주장은 이유 없다.

2) '반대급부의 이행이 사실상 완료된 날'의 해석 및 적용 관련

가) 이 사건에 부동산실명법 제10조 제1항을 적용함에 있어서는 이 사건이 같은 항 제1호의 경우(계약당사자가 서로 대가적인 채무를 부담하는 경우)에 해당함은 이론의 여지가 없으나 위 규정상 '반대급부의 이행이 사실상 완료된 날'을 언제로 볼 것인지 여부가 문제되고 있다.

그런데 부동산실명법 제10조 제1항은 부동산의 매매 등 법률행위로 인한 물권변동의 경우 그에 따른 신속한 소유권이전등기를 하도록 하기 위하여 정당한 사유 없이 이를 지연하는 경우에는 제재할 수 있음을 규정한 것으로서, 그 문언상 이는 등기권리자에게 적용되는 것임이 명백하고, 위 규정에서의 '반대급부'는 등기권리자 자신의 반대급부를 의미한다고 봄이 문리해석상으로나 위 규정의 취지 등에 비추어 타당한바, 결국 부동산실명법 제10조 제1항 제1호의 '반대급부의 이행이 사실상 완료된 날'은 등기권리자가 자신의 반대급부를 사실상 전부 이행함으로써 언제라도 등기의무자에 대하여 소유권이전등기절차 이행을 청구할 수 있게 된 날을 의미한다고 보아야 한다.

나) 이 사건에서 살피건대, 앞서 인정한 사실에 변론 전체의 취지를 종합하여 인정할 수 있는 다음과 같은 사정들, 즉 ① 이 사건 계약의 체결 경위나 그 내용 등에 의하면, 이 사건 계약은 당초부터 가분할 상태에서 체결된 것임을 전제로 매도인인 한국토지공사의 조성공사 준공 후 확정 측량 결과를 토대로 한 면적 정산을 예정하고 있고, 실제로 2001. 12. 26. 이 사건 토지에 관하여 확정 측량을 실시한 결과 그 면적이 이 사건

계약 체결 당시 예정하였던 면적보다 5.1㎡ 감소하였음이 확인됨으로써 원고가 더 이상 한국토지공사에 잔금을 지급할 필요가 없는 등 이행할 채무가 남아있지 않음이 확정된 점, ② 이후 2002. 8. 22. 이 사건 토지에 관하여 새로 확정된 지번과 면적 등에 따른 표시변경등기까지 이루어짐으로써 원고로서는 한국토지공사를 상대로 이 사건 토지에 관한 소유권이전등기절차 이행을 청구하는 데 아무런 장애가 없게 된 점(원고는 위와 같이 이 사건 토지에 관하여 표시변경등기가 이루어진 사실을 몰랐다는 취지로도 주장하나, 갑 제35호증의 기재에 변론 전체의 취지를 종합하면 원고는 이 사건 토지에 관한 등록세 등 납부용도로 사용하기 위하여 2002. 11. 26. 한국토지공사로부터 토지대금완납확인서를 발급받기도 하는 등 그 무렵 실제로 이 사건 토지에 관한 소유권이전등기절차를 준비한 바 있어 위 주장은 믿기 어렵다) 등을 종합하여 보면, 적어도 이 사건 토지에 관한 표시변경등기가 이루어진 2002. 8. 22.경에는 원고의 반대급부 이행이 완료됨은 물론 원고로서는 아무런 장애 없이 이 사건 토지에 관한 소유권이전등기를 신청할 수 있었고, 그럼에도 원고가 그로부터 3년 이내에 이 사건 토지에 관한 소유권이전등기를 신청하지 않은 이상, 이는 부동산실명법 제10조 제1항에 해당한다고 봄이 타당하므로[원고는, 이 사건 토지에 관하여 표시변경등기가 이루어지지 않는 이상 소유권이전등기절차를 이행할 수 없으므로 원고가 부동산등기 특별조치법 제2조 제1항의 적용대상이 아니라 같은 조 제5항(소유권보존등기가 되어 있지 아니한 부동산에 대하여 소유권이전을 내용으로 하는 계약을 체결한 자)의 적용대상이어서 결국 부동산실명법 제10조 제1항의 적용대상이 아니라는 취지로도 주장하나, 이 사건 토지에 관하여서는 소유권이전등기절차 이행에 앞서 환지에 따른 표시변경등기가 이루어져야 하는 것일 뿐이어서 소유권보존등기가 되어 있지 아니한 것과 동일시할 수 없을 뿐만 아니라 원고 주장과 같은 사정은 위와 같이 부동산실명법 제10조 제1항에 따른 시점의 기산일을 정하는 데 고려하면 충분하므로, 위 주장도 이유 없다], 원고의 이 부분 주장도 이유 없다.

3) 원고가 등기를 신청하지 못한 데에 정당한 사유가 있는지 여부 관련

가) 부동산실명법 제10조 제1항 단서에서는 장기 미등기자에 대하여 과징금을 부과할 수 없는 사유의 하나로 '등기를 신청하지 못할 정당한 사유가 있는 경우'를 규정하고 있는데, 이는 장기미등기자의 책임으로 돌릴 수 없는 법령상 또는 사실상의 장애로 인하여 그에게 등기신청의무의 이행을 기대하는 것이 무리라고 볼 만한 사정이 있는 경우를 말한다(대법원 2002. 5. 17. 선고 2000두6558 판결 등 참조).

나) 원고는 피고가 2002. 12.경 원고에게 국민주택채권 매입기준을 잘못 알려주는 바람에 원고가 그 매입자금이 부족하여 이 사건 토지에 관한 소유권이전등기절차를 이행하지 못하였으므로 이는 피고의 책임이라는 취지로 주장하나, 설령 원고 주장과 같이 이 사건 토지에 관한 소유권이전등기절차에 수반되는 국민주택채권 매입의 매입기준을 둘러싸고 원고와 피고 사이에 이견이 있었다고 하더라도 이를 두고 원고의 책임으로 돌릴 수 없는 법령상 또는 사실상의 장애로 인하여 원고에게 등기신청의무의 이행을 기대하는 것이 무리였다고 보기는 어렵다(원고는 2002년 당시 이 사건 토지에 관한 국민주택채권 매입기준이 되는 '시가표준액'은 '취득가격'임에도 피고가 '개별공시지가'로 잘못 알려주었다는 취지로 주장하나, 이 사건 토지에 관하여서는 2002. 1. 1.을 기준으로 한 개별공시지가가 공시된 이상, 지방세법 제4조 제1항, 지방세법 시행령 제2조에 따라 위 개별공시지가를 시가표준액이라고 봄이 타당하여 피고가 원고에게 국민주택채권 매입기준을 잘못 알려주었다고 볼 수도 없다). 따라서 원고가 이 사건 토지에 관하여 소유권이전등기를 신청하지 못한 데에 정당한 사유가 있다고 볼 수 없어 원고의 이 부분 주장도 이

유 없다.

4) 재량권 일탈·남용 여부 관련

가) 부동산실명법 시행령 제4조의2 단서는 조세를 포탈하거나 법령에 의한 제한을 회피할 목적이 아닌 경우에 과징금의 100분의 50을 감경할 수 있다고 규정하고 있는바, 부동산실명법이 등기권리자가 장기간 소유권이전등기를 신청하지 아니한 목적을 불문하고 등기를 신청할 수 있었던 때로부터 3년 이내에 소유권이전등기를 신청하면 과징금을 부과하지 않도록 규정하고 있는 점에 비추어 3년의 유예기간이 경과하도록 소유권이전등기를 신청하지 않고 있는 등기권리자가 조세를 포탈하거나 법령에 의한 제한을 회피할 목적을 가지고 있는지 여부는 3년의 유예기간이 경과하는 시점을 기준으로 판단하여야 하고, 조세를 포탈하거나 법령에 의한 제한을 회피할 목적이 아닌 경우에 해당한다는 점은 이를 주장하는 자가 증명하여야 한다.

한편 부동산실명법 시행령 제4조의2 단서는 임의적 감경규정임이 명백하므로, 감경사유가 존재하더라도 과징금 부과관청이 감경사유까지 고려하고도 과징금을 감경하지 않은 채 과징금 전액을 부과하는 처분을 한 경우에는 이를 위법하다고 단정할 수는 없으나, 행정행위를 함에 있어 이익형량을 전혀 하지 아니하거나 이익형량의 고려대상에 마땅히 포함시켜야 할 사항을 누락한 경우 또는 이익형량을 하였으나 정당성·객관성이 결여된 경우에는 그 행정행위는 재량권을 일탈·남용한 위법한 처분이라고 할 수밖에 없다(대법원 2005. 9. 15. 선고 2005두3257 판결 등 참조).

나) 이 사건에서 살피건대, 앞서 인정한 사실에 변론 전체의 취지를 종합하여 인정할 수 있는 다음과 같은 사정들, 즉 ① 설령 원고가 이 사건 토지에 관한 재산세를 납부한 바 있다고 하더라도, 원고는 2002. 8. 22.경 이후로 이 사건 토지에 관한 소유권이

전등기를 신청할 수 있었음에도 2009. 10. 30.경까지 무려 7년 이상의 기간 동안 이를 신청하지 아니함으로써 장기간 동안 등록세 등의 납부를 미룰 수 있었던 점, ② 원고는 2001. 12. 26.경 확정 측량 실시 이후 한국토지공사로부터 환급금 신청에 관한 서류 제출을 종용받은 것으로 보임에도 납득할 만한 이유 없이 장기간 동안 그 제출을 미뤄왔고, 원고가 7년 이상의 기간 동안 이 사건 토지에 관한 소유권이전등기를 신청하지 않은 데에도 쉽게 납득할 만한 사정이 있었던 것으로 보이지는 않는 점, ③ 원고는 이 사건 토지에 관하여 2009. 10. 30.경 자신 앞으로 소유권이전등기를 마친 후 곧이어 2009. 11. 17.경 제3자에게 매매(그 매매계약 체결일자는 원고가 자신 앞으로 소유권이전등기를 마치기도 전인 2009. 10. 27.경이다)를 원인으로 한 소유권이전등기를 마쳐주었는바, 위와 같이 원고가 뒤늦게 이 사건 토지에 관한 소유권이전등기를 마친 경위에 석연치 않은 측면이 있는 점 등을 고려하면, 원고가 제출한 증거들만으로는 원고에게 조세를 포탈하거나 법령에 의한 제한을 회피할 목적이 없었다고 인정하기 부족하고, 달리 이를 인정할 증거가 없다. 따라서 이와 다른 전제에 선 원고의 이 부분 주장도 이유 없다.

3. 결론

그렇다면, 이 사건 청구는 이유 없으므로 기각하기로 하여 주문과 같이 판결한다.

재판장 판사 최병준 ____________________

판사 이경민 ____________________

판사 권수아 ____________________

대 전 고 등 법 원

청주제1행정부

석명준비명령

사 건 (청주)2012누547 부동산 장기 미등기에 따른 과징금 부과 처분 취소

[원고 김정선 / 피고 청원군수]

원고(항소인) 김정선 (귀하)

귀하의 항소에 따라 위 사건의 소송기록이 이 법원에 접수되었습니다.
항소인은 항소이유를 구체적으로 기재한 준비서면을 2012. 9. 6.까지 제출하시기 바랍니다.

등 본 입 니 다.
2012. 8. 16.
대전고등법원(청주)
법원사무관 곽수균

2012. 8. 16.

재판장 판사 사 공 영 진

◇ 유 의 사 항 ◇

1. 준비서면은 다음 요령에 따라 작성하시기 바랍니다.
   ① 1심판결의 내용 중 어떤 부분이 사실과 다르고, 잘못된 법리를 적용하였는지 밝혀야 합니다.
   ② 항소심에서 새로이 주장할 사항을 간결하게 기재하여야 합니다.
   ③ 항소심에서 새로이 신청할 증거와 그 입증취지를 기재하여야 합니다.
   ④ 위 ②, ③항의 주장과 증거를 1심에서 제출하지 못한 이유를 명확히 밝혀야 합니다.
2. 자신의 주장사실을 뒷받침할 만한 증거를 다음 요령에 따라 함께 제출·신청하시기 바랍니다.
   ① 서증의 경우 : 사본(상대방 교부용) 및 이에 대한 설명서 제출(이미 제출한 서증 중 상대방에게 사본이 교부되지 아니한 것은 그 사본도 일괄하여 제출하고, 서증번호를 붙임)
   ② 증인을 신청할 경우 : 성명 및 입증취지 등을 기재한 증인신청서 제출
   ③ 기타검증·감정·사실조회·문서송부촉탁신청 등 : 입증취지를 구체적으로 기재한 신청서 제출

※ 증인신청서 등 각종 증거신청서 양식은 인터넷을 통하여 대법원 홈페이지(www.scourt.go.kr)에 들어오시면 내려받기(download)할 수 있습니다.

3. 위 기한까지 자료를 제출하지 않거나 제출된 내용이 부실한 경우에는 더 이상 주장과 증거신청이 없는 것으로 보아 다음 절차로 진행되며, 주장과 증거신청을 늦게 하여 소송을 지연시키는 것으로 인정되는 경우에는 각하되는 불이익을 받을 수 있습니다(행정소송법 제8조 제2항, 민사소송법 제408조, 민사소송법 제149조 참조).

※ 문의사항 연락처 : 대전고등법원(청주) 청주제1행정부 법원사무관 곽수균
직통전화 : 043-249-7106(민원동 2층 원외재판부)
팩 스 : 043-249-7108 e-mail :

준 비 서 면

사건 : (청주)2012 누 547 부동산 장기미등기에따른 과징금 부과 처분취소

원고(항 소 인) :

김정선

피고(피항소인) : 충북 청주시 상당구 상당로 69번길 38
(북문로 1가 171-3) (우 306-706) 청원군수

담당재판부 : 대전 고등법원 청주 제1 행정부

서 면 원 인

"별 첨"

사실조회 신청서

"별 첨"

2012. 9. 6.

위 원고 : 김 정 선

대전고등법원 귀중

준 비 서 면

1. 1심 판결에 대한 항소내용

가. 다툼이 없다고 판단되는 잘못된 법리적용

(1) 만약 1심 판결대로 항소인이 부동산 실권리자 명의 등기에 관한법률의 적용을 받아 장기미등기자에 해당된다면 피항소인은 2006년 재산세 부과시 공부상 소유자는 한국토지공사이나 재산세 과세 대상자는 항소인이라는 통보(서식에 취득일자 표시됨)를 받고 재산세를 부과(과세기준일 6.1 , 과세납부기간 9.16~30, 과세납부통보 10.2)하였기에 장기미등기자라는 사실을 알았다는 것이 확실하므로 부동산 실권리자 명의 등기에 관한법률 제5조(과장금)⑤항에 의거 지체없이(시행령 제3조 1개월) 부과하지 않고 2011.7.7 사전고지하여 2011.12.29 과징금을 부과한 것은 과징금이 늘어났으므로 무효라는 변론(2012.06.14 준비서면으로 제출하고 법정에서 변론: 2페이지 2. 가. 갑증 22호)을 받아들이지 않은것은 법리적용을 잘못한 것이다.

나. 다툼이 있는 사실

(1) 부동산 등기 특별조치법 제2조1항 및 부동산 실권리자 명의 등기에 관한 법률 10조1항에 의한 항소인의 반대급부이행일에 대한 판단.

-부동산 등기특별조치법 제2조1항의 법무부 해석은 면적대금 정산일로 판단하였으며 피항소인이 법무부에 기관질의한 부동산 실권리자 명의 등기에 관한 법률해석은 불법(행정절차법 제4조 위반)에 의하여 이루어졌으므로 무효라는 주장을 간과한 사실

-완성되지 아니한 부동산에 관한 쌍무계약이므로 용지매매계약서 제4조(면적정산)만을 채택하여서는 아니되고 제2조(지연손

해금)을 채택하여 공평의 관념에 입각한 민법 제536조(동시이행항변권)이 적용되어야 한다 라는 주장을 간과한 사실

-매도자인 한국토지공사는 토지분할 확정측량을 지적법에 저촉되게 실시하여 항소인에게 재산상 불이익을 주었음에도 불구하고 면적감소에 대한 환급금지급 방법에 대한 이견으로(항소인 요구: 한국토지공사에 매매대금을 온라인 은행계좌로 입금시켰으므로 환급금을 항소인 온라인 입금. 한국토지공사 요구 : 환급금 신청서류를 제출해야만 환급금 지급 하겠다고 안면몰수)

7년후 이자없이(용지매매계약서 제2조에 의한 공정성을 위반한 행위라고 판단됨) 한국토지공사에서 통장사본 및 신분증만을 제출하라는 문서를 받고 환급금을 온라인 계좌로 입금 받았는데 이를 한국토지공사로부터 정산금 지급을 종용받았다고 판시한 사실

* 항소인은 매매계약체결시부터 현재까지 주소나 연락처가 바뀌지 않았고 2002.11.1부터 한국토지공사 본사사옥을 일부 무상임차하여 퇴직직원과 현직 상위직급 경조사 업무를 담당했기 때문에 환급해줄 의사가 있었다면 주 야간 언제라도 통화 가능 했음
(면적정산 통보를 받았을때는 항소인은 명예퇴직후 계속 실직상태였고 항소인 인적사항과 퇴직금을 지급한 은행계좌도 한국토지공사 충북지사에 남아있었음, 한국토지주택공사 김 기 부장[041-860-7407,]: 면적정산금 반환신청 서류를 받지않고 정산금을 지급한것은 한건도 없다. 한국토지주택공사 노 영 차장[031-738-8108, 010-]: 직원들 급료도 은행계좌번호를 구두로 확인하여서는 지급을 하지 않고 있다.)

* 신분이 확실한 항소인에게 7년동안 정산금을 환급해주지

않은것은 갑증 제27호에 나타난 바와같이 토지분할 확정측량을 주관적으로 실시했음이 입증된다.

-1심에서 용지매매계약서상 면적정산은 신의성실의 원칙에 맞게 이행할 거라는 상호간의 신뢰를 형량하여 매매대금을 선납하여 신뢰한 항소인을 보호하고 지적법을 위반하여 신뢰를 무너뜨린 한국토지공사를 손해배상등의 의무를 부과시켜야 함에도 불구하고 매도자의 의도에 따라 반대급부의 이행일이 좌우되어서는 안되므로 정산금의 지급일로 반대급부 이행일로 보아야 한다는 항소인 주장을 간과한것은 잘못된 판시이다.

(2) 매도자인 한국토지공사의 반대급부 이행일에 대한 판단.

-부동산 등기특별조치법 제2조 5항 2호, 부동산등기법 제130조의 소유권 보존등기를 신청할 수 있게된날은 지적 및 지번이 확정된날로 항소인은 판단하여 매도자가 소유권 보존등기 신청을 하는데 8개월이 소요된것은 법률을 위반하였다는 항소인의 주장을 간과한 사실

※ 1심에서는 등기법에서 표시변경등기 의무기간(1개월)은 현행법에서 있으나 그 당시에는 없었다는 사유로 반려했고 소유권 보존등기와는 관련이 없다고 판시하였으나 쌍무계약에서 한쪽의 의무기한이 없다는 것은 평등권에 문제가 있고 등기신청이 2개월 이후에 이루어졌으므로 현행법상으로 법률을 위반하였다고 볼 수 있으며 지번과 지적이 확정된후(갑증31호) 10개월이 지나서 등기부가 발급되었음에도 불구하고 매매계약서 제6조(소유권이전)을 매도자가 성실히 이행하였다고 판단한것은 잘못된 판시이다.

※ 만약 표시변경등기를 신청할수 있게된 날은 관보에 고시된 날이라고 판단한다면 등기안내문이 항소인에게 통보되었어야

하나 전달받지 못했고 한국토지공사가 발급해주는 등록세용 토지대금 완납확인서에 표시변경등기일이 표시되어 있어야 하나 표시되어있지 않았고 피항소인이 과징금을 부과한 기준일도 토지분할 확정측량일로 산출하였으므로 항소인의 소유권이전 기산일은 표시변경등기일이라는 피항소인의 주장을 채택하여서는 아니된다라는 항소인의 주장을 간과한 사실

-항소인은 오랜기간 실직후 최저생계비 수준이지만 한국토지공사 직원들과 연락을 해야되는 업무를 담당하게되어 이사건과 관련 안면몰수에 대한 서운한 감정을 털어버리고 소유권이전을 하려고 등록세용 토지대금 완납확인서를 받아보니 토지분할 확정측량일(면적감소로 대금 완납일)만 표시되어 있어, 토지분할 확정측량일을 표시변경등기를 신청할 수 있는 날로 판단하여 소유권이전등기에 따른 과태료가 최대인 등록세액의 30%가 부과될것으로 판단하였고 2002년 상반기에 소유권이전 변경등기를 신청했으면 취득가로 국민주택채권을 매입해도 되는데 새로운 기준시가에 따라 채권을 매입해야 되는 부담이 많아서 소유권이전등기를 미루게 되었다는 항소인의 주장을 일축하고 1심에서는 2002.08.22 표시변경등기가 되었다는 사실을 알았을것이고 소유권이전등기 절차를 진행하다가 그만둔 것이므로 항소인의 주장은 인정할 수 없다고 판시하였다.

다. 국민주택채권 매입기준에 대한 판단.

-항소인은 2002. 1. 1. 기준 개별공시지가가 공시된지 몰랐다는 증거는 항소인이 국민주택채권매입기준을 조정해달라고 요청한 민원문서(갑제16호증)에서 확인될 수 있고 피항소인이 그 당시 국민주택채권 매입기준을 어떻게 적용했는지 답변을 수차례 회피했는데 1심에서 공시지가를 적용한 것이 잘못이 없다고 항소인의 주장을 일축한 것은 중립적인 판단이라고 볼 수 없으며 피항소인은 사실을 밝혀야 합니다.

※ 만약 항소인이 매도자의 불공정한 확정측량으로 인하여 소유권 이전등기에 따른 손해를 본 것이 없다고 판단했다면 왜 민원을 제기하고도 소유권 이전 절차를 미루었겠는가를 다시한 번 생각해 보아야 합니다.

라. 재량권 일탈 남용관련

-1심에서는 조세를 포탈하거나 법령에 의한 제한을 회피할 목적이 아닌경우에 과징금의 100분의 50을 감경할 수 있다고 규정하고 있는바 이를 주장하는자가 입증하여야 하며 장기간동안 등록세등의 납부를 미뤄 왔다는 사실이 있으므로 감경할 수 없다고 판시하였으나 등록세 납부는 미루어왔을뿐인데 이를 조세를 포탈할 목적이 있었다는 판시는 잘못된 것이다.

-피항소인은 부동산 실권리자 명의등기에 관한 법령 제10조1항에 관한 법령해석을 충청북도에 요청하면서 등록세를 납부한 것으로 보인다고 허위로 문건을 작성한 이유와 충청북도에서 법무부에 질의한 내용을 법원 및 항소인에게 제출하지 않은 사유를 밝혀야 합니다.

- 1심에서는 이 사건 토지 매각과 관련하여 항소인 명의로 등기를 신청하기도전에 매매계약서를 작성한것이 석연치않다고 하였으나 계약서검인 및 등록세를 납부하고나서 매매계약서를 작성했기 때문에 위법이 아니라고 판단됩니다.

마. 종합적 판단

-만약 1심과 같이 항소인이 패소한다면 부동산 투자로 인한 부당이득을 얻지 못하도록 만든 법률은 부도덕한측이 도덕적인측을 이기는 결과를 초래한다고 보아야 합니다.

항소인 :
국가 경제위기시 국가정책 및 공기업 전략에 따라 이사건 토지를 일시납으로 계약(5개월), 계약후 42일만에 실직, 실직후 4일만에 온라인으로 매매대금을 선납하여 이 사건 토지 형성에 기여함.
관련법을 몰랐기 때문에 확정측량관계로 정산금 반환 및 소유권 이전등기가 늦어짐.

피항소인.충청북도:
한국토지공사에 사업권을 넘겨주므로 인하여 이 사건 토지가 형성될 수 있었으며 거래되어 경제적 이득을 보았음.
실시계획 고시후 사업준공고시까지 6개월이나 걸리도록 인허가에 비협조적이어서 매수인들의 재산권을 침해하였다고 볼 수있다. 항소인이 국가경제위기때 애사심으로 매입하였고 실직하였으며, 부부가 중증환자라는것을 알았으면서도 불법으로 법령해석요청 및 관련문서를 항소인에게 제출하지 않아 정보공개요청에 의하여 입수토록하므로서 항소인 신체적 자유를 침해하였다.

한국토지공사 :
직장선배이며 우수고객인 항소인에게 지적법을 위반한 역차별 확정측량으로 항소인이 부동산등기 특별조치법 및 부동산 실소유자 명의등기에 관한 법률을 몰라 장기간 미등기하게된 원인을 제공하였다. 미확정 면적에 대한 0.23% 금액 연체를 독촉했으면서도 면적 감소에 정산금 반환은 서류로 신청하지 않았다고 7년동안 이자없이 환급해 주었다.

-이 사건의 발단은 충청북도에서 출발하였고 사업권을 인수받은 한국토지공사 직원들과 친인척이 IMF시 어쩔수 없이 단독주택지의 삼분의 일이상 매수하여 오창과학단지를 활성화 하였고, 토지분할확정측량 행위를 함에 있어서의 한국토지공사 불법행위, 법령해석에 대한 질의시 충청북도의 불법행위, 재판과정에서의 자료제출 회피등 피항소인의 불성실 태도는 신의 성실의 원칙에 따

라 손해배상금을 부과받아야 마땅함에도 이를 전혀 고려하지 않고 과징금을 부과한 것은 잘못된 법리적용이라고 할 수밖에 없다.

바. 원 판결을 취소한다.

피항소인이 2011.12.29 항소인에 대하여 한 금 24,071,740원의 과징금 부과를 취소하라.

소송비용은 제 1,2심 모두 피항소인의 부담으로 한다. 라는 판결을 구합니다.

2. 1심에서 항소인이 입증한 주장만으로 항소인 승소 판결을 결정하는데 충분한 것으로 판단하였으나 항소인 패소 판결을 결정하였기 추가입증 자료를 제출합니다.

가. 부동산 실권리자 명의등기에관한 법률시행령 입법 예고 내용에는 장기미등기 여부판단에 대한 기산일을 대금청산일로 하되 완성또는 확정되지 않은 부동산은 완성 또는 확정된 날로 규정했으므로 이 사건은 대금정산일을 기산일로 보아야 합니다.

나. 1심에 토지분할 확정측량이 오차의 범위를 벗어났다는 28개 필지의 입증자료를 제출하였으나 인정하지 않아 지적법에서 정한 지적분할 법조문을 제시하고 지적측량을 담당했던 대한지적공사의 회신문서, 6개블럭 77필지의 경계점표지 환산오차를 작성하였다. 환산오차범위는 0~75.8㎝이며 1㎝단위로 지적측량을 했으므로 블록전체 감소면적을 감안하더라도 경계점 표지 환산오차가 10㎝ 초과한 필지는 23개 이므로 이는 주관적으로 토지분할 확정측량을 했다는 증거를 확실히 보여주고 있다.

다. 1심에서 면적감소에 정산금 반환은 동시이행의 항변권이 없다고 판시 하였으나 대법원의 소유권이전등기 관련 판결에서 [대법원 1992.8.18 선고 91 다 30927 판결] 동시이행 항변권은 당사자가 부담하는 각 채무가 쌍무계약에 있어 고유의 대가관계가 있는 채무가 아니더라도 이행상의 견련관계를 인정해야할 사정이 있는 경우에는 항변권을 인정할 수 있을 것이다라고 판시 하였고 [대법원 1999.4.23 선고 98 다 53899 판결]에서 소유권 이전 등기절차 이행 의무와 매도인의 매수인에 대한 대금 반환 의무를 공평의 견지에서 서로 대가적 의미를 지니고 있어 그 이행에 있어서 견련관계를 인정함이 타당하므로 상호 동시이행 관계가 있다고 볼 수 있다고 판시하였다.

첨 부

1. 갑증42 지방세법[시행 2006.4.30] 제181조, 제183조, 제190조, 제191조, 제192조, 제194조
2. 갑증43 지방세법 시행세칙[시행 2006.1.1] 제79조 별지 제73호의 3서식
3. 갑증44 부동산 실권리자명의 등기에 관한 법률[시행 2002.3.30] 제5조
4. 갑증45 부동산 실권리자명의 등기에 관한 시행령[시행 2003.11.30] 제3조
5. 갑증46 지적법[시행 1999.4.19] 제19조
6. 갑증47 지적법 시행령[시행 2000.7.1] 제17조, 제43조, 제46조, 제47조, 제48조
7. 갑증48 오창과학단지 확정측량에 대한 회신(대한지적공사)
8. 갑증49 부동산 실명법 시행령 어떻게 되어있나(연합뉴스)
9. 갑증50 민법 제336조(동시이행 항변권)
10. 갑증51 부동산 등기특별조치법[시행 2000.1.21] 제2조
11. 갑증52 부동산등기법[시행 2006.6.1] 제130조
12. 갑증53 확정측량 결과에 의한 각 필지별 경계점표지 환산오차
13. 오창공단 매각안내 팜플렛(2차)
14. 갑증55 소유권이전등기[대법원 1992.8.18] 판결사항 및 판결요지
15. 갑증56 소유권이전등기[대법원 1999.4.23] 판결사항 및 판결요지

라. 한국토지주택공사와 충청북도에 항소인의 주장을 입증하기 위하여 사실조회를 신청합니다.

(1) 사실조회 신청서 Ⅰ

(2) 사실조회 신청서 Ⅱ

상 대 방 용

기일	미지정

청주제1행정부

부본영수
'12. . .

사　　　　건 : 대전고등법원(청주) 2012누547
부동산 장기 미등기에 따른 과징금 부과 처분 취소

원고(항 소 인) : 김정선

피고(피항소인) : 청원군수

준 비 서 면

2012. 09. .

피고 소송수행자
이 원 복 (인)
윤 영 재 (인)
전화번호 : 043-251-3782
팩스번호 : 043-251-3758

No 접수 2012. 9. 25 대전고등법원

대전고등법원 청주제1행정부 귀중

준 비 서 면

사　　　　건 : 대전고등법원(청주) 2012누547

부동산 장기 미등기에 따른 과징금 부과 처분 취소

원고(항 소 인) : 김정선

피고(피항소인) : 청원군수

위 사건에 관하여 피고 소송수행자는 다음과 같이 답변합니다.

항소취지에 대한 답변

1. 원고의 항소를 기각한다.
2. 소송비용은 제1, 2심 모두 원고의 부담으로 한다.

라는 판결을 구합니다.

항소원인에 대한 답변

피고는 원심에서 주장하였던 내용과 1심 판결문을 그대로 원용하고, 원고가 제출한 항소이유서 중 보충 답변이 필요하거나 일부 강조하고자 하는 부분에 대해서만 간략히 말씀드리기로 하겠습니다.

1. 원고는 자의적인 해석에 따라 1심 판결의 정당성을 부인하고 있으나, 원고가 이 사건 부동산에 대한 소유권이전등기가 가능하였음을 알고 있었음에도 불구하고 이를 해태한 것은 분명한 사실입니다.

가. 원고는 2011. 7. 25. 피고에게 제출한 처분사전통지에 따른 의견제출서에서 소유권이전등기가 늦어진 사유를 기술하면서 공사 준공에 따른 확정측량 결과 및 사업준공에 따라 2002. 8. 22. 등기부에 본토지가 정식 등재되어 소유권이전 등기를 할 수 있었으나 등기비용이 많이 들어 소요비용을 마련하지 못해 소유권이전등기가 늦어지게 되었다고 자술하고 있습니다.

(갑 제11호증)

나. 그렇다면, 다음과 같은 사유 ①2001. 12. 26. 충북 청원군 오창읍 양청리 745-7번지 350.9㎡를 취득하면서 면적정산과 매도인인 한국토지공사에 잔금을 완납한 점 ②2002. 8. 22. 택지개발이 완료되어 확정지번이 결정되고 등기부가 생성된 시점에서 등기이전신청이 가능했던 점 ③원고는 자신의 반대급부를 전부 이행하였으므로 원고가 제출한 갑제12호증의 용지매매 계약서 제6조에 따라 언제라도 등기의무자에 대하여 무조건적인 등기절차의 이행을 청구할 수 있어서 소유권이전등기 신청이 사실상 가능했던 점 ④ 충청북도행정심판위원회에서 현 LH공사에 확인한 바와 같이 대금정산, 엄밀히 말해서 원고에게 면적정산에 따른 환급금 지급이 지연된 것은 원고의 청구가 지체되었음이 원인이었던 점에 비추어 볼 때, 원고는

2002. 8. 22. 이후 소유권이전등기가 가능했음에도 불구하고 2009. 10. 30. 에서야 소유권이전등기를 경료함으로써 부동산실명법 제10조제1항을 위반하였음이 명백하다 할 것이고, 원고는 부동산실명법 제10조제1항 소정의 과징금의 부과대상에 해당한다고 할 것입니다.

다. 1심 판결에서는 "부동산실명법 제10조 제1항은 부동산의 매매 등 법률행위로 인한 물권변동의 경우 그에 따른 신속한 소유권이전등기를 하도록 하기 위하여 정당한 사유 없이 이를 지연하는 경우에는 제재할 수 있음을 규정한 것으로서, 그 문언상 이는 등기권리자에게 적용되는 것임이 명백하고, 위 규정에서의 '반대급부'는 등기권리자 자신의 반대급부를 의미한다고 봄이 문리해석상으로나 위 규정의 취지 등에 비추어 타당한바, 결국 부동산실명법 제10조제1항제1호의 '반대급부의 이행이 사실상 완료된 날'은 등기권리자가 자신의 반대급부를 사실상 전부 이행함으로써 언제라도 등기의무자에 대하여 소유권이전등기절차 이행을 청구할 수 있게 된 날을 의미한다고 보아야 한다." 라고 판시하면서 피고의 주장과 그 궤를 같이 하고 있는바, 이는 정당한 판단이라 할 것입니다.

다. 그렇다면, 원고가 반대급부의 이행이 사실상 완료된 날은 원고와 한국토지공사와의 면적 증감에 따른 거래대금의 정산일인 2007. 7. 26.로 보아야 한다는 주장은 이유 없음이 명백하다 할 것입니다.

2. 원고는 피고가 국민주택채권 매입액을 잘못 알려주어 이 사건 부동산의 등기를 하지 못했다는 취지로 주장하나, 이는 엄연히 본인의 법적 무지와 의무이행 해태에 따른 책임을 피고에게 전가시키려는 것 일뿐, 이를 두고 원고에게 '등기를 신청하지 못할 정당한 사유가 있는 경우'에 해당한다고 볼 여지는 없습니다.

가. 원고는 지속적으로 이 사건 부동산의 장기미등기에 대한 책임을 피고에게 전가시키려고 피고가 국민주택책권 매입기준을 잘 못 알려주었기 때문에 소유권이전등기가 늦어졌다고 주장하고 있으나, 원고가 제출한 **'갑 제21호증 국민주택채권 업무편람'을 보면 분명하게 시가표준액은 「부동산가격공시 및 감정평가에 관한 법률」에 의거 국토해양부 및 시 · 군 · 구에서 매년 공시하는 가격을 말한다**고 명시되어 있고, 다만 부동산 가격이 공시되지 아니한 경우의 시가표준액은 신규분양 공동주택의 경우에는 취득가격을, 그 외의 경우는 시장, 군수가 산정한 가격을 말한다라고 규정되어 있는바, **2002. 1. 1. 기준 이 사건 부동산에 대한 개별공시지가가 공시된 만큼 국민주택채권 매입기준이 되는 시가표준액은 '개별공시지가'로 봄이 타당**하고,

나. 단지, **원고의 주장처럼 개별공시지가가 공시된 사실을 몰랐다는 이유만으로 매입기준이 달라질 사항이 아니며**, 1심 판결에서도 '이 사건 토지에 관하여서는 2002. 1. 1. 기준으로 한 개별공시지가가 공시된 이상, 지방세법

제4조제1항, 지방세법 시행령 제2조에 따라 위 개별공시지가를 시가표준액이라고 봄이 타당하다'라고 판시하고 있는바, 이는 일응 적법하고 정당한 판단인 것입니다.

3. 원고는 피고가 이 사건 처분을 함에 있어 과징금의 100분의 50을 감경할 수 있다고 규정하고 있음에도 이를 적용하지 않고 과징금 산정액 전액을 부과하여 재량권을 일탈·남용하였다고 주장하고 있으나

가. 부동산실명법 시행령 제4조의2에 조세를 포탈하거나 법령에 의한 제한을 회피할 목적이 아닌 경우에는 100분의 50을 감경할 수 있다고 규정하고 있으나, 1심 판결문과 같은 이유로 이는 기속규정이 아닌 **임의적 감경규정임이 명백하고 원고에게 감경조항을 적용할 특별한 사정이 있었다고 볼 수도 없으므로, 피고가 이 사건 처분을 함에 있어 감경조항을 적용하지 아니하고 산정된 과징금 전부를 부과하였다고 하여 재량권을 일탈·남용했다고 볼 수는 없을 것입니다.**

4. 결 론

위에서 살펴본바와 같이 원고가 2002. 8. 22. 이후 이 사건 토지에 관한 소유권이전등기가 가능했음에도 불구하고 2009. 10. 30. 소유권이전등기가 이루어지기까지 무려 7년 이상의 기간 동안 장기미등기 한 사실이 인정되고, 이에 따른 피고의 과징금 부과처분은 관련 법령 및 절차에 따른 적법한 처분이라 할 것이며, 이와 궤를 같이 하고 있는 원심의 판단은 정당하며 적법하다 할 것인바, 원고의 청구는 이유 없음이 분명하므로 마땅히 기각되어야 할 것입니다.

발신 : 　　　　　　　　　　　　　　　　　　　　　　　　　　　　　　　　　: 김정선

수신 : 법무부 장관

제목 : 신의 성실의 원칙에 입각한 법령해석 요구

1. 모든 국민의 평등을 위하여 수고하시는 귀부 직원들의 노고에 감사드립니다.

2. 1AA-1205-124397('12.5.31)호 및 1AA-1206-116208('12.6.27)호와 관련된 국민 신문고 민원사항에 대한 답변내용에 관한 사항입니다.

3. 저는 오창공단 단독주택지 (청원군 오창읍 양청리 745-7)소유권 이전과 관련, 충청북도에서 장기미등기자 적용관련으로 기관 질의하여 귀 부에서 답변한 내용이 행정절차법 제4조 신의성실 및 신뢰보호에 위반한 질의(본인이 사전고지에 따른 의견서에 첨부한 매매계약서 및 부동산 등기 특별조치법 제2조1항에 대한 귀 부 해석내용을 삭제했고, 등록세는 납부하지 않았는데 납부하였다고 사건개요 작성 : 청원군청 담당자에 확인해보니 2002년에는 납부사실이 없음)였기 때문에 효력이 없다고 주장하였습니다.

4. 한국토지공사와의 계약은 가지번 가분할 상태로 매매계약을 체결하였고, 한국토지공사가 확정측량을 불공정하게 실시하였음에도 불구하고 면적감소에 따른 정산금 지급방법에 대한 이견으로 본인이 정산금을 늦게 환불받았으므로 정산금 지연사유가 본인의 귀책사유가 아닙니다.

5. 한국토지공사와의 계약은 미완성 토지에 대한 쌍무계약이므로 귀부의 부동산 등기 특별조치법 제2조 제1항과 관련한 기존 법령해석을 부정하는 것은 적절치 못하며, 귀부에서 사건개요를 잘못 이해한 것 같아 재질의하였습니다.

6. 부동산 등기 특별조치법 제2조1항과 관련하여 귀부에서 법령해석한 안산신도시 사업은 본인이 매입한 오창공단 조성사업과 사업시행자, 사업시기, 사업명, 대상토지의 위치만 다를뿐 같은 법령 같은 절차에 의하여 이루어졌다고 봅니다.

7. 재 질의 시에는 부동산 실권리자 명의 등기에 관한 법률 시행령 제정당시 입법예고했던 시행령안(장기미등기 여부판단에 대한 기산일은 대금청산일로 하되, 대금 청산일이 불분명할때는 계약서 상 잔금 약정일, 완성 또는 확정되지 않은 부동산은 완성 또는 확정된날)이 왜 제외되었는지 관련문서를 추적하여 답변해줄것을 요청하였으나 귀 부에서는 답변을 회피하고 있습니다.

8. 귀 부에서 심혈을 기울여 만들어진 입법예고사항도 국민들에게 알려진 사항이며 미완성 토지에 대한 법령적용을 명확히 할 수 있도록 다른 내용으로 대체하여 법령공포하지 않았으므로 법령해석은 입법예고 사항을 근거로 해야 된다고 판단합니다.

9. 부동산 등기 조치법 제2조5항(소유권 보존등기가 되어있지 아니한 부동산에 대하여 소유권 이전을 내용으로하는 계약을 체결한자)에 따라 사업시행자가 지번, 지적이 확정된 이후 2개월이내에 보존등기를 해야한다고 판단되나 8개월이 소요되었는데 위법이 아닌지를 해석하여 주시기 바랍니다.

10. 귀부에서는 매매계약서 제4조(면적정산)을 소유권 이전과 동시이행관계가 있지 않다고 판단하였는데 매매계약서 제2조(지연손해금)에 면적정산금까지 포함하도록 되어있고 미완성 토지에 대한 계약이므로 민법 제536조(동시이행 항변권)이 적용되어야 한다고 판단 됩니다.

11. 본사건 토지의 조성은 당초 충청북도에서 과욕에서 출발한 사업으로서 한국토지공사로 사업시행자가 변경되었고 IMF시 본인을 포함한 수많은 한국토지공사 직원들이 타사업지구에 비하여 저가 이므로 오창공단 단독주택지를 어쩔 수 없이 매매계약 체결하였고 본인을 포함한 상위직급자 77%가 매매계약 체결한 해에 자녀들의 학비를 벌어야 하는 시기임에도 불구하고 준비없는 실직을 당하여 피눈물을 흘려야 했습니다.

12. 한국토지공사에서는 선 매각한 토지이므로 공평하게 토지분할 측량을 실시했어야 하나 부동산 경기 침체로 시세가 바닥이었고 한시적으로 부동산 등기 특별조치법에 중간생략등기가 가능하도록 조항을 신설했던 시기였기 때문에 일부 필지에 대한 주관적인 분할을 실시한 것으로 보입니다.

13. 그러나 본인의 입장에서는 분할측량실시 3년6개월전에 대금을 납부하였는데 면적이 크게 감소한(5.1㎡)것은 가분할을 잘못했던 시공을 잘못했던 분할 측량을 잘못했던간에 불쾌할 수밖에 없었습니다.
본 사건 토지 조성사업을 충청북도에서 추진을 하였거나 본인이 충북지사에 근무하지 않았거나 도상선분할 매각이 한달만 늦춰졌더라도 본사건 토지를 매입할 필요가 없었기 때문입니다.

14. 한국토지공사에서는 매수자가 잔금을 일부 남겨논 토지에 대하여 지방세법법령해석에 따라 사실상의 소유자로 판단하여 재산세 부과 대상자로 청원군청에 통보했으며 본인에게는 오히려 환급해주어야 함에도 불구하고 사실상의 소유자로 청원군청에 통보하여 재산세를 납부하기도 했고 본인에게 구상권을 청구해 이행도 했습니다.

15. 별첨 일부 필지의 면적증감에서 나타난 바와같이 도상가분할 상태로 매각한 토지는 매도자의 의도에 따라 약간의 면적을 증가시킬수도 있고 감소시킬수도 있으므로 부동산 등기 특별조치법 및 부동산 실명의자 등기에 관한 법률의 반대급부일을 대금을 청산일로 해야만 면적이 감소한 토지매입자에게 매도자가 정산금 지급을 조속히 하도록하고 등록세 납부 시점에 대한 불이익이 없고 금전적인 손해(대금납부일부터 대금정산일까지 이자를 받지 못하는 손해)만 감수하면 되기 때문입니다.

16. 사업시행자와 청원군청은 서로 협력하여 조속히 등기를 완료함에도 불구하고 확정측량일로부터 등기시점까지 8개월이 소요되어 매수자의 재산권을 침해하였을뿐만 아니라 부동산 등기시 매입해야 되는 채권을 많이 매입하도록 한 사실이 있습니다.

17. 이상과 같이 법령의 불명확, 확정측량시, 보존등기시, 법령 질의시 부당행위 및 불법행위로 인하여 본인은 관계법령을 몰랐다는 사유하나만으로 정신적 육체적으로 큰 고통을 받고 있습니다.

18. 모든 국민은 법 앞에 평등해야 합니다. 귀 부에서는 본 법령의 헌법불합치 결정으로 적용중지를 받아 감경조항도 신설한 것으로 알고 있습니다. 본인은 본 사건 토지를 궁박에 의하여 취득하였고 매도자가 불공정한 확정측량을 실시하였음에도 불구하고 본인이 재직하였던 회사임을 감안하여

이의제기도 하지 않았고 청원군으로부터 과징금 사전통지를 받고나서 확정측량관계는 언급하지 않았고 실직으로 인한 스트레스 때문에 부부가 중증환자가 되었고 5식구의 가장으로서 최저생계비 수준으로 근로활동을 하고 있으므로 선처를 호소했습니다.

19. 충청북도 (청원군)에서는 관계법령질의시 한국토지공사와 본인에게 배은망덕한 불법행위를 하였고 앞에서 언급한 바와 같이 본인을 포함한 토지공사직원들의 투철한 애사심으로 단지조성에 기여한 바가 크며 본인은 매매대금을 선납하여 조성공사를 중단하지 않도록 일조한 공로가 있고 사업시행자의 재산세 관련 요구사항을 받아 들였는데도 불구하고 부동산 실권리자 명의 등기에 관한 법률 시행령 제3조2항에 의거 조세를 포탈하거나 법령에 의한 제한을 회피할 목적이 아닌경우에는 100분의 50을 감경할 수 있는데도 재량권에 속한다고 과징금 감경을 하지 않았으므로 감경조항은 유명무실 할 수 밖에 없습니다.

20. 귀 부(하)께서 본 민원의 당사자로 생각하시고 신의 성실의 원칙에 입각한 법령해석을 하여 주시면 감사하겠습니다.

2012.08.22
김정선

첨 부 : 1. 귀 부의 부동산 등기 특별 조치법 제2조1항 질의해석.
2. 장기 미등기자 적용관련 질의사항(충청북도)
3. 부동산 실명법 관련 질의에 대한 회신(법무부)
4. 본인 민원내용(첨부생략) 각 1부.
5. 본인의 민원에 대한 귀부 답변자료 각1부.
6. 용지매매계약서
7. 매입토지 및 매매알선 토지 해당블록의 필지별 면적증감 현황.
8. 오창 과학단지 확정측량에 대한 회신(대한지적공사)
9. 부동산 실명법 시행령 어떻게 되어있나(연합뉴스)
10. 민법 제 536조(동시이행 항변권)

발신 : 김정선

수신 : 한국토지주택공사 사장

참조 : 산업단지처장, 판매기획처장

오창공단 매각원부 자료제공 및 환불금 지연에 따른 연체이자 지급요청

1. 귀공사의 무궁한 발전을 기원합니다.

2. 본인은 한국토지공사 충북지사 재직시절 궁박에 의하여 오창공단내 도상가분할 단독 주택지 1필지를 일시불 매매계약 체결후 2차 상위 직급자 퇴직전략에 의하여 명예퇴직후, 매매대금을 선납하여 귀 공사의 경영개선에 도움을 준바 있습니다.

3. 3년6개월후 토지분할 측량 결과 5.1㎡ 감소하였다는 통보를 받고 정산금 반환 방법에 대한 이견으로 약 11년후 통장사본과 주민등록증 사본만을 제출하여 정산금을 반환 받은바 있습니다.

4. 2011년 7월 청원군으로부터 장기미등기에 따른 과징금 부과 사전 통보를 받고 의견서를 제출시 공사의 이미지를 감안하여 토지분할관계는 언급하지 않고 선처를 부탁했으나,

5. 충청북도에서 법무부에 관계법령 질의시 매매계약서 및 기존 법무부의 부동산특별조치법 2조1항에 관한 반대급부의 이행일에 관한 해석자료는 제외시키고 본인에게 불리하게 해석되어 청원군으로부터 과징금 부과를 받았습니다. 본인은 행정심판을 거처 행정소송을 하면서 소유권이전등기 지연 사유가 귀 공사의 확정측량과 정산금 환급에 귀 공사에 행정 편의적 처리에 의하여 비롯되었다는 것을 입증할 필요가 있었습니다.

6. 본인은 귀 공사에 매매계약서 2조(지연손해금)에 면적이 늘어날 경우 매수자로부터 연체이자를 받도록 체결하였으므로 면적이 줄어든 경우 귀 공사에서 매수인에게 확정측량일로부터 정산금 반환일까지 연체이자를 지급해줄 것을 2차례(충북지역본부, 사장)에 걸쳐 요구하였으나 거절하였기에 법원에 입증자료를 제출하지 못해 50% 감경도 받지 못하고 패소하였습니다.

7. 본인은 장기미등기 사유가, 귀 공사의 확정측량의 부당행위, 등기법 및 부동산 등기 특별조치법에 규정한 기간을 초과한 표시변경(보존) 등기, 정산금 환불지연등에 기인하였으므로 항소를 할 수밖에 없습니다.

8. 궁박에 의하여 토지를 취득하였고 확정측량이 부당하게 이루어졌다는 사실을 항소심에서 입증하여야 하므로 오창공단의 전 필지는 분량이 많으므로 최소한도 200여 필지에 대한 토지매각원부를 제출하여 주시고,

9. 정산금 환급지연에 따른 연체이자를 매매계약서 2조에의거 본인계좌로 입금시켜주시기 바랍니다.

첨부 : 관련자료 2부.

2012.07.26

김정선

1. 청원군으로부터 장기 미등기 과징금을 부과 사전통지를 받고는 의견서 제출시 확정측량관계는 공사직원이었던 점을 감안하여 의도적으로 언급하지 않았다.

2. 청원군에서는 법무부에 부동산 실명법 제10조1항에 관한 질의답변 자료를 근거로 조세를 포탈하거나 법령에 의한 회피할 목적이 아닌경우에는 과징금의 50%를 감경할 수 있음에도 임의적 규정이라고 감경하지 아니하고 과징금을 부과하였다.

3. 충청북도에서는 법무부 질의시 본인이 제출한 매매계약서, 부동산등기특별조치법 제2조1항에 관한 질의해석(분양대금정산일)자료를 첨부하지 않았음을 정보공개를 통하여 확인하였다.

4. 확정측량일로부터 면적정산 대금 환불까지 장기간 경과되었기 때문에 행정심판청구시부터 확정측량이 잘못되었음을 주장하였다.

5. 한국토지공사 직원들과의 통화 및 상담내용
-면적정산 서류를 받지 않고 정산금을 지급한것은 한건도 없다. : 김 _기 부장

-직원들 급료도 은행계좌번호를 구두로 확인하여서는 지급하지 않고 있다. : 노 경 차장

-당초 분양 면적의 10%이내 증감에 대하여는 계약서 위반이 아니므로 소송에서 공사가 패소한 적이 없다. : 주 환 부장

-만약 소송에서 확정측량을 고의적으로 잘못하였다는 판정을 받더라도 공사직원들이 신분상 불이익은 없을것으로 판단된다 : 신 만 처장

-등기 공무원이 환지 등기가 아니라고 주장하여 늦어졌으며 법무사에게 위임하여 등기하였다. : 류 기 부장

-오창공단은 확정측량시 부동산 경기가 침체되어 면적이 줄어들었으며 좋겠다는 것이 대부분 매수자들의 생각이었기 때문에 고의적으로 특정 필지

면적을 늘이지는 않았다. 본인이 낸 민원에 관하여 연 흠 부장으로부터 직접얘기는 듣지 못하고 같은 부서 차장에게 예기를 한것 같다. : 김 성 부장

-공사에서 찾아가라고 통보한 돈에 대하여는 이자가 발생하지 않는다는 것을 알고 있지 않느냐. : 연 흠 부장대우

-충북지역 본부장이 판단하기에도 이자를 지급할 수 없다고 생각하며 연 흠 부장이 토공 출신인데도 더 부정적이다. : 곽 상 본부장

-현장에서 시설물을 설치하다보면 부득이하게 면적증감이 일어날수도 있다. : 치훈 부장

-본사로부터 사업준공이 된지 오래되었는데 예수금으로 결산서에 올라오니 정산하라는 통보를 받고 정산금을 환불해가라는 문서를 시행했다. : 김 수 차장

LH 함께가요, 더 나은 미래

김정선님께

1. 고객님의 건강과 행복을 기원하오며, 고객님께서 '12. 7.26에 산업단지처와 판매기획처에 요청하신 "오창공단 매각원부 자료제공 및 환불금 지연에 따른 연체이자 지급요청"에 대한 답변입니다.

2. 매각원부 자료제공 요청건에 대해서는 매각원부에는 개인정보가 포함되어 있기 때문에 『개인정보보호법』 및 『공공기관의 정보공개에 관한 법률』에 따라 제공이 어려우니 양해하여 주시기 바라며,

3. 환불금 지급 지연에 따른 연체이자의 지급 요청건에 대해서는 충북지역본부에서 회신한 바와 같이 면적정산 통보 및 정산반환금 지급 안내 등 절차에 있어 적정하게 처리한 것으로 판단됩니다.

4. 고객님의 요청을 수용하지 못한 점 양해하여 주시기 바랍니다. 끝.

한국토지주택공사(KOREA LAND & HOUSING CORPORATION)

한국토지주택공사사장

과장 김원종 부장 황정섭 처장 전결 반한용

시행 산업단지처-2126 (2012.08.02.)
우 463-755 경기도 성남시 분당구 돌마로 172 (정자동 217) / http://www.lh.or.kr/
전화 031-738-7696 전송 031-738-8963 / psynic@lh.or.kr / 공개

발신 : 김정선

수신 : 한국토지주택공사 사장
참조 : 감사실장

제목 : 오창공단 관련 불법행위 조사 및 시정, 자료제공 요청

1. 귀 공사의 무궁한 발전을 기원합니다.

2. 본인이 2012.5.24, 2012.6.5, 2012.7.26 귀 공사에 제출한 민원관련 사항입니다.

3. 본인은 구 한국토지공사(이사"공사"라 한다) 충북지사 사업처장으로 재직중이던 1998.6.8 공사경영위기 돌파를 위한 경영전략에 따라 오창공단 단독주택지 1 필지에 대하여 용지매매계약을 체결하였고 동년 7월 20일 공사의 상위 직급자 퇴직전략('98, 77% 퇴직)에 의하여 명예퇴직하였고 매매대금을 선납하므로서 공사의 경영난 해소에 미약하나마 도움을 주었다고 생각합니다. 그 당시에는 은행대출금리가 20%를 넘었으며 부동산경기 활성화를 위해 공공기관등이 조성한 토지는 중간생략 등기도 가능하도록 부동산등기특별조치법에 명시

4. 청원군으로부터 부동산 장기 미등기에따른 과징금 부과를 받고 과징금 부과취소청구의 소를 제기하였고 다음과 같은 사유로 장기미등기 사유가 귀 공사에 기인한 것이므로 확정측량일로부터 면적감소에 따른 정산금 반환일까지 이자를 지급해줄 것을 귀 공사에 요청하였으나 거절하여 법원에 증거자료로 제출하지 못하여 과징금의 50% 감경도 받지 못하고 패소하여 항소장을 제출하였습니다. 정산금 지연 사유를 귀 공사에서 인정하지 않는데 사법부에서 인정하겠습니까.

-본인이 소유권 이전 지연사유가 부동산등기특별조치법 및 부동산 실권리자 명의등기에 관한 법률을 몰랐고 귀 공사의 부당행위 및 불법행위, 안면몰수로 인하여 발생하였음에도 불구하고 정산금 지급지연사유가 귀 공사의 귀책사유가 아니라는 주장은 타당성이 결여되어 있습니다.

-공사에서는 토지분할 측량시 용지매매계약서 5조(조성사업에 대한 수인) 에 의거 매수인에게 불이익이 최소화하도록 조성사업을 성실히 이행하여야 함에도 불구하고 원가절감을 위하여 정밀성이 떨어지는 말박기 좌표측량을 실시하였고 말박기 좌표측량의 오차범위를 2.8배 초과하는 확정측량을 실시하므로 본인이 정산금 환불 및 소유권이전을 지연시키는데 결정적 요인을 제공하였습니다.

-본인은 매매대금을 선납하여 대금회수 측면에서 최우수 고객이었음에도 불구하여 귀 공자의 부당한 확정측량 결과를 통보받고 수인하기 어려웠으나 귀 공사에 재직하였던 정을 감안하여 수인할 생각이었으나 귀 공사와의 정산금 지급 방법(온라인 계좌입금과, 반환금 청구서 징구)에 대한 이견으로 정산금 환불이 지연되었기 때문에 귀 공사에 귀책사유가 있습니다.

-공사에서는 확정측량결과 면적이 감소하였기 때문에 확정측량일은 취득세 및 등록세의 납부 기준시점으로 청원군에 통보하였으나 이는 본인이 귀 공사에 대한 급부의 이행 완료일뿐 귀 공사의 본인에 대한 급부 이행 완료일은 아닙니다. 쌍무계약이므로 법령해석에 어려움이 있습니다.

-공사에서는 부동산등기특별조치법 제2조5항에의거 확정측량일로부터 2개월이내에 본인이 소유권이전 할 수있도록 귀 공사 명의로 표시등기를 완료했어야 함에도 8개월후에 표시등기를 완료했고 귀 공사의 반대급부 이행일인 표시변경등기일을 본인 및 청원군청에 통보하지 않았습니다.

-통보하지 않았다는 근거로는 귀 공사의 토지매각원부와 등록세용 토지대금완납확인서에 표시변경 등기일이 없으며 청원군 전산자료에 반대급부 이행일이 확정측량일로 입력되어있고 본인도 통지를 못받았으며 통보되었다면 행정절차법에 제15조(송달의 효력발생)따라 입증하여 주시기 바랍니다.

-표시변경등기를 지연시킴에 따라 본인을 포함한 매수자의 재산권을 침해하였을뿐만 아니라 소유권 이전등기시 매입해야하는 국민주택채권을 최소한 10%이상(누진, 2001년 표준지공시지가, 2002년 개별공시지가 발표)더 매입하게 한 사실이 있습니다.

-공사에서 토지분할측량을 공정하게하고 반대급부 이행일을 확실히 판단하고 부동산 등기 특별조치법 제2조5항의 이행을 제대로 하였다면 이 사건은 발생하지 않았을 것입니다.

-귀 공사에서는 용지매매계약서 제2조(지연손해금)에 대하여 면적이 늘어난 경우에는 지연손해금을 매수인으로부터 받아야 하며 면적이 줄어든

경우에는 매수인의 귀책사유(주소지나 연락처변경 통지의무)가 없음에도 불구하고 7년간 이자를 지급하지 않은 것을 공정한 거래계약이라고 판단하는지 답변해주시기 바랍니다.

-공사에서는 도상 선불할 토지에 대하여 확정측량 예정 2년 6개월이전 매매대금 0.23%의 1년간 연체에 대하여 납부독촉을 했으면서도 불공정한 확정측량후 면적감소에 따른 반환정산금 1.1%를 7년동안 지급하지 않은 것을 정당한 행정행위로 보고 있습니다.

-본인은 매매대금 3,150만원을 공사계좌로 입금시켰으며 본인의 주소 및 연락처는 공사재직시, 매매계약체결시, 현재까지 변동사항이 없을뿐만 아니라 2002.11.1부터 토우회 사무국장 업무를 담당하게 되어 사내통화로도 가능함에도 불구하고 공사에서는 본인계좌로 481,930원의 정산금을 입금시켜주지 않았습니다.

-공사에서는 지방세법에 불구하고 확정측량일을 기준으로하여 취득세를 납부하도록 청원군과 협의하여 매수자의 입장에서는 공사에도 도움이 되는 일시불 계약이 유리할 것으로 판단되었으나 공사의 표시변경 등기 지연으로 지방세법에 의한 국민주택채권매입 금액보다 4배가 되는 국민주택채권(개별공시지가 발표, 누진)되는 국민주택채권을 매입했어야 했습니다.

-본인은 IMF시 국가시책 및 공사의 경영전략에 따라 본 사건토지를 매입하였고 20년이상 다녔던 직장을 퇴직하였고 매매대금을 선납하여 공사경영개선에 도움을 주었음에도 불구하고 공사에서는 불공정한 확정측량을 해 놓고서도 정산금 반환청구에 안면몰수함으로서 본인이 부동산 등기 특별조치법 및 부동산 실권리자 명의 등기에 관한법률을 잘몰라 정산금을 늦게 받고 소유권이전등기를 지연하게 되었고 실직으로 부부가 중증환자가 된 직장선배이며 우수고객인 본인이 2년간 소득에 해당되는 과징금을 부과받고 1년이상 고통을 받고 있는데도 강건너 불구경하듯이 행정행위를 해왔습니다.

-귀 공사에서는 경제적 육체적으로 어려운 환경에 처해있는 본인을 도와주실건가요. 저세상으로 간 후에 영혼을 위로해 주실건가요.

5. 항소장 증거자료로 제출코자 수많은 공사직원들이 공사경영난 타개를 위해 매매계약을 체결하였고 공사의 부적절한 확정측량이 이루어졌다는 사실을 입증코자 귀 공사에 자료제공을 요청하였으나 「개인 정보보호법」 및 「공공기관의 정보공개에 관한 법률」에 따라 제공 할 수 없다는 회신

을 받았는바 지번, 매수자 명의(실명을 표시하기 여려우면 공사직원이었는지 여부) 분양면적, 확정측량 면적, 면적차이, 확정측량일 현재 매매대금 납부정도를 블록별 각 필지별로 관련부서로 하여금 작성하여 제출하여 주시기 바라며, 내가 이러한 환경에 처해있다면 어떤 심정이었을까를 생각하여 성의 있는 회신 부탁드립니다.

6. 만약 본인이 요구한 자료를 제출하지 않을 경우 귀 공사에서 주관적으로 확정측량을 실시한 것으로 간주하여 항소사유서를 작성하겠으며 귀 공사의 불법행위에 대하여 진정서를 제출할 수도 있으므로 양지하여 주시기 바랍니다.

2012. 8. 9 김정선

첨부 : 1. 오창과학단지 확정측량에 대한 질의 및 회신(대한지적공사) 사본 1부.
2. 귀 공사 회신문서 사본 각 1부. 끝.

LH 함께가요, 더 나은 미래

김정선님께

1. 귀하께서 2012년 8월 9일 우리 공사 감사실로 접수하시어 같은 날 감사실로부터 우리 지역본부로 이송된 민원에 대한 회신입니다.

2. 귀하께서 요청하신 "정산금반환 지연에 대한 연체이자" 지급요청에 대한 답변은 충북판매고객센터-1275호(2012.6.1) 및 -1395호(2012.6.13)로 갈음하오니 양해하여 주시기 바랍니다.

3. 한편, 우리 공사는 면적정산금 반환과 관련하여 2002년 1월 8일자로 확정측량 완료에 따른 면적 정산을 통보하였고 이어 2002년 10월 9일에는 소유권이전 안내를 하였으며 동 내용을 2002년 10월 16일 지역 일간지(충청일보)에도 공고하였음을 붙임과 같이 알려드립니다.

4. 덧붙여 우리 공사 『민원사무 처리 및 정보공개 규정』 제20조(반복 및 중복민원의 처리)에 의거 본 회신 이후에 본 건과 관련하여 접수되는 동일 내용의 민원은 내부종결 처리되어 회신되지 않음을 알려드리오니 양해하여 주시기 바랍니다.

붙 임 : 면적정산 및 소유권이전 안내 관련문서 1식. 끝.

한국토지주택공사(KOREA LAND & HOUSING CORPORATION)

한국토지주택공사 충북지역본부장

과장 이정진 부장대우 연진홍 센터장 강상호 지역본부장 전결 곽윤상

시행 충북판매고객센터-2050 (2012.08.17.)
우 361-722 충청북도 청주시 흥덕구 청남로 2060 (수곡동) / http://www.lh.or.kr/
전화 043-290-3819 전송 043-298-2840 / jeje7@lh.or.kr / 공개

[별첨 1 : 안내문]

생활속에 자연을 담는 기업 - 한국토지공사

소유권이전 안내(안)

1. 귀하(사)의 평안과 번창을 기원하오며, 그동안 오창과학산업단지 사업추진에 적극적으로 협조하여 주신 귀하(사)에게 감사드립니다.

2. 오창과학산업단지 지적정리 및 환지등기를 완료함에 따라 소유권이전등기 신청이 가능하게 되었음을 알려드리며, 등기신청기간내에 소유권이전 등기가 완료될 수 있도록 협조하여 주시기 바랍니다.

가. 소유권이전 대상토지

오창과학산업단지내 토지로서 대금완납토지

나. 소유권이전등기 신청서류

- 우리공사와 체결한 계약서 원본 1부.
- 토지대장 1부(청원군청에서 발급)
- 주민등록초본(법인의 경우 법인등기부 초본) 1부.
- 중도금 대출을 받은 경우 근저당권 설정을 위한 서류(대출은행 교부)
- 소유권이전에 이해관계인이 있는 토지는 권리설정에 필요한 이해관계인의 서류
- 위임장 1부(법무사 위임용)
- 신분증 및 도장 지참

다. 소유권이전등기 신청절차

매수자(또는 위임 받은 자)께서 소유권이전에 필요한 서류를 준비하여 충북지사에 내방하셔서 소유권이전 서류를 교부받아 청주지방법원 등기소(옥산면 소재토지), 청주지방법원 동청주등기소(오창면 소재토지)에 소유권이전등기 신청을 하시면 됩니다.(법무사에게 신청위임 가능)

라. 소유권이전 신청에 따른 유의사항

1) 중도금 대출토지 근저당권 등 설정관련

공사와 금융기관의 협약에 따라 고객께서 중도금을 대출을 받아 대금을 완납한 토지에 대해서는 근저당권 등을 설정하기 위해 대출받은 금융기관에서 필요한 서류를 교부받아 요청하시기 바랍니다.

2) 이해관계인의 권리 해제 및 서류 첨부

소유권이전 대상토지에 소유권이전등기청구권가압류 또는 선순위 근저당권설정요청 등 이해관계인이 있는 경우에는 매수자의 책임과 부담으로 이해관계인의 권리를 해제하거나 서류를 첨부하여야 합니다.

3) 대금완납후 명의변경한 매수인에 대한 순차등기

대금완납후 명의변경한 경우 우리공사와 양도인 및 양수인간에 체결한 권리의무승계계약서 제6조에 따라 먼저 양도인에게 이전등기가 이루어지고 다시 양수인에게 소유권이전등기가 이루어짐을 알려드립니다.

4) 제세공과금 대납분 납부요청

용지매매계약서에 따라 종합토지세 등 제세공과금을 우리공사가 대납한 경우에는 매수인께서는 대납분을 우리공사에 납부하셔야 합니다.
(2002.06.01 이후 대금완납토지)

5) 기타사항

①대금완납일(소유권이전가능일이 대금완납일 이후인 경우에는 소유권이전가능일)로부터 60일이 경과하면 등기신청 해태로 과태료가 부과되오니 이점 유념하시기 바랍니다.

ㅇ 환지등기 완료일(소유권이전가능일) · 옥산면 소재토지 : '02.09.09 - 오창면 소재토지 : '02.10.04 ㅇ 대금완납자 : 소유권이전가능일로부터 60일 이내 ㅇ 대금미납자 : 대금완납일로부터 60일 이내

②한 필지를 2인 이상이 매입한 토지에 대해서는 공동으로 소유권이전을 요청하시기 바랍니다.

③대체취득에 의한 등록세 감면자는 토지수용확인서 등을 교부받아 소유권이전 신청할 때에 제출하여 등록세를 감면받으시기 바랍니다.

④소유권이전등기절차에 소요되는 비용은 고객께서 부담하셔야 합니다.

■등기관련 문의: 한국토지공사 충북지사 고객지원부 ☎043-220-8805,8808,8871
오창산단 환지등기담당 지용민법무사사무실 ☎043-285-9908,9909

■토지분양 중도금 무담보대출안내
공사와 금융기관의 협약으로 분양중도금을 무담보로 대출해 드리고 있습니다.
적용금리 및 대출조건에 대해서는 해당 금융기관에 문의하시기 바랍니다.
· 농협중앙회 내덕동지점 ☎ 043)253-5115~7
· 조흥은행 청주중앙지점 ☎043)253-5002

2002. 10.

한국토지공사 충북지사

질의에 대한 회신

2012. 9. 법무부 법무심의관실

1. 질의 요지

귀하께서는 잔금 완납후 지적정리가 확정되고 그에 따른 정산금을 반환받아야 하는 경우, 부동산등기특별조치법 제2조의 해석상 부동산소유권이전등기를 신청할 의무가 언제 발생하는 것인지에 질의하셨습니다.

《 부동산등기특별조치법 관련규정 》

제2조(소유권이전등기 등 신청의무) ① 부동산의 소유권이전을 내용으로 하는 계약을 체결한 자는 **다음 각 호의 1에 정하여진 날부터 60일 이내**에 소유권이전등기를 신청하여야 한다. 다만, 그 계약이 취소·해제되거나 무효인 경우에는 그러하지 아니하다.

1. 계약의 당사자가 서로 대가적인 채무를 부담하는 경우에는 반대급부의 이행이 완료된 날
2. 계약당사자의 일방만이 채무를 부담하는 경우에는 그 계약의 효력이 발생한 날

⑤ 소유권보존등기가 되어 있지 아니한 부동산에 대하여 소유권이전을 내용으로 하는 계약을 체결한 자는 다음 각호의 1에 정하여진 날부터 60일 이내에 소유권보존등기를 신청하여야 한다. <개정 2011.4.12>

1. 「부동산등기법」 제65조에 따라 소유권보존등기를 신청할 수 있음에도 이를 하지 아니한 채 계약을 체결한 경우에는 그 계약을 체결한 날
2. 계약을 체결한 후에 「부동산등기법」 제65조에 따라 소유권보존등기를 신청할 수 있게 된 경우에는 소유권보존등기를 신청할 수 있게 된 날

제11조(과태료) ① 등기권리자가 **상당한 사유 없이** 제2조 각항의 규정에 의한 등기신청을 해태한 때에는 그 해태한 날 당시의 그 부동산에 대한 등록세액(등록세가 비과세·면제·감경되는 경우에는 지방세법의 규정에 의한 부동산가액에 부동산등기세율을 곱한 금액)의 5배 이하에 상당하는 금액의 과태료에 처한다. 다만, 부동산실권리자명의등기에관한법률 제10조 제1항의 규정에 의하여 과징금을 부과한 경우에는 그러하지 아니하다.

② 제1항의 규정에 의한 과태료의 금액을 정함에 있어서는 해태기간, 해태사유, 목적부동산의 가액 등을 참작하여야 한다.

《 부동산등기특별조치법부동산등기특별조치법에의한과태료부과·징수규칙 》

제2조 (등기신청기간의 산정) 시장·군수·구청장(이하 "시장등"이라 한다)은 등기권리자가 다음 각호의 1에 해당하는 사유로 등기신청을 해태한 경우에는 등기권리자에게 등

기신청을 해태한 상당한 사유가 있는 것으로 보아 그 사유가 존재하고 있는 기간은 법 제2조의 등기신청기간에 이를 산입하지 아니한다.
1. 천재·지변등 불가항력적인 경우
2. 목적부동산에 대한 소송이 계속중인 경우
3. 등기의무자가 정당한 사유없이 등기신청에 필요한 서면을 등기권리자에게 교부하지 아니한 경우
4. 기타 시장등이 등기신청해태에 관하여 상당한 사유가 있다고 인정하는 경우

2. 검토의견

- 부동산등기특별조치법 제2조 제1항 제1호의 반대급부의 이행이 완료된 날은 잔금지급이 완료된 날로 해석됩니다.

- 그러나 잔금지급이 완료되었다고 하여도 지적정리가 완료되지 않은 경우에는 등기권리자가 소유권 이전등기 신청에 필요한 서류를 받아서 이전등기를 신청할 수 없는 상당한 사유가 있다고 할 수 있습니다.

- 다음으로, 지적정리 결과 당초 계약한 내용보다 면적의 증감이 있어서 정산금을 지급해야 하는 사정이 있는 경우, 면적이 확대된 경우라면, 매수인이 매도인에게 추가로 정산금을 지급하지 않는 이상 매도인이 소유권이전등기에 협력하지 않을 것인바, 매수인이 정산금을 모두 지급한 날을 기산점으로 보아야 할 것입니다. (등기선례 5-820 1998. 11. 26. 참조)

- 그러나, 지적정리 결과 면적이 축소된 경우에는 매수인이 대금을 완납한 이후 매도인이 소유권보존등기를 경료하고 매수인에게 이를 통지한 이상, 매수인은 그 시점부터 소유권이전등기를

경료할 수 있으므로 그 시점을 기산점으로 보아야 할 것입니다.

- 따라서 질의하신 사안과 같은 경우, 소유권이전등기 의무자가 소유권 보존등기를 경료한 후, 소유권이전등기 권리자에게 통지하고 필요한 서면을 교부한 때가 등기해태 과태료를 부과하는 기산점이 될 것입니다.

- 부가적으로, 부동산등기특별조치법 제2조 제5항에 따라, 소유권 보존등기가 되어 있지 않은 부동산에 대해 소유권 이전을 내용으로 하는 계약을 체결한 자는 소유권보존등기를 신청할 수 있게 된 날로부터 60일 이내에 소유권 보존등기를 먼저 경료하여야 합니다. 다만, 사안에서는 소유권 보존등기일과 보존등기를 신청할 수 있게 된 날에 대한 구체적인 사실관계가 불명확하여 제2조 제5항 위반 여부에 대하여 답변드리기는 곤란한 점을 양해해 주시기 바랍니다.

법 무 부 장 관

검찰주사 오창민 검사 전결 2012. 9. 7. 주상용

협조자

시행 법무심의관실-7174 (2012. 9. 7.) 접수

우 427-720 경기 과천시 관문로 47 (중앙동) / http://www.moj.go.kr

사실조회 신청서 Ⅱ

사건번호 : (청주) 2012 누 547 부동산 장기 미등기에 따른 과징금 부과처분 취소
[담당 재판부 : 대전공등법원 청주 제1행정부]

원고(항 소 인) : 김정선

피고(피항소인) : 충북 청주시 상당구 상당로 69번길 38 (북문로 1가 171-3)
(우 306-706) 청원군수

위 사건에 관하여 원고는 주장사실을 입증하기 위하여 아래와 같이 사실조회를 신청합니다.

1. 사실조회의 목적 :
원고는 IMF시 어쩔수없이 이사건 토지를 매입하였는데 당초 사업지구 선정을 했으면서도 신의성실의 원칙을 지키지 않은 사유를 확인하고자함

2. 사실조회 할 기관 : 충북 청주시 상당구 상당로 82(문화동)(우 306-765)
충청북도 지사

3. 사실조회 사항 : 별지기재와 같음

첨부자료

2012. 9. 6.

위 원고 김정선 (날인 또는 서명)

대전고등법원 귀중

사실조회 사항

1. 오창공단 사업시행자 지정을 한국토지공사에 넘겨준 사유 및 지원대책반을 두게된 사유.

2. 피고(청원군)로부터 이사건토지에 대한 법령해석 질의서신을 받고 피고가 첨부물로 제출한 용지매매계약서, 부동산 등기특별조치법 제2조1항에 대한 법무부 해석자료, 면적 정산금 입금통장 사본등을 삭제하고, 등록세도 납부하였다고 허위로 법무부에 질의하여 IMF시 실직으로 중증환자가 된 원고의 신체의 자유를 침해한 사유 및 적법성 여부.

3. 효력정지 가처분 심판 법정에서 피고에게 법무부 법령 질의 서류를 제출토록 하였는데 응하지 않아 귀 도에 정보공개 요청을하여 확인하였는바 피고로부터 법무부 질의서류 사본 제공 요청이 있었는지 여부.

충 청 북 도

수신 대전고등법원 청주제1행정부

(경유)

제목 사실조회(2012누547) 회신

대전고등법원 청주제1행정부 사건번호(2012누547)호와 관련한 사실조회에 대하여 붙임과 같이 회신하니 참고하시기 바랍니다.

붙임 : 사실조회 답변서 1부. 끝.

접수 No 2012. 10. 05 대전고등법원 3787

충 청 북 도 지 사

주무관 권혁미 토지행정 팀장 이원구 토지정보과장 2012. 9. 28. 신용수

협조자

시행 토지정보과-11015 (2012. 9. 28.) 접수

우 360-765 충청북도 청주시 상당구 상당로 82 (문화동, 충청북도청) / www.cb21.net

두게 된 사유 (충청북도 사실조회 답변서)

답변> 산업단지 개발사업의 원활한 추진을 위함.

문2> 피고(청원군)으로부터 이 사건토지에 대한 법령해석 질의서신을 받고 피고가 첨부물로 제출한 용지매매계약서, 부동산 등기특별조치법 제2조제1항에 대한 법무부 해석자료, 면적 정산금 입금통장 사본등을 삭제하고, 등록세도 납부하였다고 허위로 법무부에 질의하여 IMF시 실직으로 중증환자가 된 원고의 신체의 자유를 침해한 사유 및 적법성 여부.

답변> 청원군 민원과-15981(2011.08.08.)청원군 민원과로부터 「장기미등기 과징금 부과 대상자 여부 관련 질의」가 있어 정확한 답변을 위해 충청북도 토지정보과-9367(2011.08.17.)호로 법무부에 질의하였고, 법무부 법무심의관실 -10334(2011.11.07.)호에 의거 회신을 받은 사실이 있음.

질의요지는 소유권이전등기에 따른 반대급부이행완료일을 ①확정지번 결정 및 등기부 생성일자와 ②면적차이로 인한 매매대금 일부를 환불 받은 날 중 어느 일자로 보아야 하는지였음.

원고가 삭제하였다고 표현한 용지매매계약서, 부동산등기특별조치법 제2조1항에 대한 법무부 해석자료, 면적 정산금 입금통장 사본 등의 내용은 우리도가 법무부에 질의한 공문 본문 내용에 상세하게 기술 되었음.

문3> 효력정지 가처분 심판 법정에서 피고에게 법무부 법령 질의 서류를 제출토록 하였는데 응하지 않아 귀 도에 정보공개 요청을 하여 하였는바 피고로부터 법무부 질의서류 사본 제공 요청이 있었는지 여부

답변> 피고(청원군)으로부터 법무부 질의서류 사본 제공 요청은 없었음.

문서제출 명령신청서

사건번호 (청주)2012 누 547 부동산 장기 미등기에 따른 과징금 부과처분 취소

[담당 재판부 : 대전고등법원 청주 제1행정부]

원고(항 소 인) : 김정선

)

피고(피항소인) : 충북 청주시 상당구 상당로 69번길 38 (북문로 1가 171-3)
(우 306-706) 청원군수

위 사건에 관하여 원고는 주장사실을 입증하기 위하여 아래와 같이 문서의 제출명령을 신청 합니다.

1. 문서의 표시 :오창공단 토지매각원부(분량이 많으므로 별첨 지번만 표본으로 제출)

2. 문서의 취지 : 매도자가 관리하는 매각 물건에 대한 취득·정산·계약·약정사항·수납현황 및 정산사항이 포함되어 있음.

3. 증명할 사실 : 토지분할 확정측량이 위법이었다는 것은 확인되었고 무효인 법률행위 인지를 확인하고자 합니다.
토지분할 측량을 시행함에 있어 오히려 역차별하여 피고 및 매도자에게 세법상 유리하도록 지적법에 위반되게 시행하므로서 헌법 11조, 민법 제2조, 민법 제150조, 민법 제103조, 민법 제137조, 민법 제536조에 해당되는지 여부를 확인하고 토지분할 측량시 대금납부현황을 참고하였는지 여부를 확인하기 위함입니다.
또한 피고는 지방세법에 불구하여 취득세 납부시기를 확정측량 이후로 미루자는 매도자의 제안에 동의했으므로 민법 제760조에 해당되는지 여부를 확인하고자합니다.

4. 문서의 소지자 : 충북 청주시 흥덕구 청남로2060(수곡동) 한국토지주택공사 사장(충북지역본부장)

5. 문서제출의무 : 원고가 매도자의 확정측량이 위법이였다고 이의를 제기할 수 있었음에도 불구하고, 이를 용납하고 면적감소에 따른 면적정산환급금을 온라인 원고계좌로 입금시켜줄 것을 매도자에게 요구하였으나 원고의 얼굴을 알고있는 매도인이 거절하여 인격권과 평등권을 침해받아 소유권이전등기신청을 지연시킨 결정적 사실이 있음(퇴직금과 매입대금을 원고의 온라인 계좌로 입출금시킨 사실이 있음)

6. 문서소지 근거 : 한국토지주택공사의 권원을 가진 직원의 컴퓨터에 저장되어있으며 원고가 매수한 토지에 대하여는 근거자료를 제출한바 있습니다.

별 첨 : 오창공단 단독주택지 중 표본조사 지번 일람표.

2013. 3. 27.

위 원고 김정선

(연락처 :

대전고등법원(청주) 귀중

오창공단 단독주택지 중 표본조사 지번 일람표

오창읍 양청리

745-1 745-2 745-3 745-4 745-5 745-6 745-7 745-8 745-9 745-10

663-1 663-2 663-3 663-4 663-5 663-6 663-7 663-8 663-9 663-10 663-11 663-12 663-13 663-14

746-1 746-2 746-3 746-4 746-5 746-6 746-7 746-8 746-9 746-10 746-11 746-12 746-13 746-14

743-1 743-2 743-3 743-4 743-5 743-6 743-7 743-8 743-9 743-10 743-11 743-12

755-1 755-2 755-3 755-4 755-5 755-6 755-7 755-8 755-9 755-10 755-11

764-1 764-2 764-3 764-4 764-5 764-6 764-7 764-8 764-9 764-10 764-11 764-12 764-13 764-14 764-15 764-16 764-17 764-18

이 국 매수토지

하 용 매수토지

초 용 매수토지

문서송부 촉탁 신청서

사건번호 : (청주)2012 누 547 부동산 장기 미등기에 따른 과징금 부과처분 취소

[담당 재판부 : 대전고등법원 청주 제1행정부]

원고 : 김정선

피고 : 충북 청주시 상당구 상당로 69번길 38 (북문로 1가 171-3)

(우 306-706) 청원군수

위사건에 관하여 원고는 주장사실을 입증하기 위하여 아래와 같이 문서 송부 촉탁을 신청합니다.

1. 기록의 보관처 : 청북 청주시 상당구 상당로 69번길 38 (북문로 1가 171-3) 청원군청

2. 송부촉탁할 기록 : 오창공단 단독주택지 취득세, 등록세 과세자료, 국민주택채권매입 금액(분량이 많으므로 별첨 지번만 표본으로 제출)

3. 증명하고자 하는 사실 : 1심에서는 원고가 재산세를 납부하였다고 하더라도 등록세등을 미룰수 있었던 점도 있었으므로 조세를 포탈하거나 법령에 의한 제한은 회피할 목적이 없었다고 인정하기 부족하므로 과징금을 감경해 줄수 없다고 판시하였으나, 피고는 이사건 개요를 작성하면서 등록세도 납부하였다고 법령해석을 요청하였는바 이에대한 확인도 필요하고 매도자 및 피고는 토지분양시 청약유인을 한바 있으며 매도자가 토지분할 측량시 매매대금 납부현황을 참조하였는지 여부와 국민주택채권 매입기준을 확인하고 원고가 매매대금을 조기에 납부하여 피고 및 매도자에게 도움을 주었다는 사실을 입증하고자 합니다.

대 전 고 등 법 원

청 주 제 1 행 정 부

판 결

사 건	(청주)2012누547 부동산 장기 미등기에 따른 과징금 부과 처분 취소
원고, 항소인	김정선
피고, 피항소인	청원군수
	소송수행자 윤영재
제 1 심 판 결	청주지방법원 2012. 7. 12. 선고 2012구합596 판결
변 론 종 결	2013. 4. 17.
판 결 선 고	2013. 5. 15.

주 문

1. 원고의 항소를 기각한다.

2. 항소비용은 원고가 부담한다.

청구취지 및 항소취지

제1심 판결을 취소한다. 피고가 2011. 12. 29. 원고에 대하여 한 24,071,740원의 과징금 부과처분을 취소한다.

이 유

1. 제1심 판결의 인용

이 법원이 이 사건에 관하여 설시할 이유는 아래 제2항에서 추가 판단하는 외에는 제1심 판결문 이유란 기재와 같으므로, 행정소송법 제8조 제2항, 민사소송법 제420조에 의하여 이를 그대로 인용한다.

2. 추가 판단

가. 원고의 주장

1) 피고는 원고에게 이 사건 처분을 할 권한이 없다.

2) 피고는 이 사건 토지에 관한 재산세를 원고에게 부과한 2006. 10.경에 이 사건 토지의 소유자가 한국토지공사가 아닌 원고라는 사실을 알았던 것으로 보이고, 이러한 경우 부동산실명법 제5조 제5항에 의하여 지체 없이 과징금을 부과하였어야 함에도 그로부터 5년이 경과하여서야 비로소 이 사건 처분을 함으로써 그 과징금 액수가 늘어나게 되었던 만큼, 이 사건 처분은 위법하다.

3) 충청북도지사가 이 사건 처분과 관련하여 법무부에 '반대급부의 이행이 사실상 완료된 날'의 판단에 대한 질의를 함에 있어, 피고는 충청북도지사에게 사실 원고가 이 사건 토지에 관한 등록세를 납부하지 않았음에도 이를 확인하지 아니한 채 납부한 것으로 보인다는 보고를 하였고, 충청북도지사는 위와 같은 잘못된 사실관계를 기초로 심지어 원고 제출의 이 사건 계약서, 통장사본 등의 자료까지 누락한 채 위와 같은 질의를 하였는바, 이는 헌법 제10, 11, 12조, 민법 제2조, 행정절차법 제4조에 위반된 것으로 무효이다.

4) 원고가 이 사건 계약에 따른 잔금의 상당액을 불성실하게 고의로 지급하지 아

니한 경우 또는 이 사건 계약 이후 이 사건 토지의 면적이 증가한 경우라면 '반대급부의 이행이 사실상 완료된 날'은 원고가 그 대금을 모두 납입한 날로 해석함이 명백하다 할 것인데, 이 사건 토지의 면적이 감소한 이 사건에 있어 만일 '반대급부의 이행이 사실상 완료된 날'을 한국토지공사가 원고에게 환급금을 지급한 2009. 3. 2.로 보지 않는다면 이는 앞선 두 경우에 비추어 원고에게 부당하게 불리한 것으로 평등의 원칙에 위반된다.

나. 판단

1) 과징금 부과권한 관련

살피건대, 부동산실명법 제10조 제1항, 제3항, 제5조 제5항에 의하면 등기권리자가 '반대급부의 이행이 사실상 완료된 날'부터 3년 이내에 소유권이전등기를 신청하지 아니할 경우 '해당 부동산의 소재지를 관할하는 특별자치도지사, 시장, 군수 또는 구청장'은 그 등기권리자에게 과징금을 부과·징수하도록 규정하고 있는바, 이 사건 토지가 피고의 관할 하에 있는 이상 원고의 위 주장은 더 나아가 살필 필요 없이 이유 없다.

2) 과징금 지연부과 관련

살피건대, 부동산실명법 제10조 제1항, 제3항, 제5조 제5항에 의하면 '해당 부동산의 소재지를 관할하는 특별자치도지사, 시장, 군수 또는 구청장'은 위와 같은 등기권리자의 등기신청 해태사실을 확인할 경우 지체 없이 과징금을 부과하도록 규정하고 있고, 한편 갑 제22호증의 기재에 의하면 피고가 2006. 10. 2. 원고에게 이 사건 토지에 관한 재산세부과처분을 하였고, 이에 원고가 같은 달 24. 위 재산세를 납부한 사실은 인정이 되나, 위 인정사실만으로는 위 재산세부과 당시 피고가 원고의 '반대급부의 이행이 사실상 완료'되었다는 점까지 알고 있었다고 인정하기 부족하고, 달리 이를 인정할 증거도 없으며, 설령 원고의 주장과 같이 피고가 2006. 10.경 원고에 대한 과징금부과사유의 존재를 알게 되었다고 하더라도, 단순히 과징금부과가 지연되었다는 점만으로 이 사건 처분이 위법하다고 볼 수는 없으므로, 원고의 위 주장도 이유 없다.

3) 법무부 질의 관련

살피건대, 충청북도지사의 법무부에 대한 질의가 이 사건 처분을 위해 반드시 필요한 사전 절차가 아니었음은 물론, 위 질의에 대한 법무부의 회신 내용이 충청북도지사 또는 피고에게 어떠한 구속력을 갖는다고 볼 수도 없다. 따라서 설령 원고의 주장과 같이 위 질의 내용에 일부 사실과 다른 부분이 포함되고, 원고가 제출한 자료가 모두 법무부에 그대로 제출되지 아니하였다 하더라도, 그로 인해 이 사건 처분이 위법하게 된다고 볼 수는 없으므로, 원고의 위 주장 역시 더 나아가 살필 필요 없이 이유 없다.

4) 평등의 원칙 관련

살피건대, 부동산실명법 제10조 제1항의 '반대급부의 이행이 사실상 완료된 날'의 '반대급부'는 등기권리자인 원고의 반대급부를 의미한다고 보아야 함은 앞서 살펴본 바와 같은데, 원고의 위 주장과 같이 등기권리자의 매매잔금 지급의무가 남아있는 경우와 이 사건과 같이 매매대금을 모두 지급하였음은 물론 오히려 지급한 매매대금의 일부를 환급받아야 할 경우의 각 '반대급부의 이행이 사실상 완료된 날'을 달리 해석한다고 하여 이로써 평등의 원칙을 위반하였다고 볼 수 없으므로, 원고의 위 주장도 받아들일 수 없다.

3. 결론

그렇다면 원고의 청구는 이유 없어 이를 기각할 것인바, 제1심 판결은 이와 결론을 같이하여 정당하므로, 원고의 항소를 기각하기로 하여, 주문과 같이 판결한다.

재판장 판사 사공영진

판사 이 국 현

판사 이 수 현

원 고 용

상 고 이 유 서

사건 : 2013두 12089 부동산 장기미등기에 따른 과징금 부과 처분취소

원고(상고인) :
김정선

피고(피상고인) : 충북 청주시 상당구 상당로 69번길 38
(북문로 1가 171-3)(우 306-706) 청원군수

담당재판부 : 민사과 특별1부

상 고 이 유 서

"별 첨"

2013. 7. 22

위 원고 : 김 정 선

대법원 귀중

3. 과징금 부과과정 및 재판과정에서의 부당행위

가. 과징금 부과과정에서의 부당행위

- 2011.07.07. 원고는 피고로부터 과징금 부과 사전통보를 받고 부동산 등기특별조치법 및 부동산 실권리자명의등기에 관한 법률을 알아보고 토지분할 확정측량 당시 매매관련 담당자에게 문의해보니 확정측량결과 면적이 줄어들었으므로 완납처리되어 원고의 반대급부일로 통보했다는 사실을 알았고 50% 감경이라도 받으려고 확정측량시 매도자의 위법 및 피고의 원인제공에 대하여는 언급하지 않고 쌍무계약이므로 대금청산일로 보아야 한다고 주장하고 토지매수경위는 충청북도에서 추진하던 사업으로서 애사심으로 어쩔수 없이 매수하였으나 실직하였고 퇴직금으로 가장 먼저 대금을 납부하였고 실직으로 인한 스트레스로 부부가 중증환자이고 5식구 가장으로서 최저 임금수준의 근로소득자이므로 선처를 호소하였습니다.
  추가로 면적정산금 환급받은 날짜를 통장사본을 첨부하여 정정통보하였고 부동산등기특별조치법 제2조1항에 대한 법무부 해석자료를 송부했습니다.

- 피고는 충청북도에 법령해석 요청시 민원인이 제출한 의견서 및 세금관련 부서에 확인하지 않고 등록세도 토지분할 확정측량일자에 납부한 것으로 보인다고 허위로 기재하고 대금납부일자, 지번 및 지적확정일자, 환지등기신청일을 다르게 작성하였고, 충청북도는 더욱이 민원인이 제출한 기존법령해석등 서류를 전부 삭제하고 사건개요만 간단히 작성하여 민원인에게 불리한 해석이 되었는바, 행정절차법 제4조를 위반한 허위 공문서 작성죄가 적용되어야 합니다.

- 충청북도는 부동산 실명법상 장기미등기에 관하여 소비대차계약건과 미확정 부동산에 대한 건을 질의하면서 소비대차 계약건은 소비대차를 위한 계약이므로 부동산 등기특별조치법 제2조의 규정에 비추어 봤을 때 장기미등기자가 아니라는 의견을 내면서 차용금증서 및 부동산 매매계약서를 첨부했으면서도 원고의 미확정 부동산에 대한 건

은 이미 법령해석이 이루어진 것을 몰랐던것처럼 가장하고 용지매매 계약서등을 제외시키고 작성하여 장기미등기자라는 의견을 낸 것은 기만행위죄가 적용되어야 합니다.

- 기존법령해석건과 이 사건의 차이점은 기존법령해석건은 확정측량결과 면적이 증가하여 추가로 납부해야 하는경우이고 이 사건은 면적이 감소하여 정산금 환불을 받아야 하는 경우로서 지적법에 위반하게 확정측량이 되었음에도 원고가 평등권에 입각하여 안면있는 직장 선배인 원고 계좌로 온라인 송금요청을 하였는데 매도인이 서류로 제출하라고 거절하였기 정산금 반환 및 소유권이전등기가 늦어졌기 때문에 원고는 피해자입니다.

나. 행정심판위원회의 부당행위

- 충청북도 행정심판위원회는 원고에게 구술심리 신청을 할수 있다고 문서를 발송하여 원고는 충청북도가 과징금을 부과한 법령해석을 재질의한 것은 행정절차법 4조를 위반한 것이고 토지분할확정측량이 불법이었다는 사실을 확인하여야 하므로 구술심리를 신청하였으나 받아들여지지 않은 것은 위원회의 기능을 상실한 위법입니다.

다. 재판 과정에서의 부당행위

- 이사건 관련 행정처분 효력정지 신청에 따른 변론기일에 재판관이 피고에게 충청북도에서 법무부에 질의한 내용을 제출하라는 지시를 거부하여 원고는 충청북도에 정보공개요청하여 자료를 입수하였다.

- 원고는 2심과정에서 충청북도가 피고로부터 이사건 토지에 대한 법령해석 질의서신을 받고 피고가 첨부물로 제출한 용지매매계약서, 부동산 등기 특별조치법 제2조1항에 대한 법무부 해석자료, 면적정산금 입금통장사본등을 삭제하고 등록세도 납부하였다고 허위로 법무부에 질의하여 IMF시 실직으로 중증환자가 된 원고의 신체의 자유를 침해한 사유 및 적법성을 2심 법원을 통해 사실조회 하였으나

- 충청북도에서는 원고가 2001.12.26. 잔금과 취등록세를 납부하고, 2002.8.7. 지번결정 및 등기부가 생성되었고, 2009.3.2. 정산금 환불받았다는 질의요지만 사실과 다르게 작성하여 법무부에 질의했다는 사실을 원고는 충청북도 조혜민 주무관으로부터 2012.5.8. 팩스 내용을 재확인하였는데

- 충청북도는 2012.9.28. 사실조회 답변서에 원고가 삭제하였다고 표현한 내용을 법무부에 질의한 내용에 상세하게 기술되었다고 허위 공문서를 작성하여 제출하였기, 원고가 사실과 다르므로 재회신을 요청하였으나 거부하였다.(충청북도 담당자 김창현 감사관, 신성영 팀장, 이영태 주무관, 신용수 과장, 이완구 팀장, 권혁미 주무관)

라. 심리미진

- 이사건이 발생하게 된 원인이었던 토지분할 확정측량이 피고 및 매도자에게 유리하도록 위법하게 실시하였다고 원고는 판단하여 사실확인을 위해 피고 및 매도자에게 표본으로 77개 필지의 확정측량시 매매대금 납부현황등 관련자료를 제출할 것을 요구하였으나 제출하지 않았고 1심에서는 매매계약서상 면적증감에 대해서는 정당한 분할 측량이었다고 판시하였고, 2심에서는 사실조회를 통해 확인하려고 하였으나 회신이 없어 토지분할 확정측량을 위법하게 한 것이 실수인지, 고의인지 확인하고 싶다는 원고의 변론에 결론은 마찬가지라고 재판관이 변론을 진행하였기 원고가 매도자에게 사실조회한 내용을 철회하였으나

- 원고에게 유리한 판결이 될 것 같지 않아 매도자에게는 문서제출 명령서를 피고에게는 문서송부촉탁신청서를 2심법원에 제출하였으나 2심법원이 받아들이지 않았고 2심판결에서 토지분할 확정측량과 관련하여 한마디 언급도 없이 1심 판결을 인용 설시한 것은 원고가 주장하는 피고의 방조협의를 판단하는데 필요하다면 변론진행을 잘못한 것으로 판단됩니다.

4. 상고이유 검토

가. 피고는 원고에게 부동산 등기특별조치법 제2조1항1호(부동산의 소유권이전을 내용으로 하는 계약을 체결했다는 계약의 당사자가 서로 대가적인 채무를 부담하는 경우 반대급부의 이행이 완료된날로부터 60일이내에 소유권이전등기를 신청하여야 한다.)의 적용을 받는자로서 부동산 실권리자 명의 등기에 관한 법률 제10조1항에 의거 계약의 당사자가 서로 대가적인 채무를 부담하는 경우에는 반대급부의 이행이 사실상 완료된날로부터 3년이내에 소유권이전등기신청을 하지 아니한 등기권리자로 판단하여 과징금 24,071,740원을 부과하였습니다.

나. 매매계약을 성실히 이행한 매수인에게만 일어날 수 있는 사건으로서 매도자가 환불을 늦게해줘 발생한 이 사건은 원고는 국가적으로 어려운 시기에 중산층으로 돈을 빌려서라도 매도자 및 피고를 도와주고 싶다는 생각이 있었어도 피고가 취득세 납부시기를 토지분할 확정측량 이후로 미루지 않았으면 취득세 납부시기, 재산세 부담여부등을 감수하면서까지 원고는 일시납을 선택하지 않았을것이고 다른 매수자처럼 3년분할 납부방식을 선택하였을 것이 확실하며 대금납부시기와 토지분할 확정측량시기까지 차이가 6개월정도 나므로 원고가 사회적 약자로 전락했지만 토지분할 확정측량이 위법으로 시행되었다고 하더라도 매도자로부터 속았다는 생각이나 박탈감을 느끼지 않았기 때문에 이 사건은 발생하지 않았을 것이고 매도자만 관련있는 사건입니다.

다. 매매계약을 성실히 이행한 매수자는 토지분할 확정측량 결과 면적이 감소하는 경우에는 토지분할 확정측량일이 매수자의 의지와는 관계없이 취득세 납부기준일이 되고 재산세 납부 대상자가 되고 환지등기가 이루어지면 소유권이전등기를 해야하나 면적이 증가하는 경우에는 매수자의 의지에 따라 60일 이내에 잔금을 납부하거나 이해득실을 따져 연체료등을 감수하더라도 3년간 취득세, 등록세, 재산세를 미루거나 부담하지 않는 선택을 할 수 있습니다.

- 매도자는 면적이 감소하는 경우 재산세 납부의무자가 매수자로 바뀌고 추가납부 독촉등 행정업무가 줄고, 면적이 증가하는 경우 매매대금 추가납부독촉등을 해야하고 매수자가 잔금을 납부할때까지 재산세 납부 의무자가 됩니다.

- 피고(지자체)는 면적이 감소하는 경우 매수자로부터 조기에 취득세, 재산세를 받을수 있고, 면적이 증가하는 경우 취득세는 매도자가 잔금을 납부할때까지 기다려야 하고 재산세를 매도자로부터 받아야 합니다.

- 따라서, 매매계약을 성실히 이행한 매수자는 면적이 약간 증가하는 것이 유리하고 매도자 및 피고는 면적이 약간 감소하는 것이 유리합니다.

- 또 일시납과 분할납부를 비교할 때 매수자의 입장에서는 일시납 계약을 하고 경제여건 변화로 잔금을 일부 미룰 경우 연체기간이 길어 연체료가 분할납부 계약을 한것보다 많기 때문에 대부분의 사람들이 분할납부를 선호하고 있습니다.

라. 따라서 법률을 해석하고 적용하는데 평등해야하므로 면적이 증가할 경우 증가한 부분에 대하여 납부하는날을 매수자의 반대급부이행일로 판단된다면 면적이 감소한 경우에도 매도자가 환급한 날을 매수자의 반대급부 이행일로 판단하여야 헌법 제11조에 의한 평등권 및 민법 제2조(신의성실)에 따라 권리의 행사와 의무의 이행은 신의에 좇아 성실히 하여야 하고 권리는 남용하지 못하도록 해야 합니다.

마. 매도자는 완납자등의 필지면적을 증가하지 않도록 확정하므로서 매매대금 완납처리되어 피고는 취득세 및 재산세를 받아들일수 있고 매도자는 소유권을 매수자에게 넘김으로서 재산세를 부담하지 않아도 되고 행정업무를 줄일수 있어 매수자의 이익과 상반되기 때문에

각 필지에 안분하지 않으므로 인하여 발생한 면적정산금 환불의무는 민법에 의하여 매도자에게 있으므로 민법 제536조에 의한 매수자의 동시이행권을 인정해야 합니다.

바. 이사건 토지의 경우 피고가 지방세법에 불구하고 취득세 납부시기를 늦추어 원고는 매매대금을 토지분할 확정측량 3년6개월전 납부하였는데 매도자가 헌법 및 민법, 지적법령에 따라 토지분할을 실시했다면, 3,015원 또는 15,073원을 추가로 납부하면 되는 것을 481,930원(원금기준)을 환불하도록 불법으로 완납처리하여 원고는 박탈감이 있었고, 원고와 안면이 있는 매도자는 구두신청에 의한 온라인 입금요청을 원고의 계좌를 알고 있으면서도 거부하였으므로 민법 제150조(조건성취,불성취에 대한 반신의 행위), 민법 제536조(동시이행의 항변권), 민법 제537조(채무자 위험부담주의), 민법 제538조(채권자 귀책사유로 인한 이행불능), 민법 제103조(반사회 질서의 법률행위), 민법 제750조(불법행위의 내용), 민법 제760조(공동불법행위자의 책임)에 의하여, 매도자가 2차 반환금 환불신청 문서를 시행하여 원고가 환불받은 2009.3.2.을 잔금지급이 완료된 날로 보아야 합니다.

- 부동산등기 특별조치법 및 부동산 실권리자 명의 등기에 관한 법률은 취득 및 양도에 관한 소득관련 법률이고 이에 따른 과태료 및 과징금에 적용되는 과세기준도 소득세법에 의한 기준시가에 의하여 결정되므로 이 사건토지의 취득시기(원고의 반대급부이행일)은 소득세법 제98조 및 소득세법 시행령 162조(양도 또는 취득시기)에 당해자산의 대금을 청산(주고 받는 것을 깨끗이 정리함) 한날로 한다고 되어있고

- 피고 자신의 이익추구(조성사업촉진)를 위하여 원고에게 일시납을 유도하였고, 원고가 곧 실직하여 퇴직금으로 매매대금을 선납하여 도움을 주었음에도 불구하고 토지분할 확정측량시 매도자가 불법으로 취득세 납부조건을 성취시킨 것을 방조하여 원고로부터 취득세와

재산세를 수납 받았습니다.

사. 미확정 부동산에 대한 쌍무계약에 있어서 면적이 증가한 경우에는 추가납부 및 환지등기가 완료되어야 소유권이전등기가 가능하다고 법무부 및 등기관서에서 인정했으므로 면적감소에 대한 책임이 피고 및 매도자에 있고, 면적감소에 대한 환불의무가 매도자에 있음에도 평등권을 지키지 않아 정산금 환불이 늦어졌으므로 피고는 원고에게 과징금을 부과해서는 안됩니다.

아. 부동산 등기특별조치법의 제정목적은 등기를 피하면서 취득세와 양도소득세등의 부과를 면하려 하는등 탈법적인 목적을 가지는 경우가 많아서 이를 방지하기 위하여 부동산등기 특별조치법 제2조1항에 부동산 취득후 60일 이내에 사장 군수의 검인을 받은 검인계약서를 첨부하여 등기하도록 의무화하고 불이행시 과태료를 부과하도록 되어있고, 부동산 등기특별조치법 제2조⑤항은 소유권보존등기가 등기되어 있지않은 부동산을 체결한자는 소유권보존등기를 신청할수 있는 날로부터 60일 이내에 소유권보존등기를 신청하도록 되어있습니다.

- 부동산등기특별조치법에 의한 과태료 징수규칙에 의하면 등기권리자가 등기신청을 해태한 상당한 사유가 있는 경우에는 사유가 존재하는 기간은 부동산 등기 특별조치법 제2조항에 의한 등기기간에 이를 산입하지 아니하도록 규정하고 있습니다.

자. 상기 법령적용에 문제가 될수 있는 것은 부동산등기는 신청주의이므로 도상가분할 토지를 선매각한 경우 부동산 등기특별조치법 제2조⑤항에의하여 매도자가 소유권보존등기를 등기신청하는 날이, 부동산등기특별조치법 제2조①항1호에 의한 매수자의 소유권이전 등기신청 적용시점이 되기 때문에 매도자로부터 소유권이전 안내문(등기완료일 표시됨)을 송달받은 매수자는 피고 및 등기관에 제출하면 등기해태에 따른 과태료를 내지 않아도 되나 원고와 같이 소유권이

전 안내문을 송달받지 못한 사람은 매도자가 소유권보존 등기를 완료한날을 알 수 없기 때문에 소유권이전 등기신청시 부동산 등기 특별조치법에 의한 과태료 부과 징수규칙에 의한 등기기간에 산입하지 아니할 수 있는 기간(소유권보존등기 신청일부터 완료일)까지 과태료를 부담해야 되는 모순이 있습니다.

- 이 사건 토지의 경우 토지분할 확정측량일로부터 8개월이 지난 후에 소유권보존등기를 신청하였고 신청후 43일후에 완료되었고 송달기간까지 감안하면 소유권이전 등기신청기간이 60일에서 10일로 단축된것이기 때문에 법령상 규정은 없더라도 매도자가 발급해주는 소유권이전등기 신청서류(등록세용 토지대금 완납확인서)에 등기완료일을 표시했어야 하나 이를 이행하지 않아, 원고는 소유권보존등기일을 알지 못해 토지분할 확정측량시 역차별 받는것도 억울한데 소유권이전 등기비용까지 과태료를 내야한다고 판단하여 소유권이전등기가 늦어졌습니다.(2002.11.26. 원고가 FAX로 요청하여 등록세용 토지대금 완납확인서 받음)

- 또한 과징금도 부동산 특별조치법에 의한 과태료의 일종이므로 원고가 부동산 등기신청을 해태한 사유가 취득과정 및 대금납부과정에서 반사회적 행위를 할 흔적도 없고 피고의 원인제공 및 매도자의 잘못으로 불법행위 때문에 발생했으므로 매도자가 원고에게 면적감소에 대한 정산금을 환불한 날까지는 부동산등기특별조치법에 의한 과태료 부과징수 규칙 제2조에 의한 등기신청기간에 산입하지 않아야 합니다.

- 또한 부동산 실명법 제10조는 부동산 특별조치법 제2조①항의 적용을 받는자가 3년이내에 소유권이전등기를 신청하지 않은 경우 부동산평가액, 3년 경과기간을 적용하여 과징금을 부과하도록 되어있고 1995년 시행령(안)에는 기산일은 매매대금 정산일로 한다고 되어 있었으므로 행정절차법 제4조에 의하여 2009.3.2을 기산점으로 보아야 합니다.

차. 원고는 소유권이전안내문을 송달받지 못했고 매도자는 송달되었다는 입증을 하지 못하고 있습니다. 원고가 구 한국토지공사 직원들과 다시 인연을 맺게되어 소유권이전등기를 할 의사가 있었는데 소유권 이전 안내문을 송달 받았으면 등록세용 토지대금 완납확인서를 팩스로 받은 시점(2002.11.26)은 등기신청해태에 따른 과태료가 없어 등록세비용이 다른매수자와 차이가 없는데 왜 소유권이전등기를 신청하지 않았겠으며 소유권 이전등기신청 이행 의무기간(60일)이 지난시점에 국민주택채권 매입기준에 대하여 피고에게 민원을 제기하였겠는가를 판단하여야 합니다.

카. 피고는 2006.4.30. 시행 지방세법 제183조(납세의무자), 제140조(과제기준일), 제 191조(납기)②항(시장군수는 과세대상 누락, 위법 또는 착오등으로 인하여 이미 부과한 세액을 변경하거나 수시부과하여야 할 사유가 발생할 대에는 수시로 부과할 수 있다.), 제192조(징수방법 등)에 의하여 매도자로부터 지방세법 제194조(신고의무), 2006.1.1. 시행 지방세법 시행규칙 제79조(재산세 납세 의무자 신고등) 별지 제73호의 3서식에 의하여 취득일자 변동사유 및 연월일, 공부상 소유자, 사실상 소유자에 관한내용을 통보받고 원고에게 2006.10.2. 재산세 고지서를 발부하여 피고는 재산세를 징수하였으므로 부동산 등기 특별조치법 제2조1항1호에 대한 해석을 미확정 부동산에 대한 쌍무계약이 매도자의 토지분할 확정측량시 불법행위로 완납되었다고 하더라도 확정측량일을 매수자의 반대급부 이행일로 판단한다면 2001.12.26.이 취득일이고 피고는 지적소관청이므로 토지대장에 환지처분일이 2002.6.28.이었다는 사실을 알았고 60일 이내에 환지등기를 신청했어야 하므로 소유권이전 등기신청 기산일로 부터 3년이 지난 시점이었으므로 재산세 부과 당시 과징금을 부과하지 않은것은 기간경과일에 따라 과징금이 달라지므로 부동산 실권리자 명의 등기에 관한 법률 제5조(과징금)⑤항에 의거 지체없이 부과하지 않은 것은 과징금이 증가하였으므로 무효입니다.

타. 피고와 충청북도는 이 사건 토지등의 조성사업을 매도자로 하여금

시행토록 했고, 매도자는 IMF시 공사직원들에게 강매하였기 때문에 원고는 이 사건 토지를 매수하였고, 실직하였고, 중증환자가 되었고 가장으로서 최저 생계비정도의 근로소득자에게 2년간 소득에 해당하는 과징금을 부과하면서 피고가 원고로부터 받은 도움을 감안하기는커녕 공문서 작성을 허위로 하고 기만행위를 하였는데도 불구하고 원심에서 전혀 언급하지 않거나 제4조2항 단서를 적용하지 않은 것이 재량권을 일탈·남용 한것입니다.

- 원고는 취득세를 2002.1.23일자로 납부하였고 원고에게 부과된 재산세도 납부했고, 양도소득세도 납부하였으나 피고는 원인제공을 하였고 매도자가 불법으로 확정측량을 했으므로 민법에 의하여 정산금 반환책임이 있다고 판단하고 동시이행 항변권을 주장하여 등록세를 미뤄왔을 뿐인데 감경하지 않은 것은 재량권의 일탈·남용이며, 과징금 부과는 보유세관련 이중과세 금지의 원칙에도 어긋납니다.

판례

* "장기미등기자에게 조세를 포탈하거나 법령에 의한 제한을 회피할 목적이 없는 경우 원칙적으로 부동산 실명법 시행령 별표의 기준에 따른 과징금을 50/100으로 감경하여 부과하는 것이 타당하다"(서울고등법원 2005.1.28. 선고 2004누6619판결)

* 일반적으로 제재적 행정처분이 사회통념상 재량권의 범위를 일탈하였거나 남용하였는지의 여부는 처분사유로 된 위반행위의 내용과 당해처분에 의하여 달성하려는 공익목적 및 이에 따르는 제반사정등을 객관적으로 심리하여 공익침해의 정도와 그 처분으로 개인이 입게된 불이익을 비교형량하여 판단하여야 한다.(대법원 1992.6.23. 선고 92누2851판결등 참조)

하. 원고가 피고를 통해 부동산 등기특별조치법 제2조1항의 해석 자료를 충청북도에 전달되었는데 충청북도에서 법무부 질의시 삭제한 것

은 행정절차법 제4조를 위반한것이라고 판단하여 법령해석을 안전행정부에 질의한바 2013.5.8. 행정절차법 제4조1항은 “행정청은 직무를 수행함에 있어서 신의에 따라 성실히 하여야 한다.”고 규정하고 있고, 제2항은 “행정청은 법령등의 해석 또는 행정청의 관행이 일반적으로 국민들에게 받아들여진 때에는 공익 또는 제3자의 정당한 이익을 현저히 해할 우려가 있는 경우를 제외하고는 새로운 해석 또는 관행에 의하여 소급하여 불리하게 처리하여서는 아니된다.”고 규정하고 있는바, 이는 행정청은 행정권을 행사함에 있어서 신의에 쫓아 성실히 수행하여야 할 의무가 발생하여, 행정청이 스스로 행해온 법령의 해석, 관행 등을 국민의 신뢰에 반하는 임의적인 변경의 금지를 선언한 것이라 할 수 있습니다. 라고 답변했으므로 충청북도 행정심판위원회, 피고, 충청북도는 행정절차법 제4조를 위반하여 피고에게 신체의 자유를 침해한 바 있습니다.

5. 상고이유 요약

가. 매매계약을 성실히 이행한 매수자에게만 일어날 수 있는 사건으로서 피고가 지방세법에 불구하고 취득세 납부시기를 토지분할 확정측량이후로 미루었기 때문에 원고는 토지분할측량 3년5개월전 매매대금을 납부하였는데 매도자는 토지분할 확정측량시 오히려 역차별하여 면적을 감소시켰기 때문에 원고는 박탈감을 느꼈고, 퇴직금을 지급한 원고계좌로 입금시켜달라는 구두요청을 거절당해 정산금환급을 늦게 받고 소유권이전도 늦어졌습니다.

나. 원고는 피고로부터 과징금 부과사전고지를 받고 당황해서 50% 감경이라도 받으려고 피고의 원인 제공 및 매도자의 잘못은 거론하지 않고 선처를 호소했으나 피고는 허위공문서까지 작성했습니다.

다. 원심에서는 매매계약서상 토지분할 확정측량결과 증감분에 대하여 정산하기로 약정되어있고 면적이 감소되었으므로 토지분할 확정측량일을 원고의 반대급부 이행완료일로 판단하였으나 쌍무계약은 권리와 의무가 동시에 주어지므로 매도자의 환급이 이루어져야 매매가 완료된 것으로 보아야만 면적이 감소한 경우 재산권 세제면에서도 불리한데 법령해석까지 불평등하지 않도록 원고에게 부과한 과징금을 취소하여야 합니다.

라. 또한, 면적의 증감을 변경된 청약이라고 볼수 있는데 승낙을 필요로 하지 않은 것으로, 면적감소에 따른 청산금을 서류로서 신청해야만 될 이유가 없기 때문에 매도자는 원고의 인적사항과 은행계좌도 알고 있었고 구두 환불 요청도 유효하므로 매도자가 환불금을 늦게 지급한 것이다. 더구나 토지분할 확정측량이 불법으로 시행되었기 때문에 민법에 의하여 매도자는 환급할 채무를 갚아야 할 책임이 있는데도 불구하고 7년이나 지연시켰기 때문에 원고는 피해자입니다.

마. 부동산 실권리자 명의등기에 관한 시행령(안)에도 기산일은 매매대금 청산일로 공표한바 있습니다.

바. 원고는 소유권이전 안내문도 송달받지 못했고, 부동산 등기는 신청주의어서 접수일만 표기되기 때문에 매도자의 환지등기 접수일이 매수자의 소유권이전등기 신청기산일이 되는 기간 중첩으로 인한 피해가 없도록 부동산 등기특별조치법에 의한 과태료 정수규칙에 제2조 4호에 등기신청을 해태한 상당한 사유가 있다고 인정될 때는 매수자의 소유권 이전등기신청기간에 산입하지 않도록 규정하고 있으나 매도자, 피고, 등기소가 이에 대한 공시를 하지않기 때문에 소유권 이전등기를 신청하려고 했던 2002.11.26. 등기신청 해태에 따른 과태료가 없는 시기였다는 알지 못했습니다. 피고는 매매조건에 관여했고 매도자의 잘못으로 원고의 반대급부 이행일이 지연되었으므로 피고는 확정측량일로부터 원고가 청산금을 받은 날까지를 부동산등기 특별조치법에 따른 과태료 부과징수규칙 제2조4호에 적용하여 원고에게 부과한 과징금을 취소하여야 합니다.

사. 상기와 같은 원고의 주장을 받아들일 수 없다고 하더라도 부동산 실명법령 및 소득세법에 의하여 피고가 원고에게 재산세 부과시 장

기 미등기자라는 사실을 알수 있었다는 것을 인정하지 않은것이나 피고가 도움을 받았고 관여했기 때문에 발생한 사건에 대하여 지금까지 일반적으로 판례에 과징금을 50% 감경해주는 것이 타당하다고 판시한 사항을 인정하지 않은 것은 평등의 원칙, 비례의 원칙에 위배되며 재산권을 침해한 것입니다.

원심 판결을 파기하고 사건을 대전고등법원(청주)재판부에 환송한다. 라는 판결을 구합니다.

첨 부

1. 갑증 제53호(43호)증 : 확정측량 결과에 의한 각필지별 경계점 표지 환산오차.
2. 갑증 제14호증 : 부동산 등기특별조치법 제2조1항에 관한 질의해석
3. 갑증 제35호증 : 부동산 실명법관련 법무부 질의내용 공개
4. 갑증 제49호증(42호) : 부동산 실명법 시행령 어떻게 되어있나
5. 갑증 제59호증 : 사실조회(2012누547) 회신

수신 : 서울시 서초구 서초동 967번지 법원행정처장

발신 :

김정선 핸드폰 :

제목 : 중립성을 잃은 판결 및 변론진행에 대한 진정

1. 법원 행정업무를 위하여 불철주야 노력하시는 귀처 직원들의 노고에 감사드립니다.

2. 대전 고등법원 청주재판부 2012누547 부동산장기미등기에 따른 과징금 부과 처분 취소사건(청주지방법원 2012.구합 596, 2012.아.23. 효력정지)과 관련으로서 사실심리 내용에 핵심내용을 다루지 않았고 변론을 원고에게 불리하게 진행하였기 진정서를 제출하게 되었습니다.

3. 민원인(원고)는 IMF시절 한국토지공사 충북지사에 재직중 지사관내 오창공단의 도상가분할 단독주택지 356㎡를 피고가 취득세 납부시기를 토지분할 확정측량 이후로 미루었기 때문에 3년 6개월후 공사 준공 예정인 토지를 3년분할 납부 방식이 아닌 일시납(5개월)으로 구 한국토지공사와 애사심(단독주택지의 3분의1 이상을 공사직원이 매수 또는 알선)에서 매매계약(1998.6.8)을 체결하였고 상위직급자 퇴직전략(121명중 77% 퇴직)에의하여 명예퇴직하였고 퇴직금으로 매매대금을 납부하여(1998.7.24, 면적감소예상하여 104,040원 남겨둠)
1250여 필지 매수자중 가장먼저 계약을 이행하였음에도 불구하고 배은망덕하게도 한국토지공사는 토지분할 확정측량시(2001.12.26) 오히려 역차별(5.1㎡ 감소)하였고 피고는 이를 방조하여 사건이 발생하는 계기가 되었습니다.

가. 원고는 이사건 토지를 재산증식 수단으로 매수한것도 아니고 애사

심에서 매매계약을 체결하였고, 실직하였고, 매매대금을 가장먼저 납부했으나 토지분할 확정측량시 불법에 의하여 손해를 보았고, 안면몰수를 당했고, 부부가 중증 환자가 되었고, 소유권이전 안내문을 받지 못하여 등록세 및 국민주택채권까지 다른매수자(확정측량결과 손해를 보지않은)에 비하여 많이 부담하게 되었다고 판단하여 부동산등기 특별조치법 및 부동산 등기 실권리자 명의등기에 관한 법률을 몰랐기 때문에 한국토지공사로부터 면적감소에 따른 정산금 환불을 2차 정산금 통보에 의하여 늦게 받고 (2009.03.02) 소유권이전 등기(2001.10.30)도 늦어졌습니다.

나. 도상 가분할매각토지에 대한 토지분할 확정측량시에는 면적증감에 따른 재산적가치뿐만아니라 계약을 성실하게 이행한 사람에게는 지방세 납부시기 및 재산세 납부대상자가 달라지기 때문에 헌법 제11조, 민법 제2조, 지적법시행령 제7조, 제43조, 제47조, 제48조에 의하여 1㎝단위로 측량하여 0.1㎡ 단위까지 산출하여 안분하여야 합니다.

다. 원고가 이사건과 관련하여 분양안내 팜플렛과 청원군 홈페이지를 검색하여 원고가 매수한 필지의 블록 및 원고가 매매알선한 필지의 블록등 77개 필지에 대한 면적증감표를 작성하여 비교해보니 최대면적증가 4.5% 최대면적감소 3.2%로서 ㎝단위로 환산해보니 최대증가 76㎝, 최대감소 63㎝였으며, 이는 주관적이고 불법인 토지분할 확정측량이었음을 입증하고 있으며,

라. 원고가 매수한 토지는 블록면적의 증감을 지적법령에 따라 안분했다면 12,300원(-0.7㎡)정도 추가로 납부해야 되는 것을 481,930원(-5.1㎡)환불되는 것으로 불법하게 확정측량을 했기 때문에 이사건이 발생하게 되는 계기가 되었습니다.

마. 피고는 토지분할 확정측량은 사업시행자가 실시한것이므로 피고와 무관하다고 주장하나 원고가 피고 및 한국토지공사를 믿고 피고가

취득세 납부를 토지분할 확정측량 이후로 미루었기 때문에 일시납으로 계약하고 확정측량실시 3년5개월전 매매대금을 납부하였는데, 불법으로 원고의 반대급부 이행일이 결정되도록 방조하여 취득세를 원고로부터 받아들였으므로, 민법 제103조, 민법 제137조, 민법 제750조, 민법 760조에 해당되어 토지분할 측량을 한 법률행위는 무효이므로 원고에게 과징금을 부과할수 없습니다.

바. 피고는 과징금부과과정에서 허위공문서를 작성했고 충청북도는 기만행위를 하였고 재판과정에서 문서제출명령을 이행하지 않았고 법원을 통한 사실조회 신청서에 대한 답변이 잘못되었다는 원고의 주장을 무시한 것은 이 사건 전개과정으로 볼 때 피고 및 충청북도는 선량한 원고에게 사기행위를 한 적반하장인 사건이라고도 볼수 있습니다.

4. 원심판결이 중립성을 잃었다고 판단하는 사유는 다음과 같습니다.

가. 원고에게 부과된 과징금의 적부에 대한 판단은 부동산 등기특별조치법을 전제로 부동산실명법을 적용해야되나 판결문에 부동산 등기특별조치법에 대한 반대급부이행일에 대한 기산일에 대하여 언급이 전혀없다.

나. 이사건이 발생하게된 원인이었던 토지분할 확정측량이 피고 및 한국토지공사에 유리하도록 위법하게 실시했는데도 이에 대한 언급이 전혀 없다.(토지매각 팜프렛 및 청원군 홈페이지 자료를 인용했기 때문에 인증하는데 하자가 없다)

다. 법령의 제정·해석·적용에 있어서 평등해야 한다고 헌법 11조에 명시 되어 있으므로 부동산등기특별조치법 제2조1항 및 부동산실명법 제5조5항, 부동산실명법시행령 제4조2항 단서조항에 대하여 기존법령의 해석 및 판결내용과 다른 판결이 있으려면, 그 사유를 헌법, 민법, 관계 법령상 납득이 될만한 내용을 판결문에 제시 되어야 함에도 불구하고 명확한 표현이 없다.

라. 행정절차법 제4조 제1항은 "행정청은 직무를 수행함에 있어서 신의에 따라 성실히 하여야 한다"고 규정하고 있고, 제2항은 "행정청은 법령등의 해석 또는 행정청의 관행이 일반적으로 국민들에게 받아들여진 때에는 공익 또는 제3자의 정당한 이익을 현저히 해할 우려가 있는 경우를 제외하고는 새로운 해석 또는 관행에 의하여 소급하여 불리하게 처리하여서는 아니된다."고 규정하고 있는바, 이는 행정청은 행정권을 행사함에 있어 신의에 좇아 성실히 수행하여야 할 의무가 발생하여, 행정청이 스스로 행해온 법령의 해석 관행등을 국민의 신뢰에 반하는 임의적인 변경의 금지를 선언한 것이라 할 수 있습니다. 라고 안정행정부에서는 해석하고 있으며 배은망덕한 행위로 인하여 발생한 사건에서 이를 인정하지 않는 것은 행정공무원은 허위공문서를 작성하거나 기만행위를 하여도 죄가 성립되지 않는다는 판단을 한 사유를 밝혀야 합니다.

마. 등기부에는 등기신청일만 표시되므로 부동산등기특별조치법 제2조 5항에 의거 사업시행자가 등기소에 신청한 소유권보존등기 형식을 빌린 표시변경등기에 43일이 경과하였고 송달일까지 감안하면 부동산 특별조치법 제2조1항에 등기권리자에게 주어진 60일을 10여일로 단축시킨 것 이므로 동기관이 부동산등기특별조치법을 위반한 것으로 판단된다는 원고의 질의에 행정안전부에서는 부동산등기특별조치법에 의한 과태료부과징수 규칙에 제2조(등기신청기간의 산정) 4항에 의거 시장등이 등기신청해태에 관하여 상당한 사유가 있다고 인정되는 경우에는 법제2조의 등기신청기간에 산입하지 아니한다를 적용할 수 있기 때문에 등기관이 위법했다고 볼 수 없다고 해석하고 있으나 이번 판결에서는 이에대한 언급이 없다.(등기관이 사업시행자에게 소유권이전등기신청서류에 등기완료일을 표시하라고 통보했다면 원고는 2002.11.26. 소유권보존등기 형식을 빌린 표시변경등기완료일이 2002.10.4. 이라는것을 알았을 것이고 소유권이전등기신청 해태에 따른 과태료가 없었기 때문에 소유권이전등기를 했을

것이 분명하다.)

바. 2심판결에서 재판장은 원고가 제출한 법령발췌분은 연혁법령까지 법원이 알아서 판단한다고 증거로서 인정할 수 없다고 했으면서 피고가 원고에게 2006년 재산세 부과시 장기미등기대상자였다면 그당시 부과했어야 한다는 주장을 증거부족으로 판단한 것은 지방세법 제194조, 지방세법 시행규칙 제79조에 의하여 취득일자, 재산세부과대상 변동 일자등을 기재하도록 되어있으므로 충분히 인증할 수 있는데도 인증할 수 없다는 내용은 중립적인 판단이라고 볼 수 없다.

5. 변론과정에서 중립성을 잃었다고 판단하는 사유는 다음과 같습니다.

가. 2심에서 재판장은 원고가 한국토지공사에 사실조회한 분량이 많아 자료제출이 안되는 것 같으므로 사실조회신청서를 받을때까지 재판을 연기할 것이냐 답변서를 받지 않을 것이냐를 원고에게 묻길래 토지분할측량을 위법하게 시행한 것이 실수인지 고의적이었는지를 확인하고 싶다는 원고의 변론에대하여 실수나 고의나 결론은 마찬가지라고 하여 원고에게 사실조회신청서를 철회하도록 유도하였고(원고의 판단으로는 한국토지공사가 답변서를 제출할 의사가 있다면 1시간내 작성가능한 자료임),
변론 말미에 최종변론일까지 준비서면등 필요한 것은 모두 제출하라고 했으면서 소송사실고지서만 한국토지공사 및 피고에게 통지하고 행정심판시부터 수없이 원고가 피고 및 한국토지공사에 입증을 요청한바 있는 사실을 확인하고자 요청한 문서제출명령신청서(한국토지공사), 문서송부촉탁신청서(청원군)를 재판장이 받아주지 않고 한마디도 언급하지 않은것은 변론과정에서 원고를 무시한 것이라고 볼수밖에 없습니다.

나. 1심 심판 변론법정에서 원고는 2012.3.28. 청주지방법원 627호 법정에서 열린 2012 아 23 효력정지심문에서 담당판사가 피고에게

충청북도에서 법무부에 질의한 법령해석요청자료를 제출하라는 명령을 지키지 않아 원고가 충청북도에 정보공개요청을 하여 내용을 확인하는등 피고가 불성실하다는 지적을 하였으나 판결에서 오히려 원고가 소유권이전등기신청도 하기전(2009.10.30)인 2009.10.27. 매매계약서를 작성하여 2009.11.17. 매매한 것은 조세를 포탈하거나 법령에 의한 제한을 회피할 목적이 없었다고 인정하기에 부족하다고 판시하였으나 한국토지공사와의 매매계약서 검인 및 등록세를 납부하고나서 매매계약서를 작성하였기 때문에 위법이 아니라고 판단됩니다.(원고는 노년에 건축하여 살려고 부동산경기가 좋았던 시기에도 매각하지 않았으나 전립선암 수술비용을 마련하기위해 어쩔수 없이 매각하였습니다.) 또한 피고는 국민주택매입기준에 대하여 행정심판시부터 증거제출을 하지 않았는데 공시지가를 기준으로 했다고 판시한 것은 중립적인 판단이라고 볼수 없습니다.

6. 피고가 이사건과 관련하여 원고를 배려하여야 하는 사유

가. 피고의 숙원사업이었던 이 사건토지등의 사업시행자를 충청북도에서 한국토지공사로 변경되지 않았으면 원고가 이사건토지를 매수할 필요가 전혀 없었다.

나. IMF 시기가 아니었으면 원고가 이사건 토지를 매수 할수 없었고, 원고는 퇴직할 필요가 없었으므로 사회적 약자로 전락하지 않았고 토지분할확정측량시 피고 및 한국토지공사로부터 속았다는 느낌을 받지 않았을 것이다.

다. 피고가 취득세 납부시기를 토지사용가능시기(토지분할 확정측량완료일)로 미루지 않았다면 이 사건 토지를 원고가 일시납으로 계약할 이유가 없었다.(재산세 납부 의무수반)

라. 원고는 이 사건 토지의 매입시 은행예금금리 년 13.8% 대출금리 년 18%인 시기에 년 9%의 할부이자는 부담하지 않는 일시납으로 계약하여 1250여 필지중 가장먼저 매매대금을 사실상 완납했으며

한국토지공사에 자금이 없어서 (각지사에서 회수한 자금을 당해 지사에 예산배정) 이사건 토지등의 조성사업이 중지되지 않도록 하는데 기여했다.

마. 이사건 토지등의 단독주택지는 원고등 한국토지공사직원들이 3분의1 이상 매수하지 않았으면 1999년 부동산경기가 침체되어 중간생략등기가 가능하도록 한시적으로 법령까지 개정한바 있으므로 언제 매각되었는지도 모른다.

바. 공사준공 시점에 부동산경기가 침체되지 않았으면 매수자가 소유권이전을 빨리하여 건축을 하던지 매각하려고 매매대금을 완납한 사람들이 많았을 것이기 때문에 한국토지공사가 취득세 납부시기를 토지분할 확정측량 이후로 미룬 피고의 입장을 고려할 필요가 없어 한국토지공사에서 지적법에 위반한 토지분할 확정측량을 하지 않았을 것이다.

사. 원고가 매매계약을 성실히 이행하지 않았으면 토지분할확정측량결과 약간의 면적감소가 있더라도 취득세, 등록세, 재산세 납부시기에 차이가 없기 때문에 이 사건은 발생하지 않았을 것이다.

아. 한국토지공사가 미풍양속, 평등권, 사회정의에 입각하여 직장선배인 원고에게 면적정산 환불금을 온라인계좌로 입금시켜주었으면 이 사건이 발생하지 않았을 것이다.(구두로 정산금 환불을 신청하지 않았더라면 담당자의 실명을 거론할수 없음)

자. 한국토지공사가 소유권이전 안내문을 원고에게 송달하였다면 원고가 한국토지공사와 다시 인연을 맺게 되어 등록세용 토지대금완납확인서를 발급받은 시점은 소유권등기 신청지연에 다른 과태료가 없었기 때문에 이 사건은 발생하지 않았습니다.(등록비용이 다른 매수인과 비교하여 손해가 없다면 소유권이전등기신청을 하지않았겠습니까?)

차. 등기관이 소유권보전 등기형식을 빌린 표시변경등기(환지등기)를 완료하는데 43일이 경과되었으므로 원고와 같이 소유권이전안내문을 받지 못한사람도 있으므로 부동산 등기특별조치법에 의한 과태료 부과징수수칙 제2조(등기신청기간의 산정)에 따라 등기신청기간에 이를 산입하지 아니하도록 등기관이 피고 및 한국토지공사에 통보하지 않았기 때문에 등록세용 토지대금완납확인서 및 피고의 공적자료에 명기되지 않아 이 사건이 발생했습니다.

카. 피고가 지방세법 제194조, 지방세법 시행규칙 제79조에 의하여 한국토지공사로부터 문서를 받고 2006년 원고에게 재산세 부과시 등기완료일로부터 3년이 경과되었으므로 과징금 부과대상이었다면 원고에게 과징금 부과 사전통보를 했을것이고 그 당시에는 관련자료등이 존재했을 것이므로 이 사건이 복잡하게 발생하지 않았을 것이고 과징금도 적었기 때문에 과징금이 늘어난 것은 무효이다.

7.과징금 부과과정에서의 부당행위

가. 2011.07.07. 원고는 피고로부터 부동산 등기특별조치법 제2조1항 1호의 적용을 받는자로서 부동산실권리자명의등기에 관한법률 제10조(장기미등기에 대한 벌칙등)에 의한 과징금 부과사전통보를 받고 부동산 장기특별조치법 및 부동산 실권리자명의등기에 관한 법률을 알아하고 토지분할 확정측량 당시 매매관련 담당자에게 문의해보니 확정측량결과 면적이 줄어들었으므로 완납처리되어 본인의 반대급부일로 통보했다는 사실을 알았고 50% 감경이라도 받으려고 확정측량시의 위법 및 피고의 방조에 대하여는 언급하지 않고 쌍무계약이므로 대금청산일로 보아야 한다고 주장하고 토지매수경위 및 민원인이 처한 현재의 상황을 설명하고 선처를 호소하였습니다.
추가로 면적정산금 환급받은 날짜를 통장사본을 첨부하여 정정통보하였고 부동산등기특별조치법 제2조1항에 대한 법무부 해석자료를 송부했습니다.

나. 피고는 충청북도에 법령해석 질의시 민원인이 제출한 의견서 및 세금관련 부서에 확인하지 않고 등록세도 토지분할 확정측량일자에 납부한 것으로 보인다고 허위로 기재하고 대금납부일자, 지번 및 지적확정일자, 매도자명의 등기신청일을 다르게 작성하였고, 충청북도는 더욱이 민원인이 제출한 기존법령해석등 서류를 전부 삭제하고 사건개요만 작성하여 민원인에게 불리한 해석이 되었는바, 행정절차법 제4조를 위반한 허위 공문서 작성죄가 적용되어야 합니다.

다. 충청북도는 부동산 실명법상 장기미등기에 관하여 소비대차계약건과 미확정 부동산에 대한 건을 질의하면서 소비대차 계약건은 소비대차를 위한 계약이므로 부동산 등기특별조치법 제2조의 규정이 비추어 봤을 때 장기미등기자가 아니라는 의견을 내면서 차용금증서 및 부동산 매매계약서를 첨부했으면서도 미확정 부동산에 대한 건은 이미 법령해석이 이루어진 것을 몰랐던것처럼 가장하여 용지매매계약서등을 제외시키고 작성하여 장기미등기자라는 의견을 낸 것은 기만행위죄가 적용되어야 합니다.

라. 기존법령해석건과 민원인 사건의 차이점은 기존법령해석건은 확정측량결과 면적이 증가하여 추가로 납부해야 하는경우이고 민원인 사건은 면적이 감소하여 정산금 환불을 받아야 하는 경우로서 지적법에 위반하게 확정측량이 되었음에도 민원인이 평등권에 입각하여 안면있는 직장선배인 민원인 계좌로 온라인 송금요청을 하였는데 매도인이 서류로 제출하라고 거절하였기 정산금 반환 및 소유권이전등기가 늦어졌기 때문에 원고는 피해자입니다.

마. 행정심판위원회의 부당행위

충청북도 행정심판위원회는 원고에게 구술심리 신청을 할수 있다고 문서를 발송하여 과징금을 부과한 법령해석을 재질의한 것은 행정절차법 4조를 위반한것이고 토지분할확정측량이 불법이었다는 사실을 확인하여야 하므로 구술심리를 신청하였으나 받아들여지지 않은 것은 위법입니다.

8. 결론

가. 피고는 한국토지공사와 원고의 매매계약에 대하여 자신들의 이익 추구를 위하여 원고에게 일시납을 유도하였고, 원고가 곧 실직하여 퇴직금으로 매매대금을 선납하여 도움을 주었음에도 불구하고 토지 분할 확정측량시 한국토지공사가 불법으로 취득세 납부조건을 성취시킨 것을 방조하여 원고로부터 취득세를 수납받은 것은 원고를 속인것이므로 토지분할 확정측량 행위는 무효인 법률행위입니다.

나. 미확정 부동산에 대한 쌍무계약에 있어서 면적이 증가한 경우에는 추가납부 및 환지등기가 완료되어야 소유권이전등기가 가능하다고 법무부 및 등기관서에서 인정했으므로 면적감소에 대한 책임이 피고 및 한국토지공사에 있고, 면적감소에 대한 환불의무가 한국토지공사에 있음에도 평등권을 지키지 않아 정산금 환불이 늦어졌으므로 피고는 원고에게 과징금을 부과해서는 안됩니다.

다. 또한 과징금도 과태료의 일종이므로 원고가 부동산 등기신청을 해태한 사유가 취득과정 및 대금납부과정에서 반사회적 행위를 할 흔적도 없고 피고의 불법행위 방조때문에 발생했으므로 한국토지공사가 원고에게 면적감소에 대한 정산금을 환불한 날까지는 부동산등기특별조치법에 의한 과태료 부과징수 규칙 제2조에 의한 등기신청기간에 산입하지 않아야 합니다.

라. 피고와 충청북도는 이 사건 토지등의 조성사업을 한국토지공사로 하여금 시행토록 했고, 한국토지공사는 IMF시 공사직원들에게 강매하였기 때문에 원고는 이 사건 토지를 매수하였고, 실직하였고, 중증환자가 되었고 가장으로서 최저 생계비정도의 근로소득자에게 2년간 소득에 대한 과징금을 부과하면서 피고가 원고로부터 받은 은혜를 감안하기는커녕 공문서 작성을 위조하고 기만행위를 하였는데도 불구하고 원심에서 전혀 언급하지 않거나 부동산실명법 제5조5항 및 부동산실명법 시행령 제4조2항 단서를 적용하지 않은 것이

재량권을 남용일탈하였다고 인증하지 않았고 원고는 증거자료로 58개 입증자료(관련법령제외)제출했으나 피고는 자신이 가지고 있는 입증자료를 하나도 제시하지 않았는데도 원고에게 불리한 판결을 내린것은 중립적인 판결이라고 볼수 없으므로 중립적인 판단을 하지 않은 사유와 변론을 중립적으로 진행하지 않은 사유를 제출토록 하여 주시기 바랍니다.

2013. 06. 22.

김정선

2013. 9. 26. 원본영수	인
20 . . . 판결송달	

대 법 원

제 1 부

판 결

사 건	2013두12089 부동산 장기 미등기에 따른 과징금 부과 처분 취소
원고, 상고인	김정선
피고, 피상고인	청원군수 소송수행자 오헌세, 이원복, 윤영재
원 심 판 결	대전고등법원 2013. 5. 15. 선고 (청주)2012누547 판결

주 문

상고를 기각한다.

상고비용은 원고가 부담한다.

이 유

이 사건 기록과 원심판결 및 상고이유를 모두 살펴보았으나, 상고이유에 관한 주장은 상고심 절차에 관한 특례법 제4조 제1항 각 호에 정한 사유를 포함하지 아니하거나 이유가 없다고 인정되므로, 위 법 제5조에 의하여 상고를 기각하기로 하여 관여 대법관의 일치된 의견으로 주문과 같이 판결한다.

2013. 9. 26.

재판장 대법관 양창수

대법관 박병대

주 심 대법관 고영한

대법관 김창석

第7장 사기성 과징금에 대한 손해배상 청구소송 (청주시, 한국토지주택공사, 충청북도)

소 장

사건명 : 사기성 과징금에 대한 손해배상 청구의 소

원고 : 김정선

피고1 : 충청북도 청원군수
청북 청주시 상당구 상당로 69번길 38(북문로 1가 171-3)
(우 306-706)

피고2 : 한국토지주택공사 (충북지역 본부장)
충북 청주시 흥덕구 청남로 2060(수곡동)
(우 361-722)

피고3 : 충청북도 지사
충청북도 청주시 상당구 상당로 80(문화동)
(우 360-011)

청구취지

1. 피고는 원고에게 24,071,040원 및 이에 대하여 소장 부본 송달 다음날부터 다 갚는 날까지 연 6%의 비율로 계산한 돈을 지급하라.

2. 피고는 원고에게 각각 3,000,000원씩 위로금을 지급하라.

3. 소송비용은 피고가 부담한다.
라는 판결을 구합니다.

2014.6.30.

청구 원인

"별 첨"

위 원고 김정선

첨부서류

청주지방법원 귀중

판결이 국민들에게 미치는 영향

원고는 반사회적 행위를 할 의사가 전혀 없었고 피고들은 원고로부터 도움을 받은 것이 명백함에도 이를 감안하기는커녕 자신들이 반사회적 행위를 감추려고 개인정보 보호법을 이유로 자료도 제출하지 않고 행정절차법을 지키지 않았고 과태료 징수규칙을 적용할수 있도록 행정조치를 취하지 않는등 자신들이 이행해야 될 것은 지키지 않고 법령해석을 단지 문구 해석에만 의존한 것은 선량한 국민을 우롱한 것이다. 부동산 거래질서를 확립하기 위하여 제정한 법률은 미확정 부동산에 적용할시에는 성실히 이행하면 세금폭탄을 당하는등 손해이므로 국민들에게 성실히 이행하지 않을 것을 부추기는 법률인 것이다.

요약종합

이사건은 피고3이 피고2에게 사업시행자를 우월적 지위를 이용해 변경해주었고 원고는 국가경제 위기시 이사건 토지 조성을 위하여 애사심에서 매수해야만 했고 피고1이 일시납을 유도하였고 원고는 불의의 퇴직으로 1250여명의 매수자중 토지사용 가능시기 4년 3개월전 가장먼저 매매대금을 납부하였으나 배은망덕하게도 피고1과 피고2는 담합하여 자신들과 비성실 납부자에게 유리하고 성실납부자에게 불리(면적증감, 지방세부담 여부 및 시기등)하도록 토지분할 확정측량을 하여 실직한 원고에게 배신감을 느끼도록 하였기 사건이 발생하는 계기가 되었고 피고1과 피고3은 기존법령해석이 없었던것처럼 동료와 상급기관을 속이고 허위문서까지 작성하였고, 피고2는 반사회적 확정측량을 실시한 사유와 확정측량시점의 매매필지 중 77개를 표본으로 요청한 대금납부 현황을 제출하지 않았고, 청산 환불금을 7년후 반환해주었고, 환지등기 완료일을 공시관리하지 않았기 피고들이 원고의 장기 미등기 원인을 제공하였고 원고에게 부과된 과징금에 대한 구상권을 피고2에게 청구하였으나 응하지 않았기 안전행정부의 행정절차법 제4조에 관한 의견과 부동산등기 특별조치법에의한 과태료부과 징수규칙 제2조 4호를 적용시키는 것이 타당하므로 과징금과 위로금에 대한 청구의 소를 피고들에게 제기합니다.

다. 청구원인

1. 피고3 충청북도(이하"피고3" 이라한다)는 도민소득 증대를 위한 오창산업단지 사업시행자를 피고2 구한국토지공사(현 한국토지주택공사)로 변경 해주면서 지원반을 설치 독려하였고 피고2 한국토지주택공사(이하"피고2" 라한다)는 국가경제위기시절 소속 직원들에게 1인 1필지 이상 매각운동을 전개하여 도상가분할 단독주택지의 30%이상을 소속 직원들이 매수하거나 알선(원고 1필지매수,1필지매매알선)하였으므로 용지매수 비용은 피고2의 비용으로 충당했지만 조성공사비용은 소속직원들의 애사심과 고통으로 조달되었고 피고2는 피고3의 우월적 지위 때문에 사업을 인수하여 막대한 사업손실을 초래한 것으로 판단됩니다.

피고1 청원군(이하"피고1" 이라한다)과 피고2는 자신들에게 유리하다고 판단하여 일시납을 유도하였고 원고는 부족한 돈은 차용이 가능했으므로 도와주고 싶다는 생각에서 대부분의 매수자(3년분할납부)와는 달리 오창읍 양청리 745-7(가지번 272-5)를 일시납으로 피고2와 매매계약을 체결하였고 피고2의 상위직급자 퇴직전략에 의하여 퇴직금으로 1,250여명중 가장먼저 매매대금을 납부할 수밖에 없었으나 피고2와 피고1은 담합하여 3년6개월후 토지분할 확정측량시 블록면적 증감을 안분하지않고 대금납부현황을 참조하여 성실납부한 매수자들의 필지면적이 증가하지 않도록(감소되도록)필지경계표지를 설치한 것으로 판단되고 원고에게는 특히 반사회적 필지분할을 하였음에도 불구하고 피고2는 면적 정산 환불금을 서류로 요청하지 않았다고 반환하지 않다가 7년후 피고2의 본사 지시에 의하여 반환해주었다.

피고2는 최우수 고객인 원고가 매수한 토지에 대하여 반사회적 토지분할 확정측량을 실시하였기 피고2가 매수자들의 대금납부현황을 참조하여 토지분할을 했는지 여부를 확인하기 위하여 77개 필지에 대하여 확정측량시 대금납부현황을 제출할 것을 3회(원고,법원2회)나 요청하였으나 거절한 것은 누구보다도 이사건 토지의 조성과정을 잘알고있고 소유권 보존등기 형식을 빌린 표시변경 등기완료일을 소유권이전 등기에 필요한 등록세용 토지대금완납 확인서에 표시하지 않아 원고가 토지분할 확정측량시 역차별 받은것도 억울한데 다른매수자에 비하여 등록세도 더내야하고 국민주택 채권도 더많이 구입해야 한다고 잘못 판단하여 소유권이전 등기를 미루는 계기가 되었으며 국가경제 위기시 상위직급자를 거리로 내몰고도 원고의 은행 계좌번호를 알고있으면서도 7년간 청산반환금을 지급하지 않았고, 원고에게 재산세 납부토록 피고1에게 통보하고 구상권도 청구해 받아들이고도 이사건과 관련하여 피고2가 원고에게 지급해야할 청산금반환 이자를 피고2 용지규정에도 불구하고 지급하지 않은 것을 감안하면 사기행위이다.

원고는 성실한 매수자에게 반사회적(피고2가 우월적 지위를 이용하여 자기는 부당이득을 얻고 원고에게 부당하게 부담을 가하는 행위)토지분할 확정측량에의한 반환금을 평등의원칙에 따라 환불해주지 않는것과 소유권이전은 동시이행항변권이 있다고 판단했고 활용 목적이 있어 매수한 것이 아니기 때문에 부동산 실명법을 잘몰랐기 피고들이 주장하는 법을 지키지는 못했다.

추후 확인한바에 의하면 피고들은 공사준공 후 행정구역(옥산면과 오창읍)변경 관계로 6개월후 사업준공(청원군 증언)을 시켰고 피고2와 피고1은 소유권보존 형식을 빌린 표시변경 등기완료일(등기는 신청일만 표시되나 43일 도과 되었으므로 부당한 권리 제한임)을 소유권 이전등기 기산일로 적용토록 공시자료로 활용하지 않아 억울하게도 일부 매수인들이 과태료를 부과 받았고 원고는 유일하게 과징금을 부과받는 원인도 제공했으므로 피고2는 계약서 6조에의한 소유권이전 절차를 성실히 이행하였다고 볼 수 없다.

원고는 매매대금을 토지이용 가능시기 4년3개월전에 납부하였음에도 피고2는 토지분할시 원고뿐만아니라 다른 매수자(동소 745-□)의 대금납부현황도 참고하고 다른 매수자(동소 745-□, 동소 745-□)를 배려하기 위하여 과다하게 면적을 감소시킨 것으로 판단되는데도, 피고1은 토지이용 가능시기에 즈음하여 매매대금도 납부하고 등록세까지도 납부한 것으로 보인다고 허위문서를 작성했고 피고3은 원고가 제출한 법령해석까지도 삭제하여 동료직원과 법무부를 속여 과징금을 피고1로 하여금 부과토록했고, 피고1은 2006년 재산세 부과시 3년이 경과되었으므로 과징금을 부과하지 않다가 과징금이 증가한 2011년 부과한 것은 실명법을 위반한 것이고 과잉금지의 원칙에 어긋난다는 구실명법의 헌법불합치 사유와 증거가 명백함에도 개정법률을 적용하지 않은 것은 헌법재판소의 판결도 무시한것이며 재산세등이 납부되었다면 재산세등을 내자않은 사람과의 형평성을 고려하여 과징금을 감경해주어야 한다는 기존판결을 적용하지 않은 것과 원고등 피고2 소속직원들의 공로, 피고들의 원인제공(일시납 유도, 역차별측량, 환지등기완료일 미공시, 부동산실명법위반, 공문서위조 및 위증)으로 판단하면 선량한 국민에게 약탈 및 사기와 간접살인 행위를 한 것이다.

2. 피고1과 피고2는 피고3의 숙원사업인 오창 산업단지 조성공사가 국가경제위기로 중지 위기에 직면하자 1998년 도상가분할 단독주택지를 매각하면서 지방세법 시행령 제73조(취득의시기등)①항 본문과 지방세법 제 120조(신고납부: 취득한날로부터 30일 이내)에 불구하고 취득세 납부시기(추후 법제처 해석에 의하면 사실상 사용이 불가능하더라도 재산세 납부의무자됨)를 토지분할 확정측량 이후로 미루었기 원고는 부족한 돈을 차용하기로 하고 애사심에서 44,956,000원에 356㎡(가지번 272-5)를 일시납으로 피고2와 계약체결(1998.6.8)하였고 곧이어 피고2의 상위직급자 퇴직전략(121명중 93명퇴직)에 의하여 퇴직금으로 1,250여 단독주택지 매수자중 가장먼저 매매대금을 납부(1998.7.24 : 매매계약서에 계약단가로 정산하기로 되어있어 면적감소

대비 104,040원 남겨둠)하였으나 3년6개월후 토지분할 확정측량(2001.12.26)시 피고2와 피고1은 담합하여 지적법,헌법,민법에 명시된 신의성실의원칙 평등권을 지키지 않고 역차별하여 원고에게 정신적 충격을 주었고, 면적감소에 따른 피고2가 환급해야할 채무까지도 이행하지 않았는데, 피고1은 원고에게 24,071,040원의 과징금을 부과 징수하였기 반사회적 행위로 장기미등기 원인을 제공하였을뿐만 아니라 기만행위를 한 피고1과 피고2, 피고3에 손해배상을 청구한다.

3. 피고1은 원고에게 오창읍 양청리 745-7번지(가지번 272-5, 가지적 356㎡)매매대금이 피고2의 토지분할 확정측량 결과 당초 분양면적 보다 5.1㎡ 감소하여 완납처리 되었으나 2009.10.30 소유권이전을 하였으므로 부동산등기 특별조치법 제2조1항의 적용을 받는자로서 부동산 실권리자 명의 등기에 관한 법률 제10조 1항에 해당된다고 과징금 24,071,040원을 부과하였으나 피고2의 반사회적 토지분할 확정측량(대금완납자가 가급적 많도록 하기위하여 완납자등의 면적이 증가하지 않도록 피고1과 피고2가 담합하여 자신들에게 유리하도록 필지경계표지설치)과 피고1의 방조행위로 부당하게 완납처리된 토지분할 확정측량은 일부 무효인 법률행위이므로 원고가 관련 법령의 반대급부의 이행을 완료하였다고 주장할수 없으므로 피고1의 과징금 부과는 부당하다.

-매매계약서에 토지분할 확정측량결과 면적증감이 있을 경우 정산하기로 되어있다고 하더라도 이는 어디까지나 신의성실의 원칙과 평등의 원칙을 전제로 한것이며 지적법령에 따라 당초 블록 분양면적보다 블록시공 면적이 7.2㎡감소되게 시공되었으므로 필지(10개필지)분할시 안분하지 않고 국가경제가 어려운시기에 피고1과 피고2에게 조성공사가 중지되지않도록 (매매계약서에 피고2는 공사완료시기가 불투명하여 분할납부 매매대금의 30%까지 약정일정을 미룰수있다고 명시)도움을 준 원고등 성실납부자에게 취득세,등록세,재산세 부과와 관련하여 불리하고 피고1과 피고2, 비성실 납부자들에게 유리하도록 한 역차별(원고 5.1㎡감소)필지분할은 위법행위이며 청산책임이 피고2에게 있으므로

피고1이 주장하는 원고의 반대급부 완료일은 토지분할 측량일이 아니고 매매대금이 청산된 2009.3.2로 보는 것이 타당하다.

- 토지분할 확정측량시 역차별이 문제가 되지않았던 것은 부동산 경기침체로 시세(원고가 대금납부 1년후인 1999년에 매매계약 체결 한 자는 미등기전매가 가능했으므로)가 분양가격 이하였고 매수자 대부분이 3년 분할납부 방식으로 계약체결 하였고 매매대금을 완납 또는 대부분 납부한 매수자가 많지않아 피고1 및 피고2로부터 속았다는 느낌이 적었을 것으로 판단되며 피고1은 토지분할 확정측량은 피고2가 시행한것이므로 무관하다고 주장하나 원고가 정신적 충격을 받은 것은 재산적 가치가 아니라 관련 법령에도 불구하고 일시납을 유도해 구 한국토지공사 직원으로서 의무감에서 매수하였으나 예상치 못했던 퇴직으로 실업자가 되었는데 피고1과 피고2, 비성실 납부자에게 유리하도록 최우수 매수자를 역차별 한것에 분노를 느낀 것은 원고가 면적감소대비 0.82㎡에 해당하는 잔금을 남겨 놓았으므로 인간인이상 행정업무를 줄이기위하여 2㎡정도 감소시키는 것은 납득이되나 5.1㎡를 감소시킨 것은 블록내 다른 매수자를 배려하거나 다른매수자의 대금납부 현황을 참고하여 반사회적 필지분할을 한것이라고 볼 수밖에 없었기 때문이다.

-매매계약을 성실히 이행하지 않은 사람은 면적의 증감이 있더라도 각종 지방세 납부시기가 변동이 없거나 늦어지므로 성실히 이행한 매수인에게만 일어날 수 있는 사건으로서 피고2가 반사회적 위법행위를 하고도 환불을 늦게해줘 발생한 이 사건은 원고가 국가적으로 어려운 시기에 중산층으로 돈을 빌려서라도 피고2 및 피고1를 도와주고 싶다는 생각이 있었어도 피고1이 취득세 납부시기를 토지분할 확정측량 이후로 미루지 않았으면 취득세 납부시기, 재산세 부담여부등을 감수하면서까지 원고는 일시납을 선택하지 않고 다른 매수자처럼 3년분할 납부방식을 선택하였을 것이 확실하며 대금납부시기와 토지분할 확정측량시기까지 차이가 6개월정도 나므로 원고가 사회적 약자로 전락했지만 토지분할 확정측량이 위법으로 시행되었다고 하더라도 피고1과 피고2

로부터 속았다는 생각이나 박탈감을 느끼지 않았기 때문에 이 사건은 발생하지 않았다.

※한국토지주택공사 김[illegible] 성 : 토지분할 확정측량시점은 분양가 이하여서 면적이 줄어들었으면 좋겠다는 사람이 많았다.

- 피고1과 피고3은 자신들의 욕구충족을 위하여 피고2에 사업시행자를 넘겨주고 지원대책반까지 운영하여
피고2에 막대한 사업손실을 가져오게했고 피고2는 직원들에게 반강제적으로 매수토록 종용했으면서도 제세금면에서 성실한 매수자는 불리하고 비성실 매수자 피고1과 피고2에게 유리하도록 필지 경계표지를 직접설치한 것은 기만행위이다.

- 토지분할 확정측량은 피고2가 지적측량 대행업체인 대한지적공사로 하여금 수행하도록 하였지만 필지 경계점 표지를 피고2가 설치했고 피고1은 지적소관청이므로 대한지적공사가 실시한 필지별 측량성과에 대하여 지적법 제24조 및 지적법 시행령 제21조, 지적법 시행규칙 제22조(토지구획정리사업등의 신고), 제33조(측량성과의 검사)에 따라 측량검사를 실시하도록 규정하고 있기 때문에 피고2는 민법 제150조등에 의하여 불법행위에 대한 직접책임이 있고 피고1은 민법 제760조등에 의한 방조책임이 있다.

-매매대금을 완납하였거나 대부분 납부한 매수자는 토지분할 확정측량 결과 면적이 감소하는 경우에는 토지분할 확정측량일이 매수자의 의지와는 관계없이 취득세 납부기준일이 되고 재산세 납부 대상자가 되고 소유권 보존형식을 빌린 표시변경 등기가 이루어지면 소유권이전등기를 해야하나 면적이 증가하는 경우에는 매수자의 의지에 따라 60일 이내에 잔금을 납부하거나 이해득실을 따져 연체료등을 감수하더라도 3년간 취득세, 등록세, 재산세를 미루거나 부담하지 않는 선택을 할 수 있으므로 토지분할 확정측량은 피고들의 의지에 따라 증감이 되어서는 안됩니다.

※대한지적공사 : 경계표지는 한국토지주택공사에서 설치했고 매필지마다 감독이 점검했다.

- 원고가 매수한 토지의 745 블록(가지번 272 블록)면적의 증감을 지적법령에 따라 안분했다면 10개필지 7.2㎡가 감소하였으므로 1개필지 감소면적은 0.72㎡가 되어 1cm단위로 측정하고 0.1㎡ 단위로 표시하도록 되어있으므로 0.8㎡가 감소했다면 매매가격이 44,956,000원에서 44,854,975원이 되어 3,015원만 추가납부하면 되는 것을 5.1㎡감소되게 확정하여 원고의 매매대금을 완납처리하고 481,930원을 원고에게 환불하도록 한 확정측량 행위는 불법행위이므로 일부 무효인 법률행위이며 원고가 매수한 필지가 속한 블록의 분양면적과 실제로 시공된 면적의 결과로 판단한다면 원고는 1998.7.24. 잔금일부(0.23% 104,040원)를 남겨놓은 것은 필지분할시 안분했다면 실제 시공결과와는 0.02% 차이가 발생했으므로 비록 실직하였지만 취득세를 늦게내고 재산세를 회피하기 위한 것이 아니었음이 입증되었다고 보아야 합니다.

-원고가 매수한 오창읍 양청리 745-7 필지는 토지분할 확정측량 3년 6개월전에 토지대금을 납부하였는데 5.1㎡ 감소시켜 재산세도 납부하였고, 청산금도 환불 못받았는데 확정측량일 또는 환지등기일(확정측량일로부터 10개월)로부터 3년이 경과하였다고 납득할 수 있는 증거를 제시하였는데도 증가한 과징금을 부과 받아야하고 동소 745-_필지를 매수한 사람은 3.8㎡가 증가하여 환지등기후 8년이 지난후에 소유권 이전등기를 하여도 재산세 과징금을 내지 않아도 된다면 헌법에서 정한 평등권 및 과잉금지의 원칙에 입각한 법령의 제정, 해석적용 이라고 볼수 없으므로 토지분할 확정측량 결과 면적이 감소하여 환불해야하는 경우에도 매수자의 귀택사유가 없는한 매매대금 청산(주고받는 것을 깨끗이 정리함)일로 보아야 매도자와 매수자간의 권리와 의무가 공존하고 공정한 토지매매 거래로서 입법목적의 정당성과 법익의 균형성을 갖춘 법률로 인정된다고 사료됩니다.

- 원고가 매수한 토지의 감소면적이 필지경계표지 설치 오차를 벗어났다고 판단하여 피고2가 토지분할 확정측량시 대금납부현황을 참조했는지 여부를 확인하기 위하여 피고2에게 자료제출을 요구하였으나 개인

정보 보호를 위해 알려줄수 없다고하여 원고가 표본으로 조사한 6개블록 77개필지 면적증감현황을 양쪽 필지 경계선은 정확했다고 가정하고 길이로 환산해 보니 1㎝단위로 측정하도록 지적법령에 되어있으나 분양면적대비 원고와 같이 20㎝이상 증감된 것이 13개필지, 10㎝이상 증감된 것이 18개필지, 10㎝이하 증감된 것이 46개필지 였음이 확인되었으므로 77개 필지중 31개 필지는 토지분할 확정측량이 의도적이었음이 확인되었고(최대 76㎝증가, 최대 63㎝감소)10㎝를 기준으로 한 것은 대한지적공사에서 지적 도근점 선정에 따라 원 측량과 검사측량 사이에 발생할 수 있는 오차(지적법 시행세칙 제34조 4호)라고 회신한 것을 근거로 하였습니다.

-피고2는 완납자등의 필지면적을 증가하지 않도록 확정하므로서 매매대금이 완납처리되어 피고1은 취득세 등록세 및 재산세(사업시행자 보유분 재산세의 2배)를 받아들일수 있고 피고2는 소유권을 매수자에게 넘김으로서 재산세를 부담하지 않아도 되고 행정업무를 줄일수 있어 성실한 매수자의 정당한 이익과 상반되며 각 필지에 안분하지 않으므로 인하여 발생한 면적정산금 환불의무는 민법에 의하여 피고2에게 있으므로 민법 제536조에 의한 원고의 동시이행권을 인정해야 합니다.

- 원고는 예금금리 년13.7%, 대출금리(연체금리) 년18%인시기에 3년6개월후 토지사용이 가능한 토지를, 3년분할납부할 경우에 년9%의 이자가 부리되는 분할납부방식이 아닌, 이자가 부리되지 않은 일시납(5개월) 방식을 선택한 것은 은행에 이자소득세를 내는것보다 피고1 및 피고2를 도와주고 싶었기 때문이며 피고2 경영방침이 각 지사에서 회수된 돈은 당해지사에 예산을 배정했기 때문에 피고1은 지방세법에 불구하고 피고1의 숙원사업에 차질이 없도록 일시납 계약시 재산세 납부시기를 토지분할측량이후로 미루는 것이 좋겠다고 판단한 것이고, 피고2는 원고가 매매계약을 체결한 다음날로부터 매각금액을 3년분할납부 금액으로 제시하고 일시납으로 계약시 25.8% 할인해주겠다고 일시납을 적극 유도하였으며 1999년 한시적으로 공공기관으로부터 매수하는 토지는 중간생략등기가 가능하도록 부동산 등기특별조치법에 명시

한것만 보아도 부동산경기는 침체되고 금리는 상당히 높은 시기였음이 입증됩니다.

- 이사건 토지는 피고2와 원고간의 미확정부동산에 대한 쌍무계약이지만 피고1은 지방세법에 불구하고 피고의 취득세 권리를 늦게 행사하고, 그 기간동안 재산세 권리행사를 원고에게 하지 않겠다는 것을 피고2와 협의하여 원고에게 제시하였기 피고1은 원고가 이행하여야하는 취득세, 등록세, 재산세 납부시기가 결정되는 토지분할 확정측량이 피고2가 적법하게 실시하였는지 여부를 관계법령에 의하여 토지의 관리처분 계획 및 분양계획조서, 도면에 대한 검토권이 있을뿐만 아니라 지적측량 검사권을 갖고 있으므로 토지분할 확정측량결과에 대하여 공동책임이 있습니다.

4. 원고는 피고2로부터 토지분할 확정측량 결과를 통보받고 지방세법에 의하여 취득세를 피고1에게 납부하였으나, 누구보다도 먼저 매매대금을 먼저 낸 원고에게 역차별(재산적가치보다 정신적 박탈감이 컸음) 하였기 이의를 제기할수도 있었으나 원고가 20년 넘게 직장생활을 한 안면이 있는 직장후배들의 입장을 고려하고, 후배들은 앞으로 계속 피고1의 협조를 얻어야 하는 입장이기 때문에 이를 이해하고, 담당자에게 원고의 퇴직금도 온라인 입금 받았고, 매매대금도 온라인 송금하였으므로 면적정산 환불금을 온라인 입금시켜달라고 구두 요청하였으나, 피고2는 서류를 제출하여야만 한다기에 원고는 인격에 손상을 입어 서류를 제출할 마음이 내키지 않았고, 등기관계를 머릿속에서 지워버렸고, 전화번호도 공유하였으나 매도자로부터 그후 연락이 없었습니다.

※한국토지주택공사 노 영 : 직원은 급료도 구두상으로 계좌번호를 알려줘서는 지급하지 않고 통장을 제출하거나 메일로 알려주어야만 지급한다.

※한국토지주택공사 김 _기 : 오창산단 매매대금 청산금을 서류를 받지않고 처리한 것은 한건도 없다.

-원고는 2002.11.1부터 퇴직자모임 실무를 담당하게 되어 2002.11.26등록세용 토지대금 완납확인서를 FAX로 받아보니 토지분할 확정측량일에 대금 완납일로 표시되어있어 환지등기완료일(2002.10.4)을 알지못해 과태료까지 내야된다고 판단하여 등기를 미루어왔고 적극적으로 청산금 반환 신청을 하지 않았고 2차 통보에 의하여 7년후(2009.3.2)이자 없이 원금만 받았고 중증환자 치료를 위하여 20년간 직장 생활의 열매인 애환이 서린 토지를 매각하였다.

부동산등기 특별조치법상 기산일은 가분할토지의 면적이 증가한 경우 소득세법상 취득일로 법무부의 법령해석이 있었고 부동산 실명법 시행령(안)에도 청산일을 원칙으로 한다고 입법예고 되었음에도 불구하고 피고1은 3년6개월전에 대금을 납부했는데 확정측량일에 대금을 납부했다고 하는등 허위문서를 작성했고 피고3은 기존법령해석까지도 삭제하고 법무부에 부동산실명법상 장기 미등기자라는 의견을 제출하여 소득세법상 취득일로 보기어렵다는 해석을 받아 2011.12.30 피고1로 하여금 과징금을 부과토록 한 것은 매매계약을 성실히 이행하면 반사회적 법률행위로 필지분할시 면적이 줄어들고 제세부담 측면에서도 비성실 납부자에 비해 불리하다는 것을 입증한 것으로 부동산 실명법은 입법취지와는 반대로 부동산 거래질서를 반사회적으로 유도하는 유전유죄 무전무죄 법률인 것이다.

부동산 실권리자가 명의등기에 관한 법률의 입법요지를 살펴보면 반사회적 행위에 대하여 양도세 수준의 과징금 성격이며 검토내용을 보면 단수한 무지로 또는 등기에 따른 각종비용을 대기 어려워 장기 미등기 상태로 방치하는 권리자가 상당수 있다 할것인바 특히 사인이 아닌 공공기관으로부터 분양받고 장기간 등기를 하지 않은 사건에 있어서 권리자가 과연 장기미등기에 반사회적 의도를 가지고 있었는지 여부에 관하여 의문을 갖지 않을수 없다고 제시하고 있으며 동법 제10조1항의 위헌제청(99가18. 2001.05.31)결정요지를 보면, 장기미등기는 기본적으로 권리의 불행사에 불과하여 정해진 기간내에 소유권이전등기 신청을 하지 않은 것은 행정상 위무위반이라는 측면이 강하다는 점을 감안 할 때 법익균형성을 갖추웠다고 보기 어려워 위헌의 결정을 하여야 할것이나 법적 규제의 공백상태가 되어 법집행상의 혼란과 형평성 문제가 발생할수 있어 헌법 불합치 결정을 선고하였고, 2002.03.30. 일률적으로 부동산 가액의 30퍼센트에 해당하는 과징금을 부과하도록한 것을 부동산 가액의 30퍼센트에 해당하는 금액의 범위안에서 부동산 가액, 의무위반기간, 조세포탈의 목적이 있었는지 여부등을 고려하여 과징금을 부과하도록 개정한바 있습니다.

5. 민원인이 당황하여 피고들의 원인제공은 언급하지 않고 선처를 호소한 내용으로 제출한 과징금 부과 사전고지에 따른 의견서와 피고1윗 재무담당자에게 확인도 하지않고 작성한 청원군과 충청북도의 법령 질의내용 차이

민원인 의견제출서 내용
1998 : 토지대금납부(확정측량시 면적감소 대비 104,040원 남김)
2001.12.26 : 지번 및 지적확정, 정산금반환 사유발생
202.01.23 : 취득세 납부
2009.03.02 : 면적정산금 환급받음(면적이 많이 감소하였고 구두에 의한 환급신청을 서류제출 하라고 공기업에서 받아주지 않아 늦어짐)
부동산 특별조치법 제2조제1항에 관한질의해석(법무부) : 추가제출
정산금 입금통장사본 (날자금액 정정함)
용지매매계약서
양도세영수증
인건비 사본
중증환자 진료내역 및 병원비
오창공단 활성화를 위한 공기업 전 현직의 공로를 감안하여 선처부탁

청원군→충청북도 (윤영재,박의선,김항구)
2001.12.26 : 취등록세를 납부한 일자로 보여짐
2002.08.07 : 택지개발 완료후 확정측량 지번결정 및 등기부 생성

(추후 확인된바 등기신청을 했다가 반려되어 8.22 촉탁등기신청 2002.10.04 등기부작성 완료)
2009.03.02 : 면적정산금 환급받음
부동산등기특별조치 제2조1항에 관한 질의해석(법무부)
정산금 입금통장사본
용지매매계약서

충청북도→법무부 (조혜민,김종현,한홍구)
2001.12.26 : 잔금을 납부하여 취등록세 납부
2002.08.07 : 지번,지적,확정 및 등기부 생성
2009.03.02 : 면적정산금 환급받음
청원군이 제출한 첨부물을 삭제하고 질의요지만 작성

6. 피고1은 피고3으로부터 과징금 대상이라고 통보 받았다 하더라도 일시납을 유도하여 피고2의 불법행위 방조로 이득을 보았으므로 이사건 토지의 조성에 기여한 공로가 있고 2006년 재산세를 과세기간을 지나 부과했다가 정정 부과징수(2배) 했으므로 부동산 실명법 제5조 ⑤항에 의거 2006년 당시를 기준으로 부과했어야 하며 기존 판결에 의하여 과징금 50%를 감경했어야 한다.

7. 충청북도 행정 심판위원회에 토지분할이 지적법령에 위반되고 법령해석 요청시 기존법령 해석을 삭제한 것은 행정절차법에 위배되므로 구술심리를 신청하였으나 거절하였다.(이승열,고명수,박완수,강승조,박경국)

8. 재판과정에서 피고1은 피고3이 질의한 내용을 법원에 제출하라는 지시까지 이행하지 않았는데 신의성실의 원칙을 지키지 않은 사기행위에 대하여 매매계약서에 면적정산하기로 되어있다고 적반하장 원고패소 판결을 하였고 피고3은 기존법령 해석을 삭제하고 사건개요를 8줄 정도로 사실과 다르게 (잔금납부일, 등록세 납부여부, 지적.지번 결정일, 등기부 생성일)작성하여 원고가 의도적으로 소유권 이전 절차만 이

행되지 않았다는 인식이 되도록 요약하여 질의했음에도 불구하고 고등법원 사실확인 답변시에 상세하게 기술하였다고 위증하였기 정정회신을 요구하였으나 거절하였다.(김창현,신성영,이영태,신용수,이완구,권혁미)

-토지분할시 0.1㎡단위로 안분 산출토록 지적법에 규정되어 있음에도 같은블록내 토지사용 가능시기 4년3개월전에 대금을 납부하여 조성공사가 중지되지않도록 도움을 준 원고에게 토지분할시 5.1㎡가 감소시켜 매매조건에 관여한 피고1 및 피고2에 대한 배신감으로 11년동안 권리행사도 못한 피해자에게 재산세 부과를 했으면서도 과징금을 부과한것이 토지분할시 3.8㎡가 증가시켜 8년후(12년후)토지대금을 완납한 매수자는 재산세 및 과징금을 내지않아도 된다는 것이 신의성실의원칙 및 평등의원칙, 이중과세 금지의원칙을 지킨것인가?

-자신들의 욕구충족을 위하여 피고2와 그 소속직원들의 희생을 강요하여 숙원사업의 조성공사 중지위기에 처한 시기에 도움을 받은 피고1과 피고3은 도상가분할 토지 최우수 매수자(예금운용수익 년13.7%시기에 년9%의 이자가 부리되지 않는 일시납 선택: 1년후 미등기 전매도 가능하도록 한시적 법령까지 신설)가 실업자로 전락하였고 중증환자가 되었고 실직 몇년후 최저임금 수준의 근로 활동을 하고있다는 현실을 감안하기는커녕 토지분할시 피고2의 반사회적 행위를 방조하여 이득을 보았음에도 불구하고 허위 문서까지 작성하여 2년간의 급료에 해당하는 과징금을 부과한 것은 약탈자, 간접 살인행위를 한 것이다.
유사필지가 1250개나 되므로 반사회적 행위를 할 수 있는 토지도 아니고 원고는 목적이 있어 토지를 매수한것도 아니기 때문에 실명법을 몰랐기에 재산세를 내고도 배신감 때문에 억울하게도 권리행사도 못한 피해자이다.

-장기 미등기의 원인이 피고1과 피고2의 위법 및 반사회 행위에 기인한것이므로 피고1이 부동산 등기특별 조치법에 의한 과태료 부과 징수규칙 제2조 4호를 적용할수 있음에도 피고3은 감사지적을 하고 허위

문서까지 작성하여 과징금을 부과토록 지시 했음에도 이를 수용하지 않고 피고1이 알아서 판단하라고 한 것은 책임전가 및 무사안일 행정행위(신승민 감사지적)이다.

-도상가분할 토지를 매수자가 잔금을 남겨놓을 경우 매도자가 소유권이전에 필요한 서류를 발급해주지 않으므로 소득세법상 청산일을 기준으로 하고 매매계약을 성실히 이행한 매수자는 매도자 및 청원군의 토지분할시 불법행위 및 방조행위로 불이익을 당했고, 퇴직금 계좌로의 환불요청을 서류로 신청하라고 거부하였는데도 지방세법상 정산일로 보는 것이 평등권 및 헌법 제37조 ②항에 의한 과잉 금지의 원칙(비례의원칙)에 왜 어긋나지 않는가?

9. 매수자의 권리제한을 목적으로 제정된 법률은 적용함에 있어 당초 원고는 지방세를 늦게낼 의도는 전혀 없었음이 입증되었고(적법하게 필지 분할을 했다면 3,015원 추가납부) 원고의 의지와는 상관없이 피고2 및 피고1이 위법한 법률행위 및 방조행위로 피고1 및 피고3이 주장하는 법령적용 기준일에 도달시켜 원고에게 정신적 충격을 주었기 원고는 용납은 되어도 인정을 할수 없다는 판단으로 재산세를 납부했으면서도 7년간 권리행사를 못한 피해자인데 법령적용 기준일을 판단함에 있어 피고3은 사건을 사실과 다르게 작성하고 기존법령 해석을 감추고 법무담당에게 협조(증언)을 받아 법무부에 질의요청을 했고 원고는 토지분할이 불법이었다는 것을 입증하기 위하여 매각안내 팜플렛 및 청원군 홈페이지를 검색하여 자료를 작성하고 피고2 및 피고1에게 77개 필지의 관련자료를 확인하려고 하였으나 거절하였고 납기가 지나 재산세(사업시행자 보유분 재산세의 2배)를 부과징수 하였음에도 헌법재판소의 헌법 불합치로 개정된 법률조항까지 적용하지 않았고 이사건 토지 조성과정에서 도움을 받은 원고에게 기존판례도 무시하고 재량권도 적용하지 않았고 민법상 면적 감소에 따른 청산금 책임이 피고2에게 있고(주소, 연락처, 계좌번호 변경없음) 피고1은 일시납을 유도하여 사건을 만들었고 허위문서까지 작성하였으므로 원고, 동료, 법무부를 속인 사기행위 및 간접살인 행위를 한 것이다.

-피고3 및 피고1은 우월적 지위를 이용하여 경제적으로 도움을 준 원고와 악역을 감수한 피고2의 은혜에 보답하기는커녕 피고2와 피고1, 피고3이 지켜야 할 헌법, 민법, 부동산실명법, 행정절차법, 행정심판법, 지적법, 지방세법, 산업입지 및 개발에관한법률, 소득세법, 부동산 등기특별조치법, 공무원법, 이중과세금지의원칙 등을 지키지않은 것은 반사회적 행위인데도 정당한 행정행위로 판단하고 부동산 거래 질서에 역행하는 행정으로 성실한 원고에게 독약을 마시도록 했다.

-원고는 상기와 같은 사유로 3년동안 400페이지 분량의 의견서를 작성하느라 추가 질병까지 얻었고 59개 증거자료와 관련연혁 법령내용, 기존판결 내용을 법원에 제출했으나 패소했고, 판결후에 나는 피고3과 피고1에 3차례나 과징금 부과 부당성을 제기하였으나 피고3은 피고1이 해결할 수 있는 행정행위는 하지않고 자신들의 반사회적 행위까지 피고1에 떠넘기고 있다.(김준영,김대희,김창현)
반사회적 행위로 부동산 거래질서를 어지럽힌 피고1과 피고2는 관련자료를 개인정보 보호법에 위반된다고 제출하지 않아 형사고발에 의하지 아니하고는 고의성을 입증(판사가 결론은 마찬가지라고 피고2에게 사실조회한 것을 철회토록 종용함)할수 없어 원고 패소에 결정적 근거가 되었는데도 피고1은 원고의 억울함을 해결하기는커녕 모든 재산을 검색하여 압류하여도 개인정보 보호법 등에 위반되지 않는가?(윤영재, 이원복,오헌세)

-이사건으로 판단하면 쌍무계약에서 피고2 및 피고1등이 신의성실의 원칙을 지키지 않았는데도 원고에게 동시이행항변권이 없다면 국민은 의무만있고 권리는 없으며 성실하지 않은 국민보다 성실한 국민에게 재산상,세제상 불리하도록 법을 운용하여 공무원은 원인제공을 하고도 중증환자가 된 국민에게 오장육부가 망가지도록 했으면서도 허위공문서 작성과 위증으로 강제 약탈까지 강요하는 등 안하무인, 적반하장 행위로 오장육부에 양심의 가책과 중립성을 저장하는것을 공무원법상 정당행위로 판단하고 있다.

(김상선, 양승소, 백준화, 김창현, 김대희, 강병우, 김한기, 김준영, 황종수, 이관동, 오관식, 조창현, 박현주, 강봉순, 정동열, 윤영재, 이원복, 오현세)

10. 부동산 등기특별조치법의 제정목적은 등기를 피하면서 취득세와 양도소득세등의 부과를 면하려 하는등 탈법적인 목적을 가지는 경우가 많아서 이를 방지하기 위하여 부동산등기 특별조치법 제2조1항에 부동산 취득후 60일 이내에 사장 군수의 검인을 받은 검인계약서를 첨부하여 등기하도록 의무화하고 불이행시 과태료를 부과하도록 되어있고 부동산 등기특별조치법에 의한 과태료 징수규칙에 의하면 등기권리자가 등기신청을 해태한 상당한 사유가 있는 경우에는 사유가 존재하는 기간은 부동산 등기 특별조치법 제2조항에 의한 등기기간에 이를 산입하지 아니하도록 규정하고 있습니다.

- 상기 법령적용에 문제가 될수 있는 것은 부동산등기는 신청주의 이므로 도상가분할 토지를 선매각한 경우 부동산 등기특별조치법 제2조⑤항에 의하여 매도자가 소유권보존등기 형식을 빌린 표시변경등기(환지등기)를 신청하는 날이, 부동산 등기특별조치법 제2조①항1호에 의한 매수자의 소유권이전 등기신청 적용시점이 되기 때문에 매도자로부터 소유권이전 안내문(등기완료일 표시됨)을 송달받은 매수자는 피고1 및 등기관에 제출하면 등기해태에 따른 과태료를 내지 않아도 되나 원고와 같이 소유권이전 안내문을 송달받지 못한 사람은 매도자가 환지등기를 완료한날을 알수없기 때문에 소유권 이전등기 신청시 부동산등기 특별조치법에 의한 과태료 부과 징수규칙에 의한 등기기간에 산입하지 아니할 수 있는 기간(환지등기 신청일부터 완료일)까지 과태료를 부담해야 되는 모순이 있습니다.

- 이 사건 토지의 경우 토지분할 확정측량일로부터 8개월이 지난 후에 환지등기를 신청하였고 신청후 43일 후에 완료되었고 송달기간까지 감안하면 소유권이전 등기신청기간이 60일에서 10일로 단축된것이기 때문에 법령상 규정은 없더라도 피고2가 발급해주는 소유권이전등기 신

청서류(등록세용 토지대금 완납확인서)에 환지등기 완료일을 표시했어야 하나 이를 이행하지 않아, 원고는 환지등기 완료일을 알지 못해 토지분할 확정측량시 역차별 받는것도 억울한데 소유권이전 등기비용까지 과태료를 내야한다고 판단하여 소유권이전등기가 늦어졌습니다.(2002.11.26. 원고가 FAX로 요청하여 등록세용 토지대금 완납확인서 받음)

-또한 과징금도 부동산 특별조치법에 의한 과태료의 일종이므로 원고가 부동산 등기신청을 해태한 사유가 취득과정 및 대금납부과정에서 반사회적 행위를 할 흔적이 없고 피고1의 원인제공 및 피고2의 잘못으로 불법행위 때문에 발생했으므로 피고2가 원고에게 면적감소에 대한 정산금을 환불한 날까지는 부동산등기 특별조치법에 의한 과태료 부과징수 규칙 제2조에 의한 등기신청기간에 산입하지 않아야 합니다.

11. 또한 부동산 실명법 제10조는 부동산 특별조치법 제2조①항의 적용을 받는자가 3년이내에 소유권이전등기를 신청하지 않은 경우 부동산평가액, 3년 경과기간을 적용하여 과징금을 부과하도록 되어있고 1995년 시행령(안)에는 기산일은 매매대금 청산일로 한다고 되어 있었으므로 행정절차법 제4조에 의하여 2009.3.2을 기산점으로 보아야 합니다.

- 원고가 구 한국토지공사 직원들과 다시 인연을 맺게되어 소유권 이전등기를 할 의사가 있었는데 소유권 이전 안내문을 송달 받았으면 등록세용 토지대금 완납확인서를 팩스로 받은 시점(2002.11.26)은 등기신청해태에 따른 과태료가 없어 등록세비용이 다른매수자와 차이가 없는데 왜 소유권이전등기를 신청하지 않았겠으며 소유권 이전등기신청이행 의무기간(60일)이 지난시점에 국민주택채권 매입기준에 대하여 피고에게 민원을 제기하였겠는가를 생각하여야 합니다.

12. 피고1은 2006.4.30. 시행 지방세법 제183조(납세의무자). 제140조(과세기준일), 제 191조(납기)②항(시장군수는 과세대상 누락, 위법

또는 착오등으로 인하여 이미 부과한 세액을 변경하거나 수시부과하여야 할 사유가 발생할 대에는 수시로 부과할 수 있다.), 제192조(징수방법 등)에 의하여 매도자로부터 지방세법 제194조(신고의무), 2006.1.1. 시행 지방세법 시행규칙 제79조(재산세 납세 의무자 신고등) 별지 제73호의 3서식에 의하여 취득일자 변동사유 및 연월일, 공부상 소유자, 사실상 소유자에 관한내용을 피고2로부터 통보받고 정기부과 통보 기간이지나 원고에게 고지하였다가 원고와 통화후 원고에게 2006.10.2. 재산세 고지서(당초2배)를 재발부하여 피고1은 재산세를 징수하였으므로 부동산 등기 특별조치법 제2조1항1호에 대한 해석을 미확정 부동산에 대한 쌍무계약이 매도자의 토지분할 확정측량시 불법행위로 완납되었다고 하더라도 확정측량일을 매수자의 반대급부 이행일로 판단한다면 2001.12.26.이 취득일이고 피고는 지적소관청이므로 토지대장에 환지처분일이 2002.6.28.이었다는 사실을 알았고 피고2가 60일 이내에 환지등기를 신청했어야 하므로 소유권이전 등기신청 기산일로부터 3년이 지난 시점이었으므로 재산세 부과 당시 과징금을 부과하지 않은 것은 기간경과일에 따라 과징금이 달라지므로 부동산 실권리자 명의등기에 관한 법률 제5조(과징금)⑤항에 의거 지체없이 부과하지 않은 것은 과징금이 증가하였으므로 무효입니다.

- 피고1과 피고3은 이 사건 토지등의 조성사업을 피고2으로 하여금 시행토록 했고, 피고2은 IMF시 소속직원들에게 강매하였기 때문에 원고는 이 사건 토지를 매수하였고, 실직하였고, 중증환자가 되었고 가장으로 최저 생계비정도의 근로소득자에게 2년간 소득에 해당하는 과징금을 부과하면서 피고가 원고로부터 받은 도움을 감안하기는커녕 공문서 작성을 허위로 하고 기만행위를 하였는데도 불구하고 행정소송에서 전혀 언급하지 않거나 제4조2항 단서를 적용하지 않은 것이 재량권을 일탈·남용 한것입니다.

- 원고는 취득세를 2002.1.23일자로 납부하였고 원고에게 부과된 재산세도 납부했고, 양도소득세도 납부하였으나 피고1은 원인제공을 하였고 피고2가 불법으로 확정측량을 했으므로 민법에 의하여 정산금 반

환책임이 있다고 판단하고 동시이행 항병권을 주장하여 등록세를 미뤄왔을 뿐인데 감경하지 않은 것은 재량권의 일탈·남용이며, 과징금 부과는 보유세관련 이중과세 금지의 원칙에도 어긋납니다.

판례

* "장기미등기자에게 조세를 포탈하거나 법령에 의한 제한을 회피할 목적이 없는 경우 원칙적으로 부동산 실명법 시행령 별표의 기준에 따른 과징금을 50/100으로 감경하여 부과하는 것이 타당하다"(서울고등법원 2005.1.28. 선고 2004누6619판결)

* 일반적으로 제재적 행정처분이 사회통념상 재량권의 범위를 일탈하였거나 남용하였는지의 여부는 처분사유로 된 위반행위의 내용과 당해처분에 의하여 달성하려는 공익목적 및 이에 따르는 제반사정등을 객관적으로 심리하여 공익침해의 정도와 그 처분으로 개인이 입게된 불이익을 비교형량하여 판단하여야 한다.(대법원 1992.6.23. 선고 92누2851판결등 참조)

- 원고가 피고1를 통해 부동산 등기특별조치법 제2조1항의 해석 자료를 피고3에 전달되었는데 피고3이 법무부 질의시 삭제한 것은 행정절차법 제4조를 위반한것이라고 판단하여 법령해석을 안전행정부에 질의한바 2013.5.8. 행정절차법 제4조1항은 "행정청은 직무를 수행함에 있어서 신의에 따라 성실히 하여야 한다."고 규정하고 있고, 제2항은 "행정청은 법령등의 해석 또는 행정청의 관행이 일반적으로 국민들에게 받아들여진 때에는 공익 또는 제3자의 정당한 이익을 현저히 해할 우려가 있는 경우를 제외하고는 새로운 해석 또는 관행에 의하여 소급하여 불리하게 처리하여서는 아니된다."고 규정하고 있는바, 이는 행정청은 행정권을 행사함에 있어서 신의에 쫓아 성실히 수행하여야 할 의무가 발생하여, 행정청이 스스로 행해 온 법령의 해석, 관행 등을 국민의 신뢰에 반하는 임의적인 변경의 금지를 선언한 것이라 할 수 있습니다. 라고 답변했으므로 충청북도

행정심판위원회, 피고1, 피고3은 행정절차법 제4조를 위반하여 피고에게 신체의 자유를 침해한 바 있습니다

첨부서류

1. 과징금 납부영수증
2. 매매계약서
3. 등록세용 토지대금 완납확인서
4. 2006년 재산세 납부 영수증
5. 오창공단 매입토지 및 매매필지토지 해당블록의 필지별 면적증감 현황
6. 745블록 지적도
7. 토지매각 원부(745-7)
8. 토지대장 (745-_,
9. 사실조회 독촉 (대전고등법원)

2014.6.3

위원고 김 정 선

발신 :

김정선

수신 : 충청북도 청주시 상당구 상당로 69번길, 38
청원군수 이종윤님 친전

제목 : 위법행위에 의한 과징금 부과 취소요청

1. 귀군의 무궁한 발전을 기원하오며, 바쁘신 군수님께 서신을 드리게 된점에 대하여 송구스러운 마음 금할수 없습니다.

2. 저는 충청북도에서 산업단지 개발사업을 추진하다가 구 한국토지공사에 사업시행자를 넘겨준 청원군내 오창사업단지의 단독주택지를 애사심에서 도상 가분할 매수한 사람으로서, 사업시행자로 부터의 소유권이전 등기 신청시기와 관련하여 충청북도의 청원군 감사시 감사지적사항을 청원군이 이행하는 과정에서 발생한 사건으로서 청원군이 요청한 관계법령 해석을 충청북도에서 법무부에 법령해석 요청시 위법행위를 하였다고 판단하고 있습니다.

3. 제가 소유권 이전 등기를 늦춘 것이 부동산 실권리자 명의 등기에 관한 법률을 위반하였는지 여부는 선례가 없어 확실치 않치만 청원군청 공무원 및 충청북도 공무원은 문서를 사실과 다르게 작성하여 법령해석을 요청하였고, 법원의 서류제출 요구 사항도 묵살하고, 사실조회 답변서를 사실과 다르게 위증하여, 제 주장을 간과한 법원의 판결에 의하여 과징금을 부과하고 부동산을 압류하였기. 이억울한 사정을 국민들에게 알려 드리기전에 군정을 책임지고 있는 군수님께 우선 알려 드립니다.

4. 충청북도에서 사업시행자를 구 한국토지공사에 넘겨주지 않았다면 제가 연고가 없는 지역에서 이사건 토지를 매수할 이유가 없고, IMF 규제 금융시기가 아니었으면 규정상 매수할수도 없고, 상위직급 퇴직 전략에 의하여 실직도 하지 않았고, 부부가 실직으로 인한 중증 환자가 되지도 않았을 것이며, 청원군이 매매조건에 관여 하지 않았으면 애사심이 있더라도 일시불로 매매계약을 할 이유가 없었으며, 1300여 명의 단독주택지 매수자중 가장먼저 매매대금을 납부하지도 않았을 것이기 때문에 매도자가 토지분할 확정측량시 세제상 청원군 및 매도자에게 유리하도록 위법행위를 하였다 하더라도 배신감을 느끼진 않았을 것이고, 매도자, 청원군, 충청북도에서 관련 법률의 준수 하지않은 것 중 한가지 사유만 없었더라도 이사건은 발생하지 않았습니다.

5. 법률의 해석 및 적용은 평등해야 하고 미확정 부동산에 대한 쌍무계약은 사업시행자. 행정관서. 매수자가 신뢰를 바탕으로 이행되어야 함에도 불구하고 매매계약을 성실히 이행한 매수자를 토지분할 확정측량시 매도자 및 청원군에 유리하도록 역차별 하였고 환불금 지급이 늦어 소유권 이전이 지연되었는데, 소유권 이전은 않됐지만 실질적인 소유자라고 재산세를 부과징수 하였음에도 불구하고 토지분할이 왜 불법으로 시행되었는지 재산세를 무슨 근거로 부과하였고, 부과당시 어떤 사유로 장기 미등기자라는 판단을 못했는지 답변도 하지않고 저에게 과징금을 부과한 것은 사업시행자 및 청원군이 매수자에게 사기 행위를 하였다고도 판단될수 있습니다.

6. 저는 매도자로부터 토지분할 확정측량 결과를 통보받고 지방세법에 의하여 취득세를 피고에게 납부하였으나, 누구보다도 먼저 매매대금을 먼저 낸 저에게 역차별(재산적가치보다 정신적 박탈감이 컸음)하였기 이의를 제기할수도 있었으나 제가 20년 넘게 직장생활을 한 안면이 있는 직장후배들의 입장을 고려하고, 후배들은 앞으로 계속 청원군의 협

조를 얻어야 하는 입장이기 때문에 이를 이해하고, 담당자에게 저의 퇴직금도 온라인 입금 받았고, 매매대금도 온라인 송금하였으므로 면적정산 환불금을 온라인 입금시켜달라고 구두 요청 하였으나, 매도자는 서류를 제출하여야만 한다기에 저는 인격에 손상을 입어 서류를 제출할 마음이 내키지 않았고, 등기관계를 머릿속에서 지워버렸고, 2002.11.1부터 매도자 본사 사무실을 무상임차하여 경조사업무를 담당했으므로 전화번호도 공유했고 주소나 전화번호등이 바뀌지 않았으나 환불해주겠다는 연락이 없었고 2009년 2월 환급금 수령 신청 연락을 받았습니다.

7. 저는 소유권 이전 안내문을 매도자로부터 송달받지 못했고 2002.11.1부터 최저생계비 수준인 월 80만원의 보수를 받고 구 한국토지공사 퇴직자모임 실무를 담당하게 되어 판매담당자와는 너무 정떨어져 대화하기가 싫었고 제가 재직시 같이 근무했던 홍용석 부장에게 부탁하여 2002.11.26 등록세용 토지대금 완납확인서를 팩스로 받아보니 토지분할 확정 측량일만 토지 대금완납일로 표시되어 있어 등록세 납부 기준시점을 토지분할 확정측량일로 판단하여 등록세도 다를 매수자에 비해 많이 부담해야 한다는 판단을 했고,(그당시는 차후에 알게된 등기완료일로부터 기산하면 60일 이내이므로 등록세는 차이가 없음)
저는 2002년 개별공시지가가 공시된 것을 몰랐기 때문에 2002.12.11 청원군에게 국민주택매입기준을 취득세 등록세 기준으로 해달라는 요청을 했으나 청원군은 매입가보다 훨씬 높은 시가표준액이라고 답변하여 국민주택채권까지 많이 사야한다고 판단하기도 했습니다.

제가 토지분할 확정측량 완료시기에 즈음하여 소유권보존형식을 빌린 표시변경등기(이하 "환지등기"라 한다)가 2002년 초반에 이루어진 것으로 판단한 이유는 충청북도가 지원대책반까지 두어 매도자를 독려했기 때문에 환지등기가 조속히 이루어진 것으로 판단했으나 행정구역 변경과 등기공무원과의 이견으로 9개월이 소요되어 민원이 많았다고 합니다.

행정안전부에서는 부동산 환지등기 신청일로부터 만료일까지 43일이 소요된 것은, 환지등기 신청일 기준일과 소유권이전등기 신청기준일이 중첩되므로 등기관이 잘못한 것이 아니냐는 저의 질문에
부동산 등기 특별 조치법에 의한 과태료 부과징수 규칙 제2조 4호에 의거 환지등기 신청일로부터 완료일까지는 시장군수가 등기신청 기간에 산입하지 않을수 있으므로 등기관의 위법은 아니라는 답변을 들었습니다.
따라서 2002.11.26, 구 한국토지공사에서 등록세용 토지대금 완납확인서에 환지등기 완료일(2002.10.04)을 표시하여 관리해왔다면 팩스를 받은 시점은 등록세와 관련하여 다른사람에 비해 더 부담해야 되는 것이 없기 때문에 소유권 이전이 지연되지 않았을 것이고 환급금 지연사유가 매도자에 있으므로 저에게 과징금을 부과해서는 안됩니다.

8. 제가 2012.8.9일 현 한국토지주택공사에 민원을 제기하여 회신 받은바에 의하면 환지등기 완료일(소유권이전가능일)은 2002.10.04이며 대금완납자는 소유권이전 가능일로부터 60일이내, 대금미납자는 대금완납일로부터 60일이내에 소유권이전등기 안내문을 발송하였다고 주장하나 저는 소유권이전 안내문을 송달받지 못하였습니다.

9. 등기는 신청일만 표시되기 때문에 이 사건 토지등의 경우 등기 신청일로부터 완료일까지 43일 경과되었고 송달기간까지 감안하면 저와 같이 소유권 이전등기신청 안내문을 받지못한 사람은 완료일에 대한 증거가 없어 부동산등기특별조치법 제2조1항1호에 의한 소유권 이전 등기신청 기간을 60일을 10일로 단축 시킨것이기 때문에 필히 매도자 및 청원군은 환지등기완료일을 공시 기재하여야만 부동산등기 특별조치법에의한 과태료 부과징수규칙 제2조(등기신청기간의 산정)4호에 의거 등기권리자가 등기신청을 해태한 상당한 사유가 있는 것으로보아 등기신청기간에 이를 산입하지 않도록 했어야 하나 이행하지 않았습니다.

10. 충청북도 소속 공무원의 위원장으로 있는 충청북도 행정 심판위원회는 행정 심판법에 의하여 구술심리를 할수있다고 통보하였기 제가 기존법령해석과 다르게 법령해석을 받아 과징금을 부과한 것은 부당하므로 구술심리를 하겠다고 문서를 제출하고 방문하였으나 거절하였습니다.
제가 청원군을 통해 부동산 등기특별조치법 제2조1항의 해석 자료를 충청북도에 전달되었는데 충청북도에서 법무부 질의시 삭제한 것은 행정 절차법 제4조를 위반한것이라고 판단하여 법령해석을 안전 행정에 질의한바 2013.5.8 행정절차법 제4조1항은 “행정청은 직무를 수행함에 있어서 신의에 따라 성실이 하여야 한다.”고 규정하고 있고, 제2항은 “행정청은 법령등의 해석 또는 행정청의 관행이 일반적으로 국민들에게 받아들여진 때에는 공익 또는 제3자의 정당한 이익을 현저히 해할 우려가 있는 경우를 제외하고는 새로운 해석 또는 관행에 의하여 소급하여 불리하게 처리하여서는 아니된다.”고 규정하고 있는바, 이는 행정청은 행정권을 행사함에 있어서 신의에 좇아 성실히 수행하여야 할 의무가 발생하여, 행정청이 스스로 행해온 법령의 해석, 관행 등을 국민의 신뢰에 반하는 임의적인 변경의 금지를 선언한 것이라 할 수 있습니다. 라고 답변했으므로 충청북도 행정심판위원회, 청원군, 충청북도는 행정절차법 제4조를 위반하여 저에게 신체의 자유를 침해한 바 있습니다.

11. 청원군은 2006.10.2 매도자로부터 공부상 소유자는 매도자이나 지방세법 제 174조, 지방세법 시행규칙 제79조에 의하여 사실상 소유자는 매수자라는 사실을 통보받은 것을 근거로 매수자에게 재산세를 부과하여 납부하였기 때문에 만약 미확정 부동산에 대한 쌍무계약에서 소득세법에 의한 청산이 이루어지지 않았더라도 부동산 등기특별조치법 제2조1항1호에 한 반대급부의 이행이 완료된 것으로 해석된다면 2002.10.4 환지등기가 완료된후 3년이 경과된 시점이기 때문에 그 당시 부동산 실명법 제5조⑤항 및 부동산 실명법 시행령 제3조①항에 따

라 과징금을 부과하지 않고 경과기간이 늘어난 2011.7.7 사전고지하여 2011.12.29 매수자에게 과징금을 부과한 것은 과징금이 증가하였으므로 부당한 처분입니다.

12. 충청북도에서 도민들의 소득증대를 위하여 지원대책반까지 두어 구 한국토지공사로 하여금 조속히 시행토록 독려하였고 IMF시 구 한국토지 공사의 경영난으로 조성공사가 중단될 위기에 봉착하였고, 구 한국토지공사 직원들의 필사적인 자구노력으로 큰 차질없이 추진 될수 있었고 구 한국토지공사는 본사업 시행으로 많은 손실을 본 것으로 알고 있습니다.(단독주택지의 30%이상을 매수또는 알선)

13. 저는 구 한국토지공사 충북지사에 재직중 경영위기 극복을 위한 경영전략에 의하여 청원군이 취득세 납부시기를 지방세법에 불구하고 토지분할 확정측량일 이후로 미루었기 때문에 3년 6개월후 공사준공 예정인 토지를 애사심으로 일시납 방식으로 (대부분은 3년 분할납부 방식으로) 계약 체결하였고 구 한국토지공사 2차 경영전략(상위직급자 77%퇴직)에 의하여 매매계약 체결후 42일만에 퇴직하였고 퇴직금으로 선납하이 1300여 단독 주택지 매수자중 가장먼저 매매대금을 납부(확정측량시 면적이 감소할 것을 예상하여 104,040원 남겨둠)하였습니다.

14. 구 한국토지공사는 토지분할 확정측량시 지적법령상 1cm단위로 측정하고 0.1㎡단위까지 산출하도록 되어 있으므로 블록면적 증감을 법령에 의거 안분했다면 0.8㎡가 감소되어야 하나 5.1㎡감소되게 필지 경계표지를 설치하므로서 제가 구 한국 토지공사에 3,015원을 추가 납부하도록 볼록이 시공되었음에도 불구하고 481,930원을 환불받도록 조치하여 완납 처리하므로서 청원군이 저에게 사업시행자 소유 토지에 부과하는 재산세의 2배에 해당되는 재산세를 부과 했으면서도 재산세 부과당시 장기 미등기자라고 판단하지 못한사유를 제시하지 않고 공문

서까지 위조하여 과징금을 부과한 것은, 어려운시기에 도움을준 국민을 우습게 보고 죽음의 구덩이에 처박은 행위와 다름없습니다.
15. 토지분할 확정측량 경계표지는 구 한국토지공사에서 설치했지만 청원군도 매각조건에 관여했고 토지처분 및 토지분할 지적측량 검토권이 있으며 충청북도도 토지 처분 계획서 승인권 및 지적측량 성과에 대한 검사권이 있으므로 위법한 토지분할 행위에 의하여 이득을 보았으므로 불법행위에 대한 공동책임에서 벗어날 수 없다고 판단됩니다.

16. 상기와 같은 불법행위가 있었음에도 불구하고 청원군은 제가 과징금 부과전 사건고지에 따른 의견서로 제출한 내용과 다르게 매매대금 납부시기, 등록세 납부여부, 소유권이전 가능 시기등을 사실과 다르게 제출하였고, 충청북도에서는 사실 관계를 청원군에 확인도 하지않고, 제가 제출한 확정측량 결과 면적이 증가한 경우의 법령해석 내용, 매매 계약서를 의도적으로 삭제하고 등록세까지 납부하고 소유권이전을 하지 않은 것은 장기 미등기에 해당된다고 의견서를 작성한 것을 공문서 위조에 해당된다고 판단합니다.

17. 사업의 계속 시행여부가 불투명하여 매도자라는 용지 매매계약서에 매매 대금의 30%를 공사준공일까지 약정일자를 미룰수 있다는 조항까지 넣어 매각하였고 면적 증감이 10%이내인 경우에는 매도자에게 책임을 물을수 없다면, 환불시에 반드시 서류를 청구할 필요가 없고 매도자가 퇴직금을 지급한 계좌로의 송금을 거절했으므로 민법상 환급금 자체에 따른 책임이 매도자에게 있으므로 청원군이 저에게 과징금을 부과한 것은 어려운 시기에 도움을 받은자가, 상대에게 범법자로 되갚는 안하무인의 행정이라고 볼 수밖에 없습니다.

18. 충청북도는 제가 고등법원을 통해 법령해석 요청시 사실과 다르게 작성한 사유를 조회하였으나 사실조회 답변이 잘못되었으므로 다시 수

정제출할 것을 요구하였으나 담당부서 및 감사담당관은 거절하였으므로 위증에 해당 된다고 판단됩니다.
충청북도에서는 제가 2001.12.26 잔금과 취등록세를 납부하고, 2002.8.7 지번결정 및 등기부가 생성되었고, 2009.3.2 정산금 환불 받았다는 질의요지만 사실과 다르게 작성하여 법무부에 질의했다는 사실을 제가 충청북도 조혜민 주무관으로부터 2012.5.8 팩스 내용을 재확인 하였는데 충청북도는 2012.9.28 사실조회 답변서에 제가 삭제하였다고 표현한 내용을 법무부에 질의한 내용에 상세하게 기술되었다고 허위 공문서를 작성하여 법원에 제출하였기, 제가 사실과 다르므로 재회신을 요청하였으나 거부하였다.(충청북도 담당자 김창현 감사관, 신성영 팀장, 이영태 주무관, 신용수 과장, 이완구 팀장, 권혁미 주무관)

19. 상기와 같이 불법행위에 의하여 청원군이 저에게 과징금을 부과하였기에 과징금 부과를 취소 해주시기 바라며 만약 청원군이 과징금 부과를 취소하고, 부동산을 압류한 것을 해지 않는다면 매도자 및 청원군과 충청북도는 불공정한 법률행위를 하고도 의무를 게을리 하거나 법령을 알지못해 행정행위를 못한것까지 매수자에게 전가하여 신체의 자유까지도 침해 하였다는 사실을 고발, 진정, 언론에 제공함과 동시에 미확정 부동산에 대하여 매매계약을 성실히 이행하면 확정측량시 면적이 감소하고 제세면에서도 불리하므로 일시납으로 절대 계약하지 말것과 불법행위를 못할만큼 잔금을 남겨놓으라고 전파하여 저와같은 불행한 일이 없도록 하고자 하오니 현명하신 판단을 부탁드립니다.

2014.01.20 민원인 김정선

발신 :

수신 : 충청북도 청주시 상당구 상당로 82(문화동)
충청북도 지사귀중

참조 : 김창현 감사관님

제목 : 귀도 공무원들은 무고한 국민으로부터 약탈자, 살인자라는 인식을 받아야 하는가

1. 귀도 감사관 -874(`14.1.22)호와 관련입니다.

2. 저는 귀도 공무원들이 은혜를 원수로 되갚은 행정 행위로 인하여 양심이 있는 사람들인가 하는 생각에 매일 밤잠은 설쳐 정신적 육체적 고통속에 살아가고 있으며 귀도공무원 및 청원군청공무원은 의무는 이행하지 않고 권리만을 주장하는 의식에 다시한번 경악을 금치못하겠습니다.

3. 귀도도 잘알다시피 귀도에서 추진하다가 구 한국토지공사로 시업시행자로 넘겨준 오창공단의 보상민원과 오창공단 시행을 조속히 추진하도록 귀도에서 지원대책반까지 두어 구 한국토지공사를 독려하였고 사업준공 보고서에 의하면 구 한국토지공사는 사업손실을 가져온 것으로 판단됩니다.

4. 저는 IMF시 어쩔수없이 이사건 토지를 매입하였고(공사 직원들이 단독주택지의 3분의1이상 직접매수 또는 알선), 구 한국토지공사는 자금이 없어 사업의 계속 시행여부가 불투명 했기 때문에 매매 계약서에 매매대금의 30%까지 대급납부 약정기일을 미룰수 있다는 조항까지 넣었으며 청원군에서 지방세법에 불구하여 취득세 납부시기를 늦추었기 때문에 마지막 잔금을 처가에서 빌리기로 하고 3년 6개월 후 공사준공 예정인 토지를 일시납으로 체결하였고 구 한국토지공사의 상위직급자 퇴직전략(다면평가, 주공과의통합, 퇴직금을 일원화 하면 30%정도만 수령)에 의하여 명예퇴직하여(그 무렵 77%

퇴직) 1250여 필지 매수자중 가장먼저 매매대금을 납부한 것으로 판단됩니다.

5. 미확정 부동산에 대한 확정측량은 신의성실의 원칙 및 평등권, 지적법에 입각하여 블록의 면적 증감을 각필지에 안분했어야 하나 본인이 매수한 필지의 면적이 많이 감소하였기 이의는 제기할수도 있었으나 공사직원 이었던 것을 감안하여 담당자에게 환불금을 퇴직금 입금 계좌로 송금해 달라고 요청하였으나 거절하였기, 동시이행항변권이 있다고 판단하고 사내 여론에 의한 판단 잘못으로 퇴직하여 소득이 없는 상태에서 대금 납부후 3년 6개월후 확정측량시 역차별 받았고 안면몰수 까지도 당했는데 순순히 응하는 사람이 어디있겠습니까.

6. 위법한 확정측량에 의하여 매매대금을 소유권이전 가능시기로부터 4년 3개월전 납부하여 공사가 중지되지 않도록 사업사행자 및 청원군청에 도움을 준사람은 면적이 줄어들어 양도소득세 보다 많은 과징금을 부과 받아야 하고 면적이 증가한 사람은 소유권이전 가능시기 8년후에 소유권 이전을 하여도 과징금 부과가 안된다면 수긍이 가는 사람이 어디있겠습니까?

7. 토지분할 확정측량은 구 한국토지공사에서 시행했지만 청원군에서 취득세 납부를 토지분할측량 이후로 미루었기 때문에 일시불로 매매계약을 체결했으므로 불법인 확정측량에(3,015원 추가납부→ 481,930원 환불)의하여 급부가 완료되었다고 하더라도 지방세에 관한한 청원군은 저에게 완료 되었다고 대항할수 없습니다.

8. 토지분할 확정측량은 의식구조 및 업무편의상 매매대금을 완납한 사람이 행정편의적으로 손해이기 쉬우며(면적이 증가할 경우에는 사업시행자는 매수자로부터 추가로 돈을 받아야 하는 번거로움이 있고 재산세 납부 대상자 이며 면적이 감소하는 경우에는 환불해주면 소유권을 매수자에게 넘겨주어 재산세는 매수자가 납부해야되며, 오창산단의 경우 청원군은 사업시행자의 보유재산세는 50%감면 되므로 면적이 감소하면 2배의 재산세를 매수자에게

부과할수있음)면적감소에 따른 환급금을 받지 않았는데(민법상 매도자 책임) 확정측량일을 매매 대금완료일로 본다면 기만행위입니다.

9. 평등권을 침해한 토지분할 확정측량 결과 면적이 증가한 경우에는 잔금이 남아있으므로 소유권 이전등기에 필요한 서류를 매도자가 발급해주지 않으므로 무한정 소유권 이전 등기를 미룰수 있고 (등기선례) 면적이 감소한 경우에는 토지분할확정 측량일에 완납처리 되어 배신감 때문에 적극적으로 환불요청 하지않아 3년이내에 소유권 이전 등기를 하지 않았다고 과징금이 부과된다면 평등권을 지켰다고 보겠습니까.

10. 저는 청원군으로부터 과징금 부과 사전 통지를 받고 제가 환불금을 받지않은 상태였기 때문에 장기미등기자가 아니라고 판단하였고, 장기미등기자라면 50%감경이라도 받으려고 토지분할 확정측량 관계를 간단히 서술하고 청원군이 매매조건에 관여하지 않았냐는 것을 언급하지 않았고, 토지매입경위 및 부부가 중증 환자여서 수술비 마련을 위해 매각하였고, 최저 생계비 정도 소득활동을 하고 있다는 사실을 알려주고 선처를 호소한바 있습니다.

11. 본인이 매수한 필지가 속한 블록의 당초분양면적과 토지분할 확정측량 면적을 비교해보면 본인이 매수한 오창읍 양청리 745-7 필지는 토지분할 확정측량 3년 6개월전에 토지대금을 납부하였는데 5.1㎡ 감소되도록 필지경계표지를 설치하였고 확정측량일 또는 소유권 보존형식을 빌린 표시등기일로부터 3년이 경과하였다고 과징금을 부과받아야하고 동소745-‐필지를 매수한 사람은 3.8㎡가 증가하여 소유권보존 형식을 빌린 표시변경 등기후 8년이 지난후에 소유권 보존등기를 하여도 과징금이 없다는 것은 미확정 부동산에 대하여 토지매매대금을 일찍내면 면적이 줄어들고 재산세 뿐만 아니라 과징금을 부과 받을수 있으므로 부동산 등기 특별조치법 및 부동산 설명법은 부동산거래 질서를 어지렵히도록 제정한 법률이라는 것을 국민들에게 널리 알려 저와같이 재산과 건강을 잃는 일이 없도록 하여야 합니다.

12. 부동산 설명법 제 10조1항은 부동산등기 특별조치법 제2조1항의 적용

을 받는자라는 전제조건이 있으므로 쌍무계약에서 반대급부 이행일은 대금 청산일로 보아야 매수자와 매도자간의 의무의 이행과 권리의 주장에 평등권이 성립된다고 판단되며 기존법령해석은 소유권 이전 가능시기 이후 매매대금 정산일을 기산일로 보았고 상기와 같은 사유가 있으므로 가령 제가 실명법을 위반하였다 하더라도, 과징금을 줄여줄수 있는 방안을 고려했어야하나 오히려 청원군 공무원은 사실내용을 다르게 작성하였고 귀도에서는 본인이 청원군에 제출한 부동산 등기 특별조치법 제2조 1항에 대한 해석자료를 제외시키고 질의한 것은 저를 포함한 구 한국토지공사 직원들의 피와 눈물로 이루어낸 과실로 이득을 보았으면서도 귀도는 허위공문서를 작성하여 저에게 청원군으로 하여금 과징금을 부과케하고 건강까지도 해쳤기 때문에 약탈자, 살인자라는 인식을 가질 수밖에 없습니다.

13. 매도자는 소유권이전 안내문을 발송하였다고하나 제가 받았다는 물증을 제시하지 못하고 있으며 저는 법령에 있는 사항까지도 왜 확인이 안되었다고 판단하는지 명확한 근거제시도 없이 그것만으로 부족하다는 재판부의 판시는 잘못된 것이고 청원군에서 과징금을 부과했다고 청원군에 미룰것이 아니라 귀도에서 처리한 문건에 대하여는 귀도에서 답변해주시기 바랍니다.

14. 귀도 감사실에서 감사지적 하였고 귀도에서 대진고등법원을 통한 사실확인서 회신답변이 위증이 아니라고 답변하였기 때문에 감사관에게 문서를 제출하였으니 양지하시기 바랍니다.

2014. 2 . 11 민원인 김정선

- 160만 도민이 행복한 「함께하는 충북」 -

충 청 북 도

생명과 태양의 땅 충북

수신 김정선 귀하

(경유)

제목 민원이송 알림

1. 평소 도정 발전을 위해 많은 관심을 가져주신 데 대해 깊은 감사를 드리며, 귀 가정에 행복을 기원합니다.

2. 귀하께서 제출하신 "과징금 부과 관련 진정(민원 1026, 2014. 2. 17.)" 에 대하여는 청원군(감사정보과)에서 조사처리 후 귀하께 회신토록 조치하였음을 알려드리오니 널리 양해하여 주시기 바랍니다. 끝.

충 청 북 도 지 사

주무관 김준영 조사팀장 김대희 감사관 전결 2014. 2. 19. 김창현

협조자

시행 감사관-1945 (2014. 2. 19.) 접수

우 360-765 충청북도 청주시 상당구 상당로 82(문화동) / http://www.cb21.net/

전화번호 220-2953 팩스번호 220-2919 / kjunyoung66@korea.kr / 비공개(5,6)

정보의 개방과 공유로 일자리는 늘고 생활은 편리해집니다

청구원인에 대한 답변

1. 피고 한국토지주택공사 충북지역본부는, 충청 청원군 오창첨단산업단지내 단독주택건설용지 가지적 272-5, 가지적 356㎡(이하 '이 사건 부동산'이라 합니다)에 관하여, 원고와 정상적인 방법에 의하여 매매계

접수 No. 2014. 08. 14 청주지방법원

29987

변호사 권 영 국 법률사무소 - 1 -
청주시 흥덕구 산남로 64(산남동) (신협변호사 빌딩 5층 501호)
TEL. (043) 284-1600 · 284-1611
FAX. (043) 284-1612

약을 체결한 것입니다.

따라서 원고의 피고 한국토지주택공사 충북지역본부에 대한 청구는 이유 없다고 할 것입니다.

2. 기타 자세한 청구원인에 대한 답변은 추후 제출하도록 하겠습니다.

첨 부 서 류

1. 위임장	1통
1. 답변서 부본	1통

2014. 8. .

피고한국토지주택공사 충북지역본부의
소송대리인 변호사 권 영 국

답 변 서

사 건 2014가단13242 사기성과징금에 대한 손해배상청구

원 고 김 정 선

피 고 청원군수 외 2

위 사건에 관하여 피고 청원군수의 소송수계인 청주시는 아래와 같이 답변합니다.

청구취지에 대한 답변

1. 원고의 피고 청원군수에 대한 청구를 기각한다.
2. 원고와 피고 청원군수 사이의 소송비용은 원고가 부담한다.

라는 판결을 구합니다.

청구원인에 대한 답변

1. 원고의 청구 요지

사건의 내용으로 보건데 원고는 피고들에 대하여 불법행위에 기한 손해배상을 주장하는 듯합니다. 원고의 소장 기재만으로는 명확하게 정리되지 않으나 원고의 피고 청원군(이하 '청원군'이라 합니다)에 대한 불법행위책임의 근거를 피고 청원군수의 소송수계인 청주시(이하 '피고'라 합니다) 나름으로 정리하면 '청원군이 충청북도와 함께 원고로 하여금 일시납을 유도하게 한 것은 반사회적 행위이며, 원고에 대하여 개정 실명법을 적용하지 않은 불법이 있으며, 과징금 부과처분에 임하여 감경을 하지 않은 위법이 있다'는 것으로 요약됩니다.

2. 청원군의 불법행위 책임 여부

원고가 주장하는 청원군에 대한 위법의 내용은 이미 원고와 청원군 사이의 행정심판 및 행정소송을 통하여 청원군에 위법함이나 부당함이 없는 것으로 확정되었습니다(을가의 1 내지 을가의 4). 따라서 청원군에게 고의 또는 과실의 불법책임이 있다고 할 수 없는바 원고의 청원군에 대한 청구는 이유 없습니다.

3. 결어

따라서 소장 기재만으로는 원고의 청원군에 대한 불법행위책임을 인정하기 불가하므로 원고가 행정쟁송 관련 외의 사유에 의한 고의 또는 과실을 적시하여 입증하지 못하는 한 청원군에 대한 청구는 이유없으므로 기각을 구합니다.

입 증 서 류

1. 을가 제1호증	충청북도행정심판위원회 재결서
1. 을가 제2호증	판결문(청주지방법원 2012구합596)
1. 을가 제3호증	판결문(대전고등법원 2012누547)
1. 을가 제4호증	판결문(대법원 2013두12089)

2014. 8. 18.

피고 청원군의 소송수계인 청주시

소송대리인 정 윤

청주지방법원 귀중

청구원인에 대한 답변

1. 본안전항변

충청북도지사는 행정청이므로 행정소송의 당사자가 될 수는 있어도 민사소송의 당사자가 될 수는 없습니다. 따라서 충청북도지사를 피고로 지정한 이 사건 소는 각하되어야 마땅하나 가사 이러한 소송요건의 흠결이 치유된다고 하더라도 다음과 같은 이유로 원고의 청구는 기각되어야 할 것입니다.

2. 본안에 관한 항변

가. 원고 주장의 요지

1) 원고는 1998. 6. 8. 피고2 한국토지주택공사와의 사이에 충북 청원군 오창읍 양청리 745-7번지 350.9㎡(이하 '이 사건 부동산' 이라고 합니다)에 대하여 매매계약을 체결하고, 2001. 12. 26.에 매매대금을 완납한 후 8년이 지난 2009. 10. 30.에 원고 명의로 소유권이전등기를 하였는데, 원고는 2002. 당시 소유권이전과 관련된 안내문을 받았음에도 불구하고 이를 이행하지 않아 2011. 12. 29. 피고1 청원군으로부터 부동산 실권리자명의 등기에 관한 법률(이하 '부동산실명법' 이라 합니다) 제10

조 제1항[1] 위반을 이유로 과징금부과처분(이하 '이 사건 처분' 이라 합니다)을 받은 바 있습니다. 이에 원고는 처분의 위법·부당성을 주장하며 취소심판 및 취소소송을 제기하였으나 모두 기각(을다 제1호증 내지 제4호증 참조)되자, 이 사건 부동산의 면적감소에 따른 한국토지공사와의 정산문제 등으로 소유권이전등기를 못한 정당한 사유가 있고 또한 조세를 포탈하거나 법령 제한을 회피할 목적으로 소유권이전등기를 지연한 것은 아니라고 하면서 다시 한 번 이 사건 민사소송을 제기한 것입니다.

2) 원고는 청원군이 위와 같은 원고의 위법사실을 기초로 충청북도에 질의회신을 하였고 이에 충청북도가 법무부로 질의회신을 한 바 원고가 제출한 자료가 모두 법무부로 그대로 제출되지 않았음을 이유로 충청북도는 피고1 청주시와 피고2 한국토지주택공사와 연대하여 원고에게 24,071,040원 및 이에 대하여 소장 부본 송달 다음날부터 다 갚는 날까지 연 6%의 비율에 의한 금원과 3,000,000원의 위로금을 지급하라고 주장하고 있으나, 이는 다음과 같은 이유로 받아들일 수 없습니다.

나. 이 사건 처분의 적법 · 타당성

1) 사건의 경위

1) 부동산 실권리자명의 등기에 관한 법률 제10조 (장기미등기자에 대한 벌칙 등) ① 「부동산등기 특별조치법」 제2조제1항,제11조 및 법률 제4244호 부동산등기특별조치법부칙 제2조를 적용받는 자로서 다음 각 호의 어느 하나에 해당하는 날부터 3년 이내에 소유권이전등기를 신청하지 아니한 등기권리자(이하 "장기미등기자"라 한다)에게는 부동산평가액의 100분의 30의 범위에서 과징금(「부동산등기 특별조치법」 제11조에 따른 과태료가 이미 부과된 경우에는 그 과태료에 상응하는 금액을 뺀 금액을 말한다)을 부과한다. 다만, 제4조제2항 본문 및 제12조제1항에 따라 등기의 효력이 발생하지 아니하여 새로 등기를 신청하여야 할 사유가 발생한 경우와 등기를 신청하지 못할 정당한 사유가 있는 경우에는 그러하지 아니하다.

1. 계약당사자가 서로 대가적(代價的)인 채무를 부담하는 경우에는 반대급부의 이행이 사실상 완료된 날
2. 계약당사자의 어느 한쪽만이 채무를 부담하는 경우에는 그 계약의 효력이 발생한 날

○ 2011.05.06. - 2011년도 충청북도 감사시 결과 처분 요구

○ 2011.12.29. - 청원군 과징금 부과처분(과징금 : 24,071,740원)

○ 2012.02.29. - 충청북도행정심판위원회 "기각" 재결

(충북행심 2012-15, 을다 제1호증)

○ 2012.07.12. - 청주지방법원 "기각" 판결

(청주지방법원 2012구합596, 을다 제2호증)

○ 2013.05.15. - 대전고등법원 "기각" 판결

(대전고등법원 2012누547, 을다 제3호증)

○ 2013.09.26. - 대법원 "기각" 판결

(대법원 2013두12089, 을다 제4호증)

2) 원고의 청구는 대법원 판결의 기판력에 저촉되는 것입니다

위에서 본 바와 같이 이미 이 사건 처분에 대한 취소소송의 대법원 판결은 이 사건 처분의 적법·타당성을 인정하여 원고 청구를 기각하였으나 원고가 이를 인정하지 않고 다시 이 사건 처분에 대해 문제제기를 하며 손해배상 청구를 한 것인데, 이는 취소소송의 소송물(기판력의 대상)이 후소의 선결문제로 되는 때에 해당하여 대법원 판결의 기판력에 저촉되므로 기각되어야 할 것입니다.

3) 법무부에 대한 질의는 이 사건 처분에 어떠한 영향도 미친 바 없습니다

또한 위 대법원 판결의 취지는 충청북도의 법무부에 대한 질의가 이 사건 처분을 위해 반드시 필요한 사전절차가 아니었음은 물론, 위 질의에 대한 법무부의 회신

내용이 충청북도지사 또는 피고에게 어떠한 구속력을 갖는다고 볼 수도 없다는 것입니다. 정부의 정책 및 법적해석 등에 관해 그 내용을 명백하게 알 수 없는 경우에 관계부처에 질의를 하게 되며 관계부처에서는 이에 대해 회신을 하게 되는데, 이러한 질의회신 내용을 '유권 해석' 이라는 용어로 바꾸어 사용하는 것이 습관화되어 있으나 이는 질의회신 내용이 마치 법적 구속력이 있는 것처럼 오해할 수 있게 하는 잘못된 습관입니다. 질의회신은 관계부처 담당관의 의견에 불과한 것일 뿐, 하등의 법적 구속력이 있는 행정행위가 아니기 때문입니다. 따라서 설령 원고의 주장과 같이 위 질의 내용에 일부 사실과 다른 부분이 포함되고, 원고가 제출한 자료가 모두 법무부로 그대로 제출되지 아니하였다 하더라도, 그로 인해 이 사건 처분이 위법하게 된다고 볼 수 없어 적법·타당한 처분이라고 판시한 것입니다.

다. 원고의 주장에 대한 답변

1) 원고 청구의 불명확성

가) 피고는 장문의 소장 부본을 송달받았으나 그 주장의 법적 논리성이 결여되어있고 단순히 원고 본인의 억울함을 되풀이하며 토로하는 수준이라고 밖에 볼 수 없어 원고가 청구하는 바가 무엇인지 명확하게 알 수는 없으나, 일단 청구취지 1항의 24,071,040원은 원고가 납부한 과징금과 동일한 액수로서 이를 반환해달라는 취지인 것으로 보이나 그 반환의 근거가 없을 뿐만 아니라 처분청이 아닌 충청북도와는 아무런 관계가 없어 다른 피고들과 연대하여 배상할 성질의 것이 아니므로 논할 필요가 없이 마땅히 기각되어야 할 것입니다.

나) 이어서 청구취지 2항의 위자료 3,000,000원 부분에 관하여 볼 때, 원고는

피고3 충청북도에 대하여 위 질의회신과 관련하여, 원고가 제출한 자료가 모두 법무부로 그대로 제출되지 않아 행정절차법 제4조[2]를 위반하였다는 점 등을 이유로 민법 제751조 제1항[3]에 근거한 불법행위책임을 묻고 있는 것으로 보입니다.

2) 행정절차법 제4조를 위반하였다는 점에 관하여

가) 신의성실의 원칙에 관한 대법원 판결

대법원 2004. 7. 22. 선고 2002두11233 판결에 따르면, "신의성실의 원칙은 법률관계의 당사자는 상대방의 이익을 배려하여 형평에 어긋나거나 신뢰를 저버리는 내용 또는 방법으로 권리를 행사하거나 의무를 이행하여서는 아니된다는 추상적 규범을 말하는 것으로서, 신의성실의 원칙에 위배된다는 이유로 그 권리의 행사를 부정하기 위하여는 상대방에게 신의를 주었다거나 객관적으로 보아 상대방이 그러한 신의를 가짐이 정당한 상태에 이르러야 하고, 이와 같은 상대방의 신의에 반하여 권리를 행사하는 것이 정의 관념에 비추어 용인될 수 없는 정도의 상태에 이르러야 하고(대법원 2001. 7. 13. 선고 2000다5909 판결 참조), 일반 행정법률관계에서 관청의 행위에 대하여 신의칙이 적용되기 위해서는 합법성의 원칙을 희생하여서라도 처분의 상대방의 신뢰를 보호함이 정의의 관념에 부합하는 것으로 인정되는 특별한 사정이 있을 경우에 한하여 예외적으로 적용된다고 할 것이다(대법원 2002. 10. 25. 선고 2001두

---

2) 행정절차법 제4조(신의성실 및 신뢰보호) ① 행정청은 직무를 수행할 때 신의(信義)에 따라 성실히 하여야 한다.
② 행정청은 법령등의 해석 또는 행정청의 관행이 일반적으로 국민들에게 받아들여졌을 때에는 공익 또는 제3자의 정당한 이익을 현저히 해칠 우려가 있는 경우를 제외하고는 새로운 해석 또는 관행에 따라 소급하여 불리하게 처리하여서는 아니 된다.

3) 민법 제751조(재산 이외의 손해의 배상) ① 타인의 신체, 자유 또는 명예를 해하거나 기타 정신상 고통을 가한 자는 재산 이외의 손해에 대하여도 배상할 책임이 있다.

1253 판결 참조)" 라고 판시하고 있습니다.

나) 이 사건은 신의성실의 원칙이 적용되는 경우가 아닙니다

위 2. 나. 3)에서 살펴본 바와 같이 충청북도의 법무부에 대한 질의 및 그 회신 내용은 반드시 필요한 사전절차가 아니었으며 어떠한 구속력도 발생하지 않습니다. 따라서 피고가 원고에게 신의를 주었다거나 객관적으로 보아 원고가 신의를 가짐이 정당한 상태에 이르렀다고 볼 수 없고, 정의 관념에 비추어 용인될 수 없는 정도의 상태라고 할 수도 없으며, 합법성의 원칙을 희생하여서라도 원고의 신뢰를 보호함이 정의의 관념에 부합하는 것으로 인정되는 사정 역시 보이지도 않으므로 이와 같은 원고 주장은 받아들일 수 없습니다.

3. 결　론

피고1 청원군수(현 청주시)는 원고가 명백히 부동산실명법을 위반하여 과징금을 부과하였는데 이는 관련법령에서 관할 행정청에게 부여한 권한과 의무를 적법한 절차에 따라 성실하게 이행한 것임은 물론 그 내용 및 정도에 있어서도 원고가 이 사건 과징금 부과 처분으로 인하여 입게 된 불이익보다 동 처분으로 얻고자 하는 공익이 크다고 할 것입니다.

원고는 위법사실을 인정하면서도 이 사건의 경우와는 다른 법령해석 사례를 들며 피고들의 행정행위을 비난하는 잘못을 행하고 있으며, 또한 단순히 과징금 처분으로 인하여 원고가 정신적 손해를 받거나 기타 어려운 처지에 처하게 되었다는 사정만으

로는 피고에게 불법행위책임을 물어 손해배상을 구할 수는 없다고 할 것입니다. 따라서 원고의 청구를 모두 기각하여 주시기 바랍니다.

입 증 방 법

1.을다 제1호증 충청북도행정심판위원회 재결서 (충북행심 2012-15)

2. 을다 제2호증 청주지방법원 2012. 7. 12. 선고 2012구합596 판결문

3. 을다 제3호증 대전고등법원 2013. 5. 15. 선고 2012누547 판결문

4. 을다 제4호증 대법원 2013. 9. 26. 선고 2013두12089 판결문

첨 부 서 류

2014. 8. .

위 피고 소송대리인

충청북도 법무통계담당관실 변 상 혁 (印)

청주지방법원 민사1단독 귀중

준 비 서 면

사건 : 청주지방법원 2014가단 13242 사기성 과징금에 대한 손해배상

원고 :

김정선

피고 1 : 충청북도 청주시 상당구 상당로 155
충청북도 청원군수 (소송 수계인 청주시 대표자 이승훈)

피고 2 : 경기도 성남시 분당구 돌마로 172 (정자동)
한국토지주택공사 대표자 이재영

피고 3 : 충북 청주시 상당구 상당로 82 (문화동)
충청북도 대표자 이시종

담당재판부 : 민사1 단독

서 면 원 인

"별 첨"

2014. 9. 18

위 원고 : 김 정 선

청주지방법원 귀중

서면원인

1. **손해배상 책임을 생기게 하는 불법행위의 원칙적 형태는 고의 또는 과실에 의하여 타인의 권리를 침해하는 행위이다. 위법으로 발생케 한 타인의 손해는 전보함이 정의에 합치되므로 불법행위는 손해배상채권의 발생원인이 된다.** 즉, 불법행위가 있으면 가해자는 피해자에게 가해행위로 인한 손해를 배상하여야 한다(대한민국 민법 제750조)

- 공무원은 국민 전체에 대한 봉사자이며 국민에 대하여 책임을 진다.(헌법 제7조)
- 모든 국민은 인간으로서의 존엄과 가치를 가지며, 행복을 추구할 권리를 가진다. 국가는 개인이 가지는 불가침의 기본적 인권을 확인하고 이를 보장할 의무를 진다.(헌법 제10조)
- 모든 국민은 신체의 자유를 가진다. 누구든지 법률에 의하지 아니하고는 체포·구속·압수·수색 또는 심문을 받지 아니하며, 법률과 적법한 절차에 의하지 아니하고는 처벌·보안처분 또는 강제노역을 받지 아니한다.(헌법 제12조)
- 모든 국민의 재산권은 보장된다. 그 내용과 한계는 법률로 정한다.(헌법 제23조)
- **공무원의 직무상 불법행위로 손해를 받은 국민은 법률이 정하는 바에 의하여 국가 또는 공공단체에 정당한 배상을 청구할 수 있다. 이 경우 공무원 자신의 책임은 면제되지 아니한다.**(헌법 제29조)
- 국민의 자유와 권리는 헌법에 열거되지 아니한 이유로 경시되지 아니하며 국민의 모든 **자유와 권리는 국가안전보장 · 질서유지 또는 공공복리를 위하여 필요한 경우에 한하여 법률로써 제한할수 있으며, 제한하는 경우에도 자유와 권리의 본질적인 내용을 침해할수 없다.**(헌법 제37조)

2. **헌법 제11조 제1항에서 모든 국민은 법앞에서의 평등의 원칙을 선언하고 있고 경제질서등의 규정에서 실질적 평등의 구현을 위한 적**

극적 규정을 두고있습니다.

평등권은 개인이 국가에 대하여 가지는 공권으로서, 법앞의 평등에서의 법은 헌법,법률,명령 규칙등의 성분법만이 아니고 관습법등 일체의 법을 의미하며 법의 적용이 평등해야할 뿐만아니라 적용되는 법의 내용이 평등해야 된다는 것입니다.

3. 이 사건이 발생하게된 원인은 **피고들이 피고2 소유 도상가분할 토지를 매각하면서 피고들에게 불리하지 않다고 판단하여 지방세법 제29조(납세의무의 성립시기) 동법시행령 제73조 (취득의 시기등)의 규정에 불구하고 취득세 납부시기를 토지분할 확정측량일 이후로 미루어 애사심에서 매수해야만했던 원고에게 일시납**(5개월 1998.11.8 잔금납부 약정)**을 유도했음에도 불구하고 3년분할 납부 계약자의 잔금납부 약정일로부터 6개월이 도과한 시기에 토지분할 면적확정 경계표지 설치시 평등권 및 신의성실의원칙, 지적법 시행령 48조등을 준수하지않고 지방세를 더많이 징수하고 전가하기 위하여 매매대금납부 현황을 참조하여 토지매매대금을 성실히 납부한 매수자의 토지는 당초분양 면적보다 감소하도록 연체한 매수자 토지는 증가하도록 시행했기 때문입니다.**

- 77개 필지 표본조사 결과 **최대면적 증가 12.9㎡(4.5%증) 최대면적 감소 7.8㎡(2.3%감), cm단위로 환산하면 최대면적 증가 75.8cm, 최대면적 감소 43.3cm로 77개 필지중 23개 필지는** 10cm이상 차이가 발생하였으므로 **주관적 측량이었음이 입증됨.**

민법

제2조(신의성실) ① **권리의 행사와 의무의 이행은 신의에 좇아 성실히 하여야 한다.**

② **권리는 남용하지 못한다.**

지방세법 시행령

제73조(취득의 시기등) ① **유상승계취득의 경우에는 그 계약상의 잔금지급일**(계약상 잔금지급일이 명시되지 아니한

경우에는 계약일로부터 30일이 경과되는날)에 취득한 것으로 본다. 다만, 잔금을 계약상의 지급일전에 사실상 지급한 경우와 법 제111조 제5항 각호의 1에 해당하는 유상승계취득의 경우에는 그 사실상의 잔금지급일에 취득한 것으로 본다.

지적법 시행령

제48조(분할토지의 신구면적 오차의 허용범위등) ① **토지를 분할하는 경우의 면적측정에 있어서 분할후의 각 필지의 면적의 합계와 분할전 면적과의 오차가 다음 식에 의한 허용면적이하인 때에는 분할전 면적에 증감이 없도록 그 오차를 분할후의 각 필지의 면적에 안분 배부하여 결정한다.**

4. **원고는 국가경제위기시절 궁박에 준하는 구 한국토지공사 경영방침에 의하여 소속직원으로서 이사건 토지를 매수했어야했고 상위직급자 퇴직전략에 의하여 실직했고(77%) 일시납을 선택하였기** 매매계약서상 연체이자가 18%였기 때문에 예기치 못한 퇴직금으로 **1,250여명의 단독주택지 매수자중 가장먼저 (1998.7.24)매매대금을 납부할수밖에 없었으나, 토지면적 확정시 피고들의 반사회적 행위와 방조행위**(지방세법을 위반해 일시납을 유도했음에도 오히려 역차별)에 **정신적 충격을 받았고** 청산금 반환을 퇴직금 송금계좌로 입금시켜 달라는 요구마저 서류로 제출하라고 **안면몰수 당했기 때문에 취득세는 자진신고 납부하였으나 쌍무계약이므로 토지분할이 적법했다면 매수자의 문서상 동의가 반드시 필요하다고 볼 수 없는 청산금반환의무와 소유권이전의무는 동시이행 관계가 있다고 판단하고 소유권 이전등기를 머릿속에서 잊고 살았습니다.**

민법

제150조(조건성취,불성취에 대한 반신의행위)

② **조건의 성취로 인하여 이익을 받을 당사자가 신의성실에 반하여 조건을 성취시킨 때에는 상대방은 그 조건이 성취하지**

아니한 것으로 주장할수 있다.

第536조(동시이행의 항변권) ① 쌍무계약의 당사자 일방은 상대방이 그 채무이행을 제공할 때까지 자기의 채무이행을 거절할 수 있다.

第537조(채무자위험부담주의) 쌍무계약의 당사자 일방의 채무가 당사자 쌍방의 책임없는 사유로 이행할수 없게된 때에는 채무자는 상대방의 이행을 청구하지 못한다.

第538조(채권자귀책사유로인한 이행불능) ① 쌍무계약의 당사자 일방의 채무가 채권자의 책임있는 사유로 이행할수 없게된 때에는 채무자는 상대방의 이행을 청구할수 있다. 채권자의 수령지체 중에 당사자쌍방의 책임없는 사유로 이행할수 없게 된 때에도 같다.

5. 국가경제위기로 피고3 충청북도의 숙원사업인 이사건 토지등의 조성공사가 중단될 위기에 봉착하자 이사건 토지의 매도자인 피고2 한국토지주택공사와 지방세 부과권자인 피고1 청원군(청주시)와 사업시행자를 한국토지주택공사에 변경해주었음에도 불구하고 지원반까지 두었던 피고3 충청북도는 지방세법의 규정에도 불구하고 취득세(재산세)납부시기를 토지분할 확정측량 이후로 미루었기 때문에 원고는 애사심에서 3년 분할납부 방식이 아닌 일시납으로 계약하여 피고들에게 조성공사가 중단되지 않도록 도움을 준바 (지방세 세수이익 증가요인 제공)있으므로 피고들은 토지분할 확정시 원고에게 지방세와 관련하여 3년분할 납부계약자, 매매대금 연체 매수자에 비하여 불리하지 않도록 할 책임과 의무가 있습니다.

- 원고등 일시납 계약자가 3년분할 납부 계약을 하였다고 가정하면 피고2 한국토지주택공사는 조성공사 비용이 부족하여 1년 공사준공이 지연되었다고 가정하면 단독주택지만을 대상으로 하여도 피고1은 재산세는 1억7천만원 감소(136,550원/필지×1,250필지), 취득세는 12억(955,060원/필지×1,250필지)정도 1년늦게 징수되었을 것이고

피고2는 1억7천여만원의 재산세를 피고1에게 납부해야만 했을것입니다.

민법

제137조(**법률행위의 일부무효) 법률행위의 일부분이 무효인 때에는 그 전부를 무효로 한다. 그러나 그 무효부분이 없더라도 법률행위를 하였을 것이라고 인정될 때에는 나머지 부분은 무효가 되지 아니한다.**

6. **피고3 충청북도는** 우월적 지위를 이용하여 **피고2 한국토지주택공사에 이사건 토지등 오창산업단지 사업을 시행토록 하므로서 780억원(매입 810,153백만원 -매출 732,139백만원)이상의 사업손실(사업보고서 자료)을 가져오게 하였고, 피고2 한국토지주택공사는** 국가경제위기시절 **소속직원들에게 궁박에 준하는 압력을 행사하여 도상가분할 단독주택지의 30%이상을 직접매수하거나 매매알선토록** (당시 담당자 최완용 기억)**하였고** 공사준공 무렵 시세가 분양가 이하(당시 담당자 김종성 기억)였기 때문에 **피고2 소속직원들에게 고통과 예기치못한 투자손실을 가져오게 하였습니다(일명 자폭토지라고도 부르며 애사심에서 매수하였기 때문에 비사업용으로 판정받아 장기보유 특별공제를 받지 못하여 60% 양도소득세를 내기도하고, 매매대금을 납부하는데 장기간 소요되어 연체이자를 납부하기도 함)**

- 원고등 **한국토지주택공사 직원들이 적극적으로 매수하거나 매매알선 행위를 하여 30%이상 거래되지 않았다면** 매수세력이 실종되어 (모든 물건이 거래되었다고 인식되어야 구매력이 생김) 이사건 토지등의 조성사업은 적어도 4년정도 지연되어 (1998년에 분양하였으나 2002년도에도 시세가 분양가 이하였고 정부에서도 1999년도에 미등기 전매도 가능토록 경기부양책 수립)**피고1은 최소한 6억8천만원(1억7천만원×4년)정도 세수가 감소하였고 취득세 12억원도 4년늦게 징수되었을 것이고 조성공사 자금은 피고2 한국토지주택공사 자**

금이 아니고 피고2 소속직원들의 희생으로 조달되었다는 점도 간과 해서는 안됩니다.

7. 오창산업단지 공급 및 대금회수 실적을 분석해보면 **원고가 매매대금을 납부한 1998년 말 현재 공급실적은 28%**(1,727천㎡/6,102천㎡)**대금 회수실적은7%(41,403백만원/589,122백만원)**이므로 **공급면적대비 25%정도 (3년분할 납부계약자 1차 중도금 포함)** 대금회수가 이루어졌으므로 **대부분 3년분할납부 방식으로 계약체결 하였음을 알 수 있습니다.**

- **일시납 계약이 3년분할 납부계약자에 비하여 유리했는지 여부를 살펴보면** 언뜻보기에도 일시납 계약을 하는 경우 년9%의 할부이자가 부리되지 않으므로 **일시납 매수자에게 유리한것같으나** 이사건 토지 매매계약 체결당시 **1년 만기 예금운용수익이 13.8%**(사단법인토우회 결산보고)**수준이었기 때문에 3년분할 납부계약이 일시납 계약에 비하여 유리했으나 원고는 피고2가 존속하여야 직장생활을 할수있다고 판단하여 부족한 돈을 차용하기로 하고 일시납을 선택하였다.**
  또한 국가경제위기로 피고2는 조성공사 완료예정일을 예측하기 어려워 **매매계약서 제1조2항에 잔금중 매매대금의 100분에30에 해당하는 금액의 납부약정일을 조성공사 준공일 또는 사용 승낙일까지 연장할수 있다고 명시되어 있으므로 일시납을 하더라도 3년 분할납부 계약자 보다 토지사용 가능일이 앞당겨질수 있는것도 아니었다.**
  또한 일시납 계약자는 자금사정상 연체할 경우 년 18%의 연체이자를 납부해야하기 때문에 년9%의 할부이자를 부담하는 것이 유리했다.
  원고가 매수한 토지와 3년분할납부 계약한 745-6매수토지를 비교해보면 지방세법상 **취득세와 등록세는 일시납계약자에 비하여** 3년분할 **납부계약자가 많으나(약 867,070원)**소득세법상 양도 차익계산시 할부이자는 취득원가에 포함되고 연체이자는 취득원가에 포함되지 않으므로 **일시납 계약자가 3년분할 납부계약자 보다 양도소득세가 많으므로**(약 5,009,405원)3년분할 납부계약자는 년 9%의 할부이자를 부담하는 것이 아니고 **년 6.2%의 할부이자를 부담하는것이나 마찬가지이므로 3년분할 납부계약이 훨씬 유리했다.**

8. **피고2 한국토지주택공사는** 사업손실을 줄이고자 토지분양 3년6개월 후 (3년 분할납부 계약자도 잔금약정일 6개월 경과시점)토지분할 확정측량을 실시함에 있어 **토지분할 경계표지 설치를 대한지적공사에 의뢰하지 않고 직접 설치하여 측량비용도 절감(33%)하고 매매대금 납부현황을 참조하여 성실납부한 토지매수자에게 재산세를 부담토록 하고 지방세법 제276조**(산업단지등에 관한 감면)에의거 피고1에게도 **사업시행자 재산세 부과액의 2배를 징수할수있도록 하기위하여 지적법 시행령 제48조 (분할토지의 신구면적 오차의 허용범위 등) 등 지적법령에 따라 1cm단위로 측정하고 0.1㎡단위로 지적을 산출안분(0.7㎡ 감소)하지않고 완납한 매수자수를 많도록 하기위하여 같은 블록내 일시납으로 매수한 원고 토지는 5.1㎡를 감소시키고 3년분할납부 계약으로 연체한 매수자 토지(745-.)는 3.8㎡증가(재산세, 과징금없이 8년후 소유권이전등기)시켰으므로** 지방세법상 성실납부자에게 불리하고 피고들과 비성실 매매대금 납부자에게 유리하도록 한것은 **원고등을 기만한 것입니다.** (토지면적 확정시 감소되는 경우가 많아 104,040원 잔금은 남겨놓았으므로 적법하게 실시했다면 원고는 3,015원 추가납부 하면됨)

지방세법

제276조(산업단지 등에 대한 감면) ③ 산업입지 및 개발에 관한 법률 **제16조의 규정에 의한 산업단지 개발사업 시행자는 재산세의 100분의 50을 경감한다.**

- **매매대금 성실납부자(면적감소) : 확정측량일 기준 취득세 납부시기 도래, 재산세납부의무자, 소유권 이전등기시점 도래**

- **매매대금 비성실 납부자(면적증가) : 취득세 납부시기를 늦추어줌, 재산세납부의무, 소유권 이전등기를 미룰 수 있는 원인제공(매수**

자가 원하는 시기에 소유권이전)

- 한국토지주택공사 : 재산세 납부 매수자를 늘려 **재산세 부담액이 줄어듬**, 매매대금을 성실 납부한 매수자를 대상으로 **감소된 면적의 청산반환금 적용 이율은 계약서상 0%**, 매매대금 **비성실 납부자**를 대상으로 면적을 증가 시켜주므로서 **2개월 이내에 납부하지 않을 경우 연체이자 18%징수.**

- **청원군(청주시) : 매매대금 성십납부자로부터 사업시행자 보유분 재산세의 2배를 징수할수 있고 취득세 납부시기를 앞당길수 있음.**

9. **원고는 피고2로부터** 최대 오차의 범위(10cm 기준)를 벗어난 사회적 정의에 어긋나는 **토지분할 확정측량 결과를 통보받고 20년간 직장생활의 자화상에 충격을 받았고** 안면있는 후배들에게 이의제기도 할수없었고 **불법행위에 대해 용납은 되어도 인정은 할수없었기 때문에 지자체와 관련하여 공기업직원 으로서의 심정을 이해하려고 청산환불금을 퇴직금계좌로 송금해달라고 요청하였으나 서류로 제출해야 한다고 환불해주지 않다가 7년후 환급해주었고** 원고는 취득세는 자진납부하였고 피고1 청원군이 원고에게 재산세를 부과 징수하였고 피고2가 원고에게 환급해주어야 할 청산금이 있음에도 불구하고 재산세 구상권을 행사하기도 하였으므로 **원고는 등록세는 납부하지 않았지만 7년동안 취득세 및 보유세를 납부하고도 피고들의 역차별 불법행위로 권리행사를 하지못한 피해자이고 피고들은 가해자 입니다.**

- **원고가 청산금 환급을 구두 요청하지 않았다면 현행업무상 전화번호를 공유하고 있으므로 현재 근무하고 있는 한국토지주택공사 직원들의 실명을 거론할수 없습니다.**

10. **부동산 거래질서 및 미풍양속상 가해자인 피고1 청원군(청주시)**는 **피해자인 원고에게 2001.12.26 토지분할 확정측량결과** 당초분양

면적보다 5.1㎡ 감소하여 완납(불법)처리 되어 부동산 등기 특별조치법 및 부동산 실명법상 매수자의 반대급부가 완료되었으나, **3년이내에 소유권 이전등기를 신청**하지 않았다고 부동산실명법 **제5조5항 제10조2항 동법시행령 제3조를 위반하여 1,250여명** 매수자중 **가장먼저 매매대금을 납부한 원고에게 유일**하게 과징금 **24,071,740원을 부과징수 하였다.**

부동산 실권리자명의 등기에 관한 법률

- 제5조(과징금)① 다음 각호의 어느 하나에 해당하는 자에게는 해당 부동산 가액의 100분의 30에 해당하는 금액의 범위에서 과징금을 부과한다.

1. 생략
2. 생략

③ 제1항에 따른 과징금의 부과기준은 제2항에 따른 부동산 가액(이하 "부동산평가액"이라 한다), **제3조를 위반한 기간, 조세를 포탈하거나 법령에 따른 제한을 회피할 목적으로 위반하였는지 여부 등을 고려하여 대통령령으로 정한다.**
⑤ 제1항에 따른 과징금은 해당 부동산의 소재지를 관할하는 특별자치도지사·시장·군수 또는 구청장이 부과·징수한다. 이 경우 **과징금은 위반사실이 확인된 후 지체없이 부과하여야 한다.**

- 제10조(장기미등기자에 대한 벌칙 등)① 「부동산등기 특별조치법」 제2조제1항, 제11조 및 법률 제4244호 부동산등기 특별조치법 부칙 제2조를 적용받는 자로서 다음 각 호의 어느 하나에 해당하는 날부터 **3년 이내에 소유권 이전등기를 신청하지 아니한 등기권리자**(이하 "장기미등기자"라 한다)**에게는 부동산평가액의 100분의 30의 범위에서 과징금**(「부동산등기 특별조치법」 제11조에 따른 과태료가 이미 부과된 경우에는 그 과태료에 상응하는 금액을 뺀 금액을 말한다)**을 부과한다.**

1. 계약당사자가 서로 대가적인 채무를 부담하는 경우에는 반대급부의 이행이 사실상 완료된날
2. 계약당사자의 어느 한쪽만이 채무를 부담하는 경우에는 그 계약의 효력이 발생한날

② **제1항에 따른 과징금의 부과기준은 부동산평가액, 소유권이전등기를 신청하지 아니한 기간, 조세를 포탈**하거나 법령에 따른 제한을 회피할 **목적으로 하였는지 여부,** 「부동산등기 특별조치법」 제11조에 따른 **과태료가 부과되었는지 여부 등을 고려하여 대통령령으로 정한다.**
③ 제1항의 **과징금에 관하여는 제5조제4항부터 제7항까지의 규정을 준용한다.**

부동산 실권리자명의 등기에 관한 법률 시행령

- 제3조(과징금의 부과·징수 등) ① 시장·군수 또는 구청장은 법 제5조제1항의 규정에 의하여 위반 행위를 한 자에게 **위반사실이 확인된후 1월이내에 다음 각호의 사항을 기재한 서면으로 과징금을 납부할 것을 고지하여야 한다.**

11. **부동산등기 특별조치법 제2조 3항에 의하면 제1항에 의한 매도자** (피고2)**의 반대급부 이행일 이전에 그 부동산에 대하여 다시 제3자와 소유권이전을 내용으로하는 계약을 체결한 경우에는 반대급부 이행이 완료된날로부터 60일 이내에 먼저 체결된 계약에따라 소유권이전등기를 신청하여야 한다고 명시되어있으므로 등기완료일을 매도자(피고2)는 소유권 이전서류 등**(등록세용 대금완납확인서, 토지매각 원부)**에 공시했어야 하고 피고1도 공시자료로** 활용(활용했다면 부과전 사전고지 기산일로 명시 했을것임)했어야하나 **활용하지않아 원고가 등기완료일을 알지못해 등기비용도 더 소요된다고 잘못판단하고 소유권이전을 미루었으므로 피고1과 피고2는** 그 손해를 배상해야합니다. (43일 도과, 통보기간 감안 60일→10일로 단축, 과잉금지의 원칙에 위배)

부동산등기 특별조치법

- 제2조(소유권이전등기등 신청의무) ① 부동산의 소유권이전을 내용으로 하는 계약을 체결한 자는 다음 각호의 1에 정하여진 날부터 60일 이내에 소유권이전등기를 신청하여야 한다. 다만, 그 계약이 취소·해제되거나 무효인 경우에는 그러하지 아니하다.

  1. 계약의 당사자가 서로 대가적인 채무를 부담하는 경우에는 반대급부의 이행이 완료된날

  2. 생략

  ② 제1항의 경우에 부동산의 소유권을 이전받을 것을 내용으로 하는 계약을 체결한 자가 제1항 각호에 정하여진 날 이후 그 부동산에 대하여 다시 제3자와 소유권이전을 내용으로 하는 계약이나 제3자에게 계약당사자의 지위를 이전하는 계약을 체결하고자 할때에는 그 제3자와 계약을 체결하기 전에 먼저 체결된 계약에 따라 소유권이전등기를 신청하여야 한다.

  ③ 제1항의 경우에 부동산의 소유권을 이전받을 것을 내용으로 하는 계약을 체결한 자가 제1항 각호에 정하여진 날 전에 그 부동산에 대하여 다시 제3자와 소유권이전을 내용으로 하는 계약을 체결한 때에는 먼저 체결된 계약의 반대그부의 이행이 완료되거나 계약의 효력이 발생한날부터 60일 이내에 먼저 체결된 계약에 따라 소유권이전등기를 신청하여야 한다.

  ④ 국가·지방자치단체·**한국토지공사**·대한주택공사·한국수자원공사 또는 토지구획정리조합(1999년 5월 1일 전에 조합설립의 인가를 받아 토지구획정리사업의 시행자인 토지구획정리사업법에 의한 토지구획정리조합에 한한다)이 택지개발촉진법에 의한 택지개발사업, 토지구획정리사업법에 의한 토지구획정리사업 또는 **산업입지 및 개발에 관한 법률에 의한 특수지역 개발사업(주거시설용 토지에 한한다)**의 **시행자인 경우에** 당해시행자와 부동산의 소유권을 이전 받을 것을 내용으로 하는 계약을 최초로 체결한 자가 **파산 기타 이와 유사한 사유로 소유권이전등기를 할수 없는 때에는 지방자치단체의 조례로 정하는 자에 대하여 제2항 및 제3항의 규정을 적용하지 아니한다.**

  <신설 1999.3.31 2000.1.21>

12. **부동산 매매계약에서 발생하는 매도인의 소유권 이전등기 의무와 매수인의 매매잔금 지급 의무는 동시이행 관계에 있다**(대법원 1992.2.14 선고 912다 12349)**고 판결했으므로 위법행위를 한 매도인의 청산의무와 매수인이 소유권 이전등기 의무는 동시이행 관계에 있다고 보아야한다.**(원고는 매매계약 체결시부터 현재까지 주소나, 연락처, 퇴직금을 수령한 계좌가 변경되지 않았고 **2002.11.1부터 연락처를 공유하였기 때문에**, 민법 제537조(채무자 위험 부담주의)제538조(채권자 귀책사유로 인한 이행불능)에 따라 **청산금에 대한 책임이 원고에게 있지않고 피고2에게 있다.**

- 한국수자원공사로부터 택지조성사업지구내의 토지를 취득하면서 지적확정후 면적증감에 따라 정산하기로 약정한 경우 토지취득시기는 택지조성사업 완료후 지번 및 지적의 확정일이 아니라 대금청산일이라고 판결(대법원 2001.3.27 선고 99두 2550판결)하였으므로 이사건 토지의 경우 지방세법에 불구하고 지방세와 관련하여 **일시납을 하더라도 연부취득자에 대하여 불리하게 부과하지 않겠다고 약속을 하고도 3년6개월후 일시납 매매계약자의 매수토지 면적을 고의로 줄여 완납처리하고도 청산의무를 게을리했으므로 원고가 청산금을지급받은날까지 등기의무기간에 산입하지 않아야 합니다.**

- 과징금부과 처분 취소(대법원 2010.7.15. 선고 2010두 7031 판결) 판결에서 과징금 감경에 관한 부동산 실권리자 명의등기에 관한 법률시행령 제3조의2 단서는 임의적 감경규정이 명백하므로 그 감경사유가 존재하더라도 **과징금 부과 관청이 감경사유까지 고려하고도 과징금을 감경하지 않은채 과징금 전액을 부과하는 처분을 한 경우에는 이를 위법한다고 단정할 수는 없으나 위 감경사유가 있음에도 이를 전혀 고려하지 않았다면 그 과징금 부과처분은 재량권을 일탈 남용한 위법한 처분이라고 할 수밖에 없다고 판결**하였으므로 이사건 토지의 경우 피고3이 피고2에게 우월적 지위를 이용해 사업시행자를 변경하였고, 피고2는 국가경제위기시절 궁박에 준하는 행위로 원고에게 매각하였고 피고1과 피고3이 지방세법에 불구하고 일시납을 유

도해 경제적 이득을 보았음에도 **토지분할시 역차별하여 원고에게 정신적 충격을 주었음이 명백하므로 재량권을 일탈남용한 것이다.**

13. 손해배상과 관련하여

대법원 2014.4.26 선고 .2010다 8709. 판결에 의하면 부작위로 인한 불법행위가 성립하려면 작위의무가 전제 되어야 하지만 작위의무가 객관적으로 인정되는 이상 의무자가 의무의 존재를 인식하지 못하였더라도 불법행위 성립에는 영향이 없다. 이는 고지의무 위반에 의하여 불법행위가 성립되는 경우에도 마찬가지이므로 **당사자의 부주의 또는 착오등으로 고지의무가 있다는 것을 인식하지 못하였다고 하여 위법성이 부정될수 있는 것은 아니다라고 판결했으므로 원고의 장기미등기 부작위가 성립된다면 피고1,피고2의 과징금 관련 부작위도 성립되어야 합니다.**

민법

제760조(공동불법행위자의 책임) ① 수인이 공동의 불법행위로 타인에게 손해를 가한 때에는 연대하여 그 손해를 배상할 책임이 있다.

② 공동 아닌 수인의 행위중 어느자의 행위가 그 손해를 가한 것인지를 알수 없는 때에도 전항과 같다.

③ 교사자나 방조자는 공동행위자로 본다.

14. 오창산업단지는 피고3 충청북도가 1992.5.13 구 건설부로부터 지방 산업단지 지정을 받았고 1993.12.26 구 한국토지공사로 사업시행자 지정 변경이 있었으므로 산업입지 및 개발에 관한 법률 (1993.3.6 시행)제13조(공업단지 지정의 해제)①항 제18조 (지방 공업단지개발 실시계획의 승인)①항 동법시행령 (1993.11.16시행) 제15조(공업단지 지정의 해제)①항 **2호에 의거 지방공업단지 지정일로부터 3년이 경과되기전에 사업시행자인 구 한국토지공사가 실시계획의 승인을 신청했어야 하나 4년4개월 후인 1996.8.10 실시계획(기본계획변경포함)이 피고3으로부터 승인되었으므로** 피고2와 피고3 충청북도가 산업입지 및 개발에 관한 법률을 위반한것이므로 **산업단지 개발사업 자체가 전부 무효입니다.**

피고3 충청북도는 사업시행자가 변경된 날을 지구지정 기준일로 보아야한다고 주장할지 모르나 지구지정일로 명시되어 있으며 충청북도는 불법이 아니었다는 것을 입증하여야 하고 피고2에게 사업시행자를 변경해주어 막대한 사업손실을 가져오게 하였고, 사업시행자는 사업손실을 줄이고자 불법으로 토지분할 측량을 시행하여 원고에게 손해를 가하였으므로 피고들은 연대하여 손해배상을 할 의무가 있습니다.

산업입지 및 개발에관한 법률

제13조(공업단지 지정의 해제) ① 공**업단지로 지정 · 고시된 날부터 대통령령이 정하는 기간 이내에 그 공업단지의 일부 또는 전부에 대하여 제17조 내지 제19조의 규정에 의한 공업단지개발 실시계획은 승인을 신청하지 아니한 경우에는 그 기간이 경과한 다음 날 당해 지역에 대한 공업단지의 지정이 해제된 것으로 본다.**

산업입지 및 개발게관한 법률시행령

제15조(공업단지 지정의 해제) ① 법 제13조 제1항에서 "대통령령이 정하는 기간"이라 함은 다음 각호의 기간을 말한다.

1. 국가공업단지 : 5년
2. **지방공업단지 : 3년**

15. 피고1 청원군(청주시)와 피고3 충청북도(지원반)은 원고와 피고2 한국토지주택공사의 토지매매계약 체결에 대하여 지방세법에 불구하고 피고2와 협의하여 **일시납을 유도해 원고로부터 도움을 받았음이 명백함에도 토지분할 확정측량시 피고1과 피고2가** 담합하여 원고에게 **오히려 역차별하여 정신적 재산적 손해를 가하였을 뿐만아니라 피고1과 피고3은 허위문서까지 작성하여 원고에게 과징금을 부과하였으므로 피고들은 그 손해를 배상할 공동책임이 있습니다.**
피고1 청원군은 피고2 한국토지주택공사로부터 공부상 소유자는 한국토지주택공사이나 사실상의 소유자는 원고라는 사실을 통보받고 2006년 재산세를 과세기간이 지나 정정부과 (2006.10.2)징수하였음에도 불구하고 그 당시에 부과하지 않아, 과징금이 늘어난

2011.12.29 과징금을 부과한것은 부동산실명법 제5조5항 동 법시행령 제3조 1항을 위반한 것이다.

지방세법

제183조(납세의무자) ① **재산세 과세기준일 현재 재산을 사실상 소유하고 있는 자는 재산세를 납부할 의무가 있다.**

② 제1항의 규정에 불구하고 재산세 과세기준일 현재 다음 각 호의 1에 해당하는 자는 재산세를 납부할 의무가 있다.

1. **공부상의 소유자가 매매등의 사유로 소유권에 변동이 있었음에도 이를 신고하지 아니하여 사실상의 소유자를 알수 없는 때에는 공부상의 소유자**

제191조(납기) ① 재산세의 납기는 다음 각호와 같다.

1. 토지 : 매년 9월 16일부터 9월 30일까지

제192조(징수방법 등) ① 재산세는 관할 시장·군수가 세액을 산정하여 보통징수방법에 의하여 부과징수한다.

제194조(신고의무) ① 다음 각호의 1에 해당하는 자는 과세기준일부터 10일 이내에 그 소재지를 관할하는 시장·군수에게 그 사실을 알 수 있는 증빙자료를 갖추어 신고하여야 한다.

1. **재산의 소유권 변동 또는 과세대상 재산의 변동 사유가 발생되었으나 과세기준일까지 그 등기가 이행되지 아니한 재산의 공부상 소유자**

지방세법 시행규칙

제79조(재산세 납세의무자 신고 등) ① 재산의 소유자가 법 제194조 제1항의 규정에 의하여 재산소유권의 변동 등으로 인한 납세의무자의 변동신고 또는 과세대상재산의 변동신고를 하는 경우에는 별지 **제73호의2서식에 의하되, 납세의무자 또는 과세대상 재산의 변동내용을 입증할수 있는 관계증빙자료를 첨부하여야 한다.**

[별지 제73호의3서식] <개정 2005.12.31>

재산세 (납세의무자 / 과 세 대 상) 변동 신고서										처리기간 즉 시	
납 세 의 무 자	① 성 명 (법 인 명)					② 주민(법인) 등 록 번 호					
	③ 주 소					④ 전 화 번 호					
⑤재산소재지	⑥재산 종류	⑦용도/구조 (지목)		⑧면적 (수량)	⑨취득 일자	⑩변동사유		⑪소유자			
		공부상	현 황			연월일	사유	사실상	공부상		

「지방세법」 제194조제1항 및 동법 시행규칙 제79조의 규정에 의하여 위와 같이 신고합니다.

년 월 일

주 소

신고인 (서명 또는 인)

시장(군수 · 구청장) 귀하

※ 첨부서류 : 없음 (다만, 증빙자료가 필요시 제출)	수수료 없 음

210mm×297mm(일반용지 60g/㎡(재활용품))

16. **피고3 충청북도는 피고2에게 사업시행자를 넘겨주고도 지원반까지 설치하여 사회적 정의에 어긋나는 일거이득**(도민소득증대를 위하여 자신은 노력하지 아니하고 피고2에게 사업손실을 가져오게 하였고, 피고2 소속직원들에게 고통과 재산상 피해를 주었으나 피고1과 피고3은 지방재정 확충도모)을 **하였음에도 불구하고 기존법령해석을 삭제하는등 허위문서 작성과 위증등으로 과징금을 부과토록 청원군(청주시)를 지도감독 하였으므로 결과적으로는 원고에게 손해를 가져오게한 주책임자이다.**

17. **피고2 한국토지주택공사는** 사업성이 불투명한 오창산업단지를 피고3 충청북도로부터 인수받아 국가 경제위기시절 궁박에 준하는 경영방침에 의거 **직원들에게 매수토록해 손해를 끼쳤고 상위직급자들을 거리로 내몰은것도 부족하여 토지분할 확정측량시 자신들의 이익과 사업상 갑의 위치에 있는 피고1 청원군을 도와주기 위하여 매매대금을 성실히 납부한 원고를 역차별 하였다.**
시대적 요청에 따라 매수해야만 했고, 상위직급자라는 사유로 실직했어야 하고 부부가 중증환자가 된 선배직원인 원고에게 위로는 못해줄망정 불법행위로 인하여 발생하였고 매매계약서상 명시되어 있지 않았고 일반국민들이 알기 어려운 법령에 대한 해석에 따라 2년간의 급료에 해당되는 과징금을 납부해야 할 처지에 있는 원고가 요청한 사실 조회 내용(피고2 직원들이 매수하였거나 알선한 필지수, 토지분할이 불법으로 시행된 사유, 토지분할 확정시 1,250여개 필지중 표본으로 77개 필지에 대한 대금납부현황)에 대하여 민사소송법 제344조(문서제출의무)①항을 위반하여 3차례나 답변을 하지 않았고 소송에 참여하지 않아 원고가 제출한 것만으로는 입증이 안되어 원고가 행정소송에서 패소하였으므로 그 손해를 배상할 책임과 신체의 자유를 침해한것에 대한 위로금을 지급해야한다.

민사소송법
제344조(문서의 제출의무) ① 다음 각호의 경우에 문서를 가지고 있는 사람은 그 제출을 거부하지 못한다.

1. **당사자가 소송에서 인용한 문서를 가지고 있는 때**
2. **신청자가 문서를 가지고 있는 사람에게 그것을 넘겨 달라고 하거나 보겠다고 요구할 수 있는 사법상의 권리를 가지고 있는 때**
3. **문서가 신청자의 이익을 위하여 작성되었거나, 신청자와 문서를 가지고 있는 사람 사이의 법률관계에 관하여 작성된 것인때**

18. **원고는** 이사건 토지를 조성공사 완료시점에 사용할 목적이 있어 매수한 것이 아니고 **구사심과 피고1 청원군이 자신들의 권리행사를 늦게 하겠다고하여 일시납으로 매수하였으나 매도자인 피고2의 상위직급자 퇴직전략에 의하여** 실업자가 되었음에도 불구하고 **배은망덕한 피고들의 토지면적 확정행위 및 원고의 자존심에 상처까지 주었기에 동시이행 항변권이 있다고 판단했고 매매계약서에 환매에 관한 조항은 있어도 부동산 실명법상 장기미등기에 관한 조항이 없어 관련 법령을 잘 몰랐기에 노후에 건축하여 거주할 목적으로 장기보유 하였으나 실직에 대한 후유증으로 부부가 중증환자가 되었기에 치료비 마련을 위해 피고2 직원이었던 법무사를 통해 매매계약서에 대한 검인 및 소유권이전 등록세 납부 후 제3자와 매매계약서를 작성 하였습니다.**
원고의 매매계약서 검인 및 등록세 납부를 대행해준 법무사는 소유권 보존등기 형식을 빌린 표시변경등기(환지등기)를 피고2 한국토지주택공사에서 직접 신청하였으나 등기소에서 반려되어, 한국토지주택공사에서 촉탁을 하였던 법무사 이므로 법령상 문제가 없다고 판단됩니다.

19. 결론

가. **이 사건의 발단은 피고들이 지방세법을 위반하여 원고에게 일시납을 유도해 놓고도 3년분할 납부계약자의 잔금 납부약정일로부터 6개월이 지난후에 대금납부 현황을 참조 토지분할시 지적법을 위반**

하여 원고에게 손해를 가하여 원고는 정신적 충격을받았기 때문이다.

나. 원고는 이사건 토지 매매대금을 토지분할 확정측량 실시 3년 5개월전에 매매대금을 납부(면적감소 예상하여 104,040원 남겨둠)하였는데 5.1㎡를 감소시켜 완납(481,930원 환급사유 발생)처리하고 같은 블록내 .45-. 지번 매수자는 3.8㎡를 증가시켜 소유권이전등기를 매수자의 의지에 따라 조정할수 있도록하여 토지분할 확정측량 이후 8년후에 소유권이전을 하였다.

다. 원고는 1998.7.24일 1,250여명 단독주택지 매수자중 가장먼저 매매대금을 납부하였고 2001.12.26 확정측량 결과에 의하여 481,930원 환급사유가 발생하였고 2009.3.2 환급받았는데 확정측량일(또는 환지등기 완료일)로부터 4년이 지난 시점인 2006.10.2 피고1 청원군이 재산세 납부기간이 지나 정정부과 징수 하였음에도 원고는 양도소득세 정도의 과징금을 부과 받아야하고 확정측량 결과 면적이 3.8㎡ 증가한 매수자는 재산세를 납부하지도 않았는데 8년후 소유권 이전을 하여도 과징금 부과를 받지 않아도 된다면 부동산 실권리자 명의등기에 관한 법률 제10조 1항은 헌법에 명시된 평등의원칙,재산권의보장,과잉금지의 원칙에 위배되었다고 보아야 합니다.

라. 원고는 과징금이 아니더라도 일시납을 하여 피고들에게 지방세법상 도움을 준 것이 명백함에도 면적을 오차의 범위(1cm단위로 측정하도록 되어 있으므로 10cm까지는 인정됨)를 벗어나 27cm를 감소시켰기 때문에 배신감을 느낄 수밖에 없었고 피고들이 환지등기 완료일을 공시하고 활용하지 않아 과태료가 많을것으로 잘못 판단하여 소유권이전등기가 미루어져 그동안 재산권행사를 못했기 때문에 피해자입니다.

마. 부동산 실명법 제10조1항을 적용함에 있어 미확정 부동산에 대한

반대급부 이행일은 현행법상에는 언급되어있지 않으나 시행령(안)에 대금청산일(주고받는 것을 깨끗이 끝냄)로 본다고 공표된바 있으며, 확정측량결과 면적이 증가한 경우는 대금정산일(계산하여 정리함)로 법령해석이 이루어졌고 등기관서에서도 쌍무계약에서 잔금이 남아있을 경우 매도자가 등기서류에 협력하지 않을것이바 대금정산일로 보는 것이 타당하다고 보았으므로 면적이 감소하는 경우에도 매수자의 귀책사유가 없는한 반대급부 이행일은 대금 청산일로 보아야 권리와 의무가 공존하는 법률인것입니다.

바. 미확정 부동산의 경우 매도자가 직접 토지분할 경계표지를 설치하는 것은 매도자의 의지에 따라 면적증감이 변동 될수있기 때문에 면적이 감소한 경우에도 매수자의 귀책사유가 없는한 청산일을 보아야 면적감소 따른 매수자의 피해를 최소화 할 수 있습니다.

부동산 실명법 제정 취지로 보아서는 매도자(피고2)가 불법으로 원고의 반대급부 이행일을 도달시킨 원고에게는 부동산등기 특별조치법 과태료징수규칙 제2조4호를 적용하여 과징금을 부과하지 않아야하고 매수자의 의지에 따라 환지등기 완료후 3년 이상 경과하여 대금을 완납하고 소유권 이전등기를 한 745-[illegible] 매수자등 십수명(충청북도 신승민 감사지적)에게 과징금을 부과토록 검토해야할 것 입니다.

사. 하나의 과세 원인에 대하여 둘 이상의 과세를 금지하는 이중과세 금지의 원칙에도 어긋납니다.

부동산 실명법 제1조는 부동산등기제도를 악용한 투기탈세 탈법행위를 방지함에 있다고 제정 목적을 명시하고 있으며, 조세포탈이나 법령회피의 목적이 있었는지 여부는 미등기 경위가 경험칙상 합리적이라고 판단되는지 여부, 세금을 성실히 납부한정도 및 세금을 추징당한 사실이 있는지 여부, 과거에도 이와 유사한 전력이 있는지 여부를 종합하여 객관적으로 판단하여야 하며 국세나 지방세를 전혀 추징당한 사실이 없다면 조세포탈의 목적이 없었다고도 볼수 있다고 2012년 법무부 부동산실명법 해석사례집에 명시되어 있습니다. 원고는 취득세를 자진 납부하였고 원고에게 부과된 재산세도 **연체없이 납부하였으므로 탈세행위를 할 의도가 없었다고 보아야 합니다.**

아. **상기와 같은 사유에도 불구하고 피고1 청원군(청주시)는 충청북도에 법령해석 질의시 토지대금 납부시기를 확정측량 시기에 납부하였고 등록세도 환지등기 신청 8개월전에 납부하였다고 허위문서 작성했고 충청북도는 기존법령해석 및 매매계약서도 삭제하고 원고가 등록세까지도 선납하고 고의로 잔금을 환급받지 않고 장기 미등기했다는 인식이 되도록 법무부에 법령해석을 재질의 한 것은 원고가 국가 경제위기시절 자사토지를 매입했다는 사실을 알았음에도 의도적으로 공문서 위조한 행위입니다.**

또한 충청북도 부지사를 위원장으로 실무자를 충청북도 법무팀으로 구성된 **충청북도 행정 심판위원회는 원고가 행정 심판법을 근거로 토지분할 확정측량이 위법으로 시행되었고 기존법령 해석이 있음에도 불구하고, 새로이 법령해석을 의뢰한 것은 행정절차법에 위반되므로 구술심리를 신청하였으나 거절하였고 청원군은 청주지방법원에서 법무부에 질의한 내용을 변론일 다음날까지 제출하라고 하였으나 이행하지 않았다.**

피고3 충청북도는 사실 조회시 위증까지 하였고 피고2 한국토지주택공사는 상기 불법행위를 하고도 원고 및 법원으로부터 사실조회를 거부하였고, 소송에 참여하지도 않았으므로 피고들은 사기행위 및 신체의 자유를 침해 한것입니다.

자. 국가경제 위기시절 원고는 피고들을 도와줄수 있는 처지가 되었기 도와주었으나 현시점에서는 피고등으로부터 도움을 받아야 할 처지에 있는 **원고에게 피고들은 불법으로 이익을 얻었음이 객관적으로 입증되었음에도 피고들은 원고가 요청하는 입증자료를 제출하지 않고 허위문서까지 작성하고 위증하여 원고의 재산을 약탈해갔을 뿐**

만 아니라 개인정보까지 불법으로 조사하였으므로 원고에게 그손해를 배상하고 위로금을 지급해야 합니다.

차. 피고1과 피고3은 행정소송 기판력을 주장하나 피고2가 사실조회 답변을 거부하여 피고1만을 상대로한 소송은 의미가 없다(토지분할 확정측량은 피고2가 시행한것이고 고의든 실수이든 결론은 마찬가지라고하여 원고는 피고2에게 송달된 사실조회를 철회함)고 원고패소 판결을 한 것으로 판단되며 관계법령에 대한 헌법재판소의 헌법불합치사유와 기존판결도 감안하여야 하며 피고들은 원고가 지금까지 요구한 모든답변을(행정소송 중 요구자료와 원고와 피고간의 문서 요구자료)법원에 제출하여 공정한 재판이 되도록 해야합니다.
입증자료는 분량이 많은 관계로 변론기일에 제출하겠습니다.

2014. 9. 18. 김 정 선

청주지방법원
변 론 조 서

1차

사 건 2014가단13242 사기성 과징금에 대한 손해배상

판 사	나 경 선	기 일	: 2014. 10. 8. 11:30
법원 주사보	김 덕 녕	장 소	: 민사4호법정(328호)
		공개 여부	: 공 개
		고지된 다음 기일	: 2014. 12. 3. 11:30

사건과 당사자의 이름을 부름

원고 김정선 출석
피고 1.충청북도 청원군수의 소송수계인 청주시 대리인 정윤 출석
피고2 소송대리인 변호사 권영국 출석
피고3 대리인 변상혁 출석

판 사

정윤을 피고1 소송수계인의 소송대리인으로, 변상혁을 피고3의 소송대리인으로 각 허가

원고

1. 소장(2014.06.30)에 대한 진술
2. 보정서(2014.07.10.자) 및 준비서면(2014.09.19)에 대한 각 진술
3. 원고가 소를 제기한 피고는 충청북도 청원군, 한국토지주택공사, 충청북도이다. 원고가 제출한 2014.7.22.자 보정서를 진술하지 않고, 다시 위와 같은 내용으로 당사자표시정정신청서를 작성하여 제출하겠다고 진술
4. 소장의 청구취지 제1항 중 "피고는"을 "피고들은 연대하여"로, "24,071,040원"을 "24,071,740원"으로 각 정정한다고 진술
5. 소장의 청구취지 제2항 중 "피고는"을 "피고들"로, "각각 3,000,000원"을 "각

3,000,000원"으로 각 정정한다고 진술

6. 원고가 피고들의 불법행위로 인하여 입은 손해는 이 사건 과징금을 납부한 것과 정신적 손해를 입은 것이라고 진술

피고1 소송수계인의 대리인

소송절차수계신청서(2014.07.17)에 대한 진술하고, 답변서(2014.08.18)에 대한 진술

피고2 대리인

답변서(2014.08.14)에 대한 진술

피고3 대리인

답변서(2014.08.18)에 대한 진술, 답변서에서 주장한 본안전 항변을 철회한다고 진술

판 사

원고에게 각 피고별로 불법행위를 특정하여 정리하고, 각 피고들의 불법행위와 원고의 손해 사이의 인과관계를 정리할 것을 명

증거관계 별도 목록과 같음(원고 서증등, 피고1 서증등)

속행

법원 주사보 김 덕 녕

판 사 나 경 선

소송대리허가신청 및 소송위임장

사건번호 청주지방법원 2014가단13242 사기성 과징금에 대한 손해배상

원 고 김정선

피 고 충청북도

위 사건에 관하여 아래와 같이 소송대리허가신청 및 위임을 합니다.

1. 소송대리허가신청
   가. 소송대리 할 사람 : 4명
   주 소 : 충북 청주시 상당구 상당로 82
   연락처 : 043-220-2325/ 010-7726-1354
   성 명 : 충청북도 기획관리실 법무통계담당관실 지방행정사무관 고명수
   충청북도 기획관리실 법무통계담당관실 지방행정주사(일반임기제) 변상혁
   충청북도 균형건설국 토지정보과 지방시설사무관 양승소
   충청북도 균형건설국 토지정보과 지방행정주사 류혜진

   나. 신청이유(해당란에 ✔ 해 주시기 바랍니다)
   ☐ 당사자의 배우자 또는 4촌 안의 친족으로서 밀접한 생활관계를 맺고
   ▣ 당사자와 고용 등의 계약관계를 맺고 그 사건에 관한 일반사무를 처리· 보조하여 왔음

2. 소송위임 할 사항
   가. 일체의 소송행위, 반소의 제기 및 응소
   나. 재판상 및 재판 외의 화해
   다. 소의 취하
   라. 청구의 포기·인낙 또는 독립당사자참가소송에서의 소송탈퇴
   마. 상소의 제기 또는 취하
   바. 복대리인의 선임
   사. 목적물의 수령, 공탁물의 납부, 공탁물 및 이자의 반환청구와 수령
   아. 담보권행사, 권리행사최고신청, 담보취소신청, 담보취소신청에 대한 동의, 담보취소 결정정본의 수령, 담보취소결정에 대한 항고권의 포기
   자. 기타(특정사항 기재요)

2014. 12. 10.

신청인 및 위임인 이름 : 피고 충청북도 법률상대표자 도지사 이 시 종 (인)

청주지방법원 귀중

청 주 지 방 법 원

판 결

사 건 2014가단13242 사기성 과징금에 대한 손해배상

원 고 김정선

피 고 1. 충청북도 청원군의 소송수계인 청주시

대표자 시장 이승훈

소송대리인 정윤

2. 한국토지주택공사

성남시 분당구 돌마로 172 (정자동, LH본사)

대표자 사장 이재영

소송대리인 변호사 권영국

3. 충청북도

대표자 도지사 이시종

소송대리인 변상혁

변 론 종 결 2014. 12. 3.

판 결 선 고 2014. 12. 17.

주 문

1. 원고의 청구를 모두 기각한다.

2. 소송비용은 원고가 부담한다.

청 구 취 지

원고에게 피고들은, 연대하여 24,071,740원을 지급하고, 각 3,000,000원을 지급하라.

이 유

1. 인정사실

가. 피고 한국토지주택공사는 1993. 12. 16.경 오창과학산업단지 조성사업의 사업시행자로 지정되어 위 사업을 시행하게 되었다. 당시 피고 한국토지주택공사 충북지사에 근무하던 원고는 1998. 6. 8. 피고 한국토지주택공사와 사이에 오창과학산업단지 내 단독주택건설용지인 충북 청원군 오창면 양청리 272-5 대 356.0㎡(그 후 위 토지의 지번 및 면적은 '충북 청원군 오창읍 양청리 745-7 대 350.9㎡'로 확정되었다. 이하 '이 사건 토지'라 한다)에 관하여 가분할 상태에서 매매대금을 44,956,000원으로 정하여 아래와 같은 내용의 용지매매계약(이하 '이 사건 계약'이라 한다)을 체결하였다.

제4조 (면적정산)

① 조성공사 준공 전에 가분할 면적으로 계약 체결한 용지로서 조성공사 준공 후 지적공부 정리 결과 면적 증감이 있는 경우에는 그 증감분에 대하여 이 계약 체결 당시의 필지별 공급단가에 의하여 정산하기로 한다.

② 피고 한국토지주택공사는 조성공사 준공 후 확정 측량 성과 및 정산내역, 정산금 납부방법을 원고에게 통보하기로 한다. 이 경우 피고 한국토지주택공사는 정산금을 정산일 이후 납부약정일이 도래하는 중도금 또는 잔금에 가감하여 수납하거나 반환에 갈음할 수 있다.

제6조 (소유권이전)

① 피고 한국토지주택공사는 원고가 매매대금을 완납한 후에 목적 용지의 소유권을 이전하기로 한다. 다만, 조성사업 준공 전에 목적 용지를 공급한 경우에는 조성사업 준공과 지적공부 및 등기공부 정리를 완료한 후에 소유권을 이전하기로 하되, 이 경우 피고 한국토지주택공사는 조성사업 준공과 지적공부 및 등기공부 정리절차를 성실히 이행하여야 한다.

② 피고 한국토지주택공사는 원고의 소유권이전등기에 필요한 서류를 원고에게 제공하여야 하며, 소유권이전등기비용은 원고가 부담하기로 한다.

나. 원고는 1998. 7. 24.경까지 피고 한국주택토지공사에 이 사건 계약에 따른 매매대금 대부분을 지급(일부는 선납 할인받았다)함으로써 잔금으로 117,840원만 남게 되었다.

다. 위 사업은 2001. 12.경 완료되었고, 2001. 12. 26. 이 사건 토지에 관하여 확정측량을 실시한 결과 그 면적이 350.9㎡로서 이 사건 계약 체결 당시 예정하였던 면적보다 5.1㎡ 감소하였음이 확인됨으로써, 이 사건 계약 제4조 제1항에 따라 원고는 피고 한국토지주택공사에 위 잔금을 지급할 필요가 없음은 물론 오히려 이미 지급한 매매대금 중 일부를 피고 한국토지주택공사로부터 환급받을 수 있게 되었다.

라. 원고는 2002. 1. 23. 이 사건 토지에 관하여 취득세 및 농어촌특별세 합계 955,060원을 납부하였고, 2002. 8. 22. 이 사건 토지에 관하여 새로 확정된 지번과 면적 등에 따른 표시변경등기가 이루어졌다.

마. 위와 같이 매매대금 환급사유가 발생하였음에도 원고는 수년간 그 환급을 신청하지 않았고, 피고 한국토지주택공사는 2009. 3. 2. 원고 명의의 계좌에 면적 감소에 따른 환급금 557,450원을 입금하였다.

바. 원고는 이 사건 토지에 관하여 2009. 10. 30.경에 이르러 자신 앞으로 소유권이전등기를 마친 후, 2009. 11. 17.경 '2009. 10. 27.자 매매'(거래가액은 155,000,000원으로 신고되었다)를 원인으로 하여 정창희, 곽희자에게 소유권이전등기를 마쳐주었다.

사. 충청북도 청원군수("충청북도 청주시 설치 및 지원특례에 관한 법률" 제2조에 의하여 2014. 7. 1. 충청북도 청원군은 소멸하고 청주시가 설립되었다)는, 원고가 이 사건 토지에 관하여 2009. 10. 30.경에 이르러서야 소유권이전등기를 마침으로써 부동산실권리자명의 등기에 관한 법률(이하 '부동산실명법'이라 한다) 제10조 제1항에 해당한다는 이유로, 2011. 12. 29. 원고에게 과징금 24,071,740원을 부과하였다(이하 '이 사건 부과처분'이라 한다).

아. 원고는 이 사건 부과처분이 위법하다고 주장하면서 그 취소를 구하는 행정소송(청주지방법원 2012구합596호)을 제기하였으나 패소하였고, 그에 관한 항소 및 상고가 모두 기각되었다.

【인정근거】 다툼 없는 사실, 갑 제1 내지 8호증, 갑 제11, 12, 15, 16, 31 내지 35호증, 을가 제2, 3, 4호증(가지번호 있는 것은 가지번호 포함)의 각 기재, 변론 전체의 취지

2. 원고의 주장

가. 피고 한국토지주택공사는 지적법 시행령 48조 등을 위반하여 매매대금을 일시납부한 원고가 매수한 토지의 면적을 감소시켜 매매대금 환급채권을 발생시킴으로써 결과적으로 원고에게 이 사건 과징금이 부과되도록 하였다.

나. 피고 충청북도 청원군은 피고 한국토지주택공사의 위와 같은 법령 위반행위를

방조하고, 허위문서를 작성하여 피고 충청북도에 법령질의를 하였고, 관련 법령을 위반하여 이 사건 부과처분을 하였다.

다. 피고 충청북도는 공장용지 수요예측 실수로 피고 한국토지주택공사에게 사업손실을 입게 함으로써 피고 한국토지주택공사가 위 가항과 같이 지적법령을 위반하도록 한 주책임자이다. 또한 피고 한국토지주택공사와 피고 충청북도 청원군이 지방세법을 위반하였음에도 이에 관하여 행정지도를 하지 않았다.

라. 피고들의 위와 같은 불법행위로 인하여 원고는 이 사건 과징금 상당의 재산상 손해를 입었으므로 피고들은 연대하여 이를 배상할 의무가 있다. 또한 피고들의 위와 같은 불법행위로 인하여 원고는 소송자료를 준비하느라 이명현상이 발생하는 등 정신적, 육체적 고통을 겪었으므로, 피고들은 원고에게 이에 관한 위자료로 각 3백만 원씩을 지급할 의무가 있다.

3. 판단

우선 피고들이 원고의 주장과 같은 불법행위를 하였는지에 관하여 보건대, 원고가 제출한 모든 증거를 종합하여 보아도, 피고들의 불법행위 사실을 인정하기에 부족하고, 달리 이를 인정할 증거가 없다. 원고의 주장은 나아가 살펴 볼 필요 없이 이유 없다.

4. 결론

그렇다면 원고의 청구는 모두 이유 없어 이를 모두 기각하기로 하여, 주문과 같이 판결한다.

판사　　나경선 나 경 선

항 소 이 유 서

사건 : 2015 나 10227 사기성 과징금에 대한 손해배상
담당재판부 : 청주 민사과 제1민사부

원고(항소인) : 김정선

피고(피항소인) 1 : 충청북도 청원군의 소송수계인 청주시
대표자 시장 이승훈.

2 : 한국토지주택공사
경기도 성남시 분당구 돌마로 172 (정자동)
대표자 사장 이재영.

3 : 충청북도
대표자 도지사 이시종.

항소이유

"별첨"

2015. 02. 13.

위 항소인(원고) 김 정 선 ㊞

청주지방법원 귀중

항소이유

1. 이 사건이 발생하게된 주 원인은 원고의 피고2와의 도상가분할 토지 피동적 매수계약에 피고들이 담합하여 피고1과 피고3이 관여하였고 원고등 관여조건에 동조한 매수자들로부터 경제적 이득을 얻었음에도 오히려 피고2는 토지면적 확정시 필지경계표지를 직접 설치하여 피고들에게 이익이 되도록 매매대금 최우수 납부자인 원고등을 역차별하여 피동적 매수자인 원고에게는 모멸감을 느끼게 하였고 매매대금 청산마저 지연시켜 소유권 이전등기가 지연되었는데 피고들은 고의적으로 사실조회 및 허위문서 작성근거에 대한 답변을 거부하여 적반하장 원고의 재산권을 약탈하고 정신적 육체적 자유를 침해한 사기사건이다.
(갑제1호증, 갑제4호증, 갑제6호증, 갑제7호증, 갑제8호증, 갑제11호증, 갑제12호증, 갑제13호증, 갑제15호증, 갑제17호증, 갑제18호증, 갑제19호증, 갑제24호증, 갑제26호증, 갑제27호증, 갑제28호증, 갑제31호증, 갑제32호증, 갑제33호증, 갑제36호증, 갑제41호증, 갑제42호증)

2. 1심판결은 대한민국 헌법전문(자유와 권리에 따르는 책임과 의무완수)헌법 제7조(공무원의 의무) 헌법 제10조(인권보장) 헌법 제11조(평등권) 헌법 제12조(신체의자유) 헌법 제23조(재산권보장) 헌법 제27조(법률에 의한 재판을 받을권리) 헌법 제29조(손해배상 청구권) 헌법 제37조(자유와 권리는 경시되지 아니한다, 과잉금지의 원칙) 제38조 (법률이 정하는 납세의무) 헌법 제107조(위헌제청권)에 위배되며 부동산실명법 및 부동산등기 특별조치법 관련조항, 소득세법 관련조항, 민법 관련 조항에 위반된다.

3. 원고는 주동적 매수도 아닌 피동적 매수이고 악의를 가지고 피고들이 위법,불법으로 법령상 매수자의 반대급부 이행일에 도달시켰고 매도자의 반대급부이행일도 부작위하여 발생한 사건을 피고들은 수십가지 청구사유에 대한 답변도하지 않았고 법원은 심리도하지 않고 법률

불소급의 원칙, 이중과세의 원칙에 어긋남에도 불구하고 불법이 아니라고 판단한다면 대한민국은 법치국가가 아니고 관치국가라는 것을 국민들에게 밝혀야한다.
(갑제4호증, 갑제5호증, 갑제6호증, 갑제7호증, 갑제9호증, 갑제18호증, 행정소송 및 민사소송 심리기록)

4. 원고와 피고2간의 불공정성 매매계약에 대하여 제3자인 피고1(재산세 세입권자, 취득세 등록세 수납대행자)과 피고3(취득세, 등록세 세입권자)이 개입하지 않았으면 피고들의 일시납 유도에 따른 원고의 자존심에 상처를 받지않아 일어날 수 없는 사건으로서 피고들의 불법행위, 작위의무 불이행으로 일어난 사건을 판단함에 있어 채증의법칙, 민사소송법상 심리방법, 법원의 중립의무를 지키지않은 것은 심리미진이다.
(갑제11호증, 갑제12호증, 갑제13호증, 갑제18호증)

5. 원고에게 과징금을 부과한 근거법률은 부동산 등기특별조치법 제2조 1항(계약의 당사자가 서로 대가적인 채무를 부담하는 경우에는 반대급부의 이행이 완료된날로부터 60일 이내에 소유권 이전등기 신청의무)의 적용을 받는자로서 부동산 실권리자 명의등기에 관한 법률 제10조 1항(계약 당사자가 서로 대가적인 채무를 부담하는 경우에는 반대급부의 이행이 사실상 완료된날로부터 3년 이내에 소유권이전 등기 신청 의무)이다.

6. 부동산 등기특별조치법 제2조 1항은 토지분할 결과 도상가분할 토지의 면적에 비하여 증가한 경우에는 면적 정산일이 아닌 대금 정산일이다라고 법령해석이 있었고, 법무부의 같은 답변이 있었고, 등기소에서도 매수자의 잔금이 남아있을 경우 매도자가 소유권 이전등기에 필요한 서류를 제공하지 않을것이므로 대금정산일이다 라고 인정하였다.
(갑제9호증)

7.반대로 면적이 감소한 경우에는 오히려 돈을 되돌려 받아야 하므로 반대급부 이행일을 토지분할 확정측량일이라고 주장하나 토지 매각시 피고들이 담합하여 일시납을 유도하여 그 돈으로 조성공사를 중지하지 않고 계속할수 있었기 때문에 피고들은 경제적 이득을 얻었고 토지분할을 불법으로 시행(토지대금 완납자가 많도록 매매대금 성실 납부자의 토지면적을 의도적으로 감소토록)하여 피고1은 재산세를 사업시행자 보유 재산세의 2배를 매수자로부터 세입할수 있었고 피고3은 취득세 및 등록세를 피고1로 하여금 수납 받도록하여 세입을 앞당길수 있었고 피고2는 재산세를 매수자에게 전가할수 있었으므로 부당이득을 얻었고, 대금청산 책임이 채무자인 피고2(피고2는 원고의 은행계좌번호도 알고있었고 주소나 집 전화번호도 변경되지 않았고 직장전화 번호도 서로 공유했으므로 토지분할이 적법하게 시행되었다면 언제든지 환급해줄수 있었다)에 있으므로 매수자의 권리를 제한하는 법률이라고 무조건 매수자의 책임이라면 매매계약을 성실히 이행하면 면적도 줄어들고 재산권까지 약탈당해도 불법이 아니라는 논리이므로 동법령은 반사회적인 위헌인 법률이다.
(갑제4호증, 갑제6호증, 갑제7호증, 갑제22호증)

8. 부동산 실명법 제10조 1항(장기미등기에 대한 벌칙등)은 시행령(안)에 원칙적으로 대금 청산일이라고 입법예고 되었었고 소득세법 시행령 제162조 1항 및 2항에도 부동산 취득일은 대금정산일(계산하여 정리함)로 규정되어 있지않고 청산일(주고받는 것을 깨끗이 끝냄)이라고 명시되어있으므로 소유권 이전은 지방세법이 아닌 소득세법을 근거로 작위되는 것이므로 원고의 반대급부 이행일은 2001.12.26 아니고 원고가 청산금을 돌려 받은 2009.3.2 이다.
(갑제 10호증, 갑제 31호증, 갑제 32호증)

9. 매도자의 반대급부 이행일을 판단함에 있어 원고는 피고2로부터 소유권이전 안내문도 송달받지 못했고 등기는 신청주의여서 신청일만 표

시되므로 소유권 이전등기 의무 기산일이 되는 소유권 보존등기 형식을 빌린 표시 변경등기 완료일을 공시관리 하여야하나 신청일로부터 43일이나 소요된 등기완료일을 공시관리하지 않아 원고에게는 소유권 이전이 지연되는 원인을 제공하였고 일부 매수자에게는 등록세를 초과하여 수납받았으므로 이 또한 피고1과 피고2는 작위의무 위반이며 부동산 등기 특별조치법 제2조1항 및 부동산 실권리자 명의등기에 관한 법률 제10조 1항 1호의 매도자 반대급부 위반이다.
(갑제18호증, 갑증 제44호증)

10. 상기와 같이 매수자의 반대급부일도 피고들이 불법으로 도달시켰음에도 청산까지 안했고 매도자의 반대급부 이행일도 작위의무를 이행하지 않았고, 매각 토지도 불법으로 조성된것이고 피고들이 위법으로 경제적 이득을 얻었고 불법으로 부당이득을 얻었으므로 등기신청을 해태한 상당한 사유가 있는 것으로 보아 부동산 등기특별조치법에 의한 과태료 부과·징수규칙 제2조(등기신청 기간의 산정)4호를 적용하여 원고가 청산금을 받은날까지 등기신청 의무기간에 산입하지 않아야한다.
(갑제18호증, 갑증제31호증, 갑증제32호증, 지적업무17-8:2007.7.26)

11. 법원은 부동산등기 특별조치법 제2조2항에 제3자와 매매계약을 체결하기전에 먼저 체결된 계약에 따라 소유권 이전등기를 신청하여야 한다고 규정되어있으므로 소유권 이전등기 대행 법무사가 먼저 계약체결된 계약의 계약서검인 및 등록세를 납부한날에 원고가 제3자와 계약서 작성하였고 매도자 확인서면 및 인감증명서 발급이 늦어져 3일후 소유권 이전등기를 신청한 것은 위법의 의혹이 있다고 주장하나 동법 제4조(검인 신청의 특례)에 의하면 제3자와 소유권 이전을 내용으로 계약체결하고자 할때에는 먼저 체결된 계약서에 검인을 받아야 한다고 되어있고 부동산등기 특별조치법에 따른 대법원규칙 제1조(계약서의 검인 등)2항에 검인신청을 하고자 할때에는 계약서 원본과 사본 2통을 제출토록 규정하고 있으므로 순차검인 및 순차등기를 하라는 법리를

오해하여 피고가 주장하지 않은 사실을 판결문에 설시하였다.

12. 원고가 2002년 1월 23일 취득세를 납부했고 피고1이 2006년 재산세 부과시 등기부상 소유자가 피고2로 되어있으므로 피고2에게 사업시행자 보유분에 해당하는 재산세를 부과했다가 피고2로부터 매매대금이 완납처리되어 사실상의 소유자는 원고라는 사실을 지방세법에 의하여 통보받고 원고에게 수시분 재산세를 부과했다가 다시 원고에게 50%감면되지 않는 재산세를 정정 수시부과 징수 했으므로 원고가 청산금을 받지 않은 상태라도 환지등기가 완료된후 3년이 경과되어 과징금 대상이었다면 그당시 부과하지 않고 법령에 의거 과징금이 증가된 시기에 부과한 것은 피고1이 부동산 실명법 제5조 5항, 제10조 2항 동법시행령 제4조의2를 위반한것이다.
(갑제3호증, 갑제12호증)

13. 피고들은 1심에서 행정소송 기판력을 주장했으나 행정심판은 토지분할 확정측량 및 행정절차법 제4조 관련 구술심리를 거절하였으므로 행정심판법을 위반한 것이고 행정소송은 피고1만을 상대로 과징금 부과처분 취소 소송을 한것이고 판결문에는 명시되어 있지않지만 변론과정으로 판단하면 피고2 및 피고3도 관여한 사건이므로 소송대상자가 잘못된 것으로 판단한 것으로 간주되며 피고2의 토지분할 확정측량시 지적법령을 위반한 것이 고의인지 실수인지 알고싶다는 원고의 주장에 결론은 마찬가지라고 피고2에게 사실조회 신청한 것을 법원이 원고에게 철회토록 종용한것에 대한 확실한 의사를 표명해야 한다. (대전고등법원 심리기록) (갑제27호, 갑제28호증, 갑제29호증, 갑제30호증)

14. 국가적으로 어려운시기(원고가 매매대금을 납부한 다음해에는 미등기전매가 가능토록 국가적으로 매수독려)에 피고들은 생존권관련 궁박한 처지(직원들이 단독주택지의 30%이상 매수하거나 매매알선)인

원고에게 지방세법령을 위반하여 일시납을 유도하였고 원고는 상위직급자 퇴직전략(77%퇴직)에 의하여 향후11년간 직장생활을 마감해야했고 퇴직금으로 선납까지하여 피고들에게 도움을 주었으나 피고들은 사회적 약자로 전락한 원고에게 역차별이라는 반사회적 전략으로 원고의 자존심에 상처를주어 재산권행사를 늦게하도록 피해를 주었으므로 피고들에게 구세적 역할을 했던 원고등 일시납 계약자와 피고2 소속직원들에게 백번만번 감사할 마음으로 법이 허용하는 범위내에서 관용을 베풀어야 하는것이 인간의 도리이다.
(갑제43호증, 갑제45호증, 갑제46호증)

15. 토지면적 확정을 위한 필지분할은 지적법령에 1cm단위로 측정하고 0.1㎡ 단위로 안분산출 하도록 되어있으므로 피고2가 객관적으로 적법하게 안분(0.7㎡감소)했다면 토지분할 확정측량(필지분할)3년 5개월전 매매대금을 납부한 원고는 3,015원 채무자가 되어야하나 피고2는 원고매수 필지를 5.1㎡ 감소시켜 481,930원 채권자로 전환시키고도 채무이행도 하지않았는데 등록세 납부가 지연되었다고 원고는 양도소득세 보다많은 과징금을 유일하게 부과받아야하고, 필지분할시 연체금액이 많았던 것으로 판단되는 같은 블록내 745- '번지 매수인 토지는 3.8㎡를 증가시켜 필지분할 8년 경과후 소유권 이전을 하여도 장기미등기 과징금이 적용되지 않는다면 부동산 실권리자 명의등기에 관한 법률은 매매대금을 성실히 납부한자에게만 악의의 권리제한을 하는 반사회적, 사법적 정의에 반하는 법률이다.
(갑제4호증, 갑제5호증, 갑제6호증, 갑증7호증, 갑증24호증)

16. 원고가 피고2 퇴직자모임 실무를 담당하게되어 피고2로부터 등록세용 토지대금 완납확인서를 받아보니 토지분할 측량결과 면적이 감소되어 토지분할 측량 완료일이 대금 완납일로만 표시되어 있어 피고3이 공업단지 지구 지정을 받아다가 피고2로 하여금 사업시행을 하도록 했으면서도 지원반까지 두었기 때문에 소유권이전 등기 가능일이 2002

년도 초반에 이루어져 과태료가 많을것으로 생각했으나 피고들이 오창면과 옥산면간의 행정구역 변경 관계로 사업준공에 6개월 소요되었고, 등기형식에 관한 피고2와 등기소의 마찰로 2002.10.4 등기가 완료되었으므로 원고가 토지대금 완납 확인서를 받은 2002.11.26일은 등기완료일로부터 60일 이내여서 과태료가 없는 시기였으므로 피고1과 피고2가 작위 의무를 이행했다면 원고가 소유권 이전 등기를 지연시킬 이유가 없었다.
(갑제2호증, 갑제35호증, 갑제44호증, 충청북도 공고 제2002-246)

17. 매수자의 반대급부일이 대금청산일이 아니고 확정측량일이라고 하더라도 부동산등기 특별조치법 제2조 1항 및 부동산 실명법 제10조 1항은 민법 및 소득세법에 불구하고 이 조항에 따른다는 법령상 규정이 없는한 상기법령을 위반한 것은 원고가 아니고 피고1과 피고2이다.

18. 피고들이 악의를가지고 산업입지 및 개발에관한 법률 및 동법시행령, 지방세법령, 지적법령을 어겨 원고에게 재산적, 정신적 피해를 주었음에도 은혜를 원수로 되갚은 감사지적으로 발생한 행정소송에서 허위문서를 작성하여 사건을 확대시킨 피고1에게 피고3이 법무부에 질의한 내용을 제출하라는 법원 명령을 피고1은 거부하였다.
(효력 정지신청 심리기록)

19. 산업입지 및 개발에 관한 법률에 의거 이사건 토지등의 조성사업은 지방 공업단지 지구지정(1992.5.13) 유효기간(3년), 사업시행자지정(1993.12.16) 유효기간(1년6개월)을 넘겨 피고2가 피고1을 경유하여 피고3에게 실시계획 승인신청(1996.8.10)을 하였으므로 원인무효 사업이며 선의의 매수자에게 소유권 이전등기 관련 어떠한 과세도 정당화될수 없다.
(갑제26호증)

20. 법무부 발행 실명법 사례집에서도 세금을 전혀내지 않은 사람과 차별을 위하여 탈세나 탈법을 할 의도가 없었을 경우 50%감경하여야 하는 것이 타당하다고 결론을 내렸고 헌법소원(2012헌바263)에서도 입법기술상 장기미등기는 명의신탁과 달리할수 없고, 탈세나 법령상 제한을 피한 목적이 없었을 경우 50% 감경 조항이 있으므로 평등의 원칙에 어긋나지 않는다고 결정하였다.
(갑증25호증, 2004누 6619판결, 92누 2851판결, 99두 2550판결, 2005두 3257판결 , 2008두 31804판결)

21. 피고2는 불법행위를 했음에도 법원을 통한 사실조회 신청서에 대한 답변을 법원의 독촉에도 불구하고 이행하지않았고 소송에 참여하지도 않았고 부당이득도 반환하지 않았다. 피고3은 피고1이 작성한 허위문서를 바탕으로 원고가 제출한 기존법령해석 자료를 법무팀에 설명하지도 않고 협조를 받았고, 매매계약서까지도 삭제하여 법무부에 재질의 했음에도 법원을 통한 사실조회 답변서에서 상세히 기술하였다고 위증까지 하였다.
(갑제19호증, 갑제21호증, 갑제23호증, 갑제 28호증)

22. 피고들은 산업입지 및 개발에 관한 법률을 지키지 않은 것이 적법한 법률행위인지, 지방세법을 위반하여 일시납을 유도한 것이 매수자를 위한것이었는지, 지적법령을 위반하여 피고들에게 부당이득이 없었다는 사실을 입증해야 합니다.
(갑증제26호증)

23. 이사건이 아니더라도 피고들은 원고에게 불법행위를 하여 부당이득을 얻은바있고 이 사건관련 원고에게 가해행위를 할 의도가 없었다는 것을 입증하여야 합니다.

24. 원고는 사전통지에 따른 의견서에 매매계약 체결을 한 해에 매매대금을 납부하였다(확정측량결과 면적이 감소하여 환급을 받았어야 하므로 원고가 피고2에게 대금을 납부한 최종일이다)고 의견을 제출하였으나 피고1은 토지분할 확정측량일에 대금을 납부하였다고 기술한 사유.
등록세 담당자는 등록세는 납부하지 않았다고 하는데 무슨 근거로 등록세 납부까지 하고도 소유권이전 등기를 하지않았다고 기술한 사유.
지번 및 지적은 확정측량일에 확정되었는데 매도자명의 환지등기 신청일에 확정되었고 매도자명의 소유권이전 등기가 등기소로부터 반려되었는데 매수자명의 소유권이전 신청이 가능한일로 기술사유.
사전 의견조회취지 및 의견서 접수당일에 원고의 설명을 듣고 이익형량을 검토하겠다고 하였고 추가로 법령해석 자료까지도 제출하였는데 과징금은 감경하지 않은 사유.
2006년 원고에게 재산세를 정기납기가 지나 수시납부고지 및 정정부과징수 하였음에도 그 당시에 과징금을 부과하지 않고 과징금이 증가한 시기에 과징금을 부과한 사유를 밝혀야 한다.
(갑제2호증, 갑제15호증, 갑제18호증, 갑제19호증)

25. 피고2는 토지분할 확정측량을 불법으로 시행한 사유, 토지분할 확정측량일로부터 청산금 반환일까지 민법 및 피고2의 용지규정에 불구하고 청산금에 대한 이자를 지급하지 않은 것이 평등권을 침해하지 않는다고 판단된 사유, 국가경제 위기시절 피고2 소속직원들이 단독주택지의 30%이상을 매수하거나 알선 하였는지 여부, 매매계약서에 지금까지 한번도 실행하지 않은 환매등기에 관한 조항은 있어도 부동산 실명법에 관한 유의사항을 명시하지 않은 사유, 행정소송에 참여하지도 않고 사실조회 답변을하지 않은 사유, 원고가 소유권이전 안내문을 송달 받았다는 증거, 43일이나 소요된 환지등기 완료일을 등록세용 토지대금 완납확인서에 표기하지 않은사유, 매수자가 매도자에게 지급할 돈이 남아있을 경우 매도자는 동시이행항변권이 있다는 판결이 있었는데 매수자가 매도자에게 받을돈이 있는 경우 채권 채무의 관계에서 채무자의 책임인데도 동시이행항변권을 인정할수 없는 사유.

26. 피고3은 원고가 6쪽분량의 의견서를 피고1에게 제출하여 피고3의 실수를 국가경제 위기시절 피고2와 피고2소속직원들이 떠안았고 원고는 피동적 매수자로서 가장먼저 매매대금을 납부하였고 부부가 중증환자라고 선처를 호소했으나 악의로 매매계약서 및 기존법령해석 자료를 삭제하고 사건개요를 사실과 다르게 8줄 정도로 요약하여 법무부에 재질의 한 것이 허위문서 작성 및 행정절차법에 위반되지 않는다는 사유, 악의를 가지고 원고와 피고2간의 거래에 간섭하여 부당이득을 얻었음에도 도지사 면담도 거절하고, 불법행위에 대한 답변도 하지않고 자신들이 감사 지적한 사항에 대한 적부는 판단하지 않고 청원군에 답변을 미루는 것이 정당한것인지, 1심에서 최종변론일까지 원고의 2차 3차 청구사유에 대한 답변은 한마디도 언급하지 않다가 선고 1주일전에 복대리인 선임권한까지 위임했다는 사실을 소송수행자가 변경되지 않았음에도 법원에 통지한 사유.
(갑제17호증, 갑제18호증, 갑제19호증, 갑제21호증)

결론

분량이 많은 관계로 원고의 주장에 대하여 향후 피고들이 인정하는데 필요하다면 증거서류와, 관련 법령을 발췌하여 증거자료를 제시하겠으며 항소취지대로
원판결을 취소한다.
피고들은 연대하여 원고에게 24,071,740원 및 이에 대한 1심 소장 부분 송달 다음날부터 다 갚는날까지 연6%의 비율로 계산한 돈을 지급하라.
피고들은 원고에게 각 3,000,000원씩 위로금을 지급하라.
소송비용은 제1,2심 모두 피고들의 부담으로한다.
라는 판결을 구합니다.

2015. 02. 13

위 항소인(원고) 김 정 선

2015나 10227호 사기성과징금에 대한 손해배상 [제1민사(나)부]

원고(항소인) 김 정 선

피고(피항소인) 충청북도 청원군수 외2명

답 변 서

위 사건에 2015나 10227호 사기성과징금에 대한 손해배상 사건에 관하여 피고(피항소인) 소송대리인은 다음과 같이 답변 합니다.

항소취지에 대한 답변

1. 원고(항소인)의 항소를 기각한다.

2. 소송비용은 1,2심 모두 원고(항소인)의 부담으로 한다.

라는 판결을 구합니다.

항소이유에 대한 답변

1. 피고(피항소인은) 원고(항소인)의 청구를 일응 부인하며, 상세한 답변은 추후 별도의 준비서면을 통하여 제출하도록 하겠습니다.

2015나10227

항 소 답 변 서

원고(항 소 인) 김 정 선

피고(피항소인) 충청북도 외 2

위 사건에 관하여 피고(피항소인, 이하 '피고'라고 함) 소송대리인은 다음과 같이 항소에 대하여 답변하고 변론을 준비합니다.

항소취지에 대한 답변

1. 원고(항소인)의 항소를 기각한다.
2. 소송비용 중 원고와 피고 충청북도 사이에 발생된 부분은 1, 2심 모두 원고(항소인)의 부담으로 한다.

라는 판결을 구합니다.

다 음

1. 원고의 피고 충청북도에 대한 청구원인

원고(항소인, 이하 '원고'라고 함)의 피고 충청북도에 대한 청구원인이 무엇인지는 분명하지 않으나 피고 한국토지주택공사로 하여금 지적법령을 위반하게 하였다거나 피고 충청북도 청원군으로 하여금 지방세법을 위반하게 하였다는 등(그 밖에 질의를 잘 못하였다는 것 등도 있었던 것으로 보임)인 것으로 보여집니다.

2. 그러나 원심의 기록을 면밀히 살펴보아도 피고 충청북도가 나머지 피고들로 하여금 위와 같이 불법행위를 하게하였다고 볼 자료는 없습니다(피고 충청북도가 그러한 불법행위를 하게 한 바도 없습니다).

3. 결론

그러므로, 원고의 이 사건 청구는 이유없어 마땅히 기각되었어야 한다고 할 것이고, 그러한 결론에 이른 원심은 지극히 정당한 것이었으므로 당연히 원고의 이 사건 항소도 기각되어야 한다고 할 것입니다.

2015. 4. .

피고 충청북도 소송대리인

변 호 사 김 창 섭

청주지방법원 제1민사부

사건 2015나 10227호 손해배상

원고 김 정 선

피고 청주시 외 2

준 비 서 면

위 사건에 관하여 청주시는 다음과 같이 준비서면을 제출합니다.

다　　　음

1. 원고 주장의 요지

피고들이 원고를 기망하여 이 사건 토지와 관련한 금 24,071,740원의 과징금 부과처분을 하였고 원고로 하여금 위 과징금을 납부하도록 하는 불법행위를 저질렀고, 원고가 위 과징금에 상당하는 금 24,071,740원의 손해를 입었으며, 별도로 그 과정에서 육체적, 정신적 손해를 입었으므로 금 3,000,000원을 위자할 책임이 있다는 것입니다.

2. 그러나 위 과징금 처분은 재판을 통하여 정당한 것임이 밝혀졌습니다.

가. 원고는 위 과징금 처분과 관련하여 피고 청주시(청원군)가 원고를 기망하는 불법행위로 인해 부과된 것이므로 이를 취소해 달라는 행정소

나. 따라서 피고 청주시의 위 과징금 처분이 정당한 것이고 그로 인해 원고가 납부한 것인만큼 어떠한 불법행위가 있었다고 볼 수 없습니다. 결국 원고가 피고들의 불법행위를 전제로 한 이 사건 청구는 아무런 이유가 없어 항소가 기각됨이 마땅합니다.

2015. 4. .

피고 청주시의 소송대리인

법무법인 청풍로펌

담당 변호사 신숭현

위헌법률 심판 제청 신청

사건 : 2015 나 10227 사기성 과징금에 대한 손해배상
담당재판부 : 청주 민사과 제1민사부

신청인(항소인) : 김정선(

피신청인(피항소인) 1 : 충청북도 청원군의 소송수계인 청주시
대표자 시장 이승훈.

2 : 한국토지주택공사
경기도 성남시 분당구 돌마로 172 (정자동)
대표자 사장 이재영.

3 : 충청북도
대표자 도지사 이시종.

위 사건에 관하여 신청인은 아래와 같이 위헌법률 심판 제청을 신청합니다.

신청취지

부동산 실권리자 명의등기에 관한 법률 제10조(장기미등기자에 대한 벌칙 등)①항 1호를 미확정 부동산에 적용할시 대한민국 헌법전문, 헌법제7조, 헌법제10조, 헌법제11조, 헌법제12조, 헌법제23조, 헌법제27조, 헌법제29조, 헌법제37조, 헌법제38조에 위배되며 부동산등기 특별조치법 관련조항, 소득세법관련조항, 민법 관련조항과 합치되지 아니한다.

부동산 실권리자 명의등기에 관한 법률 제10조 제1항 위헌제청 신청이유

<위헌제청 요지>

부동산 실권리자 명의등기에 관한 법률 제10조(장기미등기자에 대한 벌칙등)제1항 제1호는 동법시행령(안)으로 미확정 부동산에 대한 쌍무계약의 이행완료된날의 기산일은 청산일로 한다고 공표하였으나 동법시행령에 언급 되어있지않아 매도자 및 행정처분지도권자, 행정처분권자가 우월적 지위를 이용해 불법행위를하여 부당이득을 얻었을 뿐만아니라 청산금 환급, 매도자 반대급부이행일 공시관리 등 작위의무도 이행하지 아니하여 매매계약을 가장먼저 성실히 이행한 매수자에게 재산권 행사등에 피해를 주었음이 명백함에도 적반하장으로 악의의 가해자가 선의의 피해자에게 유일하게 징벌성 세금인 과징금을 부과징수한 것은 법령 제정목적 및 사회적 정의에 반하므로 위헌제청을 합니다.

<위헌제청 사유>

1. 피신청인들은 피신청인3의 숙원사업인 오창 산업단지 조성공사가 국가경제위기로 중지 위기에 직면하자 1998년 피신청인2 보유 도상가분할 단독주택지의 매각조건으로 지방세법 시행령 제73조(취득의시기등)①항 본문과 지방세법 제 120조(신고납부: 취득한날로부터 30일 이내)에 불구하고 취득세 납부시기(추후 법제처 해석에 의하면 사실상 사용이 불가능하더라도 완납했으면 재산세 납부의무자임)를 토지분할 확정측량 이후로 미루었기
신청인은 부족한 돈을 차용하기로 하고 애사심에서 44,956,000원에 356㎡(가지번 272-5, 확정지번 745-7)를 일시납으로 피신청인2와 계약체결(1998.6.8)하였고 곧이어 피신청인2의 상위직급자 퇴직전략(121명중 93명퇴직)에 의하여 퇴직금으로 1,282개 단독주택지 매수자중 가장먼저 매매대금을 납부(1998.7.24 : 매매계약서에 계약단가로 정산하기로 되어있어 면적감소 대비 104,040원 남겨둠)하였으나 3년6개월

후 토지분할 확정측량(필지분할: 2001.12.26)시 피신청인2는 지적법, 헌법,민법에 명시된 신의 성실의 원칙 및 평등권을 지키지 않고 피신청인들과 매매대금 비성실납부자에게 유리하도록 매매대금 성실납부자를 역차별하여 신청인에게 정신적 충격을 주었고, 피신청인2는 면적감소에 따른 환급해야할 채무까지도 이행하지 않았는데, 피신청인1은 공동불법행위자 및 부당이득 취득자로서 경제적 도움을 준 신청인에게 24,071,040원의 과징금을 부과 징수한 것은 사회적정의 및 사법적 정의에 반한다.
(법률적으로 논리로 판단하면 피신청인1이 신청인에게 과징금을 부과할 것이 아니라, 피신청인3이 피신청인2에게 사업손실 780억원을 보전 해주어야하며 피신청인2는 신청인에게 7년간의 미지급이자를 연체이율을 적용하여 지급하여야하고 피신청인3은 매도자 반대급부일 미공시로 초과 수납한 등록세를 당사자들에게 반환하여야 한다.)

2. 국가경제 위기였기 때문에 신청인은 피신청인2 보유토지를 매수할 수 있었고 피신청인2의 소속직원으로서 의무감(단독주택지의 30%이상 매수하거나 매매알선)에서 부족한 매수자금은 차용해서라도 매수해야만 했음에도 100% 정부투자기관인 피신청인2 소속직원들은 신분보장이 안되어 신청인은 상위직급자로서 급여가 많고 퇴직금이 많다는 사유로 향후 11년간 근로활동을 할 수 있는 기회를 상실하였다.(상위직급자 77%퇴직)

3. 피신청인3이 구 건설부로부터 공업단지 지정을 받아 우월적 지위를 이용하여 피신청인2를 이사건 토지등의 사업시행자로 지정하지 않았다면(780억원이상 사업손실, 전체 단독주택지 1,282필지 매각금액보다도 많은 금액)
신청인은 매수의무가 없기 때문에 피신청인2 보유 다른 사업지구 토지에 대한 매수계약을 체결했을 것이므로 이 사건은 발생하지 않았고 피신청인3이 직접 시행했으면 자본력과 매수세력면에서 피신청인2에 비하여 열악하기 때문에 재정파탄이 발생할 것을 피신청인2가 사업시행을 하였기 피신청인2와 신청인등 피신청인2 소속직원들의 노력과 고통분담으로 사업이 마무리 될수있었다.

4. 정부정책 및 피신청인2의 경영전략에 의한 피동적 매수자인 신청인은 이사건 토지등의 매도자인 피신청인2, 재산세 세입권자이며 취득세 등록세 수납대행자인 피신청인1, 취득세 등록세 세입권자인 피신청인3이 담합하여 일시납을 유도하였기 구사심에서 3년분할 납부가 아닌 일시납(5개월)계약을 체결했고 불의의 퇴직금으로 선납(체결후 46일)하였으므로 년 예금금리 13.8%인 고금리시기에 피신청인들은 경제적 도움을 얻었다.(피신청인2는 매매계약서에 이사건 토지등의 완성을 예측하기 어려워 약정대금의 30%까지 약정기일을 미룰수 있다고 명시하였고 다음해에는 미등기 전매도 가능토록 한시적으로 법령까지 개정하였고, 3년분할 납부계약이 훨씬 유리했다는 것을 객관적인 자료로 입증.)

5. 이사건 토지등의 조성사업은 사업성관계로 피신청인2와 피신청인3의 협의가 늦어져 산업입지 및 개발에 관한법률에서 정한 유효기간을 넘겨 피신청인2가 피신청인1을 경유하여 피신청인3에게 실시계획 승인신청을 했기 때문에 법률상 무효인 사업이므로 피신청인들은 신청인 등선의의 매수자들에게 어떠한 행정처분도 할 수 없다.

6. 신청인이 매매대금을 납부한 3년5개월후 피신청인2는 도상가분할 토지에 대한 면적확정(필지분할)시 객관적인 필지분할이 되도록 필지경계표지를 지적측량 대행기관에 의뢰하지 않고 업무상 언제나 갑의 위치에 있는 피신청인1 및 피신청인3이 지방세(취득세,재산세)납부를 필지분할 이후로 미루는 담합을 하였기 이들에게 지방세 세입을 증가시켜주고 행정편의 및 사업손실을 조금이라도 줄이고자(측량비용 33% 절감, 재산세를 매수자에게 전가)필지경계표지를 직접설치 하기로하고 대금납부 현황을참조 매매대금 완납자가 많도록 매매대금 성실납부자 매수토지 면적을 증가하지 않도록(감소하도록)역차별 확정한 것은 일시납 피동적 매수자로서 실직까지 한 신청인에 대한 배신행위이며 기만행위이다.

7. 지적법령상 1cm단위로 측정하고 0.1㎡단위로 면적을 안분산출토록 되어있음에도 불구하고 신청인의 매수토지는 필지분할 3년5개월전에 매매대금을 납부하였는데 블록내 10개 필지중 가장많은 5.1㎡를 감소시켜 신청인을 매매대금 완납자로 피신청인1에게 통보(적법하게 필지분할을 했다면 0.02㎡ 해당분의 3,015원 채무자를 481,930원 채권자로 신청인을 전환시키고도 채무이행도 7년동안 하지않았음)하였고, 같은 블록내 연체금액이 많았던 매수자 토지(745-)는 3.8㎡를 증가시켜 필지분할후 8년동안 절세(취득세,등록세,재산세,장기미등기 과징금 미해당자)할 수 있는 혜택을 주었다.

8. 지적측량 대행기관인 대한지적공사에서는 신청인의 민원에 대한 회신에서 피신청인2가 필지경계표지를 설치했고 오차는 수십필지 누적오차(원측량과 검사측량의 오차)가 10cm라고 회신하였고 신청인 토지는 환산하면 27cm감소 된것이므로 명백한 역차별이다.

9. 도상가분할 토지에 대한 매매계약서상 면적 정산은 관계법령 및 신의성실의 원칙 및 평등의원칙, 비례의 원칙을 적용하겠다는 선언적 상호신뢰 조항이며 피신청인2(매도자)의 의도 및 사행성으로 필지분할을 하겠다는 청약에 신청인이 동의한 것은 아니다.

10. 피신청인1은 피신청인3으로부터 과태료 및 과징금부과 누락 감사처분을 받고 신청인에게 부동산등기 특별조치법 제2조1항의 적용을 받는자로서 부동산 실권리자 명의등기에 관한 법률 제10조 제1항 제1호에 해당된다고 신청인에게 과징금을 부과징수 하였으나 신청인은 궁박으로 이사건 토지를 취득했기 때문에 부동산 실권리자 명의등기에 관한 법률이 있다는것조차 알수없었고 소송중 확인한바 피신청인2 소속 현직직원들도 과징금에 대한 정보를 알고있는 사람이 없었으므로 일반국민들은 감지하지 못하는 법률이다.

11. 피신청인들은 지방세법 위반행위를 감추려고 토지분할 확정측량(필지분할)이전에 매매대금을 완납한것도 토지분할 확정측량일에 완납

한 것으로 피신청인2가 피신청인1에게 통보하기로 약정하였기, 피신청인1의 전산상 자료는 확정측량일만 등록되어있기 때문에 행정 절차법 및 부동산등기 특별조치법에 의한 과징금 부과전 신청인의 의견서를 완전히 무시하고 사실과 다르게 개요를 작성하여 피신청인3에게 법령해석을 요청하였고 피신청인3은 악의로 신청인이 피신청인1을 통해 제출한 도상가분할 토지의 면적이 필지분할 확정측량 결과 증가한 경우의 기산일은 면적정산일이 아니고 대금정산일 이라고 해석한 사례와 매매계약서 까지도 삭제하여 허위로 법무부에 재질의하여 피신청인1로 하여금 신청인에게 과징금을 감경도 하지않고 부과토록했고 피신청인1은 피신청인3이 법무부에 법령해석 질의 내용을 제출하라는 법원 명령을 거부하였다.

12. 피신청인들은 악의를 가지고 궁박한 처지의 신청인에게 일시납 계약을 유도했고, 피신청인2는 악의로 가지고 역차별 필지분할을 실시하여 피신청인들은 부당이득을 얻었고 구두로 청산금 신청을 했다는 사유로 7년동안 지급하지 않았고,(신청인은 피신청인2의 사무실을 무상임차하여 전·현직원들의 경조사 업무를 담당하였고 주소나 연락처가 변경 된적이 없음)피신청인1과 피신청인2는 등록세 납부기준일이되는 피신청인2의 반대급부 이행일도 공시관리하지 않아 신청인은 면적도 줄어들고, 등록세도 더 내야되고 국민주택채권도 더많이사야 된다는 오판을 하도록 했고 피신청인1은 헌법불합치로 개정된 부동산 실명법을 위반했음에도 피신청인3은 악의를 가지고 허위문서를 작성하고 법원에 위증까지하여 피신청인1로 하여금 신청인의 소유토지를 모두 압류토록 한 것은 신청인의 재산권을 약탈하고 신체의 자유를 침해한 것이다.

13. 쌍무계약에서 매수자가 매도자에게 지급할 돈이 남아있을 경우 매도자는 소유권이전 관련 동시이행 항변권이 있으므로 매수자가 매도자로부터 받을돈이 있을경우에도 자유와 권리에 따르는 책임과 의무 완

수를 위하여 매수자는 매도자로부터 돈을 받을때까지 소유권이전 등기를 지연할 수 있는 권리를 인정해야 합니다.

14. 도상가분할 토지의 면적이 확정측량결과 증가한 경우 기산일을 확정측량일이 아니고 대금정산일이다 라는 해석과 소득세법에서도 청산일이 부동산 취득일이다 라고 명시되어 있으므로 면적이 감소한 경우에도 확정측량일이 아니고 대금청산일로 적용하여야 상기에 언급한 바와 같이 매도자 및 지방자치단체가 행정편의 및 부당이득을 얻기 위하여 매매대금 성실납부자에 역차별 한것에 대한 피해를 최소화 할 수 있고 대한민국 헌법·민법·행정절차법·공무원법·관습법에 합치됩니다.

15. 이익을 창출하기 위한 주동적 매수사건에 대하여도 세금을 납부한 사람과 납부하지 않은 사람은 차별되어야 하기 때문에 세금을 납부한 매수자에게는 과징금을 감경해야 한다는 법무부발행 사례집 및 수차례 판례가있고 헌법재판소의 헌법소원 판결이 있었음에도 신청인은 피동적 매수자이고 취득세를 온라인 계좌로 피신청인1에게 송금했고 보통징수 방법으로 부과하는 재산세도 연체없이 납부했고 피신청인들이 원인을 제공했음에도 불구하고 재량권을 행사하지 않은 것은 피신청인1의 권리의 일탈 남용이다.

16. 모든 사건에는 발생원인이 있으며 채증의법칙과 비례의 원칙을 적용해야 하며 신청인은 시대적 요청에 의하여 피신청인들이 위법으로 조성한 이사건 토지를 매수해야만 했고, 실직했고, 중증환자가 되었고 수술비 마련을 위해 11년동안 보유했다가 매각하였고 피신청인들의 불법행위로 이사건이 아니더라도 경제적손해 및 신체의 자유를 침해받은 피해자입니다.

17. 피신청인들은 지방세법령을 위반하여 경제적 이득을 얻었고 성실한 매수자를 역차별한 지적법령 위반행위로 부당이득을 얻었을뿐만 아니라, 불법행위에 의한 매매대금 청산도 하지않았는데 쌍무계약이 완료되었다고 주장하는 것은 매수자는 의무만 있고 매도자는 권리만 있

어 동시이행 항변권이 없다는 논리로 헌법의 근간인 평등권 및 민법의 근간인 신의성실의 원칙에 위반됩니다.

18. 신청인은 토지분할 확정측량 3년6개월전 다른 매수자보다 3년먼저 매매대금을 납부하였는데 피신청인2는 불법으로 면적을 5.1㎡ 감소시켜 취득세를 자진납부 토록하고 피신청인1은 재산세를 연체없이 징수하였음에도 신청인이 등록세를 7년 늦게 납부하였다고 2년간 신청인의 급료에 해당하는 과징금을 부과받아야하고, 같은블록내 연체금액이 많았던 745 필지 매수자는 3.8㎡를 증가시켜 신청인보다 12년 늦게 매매대금을 완납하고 재산세를 납부하지 않았음에도 과징금이 부과되지 않는다면 과징금 관련 법률은 탈세를 부추기는 반사회적 법률이므로 위헌인 법률입니다.
또한 피신청인1과 피신청인2는 피신청인들의 실수(행정구역 변경)로 지연된 매도자의 반대급부 이행일도 공시관리하지 않아 신청인에게는 소유권이전등기를 지연시키는 원인을 제공하였고, 과태료를 초과징수한 일부 매수자들에게 피해를 주었으므로 그 손해를 배상하여야 마땅합니다.

19. 이사건 토지등 조성관련 최대수혜자인 피신청인3은(이사건 토지등의 매각만을 생각하면 피신청인2 소속직원들이 매수세력이 되었으므로 국가경제 위기가 호재였음)피신청인들의 불법, 부작위에 의한 잘못을 적반하장 사건으로 만들도록 피신청인1에게 감사처분을 하였고 피신청인1은 감사지적 사항 이행 과정에서 신청인이 피신청인2 소속직원이었기에 애사심에서 매수하여 피신청인들에게 도움을 주었으나 어려운 환경에 처해있다는 사실을 알렸고 조성자금이 신청인등 피신청인2 소속직원들로부터 조달되었다는 사실을 알렸음에도 이를 간과하여 고의적으로 허위문서를 작성하여 피신청인3에게 법령해석을 요청하였고 피신청인3은 고의적으로 신청인이 제출한 기존법령 해석과 일시납 매매계약서 까지도 삭제하여 법무부에 불법으로 법령해석을 요청하였으므로 이 사기 사건의 주책임자입니다.

20. 미확정 부동산의 반대급부 이행일에 대한 새로운 법령해석은 탈세 등을 방지하기 위한 법률이 매수자들에게 오히려 탈세를 장려하고 매도자 및 행정관청은 갑질행위를하여 선량한 국민의 재산을 침탈하고 우롱하도록 유도하는 반사회적 법률인것입니다.

21. 피신청인들은 신청인이 주장하는 위법 및 불법, 위증행위에 대한 답변을 전적으로 거부하고 고의로 법령해석 질의시 첨부하지도 아니한 매매계약서에 면적정산 하기로 되어있다는 평등권을 간과한 주장만 하고있어 법원이 채증의 법칙을 적용하는 것을 고의적으로 방해하였습니다.

22. 신청인과 피신청인2간의 쌍무계약에 피신청인1과 피신청인3이 관여하여 이득을 얻었고 피신청인2의 불법행위로 이득을 보았으므로 공동책임 및 방조책임이 있음에도 불구하고 부동산 등기 특별조치법에 의한 과태료 부과징수규칙 제2조4호를 적용하지 않은것과
피신청인들이 실수,고의, 관련법률을 준수하지 않은것들중 한가지 사유만 없었더라도 발생하지 않았을 사건에대하여 피신청인2는 신청인이 요구하는 사실 확인거부, 부당이득 반환거부, 피신청인1과의 소송에 참여거부, 과징금에대한 구상권도 거부하였고
피신청인들이 불법, 부작위에 의한 책임도 없으며 행정관청에서 관여하지 않은 사건에도 비례의원칙을 적용한 기존 판결을 감안하지 않고 과징금을 부과징수한 것은 원고에게 사기행위 및 신체의 자유를 침해한것이므로 피신청인들은 민법 제750조 및 헌법 제29조, 헌법 제37조 등에 의하여 그 손해를 신청인에게 배상하여야 합니다.

23. 행정소송 및 민사소송에서 중립을 지켜야 할 법원은 피신청인1이 고의로 사건개요를 허위로 작성하였기 법원에 제출하라는 명령도 거부하였는데 오히려 피신청인이 거론하지 않았음에도 신청인이 법무사로 하여금 부동산등기 특별조치법에 따라 매매계약서 원본에 검인계약 및 등록세를 납부한 것을 확인하고나서 제3자의 매매계약 서류작성 하였고 피신청인2의 확인서면 서류발급이 늦어져 3일 늦게 등기신청을 하

였다고 법령위반 의혹을 제기하였다.

- 행정소송 2심 법원에서는 피신청인2의 사실조회 답변이 독촉을 했음에도 회신이 없자 재판장이 사실조회한 내용이 고의든 실수든 마찬가지라고 변론을 진행하여 신청인은 심신이 너무지쳐 사실조회신청을 철회하였으나, 신청인에게 불리한 것 같아 법원으로 하여금 피신청인1에게는 문서송부 촉탁의뢰서를 피신청인2에게는 문서제출 명령서를 송부해달라고 준비서면으로 요청하였으나 거절하였다.

- 민사소송에서는 법원에서 요구하는 상대방 표시변경, 사건내용요약, 중요한 46개 증거설명서를 작성 제출하였고, 마지막 변론일에 변론을 안해도된다고 변론을 진행했으면서도 피신청인3이 소송수행자 변경요청을 하자 청구인에게 패소 판결을 하였다.

24. 부동산 실명법 발의자인 기획재정부, 관리자인 법무부, 법률에 대한 판단을 하는 법원행정처 에서도 법률에 대한 답변을 회피하고 있으며 법관의 양심에 의하여 판결된 사항은 누구도 간섭할수 없으므로 불법행위를한 지방자치단체에 대한 행정지도도 할수 없다는 행정안전부, 감사원, 국민권익위원회, 법률구조공단의 의견에 따라 위헌제청을 하는 바입니다.

25. 피신청인들은 신청인의 과징금 처분취소 및 손해배상 청구 소송에 대하여 신청인이 요구한 자료제출은 개인정보 보호법에 위반된다는 사유로 구체적 답변이나 증거 제시없이 신청인의 청구를 받아들일수 없다는 주장만 하고 있으므로 우월적 지위를 이용하여 국민의 인권을 유린하고 묻지마 재산권약탈 행위를 방지 하기위해서는 당초 시행령(안)에 있었던 것처럼 미확정 부동산에 대한 반대급부일은 청산일을 원칙으로하고 등기는 신청주의여서 신청일만 공시관리되므로 등기완료일(이사건 토지의 경우 43일 도과)을 공시관리 할수있도록 법령을 보완하여야 합니다.

첨부 1 : 항소이유서

2 : 신청인 입증자료(증거설명서)목록

3 : 용지매매계약서(1998.6.8)

4 : 매매대금 무통장 입금증(1998.7.24)

5 : 토지매각 원부(최종납입일 1998.7.24)

6 : 매입토지 및 매매알선토지 필지별 면적증간 및 환산오차

7 : 745-2 토지대장(매매대금 장기 연체자)

8 : 부동산등기 특별조치법 제2조 제1항에 관한질의

9 : 부동산 실명법·시행령은 어떻게 되어있나

10 : 등록세용 토지대금 완납확인서

11 : 주민등록등본

2015. 4. 16

신청인 김 정 선

요약 쟁점정리서면

○ 사건번호 : 2015 나 10227
○ 제출자 : 원고 김정선
○ 변론(준비)기일 : 2015년 4월 28일

위 사건에 관하여 다음과 같이 요약 쟁점정리서면을 제출합니다.

1. 주장

① 원고와 피고2간의 매매계약에 피고들은 지방세법 제120조 (신고납부)등, 공무원법 제56조(성실의무)를 위반하여 일시납으로 이사건 토지등을 원고등 에게 도상가분할 매각하여 약13억 7천만원의 경제적 이득을 얻었고 면적확정을 위한 필지 경계표지 설치시 갑질행위를 하여 부당이득 5억8천만원을 얻고도 이에 만족하지 않고 원고의 재산권 24,071,740원을 약탈하고 허위문서작성, 법원 명령거부, 사실확인 거부, 위증까지 하여 신체의 자유도 침해했다.

② 산업입지 및 개발에 관한 법률 제13조(공업단지 지정의해제), 동법 시행령 제15조(공업단지 지정의해제) 제22조(지방공단 실시계획)를 위반하여 사업 승인된 법률상 무효인 사업시행으로 피고2는 780억원 이상 사업손실을 가져왔고 미확정 부동산의 쌍무계약에 있어서 면적 확정시 갑의 위치에 있는 포괄적 매도자 내지 공동 매도자인 피고들은 악의의 권리만 있고 매매대금을 성실히 납부한 선의의 매수자는 의무만 있다는 논리는 자유와 권리에 따르는 책임과 의무를 완수토록한 대한민국 헌법 전문에 위배된다.

③ 이사건의 핵심은 원고가 국가경제 위기로 피고2 소유토지를 매수해야할 궁박한 처지에 있음을 악용하여 피고3의 숙원사업인 이사건 토지등의 조성사업이 자금부족으로 중단되지 않도록 피고1과 피고3의 세입

인 지방세 납부를 토지분할 확정측량(필지분할)이후로 미루어 피고들을 신뢰하고 애사심에서 3년분할 납부계약에 비하여 불리했던 일시납계약을 선택하여 피고들에게 도움을 주었고 불의의 퇴직금으로 선납까지 하였으나 면적확정시 피고들은 취득세, 등록세, 재산세 관련 부당이득을 얻으려고 원고 매수토지는 감소시키고 연체금액이 많았던 매수자의 토지는 증가 시키는 역차별을 하고도 매매대금 청산도 하지 않았기 때문이다.

④ 실질적 매도자인 피고2는 토지분할 확정측량 3년5개월전에 매매대금을 대부분 납부한 원고 매수토지는 오차의 범위내라고 도저히 인정할 수 없는 5.1㎡를 감소시켜 3,015원 채무자를 481,930원 채권자로 전환시키고도 청산금도 지급하지 않았고 원고는 취득세 및 재산세도 납부하였으나 피고1로부터 양도소득세보다 많은 과징금을 부과 받아야 하고 같은 블록내 연체금액이 많았던 매수자 토지는 면적을 3.8㎡증가시켜 확정측량후 9년이지나 소유권이전을 하여도 과징금등이 부과되지 않는다면 평등권 원칙, 비례의 원칙, 신의성실의 원칙, 이중과세 금지의 원칙, 법률 불소급의 원칙에 저촉되는 위헌인 법률이다.

⑤ 부동산 실명법 적용의 전제가되는 부동산등기 특별조치법은 면적증가시 확정측량일이 아니고 대금정산일 이라고 법령해석이 이루어졌고 실명법 시행령(안)에도 대금청산일을 원칙으로 한다고 공표되었었고 소유권이전 등기의 전제가되는 소득세법에서도 취득일은 대금청산일이라고 명시되어 있고 매도자의 의도에 의한 면적의 증감이 발생하였으므로 면적이 감소한 경우에도 대금청산일로 보아야 헌법에의한 평등권과 민법에의한 채권채무관련 법령과 합치된다.

⑥ 피고들의 주장대로 면적이 감소하여 매수자가 환급 받아야 할 경우 매수자의 반대급부 이행일에 도달하였다고 하더라도 매도자의 반대급부 이행일(소유권 보존등기 형식을 빌린 표시변경 등기 완료일)에 도달하여야 소유권 이전이 가능하나 피고들의 실수(옥산면과 오창면의 행정구역 변경지연)로 6개월이나 등기신청이 지연되었고 등기는 신청

주의여서 신청일만 표시되고 43일 경과하여 등기완료 되었으므로 이를 공시관리 하여야 하나 피고들은 원고가 소유권 이전등기 안내문을 송달받았다는 증거도, 소유권 이전등기 등록세 산출시 매도자 명의 등기완료일을 기산일로 활용하였다는 근거가 없으므로 매도자 반대급부 이행일 공시관리 업무를 위반한것은 피고들이 부동산 실권리자 명의등기에 관한 법률을 위반한 것이다.

⑦ 원고는 국가정책의 실행지침에의한 피동적 매수자이면서도 실직까지 하였고 피고들은 매도 및 필지분할, 법령해석시 권리를 남용한 주동적 매도자들이고 매도자의 반대급부 이행일도 공시관리하지않아 원고가 피고2로부터 등록세 납부용 토지대금 완납 확인서를 받은 2002.11.26은 표시변경등기 완료일인 2002.10.4부터 60일이내 이므로 등기해태에 따른 과태료가 없었으므로 소유권 이전등기를 미룰 이유가 없었으나 미공시관리하여 과태료가 많을것으로 판단하여 소유권 이전등기를 지연시키는 원인을 제공했으므로 부동산등기 특별조치법에 따른 과태료 부과징수 규칙 제2조4호(시장군수가 인정할수 있는 등기기간 불산입)에 의거 원고가 청산금을 돌려받은 날까지 등기기간에 산입하지 않아야한다.

⑧ 구실명법은 과잉금지의 원칙에 어긋난다는 헌법재판소의 헌법불합치 판결에 의하여 개정된 법률(2002.3.30.공포번호6683)은 의무위반기간, 조세의포탈 목적이 있었는지 여부를 고려하여 과징금을 부과토록하였으나 피고1은 2006년 재산세 부과시 피고2로부터 지방세법 제194조(신고의무) 시행규칙79조(재산세 납세의무자 신고등)에 의하여 피고2로부터 재산세 납부의무자가 원고라는 사실을 통보받고 (취득일자를 표시토록 되어있음)원고에게 재산세 수시 부과후 정정 부과징수하였으므로 3년이 경과한 그 당시에 과징금을 부과하지 않고 의무 위반기간이 늘어난 시점에 부과한 것은 부동산 실명법을 위반한 것이다.

⑨ 미확정 부동산의 쌍무계약에서 면적이 감소하여 환급 받아야할 경우에는 토지분할 확정측량일을 매수자의 반대급부 이행일로 판단한다

면 평등권은 개인이 국가에 대하여 주장 할수있는 공권이며 법의 내용이 평등해야 하고 적용이 평등해야 하며 매매계약을 성실히 이행하도록 매수자의 권리제한을 하기위하여 제정한 법률이 매매계약을 성실히 이행하지 않은 사람은 권리제한을 못하고 도상가분할 토지에 대한 토지분할 확정측량결과 청산금을 돌려 받아야할 매수인은 매매계약을 성실히 이행한 사람들임에도 불구하고 악의의 권리제한을 하여 징벌성 과징금을 부과하는 것은 국민들에게 매매계약을 성실히 이행하지 않을 것을 유도하는 반사회적 법률인 것이다.

⑩ 공무원들은 국민전체에 대한 봉사자이므로 이 사건을 주도한 피고3은 원고에게 피고1을 통하여 과징금을 부과토록 할것이아니라 민법 750조(불법행위의 내용)에 의하여 100% 정부투자 기관인 피고2에게 사업손실을 보전해주어야 하고 피고1 및 피고2에게 부작위 책임을 물어 피고3은 소유권 이전 등기관련 과오납 받은 등록세를 반환 하여야 사회적 정의에 합치된다.

⑪ 피고들은 선의 및 악의를 가지고 헌법, 민법, 행정절차법, 산업입지 및 개발에관한 법률, 공정거래법, 공무원법, 지방세법, 부동산등기 특별조치법, 부동산 실권리자 명의등기에 관한법률, 소득세법등의 수십가지 법령위반 행위를 하여 선의의 원고에게 피해를 주었음에도 불구하고 피고3은 객관적으로 피고들의 불법 및 부작위가 원인이되어 일어난 사건에 대하여 원고의 알권리도 무시하고 허위문서까지 작성하여 법령해석을 요청, 평등권을 침해한 과징금을 부과토록하고도 법원에 위증까지 한 것은 배은망덕한 묻지마 약탈행위 및 인명경시 행위를 한 것이다.

⑫ 피고3은 구 건설부로부터 공업단지 지정을 받아 피고2를 사업시행자로 지정됨에 따라 국가경제 위기시절 피고2 소속직원들이 단독주택지의 30%이상을 매수하거나 알선하였고 피고2 소속 상위직급자 77% 실업자가 되었음에도 피고들은 지방세법 위반행위를 공적자료에 남기지도 않고 원고입증 자료의 사실 확인도 거부하고 법원의 문서제출

명령도 거부하고 허위문서까지 작성하여 헌법에 위배되고 각종 법령과 합치 되지않은 새로운 법령해석을 받아 과징금을 부과한 것은 전형적인 사기수법이며 피고1은 과징금 부과 감경관련 원고는 취득세를 2002.1.23. 온라인 자진신고 납부하였고, 원고에게 부과된 재산세도 연체없이 납부하였고 조세를 포탈할수 있는 토지도 아니므로 기존판결, 법무부 발행 사례집, 헌법소원에서도 감경해야 한다는 판결도 있었음에도 감경하지 않은 것은 재량권을 일탈남용 한 것이다.

⑬ 원고는 국가경제 위기시절 이사건 토지를 실직하지 않으려고 매수계약을 체결 하였으나 상위 직급자라는 사유로 향후 11년만의 근로소득 기회를 상실하였고 일시납계약 대금 약정일 보다 앞당겨 매매대금을 납부하였기 때문에 소유권 이전등기를 늦게할 의도가 없었다는 것을 입증하였고, 원고는 13년동안 최저임금 수준으로 피고2 사무실을 무상임차하여 피고2 전현직 소속직원들 1000여명의 친목도모를 위해 연락처를 관리하고 있기 때문에 원고의 주장이 사실이 아니라면 실명까지 거론하여 피고2에게 과징금에대한 구상권을 청구할수 있겠는가를 판단하여야 합니다.

2. 증거

용지매매계약서(일시납계약)
등록세용 토지대금 완납확인서(매도자 반대급부이행일 표시없음)
재산세 납부 고지서 및 영수증(피고2로부터 통보받아 정정부과 납부)
필지별 면적증감 현황(주관적 측량이었음을 입증)
원고 매수토지 토지매매 원부(1998.7.24. 최종납부)
연체 금액이 많았던 745- 토지대장(10년후 등기)
취득세 영수증(가산세 없이 온라인 입금)
부동산등기 특별조치법 제2조1항에 대한 질의
부동산 실명법 시행령 어떻게 되어있나
행정 절차법 제4조 해석요청 및 답변(안전행정부)
원고 저축예금 거래내역 명세서(온라인 퇴직금 입금 및 토지매매대금 출금)

3. 제1심 판결에 대한 의견

①사실에 관한 부분

가. 1992.5.13. 피고3이 구건설부로부터 공업단지 지정을 받아 1993.12.26. 피고2로 사업시행자로 지정하였으나 1996.8.5. 실시계획 승인신청 되었으므로 지구지정 유효기간 3년, 사업시행자지정 유효기간 1년6개월을 경과하였으므로 법률상으로는 무효인 사업이다.

나. 용지매매 계약서상의 면적정산 조항은 필지분할시 평등권 및 지적법령에 따라 오차범위내에서 안분 처리하겠다는 의미이며 매도자의 의도 및 사행성으로 결정하겠다는 의미가 아니며 대금납부 현황을 참조하여 매도자의 의도에 따라 결정하겠다는 의미라면 불공정거래 약관이다.

다. 표시변경등기는 2002.8.22. 신청하여 2002.10.4. 완료되었으므로 소유권 이전등기 신청가능일은 표시변경등기 완료일이므로 이를 피고1과 피고2가 공시관리하여 소유권이전 등기시 등록세 산정 기준일로 이용했어야 했다.

라. 피고들은 지방세법을 위반한 근거를 남기지 않으려고 공식자료에 기록하지 않아 피고1은 원고의 과징금 부과권 사전의견을 허위라고 판단한 것으로 보인다.

마. 피고2의 사업손실은 780억원 이상으로 이는 단독주택지 전체 1,282개 매각 금액보다도 많은 금액이며 피고3이 직접시행 했다면 자금조달능력 및 매수세력면에서 피고2에 비하여 열약하므로 재정파탄이 발생하였을것이나 피고2는 소속직원들 이라는 비상 탈출구가 있었다.

바. 원고등 피고2 소속직원들이 단독주택지의 30%이상(담당자 최:용

증언)매수하거나 알선한 것은 피동적 매수라는 것이 인정되며, 이사건 토지등의 조성비용은 피고2 자금이 아니라 피고2 소속직원들이 조달했다는 인식에 공감된다.

사. 원고가 매매대금을 납부한 것은 1998.7.24.이며 면적정산일은 2001.12.26.이고 대금청산일은 2009.3.2.이다.

②법률적 판단에 관한 부분

가. 확정측량결과 면적이 감소하여 환급사유가 발생한 경우 청산책임이 민법상 채무자인 매도자에게 있으며 원고는 주소나 전화번호도 변경되지 않았고 2002.11.1.부터 피고2와 직장 전화번호도 공유했고 피고2는 원고의 퇴직금입금 은행계좌번호도 알고있었다는 것을 입증했다.

나. 원고는 피고2가 토지분할 확정측량시 오차의 범위를 벗어나 평등권을 지키지 않았다는 사실을 피고2 매각안내 팜프렛과 피고1 홈페이지를 검색하여 입증했으며, 필지경계표지는 피고2가 직접 설치했다는 사실과 오차의 범위는 지적측량을 실시한 대한지적공사의 회신문서로 입증했다.

다. 매수자가 매도자에게 지급할돈이 남아있을 경우 매도자는 동시이행 항변권이 있는데 매수자가 돌려받을 돈이 있을 경우 매수자는 동시이행 항변권이 없다면 평등권을 침해한 법률이며, 평등권을 침해한 법률이 아니라면 매도자는 신뢰할수 있으나 매수자는 신뢰할수 없다는 취지로 판단되나 이사건의 경우 포괄적 매도자가 부당이득을 얻고도 신뢰를 지키지 못했을뿐만 아니라 피고들에게 도움을 준 피동적 매수자에게 안면몰수 했기 때문에 발생했다는 것을 입증했다.

라. 피고들이 불법으로 조성된 토지를 위법으로 매각하고 불법으로 토

지면적을 확정하고도 구두로 요청한 청산금을 지급하지 않아 그정신적 충격 여파로 원고는 7년동안 재산권 행사를 못한 피해자인데 가해자인 피고3은 피고1에게 원고가 반사회적 행위를 할 의도가 있었다고 과징금을 부과토록 한 것은 적반하장 사건이다.

마. 피고3의 토지수요에 대한 판단 착오 및 우월적 지위를 이용하여 피고2를 사업시행자로 지정하지 않았다면 국가경제 위기시 원고가 이 사건 토지를 매수할 의무가 없었고, 매수자의 반대급부 이행일도 피고들이 불법으로 도달시켰고 매도자의 반대급부 이행일도 공시관리하지 않아 원고는 피고들과 다른 매수자를 배려하기 위하여 면적이 감소되었는데 등록비용도 더 소요된다고 판단, 청산금 환불과 동시이행 항변권이 있다고 생각하여 소유권 이전이 늦어졌다.

바. 피고들은 원고의 주장에 대하여 구체적 반박의견이 없었음에도 불구하고 기존법령해석, 행정안전부의 행정절차법에 대한 의견, 과잉금지 원칙에 어긋난다는 사유로 개정된 법률은 적용할 수 없는 객관적 사유 검토없이 기존판결, 헌법재판소의 판결도 참작하지 않고 이익형량도 하지않고, 원고의 2년간 급료에 해당하는 금원의 과징금 부과가 타당하다는 원고 패소판결을 한 것은 재량권을 일탈남용 한 것이다.

청 주 지 방 법 원

제 1 민 사 부

판 결

사 건	2015나10227 사기성 과징금에 대한 손해배상
원고, 항소인	김정선
피고, 피항소인	1. 충청북도 청원군의 소송수계인 청주시 대표자 시장 이승훈 소송대리인 법무법인 청풍로펌 담당변호사 신숭현 2. 한국토지주택공사 성남시 분당구 돌마로 172 (정자동, LH본사) 대표자 이재영 소송대리인 변호사 권영국 3. 충청북도 대표자 도지사 이시종 소송대리인 변호사 김창섭
제 1 심 판 결	청주지방법원 2014. 12. 17. 선고 2014가단13242 판결
변 론 종 결	2015. 4. 28.
판 결 선 고	2015. 6. 16.

주 문

1. 원고의 피고들에 대한 항소를 모두 기각한다.
2. 항소비용은 원고가 부담한다.
3. 제1심 판결 중 청구취지 "24,071,740원"을 "24,071,740원 및 이에 대하여 이 사건 소장 부본 송달 다음날부터 다 갚는 날까지 연 6%의 비율에 의한 지연손해금"으로 경정한다.

청구취지 및 항소취지

제1심 판결을 취소한다. 원고에게 피고들은, 연대하여 24,071,740원 및 이에 대하여 이 사건 소장 부본 송달 다음날부터 다 갚는 날까지 연 6%의 비율에 의한 지연손해금을 지급하고, 각 3,000,000원을 지급하라.

이 유

1. 제1심 판결의 인용

이 법원이 이 사건에 관하여 설시할 이유는 제1심 판결 중 제3항 (판단) 부분을 아래 제2항과 같이 변경하는 외에는 제1심 판결의 이유 기재와 같으므로, 민사소송법 제420조 본문에 의하여 이를 그대로 인용한다.

2. 변경하는 부분

가. 살피건대, 국가배상책임은 공무원의 직무집행이 법령에 위반한 것임을 요건으로 하는 것으로서, 공무원의 직무집행이 법령이 정한 요건과 절차에 따라 이루어진 것이라면 특별한 사정이 없는 한 이는 법령에 적합한 것이고 그 과정에서 개인의 권리가

침해되는 일이 생긴다고 하여 그 법령 적합성이 곧바로 부정되는 것은 아니라고 할 것이고(대법원 1997. 7. 25. 선고 94다2480 판결, 2000. 11. 10. 선고 2000다26807, 26814 판결 참조), 또 위법한 행정처분으로 인하여 국가배상법 제2조 소정의 국가배상책임의 요건을 충족하기 위해서는 그 행정처분의 담당공무원이 일반의 공무원을 표준으로 하여 볼 때 객관적 주의의무를 결하여 그 행정처분이 객관적 정당성을 상실하였다고 인정될 정도에 이르러야 하며, 이때에 객관적 정당성을 상실하였는지 여부는 피침해이익의 종류 및 성질, 침해행위가 되는 행정처분의 성질·태양 및 그 원인, 행정처분의 발동에 대한 피해자측의 관여의 유무, 정도 및 손해의 정도 등 여러 사정을 종합하여 손해의 전보책임을 국가 또는 지방자치단체에게 부담시켜야 할 실질적인 이유가 있는지의 여부에 의하여 판단하여야 한다(대법원 2001. 12. 14. 선고 2000다12679 판결 등 참조).

나. 이 사건에 관하여 보건대, 위 인정사실에다가 을가 제1 내지 4호증의 각 기재 및 변론 전체의 취지를 더하여 인정할 수 있는 다음과 같은 사정들, 즉 청원군수는 부동산실명법 제10조 제1항에 근거하여 적법한 요건과 절차를 거쳐 원고에 대하여 이 사건 부과처분을 한 점, 그 후 원고는 위 부과처분의 취소를 구하는 행정소송을 제기하였으나 위 행정소송의 제1심 법원(청주지방법원 2012구합596)은 2012. 7. 12. 위 부과처분의 근거법률인 위 부동산실명법 제10조 제1항이 합헌적인 법률일 뿐만 아니라 과징금 부과관청이 과징금을 감경하지 아니하고 부과한 것이 재량권을 일탈·남용하였다고 볼 수 없다는 등의 이유로 원고의 청구를 기각하였고, 이에 원고가 항소하였으나 항소심 법원[대전고등법원(청주) 2012누547]도 2013. 5. 15. 과징금 부과권한, 평등의 원칙 등과 관련하여 위 처분의 위법성이 없다는 이유로 이를 기각하였으며, 그 판결은 2013.

9. 26. 대법원에서 상고가 기각되어 그대로 확정된 점(대법원 2013두12089) 등을 앞서 본 법리에 비추어 보면, 갑 제1 내지 46호증(각 가지번호 포함)의 각 기재만으로는 원고의 위 각 주장과 같이 피고들이 관련법령을 위반하여 불법행위를 하였다는 점을 인정하기에 부족하고, 달리 이를 인정할 만한 증거가 없다.

따라서 원고의 위 각 주장은 더 나아가 살펴볼 필요 없이 이유 없다.

3. 결론

그렇다면, 원고의 피고들에 대한 청구는 이유 없어 이를 모두 기각할 것인바, 제1심 판결은 이와 결론을 같이하여 정당하므로 원고의 피고들에 대한 항소는 이유 없어 이를 모두 기각하는 한편, 제1심 판결의 청구취지는 오기임이 명백하므로 이를 주문 제3항과 같이 경정하기로 하여, 주문과 같이 판결한다.

재판장 판사 박병찬

판사 박상렬

판사 김기홍

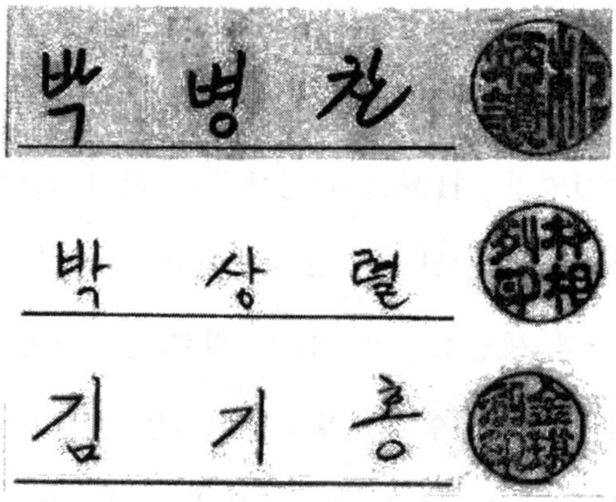

상 고 장

상고인(원고) : 김정선
주　　소 :

피상고인(피고) : 1. 충청북도 청원군수의 소송수계인 청주시
대표자 사장 이승훈

2. 한국토지주택공사
주소 : 경상남도 진주시 충의로19
대표자 사장 이재영

3. 충청북도
대표자 도지사 이시종

상 고 사 건

위 당사자간 귀원 2015 나 10227호 사기성 과징금에 대한 손해배상 청구 사건에 관하여 원고는 귀원이 2015.6.16 선고한 판결에 대하여 2015.6.29. 송달받고 이에 불복이며 위헌법률 신청을 기각하였기 상고를 제기합니다.

제2심 판결의 표시

1. 원고의 피고들에 대한 항소를 모두 기각한다.

2. 항소비용은 원고가 부담한다.

3. 제1심 판결중 청구취지 "24,071,740원"을 "24,071,740원 및 이에 대하여 이사건 소장 부분송달 다음날부터 다 갚는 날까지 연6%의 비율에 의한 지연손해금"으로 경정한다.

상 고 취 지

원심 판결을 파기하고 사건을 청주지방법원 재판부에 환송한다. 라는 판결을 구합니다.

상 고 이 유

추후 제출하겠습니다.

첨부서류

1. 상고장 부본. 1부.

2015. 07. 07

위 상고인(원고) 김 정 선

청주 지방법원 귀중

답 변 서

사 건 2015다228904 사기성과징금에 대한 손해배상청구

원 고 김 정 선

피 고 청원군수 외 2

위 사건에 관하여 피고 청원군수의 소송수계인 청주시는 아래와 같이 답변합니다.

상고취지에 대한 답변 <2015. 09. 16>

1. 원고의 상고를 기각한다.
2. 원고와 피고 청원군수 사이의 소송비용은 원고가 부담한다.

라는 판결을 구합니다.

상고이유에 대한 답변

1. 원고의 상고이유 요지

원고는 부동산 실권리자 명의 등기에 관한 법률 제10조 제1항 제1호(이하 '이 사건 법률 조항'이라 합니다)가 위헌임을 주장하면서 이 사건 법률조항이 합헌임을 전제로 한 원심판단이 위법하다고 주장합니다. 아울러 본심을 통하여 이 사건

2. 위헌법률제청신청과 관련하여

가. 위헌법률제청신청의 부적법함

원고는 상고이유서를 통하여 이 사건 법률 조항에 대한 위헌법률심판제청의 신청을 구하고 있는바 헌법재판소법이 정하는 절차에 따르지 아니한 절차적 하자가 있고(헌법재판소법 제41조 제2항), 그 내용에 있어서도 원고가 이 사건 법률 조항에 대하여 위헌을 주장하는 바의 논거를 보면 이는 당해사건 재판의 기초가 된 사실관계의 인정과 평가 및 법률의 해석·적용에 관한 문제를 들어 재판결과를 다투는 것에 다름 아니므로 실체적으로도 부적법한 것입니다(대법원 2006. 5. 26. 자 2006초기92 결정).

나. 이 사건 법률 조항 위헌 여부

나아가 이 사건 법률조항에 대하여 이미 헌법재판소는 헌법에 위반되지 않는다고 판단하였는바 위헌을 주장하는 원고의 주장은 이유 없습니다(헌법재판소 2013. 2. 28. 자 2012헌바263 결정).

3. 기타 원고의 주장에 관하여

그 밖에 원고가 원심 판단의 부당함에 대하여 장황하게 서술하는 것은 대부분 사실심의 전권에 속하는 증거의 취사선택과 사실인정을 탓하는 것에 불과하여 적법한 상고이유라고 보기 어렵습니다.

2015다228904

상고이유서에 대한 답변서

원고(상고인) 김 정 선

피고(피상고인) 충청북도 청원군의 소송수계인 청주시 외 2

위 사건에 관하여 피고(피상고인, 이하 '피고'라고 함) 충청북도 소송대리인은 다음과 같이 상고이유에 대하여 답변합니다.

다 음

1. 원고(상고인, 이하 '원고') 주장의 상고이유

원고 주장의 상고이유 중 피고 충청북도에 해당되는 것으로는,

『피고3 충청북도는 우월적 지위를 이용해 불법으로 이사건 토지 등의 조성사업을 피고2에게 시행케하여 780억 원 이상(사업보고서)의 사업 손실을 가져오게 하였고, 원고 등 피고2 소속직원들의 희생으로 지방세법을 위반하여 경제적 이득을 얻었고 이를 근거로 남기지도 않았고, 불법 확정측량에 의하여 부당이득을 얻고도 국가정책에 의하여 희생된 피동적 매수자인 원고에게, 허위문서 작성과 반사회적·반경제적 부동산 투자를 하지 말라는 법령의 불명확한 조항을 새로운 역차별 해석으로 피고1로 하여금 원고에

게 과징금을 부과징수토록 한 것은 보은을 원수로 되갚는 적반하장 사건이며 불법행위 및 평등권침해, 위헌제청 대상이 아니라면 대한민국에는 정의가 실종된 행정법원이 존재할 이유가 없다(상고이유서 제14면 하항)』,

『피고들은 피고3 충청북도가 지원대책반까지 운영한 숙원사업으로서 사업시행자인 피고2가 자금부족으로 공사중지 위기에 직면하자, 지방세 납부시기를 지방세법에 불가하고 토지분할 확정측량 이후로 미루면 일시납 계약자로부터 매매대금을 회수하여 그 돈으로 공사를 시행할 수 있어, 오히려 피고들에게 지방세 세수 상 유리하므로 담합하여 원고 등에게 3년 분할 납부계약자에 비하여 유리한 점이 없는 일시납 (원고가 객관적인 자료로 입증)매매계약을 체결하도록 유도한 악의의 주동적 포괄적 매도자들이다. 피고3 충청북도는 피고1 청원군의 종합 감사 시 원고가 1998.06.08. 피고2 구 한국토지공사(한국토지주택공사)와 도상가분할 오창산업단지내 단독주택지에 대한 매수계약을 체결한 후, 2001. 12. 26. 토지분할 확정측량(필지분할)결과 5.1㎡ 감소하여 완납처리 되었음에도 불구하고, 2009. 03. 02. 청산금을 환급받고, 2009. 10. 30. 소유권이전등기를 신청하였으므로 부동산 실권리자 명의등기에 관한 법률 제10조 제1항 제1호에 의하여 원고에게 과징금을 부과토록 감사처분을 하였다(상고이유서 제15면 나, 다항)』,

『피고1은 원고의 매매대금 완납시점과 관련하여 원고가 면적확정전가지적 상태에서 자진 완납할 것인지, 토지분할 확정측량에 의하여 매매대금이 확정되고 추후 청산이 된 것인지, 여부에 따라 부동산 실권리자 명의등기에 관한 법률 및 부동산등기 특별조치법상의 매수자의 반대급부 이행일의 기산일로 준용될 수 있는 소득세법상 취득일이 달라지므로, 원고가 제출한 의견내용이 피고1의 전산자료와 일치하지 않을 경우 토지 매매 당사자인 원고 또는 실제 매매대금 납부자료를 소지하고 있는 피고2에게 이를 확인할 필요가 있음에도, 이사건 토지의 조성일정 및 매각과정에 피고1과 피고3이 관여하였다는 사실을 알지 못하는 피고1측 담당자는, 원고의 사전의견을 허위라고 잘못 판단하여, 사건개요를 애매한 표현으로 사실과 다르게 작성하여 감사권자인 피고3에게 법령해석을 요청하였고 원고에게 중간 통보도 하지 않았고, 5개월 후 법무부 법령해석 결과에 따라 과징금을 부과하겠다고 구두 통보를 하였으나, 원고는 중증환자 수술을 받고 거동을 할수 없었기에 법무부에 질의한 내용을 알 수 없었고 원고의 의견을 재진술 할 기회가 없었다(상고이유서 제16면 마항)』.

『피고3 담당자는 피고1이 작성한 사건 개요가 애매하게 표현되어있으므로, 이를 확인하기는커녕 허위로 원고가 1998.7.24. 매매대금 선납까지하여 피고들에게 도움을 주었으나 2001.12.26. 피고2의 불법인 지적확정으로 매수자들의 반대급부이행일(피고측 주장)에 도달시켜 취득세만을 자진 납부하였으나 2001.12.26. 등록세 납부 (실제 납부하지 않았으나 고의로 허위작성) 7개월 후 지적이 확정되었으나 (2001.12.26.지적확정→2002.8.7.로 허위기재)원고가 고의적으로 청산금만 늦게 수령(2009.3.2.)하였다고 사실을 왜곡하여 사건개요를 작성하고 원고가 제출한 부동산등기 특별조치법상 매수자의 반대급부 이행일은 가지적상태 매매대금 약정일이 아니고 면적 확정 후 매매대금 정산일이라고 해석된 자료를 법무담당 정민택에게 설명도 하지도 않고 협조결재를 받았고, 일시납 매매계약서까지도 삭제하여 법무부에 부동산 실권리자명의 법령에 관한 해석을 질의한 것은 행정절차법 제4조 위반 및 허위문서 작성죄에 해당되며, 질의내용을 원고 및 피고1에게도 통보하지 않았고(피고1은 법원에서 법무부에 질의문서를 제출하라는 명령거부), 법원을 통한 사실조회 답변서에 법령 질의시에 상세하게 기술하였다고 허위로 문서를 작성한 것은 위증죄에 해당된다(상고이유서 제17면 사항)』,

『원고의 불행이 피고들에게는 행운이었음에도 사기사건의 주책임자인 피고3 충청북도는 실무자가 법정 대리인으로 참가한 1심에서는 원고의 주장을 일절반박하지 않다가 변호사가 법정 대리인으로 참가한 2심에서는 허위로 진술하여도 책임이 없으므로 지방세법을 위반하지 않았다고 주장하나 피고3이 감사지적하여 사건이 발생했고 취득세·등록세 세입권자의 허락없이 대행권자가 지방세법을 위반한 것이라는 입증을 하지 않았으므로 자백간주이며 충청북도 감사관, 충청북도지사, 청원군수는 약탈행위 및 살인행위를 할 의사가 없었다는 입증을 하여달라고 원고의 요구를 끝까지 거절하였다(상고이유서 제27면 하단)』,

『피신청인3은 이사건 토지 등의 조성사업을 피신청인2가 시행하므로서 피신청인3의 경제국 파탄을 막아주었고 신청인을 모함한 피신청인2 소속직원들의 조성자금조달로 막대한 경제적 이득을 얻었고 피신청인1과 피신청인3이 지방세법 등을 위반하지 않았으면 발생할 수 없는 사건으로써 (신청인이 피신청인2와 일시납 매매계약을 체결하지 않았으면 시세가 분양가격 이하여서 면적이 과대하게 감소되었다고 하더라도 배신감을 느낄 이유가 없음) 피신청인2 및 피신청인1이 매도자 반대급부 이행완료일을 공시관리하지 않았으므로 부동산 등기특별조치법에 의한 과태료 부과징수규칙 제2조 4호

(등기신청기간의 산정)를 적용하지 않은 것은 권리남용이며 지자체는 슈퍼갑, 공기업은 갑이어야하고 국가경제 위기시절 정부 투자기관 직원들은 자사 제품을 매수해야 하며 퇴직금 및 급여가 많은 상위 직급자들이 구조조정 우선 대상이 라는 논리는 정당화 될 수 없다(상고이유서 제32면 아항)』는 것 등이 있습니다.

그런데 피고 충청북도로서는 원고가 주장하는 바가 무엇인지를 정확하게 파악하지 못하고 있으나, 이해한 선에서 다음과 같이 답변합니다.

2. 부적법한 상고로 보입니다.

민사소송법 제423조는 "상고는 판결에 영향을 미친 헌법·법률·명령 또는 규칙의 위반이 있다는 것을 이유로 드는 때에만 할 수 있다"고 하고 있는데, 원고가 상고이유서에 적시한 것들은 위 법령위반이 있다고 지적하는 아니라고 보여집니다. 즉, 상고이유서의 내용은 원심의 판결에 법률을 오해하여 잘못이 있다는 취지로 보이지는 아니하고, 단지 피고들이 하였던 행동이 법령에 어긋나는 잘못된 것일 수도 있는데 이를 간과하여 이루어진 원심 판결은 잘못이라는 것으로, 사실오인 내지 증거판단의 잘못을 주장하는데 지나지 않는 것이라고 보여지는, 적법한 상고이유 없이 이루어진 상고라고 할 것입니다.

3. 결론

따라서 부적법한 원고의 피고 충청북도에 대한 상고를 기각하여 주시기 바랍니다.

2015. 9. 18.

부 본

피상고인 답변서에 대한 의견서

사건 : 2015다 228904 사기성 과징금에 대한 손해배상

원고(상고인) :
김정선

피고(피상고인) : 1. 충청북도 청원군의 수송 수계인 청주시
대표자 시장 이승훈

2. 한국토지주택공사
경상남도 진주시 충의로19
대표자 사장 이재영

3. 충청북도
대표자 도지사 이시종

담당재판부 : 민사3부

피상고인 답변서에 대한 의견서

"별 첨"

2015. 10. 2
위 원고 : 김 정 선

대법원 귀중

피상고인 답변서에 대한 의견서

1. 매수자의 반대급부이행일을 매매대금 청산일로 판단되어야 하는 사유

가. 부동산 실권리자 명의등기에 관한 법률 제 10조 제1항 제1호 관련하여 동법시행령에 미확정 부동산의 경우 매수자의 반대급부 이행일에 대한 기산일은 대금청산일로 규정하겠다고 1995.4.3 공표하였으나 시행령에 포함되지 않았고 법령제안 부처인 기획재정부, 법령소관부처인 법무부, 법원행정처에서 회신이 없었으므로 부동산 양도 · 취득관련 일반 법률인 소득세법에서 취득일로 규정한 대금청산일로 적용하는 것이 타당함에도 피상고인1(이하"피고1"이라 한다) 피상고인3(이하 "피고3" 이라한다) 법원에서는 매수자의 권리를 제한한 법률이므로 쌍무계약의 대가관계가 종료되지 않았더라도 이유여하를 불문하고 토지분할확정 측량결과 지적이 감소되어 매수자가 매도자에게 지급해야할 매매대금이 남아있지 않을 경우 토지분할 확정측량일 (이하"필지분할일"이라 한다)을 매수자의 반대급부이행이로 판단하고 있으나 이는 다음과 같은 사유로 헌법전문에 명시된 자유와 권리에 따르는 책임완수와 헌법 제11조에 의한 평등권, 헌법 제37조에 의한 과잉금지의 원칙에 합치되지 아니한다.

- 도상 가분할 토지(미확정부동산)의 선매각은 매도자가 조성자금이 필요하여 시행하는 제도임에도 지적확정시 매도자가 매매대금 납부현황을 참조하여 주관적으로 토지분할 경계표지를 설치할 수 있기 때문에 업무속성상 지적확정 및 지방세 납부관련 매매대금 성실납부자가 유리한 점이 없는 것이 현실이다.

- 피상고인2(이하"피고2"라 한다)는 3년 분할납부 계약자의 잔금약정일로부터 6개월 후 지적확정을 위한 필지분할 경계표지 설치시 상고인(이하"원고"라 한다)은 자사보유 도상 가분할 토지에 대한 일시납(5개월 약정)계약자로서 퇴직금으로 선납(계약서 작성일로부터 46일)까지 하여 피고2가 자금부족으로 인한 공사 중지기간을 단축할 수 있었으므

로 피상고인들(이하"피고들"이라한다)에게 경제적 도움을 주었으나 지방세관련 피고들에게 부당이득이 되도록 지적을 당초면적보다 5.1㎡를 감소시켰고, 같은 블록내 연체금액이 많았던 것으로 판단되는 매수자 토지(오창읍 양청리 745-0번지)는 지적을 3.8㎡ 증가시켜 원고보다 12년 늦게 매매대금을 완납하고도 매수자의 권리제한 없이 소유권이전 등기를 마칠수 있었으므로 피고들의 주장은 법령제정 목적과는 반대로 해석 적용하는 법률이다.

- 원고는 필지분할시 지적이 감소되는 경우가 많아 원금기준 104,040원(0.82㎡ 해당금액)을 남겨놓았으므로 피고2가 지적법시행령 제48조 등에 의하여 정확히 안분했다면 3,015원(0.02㎡ 해당금액)을 추가납부하면 되었으나 원고의 미납대금을 완납처리하기 위한 범위를 훨씬 벗어난 5.1㎡를 감소시켜 원고를 481,930원 채권자로 전환시켰기 때문에 그 재산적 가치(담당자 김종성의 증언에 따르면 시세가 분양가 이하여서 지적이 감소하였으면 좋겠다는 매수자가 많았다고 함) 보다도 피고들에게 농락당했다는 느낌을 받아 소유권 이전 등기가 지연된 피해자이다.

- 지적측량 대행기관인 대한지적공사에서는 필지경계표지를 피고2가 설치했고 30여필(500m) 지적측량 누적오차가 10cm 라고 회신했고 원고필지는 27cm가 감소되었으므로 지적법령을 위반한 것이 입증되었다.

- 원고와 피고2간의 도상 가분할 토지 매매에 피고1과 피고3이 관여하여 경제적 이득. 부당이득(불법 확정측량으로 대금 완납자를 증가시키므로써 지방세 세수증가)을 얻었으므로 매매대금 청산일까지 등기해태에 대하여 상당한 사유가 있는 것으로 보아 부동산 실권리자 명의등기에 관한 법률 제 10조 제1항 제 1호 적용의 전제가 되는 부동산등기 특별조치법 제2조 제1항 제1호에 의한 등기기간 산정을 동법에 의한 과태료 징수규칙 제2조 4항을 적용해야 마땅하므로 원고에게 과징금을 부과 징수한 것은 권리남용이다.

- 부동산 등기 특별조치법에 의한 과태료 부과징수 규칙 담당부처인 안전행정부에서는 부동산 실권리자 명의등기에 관한 법률 적용의 전제가 되는 부동산 등기 특별절차법에 관하여 법령해석이 이루어 진 것은 행정절차법 제4조에 해당되는 것으로 사료되며 과태료 징수규칙 제2조 4호의 적용여부는 시장군수의 재량권에 해당된다고 판단하였다.

- 부동산 등기 특별조치법 제2조 제5항 제2호에 미확정 부동산의 매도자는 소유권보존등기 형식을 빌린 표시변경등기를 60일 이내에 신청하도록 되어있고 피고들의 실수로 지연된 소유권 보존 등기는 신청주의여서 신청일만 표시되므로 동법 제2조 제1항 제1호에 의한 소유권 이전등기 기산일이 소유권 보존 등기신청일로부터 43일만에 시작되므로 소유권이전등기 서류를 발급해주는 피고2와 등록세를 수납대행 하는 피고1이 소유권 보존 등기완료일을 공시관리하지 않은것은 동법 제2조 위반이며 헌법 제37조에 의한 과잉금지의 원칙에 합치되지 아니한다.

- 문서는 송달주의이며 원고는 소유권이전등기 안내문을 송달받지 못했고 원고가 자존심을 접고 소유권이전등기를 하려고 피고2로부터 등록세용 토지대금완납 확인서를 받은 시점을 60일 이내여서 과태료가 없는 시기였으나 , 소유권 보존등기 완료일이 표시되지 않아 피고3의 숙원사업이었기 때문에 확정측량이후 단기간에 보존등기가 완료된 것으로 판단하였으나 행정구역 변경관계로 소유권 보존등기는 10개월 후 완료되었다.

- 용지매매계약서 제2조에 의하면 경기침체로 일시납계약을 하더라도 다른 매수자보다 사용시기가 빨라질 수 없는 도상 가분할 토지였고, 정기예금 년 수익율이 13.7%였던 시기에 년 9%(할부이자는 양도소득세 계산시 취득원가에 포함되므로 사실상 6.2%임)의 이자가 부리되지 않는 일시납 계약자가 3년분할 납부 계약자보다 약 5백만원 정도 손해라는 것을 입증하였고 원고가 매매대금 납부후 약9개월 후 매수계약자는 미등기 전매도 가능하도록 부동산 등기 특별조치법 제2조 제4항을

한시적으로 개정한 바도 있다.

- 개발사업에 의하여 조성되는 미확정 부동산은 부동산 가격이 공정화 되어있어 투기·탈세·탈법 행위등 반사회적 행위로 시세차익을 누릴 수 있는 토지도 아니며 매수자의 권리제한을 위한 법률을 해석 적용함에 있어 매도자의 의지에 의하여 매도자에게 도움을 준 매수자는 지적도 감소하고 양도 소득세 보다도 많은 징벌성 세금을 부과 받았고, 매매대금 약정의무를 게을리한 매수자는 지적도 증가하고 매매대금 완납시기 및 소유권이전 등기를 권리제한을 받지 않고 자유자재로 할 수 있었으므로 법령제정 목적에 역행하는 법률이다.

- 매매계약을 성실히 이행한 매수자(토지사용 가능시기 이전에 매매대금을 납부하기로 약정한 매수자와 매매대금을 납부한 매수자)는 지적도 감소하고, 지방세법 및 소득세법상 불리하다는 것을 입증하였고 부동산 실권리자 명의 등기에 관한 법률에서 조차 역차별 받는다면 국민들에게 일시납계약을 하지말고 분할납부 계약체결후 약 5%정도 잔금을 남겨놓고 있다가 매수자가 원하는 시기에 잔금을 납부하고 소유권이전등기를 하는 것이 지방자치단체로부터 재산권을 약탈당하지 않고 신체의 자유를 침해받지 않는 유일한 방법이라고 알려야 한다.

2. 심리미진

가. 토지분할 확정측량이 불법이었다는 것을 확실하게 입증하기 위하여 원고는 행정심판부터 피고2에게 여러 차례 1282개 필지중 77개 표본필지에 대한 토지분할 확정측량 시 매매대금 납부현황을 제출할 것을 요구한바 있으며 대전고등법원을 통해 사실조회신청서를 송달하였으나 회신이 없자 재판장이 고의든 실수이든 결론은 마찬가지이므로 사실조회 신청서를 철회할 것을 종용하여 철회하였으나 원고는 재판장이 진의 아닌 의사표시를 한 것으로 판단하여 피고2에게 소송사실고지 및 문서제출명령서를 피고1에게 지방세법위반 관련 취등록세 납부현황 문서송부 촉탁신청서를 대전고등법원에 송달해달라고 2013.3.27 요청

하였으나 소송사실고지만 수용하고 거부한 것은 심리미진이다.

나. 소장에서 원고가 주장한 내용 및 변론기일의 원고의 주장 내용 중 매수자의 반대급부 이행일에 대한 기준일과 기판력 이외에는 피고들의 반박주장이 없었음에도 쟁점사항에 대한 변론도 진행하지 않고 악의의 포괄적 주동적 매도자들인 피고들이 선의의 피동적 매수자인 원고에게 가해행위를 한 것이 명명백백함에도 원고패소를 선고한 것은 민사소송법 및 공무원법 위반이다.

다. 부동산 실권리자 명의등기에 관한 법률 제5조 제5항에는 장기미등기 사실이 확인되면 과징금을 지체없이 부과토록 되어있음에도 매도자로부터 재산세 납부의무자는 원고라는 통보를 받고 원고에게 재산세를 부과 징수한 것이 명백함에도, 그 당시 과징금을 부과하지 않고 과징금이 증가한 시기에 부과징수한 것을 불법 행위임에도 법원에서 직권으로 판단한 것은 심리미진이다.

라. 부동산 실권리자 명의 등기에 관한 법률시행령 제4조의 2 단서에 조세를 포탈하거나 법령에 의한 제한을 회피할 목적이 아닌경우에는 100분의 50을 감경할수 있도록 되어있으며 과징금 부과권자가 관여하지 않은 사건에 대하여도 지방세 국세등을 납부하였으면 납부하지 않은자와의 형평성을 고려하여 감경하는 것이 타당하다는 판결이 수없이 있었으며, 이 사건은 부과권자가 제3자로서 매매에 개입하여 부당이득을 얻은 것이 사건의 발단이었고 법원에서도 원고에게 헌법소원 내용을 제시하고 원고의 서명을 받고도 이를 인용하지 않은 것은 심리미진이다.

3. 위헌 법률 신청제청 대상 법률

가. 부동산 실권리자 명의 등기에 관한 법률 제10조 제1항 제1호에 대한 미확정 부동산일 경우의 매수자 반대급부이행일에 대한 판단

- 제정목적에 역행하여 해석·적용

나. 부동산 실권리자 명의 등기에 관한 법률 제 10조 제1항 1호의 적용 전제가 되는 부동산 등기특별조치법의 매도자 반대 급부이행일에 대한 판단

- 부동산 등기 특별조치법 제 2조 제5항 2호에 소유권 보존등기 신청 의무만 규정하고 있으나 완료일 공시의무가 규정되어 있지 않아 동법 동조 제2항 제1호에 의한 매도자 반대급부 이행일을 소유권 보존등기 신청일로 판단하고 있음(이 사건의 경우 소유권이전 등기 의무기간 60일중 43일간 중첩)

2015.10.02 원고 김정선

대 법 원

2015. 11. 12. 원본영수	인
2015. . . 판결송달	

제 3 부

판 결

사 건 2015다228904 사기성과징금에대한손해배상

원고, 상고인 김정선

피고, 피상고인 1. 충청북도 청원군의 소송수계인 청주시

대표자 시장 이승훈

2. 한국토지주택공사

진주시 충의로 19 (충무공동)

대표자 사장 이재영

3. 충청북도

대표자 도지사 이시종

소송대리인 변호사 김창섭

원 심 판 결 청주지방법원 2015. 6. 16. 선고 2015나10227 판결

주 문

상고를 모두 기각한다.

상고비용은 원고가 부담한다.

이 유

원심판결과 상고이유를 살펴보면, 상고인의 상고이유에 관한 주장은 상고심절차에 관한 특례법 제4조 제1항 각 호의 사유를 포함하지 아니하거나, 제3항 각 호에 해당한다고 인정되므로, 같은 법 제5조에 의하여 상고를 모두 기각하기로 하여, 관여 대법관의 일치된 의견으로 주문과 같이 판결한다.

2015. 11. 12.

재판장 대법관 김용덕

대법관 박보영

주 심 대법관 김 신

대법관 권순일

제8장 손해배상청구 재심 (2심, 재재심, 3심)

재 심 소 장

재심원고(본소원고)김정선

재심피고(본소피고)1.충청북도 청원군의 소송수계인 청주시
대표자 시장 이승훈
2.한국토지주택공사
경상남도진주시충의로19
대표자 사장 이재영
3.충청북도
대표자 도지사 이시종

위 당사자간 대법원 2015다 228904 사기성 과징금에 대한 손해배상청구 상고 사건에 관하여,대법원에서 2015.11.12.심리불속행선고하고,2015.11.16.확정된 아래의 판결에 대하여 재심원고(원고)는 다음과 같은 재심사유가 있어 소를 제기합니다.

재심을 할 판결의 표시

주문:1,상고를 모두 기각한다.
2.상고비용은 원고가 부담한다.

재심 청구 취지

1.대법원2015다228904 사기성 과징금에 대한손해배상 청구 상고 사건에 관하여 2015.11.12.심리불속행 선고한 판결을 취소한다.
2.피고들은,연대하여 원고에게 24,071,740원 및 이에 대하여 이 사건 본안소송 1심 부본 송달 다음날부터 다 갚는 날까지 연15%의 비율에 의한 돈을 지급하고 .각 3,000,000원을 지급하라.
3.본안 및 재심소송 비용은 모두 재심피고의 부담으로 한다.
라는 판결을 구합니다.

재심청구원인

2015.12.14.
위 재심 원고 김정선 (인)

"별첨"

재심 청구 원 인

1. 원고 (성실한 토지매수 대금납부자)는 정부, 지자체(피고1, 피고3), 토지매도자(피고2),비성실한 토지매수 대금 납부자와 평등권이있다 .

가.원고는 국가경제위기시절인 1998.6.8. 구한국토지공사에 재직중 실직하지 않으려고 자사 소유 피고1 관할구역내 도상가분할 단독주택지 1필지(소속 직원들이 단독주택지의 3분의 1이상 매수하거나 매매알선)를 44,956,000원에 일시납으로 계약체결하였고, 매매계약서 2조에 명시된 바와 같이 공사준공 시기를 예측하기 어려워 매매대금 30%까지 약정기일을 미룰 수 있다는 계약조건이 있었으나 예금운영 수익이 연13.7%로 역사상 금리가 가장높은 시기에 연9%가 부리되지 않는 일시납 계약을 선택한 것은 피고1과 피고3이 매매대금을 완납하더라도 지방세납부 시기를 토지분할 확정측량 (지적확정)이후로 미루기로 협의되었다고 이동국 오창산업단지 단장이 회의시 발언하여 지방세 납부상 불리할 것이 없다고 판단되어 애사심 때문이었다.

나. 용지 매매계약서에 가분할 면적으로 계약 체결한 용지로서 지적공부 정리결과 면적 증감이 있는 경우에는 그 증감분에 대하여 정산하기로 되어있고 ,원고 매수 필지가 5.1㎡ 감소된 것은 평등권 침해가 아니라고 판단하였으나, 증감 관련 계약 조항은 지적 법령 및 평등권을 지켜 지적공부를 정리하겠다는 의미로 해석 되어야하며, 매도자가 매매대금 약정일 이후 지적공부를 정리하면서 매매대금을 성실히 납부한 매수자의 정당한 권리(블록면적 증감을 각 필지에 안분)와 매도자의 이익(재산세 납부의무자 변동 등)이 상반되어 성실 납부한 원고는 지적도 감소하였고 지방세도 납부하여야 했고 ,같은 블록내 비성실 납부자는 지적도 3.8㎡ 증가되고 지방세 납부시기도 8년간 늦출 수 있었으므로 평등권을 침해 한 것이다.

다. 이 사건 토지등은 원고와 피고2 간의 쌍무계약에 제3자인 피고1

과 피고 3이 지방세 세입원인 이 사건 토지들을 조속히 완성토록 하기 위하여 지방세 납부시기를 토지분할 확정측량(지적확정) 이후로 미루어 실직하지 않으려면 자사 토지를 매수해야만 했던 원고에게 일시납 계약을 유도해 경제적 이득을 얻었음에도, 피고2는 3년 5개월 후 지적 확정시 피고들과 매매대금 연체 매수자에게 지적 및 지방세 관련 유리하도록 원고를 역차별 하였다.

라. 피고2는 원고가 일시납 계약으로 자사 토지를 매수하고도 상위직급자라는 사유로 향후 11년 간의 근로 활동 기회를 상실하였음에도 불구하고 ,고의로지방세관련 피고들에게 부당이득이 되도록 역차별하고도 구두로 청산금을 원고의 퇴직금 입금 계좌로 송금하여 달라는 최소한의 편의 제공마저 거절하였기에, 취득세는 자진 납부하였으나 배은망덕한 행위에 정신적 충격을 받아 소유권 이전에는 관심이 없었고 매도자의 매매대금 청산 의무와 원고의 소유권 이전 등기 의무는 동시이행관계가 있다고 판단하였다.

마. 원고는 법원을 통해 지적법령 위반 행위가 고의인지 실수인지 확인하려고 하였으나 재판장이 고의든 실수이든 결론은 마찬가지라고 원고에게 토지분할 시 77개 표본 필지에 대한 매매대금 납부 현황의 사실 조회를 철회토록 종용하고도 평등권 침해가 아니라는 판결을 한 것은 자가당착 행위이다.

바. 피동적 매수자인 원고는 퇴직금 으로 매수자 가장 먼저 납부하여 피고들에게 도움을 주었으나 매도자는 블록면적 증감을 각 필지에 안분하지 않고 오히려 원고 매수필지를 5.1㎡를 감소시켜 적법하게 필지분할을 시행했다면 3,015원 채무자를 481,930원 채권자로 전환 시키고도 청산금을 7년후 지급하였고, 법률 불소급 의 원칙에도 불구하고 24,071,740원의 장기미등기 과징금을 부과받도록 했고 ,같은 블록 내 연체금액이 많았던 것으로 판단되는 매수자 필지는 3.8㎡를 증가시켜 원고보다 12년 늦게 매매대금을 완납하고 장기미등기 과징금을 부과받지 않고 소유권 이전 등기를 하도록 배려하였다.

사. 매수자의 반대급부 이행일은 매수자의 의지에 의하여 도달하여야 함에도 불구하고 매도자가 피고들에게 부당이득이 되도록 역차별 하여 도달 시켰으므로 배은망덕한 평등권 침해이다.

아. 국가경제 위기시절 원고의 불행이 피고들에게는 오히려 피고2소속 직원들이 매수세력이 되어 다행이었고, 부동산 투기를 하지 말라고 제정한 부동산 실권리자 명의등기에 관한 법률을 적용함에 있어, 부동산 투자 목적도 없었던 피동적 매수자에게 포괄적, 주동적 매도자들이 위법행위를 하여 경제적 이득을 얻었음에도 불법행위로 부당이득까지 얻고도 부족하여, 권력을 이용해 정부정책 및 부동산거래질서, 미풍양속을 따르면 따를수록 손해라는 덫을 놓아 원고를 낚아챈 것은 가장 악랄한 묻지마 사기행위 및 정신적 살해행위이다.

2.강행 법규 위반

가. 원고는 피고2 소속직원으로서 실직하지 않으려면 1개필지 이상 매수해야만 했고 피고 1 관할구역내 이 사건 토지를 1998. 6. 8. 선택하였고, 피고들이 이사건 토지등을 강행법규인 산업입지 및 개발에 관한 법률 제 13조(공업단지 지정의 해제) 동법시행령 제 15조(공업단지 지정의 해제) 제1항 제 2호(지방산업단지:3년)를 위반하여 조성하였으므로 원인 무효인 토지 조성 사업이어서 피고들은 선의의 원고에게 어떠한 대항도 할 수 없다.

나. 2011년 피고1은 피고3의 감사지적에 의하여 1,282개 단독주택지 매수자 중 가장 먼저 매매대금을 납부한 원고에게 유일하게 장기 미등기 과징금을 부과하였으나, 부동산 실권리자 명의 등기에 관한 법률 제10조 제 1항 제 1호의 반대급부 이행일은 청산일로 규정하겠다고 1995. 4. 3. 입법예고 하였음에도 명확하게 규정되어 있지 않다고, 16년 후 토지분할 확정 측량 결과 지적이 감소하여 매도자로부터 환급받아야 할 경우 토지분할 확정 측량일로 판단한다면 역차별 법령이며, 정부가 강행법규인 행정절차법 제 41조(행정상 입법예고) 제 42조(예

고방법), 피고1, 피고3이 행정절차법 제 4조(신의성실 및 신뢰보호)를 위반한 것이어서 정부, 지자체는 원고에게 어떠한 대항도 할 수 없다.

3. 법령제정 목적에 역행

가. 부동산 실권리자 명의등기에 관한 법률을 제정 공포하면서 제10조 제1항 제1호 관련 반대급부 이행일은 청산일(주고 받는 것을 깨끗이 끝냄)로 규정하겠다고 시행령 입법예고를 했음에도 법령제정 16년 후인 2011년에 청산일이 아닌 정산일(계산하여 정리함)로 판단하여 매매대금 납부를 8년이상 지체한 매수자는 권리제한을 못하고 매매대금을 가장 먼저 납부한 원고에게 지적 확정시 역차별하고도 청산금마저 지급하지 않았는데 양도소득세보다도 많은 징벌성세금을 부과한 것은 정부 및 지자체가 성실한 국민에게 재산권을 약탈하고 정신적 살해행위를 한 것이다.

나. 도상가분할 토지는 분할 업무 속성상 매매대금 성실 납부자(일시납 계약자)는 비성실 납부자에 비하여 지적, 지방세, 양도세 등 여러가지 측면에서 불리함에도 매수자의 권리 제한을 위한 법률에서 조차 역차별(지적이 감소하여 확정측량일에 완납 처리된 경우는 확정 측량일 ,지적이 증가하여 잔금이 남아있을 경우는 매수자 의지에 의하여 대금 완납일)한다면 부동산 실권리자 명의 등기에 관한 법률은 그 제정 목적과는 반대로 국민들에게 부동산 거래 질서를 지키면 지킬수록 손해이므로 부동산 거래 약속을 지키지 말고 약5%정도 잔금을 남겨놓아 매도자가 불법행위를 하여도 완납처리되지 않도록 매도자를 괴롭히는 것이 재산권을 약탈당하지 않는 방법이라는 것을 입증 한 것이다.

4. 미필적 고의 행위

가. 이 사건이 발생하게 된 1차적 원인은 지방세 세입권자(피고1, 피고3)가 궁극적으로 지방세 세수증가를 위하여 매도자(피고2)가 회수자금으로 지방세 세수물건이 조속히 만들어지도록 지방세법 위반 조건

으로 피동적 매수자(원고)에게 일시납계약을 유도하고도 피고2가 토지 면적 확정시 매매대금 성실납부자인 원고를 주관적으로 역차별하고도 청산금 환급을 게을리하기 때문이며 원고에게 위법으로 일시납 유도를 하지 않았다면 필지분할시 시세가 분양가 이하였으므로 다른매수자를 배려한것에 대하여 원고가 정신적 충격을 받을 이유가 없었다

나. 도상가분할 토지매매제도는 매도자가 조성자금을 마련하도록 하기 위하여 특혜를 준 것이기 때문에 매수자는 매도자에게 다른 매수자와의 형평성 유지 여부를 주장 할 수 있으며 매도자는 평등권을 지켰다는 입증올 하여야 함에도 지적법령 위반이 고의인지 실수인지 일체 불응하고 있다.

다. 지방세 세입권자가 지방세 납부관련 제3자로서 쌍무계약에 개입하여 일시납 계약을 유도하였으므로 포괄적 매도자로서 권리를 주장하려면 매도자가 평등권을 침해하지 않았다는 입증을 할 공동 책임이 있으며, 지방세법 위반 사실을 확실하게 입증하기 위하여 77개 표본필지에 대한 취등록세, 재산세 납부현황을 제출 할 것을 요구하였으나, 거절하였으므로 피고들은 부당이득을 얻은 것을 자백한 것으로 간주되어야한다.

라. 2차적 원인은 매수자의 반대급부 이행일을 판단함에 있어 법령제정당시 청산일로 하겠다고 언론에 공표 하였으므로 시행령에 언급되어 있지 않더라도 과징금 설정도 양도소득세 수준으로 결정했고 소유권 이전등기도 소득세법을 근거로 이행되고 있으므로 소득세법상 취득일인 매매대금 청산일로 보아야 민법상 계약편 과도 합치된다.

마. 부동산 실권리자 명의 등기에 관한 법률에 의한 취득일이 도상가분할 토지의 면적이 확정측량 결과 증가한 경우에는 매도자가 매수자로부터 받을 잔금이 남아있음으로 매수자의 의지에 의한 대금 정산일이고 반대로 감소하여 완납처리된 경우에는 토지분할 확정측량일 이라면 ,매도자 의지에 의한 면적 증감에 따라 장기미등기 기산일이 결정

5. 심리미진

가. 이 사건은 피고들의 미필적 고의 행위에 의하여 발생하였고 피고들은 미필적 고의 행위에 대한 반박주장도 없었고 법원은 이에 대한 판단을 전혀 하지 않았다.

나. 판사들은 쟁점사항에 대한 변론을 전혀 진행하지 않았다.

다. 행정소송 1심 재판장은 피고1의 부동산 실명법 제5조 제5항 위반 여부를 설시하겠다고 약속하고도 이행하지 않았고 구 실명법의 헌법불합치 판결에 따라 신설된 과징금 감경조항도 국세, 지방세 납부를 연체하지 않은 장기미등기자 에 적용해온 판례가 이어졌음에도 과징금 부과권자가 제 3자로서 개입하였기 때문에 발생하였고 부당이익까지 얻은 것이 명백함에도 불구하고 차명보유자의 감경조항 판례를 증거로 채택해서 과징금 부과권자의 재량권에 속한다고 판결한 것은 권리남용이다.

라. 행정소송 2심 재판장은 원고의 알권리마저 취소토록 종용하고도 토지분할이 평등권을 침해하지 않았고 피고1과 피고3이 허위 문서를 작성하여 법무부에 법령해석을 요청하였다고 하더라도 판결에 영향을 미치지 아니하고 법령해석을 요청할 필요조차 없는 사안이라고 판결한 것은 법원이 입법 행정권한까지 가지고 있다는 월권행위를 한 것이다.

마. 민사소송1심에서는 원고가 주장한 내용이 너무 많음으로 피고별로 3줄 정도로 요약하고 위로금 청구사유도 반페이지로 요약하고 증거설명서 (주요자료46개)를 제출토록 요구하였고 소송물이 다른 행정소송 기판력 이외에는 어떠한 반박주장도 못한 피고들에게 변론기회를 주었으나 변론할 내용이 없다고 하여 원고가 요약하여 변론하겠다고 하였더니 안해도 된다고 변론을 마쳤음에도 선고일에 원고 패소 판결을 하기에 불법행위가 아니라는 사유를 묻자 판결문에 상세히 판시하겠다고 약속하고도 구체적 설시없이 피고1과의 행정소송 판결내용만 설시하였

다.

바. 민사소송 2심에서 원고는 피고들에게 피고들이 보유하고 있는 사실 조회 내용을 제출토록 재차 요구하였고, 법원에서 원고가 제출한 쟁점사항에 대한 답변을 하도록 2개월 동안 기간을 부여하였으나 자료 제출 및 반박답변이 전혀 없었음에도 원고 패소 판결을 하였고 위헌제청도 법령의 해석부분은 위헌제정이 아니라고 받아들이지 않았고, 헌법소원 내용을 원고에게 제시하고 영수하였다는 서명을 받아가고도 헌법소원 내용마저도 반영하지 않았으며, 선고 일에 평등권 침해가 아니고 위헌제청 기각 사유도 상세히 판시하겠다고 약속을 하고도 기판력과 위로금 청구에 대한 기존의 판결사례만 설시하고, 원고에게 약속한 부분에 대한 설시는 한구절도 없었다.

6. 위와 같은 실정이므로 대법원 원심판결에는 민사소송법 제451조 제1항 9호에 의하여 재심사유가 있다고 생각되므로 이 사건 재심의 소에 이른 것입니다.

2015. 12. 14.

위 재심원고 김정선 (인)

답 변 서

사 건 2015재나105 손해배상(기)

원 고(재심원고) 김정선

피 고(재심피고) 청주시 외 2명

위 사건에 관하여 피고 한국토지주택공사는 다음과 같이 답변합니다.

청구취지에 대한 답변

1. 원고(재심원고)의 재심청구를 기각한다.
2. 소송비용은 원고(재심원고)가 부담한다.

라는 판결을 구합니다.

No. 접수
2016.08.11
청주지방법원
종합민원실
23789

청구원인에 대한 답변

원고(재심원고)의 이 사건 재심청구는 적법한 재심사유가 없음에도 불구하고 제기한 것이므로 각하하여 주시기 바랍니다.

재 심 답 변 서

사 건 2015재나105 손해배상(기)

재심원고(본소원고) 김정선

재심피고(본소피고) 충청북도 외 2

위 사건에 관하여 재심피고(본소피고, 이하 '피고'라 합니다) 충청북도의 소송대리인은 아래와 같이 답변합니다.

재심취지에 대한 답변

1. 원고(재심원고)의 재심청구를 기각한다.
2. 소송비용은 원고와 피고 충청북도 사이에 발생된 부분은 1, 2, 3심, 재심 모두 원고가 부담한다.

라는 판결을 구합니다.

재심원인에 대한 답변

1. 재심원고 주장의 요지

가. 이 사건 소의 경위

재심원고(본소원고, 이하 '원고'라 합니다)는 피고 한국토지주택공사에 재직 중이던 1998. 6. 8. 위 피고로부터 당시 조성중이던 청원군 오창산업단지내 가분할 단독주택지 272-5 대 356㎡(오창읍 양청리 745-7)를 매수한 자로서, 2001. 12. 26. 확정측량결과 예정 면적보다 5.1㎡가 감소하여 위 피고는 2009. 3. 원고 명의 계좌에 면적 감소에 따른 환급금을 입금하였고, 원고가 2009. 10. 30. 소유권이전등기를 경료함에 따라 피고 청주시가 원고에게 부동산실권리자명의등기에관한법률 제10조 제1항을 이유로 과징금 24,071,040원을 부과하자 피고들이 장기 미등기 원인을 제공하였고 신의성실의 원칙 및 평등권에 반하는 역차별을 했다는 이유로 2014. 6. 24. 청주지방법원 2014가단13242호로 손해배상 청구 소송을 제기하여 2014. 12. 17. 기각되자 이에 청주지방법원 2015나10227호로 항소하였고, 항소심 역시 2015. 6. 16. 항소기각되자 대법원 2015다228904호로 상고하여 2015. 11. 12. 심리불속행기각되어 같은 해 11. 16. 위 판결이 확정되자 민사소송법 제451조 제1항 제9호(판결에 영향을 미칠 중요한 사항에 관하여 판단을 누락한 때)를 이유로 이 사건 재심을 청구하였습니다.

나. 원고 주장의 요지

피고 충청북도에 대한 재심 청구원인은 여전히 무엇인지 분명하지 않습니다. 다만 원고가 주장하는 재심사유는 민사소송법 제451조 제1항 제9호로서, 재심대상판결의 제1심판결에는 피고들이 불법행위를 하였는지에 관한 구체적 설시가 없었다는 점, 재심대상판결(제2심)에는 피고들의 자료 제출 및 반박답변이 전혀 없었음에도 원고 패소 판결을 하였고, 위헌법률심판제청이나 헌법소원의 내용을 반영하지 아니하였다거나, 평등권 침해와 위 위헌법률심판제청의 기각 사유에 관한 설시가 없었다는 점을 재심사유로 주장하나, 이는 다음과 같은 이유로 받아들일

수 없습니다.

2. 원고는 이미 상고이유에서 같은 사유를 주장하였습니다

가. 민사소송법 제451조 제1항 단서

당사자가 상소에 의하여 그 사유를 주장하였거나, 이를 알고도 주장하지 아니한 때에는 재심의 소를 제기할 수 없습니다(민사소송법 제451조 제1항 단서). 이와 관련하여 대법원은 "상고이유에서 주장하여 상고심판결의 판단을 받은 사유로써는 확정된 원판결에 대하여 재심의 사유로 삼을 수 없다"고 판시하기도 하였습니다(대법원 1971. 3. 30. 선고 70다2688 판결).

나. 원고의 상고이유(심리미진의 점)

원고가 2015. 9. 4.자로 제출한 상고이유서 26, 27페이지를 보면 심리미진의 사유로 "민사소송 1심에서 나경선 판사는 원고가 법원에서 요구한 사건내용요약, 증거 중 46개 자료에 대한 설명서를 제출하였고, 피고들은 기판력 이외에는 반박주장이 없었고, 증거자료 제출도 없었고, 변론도 없었고 마지막 변론일에 판사는 원고에게 변론을 안해도 된다고 변론을 진행했으면서도 선고 일주일 전 피고3이 소속직원 소송수행자변경신청을 했고(원고에게 미통보, 추후 2심 판사와 동향출신 변호사 선임), 선고일에 원고 패소판결을 하였고 불법행위가 아니라는 내용을 상세하게 판시하겠다고 약속을 하고도 구체적 내용을 전혀 언급하지 않았다. ……(중략) 민사소송 2심에서 박병찬 판사는 쟁점 사항 중 유일한 변론 내용으로 피고들이 원고가 입증할 자료를 제출하지 않는다고 변론을 하자 자료를 제출하지 않으면 불리할 수 있다고 변론을 진행하였음에도 민사소송법상 자백간주로 인용하지 않은 것은 중립의무를 위반한 것이다. 위헌제청요청 관련 법원에서 헌법소원 판결 내용을 제시하고 원고의 서명을 받아가기에 원고가 지방세 및 국세를 징수유예나 체납처분 유예를 받지 않았고 국세도 납부하였다는 추가 증빙자료를 제출하였는데도 이를 인용하지 않았다. ……(중략) 선고기일에 원고패소 선고를 하였기, 평등권 침해여부, 법령의 해석부분은 위헌심사 대상이 아니라는 판시를 상세하게 기록하겠다고 약속을 했으면서도 공무원의 표준업무로 판단되므로 손해배상청구 사유가 안된다는 내용이 전부였다"면서 원고는 이미 상고이유에서 이 사건 재심의 사유를 주장하였고, 이에 대법원에서 심리불속행기각을 함으로써 이미 재심청구 이유 부분에 관하여 상고심에서 판단을 받았습니다.

다. 소결

따라서 민사소송법 제451조 제1항 단서 규정에 따라 재심의 소를 제기할 수 없는 경우에 해당되므로 원고의 청구는 기각되어야 합니다.

3. 판단누락에 해당되는지 여부

가. 민사소송법 제451조 제1항 제9호의 의미

민사소송법 제451조 제1항 제9호가 정하는 재심사유인 '판결에 영향을 미칠 중요한 사항에 관하여 판단을 누락한 때'라고 함은 당사자가 소송상 제출한 공격방어방법으로서 판결에 영향이 있는 것에 대하여 판결 이유 중에 판단을 명시하지 아니한 경우를 말하고, 그 판단 내용에 설령 잘못이 있다 하더라도 판단누락으로 볼 수 없고, 판단이 있는 이상 그 판단에 이르는 이유가 소상하게 설시되어 있지 아니하거나 당사자의 주장을 배척하는 근거를 일일이 개별적으로 설명하지 아니하더라도 이를 위 법조에서 말하는 판단누락이라고 할 수 없습니다(대법원 1990. 2. 13. 89재다44 판결, 대법원 1998. 2. 24. 선고 97재다278 판결 등 참조)

나. 판결 결과에 영향이 없는 경우

또한 판결서의 이유에는 주문이 정당하다는 것을 인정할 수 있을 정도로 당사자의 주장, 그 밖의 공격방어방법에 관한 판단을 표시하면 되고 당사자의 모든 주장이나 공격방어방법에 관하여 판단할 필요는 없고(민사소송법 제208조), 따라서 상고법원의 판결에 당사자가 상고이유로 주장한 사항에 대한 구체적·직접적인 판단이 표시되어 있지 않았더라도 판결 이유의 전반적인 취지에 비추어 그 주장을 인용하거나 배척하였음을 알 수 있는 정도라면 판단누락이라고 할 수 없고, 설령 실제로 판단을 하지 아니하였다고 하더라도 그 주장이 배척될 경우임이 분명한 때에는 판결 결과에 영향이 없어 판단누락의 위법이 있다고 할 수 없는 것입니다(대법원 2008. 7. 10. 선고 2006재다218 판결 참조).

판결이 확정되면 기판력이 생기고 법적 안정성이 확보되므로 재심은 예외적인 경우에 한하여 인정되어야 한다는 취지에서 실제로 판단을 하지 아니하였다고 하더라도 그 주장이 배척될 경우임이 분명한 때에는 판결 결과에 영향이 없어 판단누락의 위법이 없다는 것입니다.

다. 소결

원고는 이 사건 재심대상 판결들이 피고들이 불법행위를 하였는지에 관한 구체적 설시가 없었다거나, 피고들의 자료 제출 및 반박답변이 전혀 없었음에도 원고 패소 판결을 하였고, 위헌법률심판제청이나 헌법소원의 내용을 반영하지 아니하였다거나 평등권 침해와 위 위헌법률심판제청의 기각 사유에 관한 설시가 없었다고 주장하나, 이와 같은 것은 손해배상을 청구하는 사안에서 '판결에 영향을 미칠 중요한 사항'이라고 볼 수 없고, 또한 이에 대하여 구체적으로 설시하지 아니하였다 하더라도 위 대법원 판례의 취지에 따르면 판단누락이라고 볼 수 없습니다.

4. 결 론

이상과 같은 이유로 원고의 청구를 기각하여 주시기 바랍니다.

2016. 2. .

입 증 방 법

1. 을다 제1호증 원고 상고이유서

피고 충청북도

법률상 대표자 도지사 이 시 종 (인)

청주지방법원 제1민사부 귀중

발신 : 김정선

수신 : 청주시장 이승훈 귀하(본인 외 개봉금지)

제목 : 청주시는 가장 악랄한 약탈자가 아니라는 사유를 답변해 주시기 바랍니다.

내용 : 1. 시정업무에 여념이 없으신 시장님의 노고에 감사드리며 구 청원군(현 청주시)는 국가경제 위기시절 구 한국토지공사와 민원인간의 미확정 부동산에 대한 피동적 자사토지 쌍무계약(44,956,000원)에 개입하여 경제적 이득을 얻었고, 매도자의 갑질 행위에 의하여 부당이득까지도 얻었음에도, 충청북도의 감사지적에 의하여 허위문서까지 작성하여 민원인에게 장기미등기 과징금(24,071,740원)을 부과 징수하였고 과징금 재고 요청을 수차례 거부하였고 민원인의 청주시, 한국토지주택공사, 충청북도를 상대로 한 민사소송 1심에서 피고들은 원고(민원인)의 주장에 답변 한마디도 못했고 변론진행 상황으로는 재판관의 권리남용(정치적 판단)에 의하여 원고가 패소하였음에도 제2심 변호사 선임시 성공보수 사례금까지 주기로 한것에 경악하지 않을 수 없고 가해자가 피해자에게 징벌성 세금을 부과한 것은 부당하기에 감히 시장님께 서신을 올리게 된점 송구스럽게 생각합니다.

2. 청주시의 자백간주내용

가. 청주시(피고1)는 민원인(원고)과 피고2(한국토지주택공사) 간의 미확정 부동산의 쌍무계약에 제3자로서 관여하였음에도 (피고3 충청북도와 피고1 권리인 지방세 납부시기) 공식문서도 남지지도 않았고 실질적 매도자인 피고2인 갑질행위에 의하여 담합한 피고들이 부당이득을 취하였기 사건이 발생했고 각종 갑질행위 및 작위의무중 한가지만 제대로 이

행했더라면 이 사건은 발생하지 않았다.

나. 민원인은 토지사용가능시기를 예측할 수 없는 미확정 토지(용지매매계약서 제1조의2)에 대하여 피고2와 애사심에서 불공정성 5개월 일시납 계약체결후 퇴직금으로 46일만에 매매대금을 납부하였는데, 3년6개월 후 토지면적 확정시 피고2는 피고들에게 부당이득이 되도록 민원인 매수토지는 5.1㎡를 감소시켜 매매대금 완납처리(적법하게 말박기를 했다면 3,015원 채무자를 481,930원 채권자로 전환시킴)하고도 7년동안 구두신청에 의한 매매대금 청산(민법상 채무자책임)을 미루어 왔음에도 불구하고 토지분할 확정측량일이 장기미등기 기산일이고, 같은 블록내 3년 분할 납부계약자 토지는 3,8㎡를 증가시켜주어 민원인 보다 매매대금의 완납시기를 12년동안 늦출 수 있는 원인을 제공하였고 장기미등기 기산일은 8년동안 늦춰주었으므로, 청주시와 충청북도 소견대로 장기미등기 기산일을 판단한다면 부동산 실명법은 탈세를 방지하는 법률이 아니고, 오히려 부동산거래질서를 어지럽히고 국민들에게 탈세를 합법화시키는 법률이다.

다. 청주시를 포함한 피고들은 제1심 제2심에서 불법행위, 갑질행위에 대한 어떤 반박주장도 못했고 변론도 하지 않았고 청주시의 유일한 반박주장은 청원군(현 청주시)만을 상대로한 행정소송 기판력을 주장했을 뿐이며 제1심 제2심 변론일에 민원인이 피고들에게 입증자료(원고 주장확인)을 제출할 것을 거듭주장하였으나 응하지 않았고 2심에서는 제출한 요약쟁점 사항에 대하여 법원이 답변기간을 6주간 부여했음에도 불구하고 피고들은 전혀 답변하지 않았으므로 무변론 자백간주 역차별 판결이다.

라. 피고들은 산업입지 및 개발에 관한법률에 의한 사업유효기간을 넘겨 오창산업단지 사업착수 및 사업승인을 하였으므

로 원인 무효인 토지이며 민원인(원고)은 자발적이 아닌 역차별 받은 피동적 자사 토지매수자이므로 피고들은 원고에게 어떠한 대항도 할 수 없다.

마. 피고1 및 피고2는 소유권이전등기 수수료 납부기준일인 소유권이전 등기 기산일(소유권 보존등기 형식을 빌린 표시변경등기 완료일: 신청일로부터 43일 도과)을 공시관리하지 않았고 피고2는 원고가 소유권이전등기 안내문을 송달받았다는 증거도 제시하지 못했다.

바. 소유권이전등기 기산일을 소득세법에서 정하고 있는 청산일 아니고 문리적 해석에 의하여 정산일 이라면 피고1은 피고2로부터 지방세법상 재산세 납부 의무자는 원고라는 통보를 받고 과세기간이 지나 원고에게 재산세를 수시 부과징수하였으므로 부동산 실명법 제5조 제5항 위반이라는 주장에 답변하지 않았다.

사. 청주시(포괄적 매도자)는 지방세법에도 불구하고 지방세 수납시기를 토지분할확정측량(지적확정)이후로 미뤄 일시납 계약을 유도하여 결과적으로는 경제적 이득을 취하고 실질적인 매도자인 피고2의 역차별에 의하여 부당이득을 얻었음에도 헌법재판소의 헌법불합치 판결에 따른 과징금 경감조항 및 부동산 특별조치법에 의한 과태료 부과징수 규칙 제2조4호를 적용하지 않은 것은 사기행위이다.

아. 민원인의 주장을 확실히 입증하기 위하여 소송판결후 확인한바에 의하면 장기미등기 기산일은 잔금청산일이라고 재정경제원 장관이 법령시행(1995.7.1) 이전(1995.4.26)에 법률해설집에서 공표하였으므로 합리적 사유없이 16년후인 2011년 정산일 이라고 해석된다면 명백한 행정절차법 제4조 위반이므로 심리미진이다.

자. 대한민국 법원은 국민의 재판청구권을 보장하기 위하여 설립되었음에도 불구하고, 헌법전문에 의한 권리와 의무, 헌법에 명시된 평등권 및 과잉금지의 원칙, 공무원법에 명시된 신의 성실의 원칙, 민법에 명시된 동시이행 항변권, 채무자 위험 부담주의, 민사 소송법에 의한 변론진행, 헌법 재판소의 헌법불합치 사유 및 내용, 헌법소원 내용, 비례의 원칙, 피고 1과 피고3의 허위문서 작성 및 위증, 피고들의 무변론, 과징금 부과권자가 관여하지 않은 사건의 기존판결, 가해자와 피해자의 구분을 간과하고 석명요구를 하고도 한줄도 안읽어보고 원고 농락 절대군국적 직무유기 판결을 자행했다.

3. 결론

가. 청주시는 제2심에서 민원인이 제출한 요약쟁점 준비서면 및 재심청구사건에 대한 답변서를 조목조목 제출하시기 바랍니다.

나. 청주시는 변호사 보수계약서를 민원인에게 제출하시기 바랍니다.

다. 법원이 청주시가 무변론을 하였기 쟁점토론없이 원고패소 판결을 하였으므로 민원인은 재심청구 금원에 대한 구상권을 청주시에게 신청합니다.

2016.05.13. 민원인 김정선

별 첨 : 1. 제2심 2015나10227 진행내용 및 변론기일 추정사유
2. 민사소송 석명준비명령(2015.2.4)
3. 제2심 판결서 사본(2015.6.16)
4. 청주시의 답변서 사본(2015.3.9)
5. 청주시의 준비서면(2015.4.24)
6. 제2심 민원인 요약쟁점 준비서면(2015.4.28)

청 주 지 방 법 원

제 2 민 사 부

판 결

사 건 2015재나105 손해배상(기)

원고(재심원고), 항소인

김정선

피고(재심피고), 피항소인

1. 충청북도 청원군의 소송수계인 청주시

대표자 시장 이승훈

2. 한국토지주택공사

진주시 충의로 19 (충무공동)

대표자 사장 박상우

3. 충청북도

대표자 도지사 이시종

제 1 심 판 결 청주지방법원 2014. 12. 17. 선고 2014가단13242 판결

재심대상판결 청주지방법원 2015. 6. 16. 선고 2015나10227 판결

변 론 종 결 2016. 8. 11.

판 결 선 고 2016. 8. 25.

주 문

1. 이 사건 재심의 소를 각하한다.

2. 재심소송비용은 원고(재심원고)가 부담한다.

청구취지, 항소취지 및 재심청구취지

재심대상판결 및 제1심판결을 취소한다. 피고들은 연대하여 원고에게 24,071,740원 및 이에 대하여 이 사건 소장 부본 송달 다음날부터 다 갚는 날까지 연 6%의 비율로 계산한 돈을 지급하고, 각 3,000,000원을 지급하라.

이 유

1. 기초사실

다음의 각 사실은 이 법원에 현저하거나 기록상 명백하다.

가. 원고는 피고들을 상대로, 피고들의 불법행위로 말미암아 원고가 부당하게 과징금을 부과받는 손해를 입게 되었으므로 이를 배상해야 한다는 취지로 손해배상 청구의 소를 제기하였고, 제1심 법원은 2014. 12. 17. 원고의 청구를 기각하는 판결을 선고하였다(청주지방법원 2014가단13242호).

나. 원고가 이에 불복하여 항소하였으나 재심 전 당원은 2015. 6. 16. 이를 기각하는 판결을 선고하였다(재심대상판결, 청주지방법원 2015나10227호).

다. 이에 원고가 다시 불복하여 상고를 제기하였으나, 대법원은 2015. 11. 12. 심리불속행으로 원고의 상고를 기각하는 판결을 선고하였고 재심대상판결은 그대로 확정되었다(대법원 2015다228904호).

2. 원고 주장의 요지

재심대상판결은 원고가 제출한 쟁점사항에 대하여 피고들이 아무런 답변을 하지 않았음에도 원고에 대해 패소판결을 내렸고, 피고들의 불법행위가 평등권 침해에 해당한다는 주장 등에 대하여도 그 배척하는 근거를 설시하지 않았는바, 이는 민사소송법 제451조 제1항 제9호의 재심사유에 해당한다.

3. 판단

가. 민사소송법 제451조 제1항 제9호에서 '판결에 영향을 미칠 중요한 사항에 관하여 판단을 누락한 때'라고 함은 당사자가 소송상 제출한 공격방어방법으로서 판결에 영향이 있는 것에 관하여 판결 이유 중에서 판단을 명시하지 아니한 경우를 말하고, 일단 판단을 한 이상은 설령 그 판단내용에 잘못이 있다거나 그 판단에 이르는 이유를 소상하게 설시하지 않았다거나 또는 당사자의 주장을 배척하는 근거를 일일이 개별적으로 설명하지 아니하였다 하더라도 이를 가리켜 위 법조에서 말하는 판단누락이라고 할 수 없다(대법원 2010. 4. 29. 선고 2009다102827 판결 등 참조).

살피건대, 재심대상판결은 그 이유 부분에서 원고가 주장하는 피고들의 불법행위에 관하여 상세한 이유를 들어 이를 배척하였음이 기록상 명백하고, 따라서 재심대상판결에는 원고가 주장하는 민사소송법 제451조 제1항 제9호 소정의 판단누락이 있다고 할 수 없으므로, 원고의 재심의 소는 부적법하다.

나. 또한, 재심의 소는 당사자가 판결이 확정된 뒤 재심의 사유를 안 날부터 30일 이내에 제기하여야 하는 바(민사소송법 제456조 제1항), 민사소송법 제451조 제1항 제9호 재심사유의 존재는 특단의 사유가 없는 한 재심대상판결의 정본을 읽어 봄으로써

알 수 있는 것이므로, 이를 알지 못하였다는 특단의 사유에 대한 주장·증명이 없는 한 당사자는 재심대상판결의 정본을 송달받은 때에 재심사유의 존재를 알았다고 봄이 타당하고(대법원 2007. 3. 30. 선고 2006재후29 판결 참조), 그 후에 판결이 확정된 경우에는 위 판단누락을 이유로 하는 재심의 소의 제기기간은 재심대상판결이 확정된 날로부터 기산하여야 한다.

살피건대, 재심대상판결 선고 이후인 2015. 6. 29. 원고가 재심대상판결 정본을 송달받은 사실은 기록상 분명하므로, 원고로서는 그 무렵 재심사유의 존재를 알았다고 봄이 상당하고, 한편 이 사건 재심의 소는 재심대상판결이 2015. 11. 12. 대법원에서 상고 기각으로 확정된 날로부터 30일이 경과한 후임이 기록상 명백한 2015. 12. 15 제기되었음은 기록상 명백하다. 따라서 이 사건 재심의 소는 재심제기기간을 도과하여 제기된 것으로 부적법하다.

4. 결론

그렇다면, 이 사건 재심의 소를 각하하기로 하여 주문과 같이 판결한다.

재판장 판사 윤성묵 (서명) (인)

판사 임택준 (서명) (인)

판사 염혜수 (서명) (인)

재 심 소 장

재심원고(본소 원고) : 김정선(

주　　소 :

휴대폰 번호 :

재심피고(본소 피고) : 1. 충청북도 청원구의 소송수계인 청주시
청주시 상당구 상당로 155(북문로3가)
(우 : 28542)
대표자 : 시장 이승훈

2. 한국토지주택공사
진주시 충의로 19(충무공동) (우 : 52852)
대표자 : 사장 박상우

3. 충청북도
청주시 상당구 상당로 80(문화동) (우 : 28533)
대표자 : 도지사 이시종

위 당사자간 귀원 청주2015나10227 사건, 대법원 2015다228904 사기성 과징금에 대한 손해배상 사건과 관련하여 귀원 2015재나105 손해배상(기)청구사건에 관하여 재심원고는 2016.08.29 판결서를 송달받고 불복하여 다음과 같이 2차 재심 사유가 있어 소를 제기합니다.

재심을 할 판결의 표시

1. 이 사건 재심의 소를 각하한다.
2. 재심 소송비용은 원고(재심 원고가) 부담한다.

재심 청구 취지

1. 대법원 2015다228904 사기성 과징금에 대한 청구 상고사건에 관하여 2015.11.26. 심리불속행 선고한 판결을 취소한다.
2. 피고들은 연대하여 원고에게 24,071,740원 및 이에 대하여 원심소장 부본 송달 다음날부터 다 갚은 날까지 년15%의 비율로 계산한 돈을 지급하고, 각 3,000,000을 지급한다.

증거 서류

갑증 1 : 부동산 실명법 법률안 심의보고서(법제처, 1995.02.18. 국가기록원 소장 발췌본)

갑증 2 : 부동산 실명법 시행령 제정과정(재정경제원, 국가기록원 발췌분, 1994, 1995)

갑증 3 : 부동산 실명법 해설(재정경제원장관, 1995.04.26. 국가기록원 발췌분)

갑증 4 : 기획 재정부 회신문서(2016.04.08)

갑증 5 : 국토교통부 회신문서(2016.03.04)

갑증 6 : 부동산 실권리자 명의등기에 관한 법률위반 판례(대법원 2009.09.10. 선고 2009도5031 판결)

첨부서류 :

1. 소장 부본 1통.
1. 송달료 납부서 1통. 끝.

2016.09.27

위 재심원고 김정선 (인)

청주지방법원 귀중

2차 재심청구 원인

1. 1차 재심 청구원인은 토지매수대금 성실납부자인 원고는 실질적 매도자 및 포괄매도 행위를 한 행정청, 토지매수대금 비성실납부자와 평등권이있고, 강행법규를 위반한 것은 불법행위이고, 매수자의 반대급부 이행일을 정산일로 보는 것은 역차별 법률해석이라고 주장하였으나 시행령(안)에 청산일로 공포했다가 시행령에서 삭제한 사유를 못 밝혀 원고는 패소한 것으로 판단됩니다.

2. 2차 재심에서는 국가기록원에 소장되어있는 공개자료 및 비공개로 되어 있는 자료를 기획재정부 및 법제처에 정보공개 요청하여 확인한 다바, 법률제정당시 시행령(안)에 있었던 장기미등기 기산일에 대한 조항이 삭제된 사유가 청산일이냐 정산일이냐에 대한 논란이 되었던 것이 아니었고, 시행령(안)대로 청산일로 하되 3가지 경우에는 각호에 정해진날로 규정할 경우 기소유예 하는데 지장이 있을 것이며 장기미등기 기산일에 대한 해석조항이 없어도 동일한 해석이 가능하다는 의견을 받아들여 국무회의를 통과하여 시행령이 공포되었고 시행령(안) 공포시 장기미등기 기산일을 청산일이라고 언론에 공표하였고, 시행령 공포 전 구 재정경제원장관이 청산일로 법률해설집에서 공표하였으므로 피고1과 피고3이 매매대금 성실납부자만 권리제한을 하는 정산일로 판단한 것은 명백하게 행정절차법 제4조를 위반한 것이므로 2차 재심 사유에 해당된다.

3. 이 사건은 적반하장(가해자가 피해자에게 징벌성 세금을 부과)사건에 대한 손해배상 청구 재심사건이다.

이 사건은 원고와 피고2간의 미확정 부동산의 쌍무계약에 피고1과 피고3이 불법으로 관여하여 원고에게 일시납계약을 유도하므로써 발생했다.(피고들은 불로소득 얻음, 피고1과 피고3은 공식문서도 남기지 않았음)

- 3년6개월후 피고2는 지적확정을 위한 필지경계표지 설치시

선매각 제도를 악용해 역차별하므로서 발생했다.
(피고들은 부당이득 얻음. 매매대금 성실납부한 원고는 물질적, 정신적 손해발생, 같은 블록내 매매대금 비성실 납부자는 불로소득 발생, 소유권이전등기 권리제한을 매수자의 의지에 따라 결정토록 함)

- 필지경계표지를 오차없이 설치했다면 원고는 면적 산출단위 이하 채무자였으나 30여필지 누적오차의 3배가 넘는 역차별을 하여 채권자로 전환시키기도, 피고2는 민법에 따라 채무이행을 하지 않아 발생했다.

- 매도자 반대급부 이행완료일(소유권 이전 등기기산일)을 미공시 관리하여 소유권 이전등기 신청을 할수 없는 기간까지 등기의무기간에 산입하므로서 등기해태에 따른 과태료가 없는 시기였으나 원고로 하여금 과태료 많은 것으로 오판토록해 발생했다.(지적확정 10개월후 매도자 명의 등기공부 정리)

- 피고1은 2006년 재산세 부과시 피고2로부터 사실상의 소유자는 원고라는 통보를 받아 원고에게 부과하고 행정자치부에 보고하고도 그 당시에 장기미등기 과징금을 부과하지 않아 발생했고 행정청이 관여하지 않은 사건에 대하여도 국세나 지방세를 연체하지 않았으면 50% 감경하는 것이 타당하다는 판결이 있었음에도, 부당이득까지 얻은 피고1은 50% 감경하지 않아 발생했다.

- 피고2가 매매계약서에 명시된 환매특약등기, 계약해제 통보를 했다면 그 시기가 장기미등기 기산일보다 먼저 도달했으므로 피고2가 계약이행을 하지 않아 발생했다

- 피고3은 2011년 피고1에 대한 감사시 장기미등기 기산일을

법률제정(1995.03.30)시 법률해설집에서 청산일로 공표했음에도, 법률시행16년후 정산일로 해석하고, 허위문서까지 작성하여 피고1로 하여금 원고에게 장기미등기 과징금을 부과토록 하고도, 법원에 위증까지 하여 발생했다.

- 시행령(안)에 장기미등기 기산일을 청산일로하여 관보고시(1995.04.04) 하였고 구 재정원 장관이 법률해설집에서 청산일로 공표(1995.4.26)한후 시행령 공포(1995.5.19)시 동일한 해석이 가능하다고 삭제되었으므로 행정절차법에 의하여 새로운 법령해석이 될 때까지는 청산일로 해석은 유효하다

- 원고는 피고2 소속직원으로서 애사심에서 이사건 토지를 매수한 것이 명백하므로 피고3의 숙원사업으로서 피고들이 불법으로 이사건 토지등을 조성하지 않았으면 토지의 존재가 없으므로 사건이 발생할 수 없다.

- 법관은 사건을 판단함에 있어 매매계약서, 행정절차법, 부동산실명법, 부동산등기특별조치법, 민법, 민사소송법, 공무원법, 헌법, 관습법, 산업입지 및 개발에 관한 법률, 지방세법, 소득세법등에 의하여 포괄 매도행위를 한 피고들과 매수자인 원고를 평등권을 전제로 하여야 함에도 피고들이 사건 발생원인에 대하여 무서증, 무변론에 의한 자백간주를 하였음에도 원고패소 추상적 판결을 한 것은 양심의 자유를 남용한 판결이므로 추가 입증자료를 제출하여 2차 재심을 신청합니다.

4. 피고들은 지방세법을 악용해 토지를 매수 할 수밖에 없었던 원고에게 일시납 계약을 유도(1998.06.08) 원고의 재산권을 이용해 불로소득을 얻었고 원고는 3년 분할 납부계약에 비하여 약 5백만원정도의 양도소득세를 더 납부하였고(금리차이, 취득원가 감안한 계산) 도상가분할

토지제도의 맹점을 악용하여 계약체결 46일만(1998.07.24)에 매매대금을 납부한 원고매수토지는 5.1㎡를 감소시키고, 같은 블록내 3년 분할 납부계약하여 6개월이상 연체한 매수자 토지는 3.8㎡를 증가시켜주는 가중 역차별 행위를 하였기 원고는 자존심마저 꺽일수 없어 7년동안 소유권이전등기를 하지못한(2009.10.30. 소유권이전등기) 피해자이다.
피고3은 피고1로 하여금 매매계약 체결후 11년만(2011.07.07)에 부동산 실명법 관련조항을 역차별 해석하여 헌법, 민법, 행정절차법등의 수십가지 법률조항에 저촉됨에도 장기미등기 과징금을 부과징수하였으므로 3중가중 역차별을 한 사기행위를 하였다.

5. 부동산매매 쌍무계약에서 매수자가 계약의무를 게을리 할 경우 부동산 실권리자 명의 등기에 관한 법률 제10조제1항1호 및 그 적용의 전제조건인 부동산 등기 특별조치법 제2조제1항에 의한 매수자의 권리 제한을 할수 없다.
왜냐하면 매수자가 매도자에게 지급할 잔금이 남아있으므로 매도자가 동시이행 항변권을 주장하여 소유권 이전등기에 필요한 서류를 발급해 주지 않기 때문이다. 법무부 및 법원등기소에서도 이를 인정하고 있으며 판례도 있다. 도상가분할 토지 쌍무계약은 매도자에게 특혜를 준것임에도 면적확정시 면적증감에 따라 매도자와 매수자간의 이해관계가 상반되어 매매대금 성실납부자가 매매대금 연체자에 비하여 절대적 불리할 수 밖에 없다.

6. 원고는 일시납 계약을 하여 1,282명 매수자중 가장먼저 매매대금을 사실상 완납하였으나 면적확정시 30여 필지 누적오차의 3배에 해당하는 5.1㎡를 감소시켜 지적분할을 적법하게 시행했다면 3,015원 채무자이어야 하나 481,930원 채권자로 전환시켜 유일하게 장기미등기 과징금을 부과징수 당했고 같은 블록내 3년분할 납부 계약하여 연체자인 매수자는 오히려 3.8㎡를 증가시켜주어 매매대금 잔금납부시기(원고보다 12년 늦게 납부) 및 소유권이전등기 시기를 매수자 의지에 따라 결정하여도 부동산등기 특별조치법 및 부동산 실권리자 명의등기에 관한 법률에 의하여 매수자의 권리제한을 받지 않았다. 따라서 부동산 실권

리자 명의 등기에 관한 법률 제10조제1항제1호의 해석을 정산일로 해석하는 것은 명백한 역차별 법률이다.

7. 상기 사건은 피고2 구 한국토지공사(고용자)와 원고(고용된자)간의 미확정 부동산의 쌍무계약에 행정청인 피고1(구 충청북도 청원군)과 피고3(충청북도)이 관여하여 포괄매도 행위를 하였기 발생하였고 국민 누구에게 물어보아도 피고들은 가해자이고, 원고는 피해자임에도, 부동산 실권리자 명의 등기에 관한 법률해석을 제정당시와 달리하여 원고에게 장기미등기 과징금을 부과징수한 사건으로서, 원고는 피고1을 상대로한 과징금 부과 처분취소소송을, 피고들을 상대로 사기성 과징금 손해배상 청구 소송을 제기하였으나 패소하였다.

8. 고용자와 고용된자 간의 쌍무계약에 행정청(충청북도, 구 청원군)이 제3자로서 관여하여 일시납 매매계약을 유도하였기 때문에 발생한 사건에 대하여 가해자인 행정청이 부동산 실권리자 명의 등기에 관한 법률의 장기미등기 기산일에 대한 해석을 제정 16년후 제정 당시(매매대금 청산일)와 달리(매매대금 정산일)하는 것은 법률제정 목적에 역행하여 선량한 매수자를 역차별하는 해석이므로 불법행위를 한 가해자가 피해자인 원고에게 장기미등기 과징금을 부과한 것은 명백한 사기사건으로서 피고들(구 청원군, 구 한국토지공사, 충청북도)이 강행규정 위반등 불법행위를 자행하였고 작위의무를 위반하였기 소송에서 답변할 내용이 없으므로 무답변, 무변론 했음에도 평등권을 침해한 매매계약서 면적정산 조항 해석과 적용법률 해석에 의하여 원고 패소판결을 한 것은 법원의 설립목적에 합치되지 않는다.

9. 장롱속에 간직했던 돌반지를 처분할 정도로 국가경제가 어려운 시기에 원고는 정부정책에 의한 공기업 경영전략에 의하여 피고2 보유 부동산을 매수할 수 밖에 없었고, 그 당시 원고는 피고2 충북지사 소속이었기에 오창산업단지 내 도상가분할 단독주택지 1필지를 매수하였고, 1필지를 매매알선하였으나 공기업의 2차 경영전략인 상위직급자 퇴직전략에 의하여 향후 11년간의 근로활동기회를 상실하였으나 소유

권이전등기를 지연할 의사가 없었음은 퇴직금으로 선납하고 3년5개월 후 블록면적증감(10개 필지)에서 안분했다면 잔금이 면적산출 단위 이하였으므로 확실히 입증되었다.

10. 장기미등기 사건은 피고들이 담합하여 원고와 피고2간의 불공정성 매매계약에 피고1과 피고3의 권리인 부동산취득세(피고3 세입, 피고1 수납대행)와 재산세(피고1 세입)을 면적확정시(3년6개월후에 확정됨)까지 연장해주는 구두약속(소송중 확인 한바, 실질적 매도자인 피고2가 면적확정시 피고1에게 일괄 통보하기로 약정하여 피고1은 매수자들의 매매대금 완납시기를 알수없음)을 하여 원고에게 3년 분할납부보다 유리한 점이 하나도 없는 일시납 계약을 유도해 불로소득을 얻고도 도상가분할 토지의 면적확정시 선매각 제도를 악용해 퇴직금으로 선납까지 한 원고 매수토지를 피고들에게 부당이득이 발생하도록 감소시켜 원고에게 정신적 충격을 주었을 뿐만 아니라 작위의무를 이행 하지 않았기 때문에 발생했다.

11. 행정청이 매도자와 담합하여 공동으로 갑질행위(지방세 납부시기를 지적확정이후로 연기)를 하였기 때문에 원고는 이를 믿고 토지사용가능시기를 예측할수 없는 도상가분할 단독주택지(용지매매계약서 제1조의2) 1필지를 44,956,000원에 1998.6.8. 매도자와 애사심에서 3년 분할납부계약이 아닌 일시납 계약을 체결하였고, 매도자의 2차 갑질 행위에(상위직급자 퇴직전략) 의한 퇴직금으로 계약체결 46일만에 매매대금을 사실상 완납(미확정 부동산이었기 자투리 금액 104,040원 남겨 둠)하여 피고들에게 도움을 주었음에도, 지적확정시 매도자의 3차 역차별 갑질행위(완납한 매수자를 늘이기 위하여 성실납부한 매수자의 지적이 감소토록 필지경계표지 설치)에 의하여 취득세는 자진납부하였으나 정신적 충격을 받아 향후 소유권 이전등기에는 관심이 없었고, 민법에 불구하고 매도자의 4차 갑질행위(청산금 지급지연) 때문에 계약체결 11년만에 매매대금에 대한 청산금을 환급받고 소유권이전등기를 한 엄연한 피해자 이다.

12. 미확정 부동산(도상가분할 토지)의 선매각 제도는 사업시행자인 매도자에게 조성자금을 마련해주기 위한 제도(국토교통부 서면회신)임에도 토지면적 확정시 매매대금을 성실히 납부한 매수자는 면적증감에 따라 매도자와 이해관계가 상반되고 행정편의 때문에 매매대금을 연체한 매수자에 비하여 역차별 받아 절대 불리(면적감소)한 맹점이 있으며 피고2는 피고들에게 부당이득이 되도록 매매대금 성실납부자인 원고 매수토지는 부당하게 면적을 감소시켜 토지분할 확정측량일이 피고1과 피고3이 주장하는 부동산등기 특별조치법상 소유권이전등기 기산일이고 부동산 실명법상 장기미등기 기산일이며, 장기연체자 매수토지는 면적을 증가시켜주어 원고보다 매매대금을 12년 늦게 납부하여도 매도자에게 지급할 잔금이 남아 있는경우, 매도자가 동시이행항변권을 주장하여 매수자는 소유권이전등기가 불가능 하므로 부동산등기 특별조치법 및 부동산 실명법상 매수자의 권리제한을 할 수 없으므로 피고1과 피고3의 주장은 명백한 역차별이다.

13. 쌍무계약에서 토지면적확정 결과 면적이 감소하여 매매대금을 청산받아야할 매수자는 매매대금 성실납부자로서 민법에 의하여 청산책임이 채무자에게 있음에도 청산에 관계없이 부동산등기특별조치법 및 부동산 실명법상 소유권이전등기 기산일이 토지면적확정일 기준이고 반대로 매도자의 배려로 면적이 증가하거나 매매대금을 연체하여 잔금이 남아있는 매수자는 매매대금 완납시기(매매대금정산) 및 소유권이전등기 기산일을 매수자의 의지에 결정할 수 있으므로 이중 역차별(면적감소, 매수자 권리 제한여부)이다.

14. 미확정 부동산의 쌍무계약에 부동산실명법 제10조제1항에 관하여 정산일로 판단한 판례는 21년동안 한건도 없었고 가등기 담보등에 관한 법률에 따른 가등기 담보계약의 경우 소유권이전 등기기산일을 청산절차가 완료된 날이라는 대법원 2009도5031사건에 대한 판례를 제출하여 2차 재심의 소를 제기합니다.

2016.09.27

재심원고 김정선(인)

발신 :

수신 : 서울시 서초구 서초대로 219 (우: 06590)
대법원 윤리 감사관실

제목 : 행정청의 적반하장 사건을 법원이 법률에 따라 판결을 하지 않은 사유를 밝혀주시기 바랍니다.

원고 : 김정선(

피고 : 구 청원군(현 청주시), 구 한국토지공사(현 한국토지주택공사), 충청북도

사건번호 : (청　주) 2012구합596(2012.7.13 판결, 재판장 최병준, 판사 이경민, 판사 권수아)
(대전고등 청주) 2012누547(2013.05.20 판결, 재판장 사공영진, 판사 이국헌, 판사 이수현)
(대법원) 2013두12089(2013.9.30 판결, 대법관 양창수, 박병대, 고영한, 김창석)
(청　주) 2014가단13242(2014.12.22 판결, 판사 나경선)
(청　주) 2015나10227(2015.6.23 판결, 재판장 박병찬, 판사 박상렬, 판사 김기홍)
(대법원) 2015다228904(2015.11.12 판결, 대법관 김용덕, 박보영, 김신, 권준일)
(청　주) 2015재나105(2016.8.26 판결, 재판장 윤성묵, 판사 임택준, 판사 염혜수)

내용

1. 상기 사건은 피고2 구 한국토지공사(고용자)와 원고(고용된자)간의

미확정 부동산의 쌍무계약에 행정청인 피고1(구 충청북도 청원군)과 피고3(충청북도)이 관여하여 포괄매도 행위를 하였기 발생하였고 국민 누구에게 물어보아도 피고들은 가해자이고, 원고는 피해자임에도, 부동산 실권리자 명의 등기에 관한 법률해석을 제정당시와 달리하여 원고에게 장기미등기 과징금을 부과징수한 사건으로서, 원고는 피고1을 상대로한 과징금 부과 처분취소 소송을, 피고들을 상대로 사기성 과징금 손해배상 청구 소송을 제기하였으나 패소하였다.

2. 고용자와 고용된자 간의 쌍무계약에 행정청(충청북도, 구 청원군)이 제3자로서 관여하여 일시납 매매계약을 유도하였기 때문에 발생한 사건에 대하여 가해자인 행정청이 부동산 실권리자 명의 등기에 관한 법률의 장기미등기 기산일에 대한 해석을 제정 16년후 제정 당시(매매대금 청산일)와 달리(매매대금 정산일)하는 것은 법률제정 목적에 역행하여 선량한 매수자를 역차별하는 해석이므로 불법행위를 한 가해자가 피해자인 원고에게 장기미등기 과징금을 부과한 것은 명백한 사기사건으로서 피고들(구 청원군, 구 한국토지공사, 충청북도)이 강행규정 위반등 불법행위를 자행하였고 작위의무를 위반하였기 소송에서 답변할 내용이 없으므로 무답변, 무변론 했음에도 평등권을 침해한 매매계약서 면적정산 조항 해석과 적용법률 해석에 의하여 원고 패소판결을 한 것은 사법질서를 송두리째 뽑아버린 법률 행위로서 법원의 설립목적에 합치되지 않는다.

3. 원고는 상기와 같은 사유로 5개월 완납 일시납 계약을 체결하여 46일만에 미확정 부동산이었으므로 자투리 금액 104,040원 잔금을 제외하고 매매대금을 납부하였고 3년6개월후 면적확정시 5.1㎡를 감소되는 역차별을 받아 481,930원 채권자가 되었고 주소나 연락처가 변경되지 않았음에도 청산금을 11년후 환급받고 소유권이전등기를 하였고 13년후 피고3의 부동산 실명법의 장기미등기 조항의 역차별 해석에의하여 양도소득세 보다도 많은 원고의 2년간 급료에 해당하는 금원의 장기미등기 과징금을 부과 받았으며, 같은 블록내 3년분할 납부계약을하여 면적 확정시 3.8㎡증가되는 역대우를 받은 매수자는 12년후 매매대금

을 완납하고 소유권이전등기를 하였어도 매도자에게 지급할 잔금이 남아있어 매도자가 소유권이전등기신청에 필요한 서류를 발급해주지 않을것이므로 소유권이전등기신청이 불가능하다는 사유로 과징금을 부과할 수 없다.

4. 소득세법상 부동산 취득일은 매매대금 청산일인데 부동산 실명법상 취득일은 정산일이라면 매매계약서에 명시되어 있지 않은 장기미등기 관련 법률은 원고가 알고 있어야 한다고 판단한다면 피고들도 알고있어야 한다고 판단하여야 평등의 원칙에 위반되지 않으며 피고들이 담합하여 장기미등기 관련법률을 전혀 언급하지 않고 지방세법상 불리할 것이 없다고 매수자들에게 일시납 계약을 유도(일시납계약시 25.8% 매매대금 할인)한것은 피고들이 계획적으로 사기행위를 한것이므로 피고들은 형사처벌을 받아야 마땅하며 우월적 지위를 이용해 미필적 고의 법률을 제정토록한 법무부, 법제처는 그 책임을 면할 수 없으며, 매매대금을 성실히 납부한 매수자를 피고들이 부당이득까지 얻으려고 역차별을 한 사건에 대하여 미필적고의 법령을 적용하여 과징금을 부과한 것이 타당하다는 판결을 선고한 상기법관들이 원고에게 손해배상을 해야 마땅하다.

5. 부동산 실권리자 명의등기에 관한 법률 제10조(장기미등기자등에 대한 벌칙 등) 제1항제1호의 조문을 해석함에 있어서 쌍무계약의 부동산 취득일을 소득세법에서 규정하고 있는 매매대금 청산일(주고받는 것을 깨끗이 끝냄)이 아니고 정산일(계산하여 정리함)로 해석된다면 이 사건 토지등은 실질적인 매도자인 피고2가 조성자금이 없어 매매계약서에 매도자가 잔금약정일까지 조성공사를 완료하지 못할 경우 매도자는 잔금의 30%까지 약정기일을 연장할 수 있다는 조항이 있었으므로(시간적으로 3년분할납부 계약자에 해당됨) 피고1과 피고3이 실질적인 매도자인 피고2와 담합하여 지방세 납부시기를 조성공사 완료일(토지면적확정일)까지 미루어 원고등에게 일시납계약을 유도한 것 자체만으로도 매수자의 정당한 권리(소유권이전 등기가능 시기부터 3년간은 장기미등기에 해당하지 않음)를 고의적으로 송두리째 빼앗은 사기행위를

한것이므로 도상가분할 토지 선매각 일시납 계약 제도는 폐지되어야 한다.

6. 청산일이란 미확정 부동산의 면적확정결과 면적이 감소하여 매도자가 매매대금을 성실히 납부한 매수자로부터 초과 수납받은 매매대금을 돌려준 날이고, 정산일이란 매수자가 매도자에게 지급할 매수대금이 남아있지 않은날로써 면적 확정결과 면적이 감소하여 완납처리되고 청산금을 돌려줘야 할 경우로 제일 먼저도달하고, 면적이 증가하거나 면적이 감소하였으나 매매대금을 지체한 매수자는 매수자가 원하는 시기에 매매대금 정산이 이루어지므로 정산일로 해석은 매매대금 성실납부자를 역차별하는 법령이므로 부동산 거래 질서 확립에 역행하는 법률임을 입증한 것이다.

7. 원고가 이사건 토지를 취득하게된 동기가 재산증식수단이나 집을지어 거주할 목적이 아니었고 직장인 공기업의 현금유동성 부족을 조금이나마 해결할 의도(단독주택지의 3분의 1이상을 피고2 소속직원들이 매수하거나 매매알선)였고 이사건 토지등은 피고들의 공동불법행위로 조성된 전부 무효인 부동산이므로 피고1은 원고에게 장기미등기 과징금을 부과할 권한이 없다는 원고의 주장은 타당하다.(이사건 토지등이 없었으면 원고는 피고2 보유 다른 부동산을 취득하였을 것이 명백)

8. 법률의 해석은 조문의 문구에만 집착해서는 안되며 다른 법률과의 관계, 법률해석이 평등권을 침해하는지 여부를 감아하여야 함에도 법무부는 법률제정당시 공동발의자로서 구 재정경제원 장관이 장기미등기 기산일은 매매대금 청산일이다 라고 언론에 공표하고 법률해설집에 명시하였고, 이를 명확히 하기 위한 시행령(안) 조문을 삭제토록 요구했고, 그후 구 재정경제원으로부터 법률과 인력을 인수받고 헌법재판소의 헌법 불합치 판결에 따라 2002.03.30. 법률개정시, 법률 및 시행령에 정산일이다라고 공표하지 않고, 2011년 충청북도로부터 법률해석에 대한 질의를 받고 청산일로 볼수 없다는 해석을 하였고 원고의 재해석요구를 수차례 거부하였으므로 법무부가 법률제정 목적에 역행하

는 법률을 제정하여 원고의 재산권과 신체의 자유를 침해 토록한 장본인이다.

9. 원고는 선의의 피동적 자사보유 도상가분할 토지 매수자이고 피고들은 악의의 주동적 포괄적, 불공정성, 불법토지 매도자임에도 매수자의 권리제한 법률을 해석적용함에 있어서 매도자의 의지에 의하여 매수자가 매매대금을 성실히 납부하면 납부할수록 권리제한을 조기에 받고 매수대금 납부를 지체하면 권리제한을 받지 않는 법률이라면 기본권 제한 입법의 수권규정인 비례의 원칙에 배치되고 정의의 핵심요소로 국가권력이 개인들은 공평하게 존중하게 배려하도록 한 평등의 원칙에 배치 됨에도 법원은 피고들의 3중가중 역차별 사기사건을 판단함에 있어 합리적인 사유없이 모순된 논리로 원고 패소 판결을 한 것은 21명이나 되는 법관들이 양심의 자유를 일탈하였다고 사료됨에도 판결은 법관의 양심의 자유에 속하므로 그 누구도 간섭할 수 없다면 대법원이 존재할 이유가 없다고 판단됩니다.

10. 장롱속에 간직했던 돌반지를 처분할 정도로 국가경제가 어려운 시기에 원고는 정부정책에 의한 공기업 경영전략에 의하여 피고2 보유부동산을 매수할 수 밖에 없었고, 그 당시 원고는 피고2 충북지사 소속이었기에 오창산업단지 내 도상가분할 단독주택지 1필지를 매수하였고, 1필지를 매매알선하였으나 공기업의 2차 경영전략인 상위직급자 퇴직전략에 의하여 향후 11년간의 근로활동기회를 상실하였으나 소유권이전등기를 지연할 의사가 없었음은 퇴직금으로 선납하고 3년5개월 후 블록면적증감(10개 필지)에서 면적 확정시 안분했다면 잔금이 면적 산출단위 이하였으므로 확실히 입증되었다.

11. 장기미등기 사건은 피고들이 담합하여 원고와 피고2간의 불공정성 매매계약에 피고1과 피고3의 권리인 부동산취득세(피고3 세입, 피고1 수납대행)와 재산세(피고1 세입)을 면적확정시(3년6개월후에 확정됨)까지 연장해주는 구두약속(소송중 확인 한바, 실질적 매도자인 피고2가 면적확정시 피고1에게 일괄 통보하기로 약정하여 피고1은 매수자들의

매매대금 완납시기를 알수없음)을 하여 원고에게 3년 분할납부보다 유리한 점이 하나도 없는 일시납 계약을 유도해 불로소득을 얻고도 도상가분할 토지의 면적확정시 선매각 제도를 악용해 퇴직금으로 선납까지 한 원고 매수토지를 피고들에게 부당이득이 발생하도록 감소시켜 원고에게 정신적 충격을 주었을 뿐만 아니라 소유권이전등기 기산일 공시 및 청산금 환불 작위의무를 이행 하지 않았기 때문에 발생했다.

12. 행정청이 매도자와 담합하여 공동으로 갑질행위(지방세 납부시기를 지적확정이후로 연기)를 하였기 때문에 원고는 이를 믿고 토지사용 가능시기를 예측할수 없는 도상가분할 단독주택지(용지매매계약서 제1조의2) 1필지를 44,956,000원에 1998.6.8. 매도자와 애사심에서 3년 분할납부계약이 아닌 일시납 계약을 체결하였고, 매도자의 2차 갑질행위에(상위직급자 퇴직전략) 의한 퇴직금으로 계약체결 46일만에 매매대금을 사실상 완납(미확정 부동산이었기 자투리 금액 104,040원 남겨 둠)하여 피고들에게 도움을 주었음에도, 지적확정시 매도자의 3차 역차별 갑질행위(완납한 매수자를 늘려 세수원을 조기확보하기 위하여 성실납부한 매수자의 지적이 감소토록 필지경계표지 설치)에 의하여 취득세는 자진납부하였으나 정신적 충격을 받아 향후 소유권 이전등기에는 관심이 없었고, 민법에 불구하고 매도자의 4차 갑질행위(청산금 지급지연) 때문에 계약체결 11년만에 매매대금에 대한 청산금을 환급받고 소유권이전등기를 한 엄연한 피해자 이다.

13. 미확정 부동산(도상가분할 토지)의 선매각 제도는 사업시행자인 매도자에게 조성자금을 마련해주기 위한 제도(국토교통부 서면회신)임에도 토지면적 확정시 매매대금을 성실히 납부한 매수자는 면적증감에 따라 매도자와 이해관계가 상반되고 행정편의 때문에 매매대금을 연체한 매수자에 비하여 역차별 받아 절대 불리(면적감소)한 맹점이 있으며 피고2는 피고들에게 부당이득이 되도록 매매대금 성실납부자인 원고 매수토지는 부당하게 면적을 감소시켜 토지분할 확정측량일이 피고1과 피고3이 주장하는 부동산등기 특별조치법상 소유권이전등기 기산일이고 부동산 실명법상 장기미등기 기산일이며, 장기연체자 매수토지

는 면적을 증가시켜주어 원고보다 매매대금을 12년 늦게 납부하여도 매도자에게 지급할 잔금이 남아 있는경우, 매도자가 동시이행항변권을 주장하여 매수자는 소유권이전등기가 불가능 하므로 부동산등기 특별조치법 및 부동산 실명법상 매수자의 권리제한을 할 수 없었으므로 피고1과 피고3의 주장은 명백한 역차별 사기행위이다.

14. 원고는 일시납 계약을 하여 46일만에 매매대금을 사실상 완납하였으나 피고2의 갑질행위에 의하여 지적법상 1㎝단위로 측정하여 0.1㎡단위로 산출하게 되어 있음에도 원고 매수토지는 5.1㎡가 감소하였고, 같은 블록내 매매대금 연체자 매수토지는 3.8㎡를 증가시켜 주었으므로 면적증감에 대한 역차별이 명백하며(해당블록은 10개 필지로서 7.2㎡가 감소하였으므로 각 필지별로 0.7㎡가 감소되도록 안분했어야 한다.) 피고2는 전임자가 한 행위에 대하여 회신을 할 수 없다고 사실확인을 거부하였다.

15. 피고2가 3년5개월후 토지분할 경계표지설치시 지적법 및 평등의 원칙에 의하여 블록면적 증감을 각 필지에 안분했다면 원고는 0.02㎡에 해당하는 잔금이 남게되며 이는 오차에 의하여 완납처리될수 있는 금액이므로 원고가 소유권이전등기를 지연할 의도가 없었음이 명백하며 피고2가 원고 매수토지를 5.1㎡를 감소시켜 3,015원 채권자를 481,930원 채무자로 전환시키고도 구두신청에 의한 퇴직금 계좌로의 청산금 지급을 거부하였기 때문에 원고는 매매대금 청산과 소유권이전등기 신청은 동시이행 관계가 있다고 판단하였다.

16. 쌍무계약에서 토지면적확정 결과 면적이 감소하여 매매대금을 청산받아야할 매수자는 매매대금 성실납부자로서 민법에 의하여 청산책임이 채무자에게 있음에도 청산에 관계없이 부동산등기특별조치법 및 부동산 실명법상 소유권이전등기 기산일이 토지면적확정일 기준이고 반대로 매도자의 배려로 면적이 증가하거나 매매대금을 연체하여 잔금이 남아있는 매수자는 매매대금 완납시기(매매대금정산) 및 소유권이전등기 기산일을 매수자의 의지에 결정할 수 있으므로 2중 가중 역차

별(면적감소, 매수자 권리 제한여부)이다.

17. 소유권이전 등기는 환지등기(소유권보존등기 형식을 빌린 표시변경등기)가 완료되어야 신청이 가능하며 미확정 부동산의 매매계약에서 잔금이 남아있을경우에는 소유권이전등기 관하여 매도자는 매수자와 동시이행관계가 있다고 법무부, 법원등기소, 판례에도 인정하였음에도 반대로 면적이 감소하여 매도자로부터 환급을 받아야할 경우 매수자는 매도자와 동시이행 관계가 성립될 수 없는 사유를 밝혀야 한다.

18. 피고들은 1차 갑질행위에 의하여 일시납 계약자로 부터의 회수자금으로 공사를 시행하여 지방세 관련(세수원 조기확보 및 피고1의 재산세 2배 수납, 재산세 매수자에게 전가) 불로소득을 얻었고, 매도자의 역차별 3차 갑질행위에 의하여 피고들 모두 지방세 관련 부당이득을 얻었고, 원고는 부동산취득후 11년만에 매각하여 양도소득세 약 23백만원을 납부하였으나, 3년분할납부 계약을 했다면 할부이자는 취득원가에 포함되므로 금리차이, 취득원가를 감안하면 약 18백만원의 양도소득세가 산출되므로 양도소득세도 약 5백만원 더 납부하였고 매도자의 갑질행위로 7년동안 권리행사를 못한 원고는 1,282명 매수자중 가장먼저 매매대금을 납부하고도 유일하게 장기미등기 과징금을 부과 받았으므로 피고들은 살인적인 가해자이고 원고는 자살충동을 느낄만큼 명백한 피해자이다.

19. 원고에게 장기미등기 과징금을 부과한 사건은 피고1이 피고2로부터 사실상의 소유자는 원고라는 통보를 받고 원고에게 납세의무자 정정, 금액정정 재산세를 부과할 때에 부과한것도 아니고 소유권이전등기 과정에서 등록세 수납대행기관인 피고1이나 등기소에서 발생한것도 아니므로 세무 공무원이나 등기공무원도 판단하기 어려운 법률해석을 피고3이 피고1에 대한 감사시 장기미등기 기산일을 소득세법 및 부동산 실명법 시행령(안)에서 부동산취득시기로 규정한 청산일이 아니고 정산일로 해석하였으므로 구 재정경제원이 시행령(안)에서 명확히한 법률해석을 법무부 및 법제처가 제동을 걸어 삭제하였으므로 미필적고

의 법률을 제정한 책임을 져야 마땅하다.

20. 가해자인 피고가 피해자인 원고에게 장기미등기 과징금 24,071,740원을 부과한 근거법률인 부동산 실권리자 명의등기에 관한 법률 제10조제1항제1호에 의한 반대급부의 사실상 완료된 날(장기미등기 기산일)은 법률공포 후 잔금청산일이라고 언론에 공표하였고, 시행령(안) 6조에 매매대금 청산일로 하되 3가지경우에는 각호에 정해진 날로 한다고 공포하였으나 법무부 및 법제처에서 누가 법률해석을 하더라도 같은 해석이 될 것으므로 삭제하라는 의견을 제출하였기, 시행령(안) 제6조를 삭제하겠다고 국무회의시 보고하여 통과되었고, 시행령 공포전구 재정경제원 장관이 법률해설집에서 잔금청산일로 재차 공표하였으므로 새로운 법령해석에 의한 대법원 판결이 판례로 공표되기 전까지는 잔금청산일의 해석은 유효하다고 보아야 한다.

21. 법원은 미필적 고의 행위에 의한 사건에 대하여 미필적 고의 법률을 소급적용하는 것이 행정소송법, 민사소송법, 행정절차법 제4조등에 위반되지 않는다는 판결이유를 밝혀야 한다.

22. 피고들의 갑종갑질행위, 작위의무 위반 중 한가지 사유만 없었더라면 발생하지 않았을 사건임에도 피고들은 문서제출명령 및 문서송부촉탁거부, 쟁점사항에 대한 반박주장도, 사실조회 답변도, 자료제출도, 변론도, 거부하였으므로(묵비권 행사) 사법업무까지 갑질행위를 하였음에도 원고 패소 판결을 한 것은 무능하거나 부패한 법관이라고 판단되므로 퇴출되어야 한다.

23. 사건에 대한 판단은 매매계약서가 최우선이며 매도자가 계약서에 명시된 환매특약등기를 했다면 시간적으로 장기미등기는 발생할 수 없으므로 매도자의 매매계약 의무이행 위반이며 원고는 피고들이 갑질행위에 의한 피동적 매수자이었으므로 이에 대한 판단이 우선되어야 한다.

24. 소유권이전 등기의무 이행에 대한 지체 책임이 매수자에게 있다고 판단하려면 소유권 이전등기 기산일(매도자 명의 소유권 보존등기 완료일)의 공시관리 의무를 이행하지 않은 책임에 대한 판단이 우선되어야 하며(지적 확정후 10개월후에 보존등기 신청하여 43일 도과) 피고들은 불로소득을 얻을 목적으로 지방세법을 악용하고도 피고1과 피고3은 근거조차 남기지 않았고 도상가분할 토지의 선매각 제도에 대한 맹점을 이용하여 역차별하여 부당이득까지 얻었고, 소유권 이전등기기산일 작위의무를 위반한 사건에 대하여 부동산 등기실명법 제10조제1항 단서의 조항에 의한 등기를 신청하지 못할 정당한 사유 및 부동산 특별조치법에 의한 과태료 부과징수 규칙에 의한 등기신청을 해태한 상당한 사유로 볼 수 없는 사유를 명백히 제시하여야 한다.

25. 신뢰보호의 원칙이란 행정청이 국민에 대하여 행한 언동의 정당성 또는 계속성에 대한 보호가치가 있는 개인의 신뢰를 보호하는 법 원칙을 말하며 행정절차법 제4조, 국세기본법 제18조 3항 관련으로 판례상으로도 인정하고 있다.

26. 국가경제위기 시절 원고는 피고2소속직원으로서 자사 부동산을 매수해야 했으며, 피고들이 담합하여 일시납 계약을 유도해 이로인한 불로소득을 얻었음에도 우대하기는커녕 오히려 일시납 계약한 원고를 지적확정시 역차별하여 부당이득을 얻었으므로 공동불법행위자로서 원고에게 그 손해배상을 하여야 함이 타당함에도 오히려 적반하장으로 피고1과 피고3이 허위문서까지 작성(지적 확정시 역차별에 의하여 매매대금 완납처리, 취득세 납부 → 지적확정 7개월전 등록세까지도 납부하고 소유권이전등기 신청지연)하여 원고에게 장기미등기 과징금을 부과징수한 것은 명백한 사기행위로서 피고들이 무답변, 무변론 했음에도 구체적 판단없이 원고패소 판결을 한 것은 선량한 국민은 의무만 있고 공무원들은 권리만 있다는 논리로 헌법 전문에 위배되므로 사실적, 법리적, 합리적판결 사유을 제시하지 못하면 판사들이 원고에게 손해배상을 해야 마땅하다.

27. 원고는 1,282개 단독주택지 매수자중 가장먼저 매매매대금을 사실상 완납(토지면적 확정시 블록면적의 증감을 각 필지에 안분했다면 원고는 3,015원 채무자로서 면적 산출단위 이하 금액임)하여 피고들에게 경제적 이득을 얻도록 도움을 주었음에도 역차별에 의하여 지적도 5.1㎡ 감소하였고, 지방세, 국세도 연체없이 납부하였음에도 유일하게 장기미등기 과징금 대상이고, 같은 블록내 3년분할 납부계약에 매매대금을 연체한 매수자 토지는 피고2의 배려로 지적이 3.8㎡가 증가하여 원고보다 12년 늦게 매매대금을 완납하여 지방세도 적게 납부하고 장기미등기 과징금 대상이 아니므로 명백한 역차별 법률이다.

28. 부동산 실권리자 명의 등기에 관한 법률(이하 "부동산 실명법"이라 한다)는 부동산 등기특별조치법 만으로 부동산 투기를 막기 어렵다는 판단에서 구 재정원 장관 주도하에 법무부 장관이 공동 발의한 법률으로서 부동산 실명법 제10조제1항1호는 부동산등기특별조치법 제2조제1항의 적용을 받는자로서 서로 대가적인 채무를 부담하는 경우에 반대급부 이행이 사실상 완료된날로부터 3년이내에 소유권이전등기를 하지 않을 경우 부동산 평가액의 30% 범위내에서 과징금을 부과토록 되어있고 위반사실을 알았을때는 지체없이 과징금을 부과해야 한다고 정하고 있고, 부동산 등기특별조치법 제2조제1항에는 부동산의 소유권이전을 내용으로 계약을 체결한자는 서로 대가적인 채무를 부담하는 경우에는 반대급부의 이행이 완료된 날로부터 60일 이내에 소유권이전을 하지 않을 경우 제11조에 의한 과태료를 부과토록 되어 있고 동법에 의한 징수규칙 제2조4호에는 시장 군수등이 등기신청 해태에 상당한 사유가 있다고 인정하는 경우에는 그 기간을 신청의무 기간에 산입하지 아니한다라고 되어 있다.
또한 구 부동산실명법의 헌법 불합치 판결로 장기미등기 사건인 경우 과징금의 50%를 감경할수 있도록 개정하여 행정청이 관여하지 않은 사건에서도 재량으로 감경되는 것이 타당하다는 판결이 수 없이 있었다.

29. 피고들은 지방세법을 악용해 토지를 매수할 수 밖에 없었던 원고

에게 일시납 계약을 유도(1998.06.08) 원고의 재산권을 이용해 불로소득을 얻었고 원고는 3년 분할 납부계약에 비하여 약 5백만원 정도의 양도소득세를 더 납부하였고(금리차이, 취득원가 감안한 계산) 도상가분할 토지제도의 맹점을 악용하여 계약체결 46일만(1998.07.24)에 매매대금을 납부한 원고 매수토지는 5.1㎡를 감소시키고, 같은 블록내 3년 분할 납부계약하여 6개월 이상 연체한 매수자토지는 3.8㎡를 증가시켜주는 가중 역차별 행위를 하였기 원고는 자존심마저 꺽일수 없어 7년동안 소유권이전등기를 하지 못한(2009.10.30. 소유권이전 등기) 피해자이다.
피고3은 피고1로 하여금 매매계약 체결후 11년만(2011.07.07)에 부동산 실명법 관련 조항을 역차별 해석하여 헌법, 민법, 행정절차법등의 수십가지 법률조항에 저촉됨에도 장기미등기 과징금을 부과징수하였으므로 3중 가중 역차별을 한 사기행위를 하였다.

30. 법원은 중립을 지켜야 함에도 사건의 핵심은 전혀 판단하지 않고 3중 가중 역차별 받은 원고가 62개 증거자료를 제시하였으나 증거로서 인용하지 않았고(채증의 법칙) 법률의 해석을 평등의 원칙, 비례의 원칙에 의하여 판단하지 않았고, 피고들은 허위문서를 작성하여 법무부에 법령 해석을 의뢰하였고, 사실조회 답변거부, 문서제출 명령위반, 문서송부 촉탁거부, 답변서 미제출, 법원에 위증, 무변론하고 더욱이 재심에서는 피고들이 변론일에 참석하지도 않았고 원고의 주장에 피고들이 반박주장을 못했음에도 법원이 직권으로 사실적, 법리적 모순이 있는 판단하였으므로 행정청을 상대로한 소송은 자살행위나 다름없다는 것을 국민들에 알려야하므로 상기 법관들은 민법과 민사소송법, 행정 소송법 등을 근거로 판결사유를 명확히 밝혀야 한다.

31. 원고는 패소이유를 알아야 하므로 사건의 본질은 외면하고 껍질만 판단한 법원은 사건의 핵심 사항에 대하여 판단사유를 구체적으로 밝혀야 한다.

- 산업입지 및 개발에 관한 법률의 강행규정을 위반한 것은 불법행위가 아니다.(원고는 갑질행위에 의한 피동적 매수자 임)

- 쌍무계약에서 제3자가 개입하여 불로소득, 부당이득을 얻은 것은 불법행위가 아니다.(등기신청을 해태한 상당한 사유에 해당)
- 쌍무계약에서 매도자는 잔금이 남아있을 경우 동시이행항변권이 있는데, 매수자는 청산금을 받아야 할 경우 민법에 불구하고 동시이행관계가 성립되지 않는다.(평등의 원칙)
- 소유권 이전등기 신청에서 부동산 등기 특별조치법 및 부동산실명법상 등기신청을 할수 없는 기간까지 등기신청의무기간에 산입하여 된다.(부동산 실명법 제10조제1항 단서조항, 매도자 반대급부 이행일)
- 매매계약서에 명시된 사항을 매도자는 불리하면 이행하지 않아 매수자에게 막대한 피해를 주었어도 책임이 없다.(환매특약등기)
- 매도자의 갑질행위에 의한 피동적 매수자는 매매계약서에 명시되지 않은 특별법을 알고 있어야하고, 불법으로 개입한 행정청 공무원은 몰라도 된다.(미필적 고의 법령, 과징금 증가)
- 행정청이 관여하지 않은 사건에 대하여도 50% 감경조항을 적용하지 않은 것은 재량권의 일탈남용이라는 판결을 하였다는 대법원 판례를 제시하고도, 원고의 재산권을 이용해 불로소득, 부당이득을 얻은 행정청이 원고에게 재량권을 행사하지 않아도 된다고 판단한 사유.(최병준 재판장 등)
- 공무원은 허위문서를 작성하고 법원에 위증하여도 잘못이 없다.(부동산 실명법 전제조건인 부동산특별조치법의 법률 해석삭제, 매도자의 불법으로 매매대금완납 처리 → 등록세납부후 7개월뒤에 지적확정)
- 선량한 국민은 의무만 있고 공무원은 사기권리만 있다.(피고들은 수십가지 법령과 저촉되는 행위를 하였음에도 법원은 이를 묵과)
- 법관들은 원고의 소장내용 및 변론내용이 너무 많다고 변론기회를 주지 않아도 되고 피고들이 반박주장할 내용이 없다고 진술했음에도 원고패소 판결문에 구체적 판결 사유를 밝히지 않아도 된다.
- 원고가 46개 증거에 대한 증거설명서를 법원의 명령에 의하여

제출하였음에도 법원은 막연히 불법행위가 아니라고만 판결서를 작성하여도 된다.(나경선 판사)

- 부동산 실명법상 부동산 취득일이 청산일이 아니고 정산일이라면 매도자가 매매대금 약정일이후 대금 납부현황을 알고 필지경계표지를 설치하였으므로, 토지면적 확정시 역차별이 고의인지 실수인지 확인하기 위하여 사실조회신청서를 제출하였으나 행정소송시 소외 구 한국토지공사가 독촉에도 불구하고 회신이 없자 재판장이 회신이 있더라도 결론은 마찬가지라고 사실조회 신청을 철회토록 종용하고도 평등권 침해가 아니라고 판결한 것은 재판장이 갑질행위를 한 것이다.(사공영진 재판장)
- 판사들은 법정에서 원고에게 약속한 위헌제청 요청 거부 및 판결사유를 구체적으로 명시하지 않아도 된다.(최병준 재판장, 사공영진 재판장, 나경선 판사. 박병찬 재판장, 윤성묵 재판장등)
- 판사가 원고에게 최종변론일에 새로운 주장을 하였다고 반말로 핀잔을 하고 원고의 주장으로 인정하겠다고 변론을 진행했음에도 평등권을 침해한 모순된 판결을 하였고 판결서에 서명날인을 하지 않아도 법적 효력이 있다.(최병준 재판장 등)
- 재심소송에서 피고들의 각하될수 있는 방어는 인정하고 원고의 재심청구 신청기간 계산은 잘못하여 각하판결을 하고도 경정청구를 거부하여도 된다. (윤성묵 재판장 등)
- 민사소송에서 피고들은 원고의 주장에 반박은 전혀하지 않고 소송물과 소송대상이 다른 행정소송 기판력을 주장했을 뿐이고, 법원의 명령에 의하여 원고가 제출한 주요쟁점사항에 대하여 법원이 2개월정도 답변기회를 주었음에도 답변서를 피고들 모두 제출하지 않았음에도 원고패소 판결을 한 사유를 밝혀야 한다. (박병찬 재판장 등)
- 부동산 실명법은 토지사용가능시기 또는 소유권 이전등기 신청가능 시기와 상관없이 부동산 거래약속을 조기에 이행하면 이행할수록 권리제한을 조기에 받는다(원고가 당초약정일대로 1998.11.08. 완납했거나 피고2의 독촉에 의하여 1999.08.10 완납했다면 부동산 실명법에서 정한 등기의무기간은 소유권이전등

기 가능일부터 3년이 아니고 2002.10.04 소유권이전등기 신청 가능일 이전에 장기미등기자에 해당된다.)

- 등기는 신청주의여서 신청일만 표시되나 43일만에 완료된 등기 완료일을 공시관리하지 않아 등기도과 기간(신청일로부터 완료일)을 등기신청의무기간에 산입하여 등록세를 초과 수납받아도 되며 면적이 확정된 날로부터 10개월후 등기공부가 정리되었다 하더라도 매수자의 소유권이전 등기기산일은 면적이 확정된 날이거나 매수자가 매도자에게 지급할 돈이 없게된 날이다.(최병준 재판장, 사공영진 재판장 등)
- 대법원은 심리불속행 사유가 2심 판결내용만으로는 법률심인 상고심을 진행 할 수 없어서인지 원고의 주장이 상고심에 해당하지 않는지를 명백하게 제시하여야 한다.(고영한 대법관, 김신 대법관 등)
- 민사소송2심에서 재판장이 원고에게 부동산실명법 제10조제1호제1항에 대한 헌법소원 내용(장기미등기자는 차명보유자보다 감경받을수 있는 여지가 많다)을 제시하고도 원고가 지방세 및 국세를 납부유예 받거나 연체하지 않았다는 자료를 추가로 입증하였음에도 이마저 반영하지 않은 사유(박병찬 재판장 등)
- 재심에서 원고는 법률제정과정 및 도상가분할 토지 선매각제도의 운영부처인 국토교통부의 회신문서 자료를 변론일전에 위헌제청 및 준비서면으로 제출하였는데 이를 판결에 인용하지 않은 사유(윤성묵 재판장 등)
- 소송을 대리한 변호사에게 당사자가 지급하였거나 지급할 보수는 대법원 규칙이 정하는 금액의 범위안에서 소송비용을 인정하도록 되어있음에도 피고들은 그 비용을 추가하여 지급했다고 원고에게 변호사 보수를 청구한 사유(변호사는 법리적, 사실적 다툼 내용을 전혀 제시하지 못했음)
- 피고들의 속임수 때문에 언제 소유권 이전등기신청이 가능할지 모르는 토지에 대하여 1,282명 매수자중 가장먼저 매매대금 납부한 매수자는 토지사용가능 시점에 매매대금을 납부한자, 악의의 매매대금 납부 연체한자 보다 4배의 양도소득세에 해당하는

금원을 원고의 재산권을 이용해 불로소득을 얻은자 및 변호사에 게 지급하도록 한 판결은 법률에 의한 판결이다.

입증자료

1. 부동산 실명법 법률안 심의보고서(법제처, 1995.02.18. 국가기록원 소장 발췌본)
2. 부동산 실명법 시행령 제정과정(재정경제원, 국가기록원 발췌분, 1994, 1995)
3. 부동산 실명법 해설(재정경제원장관, 1995.04.26. 국가기록원 발췌분)
4. 용지매매계약서(피고2, 원고, 1998.06.08)
5. 기획재정부 회신문서(2016.04.08)
6. 국토교통부 회신문서(2016.03.04)
7. 부동산 실권리자 명의등기에 관한 법률위반 판례(대법원 2009.09.10. 선고 2009도5031 판결)
8. 대한지적공사 회신문서(2012.07.25. 경계표지는 피신청인2가 직접 설치)
9. 확정측량 결과에 의한 각 필지별 경계점 표지 환산오차(매각안내 팜프렛 및 청주시 홈페이지에서 검색)
10. 신청인 매수토지 토지매각 원부(피신청인 2. 754-7)
11. 같은 블록내 연체자 매수토지 토지대장(피신청인 1. 745-[illegible]
12. 면적 확정전 연체대금 납부안내(피신청인 2. 1999.08.04)

2016.10.04

위 민원인 김정선 (인)

대법원 귀중

재 항 고 이 유 서

[담당 재판부 : 민사 3부(바)]

사 건 2017그 505 판결경정

재항고인(재심 원고) :

주 소 :

휴대폰 번호 :

재피항고인(재심 피고) : 1. 충청북도 청원구의 소송수계인 청주시
청주시 상당구 상당로 155(북문로3가)
(우 : 28542)
대표자 : 시장 이승훈

2. 한국토지주택공사
진주시 충의로 19(충무공동) (우 : 52852)
대표자 : 사장 박상우

3. 충청북도
청주시 상당구 상당로 80(문화동) (우 : 28533)
대표자 : 도지사 이시종

위 사건에 관하여 재심원고 재항고인은 다음과 같이 재항고 이유를 제출합니다.

재항고 이유

"별첨"

2017.02.01

재항고인(재심원고) 김정선 (인)

대법원 귀중

재항고 이유

1. 이 사건이 발생된 첫 번째 원인은 국가경제위기시절 사용자(피고2)와 그 소속직원(원고)간의 쌍무계약에 제3자인 피고1과(구 청원군)과 피고3(충청북도)개입하여 일시납 계약을 유도해 불로소득을 얻었고 두번째 원인은 피고2가 도상가분할 토지의 필지 경계를 현장에 설치할 때에 사회적 정의에 어긋나는 역차별 행위를 하여 불법 불로소득을 얻는 등 보은을 원수로 되갚고도 모자라 적반하장으로 징벌성 과징금을 부과한 사건임에도 원심에서 사건에 대한 핵심을 전혀 판단하지 않았기 재심을 신청 하였습니다.

2. 재심에서 피고들이 답변서를 제출할 내용이 없으므로 피고3은 30일 이내에 답변서를 제출하여야 함에도 50일(2016.2.5)만에 원고가 대법원에 상고이유서를 제출하였는데 심리 불속행 판결을 하였으므로 재심 사유가 안된다는 내용이 전부였고 피고1은 7개월만(2016.7.23)에 위헌 제청대상이 아니라는 답변서를 제출하였고 피고2는 변론 기일이 지난 후(2016.8.26)에 전임사장 명의로 구체적 사유 없이 재심사유가 안된다는 내용이 전부였고 피고들은 변론일에 법정에 출두하지도 않았음에도 변론 진행 없이 원고가 재심신청을 기간내에 신청하지 않았다고 잘못 판단하여(2015.11.16 판결서 도달 → 2015.12.15 재심 신청) 원고의 재심 신청을 각하하였기 판결서 경정을 청구하였으나 기각하였습니다.

3. 이 사건은 미확정 부동산에 대한 쌍무계약에 제3자로서 개입하여 불로소득을 얻은 가해자가 피해자인 매수자에게 미필적 고의 법률을 제정목적에 역행하는 역차별 해석으로 징벌성 과징금을 부과한 사건임에도 법관이 헌법 제103조에 따라 헌법과 법률에 의하여 심판하지 않았고 제107조에 의한 위헌제청도 거부한 자기모순 심판을 하였습니다.

피고들의 미필적 고의 행위

1. 피고들은 산업입지 및 개발에 관한 법률의 사업착수 유효기한(실시계획 신청)을 1년3개월 위반하여 사업착수, 사업승인 하였으므로 법률상으로는 원인무효인 토지이다(피고들 자백간주, 국토교통부 인정)

2. 피고들은 IMF시 피고2와 그 소속직원간의 토지공급규정을 위반한 매매계약에 담합하여 애사심으로 일시납 계약을 유도하였고 일시납 계약 유도시 지

방세 관련 부분만 불리하지 않다고 전파하고 부동산 실권리자 명의등기에 관한 법률에 대한 부분은 언급이 없었다.(피고들 자백간주)

3. 사건 발생후 계산해보니 일시납 계약은 부동산 양도시 할부이자는 취득원가에 포함되는 3년 분할납부계약에 비하여 약 5백만원 정도 불리(원고 매수가 매도가 기준)한 조건이었고 이 사건 토지등은 공사 준공시기를 예측할 수 없어 3년 분할 납부 계약의 경우 매매계약 금액의 30%까지 매도자는 약정기일을 미룰 수 있다는 조건이 계약서에 명시되어 있었으므로 유리한 점이 하나도 없었다.

4. 실질적인 매도자인 피고2는 매매계약 체결 3년6개월 후 토지면적 확정을 위한 필지경계 표지 설치시 매매대금 납부현황을 참조하여 지방세 관련 피고들에게 불법 불로소득이 발생(매매대금 완납자 매수 필지수를 늘려 피고1은 피고2에게 부과할 재산세의 2배에 해당하는 재산세를 매수자로부터 부과징수, 피고3은 피고1이 대행하는 취득세, 등록세 세입을 조기에 달성, 피고2는 매수자에게 재산세를 전가)하도록 원고등 매매계약을 성실하게 이행한 매수자는 면적을 감소시키고 매매계약을 고의적으로 지체한 매수자는 면적을 증가시켜준 것은 도상가분할 토지매매제도를 악용하여 선량한 매수자를 기만한 것이고 피고들을 사회적 정의에 어긋나는 공동불법 행위자들이다.(피고들 자백 간주, 국토교통부 인정)

5. 피고2는 토지면적 확정시 평등권 및 구 지적법에 따라 블록단위 분양 면적보다 시공된 면적이 7.2㎡가 감소되었으므로 각 필지(10개 필지)에 0.7㎡정도가 감소되도록 필지경계 표지를 설치(사업시행자가 필지경계 표지를 설치하는 것 보다 지적측량수수료가 50% 할증되는 필지경계표지까지 구 대한지적공사에서 설치할 경우 필지경계표지 설치방법)하여야 함에도 피고2 소속직원으로서 퇴직금으로 매매계약체결 46일만에 사실상 완납(3년5개월 후 면적 확정시 공평성을 지켰다면 공사오차 및 지적오차에 의하여 완납될 수 있는 잔금정도만 남겨둠) 한 원고매수 토지는 5.1㎡를 감소 시키고 같은 블록내 재산증식을 목적으로 매수하여 고의적으로 연체한 매수자 토지는 3.8㎡를 증가시켜주는 역차별을 하고도 불법행위에 대한 책임을 피고2에게 묻지 못하도록 서류로 신청하지 않았다고 7년 동안 퇴직금 송금 계좌로의 청산금을 송금하지 않았다.(피고2 자백간주)

6. 피고2는 피고들의 행정구역 변경 업무실수로 토지면적 확정일로부터 9개월 후 등기공부 정리완료 예정임을 통보하였다고 주장하나 원고는 송달 받지 못했고, 소유권이전등기 신청 수수료를 계산하는데 필요한 등기 공부정리 완료일을 피고2는 토지매각원부 및 소유권이전등기 신청에 필요한 토지대금 완납확인서에 표기하지 않았고 면적감소로 토지분할 확정 측량일만 매매대금 완납일로 표시되어있어 원고가 다른 매수자보다 소유권 이전등기 비용이 더 소요될 것이라는 오판을 하도록 했고, 등록세를 산출하는 피고1도 과태료 및 장기미등기 과징금 기산일이되는 등기공부 정리완료일을 공시관리하지 않았다.(피고1, 피고2 자백간주)

7. 구 지적법(현 공간정보의 구축 및 관리 등에 관한 법률)에는 1㎝단위로 측정해 0.1㎡ 단위로 면적을 산출토록 되어있고 원 측량(지적공사 측량)과 검사측량(행정청 지적공무원 측량)간의 오차가 10㎝이나, 선의의 매수자 필지는 27㎝를 감소되게, 같은 블록내 악의의 매수자 필지는 20㎝를 증가되게 필지경계표지를 설치한 것은 명백한 역차별 가해행위 이다.(피고들 자백간주, 대한지적공사 회신)

미필적 고의 법률

1. 부동산 실권리자 명의등기에 관한 법률 제정당시(1995.3.30) 장기미등기 기산일은 잔금 청산일이라고 1995.4.1. 언론에 공표하였고 1995.4.4. 같은 법 시행령(안) 제6조(장기미등기 기산일)에 명시하였으나 법제처 및 법무부에서 누가 법률해석을 하더라도 같은 해석이 될 것이므로 다시 불필요하게 소득세법을 원용할 필요가 없다고 심사하여 시행령에서 삭제되었다 하더라도, 시행령 공포 전(1995.5.19) 구 재정경제원 장관이 법률해설집에서 청산일이라고 해석 하였으므로 법률시행(1995.7.1) 16년 후인 2011년 피고3 충청북도와 법무부가 매수자의 권리제한을 한 법률이므로 매수자가 매도자에게 지급할 매매대금이 없는 시점이 장기미등기 기산일이라는 해석은 민법 제2조 및 행정절차법 제4조 위반이다.(행정 안전부 유권해석)

2. 매매대금을 청산 받아야 할 매수자는 매매대금을 성실하게 납부한 매수자이고, 매매대금 정산을 할 매수자는 매매대금 납부를 지체한 매수자이거나, 매도자의 의지에 의하여 당초 분양 면적보다 증가한 경우이므로 매매대금을 성실하게 납부한 매수자의 정당한 권리를 포괄적 매도자가 갑질 행위로 침해하

였으므로 명백한 사기행위이다.

3. 피고1과 피고3이 부동산 실명법상 장기미등기 기산일을 법률해설집에서 밝힌 청산일이 아니고 정산일이라고 판단했다면 제3자로서 개입하여 일시납계약을 유도했으므로 일시납 계약자의 잔금 약정일로 부터 3년이 경과하는 시점(원고기준 2001.11.8)이 장기미등기 기산일이므로 부동산실명법 및 부동산등기특별조치법에 의하여 소유권보존 등기공부정리 완료일로부터 60일 이내에게 소유권이전등기를 신청하지 않을 경우 장기 미등기자에 해당한다고 1차 통보하고 소유권보존등기 완료일(2002.10.4)에 60일 이내에 소유권이전등기를 신청하라고 2차 통보를 하여야 함에도 소유권이전등기 완료 2년후(2011년) 피고3이 피고1에게 감사처분을 하여 장기미등기 과징금을 부과한 것은 살인적 사기행위이다.

4. 매수자의 권리제한을 위한 법률이라면 매수자의 의지에 의하여 매수자의 반대급부 이행일이 도달 하여야 함에도 불구하고 매도자의 의지에 의하여 도달하였고 매도자가 배려하거나 매수자가 고의적으로 매매대금 납부를 지체할 경우 권리를 제한할 방법이 없는 역차별 위헌 법률임에도 법원은 위헌 제청도 4차례나 거부하였다.

원고의 주장

1. 피고들이 불법으로 이 사건 토지를 조성하였으므로 이 사건토지의 소유권이전등기신청 지연에 관하여는 어떠한 행정처분도 할수 없다.

2. 부동산 실명법상 장기미등기 기산일을 법률제정당시 잔금 청산일이라고 법률해설집에서 밝혔으므로 21년 동안 정산일로 판단한 사례가 1건도 없었음에도 소유권이전등기 완료 2년후 헌법 민법등 수십개 법률조문에 합치되지 아니하는 법률해석으로 징벌성 과징금을 부과한 것은 사기 행위이다.

3. 부동산 실명법상 장기미등기 기산일을 정산일로 판단했다면 피고2로부터 공부상 소유자는 피고2이나 사실상의 소유자는 원고라는 문서를 지방세법에 의하여 통보받고 지방세 및 국세를 원고로 하여금 납부토록 했음에도 그 당시에 과징금을 부과하지 않고 위반기간이 길어져 과징금이 증가한 시기에 부과징수한 것은 부동산실명법 제5조5항(제10조 제3항) 위반이다.

4. 구 실명법의 헌법 불합치 판결에 의하여 시행령 제4조의 2(장기미등기에 대한 과징금 부과기준)단서 조항에서 조세를 포탈하거나 법령에 의한 제한을 회피할 목적이 아닌 경우에는 100분의 50을 감경할 수 있다.(2002.4.8 신설)는 조항이 있음에도 과징금을 부과권원을 가진 자가 불법 개입하여 발생한 사건에 대하여 적용하지 않은 것은 재량권 남용이다.
(과징금 부과 권원을 가진 자가 전혀 개입하지 않은 사건에 대하여도 지방세 국세 납부를 연체하지 않았거나 공기관과의 거래는 허위증빙이 불가능하므로, 과징금을 감경하지 않은 것은 재량권의 일탈 남용이라는 판결 사례 많음)

5. 설령 부동산 실명법의 장기미등기 기산일이 정산일이라고 하더라도 원고와 피고2 간의 쌍무계약에 과징금 부과 권원을 가진자가 불법 개입하여 불법 불로소득을 얻었고 피고2가 역차별로 면적확정을 했음에도 매매대금 청산을 하지 않았고, 피고1은 포괄 매도 행위를 하였으므로 부동산 등기특별조치법에 의한 제11조(과태료), 제12조(과태료 부과징수), 부동산 등기특별조치법에 의한 과태료 부과 · 징수규칙 제2조(등기신청기간의 산정)에 의하여 매매대금 청산일까지 법 제2조의 등기 신청기간에 산입하지 않아야함에도 원고에게 장기미등기 과징금을 부과한 것은 재량권의 남용이다.

6. 피고들은 산업입지 및 개발에 관한 법률의 사업착수 유효기간을 넘겨 실시계획을 신청한 것이 강행법규를 위반한 것이 아니라는 입증을 해야 합니다.(국토교통부 회신문서에서 간접 시인)

7. 피고들은 지방세법을 위반하지 않았다는 것을 입증하려면 원고가 요청한 79개 필지에 대한 토지매각원부 및 취득세, 등록세, 재산세 납부 현황을 열람케 하여야 하며 공공의 이익을 위한 것이었다고 하더라도 문서로 보유하지 않은 것은 불법이 아니라는 입증을 하여야 한다.

8. 피고2는 토지면적 확정시 공평하게 필지경계 표지를 설치하지 않았지만 주관이 개입하지 않았다는 증거문건(토지매각원부)을 원고에게 열람케 하여야 한다.(1,282개 필지중 79개 필지에 대한 자료 열람이므로 무리한 요구도 아니다)

9. 피고2는 블록시공을 잘못했던 필지경계 표지를 잘못 설치했던 매매대금 성

실납부한 원고로 하여금 배신감을 느끼도록하여 소유권이전등기를 지연시키는 원인을 제공하였고 원고에게 지급할 청산금이 있음에도 불구하고 재산세에대한 구상권을 행사했으면서도 피고1과의 행정소송시 확정측량일로부터 청산일까지 이자지급 거절, 토지매각원부 열람거부, 법원을 통한 사실조회 답변 계속거부, 소송 참가 거절, 피고들의 상대로한 민사소송시 사실확인에 대한 변론이 전개 될수 있도록 업무를 잘아는 담당직원과 사내변호사를 대리인으로 선임해야됨에도 불구하고 관련 업무를 전혀 모르는 외부 변호사를 선임하여 사실확인을 일체 거부한 것은 선배직원을 내쫓고도 모자라 웅덩이를 파고 밀어 넣은 것이나 다름없다.

10. 피고들은 국가경제위기시절 피고2 소속 직원들에게 일시납 계약을 유도한 것이 피고들에게 불로소득이 발생하지 않았고 피고2가 토지면적 확정시 역차별하므로서 불법 불로소득이 발생하지 않았다는 것을 입증하여야 하며 매도자는 동시이행 항변권이 있는데 매수자는 동시이행 항변권을 인정할 수 없다는 사유를 밝혀야 한다.

11. 피고1은 피고2로부터 재산세 납부 의무자는 원고라는 통보를 받고(취득일 표기됨) 수시부과 및 금액 정정 부과를 했으면서도 원고가 장기미등기자라는 사실을 알 수 없었다는 사유를 밝혀야 한다.

12. 피고들은 민사소송1심에서 공히 변론할 내용이 없다고 진술했음에도 피고3은 변론 종결후 신고기일 직전에 소속직원 뿐만 아니라 위임인까지 선임하겠다고 전자 문서를 시행을 한 것이 갑질 행위를 한 것이 아니라는 것을 입증해야 한다.

13. 피고1과 피고3은 쌍무계약에 불법으로 관여하여 부당이득을 얻었고 실질적인 매도자가 역차별 갑질행위를 하고도 채무이행을 아니하였으므로 공동 불법행위자임에도 부동산실명법 제10조제1항의 전제조건인 부동산등기 특별조치법에 의한 과태료 부과징수규칙 제2조4호를 적용할수 없는 사유를 밝혀야 한다.

14. 피고3은 허위공문서(매도자의 갑질행위에 의한 매매대금 완납처리 → 매매대금 완납후 면적확정, 일시납매매계약서 삭제, 부동산실명법 전제조건인 부

동산등기 특별조치법의 법무부 해석삭제)로 법무부에 법령해석 질의를 했음에도 행정소송 2심의 사실조회 답변서에 상세하게 기술하였다고 위증한 사유를 밝혀야한다.(피고1이 법관의 문서제출 명령을 거부하여 피고3에게 정보공개요청하여 확보)

15. 법원은 중립을 지켜야 함에도 원고에게 원고의 주장으로 인정하겠다고 변론을 진행하고도 판결문에 판결사유를 밝히지 않았고 공평성을 침해한 것이다. 고의든 실수든 마찬가지다 라고 사실조회를 철회토록 종용하고도 평등권 침해가 아니다라고 판결하였고, 원고에게 민사소송법상 법관이 주문할수 있는 것은 다 요구하고 피고들은 입증을 하나도 하지 않았음에도 판결문에 상세하게 명시하겠다고 선고일에 약속을 했음에도 판결문에 추론적 문구만 적시하였다.

피고1의 주장

1. 소유권이전 등기권리자가 장기미등기자라는 사실을 알았을 때 지체없이 과징금을 부과토록한 부동산실명법 제5조제5항은 차명 보유일 경우만 해당된다.

2. 부동산실명법은 매수자의 권리를 제한한 법률이므로 매도자에게 지급할 매매대금이 남아있지 않은 날이 장기미등기 기산일이다.

3. 과징금 감경조항은 부과권자의 재량행위에 해당된다.

피고2의 주장

피고2는 원고에게 적법하게 토지를 매각했다.

피고3의 주장

1. 피고1과의 행정소송에서 원고가 패소하였으므로 민사소송에서 행정소송 기판력을 인정해야 한다.

2. 피고1에게 지방세법을 위반하라는 지시를 한적도 없고 피고2와 지적법을 위반하자고 협의한 적도 없다.

결론

1. 법원은 중립을 지켜야 함에도 사건의 핵심은 전혀 판단하지 않고 3중 가중 역차별 받은 원고가 62개 증거자료를 제시하였으나 증거로서 인용하지 않았고(채증의 법칙) 법률의 해석을 평등의 원칙, 비례의 원칙에 의하여 판단하지 않았고, 피고들은 허위문서를 작성하여 법무부에 법령 해석을 의뢰하였고, 사실조회 답변거부, 문서제출 명령위반, 문서송부 촉탁거부, 답변서 미제출, 법원에 위증, 무변론하고 더욱이 재심에서는 피고들이 변론일에 참석하지도 않았고 원고의 주장에 피고들이 반박주장을 못했음에도 법원이 직권으로 사실적, 법리적 모순이 있는 판단을 하였으므로 행정청을 상대로한 소송은 자살행위나 다름없다는 것을 국민들에 알려야 한다고 판단됩니다.

2. 법제처 및 법무부는 유전유죄 법률을 만들었고 행정청 및 공기업은 모르쇠로 일관했고 법원이 유전무죄 무전유죄 판결을 한 것은 법치주의가 아니고 관치주의 이념이다.

3. 원고의 재항고가 받아들여지지 않을 경우 대한민국의 민사법정은 가해행위를 한자와 피해자도 판단하지 않고, 채권자와 채무자도 구분하지도 않고 헌법(6개 조문), 민법(15개 조문), 민사소송법(31개 조문), 공무원법, 산업입지 및개발에 관한 법률, 소득세법, 지방세법, 부동산 실권리자 명의등기에 관한법률, 부동산등기특별조치법도 존재하지 않으며 헌법불합치 판결, 헌법소원, 대법원 판례(국세나 지방세를 연체하지 않은 경우 50% 감경. 21년동안 유일한 판결인 청산절차가 종료된 때)도 간과하는 곳으로서 법관으로서의 한정치산자도 치유하지 않는 곳이므로 행정기관과의 소송은 경찰서의 조서를 법관이 참조하도록 민사소송법을 개정하여야 한다고 사료됩니다.

2017.02.02

재항고인 김 정 선

대법원 귀중

기피 신청

사　　건 : 2016재나96 손해배상(기)　　　[담당재판부 : 민사3부]
원　　고 : 김정선
피　　고 : 1. 충청북도 청원군의 수계인 청주시 대표자 시장 이승훈
　　　　　2. 한국토지주택공사 대표자 사장 박상우
　　　　　3. 충청북도 대표자 지사 이시종

신 청 취 지

민사소송법 제43조제1항에 따라 이사건 에 대한 청주지방법원의 기피를 신청합니다.

신 청 이 유

청주지방법원에 근무하는 법관들은 행정청과 유착하여 미필적 고의 법률에 대한 해석을 유전유죄, 무전무죄로 해석하고 이 사건에 대한 판단은 유전무죄 무전유죄 판결을 반복하였기 헌법 및 법률에 의한 공정한 재판을 기대하기 어렵기 때문에 기피신청을 합니다.

기피신청 사유서
"별 첨"

2017.03.10

원(피)고　　김정선　　(날인 또는 서명)
(연락처) 전화(휴대전화)
이메일 :
팩　스 :

청주지방법원 귀중

기피 신청 사유서

1. 원고는 국가경제위기 시절 피고2 소속직원으로서 피고1과 피고3이 일시납계약을 하더라도 지방세 납부상 불리할 것이 없다(지방세법 악용)고 피고2에게 통보하였기 애사심에서 일시납계약을 하여(1998.06.08) 피고2가 그 회수자금으로 조성공사를 시행하여 지방세 세입상 피고들에게 도움을 주었음에도 피고2는 도상가분할 토지제도를 악용해 역차별 했고 2011년 피고3은 적반하장으로 국가경제위기 시절 매수세력이 되어준 원고등 피고2 소속직원들에게 감사하기는커녕 부동산 실명법상 장기미등기 기산일을 법률시행전 해석한 대금청산일이 아니고 정산일로 판단하여 채권자였던 원고에게 피고1로 하여금 장기미등기 과징금 24,071,740원을 부과징수토록 하였습니다.

2. 피고2는 3년6개월 후 토지면적 확정시 피고들에게 지방세법상 유리하도록 도상의 각 필지의 좌표를 지상에 설치할 때 블록단위 면적증감을 각 필지에 안분(이 사건 토지 블록의 경우 0.7㎡씩 감소)해야하나 원고는 계약체결 46일만에 매매대금을 사실상 완납하였음에도 원고매수 필지는 오차로 인정 할수 없는 5.1㎡가 감소되도록 설치하고도(안분했다면 3,015원 채무자인 원고를 481,930원 채권자로 전환) 구두 신청에 의한 퇴직금 계좌로의 환급을 거절하여 소유권 이전등기 신청을 늦게한 피해자이고, 같은 블록내 3년 분할 납부 계약자는 3.8㎡를 증가시켜주어 원고보다 12년 늦게 매매대금을 완납하여도 채무자이었으므로 장기미등기 과징금을 부과할 수 없습니다.

3. 부동산 실명법상 장기미등기 관련 조문은 악법도(제정당시 예측하지 못함) 아니고 미필적 고의 법률이며 미필적 고의 행위로 원고의 재산권을 이용해 불로소득을 얻은 가해자인 피고1이 피해자인 원고에게 징벌성 과징금을 부과한 것은 도움을 준 원고의 재산권을 약탈하고 신체의 자유를 침해한 사회적 정의에 역행하는 법치주의 국가에서는 발생할 수 없는 피고들 공동 사기사건입니다.

4. 법원의 판단대로 장기미등기 기산일이 매도자로부터 소유권이전등기를 신청할 수 있게 된날이라면 법률제정 당시 미확정 부동산의 경우 부동산등기 특별조치법 제2조제1항의 적용을 받는 자(매수자가 연체를 할 경우 제한을 받지 않음)라고 명시할 것이 아니라 매도자의 반대급부 이행이 완료된날 이라고 명시했어야 장기미등기 기산일이 매수자의 의지 및 매도자의 의지에 좌우되지 않고 명확하고 평등권을 침해하지 않는 법률이므로 법원은 위헌제청을 받아들여야 합니다.

5. 행정소송시 법원이 장기미등기 기산일을 정산일로 판단했다고 하더라도 피고1의 부동산실명법 제10조3항 위반여부를 판단하지 않고 피고들이 불법행위로 부당이득을 얻은 것이 명백함에도 행정청이 간섭하지 않은 경우에도 적용한 헌법 불합치 판결에 의한 과징금 감경을 인용하지 않은 것은 재량권 일탈 남용입니다.

6. 원고는 피고2의 2차 갑질행위에 의하여 향후 11년간의 근로활동기회를 상실하였지만 5개월 약정을 46일만에 3년 6개월후 면적확정시 예상되는 면적산출 단위이하 잔금(오차에 의하여 완납처리 될수도 있음)을 남겨놓았으므로 소유권이전등기 신청을 지연할 의도가 없었음이 입증되었고 원고가 악의를 가지고 있었다면 피고2가 갑질행위를 하더라도 완납처리되지 않을 정도의 잔금을 남겨 놓았을 것입니다.
- 피고1과 피고3이 지방세 세수원 확보를 위한 일시납 계약을 유도하지 않았으면 원고가 소유권 이전등기가 10년이후에 가능할지도 모르는 토지에 대하여 취득세를 선납하고 재산세를 매년 납부해야되는 일시납 계약을 할 이유가 없다.
- 피고2가 3차 갑질행위를 하여 발생한 부당이득이 불법 간섭한 피고1과 피고3에게 발생하지 않았으면 원고는 소유권이전등기 신청에 관심을 가졌을 것이다.
- 피고들의 행정구역(오창면, 옥산면) 변경업무 실수로 6개월 이상 지연된 소유권보존등기 형식을 표시변경등기완료일은 피고2와 피고1이 공시자료로 관리했다면 원고가 다른매수자에 비하여 등록세 비용이 더 소요된다는 오판을 하지 않았을 것이다.(원고가 피고2 퇴직자 모임

의 실수를 담당하게 되어 소유권이전등기 신청을 하려고 했던 시기는 과태료가 없는 시기였음)
- 피고1과 피고3이 소속기관의 공익을 위한 지방세법 위반행위를 공식적인 자료로 남겨놓았으면 피고1이 법령해석 질의시 사건개요를 사실과 다르게 작성하지 않았을 것이다.(피고2의 불법행위에 의한 완납처리 → 완납후 7개월 경과시 지적확정)
- 피고3이 원고가 제출한 부동산 실명법 전제조건인 부동산등기특별조치법에 대한 법무부 해석을 법무부에 제출했다면 법무부(계약직공무원)가 행정절차법을 위반하여 정산일로 해석하지 않았을 것이다.(소유권보존등기 형식을 빌린 표시변경등기후 매매대금 정산일이 소유권이전등기 기산일이다)
- 구재정경제원이 장기미등기 기산일은 청산일이라고 법률해설집에서 공표하였기 때문에 법제처가 시행령(안)에 명시한 장기미등기 기산일에 대한 삭제를 하지 않았다면 장기미등기기산일에 대한 해석이 다툼의 소지가 될수 없다.
- 피고1이 부동산실명법상 장기미등기 기산일을 청산일이 아닌 정산일로 판단했다면 피고2로부터 사실상의 소유자는 원고라는 통보를 받고 2006년 재산세 부과시 정기부과가 아닌 수시부과 및 금액정정부과였으므로 장기미등기자라는 사실을 알았을것이고 그 당시에 부과했으면 부동산 평가액의 10%만 납부했으면 되었으나 20%를 부과징수한 것은 피고1이 부동산실명법을 위반한 것이다.
- 피고3은 피고1에 대한 감사지적사항을 합리화하기 위하여 허위문서를 작성하여 법령해석 질의를 하고 산하기관에 장기미등기 기산일은 청산일이 아니고 정산일이라고 전파하고 피고1로 하여금 원고에게 장기미등기 과징금을 부과토록 문서를 시행한 것은 일시납 계약 유도시에는 발간된 후 3년이 된 법률해설집을 보관하였던 시기였으므로 청산일이라고 판단했을것이 명백함에도 13년후 정산일로 판단한 것은 행정절차법 제4조를 위반한 것이고 법률해설집에서 청산일이라고 밝혔다 하더라도 정산일로 판단했다면 일시납 계약자에게 특별법에 정한 장기미등기 기산일에 대한 통보를 하지 않은 것은 사기행위이다.
- 피고3이 행정심판시(위원장 실무자 피고3 소속) 원고의 구술심리

기회를 박탈하지 않았으면 매수자의 반대급부이행일에 대한 문답이 있었을 것이고 면적정산에 대하여도 전문가의 의견이 반영되었을 것이고 피고들이 불법으로 개입하여 불로소득이 발생했으므로 시행령 제4조의 2에 의한 과징금 경감이 되었을 것이고, 원고는 피고2를 상대로 민사소송을 하였을 것이다.

- 용재매매계약서상의 면적정산조항이 매도자의 권리라면 매도자의 의지에 의하여 장기미등기 기산일이 결정되므로 불공정 거래약관을 평등권 침해가 아니라고 판단한 것은 심리미진이다.

7. 미필적 고의 법률을 헌법 전문, 평등의 원칙, 과잉금지의 원칙, 신의성실의 원칙, 비례의 원칙에 의하여 해석하지 않고 유전(매매대금 성실납부자) 유죄(징벌성 과징금의 기산일이 매도자의 갑질행위에 의하여 도달) 무전(매매대금 연체자, 매도자의 배려로 면적이 증가한 경우) 무죄(징벌성 과징금의 기산일이 매수자의 의지에 의하여 도달) 해석을 하였고 미필적 고의 행위에 의한 사건을 채권자, 채무자의 구분, 가해할 의사가 있었던 자, 피해자 구분도 하지 않고 민법, 민사소송법, 채증의 법칙, 신의성실의 원칙등에 의하여 판단을 하지 않고 유전(권력을 가진 자) 무죄(의무는 없고 권리만 있음) 무전(권력이 없는 자) 유죄(권리는 없고 의무만 있는 자)로 판결한 청주지방법원에 근무하는 법관들은 중립적인 기관의 공무원(헌법 제7조 국민에 대한 봉사자이며 국민에 대한 책임을 진다)이 아니라고 판단되므로 기피신청을 합니다.

8. 법률시행 이후 지금까지 행정절차법 제4조를 위반한 미확정 부동산의 장기미등기 기산일 문제로 소송이 발생한 것이 1건도 없었고 원고는 67개 증거서류를 제출하고 수백페이지 청구원인 및 준비서면을 작성했고 행정소송에서 피고1이 모순된 논리(원고의 의무만 주장, 소유권이전 등기 기산일 미공시관리)로 답변서를 제출한 것은 그대로 인용하고 피고들이 답변을 기피한 것은 법관이 진의아닌 의사표시로 원고에게 변론을 유도하고도 직권으로 평등권을 침해한 심리미진 판단을 했고, 피고에게는 한마디도 묻지 않는등 심리미진사건 판결서를 원고에게 약속한 부분을 판단도 하지 않고 서명도 하지 않기도 했고, 사실

심리를 제대로 하지 않았기 대법원에서 심리불속행 판결을 하였으며

9. 행정소송시 원고의 자료제출 요구를 일체거부하고 허위문서작성 위증까지한 피고들은 민사소송에서 피고1만을 상대로 한 과징금 부과처분 취소 기판력만을 주장하였고 원고의 주장에 대한 반박이 전혀 없었고 소송대리인은 위증혐의로 고발되지 않을 정도의 표현으로 사실을 왜곡했고 법정에서 변론할 내용이 없다고 진술하였음에도 사건관련 전문기관(국토교통부, 안전행정부, 대한지적공사)의 회신내용도 일체 무시한 피고 무변론 원고 패소판결을 한 것은 행정기관과의 소송은 사건의 1%만 가지고, 그 것도 모순된 논리로 판단하더라도 심리미진 판결이 아니라면 패가망신, 자살행위라는 것을 입증한 것이며 원고는 중립적인 기관에 의하여 재판을 받고 싶습니다.

10. 피고들이 불법으로 이 사건토지를 조성하였고, 불법으로 포괄매도 행위를 하였고, 국가경제위기 시절 원고의 재산권을 이용해 부당이득까지 얻었고 법률상 부여된 의무기간 약탈(피고들의 공시자료에 43일 도과한 보존등기완료일 일체 표시없음), 부동산실명법 제10조3항 위반, 부동산실명법 제10조제1항의 단서조항 위반, 부동산 등기특별조치법에 의한 과태료 부과징수 규칙 제2조4호 위반, 헌법소원, 헌법불합치에 따른 감경조항인 시행령 제4조2의 대법원 판례에 의한 재량권 일탈남용, 피고2에게 신청한 부당이득 반환거부 등 어느것 하나 반박 주장을 못했음에도 이를 인용하지 않은 것은 도단위 기관장 모임등으로 중립적으로 판단하기 어려운 것으로 사료되는바 넓으신 아량으로 신청서를 처리해 주시기 바랍니다.

2017.03.10

원고 김정선 (인)

전문심리위원 참여결정 신청서

사　　　건 : 2016재나96 손해배상(기)　　　[담당재판부 : 민사3부]
원　　　고 : 김정선
피　　　고 : 1. 충청북도 청원군의 소송수계인 청주시 대표자 시장 이승훈
2. 한국토지주택공사 대표자 사장 박상우
3. 충청북도 대표자 지사 이시종

신 청 취 지

「민사소송법 제164조제2의 제1항에 따라 이사건 소송절차에 전문심리위원을 참여하게한다.」라는 결정을 구합니다.

신 청 이 유

개발사업, 지적확정측량, 지방세, 등기관련 분야에 대한 전문적인 지식을 가진 전문심리위원을 이 사건에 참여하게 하여 소송관계를 분명하게 하거나 소송절차를 원활하게 진행할 수 있도록 전문심리위원 참여결정을 신청합니다.

신청 이유서
"별 첨"

2017.03.14

원(피)고　　김정선　　(날인 또는 서명)
(연락처) 전화(휴대전화) :
이메일 :
팩　스 :

청주지방법원 귀중

신청 이유서

1. 피고들의 각종 갑질행위에 의하여 사건이 발생했고 적용법률도 헌법 제37조2항 및 행정절차법 제4조를 위반한 사건으로서 사건의 실체를 소지하고 있는 피고들이 자신들에게 불리한 진술을 회피할 목적으로 법원의 문서제출 명령도 거부하고, 불법행위, 작위의무 위반, 허위문서작성, 부당불로소득을 얻었다는 원고의 주장에 반론도 제기하지 않았고 소송대리인을 통해 구체적인 답변이 한마디도 없었기 원고의 주장이 타당한지 여부를 전문심리요원의 심리가 필요하다고 사료 됩니다.

2. 이 사건 토지등은 산업입지 개발에 관한 법률에 의거 지구지정이 해제된 것으로 본다는 날로부터 1년3개월 후 피고 한국토지주택공사가 피고 구 청원군을 경유하여 피고3 충청북도(국토교통부로부터 공업단지 지정신청자)에게 실시계획(사업착수) 신청하였으므로 강행법규를 위반했는지 여부

3. 피동적 매수자로부터 지방세법 악용으로 불로소득을 얻었고 도상가분할 토지제도를 악용해 부당이득까지 얻을 목적으로 담합갑질행위를 한 사건으로서 피고 한국토지주택공사가 3년분할 납부계약자의 잔금약정이 이후 도상가분할 토지의 좌표를 지상에 설치할 때 구 지적법에 따라 1㎝단위로 측정하여 0.1㎡단위로 면적을 산출하고 필지분할시 블록단위 분양면적과 시공된 면적의 차이를 각 필지에 안분(이사건 토지의 경우 0.7㎡ 감)하지 않고 원고 매수토지는 5.1㎡ 감소시키는 역차별을 하여 그날이 부동산 실명법상 장기미등기 기산일이고 3.8㎡ 증가시켜 역대우 해준 매수자는 원고보다 9년 늦게 장기미등기 기산일에 도달하였는바 지적확정측량이 오차의 범위내로 볼수 있는지 여부

4. 재산세 납부고지서를 부과받은 납세의무자는 사실상의 소유자가 아닌 경우 지방세법에 의하여 과세권자에게 통보하도록 되어있고 이 서식에는 취득일이 표기되도록 되어 있으며 과세권자가 수시부과, 정정부과했을 경우 정기부과와 같은 표준업무로 보아야 하는지 여부

5. 법원은 소유권보존등기 형식을 빌린 표시변경 신청일(2002.8.22)을 소유권 이전 등기기산일로 판단하였으나 신청일로부터 완료일(2002.10.4)까지 43일이 도과된 경우 부동산 특별조치법 및 부동산 실명법상 소유권이전등기 기산일은 소유권 보존등기 형식을 빌린 표시변경 신청일로 볼수 있는지 여부

2017.03.14

원고 김정선 ㊞

대 법 원

제 3 부

결 정

사 건 2017그505 판결경정

특별항고인 김정선

원심결정 청주지방법원 2016. 9. 7.자 2016카경123 결정

주 문

특별항고를 기각한다.

이 유

이 사건 특별항고는 상고심절차에 관한 특례법 제7조, 제4조에 의하여 그 이유 없음이 명백하므로, 같은 법 제5조에 의하여 관여 대법관의 일치된 의견으로 주문과 같이 결정한다.

2017. 4. 5.

재판장 대법관 김재형

대법관 박병대

주 심 대법관 박보영

대법관 권순일

청 주 지 방 법 원

제 10 민 사 부

결 정

사 건 2017카기420 기피

신 청 인 김정선

주 문

1. 이 사건 신청 중 법관 구천수, 윤상일에 대한 부분을 각하한다.

2. 나머지 이 사건 신청을 기각한다.

신 청 취 지

이 법원 2016재나96호 사건에 관하여 법관 이태영, 구천수, 윤상일을 기피한다.[1)]

이 유

1. 신청인의 주장

청주지방법원에 근무하는 법관들은 행정청과 유착하여 미필적 고의에 대한 법률의 해석을

1) 신청인은 기피신청서에 신청취지를 '이 사건에 대한 청주지방법원의 기피를 신청한다'고 기재하였고, 이는 기피신청 당시 본안사건인 2016재나96호 사건의 담당재판부인 제3민사부 소속 법관 전원을 기피신청하는 것으로 보이므로, 신청취지를 이와 같이 선해하여 판단한다.

잘못하는 등 이들이 헌법 및 법률에 의한 공정한 재판을 할 것이라고 기대하기 어렵기 때문에, 위 본안사건 담당 법관들에 대하여 기피를 신청한다.

2. 판단

가. 법관 구천수, 윤상일에 대한 부분

제척, 기피 신청을 당한 법관이 그 사건에 관하여 직무를 집행하지 아니하게 된 경우에는 그 신청은 목적을 잃게 되어 신청의 이익이 없게 되는바, 신청인이 기피를 구하고 있는 법관 구천수, 윤상일은 2018. 2.경 사무분담 변경으로 본안사건에 관하여 직무를 집행하지 않게 되었음은 이 법원에 현저하다. 따라서, 신청인의 법관 구천수, 윤상일에 대한 이 사건 신청은 이를 유지할 이익이 없어 부적법하다.

나. 법관 이태영에 대한 부분

1) 민사소송법 제43조 제1항의 '공정한 재판을 기대하기 어려운 사정이 있는 때'란 당사자가 불공정한 재판이 될지도 모른다고 추측할 만한 주관적인 사정이 있는 때를 말하는 것이 아니고, 통상인의 판단으로서 법관 등과 사건과의 관계로 보아 불공정한 재판을 할 것이라는 의혹을 갖는 것이 합리적이라고 인정될 만한 객관적인 사정이 있는 때를 말하는 것이다(대법원 2007. 11. 15.자 2007마1243 결정 등 참조).

2) 위 법리에 비추어 보건대, 신청인이 주장하는 사정만으로는 신청인의 주관적인 의심을 넘어 법관에게 공정한 재판을 기대하기 어려운 객관적인 사유가 존재한다고 보기 어렵고, 기록을 살펴보아도 달리 담당 법관에 대한 기피사유를 인정할 만한 아무런 자료가 없다.

3. 결론

그렇다면, 이 사건 신청 중 법관 구천수, 윤상일에 대한 부분은 부적법하므로 이를 각하하고, 신청인의 법관 이태영에 대한 나머지 신청은 이유 없으므로 이를 기각하기로 하여, 주문과 같이 결정한다.

2018. 5. 18.

재판장 판 사 지영난

판 사 김주식

판 사 이정아

법 깡패인 법제처에 법령의 심사기능을 부여해서는 안됩니다.

1. 국정운영에 수고가 많으신 이낙연 국무총리님의 노고에 감사의 말씀을 드리며 제 개인의 문제뿐만 아니고 사회적 약자를 보호할 생각을 1%도 갖지 않고 국민들의 알권리를 말살하는 법조인들의 구조적 병폐를 진언드리는 바입니다.

2. 법제처는 1995.3.30 공포한 부동산실명법의 시행령(안) 심사시 동법 제10조 제1항 제1호(계약 당사자가 서로대가적인 채무를 부담하는 경우에는 반대급부의 이행이 사실상 완료된 날)로 규정한 장기미등기의 기산일을 명확히하기 위하여 동법 시행령(안) 제6조로 장기미등기의 기산일은 대금 청산일로 한다는 조문을 누가 법률 해석을 하더라도 같을것이므로 소득세법을 원용하여 불필요하게 규정할 필요가 없다고 삭제하는 행정작위를하여 1995.5.9 국무회의 심의의결 후, 1995.5.19 동법 시행령을 공포하여 행정절차법 제5조(투명성)를 위반한 미필적고의 법률을 시행토록 하였다(1995.7.1)

3. 법무부에서는 16년후 미필적 고의 법률을 유전(계약 성실이행 매수자) 유죄(장기미등기 기산일이 면적정산일), 무전(계약이행지체 매수자) 무죄(장기미등기 기산일이 등기공부정리후 대금청산일)로 해석하고 있고 법원(21명의 재판관)에서는 무권(사회적 약자) 유죄(권리는 없고 의무만 있음) 유권(우월적 지위에 있는자) 무죄(법률을 지킬필요도 없고, 작위의무를 이행하지 않아도 되고, 자료제출을 거부하여도 되고 가해행위를 하여도 되고 변론을 할 필요가 없다)로 판단하고 있으므로, 법제처가 입법심사 권자로서 미필적고의 법률에 대한 청원을 수차례 거부한 것은 행정절차법 및 청원법 위반이다.

4. 법률전문가 집단인 법제처가 민원인으로부터 법령제정과정에 대한 증거자료, 제정당시 관련 법률, 실무적으로 제정목적에 역행하는 법률해석이라는 사실을 확인하고도 명확한 의견을 제시 못하는 법률을 국민에게 이행하라는 것은 국무위원, 국회, 국민들을 속인 사기행위이다.

5. 부동산 실명법 시행 3년후 사업시행자(구 한국토지공사)와 그 소속직원(민원인)간의 부동산 쌍무계약(불공정 거래행위)에 충청북도와 구 청원

군(현 청주시)은 사업시행자와 담합하여 토지면적 확정시까지 지방세 납부 유예조건을 제시 사업시행자 소속직원등에게 일시납 계약을 유도하여 그 회수자금으로 사업시행자가 조성공사를 시행하므로서 지방행정청은 약 18억 8천만원으로 추정되는 불로소득(지방세 세수)를 얻었다.

6. 민원인은 퇴직금으로 5개월 약정을 46일만에 이행 (미확정 부동산이었으므로 자투리 잔금 104,040원 남겨둠) 하였으나 3년 5개월후 사업시행자는 토지면적 확정시 오차를 인정할수 없는 5.1㎡를 감소시켜 블록단위 면적 증감을 각 필지에 안분했다면 3,015원 채무자를 481,930원 금전적 역채권자로 전환시키는등 성실하게 계약이행한 매수자들을 역차별하므로서 지방행정청은 약 3억 8천만원으로 추정되는 불법불로소득(지방세 세수)을 얻었다.

7. 민원인은 배은망덕한 전 소속회사와 지방행정청의 행정작위에 정신적 충격을 받아 취득세는 납부하였으나, 퇴직금 지급 계좌로의 환급금을 반환받기전까지는 소유권이전등기를 신청할 의사가 없었고 소유권 이전은 안했지만 지방세법에 의하여 사실상의 소유자는 민원인이라고 구 청원군이 재산세를 부과하였기 납부했고, 11년후 퇴직금 지급계좌로 청산금을 환급받고 소유권이전등기도 경료하였다.

8. 소유권이전등기 경료 2년후 충청북도 감사담당관실 신승민은 적반하장으로 민원인이 부동산특별 조치법 제2조제1항의 적용을 받은자로서 부동산실명법 제10조제1항제1에 해당된다고 장기미등기 과징금 24,071,740원을 부과징수토록 감사처분을 하였다.(법률시행전 매매대금 청산일로 해석하였기 매매대금 청산일이 아닌 면적정산일을 장기미등기 기산일로 판단한 법률해석례도 없고 판례도 없다.)

9. 민원인의 부동산 소유권이전등기 신청 지연사유는 매도자인 전 소속사회사와 제3자인 충청북도와 구청원군(지방행정청)이 지방세법 및 토지선매각제도를 악용하고도 토지면적 확정시 갑질행위에 의한 청산금 반환에 전 소속직원이었던 민원인의 자존심마저 꺾어버렸기 때문이므로 국민 누가 판단하더라도 피동적 매수자인 민원인은 7년동안 소유권행사를 못한 피해자이다.

10. 매수자의 미등기 의중을 알수없다는 사유만으로 가장 가혹한 징벌 법률(양도소득세의 2배가 넘는 징벌성 과징금)인 부동산실명법 시행전 국민들에게 소득세법등에서 부동산 취득일로 규정하고 있는 매매대금 청산일이 장기미등기 기산일이라고 공표해놓고 16년후 면적이 감소한 경우 면적정산일로 해석적용 하는 것은 법률 불소급 적용금지의 원칙에 위반된다.

11. 충청북도와 구 청원군이 사유없이 지방세 납부유예 조건을 제시, 매수자의 재산권을 이용하여 불법 불로소득을 얻었으므로 부동산 설명법에서 규정하고 있는 장기미등기 기산일을 법률시행전 공표한 대금 청산일이 아니고 도상가분할 토지면적이 감소하여 완납 처리된 경우 면적정산일로 해석되더라도 매매대금 청산이 안되었기 때문에 매도자는 금전적 역채무자이고 불법개입한 행정청은 연대채무자이므로 부동산실명법 제10조제1항 단서인 등기신청을 못할 정당한 사유 및 부동산 등기 특별조치법에 의한 과태료 부과징수 규칙 제2조4의 등기신청을 해태한 상당한 사유에 해당되므로 민원인에게 장기미등기 과징금을 부과징수한 것은 명백한 권리남용이다.

12. 사업시행자의 갑질행위(단독주택지의 3분의 1 이상을 소속직원들이 매수하거나 매매알선)에 의하여 소속직원으로서의 매수자중 민원인등 일시납 계약을 한 매수자는 매매대금 납부를 지체하여 소유권이전 등기신청을 지연할 의사가 없었던 매수자로 판단되어야 하고 3년분할 납부계약자는 사업시행자가 토지면적확정시 갑질행위를 하더라도 완납처리 되지 않도록 매매대금의 5~10%정도 잔금은 남겨놓았다가 원하는 시기에 매매대금을 완납하여 지방세 국세도 절감하고 소유권이전등기 신청을 늦추는 매수자도 상당수 있었고(연체이자를 내는 것이 유리함), 부동산등기 특별조치법 제2조제4항을 신설하여 미등기 전매도 가능토록 법률개정후 매매계약을 체결한 매수자는 매매 차익이 있었지만 양도소득세를 한푼도 납부하지 않고 미등기 전매를 한 매수자도 상당수 있었으므로 어느경우가 부동산 거래질서상 건전한 행위를 하였는지는 초등학교 학생수준에서도 판단 할수 있다.

13. 부동산 실명법은 매수자가 계약이행을 지체한 경우 및 매도자는 소유권이전등기 관련 권리제한을 못하는 반쪽짜리 법률임에도 매도자의 역차별

갑질행위에 의한 피해자(면적감소된 자)만 권리제한을 하고 매도자로부터 역대우를 받은 매수자(면적증가된 자)는 권리제한시기를 매수자가 결정할 수 있는 법률이므로 누가 판단하더라도 장기미등기 기산일을 면적정산일로 판단하는 것은 악의의 매수자, 매도자, 행정청의 신의성실의 원칙에 어긋나는 행위에 의한 피해를 선의의 매수자에게 떠넘기는 반사회적 법률이다.

14. 법무부가 도상가분할 토지매매의 경우 부동산등기 특별조치법 제2조제1항의 소유권이전등기 기산일은 등기공부 정리후 매매대금 정산일이라고 부동산 실명법 공포전 해석한바있고 부동산실명법 시행전 법률해설집으로 구 재정경제원에서 매매대금 청산일로 공표하였음에도 16년후 매매대금 청산일로 볼수 없다는 해석은 권리남용 및 신뢰보호의 원칙에 어긋나는 불법행위이며 법제처가 운영하는 국가법령 정보센터에 등재되어 있던 부동산등기특별조치법 제2조제1항의 해석례를 삭제한 자는 국민들의 알 권리를 말살하는 행위이므로 형사처벌을 받아야 한다.

15. 소유권 이전 등기신청 의무와 관련하여 악의의(계약이행 지체) 매수자 및 매도자는 권리제한을 하지않은 법률을 해석 적용함에 있어서 행정청까지 가세한 매도자의 갑질행위에 의하여 선의의(계약성실 이행)매수자가 금전적 역채권자가 되었음에도 금전적 역연대채무자인 행정청이 금전적 역채권자에게 장기미등기의 과징금을 부과한 것은 행정절차법 제4조(신의성실 및 신뢰보호)를 위반 (법률 시행전 대금청산일로 법률해석)한 법리적 정의가 전혀 없는 명백한 법리에 대한 오해이다.

16 민원인은 국가부도위기 시절 정부정책, 소속회사인 구 한국토지공사의 갑질행위, 구 청원군과 충청북도의 지방세 납부 유예조건에 의한 피동적 매수자로서 경제여건상 5년후 소유권이전이 가능할 것으로 예상되는 오창산업단지내 도상가분할 단독주택지를 구사적 애사심에서 3년분할납부 계약이 아닌 5개월 약정 일시납 계약(1998.6.8, 356㎡, 44,956,000원)을 하였고 매도자의 2차 갑질행위인 상위직급자 퇴직전략에 의한 퇴직금으로 계약 체결 46일만에 매매대금을 선납까지 하였으나, 사업시행자인 매도자로부터 3년 5개월후 토지면적 확정시 블록시공 및 필지경계 표지 설치 오차로 인정할수 없는 5.1㎡가 감소(2001.12.26) 되었다는 통보를 받고 전소속회사와 지방행정청이 담합 행정작위로 불법불로소득을 얻은

것에 정신적 충격을 받아 퇴직금지급 계좌로의 매매청산금을 반환받을때까지 소유권이전등기 신청의무는 동시이행 관계가 있다고 판단하였고, 매매대금 납부 11년후인 2009년 청산금을 환급받고 소유권이전등기를 경료하였으므로 국민 누구에게 물어보아도 민원인은 피해자였음이 명백하다.

17. 부동산실명법 시행령(안) 제6조로 공포했던 장기미등기 기산일 규정이 삭제되었지만 관련법률(소득세법, 가등기 담보등에 관한 법률)에서 부동산 취득일은 청산일로 규정되어 있었고 판례도 청산일이었고 부동산실명법 제10조(장기미등기자에 대한 벌칙 등)의 전제조건인 부동산 등기 특별조치법 제2조제1항(소유권이전등기 기산일)에 대한 해석이 지적 및 등기공부 정리후, 매매대금 정산일로 법률해석을 했기 때문에, 도상가분할 토지의 장기미등기 기산일을 면적이 감소한 경우 면적정산일로 판단한 법률해석 및 판례가 전혀 없었고 구 재정경제원으로부터 동법은 이관받은 법무부는 헌법불합치 판결에 따른 법률 및 시행령 개정시(2002.3.30) 당해 조문을 개정하지 않았고 구 청원군이 민원인에게 지방세법상 사실상의 소유자라고 재산세를 부과시에도, 소유권이전등기 신청시에도 장기미등기 과징금을 부과하지 않았다.

- 부동산 취득일 및 소유권이전등기 관련 법률
° 소득세법 시행령 제162조(양도 또는 취득의 시기) : 취득시기 및 양도시기는 당해 자산의 대금을 청산한 날로 한다. (예외인 각 호에 해당되지 않음)
° 가등기 담보등에 관한 법률 제4조(청산금의 지급과 소유권 취득)
제2항 : 채권자는 청산기간이 지난후 청산금을 채무자등에게 지급한 때에 담보목적 부동산의 소유권을 취득한다.
제3항 : 청산금의 지급채무와 부동산의 소유권이전등기 및 인도 채무의 이행에 관하여는 동시이행 항변권에 대한 민법 제536조를 준용한다.
° 부동산 등기 특별조치법 제2조(소유권 이전등기등 신청의무) 제1항 : 부동산의 소유권이전을 내용으로 계약을 체결한자는 계약의 당사자가 서로 대가적인 채무를 부담하는 경우에는 반대급부의 이행이 완료된날로부터 60일이내에 소유권이전 등기는 신청하여야 한다. 제4항 : 소유권 보존등기가 되어있지 아니한 부동산에 대하여 소유권이전을 내용으로 하는 계약을 체결한자는 계약을 체결한후에 소유권보존등기를 신청할 수 있게 된 경우에는 소유권보존등기를 신청할 수 있게된 날로부터 60일이내 소유권보존등기를 신

청하여야 한다.

° 부동산 실권리자 명의등기에 관한 법률 제10조(장기미등기자에 대한 벌칙등) 제1항 : 부동산등기 특별조칩버 제2조제1항의 적용을 받는자로서 계약당사자가 서로 대가적인 채무를 부담하는 경우에는 반대급부의 이행이 사실상 완료된날부터 3년이내에 소유권이전등기를 신청하지 아니한 등기권리자(이하 "장기미등기자" 라 한다)에 대하여는 부동산 평가액의 100분의 30 범위에서 과징금을 부과한다.

– 소유권이전등기 관련 해석례

도상가분할 토지의 부동산 등기 특별조치법 제2조제1항에서 규정하고 있는 반대급부이행이 완료된날을 토지면적 확정 및 등기공부정리후 확정면적에 대한 토지대금을 정산한 날(법무부, 부동산실명법 공포전)

– 양도소득세등 부과처분취소 소송 판례

한국 수자원공사로부터 택지조성사업지구내의 토지를 취득하면서 지적확정후 면적증감에 따라 정산하기로 한 경우 토지의 취득시기는 택지조성 사업완료 후 지번,지적의 확정일이 아니라 대금 청산일이다(대법원 2001.3.27 선고 99두 2550 판결, 1998.11.26. 등기선례 5–820)

– 부동산 실권리자 명의 등기에 관한 법률위반 판례

가등기 담보등에 관한 법률에 따른 가등기 담보계약이 부동산의 소유권이전을 내용으로 하는 계약에 해당하며 부동산 실권리자 명의등기에 관한 법률 제10조에 정한 3년의 소유권 이전등기 의무 해태 기간의 기산일은 가등기 담보권자가 소유권이전등기 청구권을 행사할 수 있는때로서 청산기간이 경과한후 청산금을 지급하는등 청산절차가 종료된때로 보아야 한다.(대법원 2009.9.10 선고 2009도5031 판결)

18. 법률시행 16년후인 2011년 민원인등 일시납계약자의 매매대금(재산권)을 이용해 불법불로소득(토지면적 확정시 매도자의 역차별 갑질행위로 지방세 조기세입)까지 얻은 충청북도는 적반하장으로 부동산 실명법의 장기미등기 기산일을 법률시행전인 1995.4.26. 구 재정경제원이 언론보도자료 및 법률해설집에서 공표한 잔금청산일이 아니고 고의적으로 면적을 감소시켜 매매대금이 완납처리된 날로 판단해 구 청원군으로 하여금 민원인에게 장기미등기 과징금을 부과토록 감사처분을 하였고 민원이 제

출한 사건개요를 사실과 다르게 작성(토지면적 확정시 과도한 면적 감소로 금전적 역채권자가 되었음 → 민원인이 취득세뿐만 아니라 등록세까지 납부하고 7개월후 토지면적 확정)하고 5개월 약정 일시납 계약서 및 부동산 등기 특별조치법 제2조제1항에 대한 법무부 해석례를 삭제하여 법무부에 법령해석을 의뢰하였고 법무부는 부동산 실무를 전혀모르는 계약직공무원으로 하여금 매매대금 청산일을 장기미등기 기산일로 보기 어렵다는 회신을 하였기 민원인에게 부동산 평가액의 20% 해당하는 24,071,740원(민원인의 2년간 급료에 해당하는 금액)을 구 청원군으로 하여금 부과징수토록 하였다. (1,282개 단독주택지 매수자중 가장 먼저 매매대금을 납부한 민원인이 유일한 장기미등기자)

19. 도상가분할 토지매매제도는 사업시행자에게 토지조성자금을 마련해주기 위한 특별제도이나 토지대금 완납 매수자 토지가 당초 분양면적 보다 증가할 경우 소유권 이전 등기 신청을 지연(매도자가 재산세 납부의무자, 취득세, 등록세 납부시기 늦춰짐)할 목적으로 증가된 면적에 대한 대금 납부를 지체하는 경우가 많기 때문에(확정된 부동산의 경우도 공공기관에서조차 잔금일부를 남겨놓는 경우가 허다함) 사업시행자는 매매대금 완납자 토지면적을 감소시키는 역차별 관행을 계속해왔고, 소송중 확인한 바에 의하면 같은 블록내 다른매수자 토지는 3.8㎡를 증가시켜주어 민원인보다 12년 늦게 매매금을 완납하고, 지방세 국세도 적게 납부하고도 매수자가 채무자 이었기에 장기미등기 과징금을 부과받지 않았다 (755블록의 경우 4.5%인 12.9㎡가 증가한 필지도 있고 2.3%인 7.8㎡가 감소한 필지도 있었으므로 명백한 평등권 침해이다.)

20. 토지면적 확정을 위하여 도상의 각필지 좌표를 공사현지에 설치시 매도자의 주관이 개입되지 않도록 제3자인 지적측량 대행기관에 의뢰하지 않고 매도자가 직접 설치하는 것은 오차라는 구실로 매매대금 납부현황을 참조하여 매수자가 채무자(면적증가)인지, 역채권자(면적 감소)인지 여부 결정권을 갖고 있고 매수자가 채무자인 경우 매도자에게 민법 제536조에 의한 동시이행항변권이 있기 때문에 소유권이전등기 의무를 부과할 수 없는데 매수자가 금전적 역채권자인 경우 매매대금 청산절차 없이 소유권을 이전해가라는 법률은 가중 역차별, 평등권 침해, 과잉금지의 원칙에 어긋나는 반사회적 법률이며 국민들에게 매도자가 토지면적 확정시 갑질행위를 하더라도 매매대금이 완납되지 않도록 5%정도 잔금을 남겨

놓아 매수자가 원하는 시기에 완납하고 소유권을 이전해 가라는 것은 악의의 매수자를 법률에서 권장하고 있는것이다.

21. 민원인은 구사적애사심에서 공사진행이 늦어질 경우 잔금의 30% 까지 매매대금 약정기일을 미룰 수 있다는 3년분할 납부계약이 아닌 향후 양도소득세 납부시 불리한 5개월 약정 일시납 계약을 한 것 지체만으로도 매매대금 납부를 지체하여 소유권이전 등기신청할 의도가 없었음을 누가 판단하더라도 명백하므로 구 청원군, 구 한국토지공사, 충청북도는 가해자이고 민원인은 피해자이다.(계약체결당시 년 예금운용 수익 13.8%, 할부이자는 9%, 연체이자는 18%였음으로 일시납 계약자가 유리한 점이 하나도 없었음)

22. 부동산실명법 장기미등기 조문의 전제조건인 부동산등기 특별조치법에서도 매도자에게 소유권보존등기 형식을 빌린 표시변경등기 신청의무만 부여하고 있고 매수자의 소유권이전등기 기산일이 될수 있는 등기공부 완료일을 공시하여야 하는 규정도 없고 이사건 토지등의 경우 토지면적 확정 11개월 경과시 및 그 후로 공시관리하지 않았으므로 장기미등기 기산일을 매도자의 반대급부이행일(등기공부정리 완료일)로 판단 할수도 없으며, 매도자의 등기공부 신청일을 소유권이전등기 기산일로 행정작용을 했다면 도과기간 43일을 행정청이 갈취한 것이며, 매매대금을 성실히 납부한자와 그렇지 않은자와의 평등권을 유지하기위해서는 법률에 등기공부정리 완료일을 명시토록하고, 등기공부정리 완료일을 정기미등기 기산일로 규정하여야 한다.

23. 민원인은 구 청원군을 상대로 행정심판을 청구하였으나 충청북도 행정심판 위원회는 구술심리를 거절하여 기각했고, 행정소송을 하였으나 판사들의 권리를 남용한 절대군주적 갑질행위로 패소하였고, 구청원군(현 청주시) 사업시행자인 구 한국토지공사(현 한국토지주택공사), 충청북도를 상대로 민사소송을 제기하였으나 피고들 모두 변론할 내용이 없다고 차례로 법정진술, 쟁점사항에 대한 피고들 무답변, 자료제출거부, 무서증, 무변론 하였고, 변론종결후 충청북도의 갑질행위로 추정되는 문건에 의하여 변론진행 내용과는 정반대의 언행불일치 원고 패소 판결을 하였다.

24. 법원은 행정청 및 사업시행자가 불법으로 조성한 토지를 실수요자가 아

닌 소속직원들에게 강매하였고, 제3자인 행정청이 도상가분할 토지에 대하여 지방세 납부유예로 일시납계약을 유도해 지방세 세수시기를 앞당겼고, 매도자가 토지면적 확정시 계약성실 이행자를 역차별해 행정청 및 사업시행자가 불법불로소득을 얻었고, 매매대금 청산의무는 민법상 채무자인 매도자에게 있고 원고에게 재산세 부과시 장기미등기 과징금을 부과하지 않은 것은 부동산실명법 제10조3항(제5조5항) 위반이며, 연대채무자가 채권자에게 과징금을 감경하지 않은 것은 개정 법률(2002.3.30)에 의한 판례상 부동산 실명법 시행령 제4조의2 위반이라는 원고의 67개의 서증에 의한주장에 피고들 모두 서증 및 답변을 못했음에도 토지면적확정시 고의행위를 했고 법률해석 의뢰시 허위문서를 작성 했더라도 판결에 미치는 영향이 없다고 원고패소 판결을 하므로서 입법권 및 행정권(안전행정부, 사업시행 법률소관 부처의견도 완전무시)까지 자신들 권한이라고 한정치산적 판결을 하였고 위헌제청도 3차례나 거부하였다.

사건번호 : (청 주) 2012구합596(2012.7.13 판결, 재판장 최병준, 판사 이경민, 판사 권수아)
(대전고등 청주) 2012누547(2013.05.20 판결, 재판장 사공영진, 판사 이국헌, 판사 이수현)
(대법원) 2013두12089(2013.9.30 판결, 대법관 양창수, 박병대, 고영한, 김창석) : 심리불속행
(청 주) 2014가단13242(2014.12.22 판결, 판사 나경선)
(청 주) 2015나10227(2015.6.23 판결, 재판장 박병찬, 판사 박상렬, 판사 김기홍)
(대법원) 2015다228904(2015.11.12 판결, 대법관 김용덕, 박보영, 김신, 권준일) : 심리불속행
(청 주) 2015재나105(2016.8.26 판결, 재판장 윤성묵, 판사 임택준, 판사 염혜수)
(청 주) 2016재나96 : 손해배상(기), 민사3부(2016.9.27)
2017카기420 : 기피신청, 민사10부(2017.3.13)

25. 민원인은 법원이 입법권 및 행정권까지 자기 권한에 속한다고 헌번재판소의 헌법불합치 판결, 헌법소원 판결, 헌법, 민법, 민사소송법, 대법원 판례, 행정절차법, 산업입지 및 개발에관한 법률, 부동산실명법, 부동산등기 특별조치법, 지적법 등을 모두 간과한 정의가 1%도 없는 판결을

하였기 법제처에 법령심사시 행위작위에 의하여 부동산 거래질서를 확립하기 위하여 제정한 법률이 오히려 부동산 거래질서를 어지럽히는(매매대금 납부를 매수자들에게 고의적으로 지체하는 것이 장기미등기 과징금도 부과받지않고 면적도 증가하고 지방세도 적게 납부하는 절세행위라고 유도) 법률로 해석되고 있으므로 연대 입법권자로서의 답변을 요구하였으나 법무부의 소관법률은 해석권한이 없다고 자신들의 행정작용을 떠넘기는등 수차례 거절하였으므로 헌법 및 정부조직법에 규정한 삼권분립의 원칙에 어긋나며 국민의 알권리를 사유없이 약탈하고 있으므로 법제처에 법령심사기능을 부여해서는 안됩니다.

26. 헌법에는 주권이 국민에게 있고 공무원은 국민에 봉사자라고 되어있는데 공무원들은 반대로 법령을 고의적으로 불명확하게 만들어 권리를 남용해 선량한 국민의 재산권을 사유없이 약탈하는등 공무원들의 전리품대상으로 사회적 약자를 이용하고 있다고 판단되는데 이 사건을 토대로 공무원중 한사람만이라도 법제처의 심사, 법무부 법률해석, 법원의 판결이 정당하다는 사유를 법률을 근거로 답변해주셨으면 합니다.

2018.6.11.

민원인 김○○

발 신 : 김정선

수 신 : 법제처 김계홍 차장님, 박지은 대변인님, 호우미 부대변인님, 이영림 홍보대변인님, 양정원 운영지원과장님, 김정철 서무계장님, 김의성 기획조정관님, 김형수 법제정책국장님, 김기열 행정법제국장님, 김성원 법제심의관님, 안상현 법제관님, 김연신 법제관님, 이상수 법제관님, 노연우 법제관님, 공은정 법제관님, 박혜경 법제관님, 공봉숙 합의법제관님, 백문흠 경제법제국장님, 김수익 법제심의관님, 권태웅 법제심의관님, 이정규 법제관님, 손대수 법제관님, 서보경 법제관님, 방미경 법제관님, 정의방 사회문회법제국장님, 김성웅 법제관님, 양미향 법제관님, 금창섭 법제관님, 방극봉 법제관님, 박종일 법제관님, 임지연 법제관님, 이강섭 법령해석 국장님, 정세희 법령해석총괄과장님, 추명순 법령해석총괄담당님, 송유경 경제법령해석담당님, 서용우 경제법령해석과장님, 안병준 행정명령해석과장님, 전태석 사회문화법령해석과장님, 남창국 법제지원국장님, 박영욱 법제지원총괄과장님, 송상훈 혁신인사담당관님, 조연경 조직계장님, 최혜경 조직계장님, 윤길준 법제정보담당관님, 임송학 상임위원님, 조창희 국가정보센터총괄님, 하선우 법령정보운영담당님, 우송기 국가법령정보센터운영담당자님, 손중근 비서관님, 채순석 비서관님

첨 부 : 법 깡패인 법제처에 법령의 심사기능을 부여해서는 안됩니다.

2018.06.14

"안주고 안받고 청렴하게 당당하게"

국무조정실
국무총리비서실

국무총리비서실

수신 김정선 귀하
(경유)
제목 민원(청원)처리결과 회신

1. 귀하께서 국무총리비서실에 제출하신 민원(2018.7.5, 접수번호 1508)에 대한 회신입니다.

2. 귀하의 민원은 「부동산실명법 시행령 개정 관련 법제처의 법령심사, 법무부의 법률해석, 법원의 판결 등에 대한 적정성 여부 질의에 대한 답변 촉구 및 충청북도(청원군)의 부동산 장기 미등기에 따른 과징금 부과처분의 부당성 진정」으로 이해되며, 내부검토결과 법제처, 법무부, 대법원(법원행정처), 충청북도에서 처리토록 이송하게 되었음을 알려드립니다.

※ 「민원 처리에 관한 법률」 제16조(민원문서의 이송) ① 행정기관의 장은 접수한 민원이 다른 행정기관의 소관인 경우에는 접수된 민원문서를 지체 없이 소관 기관에 이송하여야 한다.
※ 「청원법」 제7조(청원서의 제출 및 보완요구) ③ 청원서를 접수한 기관은 청원사항이 그 기관이 관장하는 사항이 아니라고 인정되는 때에는 그 청원사항을 관장하는 기관에 청원서를 이송하고 이를 청원인에게 통지하여야 한다.

3. 앞으로도 변함없는 성원과 지지를 부탁드리며 귀하의 건승과 행복을 기원합니다. 끝.

국무총리비서실장 [국무총리비서실장인]

서기관 김양욱 행정관 전결 2018. 7. 5. 김창훈

협조자

시행 민정민원비서관-2143 (2018. 7. 5.) 접수

우 30107 세종특별자치시 다솜로 261(어진동) 206호 / http://pmo.go.kr

전화번호 044-200-2819 팩스번호 044-200-2825 / kyw3266@opm.go.kr / 비공개(6)

제목 : 법무부는 부동산 실명법 장기미등기 조문은 반사회적으로 해석하고 있다. (법률제정 16년후 행정절차법 제4조 위반)

1. 악의의 행정작위자 및 매도자, 매수자는 행정범죄 행위가 아니고 선의의 매수자는 행정범죄 행위자라는 법무부의 법령해석을 납득할수 없어 서신을 올리게 된점 송구하오며 저는 국민의 한사람으로서 국민들에게 미필적 고의 법률의 명확한 법률해석을 전파할 의무가 있다고 판단합니다.

2. 부동산 실명법은 매수자가 계약이행을 지체한 경우 및 매도자는 소유권 이전등기 관련 권리제한을 못하는 반쪽짜리 법률임에도 계약을 성실히 이행하고도 매도자의 역차별 갑질행위에 의한 피해자(면적감소된 자)만 권리제한을 하고 매도자로부터 역대우를 받은 매수자(면적증가된 자)는 권리제한시기를 매수자가 결정할 수 있는 법률이므로 누가 판단하더라도 장기미등기 기산일을 대금청산일이 아닌 면적정산일(행정절차법 제4조 위반)로 판단하는 것은 악의의 매수자, 매도자, 행정청의 신의성실의 원칙에 어긋나는 행위에 의한 피해를 선의의 매수자에게 떠넘기는 반사회적 법률이다.

3. 법무부가 도상가분할 토지매매의 경우 부동산등기 특별조치법 제2조제1항의 소유권이전등기 기산일은 등기공부 정리후 매매대금 정산일이라고 부동산 실명법 공포전 해석한바있고 부동산실명법 시행전 법률해설집으로 구 재정경제원에서 매매대금 청산일로 공표하였음에도 16년후 매매대금 청산일로 볼수 없다는 해석은 권리남용 및 신뢰보호의 원칙에 어긋나는 불법행위이며 법제처가 운영하는 국가법령 정보센터에 등재되어 있던 부동산등기특별조치법 제2조제1항의 해석례(부동산등기 조치법 및 부동산 실명법의 기산일에 대한 유일한 해석)를 삭제한 자는 국민들의 알권리를 말살하는 행위이므로 형사처벌을 받아야 한다.

4. 국가부도 위기 시절 사업시행자 소속직원이었던 민원인의 소유권이전 등기신청 지연사유는 사업시행자, 구 청원군, 충청북도가 우월적 지위를 이용, 지방세법, 토지선매각 제도를 악용하여 민원인의 재산권을 이용해 불로소득을 얻었고 부동산 등기제도를 역악용(매도자의 갑질행위)하여 부당이득을 얻었음에도, 민원인에게 반환할 역채무 청산을 게을리했기 때문이

며 민원인은 갑질행위를 한 사업시행자 및 행정청에게 자존심마저 헌납할 수 없었기, 7년동안 소유권행사를 못한 피해자입니다.

5. 산업입지 및 개발에 관한 법률 제32조에서의 선수금은 사업시행자는 그가 조성하는 용지를 분양받으려 하는자(=실수요자)로부터 대금의 전부 또는 일부를 미리받아 사업진행에 필요한 자금을 확보 할수있게 해주는 제도(국토교통부)이므로 사업시행자 소속직원들에게 선수매각을 한 것은 명백한 불공정거래 행위이며(1,282개 단독주택지의 3분의1이상을 매수하거나 매매알선) 가장먼저 매매대금을 납부한 민원인에게 행정절차법 제4조를 위반, 16년전 법률공포 당시와 법률해석을 달리하여 유일하게 과징금을 부과징수한 것은 명백한 법무부의 강도 방조행위 및 충청북도의 강도행위입니다.

6. 부동산 등기특별조치법 및 부동산 실명법에서 현물부동산(소유권이전등기가 즉시가능한 토지)이든 외상매출 부동산(소유권 보존등기 형식을 빌린 표시변경 등기가 이루어지지 않은 도상가분할 토지)이든 악의의 등기권리자(소유권이전등기 신청을 미루려고 매매대금을 연체한 매수자)에게는 등기의무자(매도자)에게 동시이행 항변권이 있기 때문에 등기권리자에게 소유권 이전등기의무를 부과하지 못하고 있습니다.

7. 외상매출 부동산의 경우 매수자의 선납금으로 토지가 조성됨에도 불구하고 토지면적 확정시 계약성실이행자 매수토지 면적이 증가할 경우 선의의 등기권리자(매매계약 성실이행자)가 악의의 등기권리자로 전환할수 있기 때문에 오히려 역차별하는 경우(면적감소, 등기의무자가 부동산등기제도 역악용)가 허다하며(표본 79개 필지중 25개 필지 오차로 인정할수 없는 면적증감) 등기의무자 및 악의의 등기권리자의 권리를 제한하는 규정이 없을 뿐만아니라 오차라는 구실로 면적증감권한이 등기의무자에게 있음에도 불구하고, 소유권이전등기 신청 기산일(장기미등기기산일)을 면적이 감소하는 경우에는 면적정산일, 면적이 증가하는 경우에는 등기공부정리 후 대금정산일이라면 가중 반사회적(토지조성에 공로가 있는자는 면적감소 및 소유권이전등기 기산일이 청산금 환급에 관계없이 조기도달) 법률입니다.

8. 민원인은 토지면적 확정 3년5개월전(1998.7.24) 매매대금을 납부하였으

나 토지면적 확정시(2001.12.26) 오차로 인정할수 없는 5.1㎡가 감소되는 역차별을 받았고 취득세 재산세도 납부했고 2009.3.2. 청산금을 환급받고(민원인은 주소나 연락처 변경이 한번도 없었다) 2009.10.30. 소유권이전 등기를 경료하였으나, 장기미등기 기산일이 면적정산일인 2001.12.26. 이고 같은 블록내 토지면적확정시 3.8㎡가 증가되는 역대우를 받은 매수자는 면적정산일로부터 9년후인 2010년 매매대금을 완납하고 소유권이전등기를 경료한 경우 2010년이 부동산등기 특별조치법에서 규정하고 있는 소유권이전등기 기산일(=장기미등기 기산일: 부동산실명법 공포전 법률 해석례)이라고 충청북도로부터 법령질의를 받은 법무부는 법률 제정목적(부동산거래 질서)에 역행하는 법령해석을 하였습니다.

9. 외상매출 부동산(도상가분할토지)은 소유권이전등기 가능시점에 매매대금을 완납하고 소유권이전등기를 하는 것이 통상적인 방식이며 매매대금을 완납하더라도 토지의 사용수익이 불가능함에도 매매대금을 조기에 납부하면 지방세를 납부해야하므로 토지사용 가능시점으로부터 4년전, 5개월 약정 일시납계약은 3년 분할납부계약에 비해 불리한 조건이며(공사진척이 늦어질 경우 잔금의 30%까지 약정기일을 미룰수 있다는 조건도 있었음)
충청북도와 구 청원군은 민원인등 사업시행자 소속직원들에게 매매대금을 조기에 납부하더라도 토지면적 확정일에 매매대금을 완납한 것으로 행정처리를 하겠다는 약속(지방세법 위반 행위이므로 사업시행자가 토지면적 확정일에 완납한 것으로 일괄통보)을 하였기 민원인을 구사적 애사심에서 일시납 계약을 하였고 퇴직금으로 46일만에 매매대금을 납부(토지면적 확정 3년5개월전)하였으므로 누가 판단하더라도 민원인이 매매대금 납부를 지연하여 소유권이전등기 신청을 지연할 의사가 없었다고 판단할 수 있습니다.

10. 사업시행자의 불공정 거래 행위에 의한 소속직원으로서의 매수자중 3년 분할납부 계약후 잔금납부를 지체하여 소유권이전등기 신청을 지연한 경우도 상당수 있었고, 정부에서 부동산등기 특별조치법 제2조제4항에 미등기 전매도 가능토록 법령이 개정된후 매매계약을 체결하여 양도소득세마저 한푼도 안낸 매수자도 상당수 있었으므로 행정청이 일시납계약자에게 불리한 지방세 제척조건을 제시하지 않았다면 민원인이 구사적 애사심이 있었더라도 3년분할 납부계약을하여 역차별 받았더라도 농락당했다는 감정이 없었을것이고, 소유권이전등기 신청지연 사건은 발생하지 않았다.

11. 법제처 및 법무부는 1995.3.30 공포한 부동산실명법의 시행령(안) 심사시 동법 제10조 제1항 제1호(계약 당사자가 서로대가적인 채무를 부담하는 경우에는 반대급부의 이행이 사실상 완료된 날)로 규정한 장기미등기의 기산일을 명확히하기 위하여 동법 시행령(안) 제6조로 장기미등기의 기산일은 대금 청산일로 한다는 조문을 누가 법률 해석을 하더라도 같을 것이므로 소득세법을 원용하여 불필요하게 규정할 필요가 없다(의무위반시 형사처벌 대상이 되는바 기산일을 몇가지 규정만으로 나눔으로써 기소유지 곤란 : 법무부)고 삭제하는 행정작위를하여 구 재정경제원은 소득세법 시행령 제162조를 참조하면된다고 1995.5.9 국무회의 심의의결 후, 1995.5.19 동법 시행령을 공포하여 행정절차법 제5조(투명성)를 위반한 미필적고의 법률을 시행토록 하였다(1995.7.1)

12. 부동산 실명법 시행 3년후 사업시행자(구 한국토지공사)와 그 소속직원(민원인)간의 부동산 쌍무계약(불공정 거래행위)에 충청북도와 구 청원군(현 청주시)은 사업시행자와 담합하여 토지면적 확정시까지 일시납계약 매수자들에게 불리한 지방세의 납부 유예조건을 제시, 사업시행자 소속직원등에게 일시납 계약을 유도하여 그 회수자금으로 사업시행자가 조성공사를 시행하므로서 지방행정청은 약 18억 8천만원으로 추정되는 불로소득(지방세 세수)를 얻었다.

13. 민원인은 퇴직금으로 5개월 약정을 46일만에 이행 (미확정 부동산이었으므로 자투리 잔금 104,040원 남겨둠) 하였으나 3년 5개월후 사업시행자는 토지면적 확정시 오차를 인정할수 없는 5.1㎡를 감소시켜 블록단위 면적 증감을 각 필지에 안분했다면 3,015원 채무자를 481,930원 금전적 역채권자로 전환시키는등 성실하게 계약이행한 매수자들을 역차별(부동산 등기제도를 매도자가 역악용)하므로서 지방행정청은 약 3억 8천만원으로 추정되는 불법불로소득(지방세 세수)을 얻었다.

14. 민원인은 배은망덕한 전 소속회사와 지방행정청의 행정작위에 정신적 충격을 받아 취득세는 납부하였으나, 퇴직금 지급 계좌로의 환급금을 반환받기전까지는 소유권이전등기를 신청할 의사가 없었고 소유권 이전은 안했지만 지방세법에 의하여 사실상의 소유자는 민원인이라고 구 청원군이 재산세를 부과하였기 납부했고, 11년후 퇴직금 지급계좌로 청산금을

환급받고 소유권이전등기를 경료하였다.

15. 소유권이전등기 경료 2년후 충청북도 감사담당관실 신승민은 적반하장으로 민원인이 부동산특별 조치법 제2조제1항의 적용을 받는자로서 부동산 실명법 제10조제1항제1호에 해당된다고 장기미등기 과징금 24,071,740원을 부과징수토록 구 청원군에 감사처분을 하였다.(법률시행전 법률해설집 및 언론보도자료에서 매매대금 청산일로 해석하였기 16년동안 매매대금 청산일이 아닌 면적정산일을 장기미등기 기산일로 판단한 법률해석례도 없고 판례도 전혀 없었다.)

16. 등기는 신청주의여서 등기신청일만 공시하도록 되어있으므로 부동산등기특별조치법 및 부동산 실명법에서 규정하고 있는 반대급부이행일을 공시되지 않은 표시변경등기 완료일(43일 도과)을 기산일로 판단해서는 안되며 법무부의 부동산등기 특별조치법 제2조제1항제1호에 대한 기존해석은 당초 분양면적보다 면적이 증가한 경우 해당되며 면적이 감소할 경우에는 면적정산일이라고 법무부는 주장하나 소유권이전등기신청은 표시변경등기가 완료되어야 가능한데 사업진행과정으로 판단하면 표시변경등기 신청 8개월전에 소유권이전등기를 신청하라는 모순된 주장이다.

17. 법무부에서는 법률시행 16년후인 2011년 충청북도로부터 법령질의를 받고 미필적 고의 법률을 유전(계약 성실이행 매수자) 유죄(장기미등기 기산일이 면적정산일), 무전(계약이행지체 매수자) 무죄(장기미등기 기산일이 등기공부정리후 대금청산일)로 해석하고 있고 법원(21명의 재판관)에서는 무권(사회적 약자) 유죄(권리는 없고 의무만 있음) 유권(우월적 지위에 있는자) 무죄(법률을 지킬필요도 없고, 작위의무를 이행하지 않아도 되고, 자료제출을 거부하여도 되고 가해행위를 하여도 되고 변론을 할 필요가 없다)로 판단하고 있으므로, 법무부가 공동입법권자 및 입법 시행령심사시 의견 제출권자로서 미필적고의 법률에 대한 청원을 수차례 거부한 것은 행정절차법 제4조, 제5조 및 청원법 위반입니다.

18. 법률전문가 집단인 법무부 및 법제처가 미필적고의 법률을 제정토록 하고도 민원인으로부터 법령제정과정에 대한 증거자료, 제정당시 관련 법률, 실무적으로 제정목적에 역행하는 법률해석이라는 사실을 확인하고도 명확한 의견을 제시 못하는 법률을 국민에게 이행하라는 것은 국무위원, 국회,

국민들을 속인 사기행위입니다.

19. 충청북도와 구 청원군이 사유없이, 매수자의 재산권을 이용하여 불법 불로소득을 얻었으므로 부동산 설명법에서 규정하고 있는 장기미등기 기산일을 법률시행전 공표한 대금 청산일이 아니고 도상가분할 토지면적이 감소하여 완납 처리된 경우 면적정산일로 해석되더라도 매매대금 청산이 안 되었기 때문에 매도자는 금전적 역채무자이고 불법개입한 행정청은 연대채무자이므로 부동산실명법 제10조제1항 단서인 등기신청을 못할 정당한 사유 및 부동산 등기 특별조치법에 의한 과태료 부과징수 규칙 제2조4의 등기신청을 해태한 상당한 사유에 해당되므로 민원인에게 장기미등기 과징금을 부과징수한 것은 명백한 권리남용이다.

20. 사업시행자의 갑질행위(단독주택지의 3분의 1 이상을 소속직원들이 매수하거나 매매알선)에 의하여 소속직원으로서의 매수자중 민원인등 일시납 계약을 한 매수자는 매매대금 납부를 지체하여 소유권이전 등기신청을 지연할 의사가 없었던 매수자로 판단되어야 하고 3년분할 납부계약자는 사업시행자가 토지면적확정시 갑질행위를 하더라도 완납처리 되지 않도록 매매대금의 5~10%정도 잔금은 남겨놓았다가 원하는 시기에 매매대금을 완납하여 지방세 국세(양도소득세: 할부이자는 취득원가에 포함되므로 3년 분할납부가 유리)도 절감하고 소유권이전등기 신청을 늦추는 매수자도 상당수 있었고(연체이자를 내는 것이 유리함), 부동산등기 특별조치법 제2조제4항을 신설하여 미등기 전매도 가능토록 법률개정후 매매계약을 체결한 매수자는 매매 차익이 있었지만 양도소득세를 한푼도 납부하지 않고 미등기 전매를 한 매수자도 상당수 있었으므로 어느경우가 부동산 거래질서상 건전한 행위를 하였는지는 초등학교 학생수준에서도 판단 할수 있다. (계약체결 당시 년예금운용 수익 13.8%, 할부이자 9%, 연체이자 18% 였음)

21. 민원인은 국가부도위기 시절 정부정책, 소속회사인 구 한국토지공사의 갑질행위, 구 청원군과 충청북도의 일시납계약 유도에 의한 피동적 매수자로서 경제여건상 5년후 소유권이전이 가능할 것으로 예상되는 오창산업단지내 도상가분할 단독주택지를 구사적 애사심에서 3년분할납부계약이 아닌 5개월 약정 일시납 계약(1998.6.8, 356㎡, 44,956,000원)을 하였고 매도자의 2차 갑질행위인 상위직급자 퇴직전략에 의한 퇴직금으로 계

약 체결 46일만에 매매대금을 선납까지 하였으나, 사업시행자인 매도자로부터 3년 5개월후 토지면적 확정시 블록시공 및 필지경계 표지설치 오차로 인정할수 없는 5.1㎡가 감소(2001.12.26) 되었다는 통보를 받고 전소속회사와 지방행정청이 담합 행정작위로 불법불로소득을 얻은것에 정신적 충격을 받아 퇴직금지급 계좌로의 매매청산금을 반환받을때까지 소유권이전등기 신청의무는 동시이행 관계가 있다고 판단하였고, 매매대금 납부 11년후인 2009년 청산금을 환급받고 소유권이전등기를 경료하였으므로 국민 누구에게 물어보아도 민원인은 피해자였음이 명백하다.

22. 부동산실명법 시행령(안) 제6조로 공포했던 장기미등기 기산일 규정이 삭제되었지만 관련법률(소득세법, 가등기 담보등에 관한 법률)에서 부동산 취득일은 청산일로 규정되어 있었고 판례도 청산일이었고 부동산실명법 제10조(장기미등기자에 대한 벌칙 등)의 전제조건인 부동산 등기 특별조치법 제2조제1항(소유권이전등기 기산일)에 대한 해석이 지적 및 등기공부 정리후, 매매대금 정산일로 법률해석을 했기 때문에, 도상가분할 토지의 장기미등기 기산일을 면적이 감소한 경우 면적정산일로 판단한 법률해석 및 판례가 전혀 없었고 구 재정경제원으로부터 동법은 이관받은 법무부는 헌법불합치 판결에 따른 법률 및 시행령 개정시(2002.3.30) 당해 조문을 개정하지 않았고 구 청원군이 민원인에게 지방세법상 사실상의 소유자라고 재산세를 부과시에도, 소유권이전등기 신청시에도 장기미등기 과징금을 부과하지 않았다.

– 부동산 취득일 및 소유권이전등기 관련 법률

° 소득세법 시행령 제162조(양도 또는 취득의 시기) : 취득시기 및 양도시기는 당해 자산의 대금을 청산한 날로 한다. (예외인 각 호에 해당되지 않음)

° 가등기 담보등에 관한 법률 제4조(청산금의 지급과 소유권 취득)

제2항 : 채권자는 청산기간이 지난후 청산금을 채무자등에게 지급한 때에 담보목적 부동산의 소유권을 취득한다.

제3항 : 청산금의 지급채무와 부동산의 소유권이전등기 및 인도 채무의 이행에 관하여는 동시이행 항변권에 대한 민법 제536조를 준용한다.

° 부동산 등기 특별조치법 제2조(소유권 이전등기등 신청의무) 제1항 : 부동산의 소유권이전을 내용으로 계약을 체결한자는 계약의 당사자가 서로 대가적인 채무를 부담하는 경우에는 반대급부의 이행이 완료된날로부터

60일 이내에 소유권이전 등기는 신청하여야 한다. 제4항 : 소유권 보존등기가 되어있지 아니한 부동산에 대하여 소유권이전을 내용으로 하는 계약을 체결한자는 계약을 체결한후에 소유권보존등기를 신청할 수 있게 된 경우에는 소유권보존등기를 신청할 수 있게된 날로부터 60일이내 소유권 보존등기를 신청하여야 한다.

- 부동산 실권리자 명의등기에 관한 법률 제10조(장기미등기자에 대한 벌칙등) 제1항 : 부동산등기 특별조칩버 제2조제1항의 적용을 받는자로서 계약당사자가 서로 대가적인 채무를 부담하는 경우에는 반대급부의 이행이 사실상 완료된날부터 3년이내에 소유권이전등기를 신청하지 아니한 등기권리자(이하 "장기미등기자" 라 한다)에 대하여는 부동산 평가액의 100분의 30 범위에서 과징금을 부과한다.

– 소유권이전등기 관련 해석례
도상가분할 토지의 부동산 등기 특별조치법 제2조제1항에서 규정하고 있는 반대급부이행이 완료된날을 토지면적 확정 및 등기공부정리후 확정면적에 대한 토지대금을 정산한 날(법무부, 부동산실명법 공포전)

– 양도소득세등 부과처분취소 소송 판례
한국 수자원공사로부터 택지조성사업지구내의 토지를 취득하면서 지적확정후 면적증감에 따라 정산하기로 한 경우 토지의 취득시기는 택지조성사업완료 후 지번,지적의 확정일이 아니라 대금 청산일이다(대법원 2001.3.27 선고 99두 2550 판결, 1998.11.26. 등기선례 5-820)

– 부동산 실권리자 명의 등기에 관한 법률위반 판례
가등기 담보등에 관한 법률에 따른 가등기 담보계약이 부동산의 소유권이전을 내용으로 하는 계약에 해당하며 부동산 실권리자 명의등기에 관한 법률 제10조에 정한 3년의 소유권 이전등기 의무 해태 기간의 기산일은 가등기 담보권자가 소유권이전등기 청구권을 행사할 수 있는때로서 청산기간이 경과한후 청산금을 지급하는등 청산절차가 종료된때로 보아야 한다.(대법원 2009.9.10 선고 2009도5031 판결)

23. 토지면적 확정을 위하여 도상의 각필지 좌표를 공사현지에 설치시 매도자의 주관이 개입되지 않도록 제3자인 지적측량 대행기관에 의뢰하지 않고 매도자가 직접 설치하는 것은 오차라는 구실로 매매대금 납부현황을

참조하여 매수자가 채무자(면적증가)인지, 역채권자(면적 감소)인지 여부 결정권을 갖고 있고 매수자가 채무자인 경우 매도자에게 민법 제536조에 의한 동시이행항변권이 있기 때문에 소유권이전등기 의무를 부과할 수 없는데 매수자가 금전적 역채권자인 경우 매매대금 청산절차 없이 소유권을 이전해가라는 법률은 가중 역차별, 평등권 침해, 과잉금지의 원칙에 어긋나는 반사회적 법률이며 국민들에게 매도자가 토지면적 확정시 갑질행위를 하더라도 매매대금이 완납되지 않도록 5%정도 잔금을 남겨놓아 매수자가 원하는 시기에 완납하고 소유권을 이전해 가라는 것은 악의의 매수자를 법률에서 권장하고 있는 것이다. (79개 표본조사결과 최대 4.5%증가, 최대 2.3% 감소였음)

24. 부동산실명법 장기미등기 조문의 전제조건인 부동산등기 특별조치법에서도 매도자에게 소유권보존등기 형식을 빌린 표시변경등기 신청의무만 부여하고 있고 매수자의 소유권이전등기 기산일이 될수 있는 등기공부 완료일을 공시하여야 하는 규정도 없고 이사건 토지등의 경우 토지면적 확정 11개월 경과시 및 그 후로 공시관리하지 않았으므로 장기미등기 기산일을 매도자의 반대급부이행일(등기공부정리 완료일)로 판단 할수도 없으며, 매도자의 등기공부 신청일을 소유권이전등기 기산일로 행정작용을 했다면 도과기간 43일을 행정청이 갈취한 것이며, 매매대금을 성실히 납부한자와 그렇지 않은자와의 평등권을 유지하기위해서는 법률에 등기공부정리 완료일을 명시토록하고, 등기공부정리 완료일을 정기미등기 기산일로 규정하여야 한다.

25. 민원인은 구 청원군을 상대로 행정심판을 청구하였으나 충청북도 행정심판 위원회는 구술심리를 거절하여 기각했고, 행정소송을 하였으나 판사들의 권리를 남용한 절대군주적 갑질행위로 패소하였고, 구청원군(현 청주시) 사업시행자인 구 한국토지공사(현 한국토지주택공사), 충청북도를 상대로 민사소송을 제기하였으나 피고들 모두 변론할 내용이 없다고 차례로 법정진술, 쟁점사항에 대한 피고들 무답변, 자료제출거부, 무서증, 무변론 하였고, 변론종결후 충청북도의 갑질행위로 추정되는 문건에 의하여 변론진행 내용과는 정반대의 언행불일치 원고 패소 판결을 하였다.

26. 법원은 행정청 및 사업시행자가 불법으로 조성한 토지를 실수요자가 아닌 소속직원들에게 강매하였고, 제3자인 행정청이 도상가분할 토지에 대

하여 일시납계약을 유도해 지방세 세수시기를 앞당겼고, 매도자가 토지면적 확정시 계약성실 이행자를 역차별해 행정청 및 사업시행자가 불법불로소득을 얻었고, 매매대금 청산의무는 민법상 채무자인 매도자에게 있고 원고에게 재산세 부과시 장기미등기 과징금을 부과하지 않은 것은 부동산 실명법 제10조3항(제5조5항) 위반이며, 연대채무자가 채권자에게 과징금을 감경하지 않은 것은 개정 법률(2002.3.30)에 의한 판례상 부동산 실명법 시행령 제4조의2 위반이라는 원고의 67개의 서증에 의한주장에 피고들 모두 서증 및 답변을 못했음에도 토지면적확정시 고의행위를 했고 법률해석 의뢰시 허위문서를 작성 했더라도 판결에 미치는 영향이 없다고 원고패소 판결을 하므로서 채증의 법칙, 비례의 원칙, 평등의 원칙을 모두 간과하고 입법권 및 행정권(안전행정부, 사업시행 법률소관 부처의견도 완전무시)까지 자신들 권한이라고 한정치산적 판결을 하였고 위헌제청도 3차례나 거부하였다.

사건번호 : (청　주) 2012구합596(2012.7.13 판결, 재판장 최병준, 판사 이경민, 판사 권수아)
(대전고등 청주) 2012누547(2013.05.20 판결, 재판장 사공영진, 판사 이국현, 판사 이수현)
(대법원) 2013두12089(2013.9.30 판결, 대법관 양창수, 박병대, 고영한, 김창석) : 심리불속행
(청　주) 2014가단13242(2014.12.22 판결, 판사 나경선)
(청　주) 2015나10227(2015.6.23 판결, 재판장 박병찬, 판사 박상렬, 판사 김기홍)
(대법원) 2015다228904(2015.11.12 판결, 대법관 김용덕, 박보영, 김신, 권준일) : 심리불속행
(청　주) 2015재나105(2016.8.26 판결, 재판장 윤성묵, 판사 임택준, 판사 염혜수)
(청　주) 2016재나96 : 손해배상(기), 민사3부(2016.9.27)
2017카기420 : 기피신청, 민사10부(2017.3.13)

27. 민원인은 법원이 입법권 및 행정권까지 자기 권한에 속한다고 헌번재판소의 헌법불합치 판결, 헌법소원 판결, 헌법, 민법, 민사소송법, 대법원 판례, 행정절차법, 산업입지 및 개발에관한 법률, 부동산실명법, 부동산등기특별조치법, 지적법 등을 모두 간과한 정의가 1%도 없는 판결을 하였기

법제처에 법령심사시 행위작위에 의하여 부동산 거래질서를 확립하기 위하여 제정한 법률이 오히려 부동산 거래질서를 어지럽히는(매매대금 납부를 매수자들에게 고의적으로 지체하는 것이 장기미등기 과징금도 부과받지않고 면적도 증가하고 지방세도 적게 납부하는 절세행위라고 유도) 법률로 해석되고 있으므로 연대 입법권자로서의 답변을 요구하였으나 법무부의 소관법률은 해석권한이 없다고 명백한 회신을 거부하고 있으므로 공동입법권자 겸 시행령심사시 의견제출자, 소관부처인 법무부가 부동산실명법에서 규정하고 있는 장기미등기 기산일이 면적정산에 의하여 완납처리된 경우 면적정산일인지, 법률시행전 구 재정경제원 장관이 법률해설집에서 공표한 대금청산일인지를 명확히 밝혀주시기 바랍니다.

28. 헌법에는 주권이 국민에게 있고 공무원은 국민에 봉사자라고 되어있는데 공무원들은 반대로 법령을 고의적으로 불명확하게 만들어 권리를 남용해 법률의 모순, 제도의 모순을 전혀 판단의 대상이 아니라고 선량한 국민의 재산권을 사유없이 약탈하는등 공무원들의 전리품 대상으로 사회적 약자를 이용하고 있다고 판단되는바 이 사건을 토대로 공무원중 한사람만이라도 법무부, 법제처의 심사, 법무부 법률해석, 법원의 판결이 정당하다는 사유를 법률을 근거로 답변해주셨으면 합니다.

2018.6.26.

민원인 김 ○ ○

제 목 : 법무부는 부동산 실명법 장기미등기 조문은 반사회적으로 해석하고 있다.(법률제정 16년후 행정절차법 제4조 위반)

수 신 : 법무부 이금로 차관님, 조상철 기획조정실장님, 법무실장님, 검찰 국장님, 범죄예방 국장님, 인권 국장님, 정책기획관님, 기획재정 담당관님, 혁신행정 담당관님, 정보화 담당관님, 법무심의관님, 법무과장님, 국제법무과장님, 국가송무 과장님, 법조인력 과장님, 검찰 과장님, 범죄예방기획 과장님, 보호정책 과장님, 인권정책 과장님, 인권구조 과장님, 감찰 담당관님, 감사담당관님.

충청북도는 국민들의 재산권 및 알권리를 침탈하는 곳이고 청주지방법원은 국민들의 알권리를 말살하는 곳이다.

1. 충청북도(대표 이시종)는 부동산실명법의 장기미등기 조문해석을 법률시행전 매매대금 청산일로 해석하였음에도, 법률시행 16년후인 2011년 문구해석에만 의존하여 면적정산일로 달리 해석(신승민)하므로서 매매계약성실이행자의 재산권을 약탈하는 법률제정목적에 역행하는 반사회적 행정작위를 하였다.

2. 부동산실명법의 장기미등기 조문은 법제처의 시행령(안)조문 삭제 행정작위에 의하여 미필적 고의 법률이 되었다(누가 법률해석을 하더라도 같을 것이므로 소득세법을 원용하여 불필요하게 규정할 필요가 없다)

3. 부동산실명법 시행전 주관부처인 구 재정경제원 및 법무부에서는 장기미등기 기산일은 매매대금 청산일로 한다고 언론에 공표했고, 시행령(안)도 공포했고 법률해설집에서도 잔금 청산일로 공표했다.

4. 민원인의 재산권을 이용해 불법불로소득까지 얻은 충청북도는 소유권이전등기 경료 2년후 도상가분할 토지로서 면적이 감소하여 매매대금이 완납처리된 경우 면적확정일을 장기미등기 기산일로 판단해서 13년전 매매대금을 납부한 민원인에게 유일하게 부동산 평가액의 20%인 24,071,740원의 장기미등기 과징금을 구 청원군으로 하여금 부과징수토록 하였다.

5. 1998년 충청북도와 구 청원군이 지방세법에 불구하고 취득세(955,000원) 수납을 토지면적 확정시(약 4년정도)까지 늦추어 수납받고 재산세(약 50만원 정도)를 수납받지 않겠으니(2002.1.8. 사업시행자가 구 청원군에게 토지면적 확정일을 기납부자의 대금납부일로 하여 매매대금 납부 현황 일괄통보) 도상가분할 토지에 대하여 일시납계약을 해달라고 권유하더니 계약체결 14년후(소유권이전등기 경료 2년후) 일시납 계약 유도시 전혀 언급이 없었던 장기미등기 기산일은 매수자가 매도자에게 지급할 매매대금이 남아 있지 않은 날로 해석해, 사업시행자가 토지면적 확정시 역차별(고의적으로 감소시킴)하고도 금전적 역채무를 이행하지 않았음에도 가장 먼저 매매대금을 납부한 민원인에게 유일하게 지방세 가치의 40배에 해

당하는 과징금을 부과징수한 것은 가장 악랄한 사기행위이다. (일시납 계약 유도시는 부동산 실명법 해설집 발간 3년이 경과하는 시점이었으므로 장기미등기 기산일을 매매대금 청산일로 판단했을것이 명백하다)

6. 사업시행자가 계약성실이행자를 역차별(면적감소)하는 이유는 면적이 증가될 경우 갑자기 악의의(잔금납부 지연) 매수자로 돌변하여 소유권 이전을 지연하는 경우를 수없이 경험했기 때문이다.

7. 부동산 실명법은 매수자가 계약이행을 지체한 경우 및 매도자에게는 소유권이전 등기 관련하여 권리 제한을 못하는 반쪽짜리 법률임에도 매도자의 역차별. 갑질행위에 의한 피해자(면적감소된 자)만 권리제한을하고 매도자로부터 역대우를 받은 매수자(면적증가된 자)는 권리제한시기를 매수자가 결정할 수 있는 법률이므로 누가 판단하더라도 계약성실 이행자의 장기미등기 기산일을 면적정산일로 판단하는 것은 악의의 매수자, 매도자, 행정청의 신의성실의 원칙에 어긋나는 행위에 의한 피해를 선의의 매수자에게 떠넘기는 반사회적 법률이다.

8. 충청북도 행정심판위원회 위원장인 부지사가 1%만이라도 사회적 약자를 보호할 의사가 있었다면 구술심리를 받아주어 민원인이 사업시행자 소속 직원으로서 충청북도 지방세 세수물건 확보에 공로가 있는 피동적 매수자이므로 매도자 및 행정청이 어떠한 원인을 제공하지 않은 사건에서도 지방세, 국세를 연체하지 않은 경우 과징금의 50%를 감경한 대법원 판례, 행정심판위원회의 판결이 수없이 있었으므로 이를 인용했다면 사건을 1년 이내에 종결되었을 것이나 구술심리를 거절하였기 민원인을 죽음의 구렁텅이에 몰아놓고 수많은 공무원 및 법관들을 괴롭힌 사건으로서 사기사건의 1차 책임은 법리를 오해하여 감사지적을 하고도 피해자를 도와줄 어떠한 시도도 하지 않은 신승민, 2차 책임은 허위문서까지 작성하여 민원인에게 과징금을 부과토록한 토지정보과, 3차 책임은 부지사, 4차 책임은 소송시 사실확인을 일체 거부한 법무팀이다.

9. 국토교통부로부터 공업단지 지구지정을 받아 구 한국토지공사를 사업시행자로 지정하고도 지원반까지 운영한 충청북도는 사업시행자에게 무리한 요구를 하여 구 한국토지공사는 사업 유효기간을 넘겨 실시계획을 신청하였

고, 780억원(2004년 기준) 사업손실을 가져왔고, 국가 부도위기 시절 충청북도의 숙원사업에대한 조성비용을 사업시행자에게 자금이 없어 민원인 등 소속직원들이 앞장서 조달하였으므로 구 한국토지공사 직원들에게 충청북도는 백번 만번 감사의 마음을 가져야한다.

10. 국가부도 위기시절 실수요자에게 매각해야할 도상가분할 토지를 사업시행자 소속직원들에게 매각해야만 했던 시기에 제3자로 개입해 지방세 유예조건을 제시, 일시납 계약을 유도하여 지방세의 불로소득(약 18억 8천만원 추정), 도상가분할 토지매매제도 악용으로 지방세의 불법불로소득(약 3억4천만원 추정)까지 얻었음에도 법무부에 허위문서까지 제출한 명백한 적반하장 사기사건으로서 행정소송판결 후인 2014.6.9. 충청북도지사 이시종은 집무실에 있었음에도 비서실장이 민원인의 면담을 거절했고 법령질의시 토지정보과는 면적차이를 기 설치되어 있는 경계표지의 공사측량과 지적측량의 차이로 잘못알고 있었다.

11. 소유권 이전 등기신청 의무와 관련하여 악의의(계약이행 지체) 매수자 및 매도자는 권리제한을 하지않은 법률을 해석 적용함에 있어서 행정청까지 가세한 매도자의 갑질행위에 의하여 선의의(계약성실 이행)매수자가 토지면적 확정시 역차별 받아 금전적 역 채권자(3,015원 채무자 → 481,930원 채권자)가 되었음에도 매수자의 재산권을 이용해 불법불로소득까지 얻은 금전적 역 연대채무자인 행정청이 금전적 역채권자에게 장기미등기의 과징금을 부과한 것은 행정절차법 제4조(신의성실 및 신뢰보호)를 위반 (법률 시행전 대금청산일로 법률해석)한 법리적 정의가 전혀 없는 명백한 법리에 대한 오해 사건이다.

12. 민원인은 국가부도위기 시절 정부정책, 소속회사인 구 한국토지공사의 갑질행위, 구 청원군과 충청북도의 지방세 납부 유예조건에 의한 피동적 매수자로서 경제여건상 5년후 소유권이전이 가능할 것으로 예상되는 오창산업단지내 도상가분할 단독주택지를 구사적 애사심에서 3년분할납부 계약이 아닌 5개월 약정 일시납 계약(1998.6.8)을 하였고 매도자의 2차 갑질행위인 상위직급자 퇴직전략에 의한 퇴직금으로 계약 체결 46일만에 매매대금을 선납까지 하였으나, 사업시행자인 매도자로부터 3년 5개월후 토지면적 확정시 블록시공 및 필지경계 표지설치 오차로 인정할수 없는

5.1㎡가 감소(2001.12.26) 되었다는 통보를 받고 전소속회사와 지방행정청이 담합 행정작위로 불법불로소득을 얻은것에 정신적 충격을 받아 퇴직금지급 계좌로의 매매청산금을 반환 받을때까지 소유권 행사를 못하는 손해를 감수하고 소유권이전등기 신청의무는 동시이행 관계가 있다고 판단하였고, 매매대금 납부 11년후인 2009년 청산금을 환급받고 소유권 이전등기를 경료하였으므로 국민 누구에게 물어보아도 민원인은 피해자였음이 명백하다.

13. 부동산실명법 시행령(안) 제6조로 공포했던 장기미등기 기산일 규정이 삭제되었지만 관련법률(소득세법, 가등기 담보등에 관한 법률)에서 부동산 취득일은 청산일로 규정되어 있었고 판례도 청산일이었고 부동산실명법 제10조(장기미등기자에 대한 벌칙 등)의 전제조건인 부동산 등기 특별조치법 제2조제1항(소유권이전등기 기산일)에 대한 해석이 지적 및 등기공부 정리후, 매매대금 정산일로 법률해석을 했기 때문에, 도상가분할 토지의 장기미등기 기산일을 면적이 감소한 경우 면적정산일로 판단한 법률해석 및 판례가 전혀 없었고 구 재정경제원으로부터 동법은 이관받은 법무부는 헌법재판소의 헌법불합치 판결에 따른 법률 및 시행령 개정시(2002.3.30) 당해 조문을 개정하지 않았고 구 청원군이 민원인에게 지방세법상 사실상의 소유자라고 재산세를 부과시에도, 소유권이전등기 신청시에도 장기미등기 과징금을 부과하지 않았다.

– 소유권이전등기 관련 해석례
도상가분할 토지의 부동산 등기 특별조치법 제2조제1항에서 규정하고 있는 반대급부이행이 완료된날은 토지면적 확정 및 등기공부정리후 확정면적에 대한 토지대금을 정산한 날(법무부)

– 양도소득세등 부과처분취소소송 판례
한국 수자원공사로부터 택지조성사업지구내의 토지를 취득하면서 지적확정후 면적증감에 따라 정산하기로 한 경우 토지의 취득시기는 택지조성 사업완료 후 지번,지적의 확정일이 아니라 대금 청산일이다(대법원 2001.3.27 선고 99두 2550 판결, 1998.11.26. 등기선례 5-820)

– 부동산 실권리자 명의 등기에 관한 법률위반 판례

가등기 담보등에 관한 법률에 따른 가등기 담보계약이 부동산의 소유권이전을 내용으로 하는 계약에 해당하며 부동산 실권리자 명의등기에 관한 법률 제10조에 정한 3년의 소유권 이전등기 의무 해태 기간의 기산일은 가등기 담보권자가 소유권이전등기 청구권을 행사할 수 있는때로서 청산기간이 경과한후 청산금을 지급하는등 청산절차가 종료된때로 보아야 한다.(대법원 2009.9.10 선고 2009도5031 판결)

14. 법률시행 16년후인 2011년 민원인등 일시납계약자의 매매대금(재산권)을 이용해 불법불로소득(토지면적 확정시 매도자의 역차별 갑질행위로 지방세 조기세입)까지 얻은 충청북도는 적반하장으로 부동산 실명법의 장기미등기 기산일을 법률시행전인 1995.4.26. 구 재정경제원이 언론보도자료 및 법률해설집에서 공표한 잔금청산일이 아니고 매도자가 고의적으로 면적을 감소시켜 매매대금이 완납처리된 날로 판단해 구 청원군으로 하여금 민원인에게 장기미등기 과징금을 부과토록 감사처분을 하였고 민원이 제출한 사건개요를 사실과 다르게 작성(토지면적 확정시 과도한 면적 감소로 금전적 역채권자가 되었음 → 민원인이 취득세뿐만 아니라 등록세까지 납부하고 7개월후 토지면적 확정)하고 5개월 약정 일시납 계약서 및 부동산 등기 특별조치법 제2조제1항에 대한 법무부 해석례를 삭제하여 법무부에 법령해석을 의뢰하였고 법무부는 부동산 실무를 전혀모르는 계약직공무원으로 하여금 매매대금 청산일을 장기미등기 기산일로 보기 어렵다는 회신을 하였기 민원인에게 부동산 평가액의 20% 해당하는 24,071,740원(민원인의 2년간 급료에 해당하는 금액)을 구 청원군으로 하여금 부과징수토록 하였다. (1,282개 단독주택지 매수자중 가장 먼저 매매대금을 납부한 민원인이 유일한 장기미등기자)

15. 도상가분할 토지매매제도는 사업시행자에게 토지조성자금을 마련해주기 위한 특별제도이나 토지대금 완납 매수자 토지가 당초 분양면적 보다 증가할 경우 소유권 이전 등기 신청을 지연(매도자가 재산세 납부의무자, 취득세, 등록세 납부시기 늦춰짐)할 목적으로 증가된 면적에 대한 대금납부를 지체하는 경우가 많기 때문에(확정된 부동산의 경우도 공공기관에서조차 잔금일부를 남겨놓는 경우가 허다함) 사업시행자는 매매대금 완납자 토지면적을 감소시키는 역차별 관행을 계속해왔고, 소송중 확인한 바에 의하면 같은 블록내 다른매수자 토지는 3.8㎡를 증가시켜주어

민원인보다 12년 늦게 매매금을 완납하고, 지방세 국세도 적게 납부하고도 매수자가 채무자 이었기에 장기미등기 과징금을 부과받지 않았다(755블록의 경우 12.9㎡(4.5%)이 증가한 필지도 있고 7.8㎡(2.3%) 감소한 필지도 있었다.)

16. 토지면적 확정을 위하여 도상의 각필지 좌표를 공사현지에 설치시 매도자의 주관이 개입되지 않아 각필지에 안분되도록 제3자인 지적측량 대행기관에 의뢰하지 않고 매도자가 직접 설치하는 것은 오차라는 구실로 매매대금 납부현황을 참조하여 매수자가 채무자(면적증가)인지, 역채권자(면적 감소)인지 여부 결정권을 갖고 있고 매수자가 채무자인 경우 매도자에게 민법 제536조에 의한 동시이행항변권이 있기 때문에 소유권이전등기 의무를 부과할 수 없는데 매수자가 금전적 역채권자인 경우 매매대금 청산절차 없이 소유권을 이전해가라는 법률은 가중 역차별, 평등권 침해, 과잉금지의 원칙에 어긋나는 반사회적 법률이며 국민들에게 매도자가 토지면적 확정시 갑질행위를 하더라도 매매대금이 완납되지 않도록 5%정도 잔금을 남겨놓아 매수자가 원하는 시기에 완납하고 소유권을 이전해 가는 것이 연체이자를 납부하는것보다 유리하다는 악의의 매수자를 법률에서 권장하고 있는것이다.(사업시행자의 갑질행위에 의해 3년분할 납부 계약을 한 구 한국토지공사 직원들은 상당수가 매매대금 납부를 연체한후 소유권이전등기 신청을 했고, 정부가 부동산등기특별조치법에 미등기 전매도 가능토록 법령개정(1999.3.30)후 매매계약을 체결한 매수자들은 양도소득세를 한푼도 내지 않은경우도 상당수 있다)

17. 민원인은 구사적애사심에서 공사진행이 늦어질 경우 잔금의 30% 까지 매매대금 약정기일을 미룰 수 있다는 3년분할 납부계약이 아닌 향후 양도소득세 납부시 불리한 5개월 약정 일시납 계약을 한 것 지체만으로도 매매대금 납부를 지체하여 소유권이전 등기신청할 의도가 없었음을 누가 판단하더라도 명백하므로 구 청원군, 구 한국토지공사, 충청북도는 가해자이고 민원인은 피해자이다.(계약체결당시 년 예금운용 수익 13.8%, 할부이자는 9%, 연체이자는 18%였음으로 일시납 계약자가 유리한 점이 하나도 없었음)

18. 부동산실명법 장기미등기 조문의 전제조건인 부동산등기 특별조치법에

서도 매도자에게 소유권보존등기 형식을 빌린 표시변경등기 신청의무만 부여하고 있고 매수자의 소유권이전등기 기산일이 될수 있는 등기공부 완료일을 공시하여야 하는 규정도 없고 이사건 토지등의 경우 토지면적 확정 11개월 경과시 및 그 후로 공시관리하지 않았으므로 장기미등기 기산일을 매도자의 반대급부이행일(등기공부정리 완료일)로 판단 할수도 없으며, 매도자의 등기공부 신청일을 소유권이전등기 기산일로 행정작용을 했다면 도과기간 43일을 행정청이 갈취한 것이며, 매매대금을 성실히 납부한자와 그렇지 않은자와의 평등권을 유지하기위해서는 법률에 등기공부정리 완료일을 명시토록하고, 등기공부정리 완료일을 정기미등기 기산일로 규정하여야 한다.

19. 민원인은 구 청원군을 상대로 행정심판을 청구하였으나 충청북도 행정심판 위원회는 구술심리를 거절하여 기각했고, 행정소송을 하였으나 판사들의 권리를 남용(문서제출를 명령을 하고도 회신을 받지 않았고, 피고에게 한마디도 묻지않았음)한 절대군주적 갑질행위로 패소하였고, 행정소송 피고, 사업시행자인 구 한국토지공사(현 한국토지주택공사), 충청북도를 상대로 민사소송을 제기하였으나 피고들 모두 변론할 내용이 없다고 차례로 법정진술(쟁점사항에 대한 피고 무답변, 자료제출거부, 무서증, 무변론)하였고, 변론종결후 충청북도의 갑질행위로 추정되는 문건에 의하여 변론진행 내용과는 정반대의 언행불일치 원고 패소 판결을 하였다.

20. 법원은 행정청 및 사업시행자가 불법으로 조성한 토지를 실수요자가 아닌 소속직원들에게 강매하였고, 제3자인 행정청이 도상가분할 토지에 대하여 지방세 납부유예로 일시납계약을 유도해 지방세 세수시기를 앞당겼고, 매도자가 토지면적 확정시 계약성실 이행자를 역차별해 행정청 및 사업시행자가 불법불로소득을 얻었고, 매매대금 청산의무는 민법상 채무자인 매도자에게 있고 원고에게 재산세 부과시 장기미등기 과징금을 부과하지 않은 것은 부동산실명법 제10조3항 위반이며, 과징금을 감경하지 않은 것은 개정 법률(2002.3.30)에 의한 판례상 부동산 실명법 시행령 제4조의2 위반이라는 원고의 67개의 서증에 의한주장에 피고들 모두 서증 및 답변을 못했음에도 토지면적확정시 고의행위를 했고 허위문서를 작성 했더라도 판결에 미치는 영향이 없다고 원고패소 판결을 하므로서

입법권 및 행정권까지 자신들 권한이라고 한정치산자적 판결을 하였고 위헌제청도 3차례나 거부하였다.

사건번호 : (청 주) 2012구합596(2012.7.13 판결, 재판장 최병준,
판사 이경민, 판사 권수아)
(대전고등 청주) 2012누547(2013.05.20 판결,
재판장 사공영진, 판사 이국헌, 판사 이수현)
(대법원) 2013두12089(2013.9.30 판결, 대법관 양창수,
박병대, 고영한, 김창석) : 심리불속행
(청 주) 2014가단13242(2014.12.22 판결, 판사 나경선)
(청 주) 2015나10227(2015.6.23 판결, 재판장 박병찬,
판사 박상렬, 판사 김기홍)
(대법원) 2015다228904(2015.11.12 판결, 대법관 김용덕,
박보영, 김신, 권준일) : 심리불속행
(청 주) 2015재나105(2016.8.26 판결, 재판장 윤성묵,
판사 임택준, 판사 염혜수)
(청 주) 2016재나96 : 손해배상(기), 민사3부(2016.9.27)
2017카기420 : 기피신청, 민사10부(2017.3.13)

21. 헌법에는 주권이 국민에게 있고 공무원은 국민에 봉사자라고 되어있는데 공무원들은 반대로 법령을 고의적으로 불명확하게 만들어 권리를 남용해 선량한 국민의 재산권을 사유없이 약탈하는등 공무원들의 전리품 대상으로 사회적 약자를 이용하고 있다고 판단되는데 이 사건을 토대로 공무원중 한사람만이라도 법제처의 심사, 법무부 법률해석, 법원의 판결이 정당하다는 사유를 법률을 근거로 답변해주셨으면 합니다.

2018.6.11.

민원인 김○○

발　신 : 김정선

수　신 : 충청북도 청주시 상당구 상당로 82(문화동) 충청북도
충청북도 행정부지사 고규창, 정무부지사 이장섭, 박해운 공보관, 이규상 공보팀장, 정정훈 보도팀장, 조미숙 홍보마케팅팀장, 손자용 감사관, 김현구 총괄감사팀장, 이상익 청렴윤리팀장, 이종식 자체감사팀장, 박종태 회계감사팀장, 김만희 기술감사팀장, 김대원 조사팀장, 이상은 총무과장, 이수현 인사팀장, 민영완 총무팀장, 신현근 비서실장, 윤기홍 지방소득세팀장, 곽영학 회계팀장, 임병락 계약팀장, 전광식 법무통계담당관, 오은하 법제협력관, 김보영 총무팀장, 박승환 균형발전과장, 최응기 균형정책팀장, 최민규 도시계획팀장, 김병준 도시개발팀장, 정진훈 주무관, 곽호영 토지정보과장, 김주희 도시행정팀장, 이원영 지적관리팀장, 김민정 부동산정보팀장, 이현창 공간정보팀장, 이우종 기획관리실장, 이두표 행정국장, 신정호 민원팀장, 박순화 주무관, 이규형 세징과장, 이강근 세징팀장, 박노석 세입관리팀장, 김수희 주무관, 이은미 주무관

제 목 : 충청북도는 국민들의 재산권 및 알권리를 침해하는 곳이고
청주지방법원은 국민들의 알권리를 말살하는 곳이다.

2018.06.14

청 주 지 방 법 원

제 3 민 사 부

판 결

사 건	2016재나96 손해배상(기)
원고(재심원고), 항소인	
	김정선
피고(재심피고), 피항소인	
	1. 충청북도 청원구의 소송수계인 청주시
	대표자 시장 한범덕
	2. 한국토지주택공사
	진주시 충의로 19 (충무공동)
	대표자 사장 박상우
	3. 충청북도
	대표자 도지사 이시종
제 1 심 판 결	청주지방법원 2014. 12. 17. 선고 2014가단13242 판결
재심대상판결	1. 청주지방법원 2015. 6. 16. 선고 2015나10227 판결
	2. 청주지방법원 2016. 8. 25. 선고 2015재나105 판결
변 론 종 결	2018. 8. 29.
판 결 선 고	2018. 10. 5.

주 문

1. 이 사건 재심의 소를 각하한다.

2. 재심소송비용은 원고(재심원고)가 부담한다.

청구취지, 항소취지 및 재심청구취지

재심대상판결 및 제1심판결을 취소한다. 피고(재심피고, 이하 '피고'라 한다)들은 연대하여 원고(재심원고, 이하 '원고'라 한다)에게 24,071,740원 및 이에 대하여 이 사건 소장 부본 송달 다음날부터 다 갚는 날까지 연 15%의 비율에 의한 금원을 지급하고, 각 3,000,000원을 지급하라.

이 유

1. 기초사실

다음의 각 사실은 이 법원에 현저하거나 기록상 명백하다.

가. 원고는 피고들을 상대로, 피고들의 불법행위로 말미암아 원고가 부당하게 과징금을 부과받는 손해를 입게 되었으므로 이를 배상해야 한다는 취지로 손해배상 청구의 소를 제기하였고, 제1심 법원(청주지방법원 2014가단13242호)은 2014. 12. 17. 원고의 청구를 기각하는 판결을 선고하였다.

나. 원고가 이에 불복하여 항소(청주지방법원 2015나10227호, 이하 '제1 재심대상판결'이라 한다)하였으나, 항소심 법원은 2015. 6. 16. 이를 기각하는 판결을 선고하였다.

다. 이에 원고가 다시 불복하여 상고(대법원 2015다228904호)를 제기하였으나, 대법원은 2015. 11. 12. 심리불속행으로 원고의 상고를 기각하는 판결을 선고하였고, 제1

재심대상판결은 그대로 확정되었다.

라. 원고가 이에 불복하여 재심(청주지방법원 2015재나105호, 이하 '제2 재심대상판결'이라 한다)을 청구하였으나, 재심법원은 제1 재심대상판결에 원고가 주장하는 민사소송법 제451조 제1항 제9호의 판단누락이 있다고 할 수 없을 뿐 아니라 재심청구가 민사소송법 제456조 제1항의 재심제소기간을 도과하여 제기가 된 것으로 부적법하여 각하한다는 판결을 선고하였다.

2. 원고 주장의 요지 및 판단

가. 원고의 주장 요지[1]

1) 가) 피고들은 매매계약을 성실히 이행한 원고에게 신의성실의 원칙을 위반하였고, 피고 충청북도 청원구의 소송수계인 청주시(이하 '피고 청주시'라 한다)와 피고 충청북도는 이익형량을 고려하지 않은 채 재량권을 남용하였으며, 피고 충청북도는 부동산 실권리자 명의 등기에 관한 법률(이하 '부동산실명법'이라 한다) 장기미등기의 기산일에 관한 법리를 오해하였고, 피고 충청북도는 법원의 문서제출명령을 피고 청주시를 통하여 거절하여 법정에서 위증을 하였으며, 피고 충청북도는 나머지 피고들이 불법행위를 저지르지 않았다고 주장하나 이는 사실이 아니므로, 이는 민사소송법 제451조 제1항 제6, 7호의 재심사유가 있다.

나) 입법행정권자가 부동산실명법의 부동산 취득일 관련 법률을 해석함에 있어 장기미등기 기산일은 대금청산일로 한다고 법률해석을 하였음에도 법원에서 위 법률 시행 19년 후 매수자가 매도자에게 지급할 매매대금이 남아있지 않은 날 또는 매도자의 반대급부 이행일로 해석하는 것이 행정절차법 제4조(신의성실 및 신로뢰보호)에 위

---

1) 원고의 재심청구원인이 명확하지 않으나 위와 같이 선해하여 본다.

반되는지 여부 및 매도자의 청산금지급 의무와 매수자의 소유권이전 등기신청의무는 동시이행관계에 있는지 여부를 판단하지 않았다. 또한 도상가분할토지 선매각 제도는 매도자에게 토지조성자금을 마련해주기 위한 제도이나 토지면적 확정시 매도자가 행정편의적 또는 부동산 등기제도를 악용할 목적으로 매수자가 면적을 감소시켜 소유권이전등기 신청을 하도록 하고, 연체중인 매수자의 토지는 면적을 증가시켜주어 매수자가 소유권이전등기 신청시기를 할 수 있도록 부동산등기제도를 악용하는지 여부를 확인하지 않았다. 이 사건은 행정절차법 제4조, 제4조의 적용여부에 대한 법률심이므로 사실심에서 판단사유를 명확하게 명시하여야 법률심인 상급심에서 판단이 가능할 것으로 장기미등기 기산일을 제정당시 해석한 대금 청산일로 판단하는 것이 사회정의에 부합하는지, 매도자 및 계약이행지체 매수자는 권리제한을 못하는 법률이더라도 매매대금을 완납한 매수자는 매도자로부터 청산금 환급에 관계없이 소유권이전등기 신청하게 하는 것이 법률제정 목적에 적합한지를 판단하여야 한다. 부동산실명법 제10조 제1항은 부동산등기특별조치법 제2조 제1항의 적용을 받는자라는 전제조건이 있으므로 두 조문간의 부동산 취득일에 대한 법률해석에 있어서 상관관계가 있는지 여부를 판단하여야 하는바, 이는 민사소송법 제451조 제1항 제9호의 재심사유가 있다.

다) 재심대상판결들은 행정절차법, 부동산 실권리자명의 등기에 관한 법률, 부동산등기특별조치법, 민법, 민사소송법, 공무원법, 헌법, 관습법, 산업입지 및 개발에 관한 법률, 지방세법, 소득세법 등(이하 '이 사건 각종 법령 등'이라 한다)에 의하여 해석을 잘못하여 매수인인 원고를 매도인인 피고들과 차별하여 평등권을 침해하였고, 한편, 피고들이 원고의 청구에 대하여 아무런 답변을 하지 않아 자백간주판결을 하여야 함에도 원고 패소 판결을 하여 원고의 피고들에 대한 손해배상청구를 기각한 것은 사실오인,

채증법칙 및 법리오해의 위법이 있다.

2) 대법원 2015다228904호 사건은 2015. 11. 12. 심리불속행기각 판결이 선고되어 위 판결이 2015. 11. 16. 원고에게 도달함으로써 확정되었고, 원고는 2015. 12. 15. 재심청구를 하였음에도 제2 재심대상판결은 원고의 청구가 민사소송법 제456조 제1항의 제소기간을 도과하여 제기되었다는 이유로 각하결정을 하였는바, 이는 재심의 소 제소기간에 관한 법리오해의 위법이 있다.

나. 판단

1) 확정된 종국판결에 대한 재심의 소는 민사소송법 제451조 제1항 각 호에 한정적으로 열거된 재심사유가 있는 때에 한하여 허용되는 것이므로, 재심의 소가 민사소송법이 정한 적법한 재심사유에 해당하지 않는 사유를 재심사유로 주장하였거나 재심제기기간이 경과된 후에 주장된 재심사유를 바탕으로 하여 제기된 경우, 그 재심의 소는 부적법하므로 각하되어야 한다(대법원 1996. 10. 25. 선고 96다31307 판결 등 참조).

그러므로 먼저, 원고의 주장들이 민사소송법 제451조 제1항 각 호에서 정한 적법한 재심사유에 해당하는지 여부에 관하여 본다.

가) 민사소송법 제451조 제1항 제6, 7호의 재심사유 존부

민사소송법 제451조 제1항 제6, 7호의 재심사유 존부에 관하여 보건대, 민사소송법 제451조 제2항은 '제1항 제4호 내지 제7호의 경우에는 처벌받을 행위에 대하여 유죄의 판결이나 과태료부과의 재판이 확정된 때 또는 증거부족 외의 이유로 유죄의 확정판결이나 과태료부과의 확정재판을 할 수 없을 때에만 재심의 소를 제기할 수 있다'고 규정하고 있는데, 위 제2항의 요건은 남소의 폐해를 방지하기 위한 것이므로 같

은 법 제451조 제1항 제4호 내지 제7호 소정의 재심사유를 주장함에 있어서 위 제2항의 요건이 갖춰져 있지 못한 경우에는 그 재심의 소 자체가 부적법한 것이 되고, 재심의 소를 제기한 당사자가 위 제2항의 요건에 해당하는 유죄의 확정판결을 받아 그 판결이 확정되었다는 사실을 증명하거나 또는 유죄의 확정판결을 받을 가능성이 있었는데 피의자가 사망하거나 공소시효가 완성되었거나 기소유예처분을 받았거나 해서 유죄의 확정판결을 받을 수 없었다는 사실을 증명해야 한다(대법원 1989. 10. 24. 선고 88다카29658 판결 등 참조).

위 법리에 비추어 살피건대, 피고 충청북도가 재심대상판결에서 위증을 하였다고 볼 만한 증거가 없고, 그 외의 이에 관한 원고의 주장은 위 재심사유에 관한 주장이 아니라고 봄이 상당한바, 원고의 위 재심사유 주장에 관하여 나아가 판단할 필요 없이 부적법하다.

나) 민사소송법 제451조 제1항 제9호의 재심사유 존부

민사소송법 제451조 제1항 제9호에 정해진 재심사유인 '판결에 영향을 미칠 중요한 사항에 관하여 판단을 누락한 때'라고 함은 당사자가 소송상 제출한 공격방어방법으로서 판결에 영향이 있는 것에 대하여 판결이유 중에 판단을 명시하지 아니한 경우를 말하고, 그 판단이 되어 있는 한 그 판단에 이르는 이유가 상세하게 설시되어 있지 아니하거나 당사자의 주장을 배척하는 근거를 일일이 개별적으로 설명하지 아니하더라도 이를 판단누락에 해당한다고 할 수 없다(대법원 1998. 2. 24. 선고 97재다278 판결 등 참조).

위 법리에 비추어 살피건대, 원고가 제출한 증거만으로는 재심대상판결에 판결의 영향을 미칠 중요한 사항에 관한 판단이 누락되었다고 인정하기 어렵고, 달리 이

를 인정할 증거가 없으므로, 원고의 위 재심사유에 관한 주장도 더 나아가 판단할 필요 없이 이유 없다.

다) 이 사건 각종 법령 등에 대한 해석을 잘못한 위법에 따른 재심사유 존부

살피건대, 재심대상판결에 사실오인 내지 법리오해의 위법이 있음을 이유로 제기한 재심의 소는 부적법한바, 원고가 이 사건의 재심사유로 주장하는 사유는 재심대상판결들의 사실인정 및 법적 추론이 원고가 제출한 증거에 비추어 보았을 때 사실을 오인하거나 법리를 오해한 하자가 있다는 것으로 이러한 사유는 적법한 재심사유가 되지도 못한다.

2) 그렇다면 원고의 주장들은 민사소송법 제451조 제1항 각 호에서 정한 적법한 재심사유에 해당하지 아니하고, 제2 재심대상판결이 제1 재심대상판결에 원고가 주장하는 민사소송법 제451조 제1항 제9호의 판단누락이 있다고 할 수 없다는 취지로 원고가 주장하였던 재심사유에 관한 판단을 거쳐 판결을 선고한 사실은 앞서 본 바와 같으므로, 설령 제2 재심대상판결의 재심기간준수여부에 관한 위법이 있다 하더라도 그와 같은 사정만으로는 민사소송법 제451조 제1항 각 호에서 정한 재심사유가 있다고 볼 수 없는바, 나머지 점에 관하여 더 나아가 판단할 필요 없이 이 사건 재심의 소는 부적법하다 할 것이다.

3. 결론

따라서 이 사건 재심의 소는 부적법하므로 이를 각하하기로 하여 주문과 같이 판결한다.

재판장 판사 이태영

판사 정연주

판사 김재연

원 본

상 고 이 유 서

[담당 재판부 : 민사 2부]

사 건 2018다281586 손해배상(기)

상고인(재심 원고) : 김정선

주 소 :

휴대폰 번호 :

피상고인(재심 피고) : 1. 충청북도 청원구의 소송수계인 청주시
청주시 상당구 상당로 155(북문로3가)
(우 : 28542)
대표자 : 시장 한범덕

2. 한국토지주택공사
진주시 충의로 19(충무공동) (우 : 52852)
대표자 : 사장 박상우

3. 충청북도
청주시 상당구 상당로 80(문화동) (우 : 28533)
대표자 : 도지사 이시종

위 사건에 관하여 재심원고 상고인은 다음과 같이 상고 이유를 제출합니다.

상고 이유

"별첨"

2018. 11. 23

상고인(재심원고) 김정선 (인)

대법원 귀중

상고이유서

<사건개요>

1. 부동산 실권리자 명의등기에 관한 법률은 부동산 거래질서를 확립하기 위한 법률이며, 도상가분할 토지매매는 사업시행자(피고2)에게 토지조성 자금은 마련해주기 위한 외상 매출 부동산 거래이므로 매도자 및 불법개입한 행정청은(피고1, 피고3) 계약을 성실히 이행한 매수자에게 불리한 토지면적확정 및 법률해석을 해서는 안됩니다.

2. 소유권이전등기 지연사유는 국가부도 위기시절 사용자(피고2)의 갑질행위에 의한 고용된자(원고)간의 쌍무계약(실수요자가 없어 소속직원들에게 토지매각)에 행정청(피고1, 피고3)이 지방세 세수물건 조기확보를 위해 토지 조성자금이 없어 향후 소유권이전까지 5년이상 소요될 토지에 대하여 일시납 계약을 유도(지방세 납부유예)하였기 원고는 회사를 살릴 목적으로 일반적 전형 계약인 3년분할 납부계약이 아닌 5개월 약정 일시납 계약을 체결하였고, 피고2의 2차 갑질행위에 의한 퇴직금으로 46일만에 계약을 이행하였으나 피고2는 토지면적 확정시 오차라고 인정할수 없는 토지면적을 감소시키는 3차 갑질행위(매도자가 등기제도를 악용)를 하여 피고들에게 불법 불로소득까지 발생시켰기, 원고는 매매대금 청산과 소유권 이전등기는 동시이행 관계가 있다고 판단 하였기 때문입니다.

3. 피고2는 행정청과의 공동 외상매출 부동산에 대하여 원고가 토지면적 확정 3년5개월전 매매대금을 납부하였는데 5.1㎡를 감소시키고도 퇴직금 지급 은행계좌로 7년동안 청산금도 지급하지 않았고, 피고1은 지방세법에 의하여 사실상의 소유자는 원고라는 피고2의 문서에 의하여 재산세도 징수했고, 원고는 역채권자임에도 연대채무자인 피고1로 부터 부동산 평가액의 20%에 해당하는 장기미등기 과징금을 부과징수 당해야 하고 같은 블록내 토지면적 확정시까지 매매대금을 연체한 매수자 토지는 3.8㎡를 증가시켜주어 원고보다 12년 늦게 매매대금을 납부하고 재산세도 납부하지 않았음에도 장기미등기 과징금 부과 대상이 아니므로 피고1과 피고3이 주장하는 법률해석에 의한 부동산 실명법은 매매대금을 연체토록 유도하는 반사회적 법률입니다.

4. 원고는 피고2의 갑질행위에 의한 도상가분할 토지 매수자이므로 소유권 이전등기신청을 지연할 목적이 있었다면 20년간의 경험에 의하여 3년 분할납부 계약을 하여 피고2가 토지면적 확정시 고의 또는 과실로 갑질 행위를 하더라도 매매대금이 완납처리되지 않도록 5%정도 잔금을 남겨 놓았을 것이며 원고가 원하는 시기에 토지대금을 완납하고 소유권이전등기를 신청했을 것이므로 소유권 이전등기 신청 지연이 발생할 수 없습니다.(1,282개 단독 필지중 79개 표본조사결과 최대 4.5% 면적 증가, 최대 2.3% 면적 감소, 25개 필지는 오차로 인정할수 없는 면적증감)

5. 소유권 이전등기 경료 2년후 일시납계약 유도로 원고의 재산권을 이용해 불로소득을 얻은 피고3이 피고1에 대한 감사처분에 의하여 이 사건이 발생했고 피고1은 사건개요 작성시 지방세 납부유예 문서를 보유하지 않았기 사건개요를 잘못(피고2가 토지면적확정일에 매매대금을 완납한 것으로 일괄 통보하였기 토지면적확정 3년 5개월전 매매대금 납부→ 토지면적 확정일에 매매대금을 납부하고, 토지대장 작성일을 토지면적 확정일로)작성했고, 피고3은 법무부에 법령질의시 원고에게 불리하도록 원고가 제출한 일시납 매매계약서 및 장기미등기 조문 적용의 전제조건인 도상가분할 토지의 부동산 등기 특별조치법 제2조제1항에 대한 법무부 법률해석(부동산 실명법 공포전으로 판단됨)을 삭제한 것은 명백한 허위공문서 작성에 의한 법률해석이므로 이를 근거로 행정처분을 한 것은 명백한 사기행위며, 지방세 유예조건을 제시하여 피고들이 불법으로 조성(사업착수 유효기간 위반)한 토지를 실수요자가 아닌 사업시행자 소속직원이었던 원고등에게 매각, 타인의 재산권을 이용해 불로소득을 얻은 가해자 겸 연대채무자가 피해자 겸 채권자인 원고에게 장기미등기 과징금 부과 행정처분을 하는 것이 부동산 거래질서 확립을 위한 법률인지를 판단하여야 합니다.

6. 사용자와 고용된자 간의 부동산 쌍무계약에 행정청이 개입하지 않았으면 피고들의 농락행위로 볼수 없어 발생할 수 없는 사건으로서 부동산 실권리자 명의 등기에 관한 법률의 장기미등기 기산일은 대금 청산일로 국민들에게 피해가 없도록 법률시행전 법률 해설집등에서 공표하였음에도 미필적 고의 법률의 해석은 법률시행 16년후 매수자가 채무 이행을 완료된 날로 판단한 것은 법률 제정목적에 역행하는 행정절차법 제4조(신의성실 및 신뢰보호) 위반입니다.

7. 피고3 충청북도는 피고2에게 사업시행자를 넘겨주고도 지원반까지 설치하여 사회적 정의에 어긋나는 일거이득(도민소득증대를 위하여 자신은 노력하지 아니하고 피고2에게 780억원의 사업손실을 가져오게 하였고, 피고2 소속직원들에게 정신적 고통과 재산상 피해를 주었으나 피고1과 피고3은 지방재정 확충도모)을 하였음에도 불구하고 소유권이전등기 경료 2년후 법리를 오해하고 법무부에 법령질의시 전제조건인 기존법령해석을 삭제하는등 허위문서 작성과 행정심판시 구술심리를 거절하여 원고의 의무만 대상으로 재결서를 작성했고 행정소송시 위증등으로 과징금을 부과토록 구 청원군(청주시)를 지도감독 하였으므로 결과적으로는 원고에게 손해를 가져오게한 적반하장 사기행위 주책임자이다.

<부동산 실명법 제10조제1항의 법리에 대한 오해>

1. 부동산 실권리자 명의등기에 관한법률(1995.3.30 공포, 1995.7.1 시행, 2002.3.30 개정) 제10조제1항은 부동산 등기 특별조치법 (1990.9.1 시행) 제2조제1항의 적용을 받는자라고 전제되어 있고 도상가분할 토지의 소유권이전등기 기산일은 면적정산, 토지대장, 등기공부 정리후 대금 정산일이라는 법무부 법률해석이 있었고(연도미상이나 안산신도시 사업준공이 1993년이므로 부동산실명법 공포전으로 판단됨) 당초 분양면적 보다 증가한 경우는 현실적으로 매매대금이 완납되어야 소유권이전등기 신청이 가능하기에 법령질의를 할 필요가 없으므로 확정측량에 의하여 당초분양 면적보다 감소한 경우로 판단되어야 합니다.

2. 부동산 실명법 공포 후 언론보도자료(1995.4.2) 및 부동산 실명법 해설집(1995.4.26. 구재정경제원)에서 대금청산일로 공표하였기 장기미등기 기산일을 면적정산일 또는 매도자 반대급부이행일(등기는 신청주의여서 신청일 만 공시되고, 완료일은 공시되지 아니하며, 이 사건 토지등의 경우 매도자의 회신문서에 의하면 신청일로부터 43일 도과)로 판단한 법률 해석례 및 판례가 16년간 없었으므로, 법률 불소급의 원칙에 어긋나며 시행일로부터 6년간 소송사례가 없었기에 1995.7.1. 시행 부동산 실명법 제10조제1항이 평등의 원칙 및 과잉금지의 원칙에 반한다는 사유로 헌법 불합치 결정(2001.5.31. 99헌가18등)에 의한 2002.3.30. 법률개정시(부동산가액, 의무위반기간, 조세포탈의 목적이 있었는지 여부 등을 고려하여 과징금 부과)에 본 조항은 개정하지 않았습니다.

3. 또 다른 형태의 미확정 부동산인 가등기 담보등에 관한 법률에 의한 부동산 취득일도 청산일로 규정되어 있고, 대금청산과 소유권 이전등기는 동시이행 관계가 있다고 규정되어있으며 장기미등기 기산일은 청산절차가 완료된때라는 판결이 동조 동항에 대한 판례로서 유일하다(대법원 2009.9.10. 선고, 2009도5031 판결)

4. 시행령(안) 제6조로 규정하려했던 장기미등기 기산일은 대금청산일로 한다라는 조문이 법제처에 의해 누가 법률해석을 하더라도 같은것이라고 직권삭제 되었다 하더라도 소득세법 시행령 162조(취득 및 양도시기는 청산일로 한다)를 참조하면 된다고 국가기록원 소장 법령제정과정으로 확인되었고 소득세법상 도상가분할 토지의 취득시기도 택지조성사업 완료후 지번, 지적의 확정일이 아니고 대금청산일이다.(대법원 2001.3.27. 선고, 94두2550 판결, 등기선례 5-820)라는 판례도 있다.

5. 장미미등기 기산일이 매도자의 반대급부 이행일(등기공부 완료일)에 상관없이 매수자가 소유권이전등기 신청을 지연할 목적으로 연체한 경우 및 매매대금을 성실히 납부한 매수자중 매도자의 의지에 의하여 면적이 증가한 경우에는 매수자가 원하는 시기임이 명백함에도 매도자의 의지에 따라 면적이 감소한 경우에는 면적정산일이라는 판단은 매수자들에게 매도자가 토지면적 확정시 갑질행위를 하더라도 완납처리되지 않도록 5% 정도 잔금을 남겨놓아 절세도 하고 매도자를 괴롭히라는 사회적 정의에 반하는 법률이다.

6. 매수자가 채권자인지 채무자인지 결정과 매매대금 청산은 매도자의 의지에 의하여 결정되므로 민법상 역채무자인 매도자의 의무를 매수자의 권리제한 방편으로 이용해서는 안됩니다.

7. 도상가분할 토지는 외상매출 부동산이지만 매도자가 소유권을 조기에 매수자에게 넘기기위하여 부동산 등기제도를 악용하여 행정 편의적으로 계약을 성실히 이행한 매수자 토지를 감소시키는 관행이 있어왔고, 매도자가 토지면적 확정시 블록단위 면적증감을 각 필지에 안분하지 않고 역차별 한 것이 고의인지 실수인지 입증하여야 함에도 불구하고 피고2는 일체 불응하고 있다.

8. 장기미등기 기산일을 매수자가 매도자에게 지급할 채무가 없는 시기라고 피고1과 피고3이 판단했다면 일시납계약을 유도한 것은 장기미등기 유예기간 3년을 행정청이 모두 약탈해간 것이므로 원고의 매매계약 체결시 피고1과 피고3은 대금청산일로 판단했을 것이 명백하다.

9. 따라서 장기미등기 기산일을 매수자가 매도자에게 지급할 채무가 남아있지 않은 날로 판단하는 것은 매수자간의 평등권, 매수자와 매도자간의 평등권 침해이며, 매매대금을 조기에 납부하더라도 사용수익 할수 없는 토지에 대해 1,282명중 가장먼저 매매대금을 납부한 매수자에게 유일하게 장기미등기 과징금을 부과한 것은 국민들에게 매매대금을 연체토록 유도하는 반사회적 법률이며 헌법 제37조2항에 의한 권리제한 목적이 공공의 이익에 반하는 법률이므로 위헌 법률입니다.

<피고1의 부동산 실명법 제5조제5항(제10조제3항) 위반여부>

1. 부동산 실명법 제5조제5항에는 과징금은 위반사실이 확인된후 지체없이 부과하여야 한다고 규정되어있고 제10조제3항에는 제10조제1항의 과징금에 대하여는 제5조제4항부터 제7항까지의 규정을 준용한다라고 규정되어 있습니다.

2. 지방세법 시행규칙 제79조(재산세 납부의무자 신고등) 제1항에 재산의 소유가자가 재산소유권의 변동 등으로 인한 납세의무자의 변동신고 또는 과세대상 재산의 변동신고를 하는 경우에는 별지 제73호의 3 서식에 의하되, 납세의무자 또는 과세대상 재산의 변동내용을 입증할수 있는 관계 증빙자료를 첨부하여야 한다는 규정에 의하여 피고2로부터 통보를 받은 피고1은 2006년 재산세 부과시 정기부과 기간을 지나 수시부과(지방세법 276조에 의한 사업시행자 보유분 50% 감면), 금액정정(50% 감면→100%)부과 징수하였으므로 그 당시 과징금을 부과했으면 원고의 의무위반 기간이 1년미만이어서 10%의 과징금을 납부하였으면 되었으나 그로부터 5년후 20%의 과징금을 부과하였으므로 피고1의 부동산 실명법 제5조제5항(제10조제3항) 위반이다.

<피고1의 부동산 등기특별조치법에 따른 과태료 부과, 징수규칙의 권리남용 여부>

부동산 등기특별조치법에 의한 과태료 부과징수규칙 제2조(등기신청기간의 산정)는 시장군수는 등기권리자의 등기해태에 대하여 시장등이 등기신청해태에 관하여 상당한 사유가 인정되는 경우 그 사유가 존재하고 있는 기간의 부동산 등기특별조치법 제2조의 등기 신청기간에 이를 삽입하지 아니한다. 로 규정되어 있으므로 피고1은 쌍무계약에 불법개입하였고 불로소득을 얻었고 피고2의 채무불이행으로 피고1은 연대채무자이므로 등기신청해태에 상당한 사유가 있는 것으로 보아 원고에게 장기미등기 과징금을 부과해서는 안되나 부과징수 한 것은 권리남용입니다.

<피고1의 부동산 실명법 제10조제2항, 시행령 제4조의2 위반여부>

1. 1995.3.30. 공포한 부동산실명법이 평등의 원칙 및 과잉금지의 원칙에 반한다는 사유로 2002.3.30. 개정된 부동산 실명법 제10조제2항에 과징금부과기준은 부동산평가액, 소유권 이전등기를 신청하지 아니한 기간, 조세를 포탈하거나 법령에 의한 제한을 회필할 목적으로 하였는지 여부 등을 고려하여 대통령령으로 정한다라고 규정을 신설하였다.

2. 동법 시행령 제4조의 2(장기미등기자에 대한 과징금 부과기준)에 법 제10조제2항의 규정에 의한 과징금 부과 기준은 별표와 같다. 다만, 조세를 포탈하거나 법령에 의한 제한을 회필할 목적이 아닌 경우에는 100분의 50을 감경할수 있다는 규정을 신설하였다.

3. 과징금 부과 관청이 감경사유가 있음에도 이를 전혀 고려치 않았다면 그 과징금 부과처분은 재량권을 일탈남용한 위법한 처분이라고 할 수밖에 없다는 판결(대법원 2010.7.15. 선고, 2010두7031 판결)이 있었으므로

4. 피고2는 국가경제위기시절 갑질행위로 원고에게 매각하였고 피고1과 피고3이 지방세법에 불구하고 일시납 계약은 유도해 경제적 이득을 얻었으므로 소유권 이전등기 신청 관련 매도자 및 행정청이 원인을 제공하지 않은경우에도 개정법률에 의해 국세나 지방세를 연체하지 않은 경우 50% 감경 판례가 있었음에도 피고1이 과징금을 감경을 하지 않은 것은

재량권을 일탈 남용한 것이다.

<손해배상 청구 사유 요약>

1. 손해배상 책임을 생기게하는 불법행위의 원칙적 형태는 고의 또는 과실에 의하여 타인의 권리를 침해하는 행위이다. 위법으로 발생케한 타인의 손해는 전보함이 정의에 합치되므로 불법행위는 손해배상채권의 발생원인이 된다. 즉, 불법행위가 있으면 가해자는 피해자에게 가해행위로 인한 손해를 배상하여야 한다(대한민국 민법 제720조)

2. 원고는 피고2 소속직원으로서 갑질행위에 의한 피동적 매수자이므로 피고들이 이 사건토지등을 산업입지 및 개발에 관한 법률의 강행규정(사업착수 유효기간 위반)을 위반하여 이 사건 토지등을 조성하였기 원인무효의 토지이므로 피고1과 피고3은 원고에게 어떠한 행정처벌도 할수 없다.

3. 부동산 실명법은 매수자가 계약이행을 지체한 경우 및 매도자에게는 소유권이전등기 관련하여 권리제한을 못하는 반쪽짜리 법률임에도 매도자의 역차별. 갑질행위에 의한 피해자(면적감소된 자)만 권리제한을 하고 매도자로부터 역대우를 받은 매수자(면적증가된 자)는 권리제한 시기를 매수자가 결정할 수 있는 법률이므로 누가 판단하더라도 계약성실 이행자의 장기미등기 기산일을 면적정산일로 판단하는 것은 악의의 매수자, 매도자, 행정청의 신의성실의 원칙에 어긋나는 법률행위에 의한 피해를 선의의 매수자에게 떠넘기는 반사회적 법률이다.

4. 피고들은 허위문서에 의한 이 사건 행정소송 판결서가 사회적 정의에 합치되는지 여부 및 민사소송에서 그대로 확정된다면, 향후 그 파장을 감수할 용의가 있는지 밝혀야 합니다.

- 피고들은 이사건 토지등이 강행규정을 위반하여 조성되지 않았다는 증거와 토지매각시 담합행위로 불로소득을 얻지 않앗다는 증거를 제시하여야 합니다.
- 피고들은 원고의 손해배상 청구원인에 대해 민사소송법 제256조, 제274조 민사소송규칙 제65조(답변서의 기재사항)등에 따라 반박주장을 못

하고 법정 진술을 거부한 사유를 밝혀야 합니다.
- 피고1은 원고에게 재산세 부과시 정기부과가 아닌 수시부과를 했고 다시 금액정정(사업시행자 보유분은 50% 감면) 부과를 했음에도 그 당시 원고에게 과징금을 부과하지 않아 과징금이 2배 증가한것이 피고1의 실명법 위반 행위가 아닌지를 밝혀야 합니다.
- 피고1은 매매대금 납부 및 지방세 근거자료를 피고2에게 관리하도록 위임했는데도 피고3에게 법령질의시 피고2 및 원고에게 확인도 하지 않고, 부동산 취득 현황을 사실과 다르게 작성(1998.7.24. 대금납부 2001.12.26. 지적확정, 취득세납부, 2002.8.22. 피고2 표시변경등기 신청 → 2001.12.26. 취득세 등록세 납부, 2002.7.9. 토지면적확정)한 사유를 밝혀야 합니다.
- 피고1은 원고의 재산권을 이용하여 불로소득을 얻은 것이 명백하고 연대채무자임에도 소유권이전등기 신청에 매도자 및 행정청의 흠결이 없는 경우에도 50% 감경한 판례를 인용하지 않은 것이 이익형량의 원칙에 어긋나지 않는다는 사유를 밝혀야 합니다.
- 피고2는 권력을 이용해 4차례 갑질행위를 했음에도 토지면적 확정시 각 필지에 안분하지 않은 것이 실수인지 고의인지 확인하기 위한 자료의 열람, 정보공개, 사실답변 거부, 소송미참가, 원고에게 채무를 갚으려고 노력했다는 증거 미제출, 답변서 제출 거부, 무변론한 사유를 밝혀야 합니다.
- 피고3은 법무부에 법률의 해석을 요청할 시 관련 법률인 부동산등기특별조치법의 법무부의 법률해석을 삭제한 사유를 밝혀야 합니다.(그 당시 법무팀장은 법률해석이 있었는지 전혀 몰랐다고 진술함)
- 피고3은 행정심판시 구술심리 거절, 피고1과의 행정소송시 위증을하고도 민사소송시 기판력을 주장하는 것이 왜 타당한지 밝혀야 합니다.
- 피고1과 피고3은 미필적 고의 법률에 대하여 법률시행전 법률해석 16년후 다르게 해석을 하므로서 매수자들에게 반사회적 행위를 유도하고 가해자가 피해자에게 채무자가 채권자에게 과징금 부과가 위헌 법률이 아니라는 사유를 밝혀야하며 불법 개입하여 불로소득을 얻고도 적반하장 사기행위에 대한 진술을 일체 거부하였으므로 원고에게 그 손해를 배상할 책임과 신체의 자유를 침해한 것에 대한 위로금을 지급해야 한다.

5. 행정청이 불법개입하여 궁박한 처지의 원고등 피고2 소득직원들에게 유도한 일시납 계약이 3년분할 납부자계약자에 비하여 유리했는지 여부

를 살펴보면 언뜻보기에도 일시납 계약을 하는 경우 년9%의 할부이자가 부리되지 않으므로 일시납 매수자에게 유리한 것 같으나 이 사건 토지 매매계약 체결당시 1년 만기 예금운용수익이 13.8%(사단법인 토우회 결산보고) 수준이었고 양도소득세 계산시 할부이자는 취득원가에 포함되므로 일시납 계약은 3년 분할 납부계약에 비해 5백만원정도 불리한 조건이었으므로 사업시행자의 갑질행위 수단으로 이용되는 도상가분할 토지의 일시납 계약제도는 폐지되어야 한다.

6. 피고2는 토지분양 3년6개월 후(3년 분할 납부 계약의 잔금약정일 6개월 경과시점) 토지분할 확정측량을 실시함에 있어 토지분할 경계표지 설치를 대한지적공사에 의뢰하지 않고 직접 설치하여 측량비용도 절감(33%)하고 매매대금 납부현황을 참조하여 성실납부한 토지매수자에게 재산세를 부담토록하고 피고3에게는 취등록세를 조기에 세입하고 지방세법 제276조(산업단지등에 관한 감면)에 의거 피고1에게도 사업시행자 재산세 부과액의 2배를 징수할 수 있도록 하기 위하여 지적법 시행령 제48조(분할토지의 신구면적 오차의 허용범위 등) 등 지적법령에 따라 1㎝ 단위로 측정하고 0.1㎡단위로 지적을 산출안분(0.7㎡ 감소)하지 않고 완납한 매수자수를 많도록 하기위하여 일시납으로 매수한 원고 토지는 5.1㎡를 감소시키고 같은 블록내 3년 분할납부 계약으로 연체한 매수자 토지(745-2)는 3.8㎡증가(재산세 및 과징금 없이 8년후 소유권이전등기)시켰으므로 국세, 지방세 및 과징금을 매매대금을 성실납부자에게 불리하고 피고들과 비성실 매매대금 납부자에게 유리하도록 한 것은 원고등을 기만한 것입니다.(토지면적 확정시 감소되는 경우가 많아 104,040원 잔금은 남겨놓았으므로 오차없이 적법하게 실시했다면 원고는 3,015원 추가납부 하면 됨)

7. 피고2는 사업성이 불투명한 오창산업단지를 피고3 충청북도로부터 인수받아 국가경제위기시절 경영방침에 의거 직원들에게 매수토록해 손해를 끼쳤고 상위직급자들을 거리로 내몰은것도 부족하여 토지분할 확정측량시 자신들의 이익과 사업상 갑의 위치에 있는 피고1, 피고3에 유리하도록 매매대금을 성실히 납부한 원고를 역차별 하여 불법 불로소득까지 얻었다. 시대적 요청에 따라 매수해야만 했고, 상위직급자라는 사유로 실직했어야 하고 부부가 중증환자가 된 선배직원인 원고에게 위로는 못해 줄망정 피고들의 공동 불법행위로 인하여 발생하였고 매매계약서상 명시

되어 있지 않았고 법령에 대한 새로운 해석에 따라 2년간의 급료에 해당되는 과징금을 납부해야 할 처지에 있는 원고가 피고2에게 요청한 사실조회 내용 (토지분할이 역차별로 시행된 사유, 토지분할 확정시 1,282개 필지중 표본으로 79개 필지에 대한 대금납부현황)에 대하여 민사소송법 제344조(문서제출의무)①항을 위반하여 3차례나 답변을 하지 않았고 소송에 참여하지 않아 원고가 제출한 것만으로는 입증이 안되어 원고가 행정소송에서 패소하였으므로 민사소송에서 그 손해를 배상할 책임과 신체의 자유를 침해한 것에 대한 위로금을 지급해야 한다.

<상고원인 요약>

민사소송법 제424조(절대적상고) 제1항제6호에의한 상고이유는 다음과 같습니다.
1. 부동산 실명법의 미필적 고의 조문인 장기미등기 조문을 해석함에 있어 16년후 법률시행전(대금청산일)과 달리 해석(매수자의 채무이행이 완료된날)하는 것은 삼권분립의 원칙, 법률 불소급의 원칙에 반합니다.

2. 미필적 고의 조문이 발생한 것은 법제처가 시행령(안) 심사시 누가 법률해석을 하더라도 같을것이므로 불필요하게 규정할 필요가 없다는 사유였던 것이 제정과정 자료로 명백하여, 각호로 규정한 것이 소득세법과의 충돌이 발생할수도 있고 부동산등기 특별조치법에서 규정하고 있는 도상가분할토지의 반대급부이행일은 대금 청산일로 법률해석이 되어있었고 법률해설집에서도 청산일로 공표하였기 법률시행 23년동안 판례가 없었던 것으로 사료됩니다.

3. 부동산 취득시기를 특별법(부동산 실권리자 명의 등기에 관한 법률)에 명시하지 않았으므로 일반법인 소득세법에서 규정하고 있는 대금청산일을 부동산 실권리자 명의 등기에 관한 법률의 부동산 취득시기(반대급부이행일)로 해석하는 것이 원칙입니다.

4. 매수자가 부동산 등기 제도를 악용하여 불로소득을 얻지 못하도록 제장한 법률을 해석함에 있어 매수자가 계약이행을 지체하거나 매도자가 등기제도를 악용하여도 권리제한을 할수 없는 법률에 대하여 매도자의 역채무이행 지체책임을 매수자에게 전가하는 것은 법률제정목적 및 평등

의 원칙에 반하는 법률입니다.

5. 쌍무계약에 불법개입하여 불로소득을 얻은 행정청인 연대채무자가 피해자인 채권자에게 과징금을 부과한 적반하장 행정행위를 적법행위로 판단한 것은 선의를 수용하고 악의를 배척해야 되는 법원의 설립목적에 반합니다.

6. 헌법 재판소의 헌법 불합치 결정에 따른 개정법률 및 헌법소원 결정내용 미확정 부동산의 취득일 관련 대법원 판결을 모두 제척한 것은 중립의무를 지켜야하는 법원의 권리남용입니다.

7. 행정소송 및 민사소송에서 법관들은 쟁점사항에 대하여 원고는 주장이 너무 많다고 법정진술을 거부했고 피고들은 허위진술을 할 경우 허위진술에 대한 처벌이 두려워 실무를 알고 있는 직원 및 소속 변호사는 참여치 않고 외부변호사를 선임하였고 선임 변호사는 변론을 한마디도 못하고 변론일에 참석하지도 않았음에도 원고패소를 한 것은 100% 관치주의 판결입니다.

8. 행정청의 명백한 행정절차법 제4조 위반행위(일시납 계약유도시 장기미등기 기산일을 매수자의 채무가 없는 시기를 판단했을 경우) 또는 사기행위(장기미등기 기산일을 법률해설집에서 해석한 청산일로 판단했을 경우)에 대한 원고의 청구가 이유없다라고 기각한 것은 법원이 행정청의 사기행위를 양성하는 역할을 한것이므로 법원의 설립 목적에 위반됩니다.

9. 피고1과 피고3은 허위문서를 작성하여 법무부에 법령질의를 하고, 충청북도 행정 심판위원회는 구술심리를 거절하여, 원고에게 진술할 기회도 주지 않았고 피고의 의무는 제척하고 원고의 의무만 가지고 기각 재결을 하였고 재결서는 행정소송 및 민사소송에서 그대로 인용하였으므로 다시 재판을 해야 합니다.

10. 원고가 67개 증거자료를 제시하여 행정청의 적반하장 처분이라는 주장에 대해 매도자 행정청 모두 사실확인을 거부하고 반박주장도 못했고 법정에서 변론할 내용이 없다고 진술하였음에도 원고 패소판결을 하였기

전문 심리위원 참여신청, 청주지방법원 기피신청을 하였으나 거부한 것은 법치주의 판결이 아닌 관치주의 판결이므로 법치주의에 의한 재판을 하여야 하므로 상고원인이 됩니다.

11. 부동산 평가액의 30%까지 과징금이 부과되는 부동산 실명법 장기미등기 조문에 대한 판례를 법률제정 23년만에 국가 법령 정보센터에 게시하여 국민들에게 피해가 없도록 하여 주시기 바랍니다.

갑증 1. 부동산실명법 해설 발췌본(구 재정경제원 장관)
2. 부동산 실명법 제정과정 발췌문(구 재정경제원)
3. 변론조서(행정소송 및 민사소송)
4. 부동산등기특별조치법 제2조제1항에 대한 질의
5. 기획재정부 문서

2018. 11. 23

상고인(재심원고) 김정선 (인)

청주지방법원은 충청북도의 사기행위 양성기관이다.
(걸인행위 → 좀도둑질 → 강도행위)

토지면적 확정 3년5개월전 매매대금을 납부한자는 토지면적확정시 면적을 감소시켜 채권자이므로 장기미등기자이고, 연체중이던 매수자는 면적을 증가시켜 12년 늦게 대금을 납부하여도 채무자이므로 장기미등기자가 아닌 법률이 공익을 위한 매수자 권리제한 법률인가 ?

1995년 법제처는 부동산 실명법 시행령에 규정을 안해도 장기미등기 기산일은 대금청산일로 해석된다고 구재정경제원, 국회, 국민을 속였다.(미필적고의 행위)

1998년 충청북도(구 청원군)는 구 한국토지공사 직원들에게 지방세 유예조건을 제시하여 일시납 계약을 유도, 지방세 조기확보.

2001년 구 한국토지공사는 토지 선매각제도, 부동산등기제도를 악용하는 역차별 면적확정으로 매도자 및 행정청은 계약성실이행자의 재산권을 이용해 불법 불로소득까지 얻음.

2011년 충청북도(구 청원군)는 소유권이전등기 경료 2년후 행정절차법 제4조를 위반, 매수자가 매도자에게 지급할 매매대금이 남아있지 않는날이라고 감경도 하지 않고 부동산 평가액의 20%에 해당하는 과징금을 부과.

2012년 ~ 2018년 청주지방법원등은 적반하장 행위에 대해 구 청원군, 구 한국토지공사, 충청북도의 무서증, 무답변, 무변론에도 불구하고 손해배상 청구를 기각.(확정부동산의 하극상 판결)

법률 시행후 23년 동안 판례가 없으므로 부동산 평가액의 30%까지 부과되는 외상매출 부동산의 장기미등기 기산일에 대한 판결을 국민들에게 공개하여야 한다.

대법원 마저 충청북도 사기행위 방패역할을 할것인가?
(국민들에게 매매대금을 연체토록 법원이 선동)

판사가 원고의 선의는 모두 배척하고, 피고의 악의는 모두 수용, 원고의 사실확인을 일체 거부한 피고역할을 하여, 사법조직의 위계질서까지 파괴, 사회질서에 반하는 판결을 한다면 법원이 존재할 이유가 없다.

외상 매출 부동산 매매대금을 가장먼저 납부한자를 매도자가 면적을 감소시켜 채권자이므로, 1,282명중 유일한 장기미등기자라면 부동산실명법은 법제처가 심사시 권력을 남용 국민을 기만한 법률이다.

매도자의 표시변경등기 신청 8개월전에 매수자에게 소유권이전등기를 신청(면적정산일) 하라는 것은 모순된 논리다.

도상가분할 토지 쌍무계약에 충청북도가 불법개입, 매수자의 재산권을 이용하여 불법 불로소득까지 얻은 연대채무자가 재산권을 이용당한 역채권자인 매수자에게 23년동안 판례가 없는 법리의 오해로 부동산 평가액의 20% 과징금을 부과 징수한 것이 사기행위가 아니고 무엇인가?

도상가분할 토지 매매제도, 부동산등기제도를 악용한 매도자의 갑질행위에 의한 매도자의 역채무이행 의무를 매수자의 권리제한 수단으로 판단하는 것이 사회질서 유지법률인가?

3년분할 납부계약하여 매매대금을 연체하면 소유권이전등기 신청을 지연시킬수 있다는 사실을 20년 경력으로 잘 알고 있는 원고가 일시납계약을 한 것은 충청북도(청원군)가 지방세 납부유예조건을 제시하였기 정부정책에 따른 구사적 애사심 때문이었다.

매수자가 채무자인 경우 매도자에게 동시이행 항변권이 있어 소유권이전등기 의무를 부과할 수 없는데 면적감소로 매수자가 역채권자인 경우 장기미등기자라면 매매대금을 연체하도록 법원이 국민들을 선동한 것이다.

부동산 실명법 제10조제1항제1호는 대국민 기만법률이다.

1. 대금납부 지체자 및 매도자는 권리제한 규정이 없는 부동산실명법은 부동산 평가액의 30%까지 부과되는 장기 미등기 기산일을 대금청산일로부터 3년이라고 국민들에게 공표한 후 1995년 시행

2. 2001년 헌법재판소 전원재판부의 헌법불합치 결정에 의하여 2002년 장기미등기자에게 이익형량을 하도록 과징금 감경규정을 신설하였고 헌법재판소법에 따라 모든 국가기관 및 지자체를 기속

3. 1998년 원고는 국가등의 공권력에 의하여 지자체가 구걸행위(지방세 유예조건제시를)하였기 외상매출 부동산을 구사적 애사심에서 3년 분할 납부계약을 하지 않고 사익보다 공익을 중시하여 일시납 계약을 하였고 매도자가 확정되지 아니한 부동산의 소유권이전등기제도를 악용, 계약성실 이행자를 역차별하는 담합 좀도둑질을 하고도 원고의 자존심마저 짓밟아 2009년 청산금 환급했고 원고는 소유권이전등기를 경료했으므로 7년동안 권리 행사를 못한 피해자이다.

4. 매도자가 토지면적 확정 3년5개월 전 대금 납부한 원고 매수토지를 5.1㎡를 감소시켜 역채권자로 전환시키고, 연체중이던 매수자 토지는 3.8㎡를 증가시켜 12년후 소유권이전 등기를 신청토록한 것은 갑질행위로서 채무가 남아있는 매수자는 소유권이전이 불가능한 부동산 등기제도 때문이다.

5. 2011년 법률시행 16년후 충청북도가 대금청산일을 기산일(취득일)로 볼 수 없다는 판례가 없는 법률소급해석으로 청산금 입금전 취득세 및 재산세를 납부한 원고에게 구 청원군으로 하여금 장기미등기 과징금을 감경도 하지않고 부과징수토록 한것은 재산권을 이용해 불법불로소득까지 얻은 지자체의 적반하장 사기행위이다.

답 변 서

사　　　　건　　2018다281586 손해배상

원고(상 고 인)　　김정선

피고(피상고인)　　충청북도 외 2명

위 사건에 관하여 피고 충청북도는 아래와 같이 답변합니다.

열람용

상고취지에 대한 답변

1. 원고의 상고를 기각한다.
2. 소송비용 중 원고와 피고 충청북도 사이에 발생된 부분은 원고가 부담한다.

라는 판결을 구합니다.

상고원인에 대한 답변

1. 원고의 피고 충청북도에 대한 주장 요지

원고의 피고 충청북도에 대한 상고원인이 무엇인지는 분명하지 아니하나 피고 충청북도가 법무부에 법령질의 시 허위문서를 작성하였다거나, 2012년경 행정심판을 함에 있어 구술심리를 거절하여 원고의 의무만을 대상으로 재결서를 작성하였다거나, 행정소송 당시 위증 등을 함으로써 원고에게 손해를 야기한 책임이 있고(2018. 11. 23.자 상고이유서 4면 상단, 12면 하단 참조), 장기미등기 기산일에 관한 법리를 오해하여 원고와 같은 매수자들에게 반사회적 행위를 유도하였으며 사기행위에 대한 진술을 거부하고 원고의 신체의 자유를 침해하였으며(위 상고이유서 9면 하단 참조), 이와 별도로 원고는 피고 충청북도가 충북행심 2012-15 사건의 행정심판 회의록을 공개해야 한다고도 주장합니다(2018. 12. 12.자 상고이유서 참조).

2. 부적법한 재심 및 상고에 해당합니다

그러나 원심에서 적절히 판단한 바와 같이 확정된 종국판결에 대한 재심의 소는 민사소송법 제451조 제1항 각 호에 한정적으로 열거된 재심사유가 있는 때에 한하여 허용되는 것인데 소송 기록 어디에서도 피고 충청북도가 허위문서를 작성하였다거나 위증을 하였다거나, 장기미등기에 관한 법리를 오해하여 반사회적 행위를 유도하였다거나 기타 사기행위 또는 신체의 자유를 침해하였다는 등의 불법행위를 한 사실이 전혀 없습니다.

또한 행정심판의 구술심리 여부는 행정심판위원회의 허가 사항으로(행정심판법 제40조 제2항 참조) 소외 충청북도행정심판위원회가 행정심판 당시 원고의 구술심리 신청을 허가하지 아니하였다고 하더라도 여기에 어떠한 불법행위가 성립된다고 볼 수 없으며, 상고심에 이르러 행정심판 당시 회의록을 공개해야 한다는 원고의 주장이 적법한 상고이유가 될 수 없음은 너무도 당연합니다.

한편 당사자가 상소에 의하여 그 사유를 주장하였거나, 이를 알고도 주장하지 아니한 때에는 재심의 소를 제기할 수 없는데(민사소송법 제451조 제1항 단서), 원고는 이미 상고이유에서 이 사건 재심의 사유들을 주장함으로써 이미 재심청구 이유 부분에 관하여 상고심에서 판단을 받았으므로(을다 제1호증 참조) 원고는 재심의 소를 제기할 수 없고 재심사유 역시 존재하지 아니함이 분명합니다. 따라서 이 사건 재심의 소를 각하한 원심판단은 적법·타당하므로 이에 불복하는 원고의 상고는 기각되어야 합니다.

:

3. 결어

이상과 같은 이유로 원고의 상고를 기각하여 주시기 바랍니다.

열람용

2018. 12. .

피고 충청북도

대법원 민사1부(아) 귀중

대 법 원

제 1 부

판 결

사 건 2018다281586 손해배상(기)

원고(재심원고), 상고인

김정선

피고(재심피고), 피상고인

1. 충청북도 청원구의 소송수계인 청주시

대표자 시장 한범덕

2. 한국토지주택공사

진주시 충의로 19

대표자 사장 박상우

3. 충청북도

대표자 도지사 이시종

원 심 판 결 청주지방법원 2018. 10. 5. 선고 2016재나96 판결

주 문

상고를 모두 기각한다.

상고비용은 원고(재심원고)가 부담한다.

이 유

이 사건 기록과 원심판결 및 상고이유를 모두 살펴보았으나, 상고인의 상고이유에 관한 주장은 상고심절차에 관한 특례법 제4조에 해당하여 이유 없음이 명백하므로, 위 법 제5조에 의하여 상고를 모두 기각하기로 하여, 관여 대법관의 일치된 의견으로 주문과 같이 판결한다.

2019. 1. 31.

재판장 대법관 권순일

대법관 이기택

주 심 대법관 박정화

대법관 김선수

재심 이유서

1. 법률 발의자가 법률시행전 공표한 법률해석을 사법부가 법률시행 16년후 시행전과 다르게 해석하여 반사회적 행위를 방지하기 법률을 국민들로 하여금 반사회적 행위를 유도하는 판결을 한 것은 판결이유에 모순이 있고 삼권분립의 원칙, 법률불소급의 원칙에 어긋나는 판결이며 법률시행 24년동안 판례가 없으므로 재심 및 상고심에 해당됩니다.

2. 지방세 유예조건으로 부동산 쌍무계약에 불법개입하여 불법불로소득(약 22억 2천만원 추정)을 얻은 행정청인 연대채무자가 일시납 계약 유도 13년후 재산권을 제공한 채권자에게 행정의무 위반 이유로 징벌성 과징금을 부과한 판례가 없으므로 재심 및 상고심에 해당됩니다. (구걸행위→좀도둑질→강도행위)

3. 미필적 고의 법률을 악용한 적반하장 사건으로서 원고의 67개 서증에 의한 청구원인에 피고 무반박, 무변론 원고 패소 판결을 한 것은 모순된 논리로 법관이 변론진행 없이 100% 관치주의 판결으로서 판례가 없으므로 재심 및 상고심에 해당됩니다.

4. 피고가 강행규정 위반, 권리남용, 허위 공문서 작성, 사유없이 원고(타인)의 재산권을 이용 불로소득을 얻은 것이 불법행위가 아니라는 판례가 없으므로 재심 및 상고심에 해당됩니다.

5. 법률해석 및 행정처분이 헌법, 민법, 소득세법, 지방세법, 행정절차법, 산업입지 및 개발에 관한 법률, 지적법, 부동산 등기특별조치법, 부동산등기법, 행정심판법 등에 위반 되며 헌법재판소의 헌법 불합치 판결, 헌법소원내용, 원고가 소장에서 제시한 대법원 판결, 법률소관부처의 의견을 모두 간과한 것은 사법조직의 위계질서를 파괴하고 민사소송법마저 지켜지지 않은 무법천지 권리를 남용한 판결이며, 헌법 제1조2항에 위반되므로 재심 및 상고심에 해당됩니다.

6. 피고 및 법원이 7년동안 스스로 무덤을 파고 자승자박하는 판결을

위한다면 원고는 그 사실을 국민들에게 알리고 지방자치 단체의 사기행위에 의한 피해를 미필적 고의 법률을 제정한 정부를 상대로 손해배상을 청구할 수 밖에 없습니다.

7. 부동산실권리자 명의등기에 관한 법률은 매수자가 부동산등기제도를 악용하지 못하도록 공익을 위하여 매수자의 권리를 제한한 법률이나 이 사건의 경우 오히려 제3자인 충청북도와 구 청원군, 매도자인 구 한국토지공사가 우월적 지위를 이용 담합 갑질행위로 지방세법, 도상가분할 토지매매제도, 부동산등기 제도를 악용하여 매수자(원고)의 재산권을 이용해 불로소득을 얻고도 매도자가 역채무를 이행하지 않아 매수자의 재산권행사에 영향을 끼쳤음에도 적반하장으로 쌍무계약에 불법개입한 지방행정청이 법리를 오해하고, 허위문서 작성하여 원고의 재산권을 침탈하고 정신적 살해행위를 한 범죄구성으로 보면 대한민국 최대 사기사건입니다.

8. 부동산 쌍무계약에서 매수자가 소유권이전등기 신청을 지연할 목적으로 계약이행을 지체할 경우 및 확정되지 아니한 부동산을 취득한 경우로서 매매대금을 완납하였으나 토지면적 확정시 면적이 증가되어 매수자에게 채무가 남아있으면 매도자에게 동시이행항변권이 있어 소유권 이전등기 신청의무를 부과할수 없는데, 반대로 면적이 감소되어 매수자가 역채권자인 경우 매도자가 역채무를 이행하지 않았어도 매수자에게 소유권이전등기 신청의무를 부과하는 법률은 매매계약을 성실히 이행 하라는 법률이 아니고 매매계약 이행을 지체(매도자가 갑질행위를 하더라도 완납처리 되지 않도록 5% 정도 잔금연체)하라는 법률이므로 부동산 실명법은 반사회적 행위를 방지하기 위한 법률이 아니고 반사회적 행위를 유도하는 법률이므로 법률제정 목적에 역행하는 법률해석이다.

9. 확정되지 아니한 부동산의 매매제도는 사업시행자에게 토지조성자금을 조달하도록 매도자의 편익을 위한 제도나, 매매대금이 완납처리되어야 소유권을 매수자에게 넘겨줄수 있으므로 매도자는 매매계

약을 성실하게 이행한 매수자 토지는 면적을 감소시키고 오히려 계약을 지체한 매수자 토지는 면적을 증가시켜주는 역차별 관행이 있어왔으므로 매도자는 매수자가 면적 증감사유를 요청할 경우 이에 응하여야 하나 피고 구 한국토지공사는 일체불응 하였다.

10. 매도자의 갑질행위에 의하여 매수자가 채권자인지 채무자인지 매도자가 결정권은 갖고있고, 토지면적 확정시 역차별 받은 매수자는 매도자로부터 삼중 역차별(면적감소 : 취득세, 등록세, 재산세 납부의무 조기도달 : 소유권이전등기 신청의무 조기도달) 받게됨에도 매수자가 금전적 역채권자인 경우 매도자의 역채무 이행과 상관없이 소유권이전등기 신청을 하라는 법률해석은 사중 역차별 법률입니다.

11. 부동산 실명법 제10조제1항제1호는 부동산 등기특별조치법 제2조제1항제1호의 적용을 받는자라는 전제조건이있고 확정되지 아니한 부동산의 경우 부동산등기특별조치법 제2조제1항제1호의 소유권이전등기 기산일 해석이 등기공부정리후 매매대금 정산일로 법무부 해석이 있었다는 원고 입증자료를 피고3이 삭제하고 사건개요도 사실과 다르게하여 법무부에 법령해석을 의뢰한 것은 명백한 공문서 위조행위이며 사실조회 신청에 의한 법원제출 문서에 상세하게 기술하였다고 담변서를 제출한 것은 위증행위입니다.

12. 따라서 허위공문서에 의하여 법무부로부터 법령해석을 받아 가해자가 피해자에게, 매수자의 재산권을 이용해 불로소득을 얻은자가 재산권을 제공한자에게, 연대채무자가 채권자에게 과징금을 부과징수한 것은 적반하장 행위이고 피고들은 원고의 주장을 반박할 증거가 없으므로 사실조회 답변, 문서제출 명령을 일체 거부하고 변론도 못했으므로 민법 제750조에 의하여 그 손해를 배상하여야 합니다.

13. 사업시행자와 그 소속직원간의 불공정 쌍무계약에 행정청이 개입하지 않았으면 발생할 수 없는 사건으로 채증의 법칙(원고 67개 증거제출)과 비례의 원칙(이익형량의 원칙 : 판례)을 적용해야 하며 원고는

시대적 요청에 의하여 피고들이 불법으로 조성한 이사건 토지를 매수해야만 했고, 실직했고, 피고들에게 도움을 주었고, 중증환자가 되었고, 피고들의 갑질매도행위로 과징금 부과사건이 아니더라도 역차별받은 원고는 경제적 손해 및 신체의 자유를 침해받은 피해자입니다.

14. 원고는 피고들의 도상가분할 토지 일시납 포괄매도 행위에 의하여 토지면적확정 3년5개월전 퇴직금으로 토지면적 확정시 증감될 수 있는 면적정도의 잔금을 남겨놓고 3년분할 납부자보다 보다 3년 먼저 매매대금을 납부하였는데 피고2는 불법으로 면적을 5.1㎡ 감소시키고도 청산금을 7년동안 지급하지 않았고 ,피고3세입인 취득세를 자진납부토록하고, 피고1은 재산세를 연체없이 징수하였음에도 원고가 등록세를 7년 늦게 납부하였다고 부동산 평가액의 20%(지방세 유예 금액의 50배) 과징금을 감경도 하지않고 부과징수 하였고, 피고2는 같은 블록내 연체금액이 많았던 745-0 필지 매수자는 3.8㎡를 증가시켜주어 원고보다 12년늦게 매매대금을 완납하고 재산세를 납부하지 않았음에도 피고1로부터 과징금이 부과되지 않았으므로 부동산실명법은 탈세를 부추기는 반사회적 법률 이므로 위헌인 법률임에도 위헌제청 신청을 3차례나 거부하였다.

15. 피고들은 지방세법을 위반하여 원고등 일시납계약자로부터 경제적 이득(약18억8천만원)을 얻었고 계약을 성실히 이행한 매수자를 역차별하여 부당이득(약3억 4천만원)을 얻었을 뿐만 아니라, 불법행위에 의한 매매대금청산을 하지 안했는데도 부동산실명법상의 매매계약이 완료되었다고 주장하는 것은 성실한 매수자는 의무만 있고 행정청 및 매도자는 권리만 있다는 논리로 헌법의 근간인 평등권 및 과잉금지의 원칙 및 민법의 근간인 신의성실의 원칙, 행정절차법의 근간인 법률불소급의 원칙 등에 위반됩니다.

16. 피고1이 일시납계약을 유도했다는 증거는 원고가 1998.7.24. 매매대금을 납부하였음에도 3년6개월 후인 2002.1.23. 취득세(피고3세입) 신고납부시 가산세 없이 피고1이 수납받은 것으로 입증되며,

17. 피고1이 2006년 재산세 부과시 사업시행자 (피고2)에게 정기부과 했다가 지방세법에 의하여 원고에게 50%감면된 사업시행자 보유분 재산세를 수시부과 했고, 다시 매수자보유분 재산세로 금액정정 부과징수하고도 그 당시에 장기미등기 과징금을 부과 하지 않은 것은 면적확정일을 장기미등기 기산일로 판단한 판례 및 법률 해석례가 없었기 때문이라고 판단되어야 합니다.(관련법률 모두 대금청산일로 규정 되었고 법률 시행전 대금청산일로공표)

18. 부동산등기 특별조치법 제2조1항에 대한 법무부 법률해석이 반대급부 이행일을 대금청산일이 아닌 대금정산일로 표기되어있어 면적이 증가한경우로 판단 할 수 있으나, 면적이 증가된 경우 매수자가 채무자이어서 소유권이전등기 신청 자체가 불가능하므로 법률해석을 의뢰할 필요가 없으므로 면적이 감소된 경우로 판단되어야 합니다.

19. 피고들은 피고1을 상대로한 행정소송 기판력을 주장하나 원고의 주장을 확실히 입증할수 있는 자료를 소지 하고있는 피고 및 소외 구한국토지공사는 자료제출을 일체거부 하였고 소외 충청북도는 허위공문서 작성, 위증에 대한 답변을 거부하였고 피고가 답변을 못한 사항은 변론도 진행하지 않고 법관이 직권으로 동문서답식 언행불일치 판결을 한 것이 기록상 명백하기 때문에, 과징금을 부과에 영향을 끼친 피고들을 상대로 민사소송을 하게 되었습니다.

20. 원심에서 원고가 패소했다고 피고들은 소송비용 청구시 청주지방법원 2015카확50126, 2016카확246, 2016카확50087 소송비용액확정 사건으로 원고의 항고, 재항고에도 불구하고 피고들 각각 27,071,740원을 소송목적의 값으로하여 소송비용을 확정 하였으므로 피고들이 패소할 경우 각각 27,071,740원을 기본값으로 하여 원고에게 소송비용을 지급해야합니다.

21. 부동산 실권리자 명의에 관환 법률 제10조제1항(장기미등기) 제1호에 대한 해석은 법률시행전 언론보도자료, 시행령(안), 법령해설집

으로 국민들에게 대금청산일로 공표한바 있습니다. 법률의 해석을 문구해석에만 의존해서는 안되며 평등권을 전제로 해석되어야 하고 이미 법령해석이 이루어진 것을 재해석하려면 법률제정목적에 적합하여야 하고 특별법에 명시되어있지 않을 경우 일반법 및 관련법률의 해석 및 판결에 의해 해석되어야 합니다.

22. 법률의 해석을 명확히 하기 위하여 시행령(안) 제6조로 확정되지 아니한 부동산을 취득한 경우로서 당해 자산을 청산한 날까지 당해 부동산이 확정되지 아니한경우 그 부동산이 확정된날로 규정하려했던 장기미등기 기산일은 대금청산일로 한다라는 조문이 법제처 심사시 직권 삭제된 사유가 반대급부의 사실상 완료된날로써 충분하고 세법을 원용하여다시 불필요하게 규정할 필요가 없다(법률해석을 하더라도 같을것으로)라고 판단한 것이 법률제정과정 기록으로 명백하므로, 일반법인 소득세법 규정, 특별법인 부동산등기특별조치법에 대한 법무부 해석(도상가분할 토지), 가등기 담보등에 관한 법률에서 규정하고 있는것만으로 대금청산일로 해석이 충분하다고 판단한 것으로, 장기미등기 기산일을 매수자가 매도자에게 지급한 매매대금이 남아있지 않은 날로 해석하는 것은 법리의 오해이며 법률시행전 국민들에게 장기미등기 기산일을 대금청산일이라고 공포한 것을 법률시행 16년후 달리 해석하여 소급적용하는 것은 헌법에 **규정된** 국민주권, 평등권, 과잉금지의 원칙 침해행위이며 민법, 행정절차법에 규정된 신의성실 및 신뢰보호의 원칙에 위반된다.

23. 도상가분할 토지매매의 경우 토지면적 확정시 매수자가 채권자인지 채무자인지 매도자가 결정권을 갖고 있고 매매대금 청산의지도 매도자에게 있음에도, 매도자가 매수자에게 청산금도 지급하지 않고 소유권이전등기 신청을 먼저하라는 것은 민법 제536조에 의한 동시이행항변권, 헌법 제1조 평등권 침해이다.

24. 도상가분할 토지매매는 매도자의 외상매출 부동산이지만, 매도자는 소유권을 매수자에게 넘겨주기 위하여 토지면적 확정시 계약성실 이

행자 토지는 면적을 의도적으로 감소시켜 채권자로 전환시키는 관행에 의하여 역채권자이고, 매수자가 채무자인 경우 장기미등기 과징금을 부과할수 없으므로 도상가분할 토지매매의 경우 무조건 매매대금을 연체하라고 국민들을 선동하는 법률이므로 법률제정 목적에 역행하고, 공익을 위한 권리제한이 아니고 공익을 해치는 권리제한 법률이므로 헌법 제37조 제2항에 의한 과잉금치의 원칙에 위반된다.

25. 3년분할 납부계약자도 잔금약정일까지 사용수익이나 소유권이전등기 신청이 불가능한 토지에 대한 일시납 계약자가 사용수익을 앞당길 목적이 있다고 볼수 없고 분할납부 할부이자는 취득원가에 포함되므로 일시납 계약은 양도소득세 납부시 5백만원정도 불리한 조건이었다.

26. 이 사건 토지등은 2001.12.26 토지면적이 확정되었고 2002.8.22 표시변경등기가 신청되어 2002.10.4 경 표시변경등기가 완료되었으므로 소유권이전등기 신청은 표시변경등기가 완료되어야 가능한데 부동산 특별조치법 제2조제1항에서는 60일 이내에 소유권 이전등기를 신청하도록 되어있으므로 표시변경등기완료 10개월전(2001.12.26)에 소유권 이전등기를 신청하라는 것은 모순된 논리이다.

27. 부동산 평가액의 30%까지 부과되는 법률에 대한 기산일이 시행 24년동안 해석례 및 판례를 공개하지 않는것도 직무유기이다.

28. 피고 및 법원은 소송에서 행정소송법 및 민사소송법을 위반하여 자료제출을 거부하고, 변론도 진행하지 않고 모순된 논리로 법원이 피고역할을 하여 매매대금을 연체하는 것이 유리하다는 것을 입증했으므로 원고가 국민들에게 매매대금 연체를 유도하더라도 원고의 주권을 몽땅 빼앗아 갔으므로 민,형사상 어떠한 책임을 물을 수 없다.

2019.02.28

위 재심원고 김정선㊞

위헌법률 심판 제청 신청

사 건 : 2019재다3750 손해배상(기)

신 청 인(재심 원고) : 김정선

피신청인(재심 피고) : 1. 충청북도 청원군의 소송수계인 청주시
대표자 시장 한범덕
2. 경남 진주시 충의로 19 한국토지주택공사
대표자 사장 박상우
3. 충청북도
대표자 지사 이시종

위 사건에 관하여 신청인은 아래와 같이 위헌법률 심판 제청을 신청합니다.

신 청 취 지

부동산 실권리자 명의등기에 관한 법률 제10조제1항제1호는 미필적 고의 법률 조문으로서 부동산 매도자(등기의무자)의 갑질행위에 의한 매도자의 금전적 역채무 이행의무를 부동산매수자(등기권리자)에게 공익을 위한 등기이행 의무로 규정한 것은 헌법 제13조제2항, 헌법 제11조, 헌법 제37조제2항에 위반되며, 법률제정목적에 역행하고 국민들에게 반질서행위를 유도하는 법률이다.

(위헌이라고 판단되는 사유)

1. 피신청인2 구 한국토지공사(사용자)와 신청인(고용된자)간의 갑질 행위에 의한 도상가분할 토지 쌍무계약에 지방세 유예조건으로 포괄매도 행위를 한 피신청인1(구청원군)과 피신청인3(충청북도)은 신청인의 재산권을 이용한 불로소득자, 가해자, 연대채무자임에도 불구하고 재산권을 제공한자, 피해자, 채권자인 신청인에게 공동매각행위 13년후 행정절차법 제4조를 위반하여 장기미등기 과징금을 부과한 것은 명백한 사기행위이나 청주지방법원등은 사회적 약자를 1%도 보호하지 않고 100% 관치주의 판결을 하였으므로 행정절차법 제5조를 위반한 미필적 고의 법률 조문에 대한 위헌 법률심판 제청을 신청합니다.

2. 도상가분할 토지매매제도는 사업시행자로 하여금 토지를 필요로 하는자로부터 토지조성자금을 미리 받도록 하는 제도로서 이 사건 토지등 사업시행자(피신청인2)는 실수요자가 아닌 소속직원들(신청인등)에게 갑질행위로 매각하였고 행정청(피신청인1, 피신청인3)이 일시납계약을 하더라도 3년분할 납부계약에 비하여 지방세 납부상 불리하지않게 하겠다고 약속하였기 신청인은 피신청인들을 신뢰하여 20년 경력으로 3년분할 납부 계약이 소유권이전등기 기산일, 양도차익 발생시 양도소득세등 여러 가지 측면에서 유리했지만 구사적 애사심에서 일시납 계약을 하였으나, 피신청인2는 3년5개월 후 토지면적 확정시 3차 갑질행위를 하였고, 7년동안 퇴직금 지급 계좌로의 청산금 반환을 지체하는 4차 갑질행위를 하였으며,

3. 불법개입한 것이 원인이 되어 신청인에게 소유권 행사를 못하게한 피신청인1 및 피신청인3은 13년후 적반하장으로 장기미등기 기산일을 법률시행전 공표한 대금청산일이 아니고 매수자가 매도자에게 지급할 채무가 없는날이라고 소급해석에 의하여 신청인에게 부동산 평가액의 20%인 24,071,740원의 장기미등기 과징금을 부과징수한 것은 피신청인들이 지방세법, 도상가분할 토지매매제도, 부동산

등기제도, 미필적 고의 법률을 악용한 악랄한 사기행위이므로 그 손해를 신청인에게 배상하여야 합니다.

4. 부동산의 소유권 이전등기는 등기권리자(매수자)가 의무이행을 지체하여 채무자인 경우 등기의무자(매도자)에게 동시이행항변권이 있어 등기권리자에게 소유권이전등기 의무를 부과할 수 없으므로(등기선례 5-820, 1998.11.26. 참조), 성실하게 의무이행을 하였으나 도상가분할 토지면적이 매도자의 주관에 의하여 토지면적확정시 감소되어(매도자가 부동산등기제도 악용) 매도자가 금전적 역채무자인 경우 동법에서는 매도자의 역채무 이행을 규정하고 있지 않고 민법에서는 채무자 위험부담주의를 채택하고 있으므로 등기권리자의 소유권이전등기신청 기산일(부동산 취득일)을 매수자의 귀책사유가 없으므로 면적정산일(2001.12.26)아닌 대금청산일(2009.3.20)로 보아야 평등권을 침해하지 않고 공익을 위한 매수자의 권리제한 법률이라고 판단됩니다.

(법률 제정과정 및 사건경위)

1. 부동산 실권리자 명의등기에 관한 법률 제10조(장기미등기자에 대한 벌칙등) 제1항은 부동산등기 특별조치법 제2조제1항의 적용을 받는자로서 다음 각호의 1에 의한날부터 3년이내에 소유권이전등기를 신청하지 아니한 등기권리자(이하 "장기미등기자" 라 한다)에 대하여는 부동산평가액의 100분의 30 범위내(2002.3.30. 법률개정)에서 과징금을 부과한다. 다만 등기의 효력이 발생하지 아니함에 따라 새로이 등기를 신청하여야 할 사유가 발생한 경우와 등기를 신청하지 못한 정당한 사유가 있는 경우에는 그러하지 아니하다.로 규정되어있고 제1호는 계약당사자가 서로 대가적인 채무를 부담하는 경우에는 반대급부의 이행이 사실상 완료된날로 규정되어 있습니다.

2. 법률공포당시 법무부 소관 법률인 부동산등기 특별조치법 제2조(소유권이전등기등 신청의무) 제1항은 부동산의 소유권이전을 내용으로 하는 계약을 체결한자는 다음 각호의 1에 정하여 날부터 60일 이내에 소유권이전등기를 신청하여야 한다. 제1호는 계약의 당사자가 서로 대가적인 채무를 부담하는 경우에는 반대급부의 이행이 완료된날로 규정되어있고 도상가분할 토지의 소유권이전등기 기산일은 등기 공부정리후 대금청산일(정산일로 표기되어있으나 매수자가 채무자인 경우 소유권이전등기 신청 자체가 불가능하므로 청산일로 해석되어진다.)로 해석 되어있었고, 도상가분할 토지 양도소득세에 대한 대법원 판례도 대금청산일 이었다.

3. 법률시행 3년 경과 무렵 국가부도위기로 피신청인2는 오창산업단지내 이 사건 토지등의 토지조성 자금을 실수요자로부터 조달할 수 없었으므로 정상적인 경제여건 하에서는 소속직원들에게 매각할 수 없는 토지를 신청인등 소속직원들에게 갑질행위로 매각(단독주택지의 3분의1 이상을 매수하거나 매매알선) 할 수 밖에 없었고 피신청인1과 피신청인3은 자신들의 숙원사업인 이 사건토지등의 조성사업을 사업시행자인 피신청인2로 하여금 조기에 완성토록하기 위하여 토지면적 확정시까지 지방세(취득세, 재산세) 납부유예조건(면적확정일전에 매매대금 완납자를 토지면적 확정일에 납부한 것으로 피신청인2가 피신청인1에게 일괄 통보 약정)을 제시하였기 신청인은 구사적 애사심에서 일시납계약(356㎡, 44,956,000원, 1998.06.08)을 했고 피신청인2의 장기근속자 퇴직전략에의한 퇴직금으로 5개월 약정을 46일만에 이행하였으므로 신청인은 1,282개 단독주택지 매수자중 가장 많은 재산권을 피신청인들에게 제공한 등기권리자이다.

4. 신청인등 피신청인2 소속직원들의 자사 토지매수와 부동산등기 특별조치법 제2조제4항을 한시적으로 신설하여 미등기 전매도 가능토록한 매각촉진 정책에 의한 조성자금 조달로 신청인의 매매대금 납부 3년5개월후 피신청인2는 2001.12.26. 토지면적을 확정하였

다(취득세 2002.1.23 자진납부)

5. 피신청인2는 토지면적 확정시 법률 및 평등의 원칙에 의하여 블록단위 면적증감을 각 필지에 안분(이 사건 토지블록의 경우 각 필지 0.7㎡씩 감소 : 사건발생후 매각 팜프렛 및 피신청인1 토지대장에 의한 비교)하여야 함에도 불구하고 구사적 애사심에서 일시납계약을 한 신청인 토지를 오차로 인정할 수 없는 5.1㎡를 감소시켜 피신청인 모두 지방세 관련 부당이득까지 얻은 배신감 때문에 서류로 매매청산금을 신청할 마음이 없었고 퇴직금 지급계좌로 송금해줄 것을 요청하였으나 거절당했기 때문에 청산금 지급의무와 소유권이전등기는 동시이행관계가 있다(가등기 담보등에 관한 법률에 규정되어 있음)고 판단하였고 피신청인1이 피신청인2의 문서에 의하여 신청인에게 사실상 소유자라고 부과한 재산세도 연체없이 납부하였다.

6. 피신청인2 충북지사는 7년후 2009년 결산감사시 예수금(청산금)을 매수자들에게 환급하라는 본사지시에 의하여 계약체결후 현재까지 주소나 연락처를 한번도 변경하지 않았고 주간 전화번호도 공유(2002.11.1부터 피신청인2 사무실을 임차하여 전 현직직원들의 애경사 연락업무 담당)한 신청인 퇴직금 지급계좌로 매매청산금을 지급하였고 신청인은 6개월후 소유권이전 등기를 경료하였습니다.

7. 소유권 이전등기 경료 2년후(일시납 계약 유도에 따른 매매대금 납부 13년후, 법률시행 16년후) 신청인의 재산권을 이용해 불로소득(일시납 계약 유도로 지방세 세수물건 조기확보)뿐만 아니라 부당이득(토지면적 확정시 피신청인2의 역차별로 지방세 조기세수)까지 얻은 피신청인3은 적반하장으로 법률시행이후 해석례 및 판례가 없는 장기미등기 기산일을 대금청산일이 아닌 면적정산일로 판단하고 허위문서(부동산 등기특별조치법 제2조제1항제1호에 대한 도상가분할 토지의 법무부 해석례 삭제, 일시납 매매계약서 삭제, 매매대금 납부현황을 소지하고있는 피신청인2 에게 확인도 하지 않고 사실과 다르게 사건개요 작성)로 법무부에 법률해석을 의뢰, 피신청

인1로 하여금 이사건 토지등의 매수자중 가장먼저 매매대금을 납부한 신청인에게 유일하게 장기 미등기 과징금을 부과징수토록 사기행위를 하였다.(구결행위→좀도둑질 행위→강도행위)

8. 도상가분할 토지매매제도는 사업시행자에게 토지조성자금을 마련해주기위한 제도이지만 매매대금을 완납한자의 토지면적이 분양면적보다 증가할 경우 채무가 남아있어 조기에 소유권이전등기가 불가능하므로 매도자는 오차라는 구실로 매매대금을 완납한 매수자의 토지면적이 감소되도록(오차에 의하여 증가될 수도 있으므로) 역차별 관행이 있어 왔고 3년5개월 전에 매매대금을 납부한 신청인 토지는 5.1㎡를 감소시켜 그날이 소유권이전 등기기산일이고 같은 블록내 다른 매수자토지로 3.8㎡를 증가시켜주어 매수자가 소유권이전등기 기산일을 결정(신청인 보다 매매대금 12년늦게 납부)토록한 규정은 국민들에게 반질서행위(매수자들에게 매도자가 갑질행위를 하더라도 매매대금이 완납처리되지 않도록 5%정도 잔금을 남겨놓은후 매수자가 원하는 시기에 매매대금 완납)를 유도하는 법률이므로 위헌법률입니다. (755 블록의 경우 최대 4.5% 면적증가와 최대 2.3% 면적감소가 있었음)

9. 신청인은 토지면적 확정전이어서 자투리 잔금 104,040원(0.82㎡) 남겨놓았으나 피신청인2가 5.1㎡를 감소시킨 것은 행정편의적 갑질행위가 아니고 공동매각행위를 피신청인들뿐만 아니라 같은 블록내 대를 매수자를 배려한 갑질행위였기 때문에 피신청인들은 가해행위를 목적이 일시납 계약을 유도할 당시부터 있었고 신청인은 피신청인들에게 자존심마저 헌납할수 없어 7년동안(피신청인2가 사건발생후 신청인에게 회신한 문서에 의하면 이 사건토지 등은 피신청인들의 행정구역 변경 실기로 토지면적 확정 8개월후인 2002.8.22. 표시변경등기를 신청하여 2002.10.4 경 완료예정이었다고 함) 권리행사를 못한 피해자이며 1,282개 단독택지중 79개 표본조사결과 부당이득을 얻을 목적으로 토지면적을 확정한 지번은 다음과 같습니다.

- 오창읍 양청리 745-2, 745-6, 745-7, 755-1, 755-6, 755-10, 755-11, 653-1, 663-3, 663-4, 663-5, 663-8, 663-9, 743-7, 743-9, 743-11, 746-2, 746-3, 746-8, 746-11, 764-1, 746-6, 746-7, 764-15, 764-18

10. 부동산실권리자 명의등기에 관한 법률(안)의 법제처 심의보고서(1995.2.18)에 의하면 부동산 취득일로부터 60일이내에 소유권이전등기를 신청하지 아니하여 현행 부동산 특별조치법에의하여 과태료 부과 대상이 되는자로서 3년이 지나도록 소유권이전등기를 하지 아니한 자에 대하여는 명의 신탁약정이 있는 경우와 같이 과징금을 부과한다는 조문에 의견 없음으로 기록되어 있으므로 장기미등기 기산일을 소득세법상의 취득일(대금청산일)로 판단한 것이다.

11. 동법 공포 직후(1995.3.30) 동법 시행령 조문별 해설자료 및 시행령(안) 제6조(1995.4.4)에도 장기미등기 기산일이 되는 반대급부의 이행이 사실상 완료된날은 대금청산일로 한다고 공포하였다.

12. 법률 발의 주관부처인 구재정경제원은 부동산 실명법 해설집(1995.4.26)에서 장기미등기 기산일은 잔금청산일이 된다고 국민들에게 3차로 알렸다.

13. 동법 시행령(안) 심사시 법제처는 장기미등기 기산일은 반대급부 이행일로써 충분하며 누가 법률해석을 하더라도 같은 것이므로 불필요하게 규정할 필요가 없다고 동법시행령(안) 제6조가 삭제되어 미필적 고의 조문이 되었다(1995.5.19 공포)

14. 구 재정경제원으로부터 동법을 이관받은 법무부는 제10조제1항이 평등의원칙 및 과잉금지의 원칙에 위반된다는 헌법재판소의 헌법불합치 판결에 의한 법률개정(2002.3.30) 및 시행령개정시 동호(장기미등기 기산일은 반대급부 이행일이다)는 개정하지 않았다.

(적반하장 사건에 대한 법원의 심리미진)

1. 피신청인들이 행정소송 및 민사소송에서 신청인의 사실조회 요청에 대한 자료제출(토지면적 확정 당시 대금납부 현황, 취득세 납부 현황등) 및 법원의 문서제출명령(법무부에 법령질의를 한 문서 등)을 일체거부하고 신청인의 청구원인에 대하여 법률에 그렇게 되어있고 재량권의 행사는 재량권자의 권리라는 주장이외에 강행규정 등 법률을 위반하지도 않았고 신청인의 재산권을 이용해 불로소득을 얻는것도 없고 평등권 침해, 불법행위가 아니라는 반박주장을 전혀하지 않았고, 법정에서 변론할 내용이 없다고 진술하였음에도 법관이 직권으로 신청인 패소 판결을 한 것은 권리를 남용한 심리미진 판결입니다.

2. 장기미등기 기산일이 법률시행전 국민들에게 공표한 대금청산일이 아니고 매수자가 매도자에게 지급할 채무가 없게 된날로 판단했다면 부동산 쌍무계약에 불법개입하여 일시납계약을 유도한 피신청인1과 피신청인3이 법률상 주어진 3년간의 유예기간을 신청인으로부터 약탈해간것이므로 명백한 사기행위이다.

3. 장기미등기 기산일이 대금청산일이 아니고 면적정산일이라고 하더라도 피신청인들이 도상가분할 토지매매제도를 악용해 신청인의 재산권을 이용해 불법불로소득까지 얻었을 뿐만 아니라, 평등권을 침해한 토지면적확정에 의한 금전적 역채무자이므로 신청인의 소유권이전등기 지체는 부동산등기 특별조치법에 의한 과태로 부과징수규칙 제2조제4호로 규정한 등기신청을 해태한 상당한 사유 및 부동산 실명법 제10조제1항 단서에 의한 등기신청을 하지 못할 정당한 사유에 해당되므로 허위문서까지 작성하여 신청인에게 장기미등기 과징금을 부과징수한 것은 국민 누가 판단단하더라도 용납될 수 없는 행정처벌이다.

4. 악의의 등기권리자가(고의 또는 매도자의 직권에 의한 채무자)는 권리를 제한 할수 없는 법률에 대하여 선의의 등기권자(매도자의 직권에 의한 역채권자)는 역채권을 환급받지 못했어도 권리를 제한 받는다면 국민들에게 악의의 등기권리자가 되도록 권유하는 법률이므로 피신청인들과 법원은 돌아올 수 없는 다리를 7년동안 걷고 있는 것이다.

5. 갑질행위에 의한 외상매출 부동산 거래에 제3자인 행정청이 부동산이 확정될때까지 지방세를 납부하지 않아도 된다고 개입하여 일시납 계약을 유도하였음에도 불구하고 토지면적 확정 3년5개월전 매매대금을 사실상 완납한 매수자에게 불법개입 13년후 유일하게 장기미등기 과징금을 부과한 것은 헌법 제1조제2항에 의한 국민의 주권을 빼앗은 행위이다.

6. 장기미등기 기산일을 대금청산일로 판단한 것을 전제로한 법률 제10조제1항(장기미등기 기산일을 토지면적 감소시 면적정산일로 판단한 해석례 및 판례가 없음)은 헌법재판소의 헌법불합치 판결에 의하여 소유권 이전등기 신청지연 사유가 탈세나 권리의 제한을 회피할 목적이 없는 경우에는 과징금의 50%를 감경토록 법률을 개정하였고 그 판례로 국세나 지방세를 연체하지 않은 경우 및 공기관과의 거래는 허위계약서를 작성할 수 없다고 감경하였음에도 이마저 피신청인1과 피신청인3이 적용하지 않은 것은 헌법재판소의 결정까지도 완전 무시하고 이익형량을 전혀하지 않은 재량권의 일탈 남용이므로 불법행위이다.

7. 행정소송1심에서 신청인은 피신청인1이 소외 피신청인2로 부터 신청인이 사실상의 소유권자라고 재산세를 부과징수 하였으므로, 재산세 부과당시 과징금을 부과하지 않은 것은 과징금이 증가하였으므로 부동산 실명법 제5조제5항을 위반한것이라는 변론을 하자 마지막 변론일에 새로운 주장을 하면 재판을 어떻게 하라는 것이냐며 핀잔을 주었고 청구사유로 인정하겠다고 했음에도 판결서에 설시도 하지 않았고, 판사들 모두 판결서에 서명을 하지 않았다.

8. 행정소송 2심에서 소외 피신청인2가 토지면적확정시 역차별한 것이 고의인지 실수인지 알고싶다는 신청인 변론에 고의든 실수이든 결론은 마찬가지라고 변론을 진행하고도, 판결서에는 평등권침해가 아니라는 판결하였고, 피신청인들이 강행규정을 위반하여 이 사건 등의 토지를 조성하였고 갑질행위로 신청인의 재산권을 이용해 불로소득을 얻었으므로 과징금 부과권한이 없다는 주장에 관할구역이므로 과징금 부과권한이 있다고 동문서답식 판결을 하였다.

9. 민사소송1심에서는 피신청인들의 불법행위를 3줄정도로 요약하고 위로금 청구사유도 반페이지 정도로 요약하여 제출하라고 신청인에게 명하였고 피신청인들 모두 변론할 내용이 없다고 법정진술 하였음에도 최종변론일 이후 피신청인3이 소송수행자 명단 변경 신청을 하자 180도 돌변하여 신청인 패소판결을 하였다.

10. 민사소송2심에서는 피신청인들의 이의여부를 기다리겠다고 선고일을 늦춰놓고도 피신청인들 모두 답변서를 제출하지 않았음에도 신청인 패소 판결을 한 것은 누구도 간섭할 수 없다는 권리를 남용한 판결이다.

11. 재심에서는 신청인이 재심신청기간을 준수하여 재심을 신청하였음에도 기간경과후 재심을 신청하였다고 기각하였고 피신청인3 소속 변호사는 법정에서 진술할 의사가 없었음에도 다른 재판일정이 잡혀있다고 재판일정을 미루었고, 재판장과 협의하여 피고석에 앉지도 않고 신청인이 패소할 것이 명백하고 그 경우 변호사 비용을 신청인이 부담하는 것이 안타깝다는 사유로 방청석에서 판사의 변론 진행과 신청인의 변론내용을 청취하였다.(피신청인3 변호사 직속상관인 법무팀장 전언)

12. 100% 관치판결을 하는 청부지방법원은 신청인이 요청한 청주지방 기피신청도 거부하였고, 전문 심리위원 참여신청도 거부하였고 위헌심판 및 헌법소원이 부동산실명법 제10조제1항에 대한 것이었고 제1호에 대한 위헌심판이 없었음에도 3차례나 기각하였다.

13. 청주지방법원은 헌법 및 법률이 정한 규정에 의하여 재판을 하여야 함에도 불구하고 안정행정부(행정절차법 소관기관, 과태료 부과징수 규칙 소관기관), 국토교통부(토지선매각제도 소관기관), 기획재정부(소득세법 소관기관), 대한지적공사(지적측량 대행기관)의 문서도 판결시 참고하지 않고 신청인의 알권리를 100% 침탈하여 직무유기로 수십개 법률에 저촉되는 재판을 하였으므로 위헌심판제청을 신청하는 바입니다.

(미필적 고의 법률에 대한 신청인 소견)

1. 법제처는 구 재정경제원과 법무부가 공동으로 발의한 부동산 실권리자 명의등기에 관한 법률(안) 및 동법 시행령(안) 심의시 법무부 소관법률인 부동산등기 특별조치법 제2조제1항제1호의 문구를 인용한 부동산 실권리자 명의등기에 관한 법률에서 규정하고 있는 장기미등기 기산일(반대급부 이행일)을 부동산 취득일(매매대금 청산일)로 판단하여 국회에 상정토록 하였고 국무회의에서 의결토록 하였음이 국가기록원 소장자료에서 확인되었고 등기권리자(매수자)가 채무이행을 지체할 경우 권리를 제한(등기신청 의무 부과)할 수 없는 법률이므로 등기의무자(매도자)가 고의 또는 과실로 토지면적 확정시 평등권(블록단위 면적증감을 각 필지에 안분)을 침해하여 등기권리자가 채무자(토지면적이 증가)인 경우는 권리제한 시기를 등기권리자가 결정할 수 있음에도 등기권리자가 채권자(토지면적감소)인 경우 매매대금 청산절차없이 토지면적 확정일이 장기미등기 기산일이라면 평등권을 침해한 법률으로서 진정소급 입법에 해당되며 사회질서 확립을 위한 법률을 국민들로 하여금 사회질서를 어지럽히도록(토지면적 감소에 의하여 매매대금이 완납되지 않도록 매매대금의 5%정도 잔금 남김) 유도하는 법률입니다.

2. 면적이 감소하여 매수자가 채권자인 경우 매도자 반대급부이행일(소유권 보존등기 형식을 빌린 표시변경 등기 완료일)을 장기미등기 기산일로 판단 할수 있으나 법률상 매도자의 반대급부이행일에

대한 신청일만 규정되어 있을뿐 완료일을 공시토록한 규정이 없을 (매도자의 토지매각원부, 등록세용 토지대금완납 확인서, 등기소의 등기공부에도 없음)뿐만 아니라 매수자가 채무자일 경우 (매수자의 고의 또는 매도자의 주관의 의한)와 평등권 침해이다.

3. 따라서 부동산 실권리자 명의등기에 관한 법률 제10조제1항제1호가 평등권을 침해하지 않고 사회질서를 파괴하지 않으려면 법률시행전 동법 시행령(안) 제6조로 구재정경제원이 규정하려했던 장기미등기 기산일을 대금청산일로 규정하거나 등기의무자가 토지면적 확정시 갑질행위에 의하여 등기권리자가 채무자이든 채권자이든 상관없이 등기의무자의 소유권보존등기 형식을 빌린 표시변경등기 완료일로 규정하고 표시변경등기 완료일을 공시관리토록 법률을 개정하여야 부동산 평가액 30%까지 부과되는 법률을 명확히하므로서 국민생활과 가장 밀접한 생활법률이 국민들의 알권리를 침해하지 않는다고 사료됩니다.

입증자료
1. 부동산 실명법 법률안 심의보고서(법제처, 1995.02.18. 국가기록원 소장 발췌분)
2. 부동산 실명법 시행령 제정과정(재정경제원, 국가기록원 발췌분, 1994, 1995)
3. 부동산 실명법 해설(재정경제원장관, 1995.04.26. 국가기록원 발췌분)
4. 부동산등기 특별조치법 제2조제1항(제1호)에 관한질의 (법무부, 연도미상 이나 안산신도시는 1993년 사업준공 되었음)
5. 기획재정부 회신문서(2016.04.08)
6. 국토교통부 회신문서(2016.03.04)
7. 미등기 담보등에 관한 법률에 의한 부동산 실권리자 명의등기에 관한 법률위반 판례(대법원 2009.09.10. 선고 2009도5031 판결)
8. 대한지적공사 회신문서(2012.07.25. 경계표지는 피신청인2가 직접설치)
9. 확정측량 결과에 의한 각 필지별 경계점 표지 환산오차(매각안내 팜프렛 및 청주시 홈페이지에서 검색)

10. 신청인 매수토지 토지매각 원부(피신청인2, 754-7)
11. 같은 블록내 연체자 매수토지 토지대장(피신청인1, 745-2)
12. 대전 고등법원(청주) 사실조회 독촉(2012.12.10, 법원→피신청인2)
13. 2006년 재산세 납부자료(금액정정 영수증)
14. 면적정산 관련 환불금 신청안내(2009.02.12. 피신청인2→신청인)
15. 신청인 주민등록 초본(2009.11.11 수내2동)
16. 등록세용 토지대금 완납확인서(2002.11.26. 피신청인2 충북지사장)
17. 소송대리허가 신청 및 소송위임장(2014.12.10. 피신청인3→법원, 변론 종료일 : 2014.12.3)

2019. 04. 04.

위 신청인 김 정 선

대법원 귀중

대 법 원

제 3 부

판 결

사 건	2019재다3750 손해배상(기)
원고(재심원고)	김정선
피고(재심피고)	1. 충청북도 청원군의 소송수계인 청주시 대표자 시장 한범덕 2. 한국토지주택공사 진주시 충의로 19 (충무공동) 대표자 사장 변창흠 3. 충청북도 대표자 도지사 이시종
재심대상판결	대법원 2019. 1. 31.자 2018다281586 판결
판 결 선 고	2019. 5. 30.

주 문

재심청구를 기각한다.

재심소송비용은 원고(재심원고)가 부담한다.

이 유

재심청구이유를 본다.

관련 법리와 기록에 비추어 살펴보면, 재심대상판결에 원고(재심원고)가 주장하는 재심사유가 있다고 인정되지 않는다.

그러므로 이 사건 재심청구를 기각하고 재심소송비용은 패소자가 부담하도록 하여, 관여 대법관의 일치된 의견으로 주문과 같이 판결한다.

재판장 대법관 김재형 김재형

대법관 조희대 조희대

대법관 민유숙 민유숙

주 심 대법관 이동원 이동원

판결 경정 신청

사건 : 2019재다 3750 손해배상(기)

담당 재판부 : 대법원 제3 민사부

재심원고(상고인) : 김정선

주 소 :

휴대폰 번호 :

재심피고(피상고인) : 1. 충청북도 청원구의 소송수계인 청주시
청주시 상당구 상당로 155(북문로3가)
(우 : 28542)
대표자 : 시장 한범덕
2. 한국토지주택공사
진주시 충의로 19(충무공동) (우 : 52852)
대표자 : 사장 박상우(변창흠)
3. 충청북도
청주시 상당구 상당로 80(문화동) (우 : 28533)
대표자 : 도지사 이시종

경 정 신 청

위 당사자 귀원 2019 재다 3750 손해배상(기) 청구 사건에 관하여 재심 원고는 귀원이 2019.5.30 선고한 판결에 대하여 불복이므로 판결서 경정을 신청합니다.

판결 경정 선고의 표시

1. 상고를 모두 기각한다.
2. 상고비용은 원고(재심원고)가 부담한다.

판결 경정 신청원인

1. 법원의 설립목적은 재판의 청구권을 보장하기 위함에 있는것으로 알고 있으며 진정 소급 입법해석은 불허하는 것으로 알고 있습니다.

2. 민법은 채무자 위험부담 주의를 채택하고 있고 피해자는 가해자에게 손해배상 청구권이 있으며 법률의 해석은 평등권을 전제로 법률제정 목적에 적합하도록 하여야 합니다.

3. 매수자가 소유권이전등기 신청을 지연할 목적으로 대금납부를 지체할 경우 적용할수 없는 부동산실명법은 국민생활과 가장 밀접한 법률이므로 공포전 공청회를 개최하였고 국민들에게 피해가 없도록 법률공포직후 언론 보도자료, 시행령(안), 법률해설집으로 장기미등기 기산일은 대금청산일이라고 국민들에게 공표한 후 동법은 시행되었다는 것을 국가기록원 소장자료에서 확인하였고 이를 근거로 원고는 재심을 신청하였습니다.

4. 구사적 애사심에서 소유권이전 가능시점으로부터 4년 3개월전 매매대금을 납부한 원고(매수자)는 5.1㎡를 감소당하는 역차별을 받았음에도 역채권자이므로 진정 소급입법 해석에 의하여 장기미등기자이고, 같은 블록내 토지면적확정시 연체중이던 매수자 토지는 3.8㎡를 증가시켜주어 12년간 채무상태를 유지하였기 장기미등기자가 아니므로 법원이 장기미등기 기산일을 매수자가 매도자에게 지급할 채무가 없는날로 해석한다면, 매도자가 토지면적 확정시 오차라는 구실로 역차별 갑질행위를 하더라도 매매대금이 완납되지 않도록 국민들로 하여금 약 5%정도의 잔금을 남겨놓으라는 반사회적 행위를 법원이 유도하는 것입니다.

5. 헌법재판소의 헌법불합치 판결에 의한 법률시행 7년후 법률개정시에도 장기미등기 기산일에 대한 논란이 없었기 개정하지 않았으며 개정된 법률에의거 매도자 및 행정청이 흠결이 없는 경우에도 이익형량

을 한 판례가 있음에도 이마저 인용하지 않은 것은 불법행위입니다.

6. 원고는 이사건 토지를 재산증식을 목적으로 취득한 것이 아니고 국가부도 위기시절 정부정책에 의한 피동적 매수자로서 외상 매출 부동산의 1,282개 단독주택지 매수자중 가장먼저 매매대금을 납부하였으므로 피고들에게 가장 많은 재산권을 제공하고도 토지면적확정시 역차별 받은 피해자이고, 피고들은 토지면적 확정시 역차별로 좀도둑질까지한 가해자입니다.

7. 피고들은 우월적 지위, 원고의 궁박한 처지, 지방세법, 도상가분할 토지제도, 부동산등기제도를 악용한 가해행위를 하였기 원고는 실질적 매도자인 피고 한국토지주택공사의 갑질행위에 의한 역채무이행과 원고의 소유권 이전등기 신청은 동시이행 관계가 있다고 판단하였고, 자존심마저 가해자들에게 헌납할 수 없어 7년동안 권리행사를 못한 피해자입니다.

8. 사업시행자인 피고 한국토지주택공사로 하여금 지방세 세수물건을 조기 완성토록 하기위하여 일시납계약이 3년분할 납부계약보다 불리하지 않다고 원고등 사업시행자 소속직원들에게 일시납 계약을 유도하는 구걸행위를 한 피고 충청북도는 원고의 소유권 이전등기 경료 2년후, 일시납계약 유도로 원고의 재산권을 이용해 불법불로소득까지 얻은 일시납 계약 유도 13년후, 장기미등기 기산일은 매수자가 매도자에게 지급할 채무가 없는날이라고 진정소급 해석에 의하여 피고 청주시로 하여금 원고에게 유일하게 장기미등기 과징금을 부과징수토록 한 것은 헌법 제13조제2항 및 행정절차법 제4조를 위반하여 사기행위를 한것입니다.

9. 부동산실명법 제10조제1항제1호는 부동산등기특별조치법 제2조제1항제1호의 적용을 받는자라고 규정되어 있었고 도상가분할 토지의 소유권이전등기 기산일은 등기공부정리후 매매대금 청산일이라는 법무부 해석도 부동산 실명법 공포전 이었음에도 충청북도는 법무부에 법령해

석 질의시 사건개요도 사실과 다르게 작성하고 법무부 해석례, 일시납 계약서도 삭제하여 허위문서로 법령 질의를 했습니다.

10. 피고들은 모순된 법리해석과 자신들의 불법행위를 모두 인정하였기 1심 법정에서 변론할 내용이 없다고 진술하였고 피고들은 모두 무반박, 무변론, 자료제출 거부 하였음에도 대법원마저 피고들이 자백을 하지 않았다고 피고 충청북도의 거짓 답변에 의하여 원고의 청구를 기각한 것은 법원의 설립목적에 합치되지 않는 국민들에게 반사회적 행위를 유도하는 판결이라고 판단 됩니다.

11. 등록세는 소유권이전등기 신청시 납부하는것이며 소유권이전등기는 매도자의 표시변경등기가 완료되어 가능함에도 표시변경등기신청 8개월 전에 소유권이전등기를 신청하라는 법률은 모순된 법리 주장입니다.

12. 매수자가 소유권이전등기를 지연할 목적으로 계약이행을 지체하는 행위가 공공연한 비밀인데 매도자와 행정청이 담합하여 역차별로 좀도둑질까지한 사건임에도 적반하장으로 계약을 성실하게 이행한 매수자를 역차별하고 진정소급 입법해석에 의하여 강도짓까지 한 사건에 대하여 청구이유가 없다는 기각한 것은 법원이 공공연한 비밀을 공개하므로서 국민들에게 매매대금을 5%정도 연체하여 소유권 이전등기 기산일을 매수자가 결정할 수 있고 연체이자를 납부하는 것이 지방세를 납부하는것보다 절세하는 방법이라고 유도하는 것이므로 이에 대한 책임은 전적으로 법원 및 피고들에게 있고 그 피해를 감수해야 합니다.

13. 매도자의 갑질행위에 의한 역채무 이행의무를 매수자의 의무라고 해석해야할 법률적 근거, 연대채무자가 역채권자에게, 가해할 목적이 있었던 자가 피해자에게 징벌성 과징금이 왜 타당한지를 밝혀야 합니다.

14. 대법원의 문서제출 명령까지 거부한 피고들은 7년동안 무변론, 무반박, 불출석 했음에도 원고패소 판결을 한 것은 법원의 명백한 심리

미진이며 진정 소급입법 해석에 의한 삼권분립의 원칙에 어긋나는 판결에 원고가 불복할 수 있는 유일한 방법으로 판결서 경정을 신청하는 것입니다.

2019. 6. 3.

위 재심원고 : 김정선 ㉑

대법원 귀중

제9장 부동산 실명법 장기미등기 기산일 공개 및 손해배상청구 (대한민국)

소장

부동산 실명법 장기미등기 기산일
공개 및 손해배상 청구의 소

원고 : 김정선

피고 : 대한민국

청구 취지

1. 피고(법원)는 부동산 실권리자 명의 등기에 관한 법률에서 규정한 장기미등기 기산일을 법률시행 24년후 진정소급 입법해석하는 것이 법률제정목적 및 헌법등에 위반되지 않는다는 사실을 국민들에게 공개할 수 있도록 법률심을 진행하고 향후 국민들의 반사회질서 행위에 대한 책임을 져라.

2. 피고(법무부)는 충청북도의 허위문서에 의하여 법률시행 16년후 장기미등기 기산일을 대금청산일로 볼수 없다고 유권해석을 하였으나, 이는 법률시행전 대금청산일로 한다는 시행령(안) 제6조로 공동 공포한 내용 및 전제조건인 부동산 등기특별조치법 제2조제1항 제1호의 해석과 합치되지 않는바 그 사유를 밝혀라

3. 피고(법제처)는 경제실무를 겸비한 법률 전문가 조직으로서 법률제정 과정을 원고로부터 제공받고도 시행령(안) 심사사유를 밝히지 않는 것은 국민들의 알권리를 침해한 권리남용이며, 이에 대한 법률해석 권한이 법률소관부처인 법무부에 있다는 것을 법정에서 진술하고, 매수자의 권리를 제한한 법률의 유일한 유권해석인 부동산특별조치법 제2조제1항에 대한 해석을 국가법령정보센터 게시물에서 삭제한 사유를 밝혀라.

4. 피고(국가)는 원고에게 24,071,740원(원고가 청주시에 납부한 과징금) 및 이에 대한 소장부본 송달받은 날부터 다 갚는 날까지 연 15%의 비율로 계

산된 돈을 지불하거나, 묵비권 행사로 원고의 사기성 과징금 손해배상 청구의 소송을 기각 토록한 청주시, 한국토지주택공사, 충청북도로 하여금 원고의 기 손해배상 청구의 소에 대한 답변을 이행토록 파기 환송하라.

5. 소송비용은 피고가 부담한다. 라는 판결을 구합니다.

청구원인

"별첨"

입증방법

1. 갑 제1호증 과징금 납부 영수증 1부 등.

첨부서류
"별첨"

첨부서류(별첨 입증자료)

1. 갑 제1호증 과징금 납부영수증(거래내역 확인서 24,071,740원)
2. 갑 제2호증 용지매매계약서(원고, 구한국토지공사, 1998.6.8)
3. 갑 제3호증 기획재정부 회신문서(2016.4.8)
4. 갑 제4호증 확정측량 결과에 의한 각 필지별 경계점 표지환산 오차(구 한국토지공사, 구 청원군 자료)
5. 갑 제5호증 대한지적공사 회신문서(2012.7.25. 경계표지는 구한국토지공사가 설치)
6. 갑 제6호증 시행령(안) 입법예고 관보(1995.4.4)
7. 갑 제7호증 부동산실명법 해설(발췌 1995.4.26)
8. 갑 제8호증 부동산실권리자 명의등기에 관한 법령 시행령 국무회의 의결(1995.5.9)
9. 갑 제9호증 헌법불합치 결정에 의한 개정내용(2002.3.30 개정)
10. 갑 제10호증 원고 매수 토지 토지매각원부(745-7)
11. 갑 제11호증 토지면적 확정시 역대우 받은 매수자 토지대장(745-)
12. 갑 제12호증 부동산등기 특별조치법 제2조제1항에 관한 질의(연도미상

청구원인

1. 부동산 소유권이전 관련 모든법률에서 대금청산일을 부동산 취득일로 규정하지 아니한 법률 및 판례가 없습니다.

2. 매수자가 매도자에게 지급할 잔금이 남아있는 경우 매도자가 소유권이전등기에 필요한 서류를 발급해주지 아니하므로 매수자에게 소유권이전등기의무를 부과할 수 없으며 등기법상 공시 관리되지 아니하는 매도자의 표시변경 등기 완료일(이 사건토지등의 경우 공시관리되는 신청일로부터 43일 도과)를 소유권이전등기 기산일로 판단하는 것은 모순된 논리입니다.

3. 도상가분할 토지는 외상매출 부동산이지만 매매대금이 완납되어야 소유권을 매수자에게 이전해줄 수 있으므로 계약을 성실하게 이행한자는 토지면적을 감소시키고, 연체중인 매수자 토지는 오히려 토지면적을 증가시켜 주는 역차별 관행이 있어 왔습니다.

4. 매매계약서의 면적정산조항은 구 지적법 시행령 48조 및 평등의 원칙에 의하여 블록단위 면적증감을 각 필지에 안분(이 사건토지등의 경우 0.7㎡ 감소) 하겠다는 의미이며 매도자의 권한이 아닙니다.(755블록의 경우 최대면적 증가 4.5% 최대 면적 감소 2.3% 였음)

5. 재산증식을 목적으로 3년분할 납부계약을 하여 연체중인 매수자 토지(양청리 745-)는 토지면적 확정시 3.8㎡를 증가시켜주어 매도자의 표시변경등기완료 8년후에 소유권이전등기를 신청했어도 장기미등기자가 아니며, 같은 블록내 회사를 살릴 목적으로 일시납계약을 하여, 퇴직금으로 5개월 약정을 46일만에 블록단위 시공오차에 의하여 감소가 예상되는 0.8㎡에 해당하는 잔금을 남겨놓은 원고 매수토지(동소 745-7)는 5.1㎡를 감소시키는 역차별을 했고 퇴직금 지급 계좌로 7년후 청산금을 송금받은 원고가 1,282명 매수자중 유일한 장기미등기자라면 국가가 국민들로 하여금 매매대금을 연체

하라고 유도하는 반사회질서 법률입니다.

6. 1995.3.30 법률 제4944호로 공포하고, 2002.3.30. 개정한 부동산실권리자 명의등기에 관한 법률의 제정목적은 소유권 기타물권을 실권리자 명의로 등기하게 하므로서 부동산등기제도를 악용한 투기 탈세 탈법행위등 반사회적 행위를 방지하고 부동산 거래의 정상화와 부동산 가격의 안정을 도모하여 국민경제의 건전한 발전에 이바지 함을 목적으로 한다고 규정하고 있습니다.

7. 동법 제10조(장기미등기자에 대한 벌칙등) 제1항에는 부동산 등기특별조치법 제2조제1항의 적용을 받는자로서 다음 각호의 1에 의한 날부터 3년이내에 소유권 이전 등기를 신청하지 아니한 등기권리자(이하"장기미등기자"라 한다)에 대하여는 부동산 평가액의 100분의 30 범위내 과징금을 부과한다. 다만 등기를 신청하지 못할 정당한 사유가 있는 경우에는 그러하지 아니하다.
- 계약당사자가 서로 대가적인 채무를 부담하는 경우에는 반대급부의 이행이 사실상 완료된 날로 규정되어 있습니다.

8. 1990.9.1. 시행된 부동산 등기 특별조치법 제2조(소유권 이전등기등 신청의무)제1항은 부동산의 소유권이전을 내용으로 하는 계약을 체결한 자는 다음 각호의 1에 정해진 날부터 60일 이내에 소유권 이전등기를 신청하여야 한다.
- 계약의 당사자가 서로 대가적인 채무를 부담하는 경우에는 반대급부의 이행이 완료된 날,로 규정되어 있습니다.

9. 따라서 부동산실명법은 부동산 쌍무계약에 해당 행정청이 개입하였거나, 매도자가 부동산등기제도를 악용한 경우, 매수자가 소유권이전 등기 신청을 지연할 목적으로 대금납부를 지체한 경우, 소유권 이전을 내용으로 하는 계약이 아닌 경우에는 소유권이전 권리제한을 하지 않는 법률이므로 동법 제10조제1항제1호로 규정한 장기미등기자에 대한 해석은 상기 경우나 당해 행정청의 행정행위를 평등권을 전제로하여 대금청산일로 해석 적용되어야 합니다.

10. 법무부는 외상매출 부동산인 도상가분할 토지의 부동산등기 특별조치법

제2조제1항제1호로 규정한 소유권이전등기 신청기산일은 동기 공부정리후 대금청산일(대금정산일로 표기되어있으나 매수자가 매도자에게 지급할 채무가 있는 경우 등기신청 자체가 불가능하므로 청산일로 판단됨)로 유권해석을 하였고 그 시기는 연도미상이나 안산신도시가 1993년 사업준공 되었으므로 부동산실명법 공포(1995.3.30) 이전으로 추정됩니다.

11. 구 재정경제원은 1995.4.4. 언론보도자료 및 관보(재정경제원 공고 1995-25호 법무부 공고 제1995-15호)로 장기미등기 기산일은 제정이유 및 시행령(안) 제6조로 대금청산일로 한다고 국민들에게 공표했고 법제처는 1995.4.15 경 시행령(안) 심사시 누가 법률해석을 하더라도 같을것이므로 불필요하게 규정할 필요가 없다고 직권삭제(공동발의자인 법무부는 3가지로만 한정할 경우 기소유지하는데 어려움이 있다는 의견제시)하였기, 1995.4.26. 구 재정경제원은 부동산실명법, 해설집에서 당초 시행령(안) 제6조(138쪽-140쪽)를 삭제하였지만, 53쪽에서 장기미등기 기산일은 잔금청산일이 된다고 국민들에게 공표했고 1995.5.9 국무회의시 구재정경제원은 법률에서 위임받은 것은 아니지만 장기미등기 기산일은 소득세법 시행령 제162조로 규정한 부동산 취득시기인 대금청산일로 해석하면 된다고 국무회의를 통과 시켰고, 시행령은 1995.5.19 공포되었고 부동산실명법 및 동법시행령은 1995.7.1. 시행되었으므로 장기미등기 기산일을 대금청산일로 볼수 없다면 국민들에게 법률개정 또는 대법원 판례로서 공개하여야 함에도 법률시행 24년동안 공개하지 않는 것은 국가를 신뢰한 국민의 재산권을 약탈하고 국민의 알권리를 침해하였으므로 헌법 제1조2항에 규정된 주권 침해등에 해당됩니다.

12. 국가(법제처, 법무부, 법원)가 직무를 유기하고 직권을 남용하여 국민들로 하여금 부동산 거래질서를 지키도록 선도하는 것이 아니라 지자체의 허위문서에 의한 적반하장 사기 행위를 합리화시켜 주므로서 오히려 부동산 거래질서를 어지럽히도록 유도하는 행위를 하였기 국가에서조차 청구의소를 기각한다면 원고는 유인물로 공론화 할것이며 공론화될 경우 국민 모두가 피해자가 되므로 국가를 상대로 민사소송을 제기하게 되었습니다.

13. 법률해석을 명확히 하기 위한 시행령(안)을 삭제토록 하므로서 미필적고의 법률을 시행토록 했고, 법률시행 24년후 법률의 해석을 평등권을 전제로 해석하는 것이 아닌 문구해석에만 의존하므로서 법률의 해석은 유전유죄

무전무죄로 해석하고 사건에 대한 판단은 무권유죄, 유권무죄로 판단하므로서 국민에 대한 봉사자가 아니라 국민의 재산권을 약탈해가는 등기법 및 외상매출 부동산거래에 대한 현실 파악없이 공시되지 않는 표시변경 등기 완료임을 기산일을 해석하는 것은 모순된 논리입니다.

14. 행정청은 사유없이 매수자의 재산권을 이용해 불로소득을 얻어도 되고 사업시행자와 공모하여 부동산등기제도, 도상가분할 토지제도를 악용하여 부당이득은 얻어도 되고, 헌법재판소의 위헌결정에 의한 개정 법령의 적용도 재량권이고 청산금 환급이 안되었으므로 연대 채무자가 역채권자인 매수자에 대한 의무는 없다는 것은 국민을 상대로 사기행위를 한 것이다.

15. 부동산실명법에서 규정한 장기미등기 기산일을 매도자의 표시변경등기 완료일로 판단하더라도 과징금을 부과할수 있는 행정청이 연대채무자 이므로 부동산 실명법 제10조제1항 단서에의한 매수자가 소유권이전등기 신청을 하지 못할 정당한 사유 및 부동산 특별조치법에 의한 과태료에 부과징수 규칙 제2조4호로 규정한 등기신청을 해태한 상당한 사유에 해당되므로 원고는 장기미등기자가 아닙니다.

16. 피고(법원, 법무부, 법제처)는 원고의 수차례 진정, 민원, 항소에도 불구하고 거부하였기 원고는 청구원인 및 증거자료가 너무 많으므로 핵심원인에 대하여만 진술했고 피고의 답변서에 대한 청구원인 및 증거자료에 대한 자료는 추후 제출하겠습니다.

2019. 9. 11

원고 김 정 선(인)

서울지방법원 귀중

서울중앙지법 2019가합5012 손해배상(기) 청구의 소 2019.11.01 서울 [illegible] 없음
보내는 사람
법무부장관 (　　　)
법무부 경기도 과천시 관문로 47 (중앙동) 정부과천청사 1동
법무부 법무실 [illegible] 사무관 [illegible]
1 3 8 0 9
정부과천청사우체국
요금후납
* 서울중앙지방법원 2019가합5012
손해배상(기) 청구의 소 의
답변서 입니다. (답변서 부본 1통 포함)
받는 사람
서울특별시 서초구 서초중앙로 157
서울중앙지방법원
0 6 5 9 4
www.scourt.go.kr
음성출력용바코드

답 변 서

우편접수

사 건 2019가합5012호 손해배상(기)
원 고 김 정 선
피 고 대한민국

위 당사자간 귀원 이 사건에 관하여 피고는 다음과 같이 답변합니다.

다 음

청 구 취 지

1. 원고의 청구를 기각한다.
2. 소송비용은 원고의 부담으로 한다.

라는 판결을 구합니다.

청구원인에 대한 답변

추후 제출하겠습니다.

No 접수 2019. 11. 01 서울중앙지방법원 종합민원실

20793

2019. 10. 31.

위 피고 대한민국

소송 수행자 고 민 지 (인)

서울중앙지방법원 제37민사부(나) 귀중

답 변 서

사　　건　2019가합5012　손해배상(기) 청구의 소

원　　고　김정선

피　　고　대한민국

법률상 대표자 법무부장관의 직무대행자 법무부차관 김오수

경기도 과천시 관문로 47 정부과천청사 법무부 1동

소송수행자 남영주, 최혜경, 조준현

세종특별자치시 도움5로 20 정부세종청사 7-1동

전화 044-200-6554 팩스 044-200-6957

위 사건에 관하여 피고는 다음과 같이 답변합니다.

청구취지에 대한 답변

1. 원고의 청구를 기각한다.
2. 소송비용은 원고가 부담한다.

라는 판결을 구합니다.

청구원인에 대한 답변

피고는 원고의 주장을 전부 부인하며, 원고 주장에 대한 구체적인 답변과 그에 대한 증거자료는 관련 자료 및 법리 검토가 끝나는 대로 빠른 시일 내에 제출할 수 있도록 하겠습니다.

첨부서류

1. 답변서 부본　　　　　　　　　1부

2019. 11. 1.

위 피고의 소송수행자

남 영 주

최 혜 경

조 준 현

서울중앙지방법원 제37민사부 귀중

답 변 서

사 건 2019가합5012 손해배상(기) 청구의 소

원 고 김정선

피 고 대한민국

위 사건에 관하여 피고 소송대리인은 아래와 같이 답변합니다.

청구취지에 대한 답변

1. 이 사건 청구 중 금원 지급 청구부분을 제외한 나머지 청구들을 각하(예비적으로는 기각)하고, 금원 지급 청구를 기각한다.
2. 소송비용은 원고가 부담한다.

라는 판결을 구합니다.

청구원인에 대한 답변

1. 이 사건 청구 중 금원 지급 청구부분을 제외한 청구에 대하여

원고의 이 사건 청구취지 중 금원 지급 청구부분을 제외한 부분으로서 1, 2, 3항 및 4항의 선택적 청구부분은 다음과 같습니다.

"1. 피고(법원)는 부동산 실권리자 명의 등기에 관한 법률에서 규정한 장기미등기 기산일을 법률시행 24년후 진정소급 입법해석하는 것이 법률제정목적 및 헌법등에 위반되지 않는다는 사실을 국민들에게 공개할 수 있도록 법률심을 진행하고 향후 국민들의 반사회질서 행위에 대한 책임을 져라.

2. 피고(법무부)는 충청북도의 허위문서에 의하여 법률시행 16년 후 장기미등기 기산일을 대금청산일로 볼 수 없다고 유권해석을 하였으나, 이는 법률시행전 대금청산일로 한다는 시행령(안) 제6조로 공동 공포한 내용 및 전제조건인 부동산 특별조치법 제2조 제1항 제1호의 해석과 합치하지 않는바 그 사유를 밝혀라.

3. 피고(법제처)는 경제실무를 겸비한 법률전무가 조직으로서 법률제정 과정을 원고로부터 제공받고도 시행령(안) 심사사유를 밝히지 않는 것은 국민들의 알권리를 침해한 권리남용이며, 이에 대한 법률해석 권한이 법률소관부처인 법무부에 있다는 것을 법정에서 진술하고, 매수자의 권리를 제한한 법률의 유일한 유권해석인 부동산특별조치법 제2조 제1항에 대한 해석을 국가법령정보센터 게시물에서 삭제한 사유를 밝혀라.

4. (금전 지급 청구와 선택적으로) 피고는 묵비권 행사로 원고의 시기성 과징금 손해배상 청구의 소송을 기각토록한 청주시, 한국토지주택공사, 충청북도로 하여금 원고의 기 손해배상 청구의 소에 대한 답변을 이행토록 파기 환송하라."

민사소송으로 구할 수 있는 청구는 당사자들 사이의 구체적인 권리 또는 법률관계를 대상으로 하여야 하고, 그 대상인 권리 또는 법률관계는 민사적인 것이어야 합니다. 또한 민사소송에 있어 이행의 소는 그 청구취지의 내용 및 범위가 명확히 알아볼 수 있도록 구체적으로 특정되어야 하며, 그 구체성이 결여되어 판결이 내려지더라도 집행이 불가능하거나 현저히 곤란한 경우에는 그 소의 이익이 없다고 보아야 합니다.

그런데 원고의 이 사건 청구 중 금전 지급 청구부분을 제외한 부분은 "피고는 ① 어떠한 사실을 국민들에게 공개할 수 있도록 법률심을 진행하고 향후 국민들의 반사회질서 행위에 대한 책임을 져라. ② 피고가 한 유권해석이 시행령(안) 제6조와 부동산 특별조치법 제2조 제1항 제1호의 해석과 합치하지 않는 사유를 밝혀라. ③ 시행령(안) 심사사유를 밝히지 않는 것은 국민들의 알권리를 침해한 권리남용이며, 이에 대한 법률해석 권한이 법률소관부처인 법무부에 있다는 것을 법정에서 진술하고, 부동산특별조치법 제2조 제1항에 대한 해석을 국가법령정보센터 게시물에서 삭제한 사유를 밝혀라. ④ 청주시, 한국토지주택공사, 충청북도로 하여금 원고의 기 손해배상 청구의 소에 대한 답변을 이행토록 파기 환송하라"는 내용의 이행청구라고 보이는데, 모두 원고의 구체적인 권리나 법률관계를 대상으로 한 것도 아니고, 그 집행이 가능할 정도로 구체적으로 특정되었다고 볼 수도 없습니다.

뿐만 아니라 민사소송에 있어서 원고가 피고에 대하여 특정한 사항의 이행을 청구할 민사상 권리가 있고, 반대로 피고는 원고에 대하여 그와 같은 민사상 의무가 있어야 법원이 판결로 그 이행을 명하게 되는 것인데, 이 사건에서 피고는 원고에 대하여 위 청구취지와 같은 "책임을 지고, 사유를 밝히며, 진술할" 의무가 있다고 할 어떠한 근거가 없습니다.

따라서 원고의 이 사건 청구 중 금전 지급 청구를 제외한, 위와 같은 이행청구 부분은 부적법하여 각하되어야 하고, 만일 그렇지 않다고 하더라도 이유가 없으므로 기각되어야 합니다.

2. 이 사건 청구 중 금원 지급을 구하는 부분에 대하여

가. 원고의 과징금 납부와 관련한 사실관계

원고가 부과받은 과징금과 관련한 사실관계를 정리하면 다음과 같습니다. (을 제1, 2, 3호증 참조)

(1) 구 한국토지공사에서 근무하던 원고는 1998. 6. 8. 오창첨단지구 산업단지 조성사업의 사업시행자인 한국토지공사와 사이에 충북 청원군 오창면 양청리 272-5[1]) 단독주택건설용지 356.0㎡(이하 "이 사건 토지"라고 합니다)에 관하여 가분할 상태에서 대금 44,956,000원에 용지매매계약을 체결하였다.

(2) 원고는 1998. 7. 24.경까지 한국토지공사에 위 계약에 따른 매매대금 대부분을 지급(일부는 선납 할인받았다)함으로써 잔금으로 117,840원만 남게 되었다.

(3) 위 산업단지조성사업은 2001. 12.경 완료되었고, 2001. 12. 26. 이 사건 토지에 관하여 확정측량을 실시한 결과 그 면적이 350.9㎡로서 위 계약 체결 당시 예정하였던 면적보다 5.1㎡ 감소하였음이 확인됨으로써, 계약 제4조 제1항[2])에 따라 원고는 한국토지공사에 위 잔금을 지급할 필요가 없음은 물론 오히려 이미 지급한 매매대금 중 일부를 한국토지공사로부터 환급받을 수 있게 되

1) 이후 양청리 745-7로 지번 확정되었음

2) 계약서 제4조 ① 조성공사 준공 전에 가분할 면적으로 계약 체결한 용지로서 조성공사 준공 후 지적공부 정리 결과 면적 증감이 있는 경우에는 그 증감분에 대하여 이 계약 체결 당시의 필지별 공급단가에 의하여 정산하기로 한다.

었다.

(4) 원고는 2002. 1. 23. 이 사건 토지에 관하여 취득세 및 농어촌특별세 합계 955,060원을 납부하였고, 2002. 8. 22. 이 사건 토지에 관하여 새로 확정된 지번과 면적 등에 따른 토지변경등기가 이루어졌다.

(5) 한편 위와 같이 매매대금 환급사유가 발생하였음에도 원고는 수년간 그 환급을 신청하지 않았고, 한국토지공사는 2009. 3. 2. 원고 명의의 계좌에 면적감소에 따른 환급금 557,450원을 입금하였다.

(6) 원고는 이 사건 토지에 관하여 2009. 10. 30.경에 이르러 자신 앞으로 소유권이전등기를 마쳤고, 곧이어 2009. 11. 17.경 "2009. 10. 27. 매매"(거래가액은 155,000,000원으로 신고되었다)를 원인으로 하여 ○○에게 소유권이전등기를 마쳐주었다.

(7) 청원군수는, 원고가 이 사건 토지에 관하여 2009. 10. 30.경에 이르러서야 소유권이전등기를 마침으로써 부동산 실권리자명의 등기에 관한 법률(이하 "부동산실명법"이라고 합니다) 제10조 제1항에 해당한다는 이유로, 2011. 12. 29. 원고에 대하여 과징금 24,071,740원을 부과하였다.

(8) 원고는 2012. 3. 21.경 청원군수를 상대로 청주지방법원에 위 과징금 부과처분의 취소를 구하는 소를 제기하였으나, 2012. 7. 12. 원고 청구를 기각한다는 판결이 선고되었고(2012구합596),이에 원고는 항소를 제기하였으나 2013. 5. 15. 원고의 항소를 기각하는 판결이 선고되었으며{대전고등법원(청주) 2012누547}, 이에 원고가 상고하였으나 2013. 9. 26. 심리불속행 기각되었습니다(2013두12089).

(9) 위 제1심 판결의 이유에는 다음 같은 내용이 포함되어 있습니다.

"… 부동산실명법 제10조 제1항[3])은 부동산의 매매 등 법률행위로 인한 물권변

3) 제10조(장기미등기자에 대한 벌칙 등)

동의 경우 그에 따른 신속한 소유권이전등기를 하도록 하기 위하여 정당한 사유 없이 이를 지연하는 경우에는 제재할 수 있음을 규정한 것으로서, 그 문언상 이는 등기권리자에게 적용되는 것임이 명백하고, 위 규정에서의 '반대급부'는 등기권리자 자신의 반대급부를 의미한다고 봄이 문리해석상으로나 위 규정의 취지 등에 비추어 타당한바, 결국 부동산실명법 제10조 제1항 제1호의 '반대급부의 이행이 사실상 완료된 날'은 등기권리자가 자신의 반대급부를 사실상 전부 이행함으로써 언제라도 등기의무자에 대하여 소유권이전등기절차 이행을 청구할 수 있게 된 날을 의미한다고 보아야 한다. …

… 적어도 이 사건 토지에 관한 표시변경등기가 이루어진 2002. 8. 22.경에는 원고의 반대급부 이행이 완료됨은 물론 원고로서는 아무런 장애 없이 이 사건 토지에 관한 소유권이전등기를 신청할 수 있었고, 그럼에도 원고가 그로부터 3년 이내에 이 사건 토지에 관한 소유권이전등기를 신청하지 않은 이상, 이는 부동산실명법 제10조 제1항에 해당한다고 봄이 타당하므로 …"

나. 원고의 이 사건 주장

---

① 「부동산등기 특별조치법」 제2조 제1항, 제11조 및 법률 제4244호 부동산등기특별조치법 부칙 제2조를 적용받는 자로서 다음 각 호의 어느 하나에 해당하는 날부터 3년 이내에 소유권이전등기를 신청하지 아니한 등기권리자(이하 "장기미등기자"라 한다)에게는 부동산평가액의 100분의 30의 범위에서 과징금(「부동산등기 특별조치법」 제11조에 따른 과태료가 이미 부과된 경우에는 그 과태료에 상응하는 금액을 뺀 금액을 말한다)을 부과한다. 다만, 제4조 제2항 본문 및 제12조 제1항에 따라 등기의 효력이 발생하지 아니하여 새로 등기를 신청하여야 할 사유가 발생한 경우와 등기를 신청하지 못할 정당한 사유가 있는 경우에는 그러하지 아니하다.

1. 계약당사자가 서로 대가적(代價的)인 채무를 부담하는 경우에는 반대급부의 이행이 사실상 완료된 날

이 사건에서 원고는, 피고에 대하여 위 과징금 24,071,740원 및 이에 대한 지연손해금의 지급을 구하면서, 대략 다음과 같은 이유를 들고 있습니다.

"부동산 소유권이전 관련 법률에 대금청산일을 부동산 취득일로 규정하지 아니한 법률 및 판례는 없다.
매수자가 매도자에게 지급할 잔금이 남아있는 경우 매도자가 소유권이전등기에 필요한 서류를 발급해주지 아니하므로 매수자에게 소유권이전등기의무를 부과할 수 없으며, 매도자의 표시변경등기 완료일을 소유권이전등기 기산일로 판단하는 것은 모순된 논리이다.
블록단위 시공 오차에 의하여 감소가 예상되는 0.8㎡에 해당하는 잔금을 남겨놓은 원고 매수토지는 5.1㎡를 감소시키는 역차별을 했고 7년 후 청산금을 송금 받은 원고가 1,282명 매수자 중 유일한 장기미등기자라면 국가가 국민들로 하여금 매매대금을 연체하라고 유도하는 반사회적인 법률이다.
부동산실명법은 부동산 쌍무계약에 해당 행정청이 개입하였거나, 매도자가 부동산등기제도를 악용한 경우, 매수자가 소유권이전등기 신청을 지연할 목적으로 대금납부를 지체한 경우, 소유권 이전을 내용으로 하는 계약이 아닌 경우에는 소유권이전 권리제한을 하지 않는 법률이므로 동법 제10조 제1항 제1호로 규정한 장기미등기자에 대한 해석은 위와 같은 경우나 당해 행정청의 행정행위를 평등권을 전제로 하여 대금청산일로 해석 적용되어야 한다.
법무부는 외상매출 부동산인 도상가분할 토지의 부동산등기 특별조치법 제2조 제1항 제1호로 규정한 소유권이전등기 신청기산일은 등기 공부 정리 후 대금청산일로 유권해석을 하였고, 그 시기는 부동산실명법 공포(1995.3.30.) 이전으로 추정된다.
장기미등기 기산일을 대금청산일로 볼 수 없다면 국민들에게 법률 개정 또는 대법원 판례로서 공개하여야 함에도 법률시행 24년 동안 공개하지 않는 것은 국가를 신뢰한 국민의 재산권을 약탈하고 국민의 알권리를 침해하였으므로 헌법 제1조 2항에 규정된 주권 침해 등에 해당된다.
국가(법제처, 법무부, 법원)가 직무를 유기하고 직권을 남용하여 국민들로 하여금 부동산 거래질서를 지키도록 선도하는 것이 아니라 지자체의 허위문서에 의한 적반하장 사기 행위를 합리화시켜 줌으로써 오히려 부동산 거래질서를 어지럽히도록 유도하는 행위를 하였다.
법률해석을 명확히 하기 위한 시행령(안)을 삭제토록 함으로써 미필적 고의 법률을 시행토록 했고, 법률시행 24년 후 법률의 해석을 평등권을 전제로 해석하는 것이 아닌 문구해석에만 의존함으로써 국민에 대한 봉사자가 아니라 국민의 재산권을 약탈해가는 등기법 및 외상매출 부동산거래에 대한 현실 파악 없이 공시되지 않는 표시변경 등기 완료임을 기산일로 해석하는 것은 모순된 논리이다.
부동산실명법에서 규정한 장기미등기 기산일을 매도자의 표시변경등기 완료일로 판단하더라도 과징금을 부과할 수 있는 행정청이 연대채무자이므로 부동산실명법 제10조 제1항 단서에 의한 매수자가 소유권이전등기 신청을 하지 못할 정당한 사유 및 부동산 특별조치법에 의한 과태료에 부과징수 규칙 제2조 4호로 규정한 등기신청을 해태한 상당한 사유에 해당되므로 원고는 장기미등기자가 아니다."

요컨대, 원고의 이 부분 주장은, 원고는 부동산실명법 제10조 제1항 제1호의 장기미등기자에 해당하지 않는데도, 법제처와 법무부 또는 법원의 법령 해석 잘못으로 원고가 부동산실명법 제10조 제1항 제1호에 의율되어 과징금을 납부하게 되었으니, 피고가 이를 책임져야 한다는 취지로 이해됩니다.

다. 원고 주장의 부당성

그러나 원고의 주장에 의하더라도 법제처나 법무부 또는 법원의 법령해석을 비롯한 어떠한 행위에 위법이 있다고 할 수 없습니다.
오히려 이 사건의 경우, 부동산실명법 제10조 제1항 제1호의 '반대급부의 이행이 사실상 완료된 날'은 등기권리자가 자신의 반대급부를 사실상 전부 이행함으로써 언제라도 등기의무자에 대하여 소유권이전등기절차 이행을 청구할 수 있게 된 날을 의미한다고 보는 것이 타당하므로, 이 사건 토지에 관한 표시변경등기가 이루어진 2002. 8. 22. 경에는 원고의 반대급부 이행이 완료됨은 물론 원고로서는 아무런 장애 없이 이 사건 토지에 관한 소유권이전등기를 신청할 수 있었고, 그럼에도 원고가 그로부터 3년 이내에 이 사건 토지에 관한 소유권이전등기를 신청하지 않은 이상, 이는 부동산실명법 제10조 제1항에 해당한다는 청주지방법원의 판단은 정당합니다.

3. 결론

따라서 원고의 이 사건 청구 중 금원 지급 부분을 제외한 나머지 청구 부분은 부적법 하므로 각하하여 주시고, 금원 지급 청구 부분은 이유 없으므로 기각하여 주시기 바랍니다.

입 증 방 법

1. 을 제1호증 제1심 판결
1. 을 제2호증 항소심 판결
1. 을 제3호증 대법원 사건검색

피고 답변서에 대한 의견서

사건 : 2019가합5012 손해배상(기) 청구의 소

원고 :

김정선

피고 : 대한민국

법률상 대표자 법무부장관의 직무대행자 법무부 차관 김오수

경기도 과천시 관문로 47, 정부과천정사 법무부 1동

소송수행자 남영주, 최혜경, 조준해

세종특별자치시 도움5로 20, 정부세종청사 7-1

피고 답변서에 대한 의견서

"별 첨"

2019.12.4

위 원고 : 김 정 선 (인)

담당재판부 : 제37민사부

서울중앙지방법원 귀중

피고 답변서에 대한 의견서

1. 부동산 실명법 제10조제1항제1호는 법무부 소관법률인 부동산 등기 특별조치법 제2조제1항제1호의 적용을 받는자라는 전제조건과 문구를 인용한 장기미등기 과징금 부과 관련 조문으로서 법률주관발의자인 구 재정경제원은 조문의 해석을 명확하게 하기 위하여 소득세법에 의한 부동산 취득시기를 원용 동법시행령(안) 제6조로 장기미등기 기산일은 대금청산일로 한다. 라고 공동발의자인 법무부와 공동으로 관보에 고시(1995.4.4)했고 법률에는 계약의 당사자가 서로 대가적인 채무를 부담하는 경우에는 반대급부의 이행이 완료된 날로 규정한 것을 법제처는 국회상정 및 법률공포, 시행령(안) 공포 관보에 제정사유로 부동산 취득일이라는 용어를 사용하여 장기미등기 기간계산 기산일이라고 국민들에게 공표하였으므로 부동산 취득일이 장기미등기 기간계산일 입니다.

2. 부동산 실명법 시행전 국가가 국회 국민들에게 장기미등기 과징금은 부동산 취득일(소득세법 시행령 제162조에 의한 기간계산)로부터 3년 이내에 소유권이전 등기신청을 하지 않은 등기권리자에게 부과징수 하겠다고 공표한 법률해석을 법률시행 16년후, 소유권이전등기 경료 2년후 소득세법 시행령 162조로 규정한 대금청산일을 장기미등기 기간계산일로 볼 수 없다는 법률해석을 한 것은 진정소급입법 해석으로서 불법행위입니다.

3. 부동산 등기특별조치법 제2조제1항(제1호)에서는 60일이내에 소유권이전등기를 신청하도록 규정되어있고, 이 사건 토지등의 토지면적 확정시기는 2001.12.26. (면적이 감소된 등기권리자의 대금완납일) 토지대장이 작성된 것은 2002.6.28(환지) 등기의무자의 1차 표시변경등기 신청시기는 2002.8.7(구 청원군 기록), 반려에 따른 2차 표시변경등기 신청시기는 2002.8.22(구 한국토지공사 보유등기부 원본), 표시변경등기완료예정일은 2002.10.4. 경 (구 한국토지공사 자료)이므로 기간계산일은 2002.10.04일 이후인 것은 명백하나 등기는 신청주의 여서 완료일은 공시관리 되지 않는 날이므로(구 청원군에도 없고 구 한국토지공사도 팔림으로 보관한 기안문서 외에는 없다) 등기권리자에게 적용 할 수 없고 부동산 취득일로 판단할 수도 없으므로 그 후 계약이행지체 등기권리자(매수자)의 잔금납부일 등기의무(매도자)의 청산금 지급시기가 기간 계산일 이라는 것은 명백합니다.

4. 부동산 실명법 제10조제1항(제1호)는 부동산등기 특별조치법 제2조제1항(제1호)의 적용을 받는자라는 전제조건이 있고, 1995.3.30 관보(법률 공포) 및 1995.4.4 관보(시행령 안 공포)에는 취득일이라는 용어를 사용해 기간 계산일이 동일하다고 고시하였으므로 장기미등기 기간계산일도 등기의무자의 청산금지급일 이라는것에 대하여 이의의 여지가 없습니다.

5. 부동산 등기법은 등기의무자(매도자)의 표시변경등기가 완료되었다고 하더라도 등기권리자(매수자)가 소유권 이전등기 신청을 지연할 목적으로 매매잔금을 남겨놓을 경우에는 등기의무자가 소유권이전등기 신청에 필요로 하는 서류를 발급해주지 아니하므로 등기권리자의 무전(계약이행지체) 무죄(등기권리자의 의지에 의하여 등기신청시기 결정) 법률이라는 것은 등기소의 등기선례 및 법무부 유권해석으로 명백합니다.

6. 따라서 등기권리자가 계약이행을 지체하거나, 가지적 상태에서 매매대금을 완납하였다고 하더라도 등기의무자의 고의 또는 과실로 면적이 증가된 경우에는 무전무죄의 법률을 적용받게 됨에도 등기의무자는 권리제한 규정이 없는 부동산 실명법을 적용함에 있어 등기권리자가 매매대금을 선납하고도 등기의무자의 갑질행위로 면적이 감소한경우에는 재산적 가치도 손해인데 청산금을 못받았다고 하더라도 유전(계약성실이행 매수자) 유죄(공시관리되지 않는 등기의무자의 표시등기 완료일이 소유권이전등기 기간 계산일) 법률의 적용을 하는 것은 명백한 국민기만 법률입니다.

7. 확정되지 아니한 부동산의 경우 매매계약 체결부터 등기의무자의 표시변경등기 완료일까지의 과정 및 이해 상충관계를 모르고서는 장기미등기 조문의 법리를 오해할수 있기 때문에 주관부처인 구 재정경제원이 대금청산일이 기간 계산일이라고 시행령에 명시코자 하였으나 법제처는 공무원들의 지적수준은 법리를 오해하지 않을 것이라고 시행령에서 직권삭제 하였으나 20여명이 넘는 판사 및 구 청원군, 충청북도, 법무부, 법제처, 법원 행정처 공무원들은 부동산등기법이 무전무죄 법률이라는 것은 감안하지 않고 매매대금이 완납처리되고 등기의무자의 표시변경등기가 완료되면 소유권이전 등기신청이 가능하므로 그날이 장기미등기 기간계산일 이라고 판단했으므로 결과적으로는 부동산실명법은 등기권리자로 하여금 계약이행을 지체하여 소유권이전을 늦게하라는 부동산 거래질서를 어지럽히라는 반사회적 법률입니다.

8. 등기의무자 및 당해 행정청의 담합 갑질행위에 의한 등기권리자인 원고는 토지면적 확정 3년 5개월전에 매매대금을 납부하였음에도 등기의무자가 무전무죄인 부동산 등기법을 악용 토지면적 확정시 역차별로 5.1㎡를 감소시키고도 7년이상 퇴직금 지급 계좌로 청산금을 입금시키지 않았음에도 유일한 장기미등기자이고 같은 블록내 다른 등기권리자는 3년 분할 납부 계약하여 토지면적 확정시기에 연체자임에도 역대우로 3.8㎡를 증사시켜주어 소유권이전등기 신청가능일로부터 8년후 소유권이전등기를 신청하였어도 부동산 등기법이 무전무죄 법률이어서 장기미등기자가 아닌 법률이 부동산 거래질서 확립을 위한 법률이라고 판단할 사람은 아무도 없을 것입니다.

9. 부동산 실명법에 의하여 과징금부과 권한을 가지고 있는 행정청이 일시납 계약을 유도하지 않았으면 원고는 3년 분할납부계약을 하였을 것이기 때문에 등기의무자가 토지면적확정시기에 역차별 갑질행위를 하였다고 하더라도 행정청이 원고의 재산권을 이용해 불로소득을 얻은 사실이 없으므로 매매대금 청산의무와 소유권이전등기 신청은 동시이행 관계가 있다고 판단하지 않았을것이며 원고는 자존심 때문에 7년동안 권리행사를 못한 피해자가 되지 않았았을 것이고 대금납부 11년후 행정청으로부터 24,071,740원의 재산권을 약탈 당하지 않았습니다.

10. 원고는 개발업무 20년 경력으로 부동산 등기법이 무전무죄 법률이라는 것을 익히 알고 있었고 잔금을 연체하여 무전무죄 법률은 적용 받을 의사가 있었다면 할부이자는 양도소득세 산출시 취득원가에 포함되어 유리한, 3년분할 납부계약을 하였을것이 명백하며, 연 예금운용수익 13.8% 시기에 연 9%의 할부이자가 부리되는 3년분할 납부계약을 하지 않고 5개월 약정 일시납 계약을 한 것은 더불어 살아야 하는 세상이기 때문에 사익보다 공익을 중시하였기 때문이며, 등기의무자 및 행정청이 장기미등기 기산일을 등기권리자가 등기의무자에게 지급할 채무가 없는 시기라고 판단했다면 일시납 계약 유도는 3년 유예기간을 모두 빼앗아 간것이기 때문에 지방세 유예조건으로 일시납 계약을 유도할리는 만무합니다.

11. 부동산실명법 시행령(안) 법제처 심사시 대금청산일로 규정하지 않더라도 같은 해석이 될것이라고 제6조를 삭제사유로는 다음과 같은 논리였을 것입니다.

- 계약이행을 지체한 매수자 및 매도자의 고의 또는 과실에 의하여 당초 분양면적보다 증가된 경우에는 매수자가 원하는 시기에 소유권이전등기 기산일을 결정할 수 있으므로 무전무죄 법률이며 매도자의 반대급부이행일인 표시변경등기가 완료되어야 소유권이전등기 신청이 가능하다.

- 청산금을 환급받아야할 매수자는 토지면적 확정시 계약이행을 성실히 이행하였으나 당초 분양면적보다 감소한 경우로서 역채무이행 책임은 매도자에게 있으므로 역차별 받은 매수자의 권리제한 시기로 판단할 수 없다.

- 장기미등기 조문의 전제조건인 부동산 등기특별조치법 제2조제1항의 법무부 해석이 등기공부정리후 대금 청산일이라고 해석되어 있었고 등기공부 정리완료일은 매도자의 반대급부 이행 완료일이므로 부동산 취득시기로 판단할 수 없다.

- 일반법인 소득세법에도 부동산 취득시기는 대금청산일로 규정되어 있었고 부동산 등기는 신청주의여서 신청일만 공시관리되고 완료일은 공시관리 되지 않으므로 공시 관리되지 않는날을 기산일로 판단할 수 없다.

- 가등기 담보등에 관한 법률에 의한 부동산 취득시기는 청산절차가 완료된 날로 민법에 규정된 동시이행 항변권이 있다고 규정되어 있었다.

12. 원고는 외환위기 시절 국가등의 공권력에 의한 피동적 매수자로서 행정청인 충청북도와 구 청원군이 사업시행자인 구 한국토지공사와 그 소속직원이었던 원고간의 확정되지 아니한 부동산 쌍무계약에 5년후 소유권이전이 가능할 것으로 예측되는 도상가분할 토지 취득시기를 사업시행자로 하여금 지방세 세수물건을 조기조성토록하기 위하여 지방세법에 불구하고 토지면적 **확정일로** 간주하겠다고 일시납계약을 유도하였기 원고는 구사적 애사심에서 일시납 계약(1998.6.8) 체결하였고 퇴직금으로 46일만에 1,282명의 매수자중 가장 먼저 매매대금을 납부(1998.7.24)하였으나 토지면적 확정시(2001.12.26) 구 한국토지공사가 부동산 등기제도를 악용 오차로 도저히 인정할 수 없는 5.1㎡를 감소시켜 1998.7.24일 납부한 매매대금을 2001.12.26 매매대금을 완납한 것으로 구 청원군(오창면) 및 원고에게 통보하였기 취득세는 가산금 없이 오창면에 자진납부하였으나 행정청 및 구 한국토지공사에 자존심마저 헌납할 수 없어 향후 매매대금 청산의무와 소유권

이전등기 신청 의무는 동시이행 관계가 있다고 판단하였고, 7년후 퇴직금 수령계좌로 청산금을 환급받고 소유권이전등기를 경료했고

13. 그로부터 약 2년후 쌍무계약에 불법개입하여 불로소득을 얻은 행정청으로부터 원고가 유일하게 장기미등기 과징금을 부과징수 (2011.12.29) 당했으므로 계약이행 지체 매수자 및 매도자는 권리제한 규정이 없는 부동산실명법은 적반하장, 유전(매매계약을 성실히 이행하여 토지조성에 기여한 매수자), 유죄(토지면적 확정시 역차별 받음, 소유권이전등기 기산일을 매도자가 결정, 청산금을 못받아도 소유권이전 및 납세 의무자) 법률이라는 원고의 주장을 법원이 받아들이지 않았으므로 국가가 그 손해를 배상하여야 합니다.

14. 매수자가 채무자인 경우 매도자의 표시변경 등기가 완료되었다고 하더라도 소유권이전등기 신청일을 매수자가 결정할 수 있고 매수자가 역채권자인 경우 토지면적 확정일 또는 표시변경등기 완료일이 소유권이전등기 기산일이라면 토지면적 확정을 위한 필지경계 표지설치업무를 매도자가 직접설치해서는 않되며 매도자가 부동산 등기법을 악용하지 못하도록 지적측량 대행기관에 필지경계 표지설치를 의뢰하여야 함에도 불구(지적측량비용 50% 증가)하고, 매도자가 경계표지를 직접 설치한 후 지적측량 대행기관에 의뢰했으며 면적 산출단위 이하 채무자이거나 채권자이어야 할 원고는 토지면적 확정 3년5개월 전에 매매대금을 납부하였으나 5.1㎡를 감소당하여 장기미등기자이고 같은 블록내 3년분할 납부계약하여 토지면적 확정시기에 연체중이던 매수자는 3.8㎡를 증가시켜주어 원고보다 12년 늦게 매매대금을 납부하고도 매수자가 채무상태를 유지하였기 장기미등기자가 아니므로 법원의 판단은 매수자로 하여금 무전무죄 행태(잔금납부 지연)를 권고하는 반사회적 법률이라는 것을 입증한 것입니다.

15. 구 한국토지공사는 국가의 토지정책을 수행하기 위한 국가공기업으로서 소속직원들은 국가가 간접 고용한 사람들이며, 토지를 필요로 하는 사람들에게 매각할 토지를 조성하는 사람들이지만 외환위기 시절 자구책으로 소속직원들에게 오창산업단지 단독주택지의 3분의1 이상을 매각하거나 매매알선토록했고 원고처럼 사익보다 공익을 우선하여 일시납계약을 한 경우도, 3년 분할납부 계약하여 5~10%의 잔금을 남겨 놓았다가 원하는 시기에 소유권이전등기를 신청한 경우도, 손해를 보고 매각한 경우도, 계약금을 손해보고 해약한 경우도, 30년이상 나지로 보유하고 있는경우도, 미등기 전매한 경우(법률

에서 가능토록 개정한 시기에 매수한 자)도 있으므로 국가는 사익보다 공익을 위해 정상적인 경제 여건하에서는 취득할 수 없는 토지를 정부 정책에 의하여 매수한 사회적 약자를 불법개입한 행정청 및 국가공기업으로부터 보호해줄 의무가 있음에도 법원은 사회적 약자에게는 실질적 변론기회도 주지 않고 충청북도, 구 청원군, 구 한국토지공사는 변론할 내용이 없다고 법정에서 진술하였음에도 청주지방법원등은 사회적 약자인 원고의 손해배상 청구의 소를 모두 기각하는 100% 관치주의 판결을 하였으므로 권력을 가진자의 날강도 행위를 법원이 공증해준 것으로 국가, 행정청까지 가세한 등기의무자는 우월적지위는 등기권리자의 재산권을 약탈해도 된다는 것이 법원의 역할인지 답변해야하며, 원고는 충청북도가 보은을 원수로 되갚은 사건 때문에 전립선암 수술을 받았고 그 후유증으로 숨을거둘 때까지 다리에 붕대를 감아야 할지도 모르는 난치병을 앓고 있으며 반사회적 법률에 대한 향후 공론화 책임은 국가에 있습니다.

16. 법제처는 부동산실명법 시행령(안) 심사시 장기미등기 조문을 명확히 해석하기 위한 시행령(안) 제6조를 직권삭제하므로서 행정절차법 제5조(투명성)을 위반했고 원고로부터 법령 제정과정에 대한 국가기록원 자료를 제공받고도 7년동안 수차례나 법무부 소관 법률에 대하여는 심사사유를 밝힐수 없다는 직무유기로 부동산 매도자 및 행정청의 갑질행위에 의한 손해배상청구소송에서 원고가 패소하였고 부동산실명법 전제조건인 부동산 등기특별조치법의 소유권이전등기 기간 계산일의 법무부 해석을 사건진행중 국가 법령 정보센터 등재 목록에서 삭제한 사유를 밝히지 않는 것은 원고의 주권을 침해한 행위이므로 그 손해를 원고에게 배상하여야 합니다.

17. 법무부는 부동산등기 특별조치법 소관부처 및 구 재정경제원이 주관발의자이고 법무부가 공동발의자인 부동산실명법 및 동법 시행령(안)의 장기미등기 기간계산일은 대금청산일이라는 규정에 법무부 장관이 동의했고 전제조건인 부동산등기 특별조치법 제2조제1항제1호의 소유권이전등기 기간계산일은 대금청산일로 법률해석을 했고 구 재정경제원으로부터 법률을 이관받은 후 헌법재판소의 헌법 불합치 판결에 의한 법률개정시 동법 동조 동호에 대한 개정을 하지 않았음에도 법률시행 16년후 충청북도로부터 위변조 문서에 의한 법령질의를 받아 대금청산일을 장기미등기 기간계산일로 볼 수 없다고 회신하였으므로 행정절차법 제4조를 위반한 진정소급입법 해석을 하고도 원고가 십수차례나 무전무죄를 유도하는 진정소급입법 해석은 불법행위

라는 진정서를 제출했음에도 미필적고의 법률에 대한 정정해석을 하지 않았으므로 그 손해를 원고에게 배상하여야 합니다.

18. 청주지방법원 등은 불로소득을 얻지 못하도록 제정한 부동산 특별법에 대한 법리 및 사건을 판단함에 있어 부동산 등기법, 소득세법, 헌법, 행정절차법, 지방세법, 민법, 민사소송법, 구 지적법, 산업입지 및 개발에 관한 법률, 가등기 담보등에 관한 법률등을 모두 간과하고 법률제정과정 국가기록원 자료, 관보, 언론보도자료, 법률해설집, 기획재정부 문서, 국토교통부 문서, 행정안전부 문서, 지적측량 대행기관 문서, 헌법재판소의 헌법불합치 결정, 헌법소원, 대법원 판례도 참고할 필요가 없으며 권력을 가진자의 갑질행위는 표준업무이고 사회적 약자는 의무만 있으며, 신의성실의 원칙, 채증의 법칙, 평등의 원칙, 과잉금지의 원칙, 이익형량의 원칙도 재량권이고 가해자는 피해자에게 손해를 배상할 책임은 없고, 피해자의 재산권을 이용해 불로소득을 얻고, 좀도둑질을 하고도 모자라 강도 행위를 하여도 된다는 무소불위 판결을 하였으므로 그 손해를 원고에게 배상하여야 합니다.

19. 부동산 실명법 제10조제1항제1호는 미필적 고의 법률임에도 사익보다 공익을 우선한 선량한 등기권리자를 충청북도가 속여서 피해자가 가해자를 상대로한 행정소송 및 민사소송에서 국가가 불법행위인 진정소급입법 행위 및 직무유기, 100% 관치주의 판결을 하여 원고의 재산권을 침해하였으므로 그 손해를 원고에게 배상하여야 합니다.

20. 부동산 실명법 시행령(안) 언론보도 자료 및 가해자를 상대로한 2018다2181586 민사사건 상고이유서를 첨부하오며 민사소송 규칙 제65조에 따라 소장 및 답변서에 대한 의견서 개개의 사실에 대하여 성실하게 답변해주시기 바랍니다.

2019.12.04

원고 김정선(인)

서울중앙지방법원 귀중

준 비 서 면

사　　건　　2019가합5012 손해배상(기) 청구의 소

원　　고　　김정선

피　　고　　대한민국

위 사건에 관하여 피고 소송대리인은 원고의 2019. 12. 6.자 의견서 주장에 대하여 아래와 같이 변론을 준비합니다.

1. "부동산실명법 시행 전 국가가 '장기미등기 과징금은 부동산 취득일로부터 3년 이내에 소유권이전등기 신청을 하지 않은 등기권리자에게 부과징수하겠다'고 공표한 법률 해석을 법률 시행 16년 후, 소유권이전등기 경료 2년 후, 소득세법 시행령 162조로 규정한 대금 청산일을 장기미등기기간 계산일로 볼 수 없다는 법률해석을 한 것은 진정소급입법 해석으로서 불법행위"라는 원고 주장에 대하여

가. 법률 제6683호로 개정되어 2002. 3. 30. 시행된 **구 「부동산 실권리자명의 등기에 관한 법률」**(약칭: 부동산실명법) **제10조**는 다음과 같습니다.

제10조 (장기미등기자에 대한 벌칙등)

① 부동산등기특별조치법 제2조 제1항·제11조 및 법률 제4244호 동법 부

칙 제2조의 적용을 받는 자로서 다음 각 호의 1에 의한 날부터 3년 이내에 소유권이전등기를 신청하지 아니한 등기권리자(이하 "장기미등기자"라 한다)에 대하여는 부동산평가액의 100분의 30에 해당하는 금액의 범위 안에서 과징금(부동산등기특별조치법 제11조의 규정에 의한 과태료가 이미 부과된 경우에는 이를 차감한 금액을 말한다)을 부과한다. 다만, 제4조 제2항 본문 및 제12조 제1항의 규정에 의하여 등기의 효력이 발생하지 아니함에 따라 새로이 등기를 신청하여야 할 사유가 발생한 경우와 등기를 신청하지 못할 정당한 사유가 있는 경우에는 그러하지 아니하다.

1. 계약당사자가 서로 대가적인 채무를 부담하는 경우에는 반대급부의 이행이 사실상 완료된 날
2. 계약당사자의 일방만이 채무를 부담하는 경우에는 그 계약의 효력이 발생한 날

그리고 현재 시행되고 있는 부동산실명법 제10조 제1항은 위 구 법 제10조 제1항과 비교하면 그 일부 표현이 고쳐졌을 뿐, 그 내용은 다르지 아니합니다.

청원군수는 원고에 대하여, '원고가 이 사건 토지에 관하여 2009. 10. 30.경에 이르러서야 소유권이전등기를 마침으로써 부동산실명법 제10조 제1항에 해당한다'는 이유로 2011. 12. 29. 과징금을 부과하였습니다. 그리고 청주지방법원은 "적어도 이 사건 토지에 관한 표시변경등기가 이루어진 2002. 8. 22.경에는 원고의 반대급부 이행이 완료됨은 물론 원고로서는 아무런 장애 없이 이 사건 토지에 관한 소유권이전등기를 신청할 수 있었고, 그럼에도 원고가 그로부터 3년 이내에 이 사건 토지에 관한 소유권이전등기를 신청하지 않은 이상, 이는 부동산실명법 제10조 제1항에 해당한다고 봄이 타당하다"는 이유를 들어, 2012. 7. 12. 과징금부과처분 취소를 구하는 원고의 청구를 기각하였습니다.

나. 원고는, 부동산실명법 시행령 제6조에 '장기미등기의 기산일은 대금청산일로 한다'고 규정하는 내용의 '부동산 실권리자명의 등기에 관한 법률 시행령 입법예고'가 1995. 4. 4. 자로 고시되었음을 근거로 삼아, 이와 달리 법령해석한 것은 진정소급입법 해석으로서 불법행위라는 취지로 주장합니다.
그러나 입법예고는 정식으로 법령을 제·개정하기 전에 미리 법안을 널리 알리고 의견을 제출받아 입법과정에 참고하기 위하여 시행하는 절차로서, 문언 그대로 입법 '예고'에 불과하여 법적 구속력을 가지지 아니합니다.
따라서 입법예고 후에 그러한 내용의 입법이 실제로 이루어지지 않은 이상, 그러한 입법예고 내용만을 기준으로 법령을 해석할 수는 없습니다.

이 사건에서 2002. 8. 22. 경에는 원고의 반대급부 이행이 완료됨은 물론 원고로서는 아무런 장애 없이 자신 명의로 이 사건 토지에 관한 소유권이전등기를 신청할 수 있었고, 당시 시행되고 있던 구 부동산실명법(법률 제6683호) 제10조 제1항에 의하더라도 그 시점부터 3년 이내에 이 사건 토지에 관한 소유권이전등기를 신청하지 않는 경우는 과태료 부과대상으로 해석되므로, 원고에 대한 과태료 부과나 그와 관련된 법령해석이 진정소급입법이라거나 불법행위라고 할 수 없습니다.

다. 뿐만 아니라 청주지방법원의 판결은 "부동산실명법 제10조 제1항 제1호의 '반대급부의 이행이 사실상 완료된 날'은 등기권리자가 자신의 반대급부를 사실상 전부 이행함으로써 언제라도 등기의무자에 대하여 소유권이전등기절차 이행을 청구할 수 있게 된 날을 의미한다고 보아야 한다."고 해석하였을 뿐, 원고의 주장과 같이 "소득세법 시행령 162조로 규정한 대금청산일을 장기미등기 기간계산일로 볼 수 없다"고 해석한 것도 아닙니다.

2. "등기는 신청주의여서 (토지변경등기)완료일은 공시관리 되지 않는 날이므로 등기권리자에게 적용할 수 없고 부동산 취득일로 판단할 수도 없으므로 그 후 계약이행지체 등기권리자의 잔금납부일 등기의무의 청산금 지급시기가 기간 계산일"이라는 원고 주장에 대하여

이 사건 청주지방법원의 판결에서 판시된 바와 같이, 부동산실명법 제10조 제1항은 부동산의 매매 등 법률행위로 인한 물권변동의 경우 그에 따른 신속한 소유권이전등기를 하도록 하기 위한 취지에서 정당한 사유 없이 이를 지연하는 경우에는 제재할 수 있도록 규정한 것입니다. 따라서 위 조항은 문언상 등기권리자에게 적용되는 것임이 명백하고, 위 규정에서의 '반대급부'는 등기권리자 자신의 반대급부를 의미한다고 봄이 문리해석상으로나 위 규정의 취지 등에 비추어 타당합니다.

따라서 부동산실명법 제10조 제1항 제1호의 '반대급부의 이행이 사실상 완료된 날'은 등기권리자가 자신의 반대급부를 사실상 전부 이행함으로써 언제라도 등기의무자에 대하여 소유권이전등기절차 이행을 청구할 수 있게 된 날을 의미한다고 보아야 합니다.

원고가 주장하는 논리는 이 사건에 적용될 수 없습니다.

3. "등기권리자가 소유권이전등기신청을 지연할 목적으로 매매잔금을 남겨

놓는 경우나 면적이 증가된 경우에는 과징금 대상이 아닌데, 이 사건과 같이 등기의무자의 사정으로 면적이 감소되고, 오히려 청산금 반환이 지연된 경우에는 과징금 대상이 되어 부당하다"는 취지의 원고 주장에 대하여

이 사건 과징금은 부동산실명법 제10조 제1항 제1호의 "계약당사자가 서로 대가적인 채무를 부담하는 경우에는 반대급부의 이행이 사실상 완료된 날"을 기준으로 부과되는 것입니다.
따라서 등기권리자가 소유권이전등기신청을 지연할 목적으로 매매잔금을 남겨놓는 경우나 토지 면적이 증가된 경우에는 등기권리자의 반대급부가 이행된 상태가 아니어서 과징금 대상이 되지 않는 것입니다.
부동산실명법 제10조 제1항은 '매매대금 지급이 신속히 이루어지도록 할 목적'이 아니라, '매매에 따른 소유권이전등기가 신속히 이루어지도록 할 목적'에서 마련된 법조항이므로, 원고의 위 주장과 같은 사정을 들어 법률해석이 부당하거나 반사회적인 법률이라고 할 수 없습니다.

한편 이 사건에서 원고의 입장에서는 매매계약 후에 면적이 감소되고 청산금 반환이 지연되어 손해를 입을 가능성이 있으나, 만일 그러한 손해가 있다면 법이 허용하는 다른 절차에 따라 손해를 회복할 수 있을 것입니다.

4. 공익을 위하여 분양대금을 일시납으로 약정하였는데 분양면적이 감소되어 청산금을 반환받지 못하고 소유권이전등기를 하지 못하였던 원고로

서는 부동산실명법 위반의 과징금 부과를 예측할 수 없었다는 취지의 원고 주장에 대하여

원고의 주장에는 분양면적이 늘어난 이 사건과 같은 경우에는 과징금 부과를 예측할 수 없었다는 취지가 포함되어 있는 것으로 보입니다.

그러나 적어도 원고가 2002. 1. 23. 이 사건 토지에 관한 취득세 및 농어촌특별세를 납부한 이후, 이 사건 토지에 관한 표시변경등기가 이루어진 2002. 8. 22. 경에는 원고로서는 아무런 장애 없이 이 사건 토지에 관한 소유권이전등기를 신청할 수 있었습니다. 그런데 그 시점으로부터 부동산실명법 제10조 제1항이 명시한 3년 이내에 원고가 이 사건 토지에 관한 소유권이전등기를 신청하지 않은 이상, 원고에게 과징금을 면할 정당한 사유가 있다거나 장기미등기에 대한 귀책사유가 없다고 할 수 없습니다.

5. 법무부, 법제처, 법원 소속 공무원들의 불법행위가 있었다거나 그로 인하여 원고의 손해가 발생하였다고 할 수 없습니다.

원고는, 법제처가 부동산실명법 시행령(안) 제6조를 삭제하고, 국가법령정보센터 등재 목록에서 부동산실명법의 소유권이전등기기간 계산일에 관한 법무부 해석 삭제 사유를 밝히지 않은 점과 법무부의 충청북도에 대한 법령질의 회신 및 청주지방법원의 판결 등이 위법하고, 이로 인하여 손해를 입었다고 주장합니다.

그러나 어떠한 법령(안)에 대한 입법예고가 있었다고 하여 항상 그대로 그 법령(안)이 입법되는 것은 아니므로, 부동산실명법 시행령(안)이 입법예고 된 후 시행 또는 관보게재 되지 않았다고 하여 이를 위법하다고 할 수 없고, 이 사건 법무부의 법령질의 회신이나 법원의 판결에 어떠한 위법이 있다고 할 수 없습니다. 국가배상 책임이 있다는 원고의 주장은 받아들일 수 없습니다.

6. 결론

원고의 주장은 부적법하거나 이유 없습니다..

2020. 1. .

피고 소송대리인 정부법무공단

담당변호사 최 재 정

담당변호사 고 영 석

담당변호사 문 병 화

서울중앙지방법원 제37민사부 귀중

준 비 서 면

사 건 : 서울 중앙지방법원 2019 가합 5012 부동산실명법 장기미등기 기산일 공개 및 손해배상 청구의 소

변론예정기일 : 2020.02.04.

담당재판부 : 제37민사부

원 고 : 김정선

피 고 : 대한민국

서 면 원 인

"별 첨"

입 증 방 법

"별 첨"

2020. 1. 30

위 원고 김 정 선(인)

서울중앙지방법원 귀중

준비서면

피고답변서 및 준비서면은 대한민국 헌법, 행정절차법, 민법, 민사소송법, 헌법재판소법등을 전면부인 하는 것으로 피고의 주장을 원고는 전면 불인정 합니다.

1. 본안전 항변에 대한 원고의 반박

가. 헌법, 행정절차법은 실체법인 공법이고 행정소송법 및 민사소송법은 절차법인 공법이며 부동산 실권리자명의 등기에 관한 법률의 법률 발의자(구 재정경제원, 법무부), 법률심의자(법제처)가 법률시행(1995.7.1.)전 장기미등기 기산일은 대금청산일로 한다. 라고 관보에 고시한 해석을 (갑증 제6호증, 제7호증, 제8호증, 제23호증, 제24호증)

나. 법률시행 16년후(2011년) 법률해석권자인 법무부와 사법권자인 법원은 실체법 및 절차법에 전혀 합치되지 않는 대금청산일로 볼수 없다고 법률의 모순, 도상가분할 토지거래제도의 모순을 피해자의 몫이라고 권리남용 해석 및 판결을 하였고 (갑증 제12호증, 제15호증, 제45호증)

다. 법률 심의자인 법제처는 법률의 해석을 명확히 하기위한 동법시행령(안) 제6조 조문을 직권삭제하고도 법률심의 당시는 구 재정경제원 소관법률이었기 경제 법제국에서 심의하였지만 현재는 법무부 소관법률이므로 행정법제국 업무로 법제처는 답변할 권한이 없다고 직무유기 답변을 계속하였고 (갑증 제44호증)

라. 미필적 고의 법률의 진정소급해석은 법률제정목적에 역행하는 반사회질서 법으로 계약이행을 지체토록 유도하는 국민 모두가 피해자가 되는 불법행위이며 피해자인 원고가 가해자로부터 손해배상을 받아야

하는 것을 직무유기 및 100% 관치주의 기각판결을 하였기 (갑증 제12호증, 제15호증, 제46호증)

마. 국가는 원고에게 법률불소급의 원칙, 채증의 법칙, 법률에 의한 판단을 하여 그 손해를 원고에게 배상하여야 하므로 원고의 민사소송은 적법합니다.

2. 원고의 청구취지가 불명확하다고 판단한 것에 대한 원고의 반박

가. 부동산 실권리자 명의 등기에 관한 법률(약정 "부동산 실명법") 제10조제1항제1호는 악의의 등기권리자(계약이행지체 매수자), 등기의무자(매도자), 당해 행정청(과징금 부과 권한을 가진 행정청)은 권리제한 규정이 없고 선의의 등기권리자(매매계약을 성실히 이행한 매수자)만 권리제한을 하는 법률이므로 25% 평등권 법률입니다.

나. 25% 평등권 법률을 해석 적용함에 있어서 청주지방법원등은 선의의 등기권리자에게는 헌법등에 규정되어있는 권리는 없고 악의의 등기권리자는 사적자치의 원칙을 인정해주고 악의의 등기의무자(계약성실이행자를 토지면적확정시 역차별) 및 악의의 당해 행정청(좀도둑질까지 한 가해자가 강도로 돌변)의 권리는 100% 인정해주었으므로 100% 심리미진 판결입니다. (갑증 제1호증, 제10호증)

다. 당해 행정청이 확정되지 아니한 쌍무계약에 일시납 계약을 유도하는 불법개입을하였기 발생한 사건에 대하여 재산권을 제공받은자가 재산권을 제공한자에게 가해자가 피해자에게 연대채무자가 역채권자에게 징벌성 과징금을 부과하는 것은 사기행위이며 헌법재판소의 헌법불합치 결정(위헌판결), 헌법소원 결정까지도 간과하고 (갑증 제1호증, 제9호증, 제25호증, 제47호증, 제48호증)

라. 개정된 법률에 의하여 등기의무자 및 당해 행정청의 흠결이 전혀 없

는 경우에도 지방세 국세를 연체하지 않은 경우 및 공기관과의 거래는 허위 계약서를 작성할 수 없으므로 과징금 50% 감경한 판례가 있음에도 당해 행정청이 좀도둑질까지 한 사건에 대하여 등록세를 늦게 납부하였다고 이마저 적용하지 않은 것은 100% 관치주의 판결입니다.

마. 법무부는 부동산 실명법 공동발의자로서 전제조건인 부동산등기 특별조치법 제2조제1항제1호의 소유권이전등기 신청 기산일은 등기공부 정리후 대금 청산일로 법률해석을 한바 있으며 부동산실명법 및 동법시행령(안)으로 장기미등기 기산일은 부동산 취득일로서 대금청산일로 규정한것에 대하여 동의해 놓고 (갑증 제12호증, 제24호증)

바. 법률시행 16년후 대금청산일로 볼수 없다고 해석하여 판례가 없는 사건을 발생하게 하였으므로 법리적으로 명확한 답변을 요구하였으나 6년동안 15차례(2012.5.31. - 2018.7.20.)나 정정해석을 거부하였기 피고로서 답변해달라는 청구입니다. (갑증 제15호증, 제44호증, 제45호증)

사. 법제처는 부동산실명법, 동법시행령(안) 공포관보에 제정이유로 반대급부의 이행이 사실상 완료된날은 부동산 취득일로서 대금청산일이라고 고시해놓고 시행령 확정을 위한 사전심사시 시행령(안) 제6조로 규정하려 했던 장기미등기 기산일은 대금청산일로 한다는 규정을 누가 법률해석을 하더라도 같은것이라고 직권삭제 하였음이 국가기록원 법률제정 과정 기록상 명백함에도 (갑증 제3호증, 제8호증)

아. 4년동안(2015.12.29. ~ 2018.6.11.) 6차례나 직권삭제사유를 밝히지 않은 것은 국민 기만행위이고 부동산 등기특별조치법 및 부동산 실명법의 기산일에대한 유일한 해석을 국가법령정보센터 게시물에서 삭제한 것은 국민의 알권리를 침해한 행정행위이므로 직권삭제 사유와 게시물에서 삭제한 사유를 피고로서 답변해달라는 청구입니다. (갑증 제44호증)

자. 청주지방법원등은 충청북도가 허위문서를 작성하여 법무부에 법령해석을 의뢰하였기 법원의 문서제출 명령을 거부하였고 원고가 67개 서증으로 손해배상을 청구한것에 대하여 구 청원군, 구 한국토지공사, 충청북도가 법리의 오해 이외에는 반박할 내용이 없으므로 증거를 하나도 제출하지 않았고 사실상 무변론 했음에도 (갑증 제27호증 ~ 제35호증, 제46호증)

차. 원고의 선의는 모두 배척하고 불법개입한 행정청의 증거가 없는 주장은 모두 수용하였기 7차례(2013.6.22. ~2018.8.21.)의 진정에도 불구하고 삼권분립의 원칙 위반, 채증의 법칙 위반, 비례의 원칙을 위반한 후안무치 판결을 하였으므로 국가가 그 손해를 배상할 책임이 있다고 청구 한 것입니다.

타. 충청북도와 구 청원군이 쌍무계약에 불법개입하여 일시납계약을 유도한것과 법률적용의 전제조건인 법무부 법률해석을 고의로 삭제하여 법무부에 당해법률의 해석을 의뢰한 충청북도는 허위공문서 이므로 법률질의 문서를 과징금 부과권자인 구 청원군, 원고에게 알려주지도 않고 법원의 문서제출 명령도 거부하여 원고의 2년간 급료에 해당하는 금원을 구 청원군으로 하여금 약탈토록 한 것은 (갑증 제2호증, 제25호증)

하. 원고의 재산권을 이용해 사유없이 불로소득을 얻은 행정청이 보은을 원수로 되갚은 적반하장 사건이므로 원고가 67개 서증으로 지방세법, 부동산등기제도, 도상가분할 토지매매제도를 악용한 구 청원군, 구 한국토지공사, 충청북도를 상대로한 손해배상을 청구한 사건에 피고들은 반박할 내용이 전혀 없으므로 변론할 내용이 없다고 차례로 법정진술 하였음에도 (갑증 제4호증, 제15호증)

거. 법원은 사법행정권의 남용 때문인지도 몰라도 그 증거가 법률해석, 행정청의 작위의무 위반, 이익형량여부, 관련 법률의 단서조항, 헌법

재판소의 위헌결정에 의한 개정법률 적용을 받을수 없는것이라고 변론 분위기와 180도 달라진 판결을 하였으므로 미필적 고의 법률을 시행토록한 국가는 원고가 납부한 과징금과 행정소송으로부터 본소송까지의 소송비용을 부담하라는 청구입니다. (갑증 제36호증)

너. 매매계약을 성실히 이행하여 토지면적도 줄어들고 사용수익 할 수도 없는 토지의 취득세도 먼저내고 재산세도 담세하고 소유권을 이전할 것인지, 거래대금을 연체하여 토지면적도 증가되고 사용수익할 수 있음에도 잔금을 계속 연체하여 절세도 하고 소유권이전등기 신청시기를 매수자가 결정토록할 것인지 선택권은 국가 및 향후 국민들에게 있습니다.

3. 준비서면

가. 피고는 구 청원군과의 행정소송 및 청주시(구청원군), 한국토지주택공사(구 한국토지공사), 충청북도와의 민사소송 기판력을 주장하고 있으나 청주지방법원은 변론을 통해 불법행위여부, 위법행위여부에 대한 판단도 하지 않았고 (갑증 제25호증 ~ 제36호증, 제46호증)

나. 채증의 법칙, 신의성실의 원칙, 평등의 원칙, 과잉금지의 원칙, 비례의 원칙, 법원의 중립의무, 사회적 정의 어느것 하나도 지키지 않은 주권을 침해한 100% 관치주의 판결이므로 (갑증 제50호증)

다. 국가는 삼권분립의 원칙에 의하여 법치주의 판결을 하여야 합니다.

라. 부동산 실권리자 명의 등기에 관한 법률 제10조제1항제1호는 계약의 당사자가 서로 대가적인 채무를 부담하는 경우에는 반대급부의 이행이 사실상 완료된날로부터 3년이내에 소유권이전등기를 신청하지 않은 등기권리자에게 부동산 평가액의 30% 범위내(2002.3.30. 개정) 장기미등기 과징금을 부과한다고 규정되어 있고

마. 국회 법률 발의자료(1995.2.18.), 법률공포 관보(1995.3.30.), 보도자료 및 시행령(안) 공포 관보(1995.4.4.), 구재정경제원 법률해설집(1995.4.26.)에는 반대급부 이행이 사실상 완료된날이란 부동산취득일로 대금청산일이 장기미등기 기산일이라고 공시되어 있습니다.

(1) 법률시행(1995.7.1.) 16년후인 2011년 충청북도, 법무부, 법원은 장기미등기 기산일은 대금청산일로 볼 수 없고 등기권리자의 권리를 제한한 법률이므로 매매대금이 완납되고 등기의무자의 표시변경등기가 완료되면 소유권이전이 가능하므로 표시변경등기가 완료된날이 장기미등기 기산일이라고 진정소급 입법 해석하였습니다.

(2) 법률시행 24년동안 판례가 없는 진정소급입법 해석에의한 판결서는 삼권분립의 원칙을 위반하여 법률제정 목적에 역행하는 판결로서 매매대금 연체자가 유리하다는 공공연한 비밀을 공개하므로서 국민모두가 피해자가 되는 반사회질서 법률입니다.

(3) 외상매출 부동산의 매매대금을 매도자 및 당해 행정청에 도움이되도록 3년5개월(1998.7.24.)전에 납부한 원고 매수토지는 토지면적 확정시 5.1㎡를 감소시켜 매매대금 청산여부에 관계없이 장기미등기자이고 같은 블록내 연체중이던 매수자는 3.8㎡를 증가시켜주어 토지면적 확정 9년후 소유권이전을 하여도 장기미등기자가 아니므로 부동산실명법은 매매대금 납부를 지체하라는 반사회질서 법률입니다. (갑증제5호증, 제10호증, 제11호증)

(4) 토지면적 확정시 역차별하는 이유는 매매대금이 완납처리되어야 매수자에게 소유권을 이전해줄수 있고 매도자는 매수자에게 재산세를 전가할수 있고 구 청원군은 사업시행자 보유분 재산세의 2배 재산세를 매수자들로부터 부과징수 할수 있고 충청북도는 취득세 등록세 수납시기를 앞당길 수 있고, 계약이행 지체 매수자는 토지면적 증가로 그 반사이익을 향유하여 소유권이전등기 신청시기를 매수자가 결정할 수 있는 모순된 제도 입니다.

바. 법제처는 시행령 공포를 위한 사전심사시 행정절차법 제5조를 위반 장기미등기 조문을 명확하게 하기 위한 시행령(안) 제6조를 직권삭제 하고도 구 청원군과의 행정소송 및 구 청원군, 구 한국토지공사, 충청북도와의 민사소송시 헌법 제26조를 위반했고

사. 법무부는 법률시행 16년후 장관이 서명한 법률해석을 행정절차법 제4조를 위반하여 진정소급 입법해석을 하고도 헌법 제23조제1항, 제26조를 위반하였고

아. 법원은 헌법전문, 헌법 제1조제2항, 제11조, 제13조제2항, 제23조제1항, 제27조제1항, 제37조제2항, 헌법재판소법 제47조, 제75조등과 합치되지 않는 사실상 피고 무변론 원고 패소 판결을 하였으므로 원고에게 그 손해를 배상하여야 합니다.

자. 부동산의 표시변경등기완료일은 부동산 취득일이 아니기 때문에 법률 및 소유권이전등기 서류에 공시관리되지 않는 년월일이므로 이를 소유권이전등기, 장기미등기 기산일로 판단하는 것은 이치에 맞지 않는 논리입니다. (갑증 제26호증)

(1) 등기의무자(매도자)의 표시변경등기는 부동산등기법 제35조(변경등기의 신청)에 의하여 그 사실이 있는때에는 그 사실이 있는 때부터 1개월 이내에 그 등기를 신청하여야 하며,

(2) 등기관은 등기법 제34(등기사항)에 의하여 표시번호, 접수연원일(2002.8.22) 소재지와 지번, 지목, 등기원인만 기록하도록 규정하고 있으며 이 사건토지등의 경우 43일 도과한 등기 완료일(2002.10.04)은 공시되지 않는날이며

(3) 지방세 **세입권자**(구 청원군)의 과세자료(답변자료에서 반려된 등기신청일 2002.8.7 만 표기), 등기의무자(구 한국토지공사)의 토지매각원부, 등기의무자가 발급해주는 등록세용 토지대금 완납확인서에도 지

적이 감소되어 완납처리된 지적측량완료일만 기재하고 있으므로

(4) 표시변경 등기 완료일이 소유권이전등기를 신청할 수 있게된 날은 맞지만, 공부상 토지취득일이 아니므로 부동산 등기특별조치법에 규정한 과태료 기산일 및 부동산실명법에 규정한 장기미등기 기산일이 될 수 없으며, 표시변경 등기완료일을 기산일로 규정하려면 부동산실명법 적용을 위하여 부동산 등기법 등을 개정해야 합니다.

차. 지방세 유예조건을 제시하였다는 증거는 1998.7.24. 매매대금을 납부하고 2002.1.23. 자진납부한 취득세영수증에 가산세가 없다는 사실로 입증되며, 그 당시 오창산업단지 단장이었던 이[illegible] (010[illegible])과 토지면적 확정당시 토지면적 확정일(2001.12.26.)에 매매대금을 납부한 것으로 2002.1.8. 경 구청원군과 매매대금이 완납처리된 매수자들에게 일괄 통보한 노지[illegible] (010[illegible])이 확인해줄 수 있습니다. (갑증 제25호증)

(1) 구 한국토지공사의 갑질행위에 의한 부동산취득이었다는 증거는 매각담당이었던 최[illegible](010[illegible])은 단독주택지의 3분의1이상을 소속직원들이 매수하거나 매매알선하였다고 기억하고 있으며 자신도 매매대금 10%를 연체한후 원하는 시기에 매매대금을 완납했으며 계약금을 손해보고 계약을 해지한 신[illegible](010-[illegible], 취득가격보다 낮은 가격으로 매각한 신[illegible](010[illegible]), 20년이상 나지로 보유하고 있는 김[illegible]([illegible])에 의하여 확인가능합니다.

(2) 구 한국토지공사 충북지사는 토지면적 확정후 반환해야할 청산금은 이자를 지급하지 않아도 되므로 7년동안 방치했다가 본사 결산 감사시 지적을 받아 2009.3.2. 원고에게 청산금을 지급하였다는 사실은 김[illegible]수(0[illegible])에 의하여 확인가능합니다. (갑증 제21호증)

카. 원고는 2002.11.1.부터 구 한국토지공사 본사사무실을 임차하여 전현직 직원들의 경조사 연락업무를 담당하였기 주야간 휴일에도 언제

라도 연락가능했음에도 구 한국토지공사는 청산금을 지급하겠다는 노력을 전혀 하지 않았습니다. (갑증 제38호증 ~ 제41호증)

타. 등록세용 토지대금 완납 확인서에 소유권이전가능시기(표시변경등기 완료일)를 표기하지 않는것도 제도의 모순입니다. (갑증 제26호증)

파. 매매계약서 검인후 제3자와 매매계약서를 작성한 것이 순차등기 의무를 위반한 것인지 여부도 명백히 밝혀야 합니다.

하. 원고와 구 청원군, 구 한국토지공사, 충청북도 간의 소송에서 원고가 67개 서증으로 이 사건 토지등은 불법으로 조성되었고 지방세법을 위반하여 불로소득을 얻었고, 부동산등기제도 도상가분할 토지제도를 악용하여 좀도둑질을 했고 허위문서에 의한 부동산실명법 제10조제1항제1호에 대한 법령질의로 원고의 재산권을 약탈했다는 주장에 대하여 피고들은 법무부로부터 법률해석 질의회신을 받아 과징금을 부과하였고, 매수자의 권리를 제한한 법률이므로 (갑증 제26호증, 제42호증, 제43호증)

거. 표시변경등기가 완료(2002.10.4.)되었으면 표시변경 등기 신청일(2002.8.7.→2002.8.22.)로부터 장기미등기 기산일이라는 앞뒤가 맞지 않는 답변외에는 답변할 내용이 없으므로 법정에서 변론할 내용이 없다고 진술하였음에도 평등권 침해, 불법행위가 아니라고 원고패소 판결을 한 것은 100% 관치주의 판결이므로 중립의무를 위반한 불법행위입니다. (갑증 제49호증, 제50호증)

입증 방법

갑증 제23호증. 부동산실명법 법률안 심의보고서(1995.2.18.)
갑증 제24호증. 부동산실명법 공포 제정이유 관보(1995.3.30. 제9쪽 마항)
갑증 제25호증. 취득세 영수증(2002.1.23.)

서울중앙지방법원

변 론 조 서

1차

사 건 2019가합5012 손해배상(기) 청구의 소

재판장 판사	김인택	기 일 :	2020. 2. 4. 15:20
판 사	강상효	장 소 :	동관 561호
판 사	이상언	공개 여부 :	공 개
법원 주사보	조재호	고지된 다음 기일 :	추후지정

사건과 당사자의 이름을 부름

원고 김정선 출석

피고 소송수행자 남영주, 소송대리인 정부법무공단 담당변호사 고영석 각 출석

연기

법원 주사보 조재호 (인)

재판장 판사 김인택 (인)

서 울 중 앙 지 방 법 원

정본입니다.

2020. 2. 5.

법원주사보 조재호

제 3 7 민 사 부

담 보 제 공 결 정

사 건 2019가합5012 손해배상(기) 청구의 소

원 고 김정선

피 고 대한민국

법률상 대표자 법무부장관 추미애

소송수행자 고민지, 박상록, 성택우, 최혜경, 남영주, 조준현

소송대리인 정부법무공단 담당변호사 고영석, 문병화, 배진재, 최재정

주 문

원고는 소송비용에 대한 담보로 이 명령을 고지받은 날부터 14일 이내에 6,000,000원을 공탁할 것을 명한다.

이 유

이 사건 기록에 의하면, 소송비용에 대한 담보제공이 필요하다고 판단되므로 민사소송법 제117조 제2항, 제120조 제1항에 의하여 주문과 같이 결정한다.

2020. 2. 4.

재판장　　판사　　김인택

판사　　강상효

판사　　이상언

※ 담보를 제공하여야 할 기간 이내에 원고가 이를 제공하지 아니하는 때에는 민사소송법 제124조에 의하여 법원은 변론 없이 판결로 소를 각하할 수 있습니다.

[제1-2호 양식]

금전 공탁서(재판상의 보증) 1091

공탁번호	2020 년금제 3941 호	2020.02.19 신청	법령조항	민소법 117조, 민집 22조
공탁자 성명(상호, 명칭)	김정선	피공탁자 성명(상호, 명칭)	대한민국	
공탁자 주민등록번호(법인등록번호)		피공탁자 주민등록번호(법인등록번호)		
공탁자 주소(본점, 주사무소)		피공탁자 주소(본점, 주사무소)		
공탁자 전화번호		피공탁자 전화번호		
공탁금액	한글 육백만원 / 숫자 6,000,000	보관은행	신한은행 법조타운법원(출) 지점	
법원의 명칭과 사건	서울중앙지방 법원 2019가합 … 사건			
당사자	원고 신청인 채권자: 김정선	피고 피신청인 채무자: 대한민국		

공탁원인사실

1. 가압류보증
2. 가처분보증
3. 가압류 취소보증
4. 가처분 취소보증
5. 강제집행 정지의 보증
6. 강제집행 취소의 보증
7. 강제집행 속행의 보증
8. 소송비용 담보 (○)
9. 가집행 담보
10. 가집행을 면하기 위한 담보
11. 기타( )

비고(첨부서류 등) □ 계좌납입신청

위와 같이 신청합니다. 대리인 주소

전화번호

공탁자 성명 김정선 인(서명) 성명 인(서명)

위 공탁을 수리합니다.

공탁금을 2020.02.20 일까지 위 보관은행의 공탁관 계좌에 납입하시기 바랍니다.

위 납입기일까지 공탁금을 납입하지 않을 때는 이 공탁 수리결정의 효력이 상실됩니다.

2020.02.19

법원 지원 공탁관 서울중앙지방법원 공탁관 김 (인)

(영수증) 공탁금이 납입되었음을 증명합니다.

2020.02.19

공탁금 보관은행(공탁관) 기 영 (인)

※ 1. 서명 또는 날인을 하되, 대리인이 공탁할 때에는 대리인의 성명, 주소(자격자대리인은 사무소)를 기재하고 대리인이 서명 또는 날인하여야 합니다. 전자공탁시스템을 이용하여 공탁하는 경우에는 날인 또는 서명은 공인인증서에 의한 전자서명 방식으로 합니다.

2. 재판상 보증공탁 등 손해담보공탁으로서 공탁 당시에 손해담보권리자가 특정될 수 있는 경우에는 손해담보권리자를 피공탁자로 기재하여야 합니다.
3. 공탁당사자가 국가 또는 지방자치단체인 경우에는 법인등록번호란에 '고유번호'를 기재하시기 바랍니다.
4. 공탁당사자가 국가인 경우 소관청도 기재하시기 바랍니다[예 : 대한민국(소관청 : ○○○)]
5. 공탁금 회수청구권은 소멸시효 완성으로 국고에 귀속될 수 있습니다.
6. 공탁서는 재발급 되지 않으므로 잘 보관하시기 바랍니다.

전문심리위원 참여결정 신청서

사　　건 : 2019 가합 5012 부동산실명법 장기미등기 기산일 공개 및 손해배상 청구의 소　　[담당재판부 : 제37민사부]
원　　고 : 김정선
피　　고 : 대한민국

신 청 취 지

「민사소송법 제164조제2의 제1항에 따라 이사건 소송절차에 전문심리위원을 참여하게 한다.」라는 결정을 구합니다.

신 청 이 유

단지조성사업, 단지조성 지적확정측량, 소득세, 지방세, 부동산 등기관련 분야에 대한 전문적인 지식을 가진 전문심리위원을 이 사건에 참여하게 하여 소송관계를 분명하게 하거나 소송절차를 원활하게 진행할 수 있도록 전문심리위원 참여결정을 신청합니다.

신청 이유서
"별 첨"

2020.02.25

원(피)고　　김정선　　(날인 또는 서명)
(연락처) 전화(휴대전화) :
이메일 :
팩　스 :

서울중앙지방법원 귀중

신청 이유서

1. 매수자가 매도자에게 지급할 채무가 남아있는 경우 매도자에게 동시이행항변권이 있어 매도자가 매수자에게 소유권이전등기에 필요한 서류를 발급해주지 아니하므로 매수자에게 소유권 이전등기 의무를 부과할 수 없습니다.(등기선례 5-820, 1998.12.26)

2. 원고등 한국토지공사(현 한국토지주택공사) 직원들은 정상적인 경제여건 하에서는 취득할 수 없는 자사토지를 국가부도 위기시절이었기 직접매수하거나 매매알선하여 토지조성자금을 조달할 수밖에 없었고 (당시 매각 담당이었던 최완용은 단독주택지의 3분의 1이상으로 기억하고 있음)

3. 충청북도는 오창산업단지가 숙원사업 이었기에 원고등 한국토지공사 직원들에게 3년분할 납부계약자보다 일시납계약자에게 불리한 조건중 지방세 납부시기를 토지면적 확정시까지 유예하는 조건을 제시하였기 원고는 일시납계약이 불리하다는 사실을 알고 있었지만 구사적 애사심에서 일시납계약을 한국토지공사와 체결하였습니다(1998.6.8. 356㎡, 44,956,000원, 1998.11.08. 잔금납부 약정)

4. 한국토지공사는 도상가분할토지 면적 확정시(2001.12.26) 블록단위 면적증감을 각 필지에 안분(0.7㎡ 감소)하지 않고 부동산등기 제도 및 도상가분할 토지매매제도를 악용, 연제중이던 매수자 토지(확정지번 745- 는 3.8㎡를 증가시켜주어 2010.10.13 소유권이전 등기를 하였어도 장기미등기자가 아니도록 역대우를 하였고

5. 같은블록내 토지면적 확정 3년5개월전(1998.7.24) 퇴직금으로 5개월 약정을 46일만에 이행한 원고 매수토지(745-7)는 5.1㎡를 감소시키는 역차별을 하고도 청산금을 퇴직금 계좌로 송금해달라는 요구를 7년후 이행하였습니다. (2009.03.02)

6. 원고의 재산권을 구결하고, 좀도둑질까지한 충청북도는 소유권이전등기 경료 2년후인 2011년 법률시행 16년동안 해석례 및 판례가 없는 부동산 실명법의 장기미등기 조문의 법리를 오해하고 문서를 위변조까지하여 법무부에 법령해석을 의뢰, 청원군(현 청주시)로 하여금 원고에게 부동산 평가액의 20%에 해당하는 과징금을 부과토록하는 천인공노할 사건을 발생시켰습니다.

7. 부동산매도자 및 계약이행 지체 매수자에게는 권리제한 규정이 없는 부동산실명법의 제10조제1항제1호 조문은 미리 예측못한 악법조문도 아니고 법제처가 자신들의 지적수준에 맞춰 "장기미등기 기산일은 대금청산일로 한다" 라는 시행령(안) 제6조를 누가 법률해석을 하더라도 같은것이라고 직권삭제한 미필적 고의 법률 조문입니다.

8. 법무부는 법률시행전 장기미등기 기산일은 부동산 취득일로서 대금청산일이라고 재정경제원이 규정한 것이 공동발의자로서 동의했고 전제조건인 부동산등기 특별조치법 제2조제1항제1호에 대하여도 대금청산일로 해석하였음에도

9. 법률시행 16년후 충청북도 로부터 위변조된 문서에의한 법령해석을 질의받고 대금 청산일로 볼수 없고 매매대금이 완납되어 매도자로부터 소유권이전등기에 필요한 서면을 받을 수 있게된날(공시관리되지 않은 표시변경 등기완료일)이라고 진정소급 입법해석을 한 것은 법률제정 목적에 역행하는 선의의 매수자를 가중 역차별하는 국민모두가 피해자가 되는 모순된 법률해석입니다.

10. 부동산 평가액의 30%까지 부과되는 법률의 이 사건의 핵심은 판결결과가 각종기관 및 기업, 모든 국민들에게 영향을 미치게 되므로 원고와 국가간의 쟁송이라기 보다는 정부의 경제부처 조직과 법조 조직간의 쟁송이면서 법제처와 법무부간의 쟁송입니다.

11. 따라서 이사건 당사자인 법제처와 법무부는 직접 법정에 출석하여

변론에 임하여야 하며, 등기업무 소관부처인 대법원 부동산 등기과 법률 주관 발의자겸 소득세법 소관 부처인 기획재정부, 도상가분할 토지 거래제도 운영부처인 국토교통부, 지적측량 대행기관인 한국국토정보공사, 지방세법 소관부처 겸 부동산등기 특별조치법에 의한 과태료 부과징수 규칙에 대한 소관부처인 안전행정부의 의견을 듣거나

12. 관련분야 전문가를 전문심리위원으로 출석시켜 진술토록 하므로서 법률시행 30년 동안(부동산등기 특별조치법), 25년간(부동산 실명법) 판례가 없는 사건을 중립적으로 판단하여 그 판결문을 국가법령정보센타에 등재하여야 차후 기산일에 대한 사건이 발생하지 않고

13. 법원의 판단이 삼권분립의 원칙에 어긋나지 않고, 정부 경제부처의 업무를 훼방하지 않으며 법무부, 법제처의 법리에 대한 판단잘못과 충청북도의 보은을 원수로 되갚은 사기행위, 한국토지공사의 부동산등기제도의 악용행위를 법원이 나홀로 국민들에게 부동산거래 질서를 어지럽히도록 유도하는 모든 책임을 떠안지 않는 방안이라고 원고는 사료됩니다.

14. 부동산 매수자로부터 매매대금을 미리받아 토지를 조성, 토지의 소유권을 이전해주는 확정되지 아니한 부동산거래의 경우 부동산등기 특별조치법 및 부동산 실명법에서 규정하고 있는 권리제한 시기(소유권이전등기 신청의무)를 매수자가 결정할수 있는 확실한 방법은

15. 3년분할 납부계약을하여 토지면적 확정시까지 매매대금의 약 5%를 남겨놓아, 매도자가 오차라는 구실로 면적을 감소시키더라도 매매대금이 완납처리 되지 않으므로 행정청이 과태료 또는 과징금을 매수자가 원하는 시까지 부과할수 없기 때문입니다.

16. 원고는 개발업무 20년 경력자로 원고가 소유권이전등기 기산일을 결정할수 있는 상기방법을 알고 있었지만 충청북도가 토지면적 확정시까지 취득세 납부를 토지면적 확정시까지 유예해주는 조건을 제시하였

기
17. 구사적 애사심에서 3년분할 납부계약을 하지 않고 매매대금 연체시 년 18%의 연체이자가 부과되는 일시납 계약을 하여 매매대금을 조기에 납부하였기, 지방세 세수물건 조기확보토록 충청북도에 적선을 한것입니다.

18. 3년분할 납부계약은 년9%의 할부이자가 부과되므로 일시납 계약보다 불리할 것 같으나 실제는 소유권이전등기 기산일 결정권 여부, 토지면적 확정시 역차별 관행, 지방세 담세 측면, 할부이자는 취득원가에 포함되므로 양도세 산출등에서 일시납계약보다 유리하므로

19. 충청북도가 지방세 유예조건을 제시한 것이 일시납계약자에게 유리한 플러스 옵션을 제의한 것이 아니고 일시납계약자에서 불리한 마이너스 옵션중 지방세 세수물건 조기확보를 위한 지방세 마이너스 옵션을 채택한 것입니다.

20. 매도자의 표시변경등기는 부동산등기법 제34조(등기사항)에 의하여 표시번호, 접수 연월일, 소재지와 지번, 지목, 등기원인만 기록하도록 규정되어 있고 소유권이전이 가능한 표시변경등기 완료일은 부동산 취득일이 아니어서 공시관리되지 않는 연월일입니다.

21. 부동산실명법 제10조제1항제1호는 부동산등기 특별조치법 제2조제1항제1호의 적용을 받는자라는 전제조건이 있고 부동산실명법 국회발의자료(1995.2.18)에는 부동산 취득일로부터 60일 이내에 소유권이전등기를 신청하지 아니하여 과태료 부과 대상이 되는자로서 3년이내에 소유권이전등기를 신청하지 아니한 자에 대하여는 장기미등기 과징금을 부과하는 것으로 제안설명을 하여 국회를 통과하였고,

23. 부동산실명법 주관발의자인 재정경제원, 공동발의자인 법무부, 심의자인 법제처는 법률공포 관보(1995.3.30) 제정이유와 시행령(안) 제6조 및 제정이유로, 장기미등기 기산일은 부동산취득일로서 대금 청

산일로 한다 라고 관보(1995.4.4)에 고시하였고

24. 부동산실명법 시행령 확정을 위한 사전심사시 법제처가 법률에 명시한 반대급부 이행이 완료된 날로써 충분(누가 법률해석을 하더라도 같을 것이다.)하므로 소득세법을 원용하여 불필요하게 규정할 필요가 없다고 직권삭제 하였기

25. 재정경제원은 국민들에게 피해가 없도록 법률해설집(1995.4.26)에서 시행령(안) 제6조로 부동산실명법 제10조제1항제1호로 규정한 장기미등기 기산일은 대금청산일로 한다. 다만 대금청산일까지 부동산이 확정되지 아니한 경우에는 그부동산이 확정된날로 한다라는 규정은 삭제하였지만 제53쪽에서 장기미등기 기산일은 잔금청산일이라고 공무원 및 국민들에게 공표하였고

26. 시행령 공포를 위한 국무회의시 재정경제원은 법제처의 직권삭제는 수용하되 기간계산일이 필요하며 그 기간계산일은 소득세법 시행령 제162조로 규정된 부동산 취득일이라고 설명하여 국무회의를 통과하였고(1995.5.9)

27. 시행령 공포 관보(1995.5.19)에 시행령(안) 제6조를 삭제한 사유를 명시하지 않았고 부동산 실명법 및 동법 시행령은 1995.7.1. 시행되었습니다.

28. 또한 부동산등기특별조치법 제2조제1항제1호에 대한 법무부의 법률해석은 확정되지 아니한 부동산거래의 경우 토지면적확정 및 표시변경등기후 대금청산일로 해석되어 있었습니다(법령질의한 안산신도시는 1993년7월2일 사업준공되었으므로 부동산 실명법 공포전으로 판단됨)

29. 따라서 미필적 고의 법률의 조문인 부동산실명법 제10조제1항제1호에 대한 해석은 정산금을 매도자에게 납부하여야 할 매수자와 청산

금을 매도자로부터 환급받아야할 매수자의 평등권 및 상기 사실에 합치되어야 하나

30. 매도자가 부동산 등기제도를 악용하므로서 청산금을 지급해야할 역채무자인 매도자의 의무를 역채권자인 매수자 의무로 판단하고, 표시변경등기에 표시되지 않고 소유권이전등기 신청에 인용되지 않는 연월일을 소유권이전등기의무 기산일로 판단하는 것은 반사회질서 법률이므로 전문심리위원의 참여가 필요합니다.

31. 부동산등기 특별조치법 및 부동산실명법은 계약이행지체 매수자, 매도자, 쌍무계약에 불법개입한 행정청에게는 소유권이전 등기관련의무를 부과하는 규정이 없으므로 계약을 성실히 이행한 매수자에게 권리를 제한하려면 상위법인 헌법과 민법, 행정절차법에 합치되어야 합니다.

32. 원고는 사익보다 공익을 중시, 구사적 애사심에서 5개월 약정 일시납 계약(356㎡, 44,956,000원) 한국토지공사와 1998.6.8 체결하였고

33. 퇴직금으로 계약체결 46일만에 미확정 부동산이었기 104,040원(0.82㎡)만 남기고 매매대금을 납부하였으므로 국민 누가 판단하더라도 원고가 소유권이전등기 신청을 지연할 목적이 있었고 판단할 사람은 아무도 없을 것입니다.

34. 부동산실명법 시행 3년후 충청북도와 청원군이 부동산등기 특별조치법 및 부동산실명법에서 규정되고 있는 기간계산일을 관보 및 법률해설집에서 국민들에게 공포한바와 같이 대금청산일로 판단하지 않았다면 3년분할 납부 계약자의 잔금약정일까지 토지면적이 확정되지 못할 도상가분할 토지에 대하여 일시납 계약을 유도할리는 만무합니다.

35. 원고는 한국토지공사로부터 5.1㎡가 감소되었다는 문서를 받고 자

진신고 납부해야하는 취득세는 납부하였으나 회사를 위해 토지를 매수했고 회사를 위해 명예퇴직한 선배 직원을 역차별하였기 구두로 신청한 청산금을 받을때까지 동시이행 항변권이 있다고 판단하였고

36. 사실상의 소유자는 원고라는 한국토지공사로 부터의 문서를 받고 청원군이 원고에게 부과한 재산세도 연체없이 납부하였고 2009.3.2는 한국토지공사로부터 청산금을 환급받고 2009.10.30. 소유권이전등기를 경료했습니다.

37. 원고는 충청북도 로부터 감사지적을 받은 청원군에 의견서로 쌍무계약이므로 매매대금이 완납처리된 2001.12.26일 장기미등기 기산일이 아니고 매매대금 청산금을 지급받은 2009.3.2일 이라고 주장했고 부동산 등기특별조치법 제2조제1항제1호에 대한 법무부 법률해석을 제출했습니다.

38. 청원군은 충청북도에 법령해석질의(2011.8.8)시 원고가 제출한 영수증, 일시납계약서, 부동산등기 특별조치법 제2조제1항제1호에 대한 법무부 해석을 첨부하고 사건개요 작성시 충청북도와 청원군이 지방세 유예조건을 제시하였다는 사실과

39. 등록세는 등기신청시 납부한다는 사실을 모르고 원고가 1998.7.24 매매대금을 납부하였으나 전산상으로는 한국토지공사로부터 통보받은 토지면적확정일인 2001.12.26. 납부한 것으로 등록되어 있기 때문에

40. 토지면적 확정에 의하여 취득세 납부시기가 결정되었음에도 토지면적 확정 8개월전에 취득세 뿐만 아니라 등록세까지도 납부하고도 소유권이전등기를 신청하지 않았고 표시변경 등기가 작성된 2002.8.7일이 소유권이전등기 기산일이므로 장기미등기자라는 의견을 제출했고

41. 충청북도는 법무부에 법령질의시(2011.8.17)원고가 청원군을 통

해 제출한 전제조건인 부동산등기 특별조치법 제2조제1항제1호의 법무부 해석과 영수증, 일시납 매매계약서를 삭제하고 잘못된 구 청원군의 사건개요만으로(기안자 및 협조결재자에게 확인) 문서를 위조하여 질의하면서 확정지번이 생성되고 등기부가 작성된 시점부터 등기신청이 가능하기 때문에 장기미등기자에 해당된다는 의견으로 질의하였고

42. 법무부는 부동산취득관련 전문지식이 없는 계약직 공무원으로 하여금 법률해석을 하도록 했고 대금청산일을 장기미등기 기산일로 볼수 없다고 법률시행전 해석과 다른 진정소급입법 해석으로 충청북도에 회신을 하였고

43. 청원군은 충청북도 로부터 질의문서는 없이 법무부 회신문서를 통보받아, 헌법재판소의 헌법불합치 판결과 개정법률에 의하여 과징금 감경규정은 헌법재판소 법에 의하여 강행규정이며 판례가 있었음에도 재량권이라고 연대채무자(지방세유예 조건으로 불법개입하였고 매도자가 역채무를 이행하지 않았음)가 역채권자에게 부동산실명법 제10조제3항(제5조제5항), 제10조제2항(시행령 제4조의 2), 부동산 특별조치법에 의한 과태료 부과 징수규칙 제2조제4호도 적용하지 않고 과징금 24,071,740원의 장기미등기 과징금을 부과한 것은 이익형량을 전혀 하지 않았으므로 청원군의 과징금 부과는 불법행위입니다.

44. 충청북도 행정심판위원회는 원고의 구술심리를 거절하고도 대법원에도 위원회의 회의록을 비공개하고 있으며

45. 충청북도는 원고와 청원군간의 과징금부과 처분취소 소송 행정 소송전 2012.3.28. 효력정지 신청에 대한 심문기일에 수명법관이 청원군에게 충청북도가 법무부에 질의한 문서를 내일까지 제출토록 명령하였음에도 이행하지 않았으므로 고의로 행정소송법을 위반하였고

46. 원고가 행정소송 1심에서 준비서면으로 장기미등기 기산일을 표시변경등기가 완료된 시점(2002.10.4)으로 판단한다면 사실상의 소유자

는 원고라고 한국토지공사로부터 통보받아 재산세를 부과할 당시 (2006.9.28) 부과하지 않아 과징금이 2배로 증가하였다고 변론을 하자

47. 최병권 재판장은 재판을 어떻게 해먹으라는 것이냐고 면박을 하고도 청구원인에 포함시키겠다고 약속을 하고도 장기미등기자라면 누구나 등록세를 늦게 납부하였을 것임에도 등록세를 늦게 납부하였으므로 부동산실명법 제10조제3항, 동법 제10조제2항도 적용할수 없다고 중립의무를 위반한 판결을 하고도 판결서에 서명도 하지 않았다.

48. 행정소송 2심에서는 원고가 정보공개를 통해 충청북도가 법무부에 법령 질의문서를 확인해보니 법령질의 문서가 위변조된 문서라는 사실을 알았고 준비서면으로 제출하였으나 사공영진 재판장은 법률시행 16년동안 판례가 없는 사건임에도 장기미등기 기산일은 법무부에 질의할 필요도 없는 사안이라고 판단을 하였고

49. 한국토지공사가 토지면적 확정시 역차별 한 것이 고의인지 실수인지 알아야 하므로 사실조회에 대한 답변이 필요하다고 변론하자 결론은 마찬가지라고 변론을 진행하고도 매매계약서에 면적정산 조항이 있으므로 평등권 침해가 아니라고 판결한 것은 등기법도 모르면서 특별법을 판단하였으므로 심리미진이고

50. 소외 한국토지공사는 도상가분할 토지매매제도, 부동산등기제도를 악용하고도 역차별 토지면적 확정이 고의인지 실수인지 확인할 수 있는 토지매각원부 자료 열람도 거부하고 사실조회에 대한 답변도 법원의 독촉에도 거부했고 소송에 참여도 거부하였고

51. 청원군과 충청북도가 쌍무계약에 불법개입하여 불로소득을 얻었으므로 과태료 부과징수 규칙 제2조4호에 해당되므로 과징금을 부과해서는 않된다고 준비서면으로 제출했음에도 관할구역이므로 과징금 부과 권한이 있다고 판결하였으므로 100% 관치주의 판결을 하였습니다.

52. 원고는 청주시(구 청원군), 한국토지주택공사(구 한국토지공사), 충청북도를 상대로 사기성 과징금 부과에 따른 손해배상 청구소송을 하였고 원고는 67개 서증을 제출하였으나 피고들은 서증을 하나도 제출하지 않았고 법정에서 순서대로 변론할 내용이 없다고 법정진술 하였으며

53. 나경선 판사는 원고의 청구 내용을 끝까지 읽어보아 충분히 알겠으니 증거설명서 및 요약서를 제출하라고 명령을 하고도 판결선고일에 180도 달라진 판결선고를 하였기 이유를 묻자 판결서에 상세히 설시하겠다고 약속을 하고도 이행하지 않았습니다.

54. 원고는 법률제정 과정, 법률공포 관보, 기획재정부 문서, 국토교통부 문서, 안전행정부 문서, 구 지적공사 문서등을 증거자료로 제출하였고 과징금 감경판례, 또 다른형태의 미확정 부동산 거래인 가등기 담보등에 관한 법률에 의한 취득시 장기미등기 판례등을 제출하였으나 하나도 판결서에 인용하지 않았으므로 원고의 알권리를 100% 침해하였고 원고의 5년간 급료에 해당하는 금원의 재산권을 침해하였기

55. 국가를 상대로한 소송에서는 전문심리 위원을 참석시켜 법률시행 30년 동안 판례가 없는 부동산등기 특별조치법 제2조제1항제1호(해석례를 소송중 법제처에서 삭제) 및 법률시행 25년동안 판례가 없는 부동산실명법 제10조제1항제1호에 대하여 사건에 대한 판결서를 국가법령 정보센터에 게시토록 하여야 국민모두가 피해자가 되는 법률이 안된다고 사료됩니다.

56. 법제처는 누가 법률해석을 하더라도 같을것이라고 시행령(안) 제6조를 삭제하였음에도 원고의 청원을 해결해주지 못한 청원문서 제목은 다음과 같습니다.

- 2015.12.1. 부동산실명법 제10조제1항제1호의 법령심의 및

후속조치 내용공개 요청(법제처)

-2015.12.29. 부동산실권리자 명의등기에 관한 법률 시행령의 검토내용 공개 및 의견서

- 2016.2.3. 법령심사 기관인 법제처는 부동산실명법상 취득일이 소득세법상 취득일과 다른 사유를 말하라(원고→국민신문고→법제처)

- 2016.3.18. 채권자에게 징벌성 세금을 부과토록한 법령심사사유(경제법제 국장)

-2016.4.19. 법령제정 목적에 역행하도록 법령을 심사한 사유를 답변해 주시기 바랍니다.(제정부 법제처장)

-2018.3.19. 법제처가 부동산실명법 시행령(안) 심사시 직권남용한 사유를 밝혀 주시기 바랍니다(김외숙 법제처장)

-2018.6.18. 법깡패인 법제처에 법령의 심사기능을 부여해서는 안됩니다.(원고→국무총리실→법제처, 법무부, 법원행정청, 법제처 김계홍 차장님외 48명)

57. 원고가 행정소송 및 가해자를 상대로한 민사소송과정에서 법무부에 청원한 문서 제목은 다음과 같습니다.

-2012.5.31 : 부동산등기 특별조치법 및 부동산 실명법상 반대급부의 이행이 완료된 날에 관한 재질의(법무부)

-2012.6.27 : 부동산등기 특별조치법 및 부동산 실명법상 반대급부의 이행이 완료된날에 관한 재해석 요구(법무부)

–2012.8.22 : 신의성실의 원칙에 입각한 법령해석요구(법무부)

–2014.3.5 : 지자체는 슈퍼갑, 공기업은 갑, 국민은 을이어야 하는가(법무부 장관 황교안)

–2016.1.11 : 미필적 고의 법령을 제정한 사유를 밝혀주시기 바랍니다.(법무부)

– 2016.2.23 : 정보공개 청구(법무부)

–2016.3.15 : 부동산실명법의 소득세법등과 불합치 사유(법무부)

–2016.4.18 : 형사 처벌이 재산권 보호에 우선되는 사유를 답변해주시기 바랍니다.(김현웅 장관)

–2017.1.10 : 부동산실명법 폐지 및 관련자 문책요청(법무부)

–2017.1.17 : 법무부 로고음악 대체 및 위임전결 규정 개정요구(이창재 차관님)

–2017.1.24 : 부동산실명법 관련 청원(김호철 법무부 실장)

–2017.1.25 : 부동산실명법 시행령(안) 조문삭제요구 사유(변필건 과장님)

–2018.6.11 : 법무부는 부동산실명법 장기미등기 조문을 반사회적으로 해석하고 있다(이금로 차관 외 22명)

–2018.6.11 : 법깡패인 법제처에 법령의 심사기능을 부여해서는 안됩니다(국무총리실→법무부)

-2018.7.20 : 거짓문서에 의한 부동산 실명법 장기미등기 관련 조문 재해석 요청(법무부 심의관실)

58. 원고가 행정소송 및 가해자를 상대로한 민사소송중 법원에 청원한 문서제목은 다음과 같습니다.

-2013.6.22 : 중립성을 잃은 판결 및 변론진행에 대한 진정(법원행정 처장)

-2016.2.3 : 정부와 지방자치단체 공기업은 권리만 있고 피해자인 국민은 의무만 있는가(국민신문고→법원행정처)

-2016.10.4 : 행정청의 적반하장 사건을 법원이 법률에 따라 판결을 하지 않은 사유를 밝혀주시기 바랍니다.(대법원 윤리감사관실)

-2016.12.26 : 면담요청(김현오 감사관)

-2017.10.27 : 행정청의 적반하장 사기사건에 대한 손해배상 청구사건 진행촉구(대법원장)

-2018.6.11 : 법깡패인 법제처에 법령의 심사기능을 부여해서는 안됩니다.(원고→국무총리실→법원행정처)

-2018.8.21 : 법원의 중립의무 준수에 대한 탄원서(이상주 청주지방법원장님)

첨 부 :

1. 용지매매계약서(갑제2호증)
2. 갑증 제51호증 : 토지대금 납부서(1998.7.24) 및 연체대금 납부안내(1999.8.4)

준 비 서 면 3

사 건 : 서울 중앙지방법원 2019 가합 5012 부동산실명법 장기미등기 기산일 공개 및 손해배상 청구의 소

변론예정기일 : 2020.05.21. 11:30

담당재판부 : 제37민사부(나)

원 고 : 김정선(

피 고 : 대한민국

서 면 원 인

"별 첨"

원고 김 정 선(인)

서울중앙지방법원 귀중

준 비 서 면

1. 부동산 실권리자 명의 등기에 관한 법률에서 규정하고 있는 장기미등기 기산일에 대하여 법률해석을 명확히 하기 위한 대금청산일로 한다라는 시행령(안) 제6조는 법제처에 의하여 직권 삭제되었지만

2. 법률주관 발의자인 재정경제원이 시행령 공포전 국민들에게 피해가 없도록 잔금청산일이라고 공표하였고

3. 국무회의시 소득세법 시행령 제162조로 규정한 부동산의 양도 취득시기가 장기미등기 기산일이라고 국무회의를 통과하였고

4. 전제조건으로서 법무부 소관법률인 부동산등기 특별조치법 제2조제1항제1호의 해석을 등기공부 정리후 대금청산일로 해석하였기

5. 장기미등기 기산일을 소득세법에서 규정하고 있는 대금청산일로 볼수 없다는 해석은 이사건외에는 25년동안 없었습니다.

6. 법제처가 대금창산일로 한다라고 재정경제원과 법무부가 시행령으로 규정하려 했던 것을 직권삭제한 사유가 누가 법률해석을 하더라도 같은것이라고 판단한 것이 명백함에도 법률행위적 행정행위에 대한 청원을 거부한 것은 불법행위입니다.

7. 법무부는 소관 법률인 부동산등기 특별조치법의 소유권이전등기 기산일을 등기공부정리후 대금청산일이라고 부동산 실권리자명의 등기에 관한 법률 공포전 쯤 법률해석을 하였을 뿐만 아니라

8. 부동산 실소유자 명의 등기에 관한 법률 입법예고(안)에 시행령으로 기간계산일에 대한 규정을 두겠다고 약속하고도 이행하지 않았고 부동산 실권리자명의 등기에 관한 법률로 변경하여 공표한 관보, 언론보도자료, 공정회, 국민의견 수렴시 대금청산일로 판단하였음에도

9. 2011년 충청북도부터 원고가 제출한 부동산등기 특별조치법 제2조제1항제1조에 대한 법무부 해석을 삭제하는등 위 변조 문서에 의하여 대금청산일로 볼수 없다고 질의회신 하였는바

10. 이는 진정소급입법해석으로 준법률행위적 행정행위이며 법률 불소급의 원칙 및 과세불소급의 원칙에 반하는 불법행위임에도 청원을 거부한 것은 불법행위입니다.

11. 또한 원고가 청원군, 한국토지공사, 충청북도와의 행정소송 및 민사소송중 법률해석이 잘못되었다고 청원을 계속하자 법무부 소관 법률에 대하여는 법률해석례를 법제처 국가법령 정보센타 게시물에서 삭제토록 요구하여 유일하게 국민들이 접근할수 있는 근거를 아예 없애버린 사유를 밝혀야 합니다.

12. 따라서 국가가 국민들에게 시행령으로 규정하겠다고 약속을 하고도 이행하지 않았고 법제처의 판단과 법무부의 판단이 일치하지 않는바 법원은 변론을 통해 법제처와 법무부의 주장중 어느것이 옳은지 판단하여야 합니다.

13. 법무부의 진정소급입법 해석은 국민들로 하여금 매매대금을 성실하게 납부하지 말고 매매대금의 5%정도 잔금을 남겨놓았다가 매도자가 도상가분할토지 제도를 악용하여 역차별하더라도 잔금처리가 안되도록 하라는 반사회질서를 유도하는 국민 모두가 피해자가 되는 법률입니다.

14. 국가의 경제부처 조세정책, 토지개발사업 시행자의 토지조성 자금조달방법을 훼손하는 것이 법제처, 법무부가 정부로부터 수임받은 업무인지를 밝혀야 합니다.

15. 부동산 경기 과열로 인한 유효수요를 조세로 흡수하기 위하여 유일하게 대한민국에만 존재하는 소유권이전등기 해태에 따른 조세정책 법률을 해석적용함에 있어서 국가와 공공단체는 권리만 있고 부동산 경기침체에 의한 정부

정책에 의하여 공공단체에 재산권을 제공한 국민은 의무만 있다는 국가의 판단은 대한민국 헌법등을 전면부인하는 것입니다.

16. 법무부는 미등기 전매를 방치하기 위하여 부동산 등기특별조치법을 발의하였고 재정경제원과 법무부는 부동산등기 특별조치법만으로는 명의신탁 및 미등기 전매를 방지할수 없다고 판단하여 부동산 실권리자 명의등기에 관한 법률을 발의하였고

17. 법률에 명시된 반대급부 이행이 완료된날에 대한 해석을 법무부는 30년후(25년후) 진정소급입법 해석하였고 법률의 해석을 명확히 하기위한 시행령(안)을 법제처가 직권삭제 하였으므로 그 사유를 국민들에게 알려야 하는것의 국가의 의무입니다.

18. 원고는 외환위기 시절인 1998.6.8. 한국토지공사(현 한국토지주택공사)소속 직원으로서 국가정책에 의하여 사업운영자금 조달을 위해 자사토지를 취득해야만 했고

19. 충청북도가 숙원사업인 오창산업단지 내 단독주택지 취득세를 수납대행자인 청원군(현 청주시)으로 하여금 일시납계약을 하더라도 토지면적 확정일에 잔금을 납부한 것으로 수납받겠다는 조건을 제시하였기

20. 구시적 애사심에서 일시납계약을 하였고 구 한국토지주택공사가 회수자금으로 조성공사를 시행하여 조세물건을 조기 확보하였으므로 원고는 충청북도에 적선을 베푼것입니다.

21. 한국토지공사는 원고등 직원들이 애사심으로 1,282개 단독주택지의 3분의 1이상을 매수하거나 매매알선하였기 2001.12.26. 토지면적을 확정할 수 있었으나, 블록단위 면적증감을 각 필지에 안분(0.7㎡ 감소)하지 않고 부동산등기제도, 도상가분할 토지 거래제도를 악용해 명예퇴직으로 5개월 약정을 46일만에 이행한 원고 매수토지는 오차로 인정할수 없는 5.1㎡를 감소시켰고 같은

블록내 연체중이던 매수자 토지는 3.8㎡를 증가시켜주어 원고보다 12년 늦게 매매대금을 납부하고 소유권이전등기를 신청하였어도 매수자가 매도자에게 지급할 채무가 남아 있었으므로 부동산등기 특별조치법 및 부동산 실권리자 명의 등기에 관란 법률의 소유권이전등기 의무를 2010년까지 적용받지 않았습니다.

22. 매도자와 행정청이 토지면적확정시 역차별과 일시납 계약 유도로 원고의 재산권을 이용해 충청북도, 청원군, 한국토지공사가 조세 부당이득을 얻었기 퇴직금 지급 계좌로 청산금을 지급 해달라고 요청하였으나 서류로 신청하라고 안면몰수 하였기

23. 원고는 청산금 지급의무와 소유권이전등기 신청의무는 동시이행관계가 있다고 판단하였고, 취득세도 납부하였고, 지방세법에 의하여 사실상의 소유자가 원고라고 재산세를 수시부과, 금액정정 부과하였기 연체없이 납부한바 있습니다.

24. 한국토지공사 충북지사는 2009년 결산 감사시 본사의 감사지적에 의하여 원고에게 2009.3.2. 청산금을 퇴직금 지급계좌로 송금하였기 2009.10.30 소유권 이전등기를 경료하였습니다.

25. 충청북도는 2011년 청원군에 대한 직무감사시 부동산 실권리자 명의등기에 관한 법률의 장기미등기 조문을 지방세법에 의한 부동산 취득시기로 판단한 사례가 없음에도 원고에게 장기미등기 과징금을 유일하게 부과토록 감사처부을 하였고

26. 원고는 과징금 부과 사전통지에 대한 답변서에서 전제조건인 부동산등기 특별조치법의 소유권이전 등기기산일은 등기공부 정리후 대금청산일이라는 법무부 해석은 첨부하였으나

27. 충청북도는 법무부해석, 일시납계약서를 삭제하고 지방세 납부 유예조건을 제시하여 불로소득을 얻었다는 사실을 숨기고 법무부에 법령해석을 의뢰하였고

28. 법무부는 부동산실명법 공동발의자로서 법제처가 법률해석을 명확히 하기 위한 시행령조문을 직권 삭제하였기 주관 발의자인 재정경제원이 법률시행전 잔금청산일이라고 법률해설집으로 해석한 것과 다르게 잔금 청산일로 볼수 없다는 회신을 하였기

29. 원고는 부동산 취득가격(44,956,000원) 보다 1.5배 많은 지출을 하였으므로(양도소득세 22,327,600원, 과징금 24,071,740원, 취득세, 등록세, 재산세, 소송비용 등) 원고의 청원을 8년동안 거부한 국가가 그 손해배상을 하여야 합니다.

30. 청원군이 한국토지공사로부터 사실상의 소유자는 원고라는 통보를 받고, 재산세를 부과할 당시에 과징금을 부과하지 않았고 등기관이 소유권이전 등기 업무처리시 청원군에 과태료 대상이라고 통보하지 않은것도 소유권이전 등기 기산일을 대금청산일이라고 판단하였기 때문이라고 사료됩니다.

31. 청주지방법원등이 행정법 상의 신의성실의 원칙, 민법상의 신의 성실의 원칙, 민사소송법상의 신의 성실의 원칙, 헌법, 민법, 민사소송법, 지적법, 소득세법, 지방세법, 등기법, 산업입지 및 개발에 관한 법률, 헌법재판소의 결정, 채증의 법칙, 비례의 원칙, 평등의 원칙, 과잉금지의 원칙, 대법원 판례를 모두 간과한 것은 권리남용으로서 명백한 심리미진입니다.

32. 법제처 및 법무부는 국민들로 하여금 장기미등기 기산일이 대금청산일이 아니고 잔금지급일이라고 판단할 수 있었다고 주장할 수 있는 근거자료를 법정에서 제시하고 변론을 하여야하며 향후 출구가 없는 법률해석을 국가가 고수한다면 그 책임을 국가에 있음은 명백합니다.

2020. 5. 18

원고 김 정 선(인)

서울중앙지방법원 귀중

서울중앙지방법원
변 론 조 서

2차

사 건	2019가합5012	손해배상(기) 청구의 소	
재판장 판사	박석근	기 일 :	2020. 5. 21. 11:30
판 사	김경윤	장 소 :	동관 358호
판 사	김현영	공개 여부 :	공 개
법원 주사보	조재호	고지된 선고 기일 :	2020. 6. 18. 13:50

사건과 당사자의 이름을 부름

원고 김정선 출석

피고 소송수행자 조준현, 소송대리인 정부법무공단 담당변호사 고영석 각 출석

원고

소장 및 2020. 1. 31.자, 2020. 2. 4.자, 2020. 5. 19.자, 2020. 5. 21.자 준비서면 각 진술하고, 2020. 5. 21.자 준비서면에 의하여 구두 변론

피고 소송수행자 및 대리인

2019. 11. 1.자(2건), 2019. 11. 28.자 답변서 및 2019. 11. 29.자, 2020. 1. 22.자 준비서면 각 진술

증거관계 별도 목록과 같음(쌍방 서증등)

변론종결

법원 주사보 조재호

재판장 판사 박석근

서 울 중 앙 지 방 법 원

제 3 7 민 사 부

판 결

사 건	2019가합5012 손해배상(기) 청구의 소
원 고	김정선
피 고	대한민국
	법률상 대표자 법무부장관 추미애
	소송대리인 정부법무공단
	담당변호사 고영석
	소송수행자 조준현
변 론 종 결	2020. 5. 21.
판 결 선 고	2020. 6. 18.

주 문

1. 이 사건 소 중 손해배상청구를 제외한 나머지 부분을 각하한다.

2. 원고의 나머지 청구를 기각한다.

3. 소송비용은 원고가 부담한다.

청 구 취 지

별지 기재와 같다.

이 유

1. 기초사실

가. 구 한국토지공사(한국토지주택공사의 설립과 동시에 해산되어 그 권리의무가 한국토지주택공사에 포괄적으로 승계되었다. 이하 '한국토지주택공사'라고 한다)는 1993. 12. 16.경 충북 청원군 옥산면 및 오창면 일원 오창과학산업단지 조성사업의 시행자로 지정된 후, 1998. 6. 8. 한국토지주택공사 충북지사에 근무하던 원고와 사이에 위 산업단지 내 단독주택건설용지인 충북 청원군 오창면 양청리 272-5 대 356.0㎡(이후 충북 청원군 오창읍 양청리 745-7 대 350.9㎡로 지번이 변경되고 면적이 확정되었다. 이하 '이 사건 토지'라 한다)에 관하여 가분할 상태에서 매매대금 44,956,000원에 아래와 같은 내용의 용지매매계약(이하 '이 사건 계약'이라 한다)을 체결하였다.

> 제4조 (면적정산)
>
> ① 조성공사 준공 전에 가분할 면적으로 계약 체결한 용지로서 조성공사 준공 후 지적공부 정리 결과 면적 증감이 있는 경우에는 그 증감분에 대하여 이 계약 체결 당시의 필지별 공급단가에 의하여 정산하기로 한다.
>
> ② 한국토지주택공사는 조성공사 준공 후 확정 측량 성과 및 정산내역, 정산금 납부방법을 원고에게 통보하기로 한다. 이 경우 한국토지주택공사는 정산금을 정산일 이후 납부약정일이 도래하는 중도금 또는 잔금에 가감하여 수납하거나 반환에 갈음할 수 있다.
>
> 제6조 (소유권이전)

① 한국토지주택공사는 원고가 매매대금을 완납한 후에 목적 용지의 소유권을 이전하기로 한다. 다만, 조성사업 준공 전에 목적 용지를 공급한 경우에는 조성사업 준공과 지적공부 및 등기공부 정리를 완료한 후에 소유권을 이전하기로 하되, 이 경우 한국토지주택공사는 조성사업 준공과 지적공부 및 등기공부 정리절차를 성실히 이행하여야 한다. ② 한국토지주택공사는 원고의 소유권이전등기에 필요한 서류를 원고에게 제공하여야 하며, 소유권이전등기비용은 원고가 부담하기로 한다.

나. 원고는 1998. 7. 24.경까지 한국토지주택공사에 이 사건 계약에 따른 매매대금 대부분을 지급(일부는 선납 할인받았다)함으로써 잔금으로 117,840원만 남게 되었다.

다. 위 사업은 2001. 12.경 완료되었고, 2001. 12. 26. 이 사건 토지에 관하여 확정 측량을 실시한 결과 그 면적이 350.9㎡로서 이 사건 계약 체결 당시 예정하였던 면적보다 5.1㎡ 감소하였음이 확인됨으로써, 이 사건 계약 제4조 제1항에 따라 원고는 한국토지주택공사에 위 잔금을 지급할 필요가 없음은 물론 오히려 이미 지급한 매매대금 중 일부를 한국토지주택공사로부터 환급받을 수 있게 되었다.

라. 원고는 2002. 1. 23. 이 사건 토지에 관하여 취득세 및 농어촌특별세 합계 955,060원을 납부하였고, 2002. 8. 22. 이 사건 토지에 관하여 새로 확정된 지번과 면적 등에 따른 표시변경등기가 이루어졌다.

마. 위와 같이 매매대금 환급사유가 발생하였음에도 원고는 수년간 그 환급을 신청하지 않았고, 한국토지주택공사는 2009. 3. 2. 원고 명의의 계좌에 면적 감소에 따른 환급금 557,450원을 입금하였다.

바. 원고는 이 사건 토지에 관하여 2009. 10. 30.경에 이르러 자신 앞으로 소유권이전등기를 마친 후, 2009. 11. 17.경 '2009. 10. 27.자 매매'(거래가액은 155,000,000원으

로 신고되었다)를 원인으로 하여 정창희, 곽희자에게 소유권이전등기를 마쳐주었다.

사. 충청북도 청원군수는 원고가 이 사건 토지에 관하여 2009. 10. 30.경에 이르러서야 소유권이전등기를 마침으로써 부동산 실권리자명의 등기에 관한 법률(이하 '부동산 실명법'이라 한다) 제10조 제1항에 해당한다는 이유로, 2011. 12. 29. 원고에게 과징금 24,071,740원을 부과하였다(이하 '이 사건 처분'이라고 한다).

아. 원고는 2012. 3. 21. 청주지방법원 2012구합596호로 이 사건 처분의 취소를 구하는 행정소송을 제기하였으나, 위 법원은 2012. 7. 12. 원고의 청구를 기각하는 판결을 선고하였고, 이에 대한 원고의 항소 및 상고가 기각되어 위 판결이 확정되었다.

자. 원고는 2014. 6. 30. 청주지방법원 2014가단13242호로 충청북도 청원군[1], 한국토지주택공사, 충청북도를 상대로 손해배상을 청구하였으나, 위 법원은 2014. 12. 17. 원고의 청구를 전부 기각하는 판결을 선고하였고, 이에 대한 원고의 항소와 상고가 모두 기각되어 위 판결이 확정되었다.

【인정근거】 다툼 없는 사실, 갑 제1 내지 55호증, 을 제1 내지 4호증의 각 기재, 변론 전체의 취지

2. 피고의 본안전 항변에 대한 판단

민사소송에서 당사자가 소송물로 하는 권리 또는 법률관계는 특정되어야 하고, 소송물이 특정되지 아니한 때에는 법원이 심리·판단할 대상과 재판의 효력범위가 특정되지 않게 되므로, 소송물이 특정되었는지 여부는 소송요건으로서 법원의 직권조사사항에 속한다(대법원 2011. 3. 10. 선고 2010다87641 판결, 대법원 2011. 8. 25. 선고 2011다29703 판결 등 참조). 그리고 판결절차는 분쟁의 관념적 해결절차로서 강제집행절차와

1) 충청북도 청주시 설치 및 지원특례에 관한 법률 제2조에 의하여 2014. 7. 1. 충청북도 청원군이 소멸하고 청주시가 설립됨에 따라 청주시가 충청북도 청원군을 수계하였다.

는 별도로 독자적인 존재 의의를 갖는 것이므로 집행이 가능한지는 이행의 소의 이익을 부정하는 절대적인 사유가 될 수 없더라도, 이행을 구하는 아무런 실익이 없어 법률상 이익이 부정되는 경우까지 소의 이익이 인정된다고 볼 수는 없다. 특히 의사의 진술을 명하는 판결은 확정과 동시에 그러한 의사를 진술한 것으로 간주되므로(민사집행법 제263조 제1항), 의사의 진술이 간주됨으로써 어떤 법적 효과를 가지는 경우에는 소로써 구할 이익이 있지만 그러한 의사의 진술이 있더라도 아무런 법적 효과가 발생하지 아니할 경우에는 소로써 청구할 법률상 이익이 있다고 할 수 없다(대법원 2016. 9. 30. 선고 2016다200552 판결).

원고는 이 사건에서 피고를 상대로 손해배상을 구하는 외에, ① 부동산실명법의 해석에 관한 법률심을 진행하고 향후 국민들의 반사회질서행위에 대해 책임질 것, ② 피고의 유권해석이 법령해석 등과 합치하지 않는 사유를 밝힐 것, ③ 법령제정 과정 등을 법정에서 진술하고, 관련 해석을 국가법령정보센터 게시물에서 삭제한 사유를 밝힐 것, ④ 묵비권 행사로 원고의 기존 손해배상청구가 기각되도록 한 청주시, 한국토지주택공사, 충청북도로 하여금 답변을 이행토록 파기환송할 것을 청구하였으나, 이는 특정한 권리나 법률관계를 대상으로 한 것이 아니거나(①항), 피고의 의사진술이 있더라도 어떠한 법적 효과가 발생하는 것이 아니므로(②~④항) 소로써 청구할 법률상 이익이 있다고 할 수 없다.

따라서 원고의 이 사건 소 중 손해배상청구를 제외한 나머지 부분은 부적법하다.

3. 본안에 대한 판단

가. 원고 주장의 요지

원고는 다음과 같은 이유로 이 사건 처분의 근거법령에 대한 법제처의 심사, 법무부의 질의회신, 법원의 해석·적용 등이 위법하다고 주장하면서, 그로 인하여 원고가 과징금 24,071,740원을 부과받는 손해를 입었으므로 이를 피고가 배상하여야 한다고 주장한다.

1) 부동산실명법 제10조 제1항 제1호에서 정한 계약당사자가 서로 대가적인 채무를 부담하는 경우에 반대급부의 이행이 사실상 완료된 날이라 함은 대금청산일을 의미하는 것으로 보아야 한다. 이러한 해석은 법무부가 구 재정경제원과 공동 발의한 부동산실명법 제정 시행령의 입법예고안에 명시적으로 규정되었던 것인데, 법제처가 해당 규정이 없더라도 그와 같은 법률해석이 가능하므로 불필요하다는 이유를 들어 심사과정에서 삭제한 것이고, 구 재정경제원이 작성한 부동산실명법 해설에도 위와 같은 해석이 등재되어 있다.

2) 원고는 선의로 이 사건 토지의 매매대금 대부분을 일시에 납부하였고, 한국토지주택공사가 일방적으로 분양면적을 감소시켰더라도 대금청산이 남아 있었으므로 반대급부의 이행이 완료된 경우로 볼 수 없고, 그렇지 않더라도 소유권이전등기 신청을 지체한 데에 정당한 이유가 있다.

3) 이와 배치되는 법률해석·적용은 진정소급입법에 해당하고, 매매계약을 성실하게 이행한 매수인을 역차별하는 것이어서 헌법상 평등원칙, 민법상 신의성실원칙 등에 위배된다.

4) 그 밖에 법제처는 위 시행령 입법예고안을 직권 삭제하고서 법무부 소관 법령임을 내세워 심사사유를 밝히지 아니하여 직무를 유기하였고, 법무부는 충청북도의 허위사실에 기초한 법령질의에 대하여 대금청산일이 아닌 원고의 등기신청이 가능하였던 시점에 반대급부의 이행이 사실상 완료된 경우에 해당한다고 회신하여 직무를 일탈하

였다.

나. 관계 법령

■ **부동산등기 특별조치법**

제2조(소유권이전등기등 신청의무)

① 부동산의 소유권이전을 내용으로 하는 계약을 체결한 자는 다음 각호의 1에 정하여진 날부터 60일 이내에 소유권이전등기를 신청하여야 한다. 다만, 그 계약이 취소·해제되거나 무효인 경우에는 그러하지 아니하다.

1. 계약의 당사자가 서로 대가적인 채무를 부담하는 경우에는 반대급부의 이행이 완료된 날

■ **부동산실명법**

제10조(장기미등기자에 대한 벌칙 등)

① 부동산등기 특별조치법 제2조 제1항, 제11조 및 법률 제4244호 부동산등기특별조치법 부칙 제2조를 적용받는 자로서 다음 각 호의 어느 하나에 해당하는 날부터 3년 이내에 소유권이전등기를 신청하지 아니한 등기권리자(이하 "장기미등기자"라 한다)에게는 부동산평가액의 100분의 30의 범위에서 과징금(부동산등기 특별조치법 제11조에 따른 과태료가 이미 부과된 경우에는 그 과태료에 상응하는 금액을 뺀 금액을 말한다)을 부과한다. 다만, 제4조 제2항 본문 및 제12조 제1항에 따라 등기의 효력이 발생하지 아니하여 새로 등기를 신청하여야 할 사유가 발생한 경우와 등기를 신청하지 못할 정당한 사유가 있는 경우에는 그러하지 아니하다.

1. 계약당사자가 서로 대가적인 채무를 부담하는 경우에는 반대급부의 이행이 사실상 완료된 날

② 제1항에 따른 과징금의 부과기준은 부동산평가액, 소유권이전등기를 신청하지 아니한 기간, 조세를 포탈하거나 법령에 따른 제한을 회피할 목적으로 하였는지 여부, 부동산등기 특별조치법 제11조에 따른 과태료가 부과되었는지 여부 등을 고려하여 대통령령으로 정

한다.

■ 구 부동산실명법 시행령(2017. 1. 6. 대통령령 제27762호로 개정되기 전의 것)
제4조의2(장기미등기자에 대한 과징금 부과기준)
법 제10조 제2항의 규정에 의한 과징금 부과기준은 별표와 같다. 다만, 조세를 포탈하거나 법령에 의한 제한을 회피할 목적이 아닌 경우에는 100분의 50을 감경할 수 있다.

다. 구체적 판단

부동산실명법 제10조 제1항은 매매를 비롯하여 부동산의 소유권이전을 내용으로 하는 계약이 체결된 경우에 정당한 사유 없이 등기 신청을 지연하는 것을 제재함으로써 부동산등기가 실체적 권리관계에 부합하도록 하고자 한 규정한 것으로서 그 문언상 등기권리자에게 적용되는 것임이 명백하고, 같은 항 제1호의 '반대급부'는 등기권리자 자신의 반대급부를 의미한다고 봄이 문리해석상으로나 법률의 취지 등에 비추어 타당하므로, 결국 부동산실명법 제10조 제1항 제1호의 '반대급부의 이행이 사실상 완료된 날'은 등기권리자가 자신의 반대급부를 사실상 전부 이행함으로써 언제라도 등기의무자에 대하여 소유권이전등기절차 이행을 청구할 수 있게 된 날을 의미한다고 보아야 한다.

그리고 위 인정사실에다가 앞서 든 증거에 변론 전체의 취지를 더하여 알 수 있는 다음과 같은 사정들 즉, ① 이 사건 계약은 당초부터 가분할 상태에서 체결된 것임을 전제로 한국토지주택공사의 조성공사 준공 후 확정 측량 결과를 토대로 한 면적 정산을 예정하였고, 2001. 12. 26. 이 사건 토지에 관하여 확정 측량을 실시한 결과 그 면적이 이 사건 계약 체결 당시 예정하였던 면적보다 5.1㎡ 감소하였음이 확인됨으로써 원고가 더 이상 잔금을 지급할 필요가 없는 등 이행할 채무가 남아있지 않음이 확정된 점, ② 이후 2002. 8. 22. 이 사건 토지에 관하여 새로 확정된 지번과 면적에 따른 표시변경등기까지 이루어져 원고가 한국토지주택공사를 상대로 이 사건 토지에 관한 소유권이전등기절차 이행을 구하는 데 아무런 장애가 없게 된 점, ③ 원고는 2002. 11. 26. 이 사건 토지의 등록세 등 납부용도로 사용하기 위하여 한국토지주택공사로부터 토지대금완납확인서를 발급받기도 하였으므로, 위와 같이 표시변경등기가 이루어진 사실을 몰랐다고 보기 어려운 점 등을 종합하여 보면, 적어도 이 사건 토지에 관한 표시변경등기가 이루어진 2002. 8. 22.경에는 원고의 반대급부 이행이 완료됨은 물론 원고로서는 아무런 장애 없이 이 사건 토지에 관한 소유권이전등기를 신청할 수 있었다고 봄이 상당하다.

반면 등기권리자의 매매잔금 지급의무가 남아있는 경우에는 매도인의 소유권이전등기절차 임의이행을 기대할 수 없어 원고와 동일한 지위에 있다고 볼 수 없으므로 양자를 달리 취급하더라도 평등의 원칙이나 신의성실의 원칙 등에 위배된다고 볼 수 없으며, 그 밖에 이 사건 처분 및 근거법령에 관한 법무부의 질의회신이나 법원의 판결에 어떠한 위법이 있다고 보기 어렵다.

한편, 입법예고는 정식으로 법령을 제·개정하기 전에 미리 법안을 널리 알리고 의견을 제출받아 입법과정에 참고하기 위하여 시행하는 절차로서, 문언 그대로 입법을 예고한 것에 불과하고, 실제로 그 내용대로 입법이 이루어지지 않은 이상 법령 해석의 기준으로 삼을 수는 없는 것이고, 충청북도의 질의에 대한 법무부의 회신 내용은 구속력을 가지지 않으므로 설령 원고의 주장과 같이 위 질의 내용에 일부 사실과 다른 부분이 포함되어 있고, 원고가 제출한 자료가 모두 법무부에 그대로 제출되지 아니하였다 하더라도, 그와 과징금 부과처분 사이에 상당인과관계가 있다고 볼 수 없다.

결국 원고의 이 부분 청구는 이유 없다.

4. 결론

그렇다면 이 사건 소 중 손해배상청구를 제외한 나머지 부분은 각하하고, 원고의 나머지 청구는 기각하기로 하여 주문과 같이 판결한다.

재판장 판사 박석근

판사 김경윤

판사 김현영

청 구 취 지

1. 피고는 부동산 실권리자명의 등기에 관한 법률에서 규정한 장기미등기 기산일을 법률시행 24년 후 진정소급입법 해석하는 것이 법률제정 목적 및 헌법 등에 위반되지 않는다는 사실을 국민들에게 공개할 수 있도록 법률심을 진행하고, 향후 국민들의 반사회질서행위에 대해 책임져라.
2. 피고는 충청북도의 허위문서에 의하여 법률시행 16년 후 장기미등기 기산일을 대금청산일로 볼 수 없다고 유권해석을 하였으나, 이는 법률시행 전 대금청산일로 한다는 시행령(안) 제6조로 공동공포한 내용 및 전제조건인 부동산등기 특별조치법 제2조 제1항 제1호의 해석과 합치하지 않는바, 그 사유를 밝혀라.
3. 피고는 경제실무를 겸비한 법률전문가 조직으로서 법률제정 과정을 원고로부터 제공받고도 시행령(안) 심사사유를 밝히지 않는 것은 국민들의 알권리를 침해한 권리남용이며, 이에 대한 법률해석 권한이 소관부처인 법무부에 있다는 것을 법정에서 진술하고, 매수자의 권리를 제한한 법률의 유일한 유권해석인 부동산등기 특별조치법 제2조 제1항에 대한 해석을 국가법령정보센터 게시물에서 삭제한 사유를 밝혀라.
4. 피고는 원고에게 24,071,740원과 이에 대하여 이 사건 소장부본 송달 다음 날부터 다 갚는 날까지 연 15%의 비율로 계산한 돈을 지급하거나, 묵비권 행사로 사기성 과징금에 대한 원고의 기존 손해배상청구소송이 기각되게 한 청주시, 한국토지주택공사, 충청북도로 하여금 그 답변을 이행하도록 파기환송하라. 끝.

항 소 이 유 서

사　　건 2020나2020676 손해배상(기) 청구의 소

[담당 재판부 : 민사 13부]

항 소 인(원고) : 김정선

피항소인(피고) : 대한민국

위 사건에 관하여 항소인(원고)는 다음과 같이 항소이유 제출서 및 항소이유서를 제출합니다.

항소이유 제출서 및 항소이유서

"별 첨"

2020. 07. 22

항소인(원고)　　　　　　　　　　김 정 선 (인)

서울고등법원 귀중

항소이유 제출서

사　　건　2020 나 2020676 손해배상(기) 청구의 소

항 소 인　김정선

피항소인　대한민국

이 사건 항소이유는 아래 기재와 같습니다.

<table>
<tr><th colspan="2">항소이유</th><th>해당란에"V" 표시</th><th>요지기재</th></tr>
<tr><td colspan="2">① 제1심 판결 중 사실을 잘못 인정한 부분이 있다</td><td>☑</td><td>사건의 주체와 객체간의 판단은 없고 주체의 직무유기등에 의한 사전사건에 대한 심리미진 판결만 나열</td></tr>
<tr><td colspan="2">② 제1심 간결중 법리를 잘못 적용한 부분이 있다</td><td>☑</td><td>사회적 약자에게 적용할 수 있는 헌법 등 여러 법률을 모두 간과했다</td></tr>
<tr><td colspan="2">③ 제1심 판결의 절차가 법률에 위반되었다</td><td>☑</td><td>사건의 핵심은 법리에 대한 다툼임에도 실체적 사실적 근거로 판단하여야 함에도 추론적인 판단만 했고 법원은 변론도 진행하지 않았다</td></tr>
<tr><td rowspan="4">④ 항소심에서 추가로 주장·입증을 하고자 한다</td><td>㉮ 제1심과 새로운 청구 또는 주장·항변을 제출하고자 한다</td><td>☐</td><td></td></tr>
<tr><td>㉯ 제1심에서 채택되지 아니하였거나 철회한 증거를 다시 신청하고자 한다</td><td>☑</td><td>피고 준비서면에 따라 법률제정 과정, 관보, 영수증, 관련법 률 등 추후 제출</td></tr>
<tr><td>㉰ 제1심에서 채택되어 조사된 증거를 다시 신청하고자 한다</td><td>☐</td><td></td></tr>
<tr><td>㉱ 항소심에서 새로운 증거를 신청하고자 한다</td><td>☐</td><td></td></tr>
<tr><td colspan="2">* 그 밖의 사항(조정·화해 요망 등)</td><td>☐</td><td></td></tr>
</table>

2020. 07.22.

항소인　김정선 (인)

항소이유서

(항소내용 요약)

1. 원고가 부동산실명법 장기미등기 기산일 공개 및 손해배상청구의 소를 대한민국을 상대로 제기 하였으나 1심 법원이 청구 취지를 각하하려고 소송건명을 손해배상(기) 청구의소 사건으로 일방적으로 변경한 것 자체가 불법행위이므로 당초 소장대로 사건명을 환원하여 주시기 바랍니다.

2. 법제처의 위력에 의한 미필적고의 법률을 법무부가 16년후 진정소급입법 해석하였기 원고는 불법 개입한 지방행정청으로부터 적반하장으로 재산권을 약탈당하였기, 법리를 오해한 책임이 지방행정청 인지, 법제처 인지, 법무부 인지, 법정에서 확인하려고 하였으나 민원문서에 대한 묵비권 행사로 원고가 행정청과의 소송에서 패소하였으므로 법리에 대한 판단을 묵비권을 행사한 법제처와 법무부의 변론으로 해결해달라고 요청하는 소였으나, 1심 법원은 지방행정청과의 소송에서 패소하였음에도 판결에 어떠한 영향도 미치지 아니한 국가를 상대로 소송을 제기한 것처럼 소송건명을 손해배상(기) 청구의 소 사건으로 일방적으로 변경하고, 법리에 대한 법제처와 법무부간의 변론 진행하지 않았고 판단을 전혀 하지 않았으므로 1심 판결은 명백한 심리미진 판결입니다.

3. 부동산 실권리자 명의 등기에 관한법률(부동산 실명법)에서 규정하고 있는 장기미등기 기산일을 대금청산일로 규정하겠다고 관보를 통해 국민의견 수렴을 한 결과 다른 의견제출자는 없었고 법제처는 누가 법률해석을 하더라도 같을 것(대금청산일)이라고 직권삭제하였고 법무부는 3가지 경우로만 한정할 경우 기소유지하는데 어려움이 있다고 시행령 확정전 의견제출을 하였기 구 재정경제원은 소득세법 시행령 제162조로 규정한 취득일이 반대급부 이행완료일이라고 국무회의를 통과시켰습니다.

소득세법시행령

[시행 1998.4.1] [대통령령 제15747호, 1998.4.1., 일부개정]

제162조(양도 또는 취득의 시기) ①법 제98조의 규정에 의한 취득시기 및 양도시기는 다음 각호의 경우를 제외하고는 당해자산의 대금을 청산한 날로 한다 <개정 1998. 4. 1>

1. 대금을 청산한 날이 분명하지 아니한 경우에는 매매계약서에 기재된 잔금지급약정일. 다만 자금지급약정일이 확인되지 아니하거나 매매계약서에 기재된 잔금지급약정일로부터 등기접수일까지의 기간이 1월을 초과하는 경우에는 등기부·등록부 또는 명부등에 기재된 등기접수일로 한다.

2. 대금을 청산하기 전에 소유권이전등기(등록 및 명의의 개서를 포함한다)를 한 경우에는 등기부 · 등록부 또는 명부등에 기재된 등기접수일

3. 기획재정부령이 정하는 장기할부조건의 경우에는 첫회 부불금의 지급일. 다만, 첫회 부불금의 지급일전에 소유권이전등기등을 한 경우에는 등기부·등록부 또는 명부등에 기재된 등기접수일로 한다.

4. 자기가 건설한 건축물에 있어서는 사용검사필증교부일. 다만, 사용검사전에 사실상 사용하거나 사용승인을 얻은 경우에는 그 사실상의 사용일 또는 사용승인일로하고 건축허가를 받지 아니하고 건축하는 건축물에 있어서는 그 사실상의 사용일로 한다.

5. 상속 또는 증여에 의하여 취득한 자산에 대하여는 그 상속이 개시된 날 또는 증여를 받은 날

②완성 또는 확정되지 아니한 자산을 양도 또는 취득한 경우로서 당해자산의 대금을 청산한 날까지 그 목적물이 완성 또는 확정되지 아니한 경우에는 그 목적물이 완성 또는 확정된 날을 그 양도일로 또는 취득일로 본다

----

4. 법제처는 누가 법률해석을 하더라도 같을것이라고 판단하여 미필적고의 법률을 시행토록 하였으나 법률시행 16년후 충청북도, 법무부, 법원은 당해 조문의 문리적 해석만으로 매매대금이 완납되고 표시변경등기가 완료되면 소유권이전이 가능하므로 그날이 장기미등기 기산일이라고 판단하여 원고는 5년간 급료에 해당하는 금원과 10년간의 건강을 침탈당했으므로 법제처는 법률행위적 행정행위에 대한 서면답변과 변론을 법정에서 진술하여야 합니다.

5. 법무부는 부동산등기 특별조치법 및 부동산 실명법에서 규정하고 있는 반대급부이행일을 명확히 할 필요가 있다고 부동산 실명법 시행령 공포전인 1995.4.15 경 인식한 바 있고 2002.3.30. 헌법 불합치 결정에 의한 부동산실

명법 및 동법 시행령 개정시 개정하지 않았음에도 법률시행 21년후(16년후)인 2011년 11월경 충청북도의 은닉문서에 의한 회신을 대금 청산일로 볼 수없다고 회신한 것이 법률불소급의 원칙에 어긋나지 않는다는 사실을 서면답변과 법정에서 진술하여야 합니다.

6. 부동산의 소유권이전등기는 채무가 남아있는 경우 불가능하므로 매도자가 토지면적 확정 3년5개월전 매매대금을 납부한 자(원고)의 토지는 5.1㎡를 감소시키고도 7년동안 역채무를 이행하지 않았음에도 장기미등기자이고, 같은 블록내 토지면적 확정 당시(2001.12.26) 3년분할 납부계약하여 연체중이던 매수자 토지는 3.8㎡를 증가시켜주어 토지면적 확정일로부터 9년후 소유권이전등기를 신청하였어도 장기미등기자가 아니므로 국가는 부동산 실명법 제10조제1항(제1호)가 헌법에 위반되지 않는다는 것을 명백히 밝혀야 합니다.

7. 이 사건은 충청북도 등의 인면수심 적반하장 사건에 대하여 국가(법제처, 법무부)가 국민의 주권, 재산권, 인권, 평등권을 침해하고 사법부(법원)는 채증의 법칙, 과잉금지의 원칙, 비례의 원칙을 모두 간과하고 7년동안 사건판단을 위한 변론진행도 하지 않고 법률에 의하여 사건을 판단하지도 않았고, 부동산등기 절차상 인용되지 않은 연월일을 기산일로 판단하였기, 국가를 상대로한 손해배상을 청구한 것이므로 귀 법원은 법률제정과정, 헌법, 부동산등기법, 민법, 민사소송법 등을 토대로 법률개정없이 1심 법원 판결이 법률제정목적에 합치되며 헌법 제37조제2항으로 규정한 공공의 이익을 위하여 권리를 제한하는 법률인지를 판단하여야 합니다.

(미필적 고의 법률의 법리의 오해)

8. 법령제정과정을 살펴보면 부동산 실소유자 명의 등기에 관한 법률으로의 입법예고시(1995.1.28) 기간 계산일을 시행령으로 규정하겠다고 관보에 고시하여 공청회 및 국민여론 수렴을 했고 국회에 법률제안시 기간계산일은 부동산등기특별조치법 제2조제1항으로 규정한 부동산 취득일이라고 제안설명을 했고 (1995.2.18)

9. 부동산실명법 공포직후 국민여론을 수렴하지 않은 장기미등기 기간계산일은 시행령으로 부동산 취득일로서 대금청산일로 규정하겠다고 언론보도자료로 배포하였고 시행령(안) 제6조로 대금청산일로 공포하여 국민들의 의견수렴을 했고

10. 법제처가 장기미등기 기산일을 시행령으로 대금청산일이라고 규정하지 않더라도 같은 해석이 될것이라고 직권삭제하였고 법률주관 발의자인 구 재정경제원을 국민들에게 피해가 없도록 잔금청산일이 된다고 법률해설집을 발간하여 관공서등에 배포하였을 뿐만아니라(1995.4.26)

11. 부동산실명법 제10조제1항제1호의 전제조건인 부동산등기특별조치법 제2조제1항제1호에 대한 도상가분할 토지거래인 경우의 법률해석은 소유권보존등기 형식을 빌린 표시변경등기 완료후 대금청산일이라고 법률해석을 하여 국가법령정보센타에 게시되어 있었습니다.

12. 조문의 문리적 해석만으로는 잔금지급일 판단될 수도 있는 반대급부의 이행이 완료된날이란 문구를 사용한 부동산등기특별조치법 시행 30년동안, 부동산 실권리자 명의 등기에 관한 법률시행 25년동안 소급 법리해석에 의한 과태료 또는 과징금 부과 판례가 없었던 것은

13. 등기권리권자의 권리제한 법률이지만 대금청산일 결정권을 갖고 있는 등기의무자에게는 권리제한 규정이 없고, 도상가분할 토지 특성상 등기의무자와 등기권리자간의 평등권, 계약을 성실하게 이행한 등기권리자와 계약이행을 지체한 등기권리자간의 평등권을 전제로 해석하면 부동산실명법 시행령(안)으로 공포하여 의견수렴까지한 대금청산일이 소유권 이전등기 및 장기미등기 기산계산일로 해석되기 때문에 표시변경등기완료일을 기산일로 적용할 수 있는 부동산등기 행정이 필요하지 않았습니다. (완료일을 공시토록하거나 등기이전 서류에 명시)

양도소득세등부과처분취소

[대법원 2001.3.27 선고, 99두2550 판결]

판결요지

[1] 이미 위치와 경계가 특정된 토지를 목적물로 하고 일정한 금액을 대금으로 정하여 매매계약을 체결한 후 대금을 청산하였다면, 비록 당시로서는 지번 및 지적이 확정되지 아니하며 사후의 측량결과에 따라 면적증감에 대한 정산을 하기로 약정하였다고 하더라도 소득세법시행령(1994.12.31. 대통령령 제14467호로 전문 개정된 것) 제162조 제2항 소정의 '완성 또는 확정되지 아니한 자

산을 양도 또는 취득한 경우'에 해당한다고 할 수 없다.
[2] 한국수자원공사로부터 택지조성사업지구 내의 토지를 취득하면서 지적확정 후 면적증감에 따라 정산하기로 약정한 경우, 토지의 취득시기는 택지조성사업 완료 후 지번·지적의 확정일이 아니라 대금청산일이라고 한 사례.

부동산실권리자명의등기에관한법률위반
[대법원 2009.9.10, 선고, 2009도5031, 판결]
판시사항
가등기담보 등에 관한 법률에 따른 가등기담보계약이 '부동산의 소유권이전을 내용으로 하는 계약'에 해당하는지 여부(적극) 및 그 경우 부동산 실권리자명의 등기에 관한 법률 제10조에 정한 3년의 소유권이전등기의무 해태 기간의 기간일(=청산절차가 종료된 때)
이유
「부동산 실권리자명의 등기에 관한 법률」(이하'부동산실명법'이라 한다) 제10조제1항, 제5항은 부동산의 소유권이전을 내용으로 하는 계약을 체결한 자가 대가관계에 있는 반대급부의 이행을 사실상 완료하는 등 소유권이전등기청구권을 행사 할 수 있음에도 3년 이내에 소유권이전등기를 신청하지 아니한 이른바 장기미등기자의 경우에는 5년 이하의 징역 또는 2억원 이하의 벌금에 처하도록 정하고 있는바, 「가등기담보등에 관한법률」에 따라 채권담보의 목적으로 부동산에 관하여 가등기를 경료하는 가등기담보계약은 채무자가 변제기에 이르기까지 채무를 변제하지 못하는 경우 가등기담보권자가 청산금의 평가액을 통지한 2월의 청산기간이 경과하면 청산금을 지급하고 부동산에 관한 소유권을 취득할 수 있도록 하는 점에서 부동산의 소유권이전을 내용으로 하는 계약에 해당한다 할것이고, 다만 3년의 소유권이전등기의무 해태기간의 기산일은 가등기담보권자가 소유권이전등기 청구권을 행사할 수 있는 때로서 청산기간이 경과한 후 청산금을 지급하는 등 청산절차가 종료된 때로 보아야 한다.

14. 부동산 실권리자 명의 등기에 관한 법률의 주관 발의자인 구재정경제원은 법무부(공동발의자) 소관 법률인 부동산등기 특별조치법의 문구를 그래도 인용하였으나 당해조문만의 문리적 해석으로는 잔금지급일로 오해할수 있으므로 이를 명확히 하기 위하여 시행령(안) 제6조로 대금청산일로 한다라고 공포하여 국민의견까지 수렴하였으나(법무부, 법제처 동의)
시행령 공포전 심사권자인 법제처가 누가 법률해석을 하더라도 같을 것이라고 직권삭제하였기 당해조문은 미필적 고의 조문이 되었습니다.

(공공의 이익을 위한 원고의 재산권 일부 적선)

15. 사업시행자인 구 한국토지공사에 토지조성자금이 전혀 없었기 때문에 원고등 구 한국토지공사 직원들이 매수하거나 매매알선하여 토지조성자금을 조달해야 했으므로 5년후 토지의 사용수익이 가능할 토지에 대하여 원고가 일시납 계약을 체결한 것은 잔금납부 후 부동산 등기특별조치법 제2조제1항에 의하여 등기신청 해태에 따른 과태료가 부과 될수도있다는 사실과 법률의 적용을 회피하려면 3년분할 납부계약후 잔금약정일에 잔금일부를 연체하면 된다는 사실, 향후 양도차익 발생시 3년분할 납부계약의 경우 할부이자는 취득원가에 포함되므로 양도세 납부시 불리하다는 사실, 할부이자 9%는 금융권 정기예금 년이율 13.8%(제세공과금 제외) 훨씬 못 미친다는 사실, 매매잔금이 남아있을 경우 소유권이전이 불가하므로 역으로 토지면적 확정시 계약성실 이행자에게 불리할수도 있다는 사실을 알고 있었지만

16. 지방세 세입권자가 지방세 납부시기를 조성공사 완료시점(토지면적 확정시기)에 매매대금을 납부한 것으로 간주하여 수납받겠다고 구 한국토지공사와 약정하였기 이를 신뢰하여

17. 더불어살아야하는 세상이기 때문에 사익보다 공공의 이익을 위하여 여러모로 유리한 3년분할 납부계약을 하지 않고 구사적 애사심에서 일시납 계약을 체결하였고

18. 장기근속자 퇴직전략에 의한 퇴직금으로 5개월 약정을 46일만에 토지면적 확정시 감소될 정도의 자투리 자금 104,040원(0.8㎡ 해당금액)을 남겨놓았으므로 원고가 소유권이전 등기신청을 해태할 의사가 있었다고 판단할 사람은 아무도 없을것입니다.

(등기의무자의 도상가분할 토지제도 및 부동산등기제도를 악용한 역차별행위)

19. 도상가분할 토지매매제도는 사업시행자에게 토지조성자금을 조달해주기 위한 선매각 제도이지만 매매잔금이 남아있는 경우에는 소유권이전등기가 불가능하므로 매도자는 토지면적 확정시 전략적으로 블록단위 면적증감을 각 필지에 안분(이 사건토지등의 경우 0.7㎡씩 감소)하지 않는 관행이 있어왔고

20. 2002.1.8 경 한국토지공사로부터 토지면적이 5.1㎡ 감소되었으므로 취득세를 납부하고, 청산금을 서류로 신청하라는 통보를 받고 5.1㎡을 감소시킨 것은 매수자와 매도자간의 평등권 침해정도가 아니고 매수자간의 평등권 침해 행위로 판단 취득세는 납부하였으나 퇴직금지급 계좌로 청산금을 환급해달라고 요청하였으나 거절하였기, 향후 소유권이전등기 신청에는 관심이 없었습니다.

(법률제정 목적에 역행하는 법무부의 진정소급 입법해석)

21. 부동산실명법 제10조제1항제1호에 대한 해석은 국민들에게 법률제정과정, 언론보도자료, 법률해설집, 부동산등기특별조치법 제2조제1항에 대한 해석 모두 대금청산일로 공표한 것을 법률시행 25년후 대금청산일로 볼수 없다는 법무부 해석은 자기모순 법률해석행위이므로 헌법 제1조제2항으로 규정된 주권침해법률 및 헌법제13조제2항에 규정된 재산권 침해행위입니다.

22. 미필적고의 법률의 조문 및 매매계약서 거래 약관을 매수자와 매도자간의 평등권, 매수자간의 평등권을 전제로 해석하는 것이 아니고 행정청 및 매도자에게 유리하도록 해석하는 것은 불공정 거래 법률입니다.

23. 충청북도의 부동산등기 특별조치법 제2조제1항 법무부 해석을 은익한 질의에 법무부의 진정소급입법해석은 부동산실권리자 명의 등기에관한 법률 제10조제1항제1호가 매매대금을 연체하라는 법률이므로 헌법 제37조 제2항으로 규정한 질서유지 및 공공의 이익을 위한 권리제한 법률이 아니고 반질서 행위유도 및 공공의 이익을 해치는 권리제한 법률이므로 위헌법률입니다.

24. 법률제정과정을 살펴보면 1990.8.1 공포된 부동산등기특별조치법 제2조제1항제1호로 규정된 정해진날(반대급부 이행이 완료된 날) 및 상기조문의 적용을 받는자라는 전제조건으로 1995.3.30. 공포된 부동산실권리자 명의 등기에

관한 법률 제10조제1항제1호로 규정된 정해진날(반대급부의 이행이 사실상 완료된날)을 부동산 취득일로 규정하고 있는바

25. 확정된 부동산 거래인 경우에는 언제라도 소유권이전등기 신청이 가능하며 등기권리자가 결정하는 잔금지급일과 대금청산일(잔금청산일)이 동일하므로 정해진 날의 해석에 대한 논란이 없으나

26. 확정되지 아니한 부동산의 경우에는 표시변경등기가 완료되어야 소유권이전등기 신청이 가능하고 매매대금을 사실상 완납한날(1998.7.24) 토지면적확정일인 잔금지급일(2001.12.26), 대금청산일(2009.3.2)이 다르고, 잔금지급일을 매수자가 결정하는 것이 아니고, 오차라는 구실로 매도자가 결정하므로 상기 법률들의 부동산 취득일은 대금청산일로 해석되어야 등기의무자와 등기권리자 간의 평등권, 같은 블록내 등기권리자 간의 평등권을 침해하지 않는 법률인것입니다.

(충청북도 등의 적반하장 재산권 약탈 행위 및 반사회질서 행위)

27. 이 사건의 발단은 확정되지 아니한 부동산을 대상으로 한 사업시행자(구 한국토지공사)와 그 소속 직원(원고)간의 위력에 의한 쌍무계약에 제3자인 지방자치단체(충청북도, 구청원군)는 지방세 세수물건 조기확보를 위해 도상가분할 토지의 일반적 전형계약인 3년 분할납부 계약(공사준공 전후 잔금 납부 약정)이 아닌 일시납 계약을 유도하여, 지방세 불로소득을 얻었고,(약 13억7천만원 추정)

28. 원고는 전 소속회사가 토지면적 확정시 자존심에 상처를 주는 역차별을 하였기 매매청산금 지급과 소유권이전등기는 동시이행 관계가 있다고 판단하여 7년동안 권리행사를 못한 피해자임에도

29. 충청북도는 부동산 실권리명의자 등기에 관한 법률중 법제처의 직무일탈에 의한 미필적 고의 조문인 장기미등기 조문을 법률시행 16년후, 지방세 납부상 불리하지 않다고 일시납계약을 유도한 13년후, 법률시행전 수차례 공표한 대금청산일이 아니고, 잔금지급일이라고 매매대금 조기납부자를 가중역차별하는 해석으로 소유권이전등기 경료 2년후, 구 청원군으로 하여금 원고의 재산권(24,071,740원)을 약탈하였기 발단된 사건입니다.

30. 부동산의 소유권이전등기는 매수자가 잔금을 남겨놓을 경우는 등기신청자체가 불가능하므로 법령의 적용을 회피할 목적으로 연체중이던 매수자 토지(확정지번 오창읍 양청리 745-)는 매도자의 역대우로 3.8㎡ 증가되어 토지면적 확정 9년후인 2010년이 장기미등기 기간 계산일이고

31. 사익보다 공공의 이익을 우선시하여 토지면적 확정 3년5개월만에 매매대금을 납부한 원고 매수토지(동소 745-7)는 매도자가 토지면적 확정시 매수자와 매도자의 평등권 침해정도가 아니고 매수자간의 평등권을 침해하는 5.1㎡를 감소시켰음에도 장기미등기 기산일은 매매대금 청산절차없이 토지면적 확정일인 2001.12.26 또는 2002.8.22(표시변경등기 신청일)이라면, 국민 누구에게 물어보아도 부동산 실명법은 부동산거래약정을 지키지말고 매매대금을 연체하라는 법률이므로 법률제정목적과는 상반되는 반사회질서를 권장하는 법률인 것입니다.

(지방행정청의 헌법재판소법 위반, 부동산 실명법 제10조제2항 위반)

32. 부동산 실명법 제10조제2항은 헌법재판소의 헌법불합치 결정에 의하여 신설된 조항으로서 과징금이 부과 기준은 부동산 평가액, 소유권이전등기를 신청하지 아니한 기간, 조세를 포탈하거나 법령에 의한 제한을 회피할 목적으로 하였는지 여부 등을 고려하여 대통령령으로 정한다라고 규정되어 있고 시행령 제4조의2(장기미등기자에 대한 과징금 부과기준)은 법제10조2항의 규정에 의한 부과기준은 별문과 같다.
다만, 조세를 포탈 하거나 법령에 의한 제한을 회피할 목적이 아닌 경우에는 100분의 50을 감경할 수 있다고 규정하고 있습니다. [2002.4.8]

과징금부과처분취소

[대법원 2005.9.15 선고. 2005두3257 판결]

[판결요지]

부동산실권리자명의 등기에 관한 법률 시행령 제4조의2 단서는 조세를 포탈하거나 법령에 의한 제한을 회필할 목적이 아닌 경우에 과징금의 100분의 50을 감경할 수 있다고 규정하고 있고, 이는 임의적 감경규정임이 명백하므로, 감경사유가 존재하더라도 과징금 부과관청이 감경사유까지 고려하고도 과징금을

감경하지 않은 채 과징금 전액을 부과하는 처분을 한 경우에는 이를 위법하다고 단정할 수는 없으나, 행정행위를 힘에 있어 이익형량을 전혀하지 아니하거나 이익형량의 고려대상에 마땅히 포함시켜야 할 사항을 누락한 경우 또는 이익형량을 하였으나 정당성·객관성이 결여된 경우에는 그 행정행위는 재량권을 일탈·남용한 위법한 처분이라고 할 수 밖에 없다.

과징금부과처분취소

[대법원 2010.7.15. 선고, 2010두7031, 판결]

판결요지

[1] 실권리자명의 등기의무를 위반한 명의신탁자에 대하여 부과하는 과징금을 감경에 관한'부동산 실권리자명의 등기에 관한 법률 시행령' 제3조의2 단서는 임의적 감경규정임이 명백하므로, 그 감경사유가 존재하더라도 과징금 부과관청이 감경사유까지 고려하고도 과징금을 감경하지 않은 채 과징금 전액을 부과하는 처분을 한 경우에는 이를 위법하다고 단정할 수는 없으나, 위 감경사유가 있음에도 이를 전혀 고려하지 않았거나 감경사유에 해당하지 않는다고 오인한 나머지 과징금을 감경하지 않았다면 그 과징금 부과처분은 재량권을 일탈·남용한 위법한 처분이라고 할 수밖에 없다.

부동산실명법위반 과징금부과처분 취소

[국민권익위원회 서행심 2012-871, 2013.3.25. 기타]

재결요지

[1] 부동산을 사인이 아닌 지방자치단체로부터 매입한 경우에는 미등기전매나 조세회피를 위한 계약서 변경등이 불가능하며 법령에 의하여 취득할 수 없는 토지를 취득하는것도 불가능하게 되는 점 등에서 부동산실명법 시행령 제3조의2 단서에 따른 조세를 포탈하거나 법령에 의한 제한을 회피할 목적이 있었다고 볼수 없다.

[2] 부동산실명법 시행령 제4조의2 단서규정은 조세를 포탈하거나 법령에 의한 제한을 회피할 목적이 아닌 경우에는 과징금의 100분의 50을 감경할 수 있도

록 하고 있으므로, 감경사유가 있음에도 이를 전혀 고려하지 않았거나 감경사유에 해당하지 않는다고 오인한 결과 과징금을 감경하지 않았다면 그 과징금 부과처분은 재량권을 일탈·남용한 위법한 처분이다.

부동산실권리자명의등기에관한법률 위반 과징금부과처분 취소청구
[국민권익위원회 행심 제2012462호, 2013,2,19, 인용]
재결요지
본 위원회 직권조사에 의하면 청구인이 1992.8.25. 이 사건 부동산을 분양계약한 날 취득세를 납부하였으며, 이 사건 부동산 취득 후 재산세, 종합토지세 등의 세금도 성실히 납부하여 온 점, 또한 청구일 현재까지 이 사건 부동산을 소유하고 있는 점 등을 볼 때 청구인의 장기미등기 사유가 법에 대한 무지등으로 보여지는바, 조세를 포탈하거나 법령의 제한을 회피할 목적이 아니라는 청구인의 주장을 배척하기는 어려우므로, 부동산실명법 시행령 제4조의2 단서 규정을 적용하여 이 사건 처분을 감경함이 상당하다 할 것이다.

부동산 실권리자명의 등기에 관한 법률 제10조 제1항 위헌소원
[전원재판부 2012헌바263, 2013.2.28]
결정 요지
가. 이 사건 법률조항은 미등기 상태를 이용한 사실상의 명의신탁을 규제하고, 명의신탁을 미등기로 위장하여 부동산 실권리자명의 등기에 관한 법률(이하 '부동산실명법'이라 한다)의 적용을 회피하고자 하는 시도를 차단함으로써 부동산실명법의 실효성을 강화하기 위한 규정으로, 이를 위해서는 장기미등기자에게 명의신탁자와 동일한 내용을 과징금을 부과할 수 있도록 하는 것이 필요하므로 이 사건 법률조항은 입법목적의 정당성 및 수단의 적합성이 인정되고 침해의 최소성 원칙에도 위배되지 아니한다. 또한 부동산실명법의 실효성을 강화하게 되는 공익은 장기미등기자가 입게 되는 불이익보다 더 크므로 법익의 균형성 원칙에도 위배되지 아니한다. 따라서 이 사건 법률조항은 재산권을 침

해하지 아니한다.

나. 장기미등기에 관한 과징금의 상한을 명의 신탁의 경우와 동일하게 규정하는 것은 입법기술상 불가피한 측면이 있고, 조세를 포탈하고나 법령에 의한 제한을 회필할 목적이 없었다는 점이 인정되면 과징금이 감경될 수 있으므로 실제로 모든 장기미등기자가 명의신탁자와 등일하게 과징금을 부과 받게 되는 것은 아니다. 따라서 장기미등기자에 대한 과징금을 상한의 명의신탁자와 동일하게 정하는것에는 합리적인 이유가 있으므로 이 사건 법률조항은 평등원칙에 위배되지 아니한다.

33. 부동산실명법 개정후 상기와 같이 과징금 감경 판례가 있었고 청주지방법원은 헌법소원 내용을 원고에게 제시하고 영수증까지 수령하였고 원고가 지방세 및 국세를 연체 하지 않았다는 증명서를 법원에 제출하였으나 과징금을 감경하지 않은 것은 불법행위입니다.

(지방행정청의 부동산 실명법 제10조제3항(제5조제5항) 위반)

34. 부동산실명법 제5조(과징금) 제5항에는 과징금은 당해 부동산의 소재지를 관할하는 시장·군수 또는 구청장이 부과 한다 이 경우 과징금은 위반 사실이 확인된 후 지체 없이 이를 부과하여야 한다. 부동산실명법 제10조제3항은 제1항의 과징금 부과에 대하여는 제5조제4항부터 제7항까지 준용한다로 규정하고 있습니다.

35. 부동산실명법에서 규정하고 있는 반대급부 이행일이 충청북도, 법무부, 법원이 판단한 바와 같이 표시변경 등기완료일(2002.10.4)이라면 2006년 재산세 부과시구청원군은 지방세법에 의하여 사실상 소유자는 원고라는 통보를 구한 국토지공사로부터 접수받고 수시부과(136,550원 : 50% 감경 2006.9.28), 정정부과(275,610원, 2006.10.2) 징수했고 국세청에 보고하여 종합부동산세를 납부토록 했으면서 그 당시에 과징금을 부과징수하지 않고 과징금이 2배로 증가한 5년 후에 과징금을 부과한 것은 부동산실명법 제10조제3항 위반입니다.

(지방행정청의 부동산등기 특별조치법에 의한 과태료 부과징수 규칙 제2조제4호 위반)

36. 부동산등기 특별조치법에 의한 과태료 부과징수 규칙 제2조(등기신청기간에 산정) 제4호에는 시장 등이 등기신청 해태에 관하여 상당한 사유가 있다고 인정되는 경우에는 그 사유가 존재하고 있는 기간은 법제2 조의 등기 신청기간에 산입하지 아니한다. 로 규정되어 있으므로 지방행정청은 연대 채무자이므로 매도자가 청산금을 지급할 때까지 등기신청기간에 산입하지 말아야 하므로 지방행정청이 법률을 위반한 것입니다.

(기초사실에 대한 원고의 항소내용)

37. 조성된 토지는 공공의 이익을 위하여 국민의 토지를 수용, 토지를 조성한 것이므로 실수요자에게 공급하여야 하나 외환위기 시절 원고는 사적자치의 원칙에 의하여 토지를 필요로하는 실수요자가 아니었고, 정부정책, 소속직원으로서 책무, 과징금 부과권자의 읍소전략에 의하여 도상가분할 토지를 일반적 전형 계약인 3년분할 납부계약을 하지 않고 일시납계약을 하였기, 과징금 부과권자의 지방세세수 물건 조기확보에 원고의 재산권을 제공 하였으므로

38. 매도자인 구 한국토지공사와 일시납계약을 유도한 충청북도(취득세 세입권자), 구 청원군(재산세 세입권자)는 계약을 성실히 이행한 원고등 매수자에게 불리한 토지면적확정과 위변조된 문서로 진정소급 법률해석 및 적용을 하는 것은 신의 성실의 원칙에 어긋나는 적반하장 재산권 침해 행위입니다.

39. 원고는 소속회사였던 구 한국토지공사의 위력에 의한 피동적 매수자이고 사유없이 원고등의 재산권을 이용해 불법 원인 급여 및 부당이득을 얻은 행정청이 일시납유도 13년후 보은을 원수로 되갚은 적반하장 사건을 발생시켰기 때문에

40. 이 사건 토지등이 불법으로 조성되었는지를 사업준공보고서를 토대로 이의제기하였으나 사업시행자 및 사업인허가권자는 답변을 거부하였으므로 불법으로 조성된 토지에 대한 행정처벌인 과태료 및 과징금을 부과하는 것은 원인무효 행위이므로 이 한가지 사유만 가지고도 과징금 부과는 취소되어야 하는 사건이었습니다.

41. 이 사건 토지등은 충청북도가 1992.6.29(건설부 고시 제1992-336호) 건설교통부로부터 국토이용계획 변경 결정을 받아 1992.7.15. 지방공업단지 지구지정을 한 충청북도는 1993.12.26. 구 한국토지공사를 사업시행자로 지정하였고, 1996.8.5 경 실시계획(사업착수)을 신청하여 1996.8.10. 실시계획을 충청북도로부터 승인받았으므로 지방공업단지 지정 3년이내에 사업을 착수하지 않았기 지구지정이 해제된 것으로 보아 법률적으로 원인 무효인 토지이므로 사업시행자 소속직원으로서의 피동적 매수자에게 행정의무 위반으로 행정 처벌을 한 것은 불법행위입니다.

42. 지방세법에 의하면 원고는 부동산 매매대금 납부일(1998.7.24)로부터 1개월이내에 도세인 취득세를 구청원군에 납부하여야 하나 구 청원군과 구 한국토지공사의 약정에 의하여 토지면적 확정일(2001.12. 26)에 매매대금을 납부한 것으로 구 한국토지공사가 구청원군에 2002.1.8경 통보하였기 납기 해태에 따른 가산금 없이 원고는 2001.1.23 취득세등 955.060원을 납부하였으므로 충청북도와 구 청원군은 사유없이 일시납 계약유도로 지방세 불법원인 급여를 받은 가해자라는 것은 입증된 것입니다.

43. 용지매매계약서상의 토지면적 정산 조항은 구 지적법 시행령 48조등에 의하여 1㎝ 단위로 경계표지를 설치하여 블록단위 면적 증감을 각 필지에 안분하겠다는 약관이며 매수자가 매도자에게 지급할 채무가 있는 경우 소유권이전등기 신청 자체가 불가능하므로 매수자에 소유권을 조속히 이전해주기 위하여 거래계약 성실이행 매수자는 역차별을 해도 된다는 거래 약관이 아닙니다.

44. 따라서 1,282개 단독주택지의 매수자중 퇴직금으로 가장먼저 매매대금을 납부한 원고 토지는 역차별로 5.1㎡를 감소시켜 유일한 장기미등기자 이다. 연체중인 매수자 토지는 역대우로 3.8㎡를 증가시켜주어 원고보다 12년 늦게 매매대금을 납부하고 소유권이전등기를 했어도 부동산 등기 특별조치법 및 부동산실명법의 권리제한 규정을 적용받지 않았고 구 한국토지공사가 역차별 평등권 침해 토지면적으로 구 청원군, 충청북도, 구 한국토지공사는 지방세 부당이득을 얻었으므로 역차별 받은 매수자들에게 부당이득을 반환해야 하는 것이 사회적 정의 이므로 공권력의 남용을 모두 간과한 법원의 설시 내용은 심리미진 판단입니다.

45. 민법상 채무이행 책임이 역차별 토지면적 확정으로 역채무자인 동기의무자에 있음에도 역채권자에게 채무채권 해결 책임이 있다는것도 잘못된 판단입니다.

46. 2002.8.22 표시변경등기가 신청되었다고 소유권이전등기 신청이 가능한 것이 아니고 소유권보존등기 형식을 빌린 표시변경등기가 완료(2002.10.4) 되어야 가능하나 등기는 신청주의여서 신청일만 표기되며, 소득세법상, 등기법상 취득일이 아니며 소유권이전등기 신청용 토지대금 완납 확인서에도 면적감소로 완납처리될 경우에는 토지면적 확정일만 표시하며 기재되지 않은 연월일을 소유권이전등기 신청 기산일로 판단하는 것은 모순된 설시입니다.

47. 원고는 수년간 환급은 신청하지 않았다고 설시하였으나 구 한국토지공사가 환급신청을 하라는 통보를 한 것은 2002.1.8경 취득세를 납부하라고 통보하였을때인 단한차례이고 2002.11.1부터 구 한국토지공사와 원고는 주간 전화번호를 공유했고, 주소 이전을 한적이 한번도 없다는 것을 입증했음에도 행정심판법 제40조를 위반하여 구술심리를 거절한 입증자료 없는 충청북도 행정심판위원회의 행정심판재결서를 그대로 인용한 것은 잘못된 내용입니다.

48. 2009.10.30. 소유권 이전등기를 마침으로서 부동산 등기특별조치법에 따라 등기관이 구 청원군에 통보하여 2011.12.29. 구 청원군이 원고에게 과징금을 부과한 것이 아니고

49. 충청북도가 구 청원군에 대한 감사시 법률시행 16년 동안 법률 해석례도 없고 판례도 없는 진정소급 입법해석으로 부동산등기 특별조치법 제2조제1항의 적용을 받는자로서 부동산실권리자등기에 관한 법률 제10조제1항제1호에 원고가 해당된다고 감사처분을 하였고

50. 원고는 구 청원군에 의견서를 제출하면서 부동산 쌍무계약이므로 장기미등기 기간 계산일은 대금청산일인 2009.3.2일 되어야하며 전제조건인 부동산등기특별조치법 제2조제1항에 대한 법무부 해석을 제출하였기(2011.8.8) 감사지적이 잘못된 것으로 원고를 판단하고 있었으나

51. 충청북도는 법무부에 법령해석 의뢰시(2011.8.17) 원고가 제출한 부동산등기 특별조치법 제2조제1항제1호에 대한 법무부 해석, 일시납 계약서를 삭제하

고, 사건개요도 1998.7.24을 사실상 매매대금을 납부하였으나 구 청원군에는 한국토지공사와 약정에 의하여 2001.12.26일 납부한 것으로 전산입력 되었기, 사건개요도 사실과 다르게 작성하여 법령질의를 하였기

52. 법무부 담당자는 부동산등기 특별조치법 담당자에게 의견을 묻지도 않고 국가법령정보센터에 게시되어있는 부동산등기특별 조치법 제2조제1항제1호에 대한 해석례를 참조하지 않고, 등기법조차도 모르기 때문에 당해 조문의 문리적 해석만으로 대금청산일로 볼 수 없다고 회신하였기 소유권이전등기 경료 2년2개월후 원고에게 과징금을 부과한 것이므로 이 또한 잘못 설시된 내용입니다.

53. 원고가 가해자로 판단한 대상자를 상대로 행정소송 및 민사소송에서 패소하였으므로 국가를 상대로한 민사소송을 남소하고 설시하였으나,
청주지방법원등은 피고가 문서제출명령을 거절하고 사실조회에 대한 답변을 거부하거나 위증하고, 허위문서를 작성했더라도 판결에 영향을 미치지 아니하며 피고는 명령을 거부하여도 되고 원고에게는 변론내용이 너무 많다고 변론을 못하게 하고, 피고는 7년동안 법정에서 변론을 한마디도 안했음에도 민사소송법을 위반한 심리미진 원고 패소 판결을 하였기,

54. 법률의 해석을 명확히 해석하기 위한 조문을 삭제하고도 법률행위적 행정행위에 대한 답변을 계속 거부한 법제처, 부동산등기 특별조치법 법률해석을 부동산실명법 법률시행전 국가법령정보센터 게시물로 공표한 해석 및 부동산실명법 공동입법 발의자로서의 해석과 16년후 달리해석하고도 이 사건 발생후 7년동안 청원을 간과한 법무부, 소를 제기한 자의 알권리를 모두 침해하여 판결을 한 법원을 상대로 소송을 하였으므로 법제처, 법무부, 법원은 부동산실명법 제10조제1항제1호에 대한 해석이 헌법, 행정절차법등에 위반되지 않고 계약 성실이행자를 가중역차별 하는 것이 부동산거래질서 확립에 반하는 법률이 아니라는 것을 입증하여야 합니다.

(제1심 판결에 대한 항소)

55. 법무부의 진정소급입법 해석에 의하여 충청북도가 과징금 감경도 하지 않고 원고에게 보은을 원수로 되갚은 천인공노할 행위를 자행하고 있다는 소송중 원고 민원 문서에 법무부는 원고의 민원을 15차례(2012.5.31 - 2018.7.20)나 법률적 근거도 회신하지 않았고 국무총리 비서실로부터 이관된 민원문서도

회신을 직무유기 했고

56. 법제처도 6차례(2015.12.27 - 2018.6.11)나 법률행위적 행정행위에 대한 답변을 요구하였으나 법 제 운영 지침에 따라 회신 할 수 없다고 거부하였고 역시 국무총리 비서실로부터 이첩된 문서도 반복민원이라고 거부하였으므로

57. 제1심에서 법무부 및 법제처가 일체 답변을 거부하고 법정에서 진술하지 않았으므로 국회 및 국민을 기만하고 입법권, 행정권마저 누구도 간섭할 수 없다는 사법부에 넘겨주었으므로 삼권분립의 원칙에 위반되는 주권침해 행위를 한 것입니다.

58. 대한민국 최고 법률 전문가 집단인 법제처 및 법무부 공무원 각 분야 전문가로 구성된 정부 법무공단 변호사도 반박 변론을 한마디도 못하는 법률은 국민들이 이해하고 실천하라고 사법부가 판단하는 것은 대한민국은 법치주의 국가가 아니고 절대군주 국가라는 것을 입증한 것이며 장기미등기 기산일를 공개하라는 것을 각하한 것은 국가가 계속해서 선량한 국민의 재산권을 약탈하겠다는 것을 국민들에게 선포한 것이며 매도 자의 반대급부이행일을 장기미등기기산일 이라고 판단한다면 구 청원군이 계약서 검인시 또는 등기관이 등기공부정리를 할 때 구청원군에 통보하여 그 당시 과징금을 부과했어야 합니다.

59. 제1심 법원이 전문심리위원 참여 결정 신청서도 묵살 하고 정부 부처 소관부서 의견도 수렴하여 판단을 해달라는 요구도 거부하고 변론도 하지 않고 사건을 종결하였으므로 사회적 약자는 요람에서 무덤까지 의무 만 있고, 권력이 있는 자는 요람에서 무덤까지 권리만 있다는 헌법을 전면 부인하는 판결을 하였으므로 심리미진 판결입니다.

60. 등기의무자가 원고에게 소유권이전가능 시기를 통보하지 않았고 원고가 2002.11.1 부터 전현직 직원과의 대화가 필요했기때문에 소유권이전등기를 신청하려고 했던 것은 2001.12.26 토지면적이 확정되었기 소유권이전이 가능할 것이라고 판단했지만 등록세용 토지대금완납 확인서에는 토지면적확정일만 표시되었기 소유권이전 신청 가능시기가 언제라고 표시되어 있지는 않았으므로 부동산등기특별조치법 제2조제1항의 적용시기를 알수 없었습니다..

61. 면적정산일 또는 매도자의 표시변경등기 완료일이 반대급부이행일로서 부동산등기 특별 조치법에 의한 등기신청 의무기산일이라면 등록세용 토지대금 완납확인서에 연월일이 표기되어 있어야 합니다.

62. 부동산 실명법 제10조제1항제1호는 매수자의 권리를 제한한 법률으로서 매도자의 갑질행위에 의해 매매대금 성실납부자만 권리제한을 하고 매매대금을 연체하거나 매도자의 배려로 면적이 증가한 경우에는 권리제한을 못하는 법률(매도자가 소유권이전 등기 신청에 필유한 서류를 매수자 에게 발급해주지 않음)이므로 공익을 위한 권리제한이 아니고 공익에 반하는 권리제한이므로, 헌법 제37조 제2항에 위반되는 법률제정 목적에 역행하는 법률입니다.

63. 산업입지 및 개발에 관한 법률의 강행법규를 위반하여 이 시건 토지등을 조성하였으므로 법률상으로는 실체가 없는 토지이므로 행정처분을 할 수 없다.

64. 쌍무계약에 행정청이 포괄매도 행위로 원고의 재산권을 이용해 부당이득까지 얻고도 실질적인 매도자가 소유권 보존등기 도과기간 및 매매대금을 청산하지 않은 기간을 부동산 등기 특별조치법에 의한 과태료 부과징수규칙 제2조4호에 따라 등기신청 의무기간에 산입하지 않은 것은 재량권의 남용입니다.

65. 장기미등기 기산일을 정산일이라고 판단한다면 면적증감에 따라 하늘과 땅 차이인 용지 매매계약서상 면적정산조항을 매도자가 악용하여 각필지의 면적증감이 발생했으므로 불공정 거래 약관이며 매도자가 사건일체에 대한 답변을 일체거부 하였음에도 이를 법원이 인용하지 않은 것은 명백한 심리미진입니다.

66. 장기미등기 기산일을 매도자의 반대급부이행일(매수자가 소유권이전등기를 신청할 수 있게 된날)로 판단한다면 소유권이전등기에 필요한 서류를 발급해주는 매도자와 등록세를 산출하는 구청원군이 공시관리 하지 않은 것은 부동산 실명법 제10조제1항 단서조항 위반입니다.

67. 구청원군이 원고에게 재산세 부과시 정기부과가 아니고 구한국토지공사로부터 사실상의 소유자는 원고라는 문서를 지방세법에 따라 접수하고 수시부과금액, 정정부과 징수를 하고도 그 당시에 장기미등기 과징금을 부과하지 않아 과징금이 2배로 증가하였으므로 부동산 실명법 제5조제5항(제10조제3항) 위반

입니다.

68. 원고의 입증자료와 법제처, 법무부와의 문서는 너무 많으므로 피고가 준비서면으로 요구하는 자료만 제출토록 하고자 하오니 양지하여 주시기 바랍니다.

2020. 7. 22

위 항소인 김정선 (인)

서울고등법원 귀중

준비서면 2
사건 : 2020나2020676 부동산실명법 장기미등기 기산일 공개 및
손해배상 청구의 소

담당 재판부 : 서울고등법원 민사 제13부

원고 ;
피고 : 대한민국

부동산실명법은 부동산특별조치법 적용을 받는 자라는 전제조건이 있고 부동산등기 특별조치법에서는 등기신청 해태 책임이 등기의무자에게 있는 경우에는 등기의무자에게 과태료를 부과하도록 규정되어 있었으나, 부동산실명법의 장기미등기 조문은 공청회 및 국민여론을 수렴하지 않은 조문으로서 부동산등기특별조치법에서 규정하고 있는 조문을 그대로 인용하여 공포하였으나 등기의무자의 의무는 규정하지 않았고 부동산 취득일이라는 용어로 입법 제안설명을 하였으나 명확한 용어에 대한 규정이 없기 때문에 법률주관 발의자인 구 재정경제원은 시행령(안)으로 부동산 취득일로서 대금청산일이라고 의견수렴을 한바 있으며 공동발의자인 법무부는 부동산등기특별조치법의 소유권이전 등기신청 의무기산일은 대금청산일로 해석하여 국가법령 정보센타에 게시되어있었고, 법제처가 누가 법률해석을 하더라도 같을 것이라고 직권삭제 하였기 미필적 고의법률이 되었습니다.
등기권리자가 소유권이전등기 신청을 지연할 목적으로 잔금을 계속 연체할 경우 또는 등기의무자의 갑질행위에 의하여 면적이 증가한 경우에는 적용할 수 없는 법률이므로 등기의무자의 갑질행위에 의하여 면적이 감소한 경우에는 매매대금 청산일로 해석되는 것이 부동산거래 질서 확립을 위한 법률제정 목적에 합치되는 법률해석입니다.
이 사건은 악법도 아니고 법제처에 의한 미필적고의 법률임에도 정부입법 심사권자인 법제처, 법률공동 발의자인 법무부, 등기법을 총괄하는 법원행정처 부동산 등기과에서 충청북도가 주도한 사기사건관련 원고의 청원을 수십차례 사법부의 고유권한이라고 법무부가 진정소급 입법 해석한

법리에 대하여 회신을 거부하였기 때문에 국가가 자업자득한 사건입니다.
법원은 부동산취득, 소득세법, 지방세법, 소유권이전관련 법률에 대하여 모르니까 법무부의 16년후 대금 청산일로 볼 수 없다는 관련 해석만 믿고, 지방행정청 및 전 소속회사에 적선행위를 한 원고를 반사회적 행위를 할 의사가 있었다고 피고 무반박, 무변론 원고패소 판결을 8년동안 지속하였기 원인을 제공한 국가를 상대로 소송을 할 수밖에 없었습니다.
법제운영지침에 의하여 선량한 국민의 재산권을 약탈해가도록 하는 것이 정부조직법에 의한 법무부 및 법제처의 직무인지 묻습니다.
행정소송에서 설령 장기미등기 기산일을 공시관리되지 않는 표시변경등기 완료일이라고 하더라도 사실상의 소유자가 매수자라는 사실을 알았을 때는 지체없이 과징금을 부과토록한 제10조제3항이나 헌법재판소의 헌법불합치 결정에 의하여 신설된 제10조제2항, 시행령 제4조의 2에 의한 과징금 감경 대법원 판례중 하나만 법원이 인정해주었으면 원고는 한국토지공사를 상대로 손해배상을 청구하였을 것이기 때문에 원고는 구청원군, 한국토지공사, 충청북도를 상대로 한, 국가를 상대로 한 민사소송까지 진행되지 않았습니다.
국가는 법률시행 25년동안 판례 및 법률해석례 없는 법률에 대하여 법리를 법정에서 진술하고 명확하게 밝혀야 국민의 주권, 재산권을 침해하지 않는것입니다. 원고는 1998.7.20 명예퇴직하여 2002.11.1.부터 현재까지 1100명의 전현직 회원들의 경조사 업무를 혼자서 담당하고 있습니다.
진정소급입법 해석으로 국민들로 하여금 현행 등기법상 매매대금을 연체토록 유도하여 국민모두가 피해자가 되는 판결을 할것인가 여부는 판사님들의 판단에 달려있습니다.
증거설명서 149개에 대한 첨부자료는 분량이 방대하므로 국무총리실에 민원을 제기하여 법제처, 법무부, 법원행정처, 충청북도로 이관한 문서와 1인시위 자료만 첨부 합니다.
국가의 답변과 변론내용을 구체적으로 기록해주시기 바랍니다.

2020.10.14

원 고

서울고등법원 귀중

증거설명서

사건 : 2020나 2020676 부동산실명법 장기미등기기산일 공개 및 손해배상 청구의 소
담당재판부 : 서울고등법원 민사제 13부

원고 :
피고 : 대한민국
변론준비기일 : 2020.10.14 16:00

호증	서증명	작성일자	작성자	입증취지
1	용지매매 계약서	1998.6.8	원고 한국토지공사 (청원군, 충청북도 개입)	도상가분할 토지의 일반적인 전형 계약은 3년 분할 납부계약이나, 청원군(충청북도)가 지방세 납부시기를 토지면적 확정일까지 유예시키는 조건을 제시하였기 원고는 한국토지공사와 구사적 애사심에서 일시납 계약 체결(1998.11.8. 잔금납부) 3년분할 납부계약의 경우 잔금 납부약정일까지 조성공사가 준공되지 않은때에는 잔금중 100분의 30에 해당하는 금액의 30%까지 약정기일을 연장할수 있다는 조항도 있었고 연체이자는 18%이며 할부이자(년9%)는 취득원가에 포함되므로 모든여건에서 3년분할 납부 계약이 유리했으므로 원고는 행정청에 적선행위를 한것임. 매매계약 시점이 부동산 실명법 공포 3년후이며 부동산 실명법에서 규정하고 있는 장기미등기 기산일이 법률해설집으로 공표한 대금청산일이 아니고 잔급지급일(1998.11.8)이라면 이 사건토지등의 표시변경등기 완료일이 2002.10.4 경이었으므로 청원군, 충청북도, 한국토지공사가 3년의 유예기간을 모두 빼앗아간 것 이므로 공동매도자 모두 잔금청산일(대금청산일)로 해석한 것이 명백하다. 계약해지, 환매계약에 관한 특약은 있어도 부동산 실명법에 관한 주의사항 없었음 원고는 계약체결 후 현재까지 주소나 연락처를 한번도 바꾸지 않았으므로 대금청산에 관하여 원고에게 책임을 전가할 수 없다.

				2009.3.2. 청산금을 환급받고 2009.10.27. 청원군으로부터 부동산 등기특별조치법 제3조 규정에 의하여 계약서 검인후 소유권이전
2	매매대금 무통장입금증	1998.7.24	원고 → 한국토지공사	계약체결 46일만에 퇴직금으로 한국토지공사 외환은행 299-22-00377-6 계좌로 31,500,000원 송금(잔금 104,040원)
3	연체대금 납부안내	1999.8.4	한국토지공사 → 원고	부동산 경기 활성화를 위하여 부동산 등기특별조치법 제2조제4항을 신설하여 미등기전매도 한시적으로 허용할 수밖에 없었던 시기였기에 미확정 부동산이었기 자투리 잔금 104,040원의 납부까지도 독려, 12년후 원고가 유일한 장기미등기자
4	확정측량결과에의한 각 필지별 표지환산오차	2001.12.26. 시행	한국토지공사	매매대금이 남아있을 경우 소유권이전이 불가능하므로 3년5개월전 매매대금을 납부한 원고매수토지는 5.1㎡를 감소시켜 481,930원 역채권자로 전환시키고도 청산금을 2009.3.2 지급했고, 같은 블록내 3년분할 납부계약하여 연체중이던 매수자 토지는 3.8㎡를 증가시켜 8년후 소유권이전등기 신청시기를 과징금 없이 매수자가 결정할수 있도록 역대우. 지방세 납부관련 실질적 매도자인 한국토지공사, 불법개입한 청원군, 충청북도의 원고 재산권 좀도둑질 행위. 원고가 매매 알선한 토지는 토지면적 확정시 85.5%만 납부(663-6) 756블록의 경우 평균 6cm(1.1㎡)를 증가시켜 줄 것을 76cm(12.9㎡)를 증가시켜주고 43cm(7.8㎡)를 감소시킨 경우도 있으므로 행정청 및 매도자가 부동산 등기특별조치법을 위반한 것임(소유권이전 등기신청해태 책임)
5	부동산등기 특별조치법	1990.8.1. 관보 법률 제4244호	법무부 (법제처심사)	제2조에 계약의 당사자가 서로대가적인 채무를 부담하는 경우에는 반대급부의 이행이 완료된날부터 60일 이내에 소유권이전등기를 신청하여야 한다로 규정 제11조에 등기권리자가 상당한 사유없이 제2조의 규정에 의한 등기신청을 해태한때에는 그 해태한 날 당시의 그 부동산에 대한 등록세액의 5배이하에 상당하는 금액의 과태료에 처한다.

				다만 등기의무자의 책임있는 사유로 등기를 신청하지 못한 때에는 등기의무자를 과태료에 처한다. 제12조에 등기공무원은 제11조의 규정에 의한 과태료에 처한 사유가 있었다고 인정될때에는 지체없이 목적 부동산의 소재지를 관할하는 시장등에게 이를 통지하여야 한다. 과태료 부과 징수에 관하여 필요한 사항은 내무부령으로 정한다. 부동산등기 특별조치법에 의한 과태료 부과징수 규칙 제2조제4호로 시장 군수가 등기신청 해태에 상당한 사유가 있다고 인정할 때에는 그 기간은 제2조의 규정에 의한 등기신청 의무기간에 산입하지 않는다고 규정되어 있습니다.
6	부동산등기 특별조치법 제2조 제1항에 대한 해석	1993년 말경 2011.8.8 확인	법무부	1993. 7. 2. 사업준공된 안산신도시 도상가분할 토지 소유권이전 등기기산일은 표시변경 등기완료 후 확정된 면적에 대한 대금 청산일로 해석하여 법제처 국가법령정보센터에 게시.(2014년경 삭제)
7	부동산 실소유자 명의등기에 관한 법률제정(안)	1995. 1. 27. 관보, 2.10까지 의견수렴, 2. 8. 공청회 개최	재정경제원 법무부	제3조에 부동산에 대한 물권은 타인의 명의로 등기 하여서는 아니되며 실소유자 명의로 등기 하여야 한다. 부동산에 관한 물권의 실소유자는 대통령령이 정하는 날로부터 부동산에 관한 물권의 변동을 위한 등기를 하여야 한다. 제5조로 제3조에 규정하는 의무를 이행하지 아니한 명의신탁자등에 해당하는 자에 대하여는 당해 부동산가액의 100분의 30에 해당하는 과징금을 부과한다. ※ 공청회 및 의견 수렴 결과 기산일에 대한 규정이 없었기에 의견이 없었음. 차명 보유자의 기산일은 시행일인 1995. 7. 1.
8	부동산 실명법 (안) 제안설명	1995. 2. 23.	재정경제원 법무부 (법제처심사) → 국회	부동산 취득일부터 60일 이내에 소유권이전 등기를 하지 아니하여 현행 등기특별조치법에 의하여 과태료 부과 대상이 되는 자로서 3년이 경과되도록 소유권 이전등기를 하지 아니한자에 대하여는 과징금을 부과한다.

9	부동산 실명법(안) 대안	1995.3.17.	국회 법제사업 위원장 홍성규 외 91인	부동산 취득일부터 60일이내에 소유권이전등기를 하지 아니하여 현행 부동산 등기특별조치법에 의하여 과태료 부과대상이 되는자로서 3년이 지나도록 소유권이전등기를 하지 아니한자에 대하여는 명의신탁 약정이 있는 경우와 같이 과징금을 부과함. 과징금이 부과 및 징수에 대하여는 대통령령으로 정한다.
10	부동산 실명법 법률안	1995.3.	정부안 재정경제원 법무부 법제처심사	제5조로 명의신탁자에게 부동산 평가액의 100분의 30에 해당하는 과징금을 부과함. 과징금을 당해 부동산의 소재지를 관할하는 시장군수 또는 구청장이 부과징수하며 이 경우 과징금 위반사실이 확인된 후 지체없이 이를 부과 하여야한다. 과징금의 부과 및 징수에 관하여 필요한 사항은 대통령령으로 정한다. 제 10조로 부동산등기특별조치법 제2조 제1항의 적용을 받는자로서 계약의 당사자가 서로 대가적인 채무를 부담하는 경우에는 반대급부 이행이 사실상 완료된 날로부터 3년이내에 소유권이전등기를 신청하지 아니한 등기권리자 (이하 "장기미등기자"라 한다)에 대하여는 부동산 평가액의 100분의 30에 해당하는 금액을 과징금으로 부과한다. 과징금 부과는 제 5조를 준용 한다. 시행령 위임 사항은 아니나 "반대급부 이행이 사실상 완료된 날에 대한 해석 규정이 필요하며 소득세법 시행령상 자산의 양도 또는 취득시기 규정 원용(162조)
11	부동산 실명법 공포	1995.3.30 관보	재정경제원 법무부 (법제처심사) ※ 부동산 실명법 정부안 공포	※ 부동산 등기특별조치법 및 부동산실명법 에서 규정하고 있는 반대급부이행일은 부동산취득일로서 도상가분할 토지거래의 경우 부동산 등기특별조치법 제2조제1항의 법률해석을 법무부가 토지면적확정 및 표시변경등기완료 후 대금청산일 해석되어 국가법령정보센터에 게시 되어있으므로 이와 다른 해석을 하는것은 헌법 제13조2항, 행정절차법 제4조에 위반된다. 과태료 부과 및 과징금 부과는 등기관의 판단에 의하여 시장군수가 부과하여야 한다.

				시장 군수는 장기미등기자라는 사실을 알았을 때 (사실상의 소유자로 인식)는 과징금이 증가하지 않도록 지체없이 부과하여야 한다. 또한 등기신청 해태 사유가 등기의무자 또는 행정청에 있는지를 확인해야한다.
12	부동산 실명법 시행령 조문별 해석자료	1995.4.1	재정경제원	장기미등기 기산일을 시행령에서는 "반대급부 이행이 사실상 완료된 날 "을 구체적으로 대금청산일로 규정하되 확정되지 않은 부동산의 경우로서 대금 청산일까지 확정되지 않은 경우는 부동산이 확정된날
13	부동산실명법 시행령(안) 입법예고	1995.4.4 관보 1995.4.15 까지 의견수렴	재정경제원 법무부 (법제처 심사)	시행령 안 제6조로 법제10조제1항제1호에서 "반대급부 이행이 사실상 완료된 날"은 대금청산일로 한다. 확정되지 아니한 부동산을 취득한 경우로서 당해 자산의 대금을 청산한날까지 당해 부동산이 확정되지 아니한 경우에는 그 부동산이 확정된 날
14	부동산실명법 시행령 입법예고	1995.4.4	재정경제원 보도자료	장기미등기의 기산일이 되는 반대급부의 이행이 사실상 완료된날은 대금청산일로 함
15	법제처 심의 과정에서 제기된 문제점 검토	1995.4.15 경	재정경제원	시행령(안) 제6조 삭제(법제처) - 반대급부의 이행이 사실상 완료된 날로써 충분하고 세법을 원용하여 다시 불필요하게 규정할 필요없음. - 의무위반시 형사처벌의 대상이 되는바 기산일을 몇가지 규정으로만 나눔으로써 기소유지 곤란(법무부 의견) - 법제처 삭제요구 수용가능(재정경제원)
16	부동산 실명법 해설	1995.4.26	재정경제원 발간	'95.1.27. 부동산실소유자명의 등기에 관한 법률(안)을 입법예고하였고 '95.2.8. 공청회를 개최하는 등 국민여론 수렴 절차를 거쳤다. 입법예고 내용중 수정된 주요내용은 장기미등기에 대한 과징금 부과다. (16 페이지) 입법예고 안은 부동산에 관한 물권의 실소유자가 부동산 취득일부터 3년내에 등기를 하지 않은 경우 과징금을 부과토록 규정하고 있었으나 부동산

				등기특별조치법과의 법률관계가 명확하지 않았다. 최종 확정된 정부안에서는 이를 명확히하여, 미등기가 발각되어 부동산 등기특별조치법에 따라 과태료가 부과된 경우에는 부동산 실명법에 의한 과징금 부과시 이를 차감하도록 함으로서 의문의 소지를 해소했다. 장기미등기의 기산일(취득일)은 잔금청산일이 된다. 부동산실명법 시행령(안) 제6조(장기미등기 기산일)규정 삭제
17	부동산실명법 시행령 국무회의 의결	1995.5.9	재정경제원, 국무위원, 법무부, 법제처	실명법은 장기미등기의 기산일을 계약의 "반대급부 이행이 사실상 완료된 날"로 규정하고 있는바 시행령(안)은 이를 대금청산일로 하는 해석조항을 둠(재정경제원) 최종안에서는 기산일에 대한 해석조항이 없어도 동일한 해석이 가능하므로 법제처 심사 내용을 수용하여 시행령(안) 제6조를 삭제. 운영상 문제가 없다고 삭제하였으나 당해 조문의 문리적 해석만으로는 소득세법 시행령 제162조에 의한 양도 또는 취득시기(재정경제원 판단)가 아니고 잔금지급일로 해석될 수 있어 부동산실명법 제10조 제1항은 미필적 고의 법률이 되었음
18	부동산실명법 시행령 공포	1995.5.19. 관보 시행일 1995.7.1	재정경제원 법무부 (법제처)	시행령(안) 제6조로 대금청산일로 규정하겠다고 의견수렴을 한 것을 삭제 사유를 밝히지 않고 공포하였으므로 법제처가 주도한 헌법 제1조제2항으로 규정된 주권침해 및 행정절차법 제5조를 위반한 법률이 시행되었음
19	실명법 제10조제1항 위헌 제청	2001. 5. 31. 99헌가 18	헌법재판소 전원재판부	부동산실명법 제10조제1항 본문이 과잉금지 원칙이나 평등의 원칙에 위배 되는지 여부 법익 균형을 갖추었다고 보기 어려워 과잉금지 원칙에 반할뿐만 아니라 명의신탁의 경우와 똑같은 과징금이 부과규정을 두었다는 측면에서 평등의 원칙에도 위반된다.
20	부동산 실명법 개정 법률	2002. 3. 30	법무부	일률적으로 30%에서 30% 범위내로, 과징금 부과기준은 부동산평가액, 소유권이전등기를 신청하지

	(헌법 불합치 결정)			않은 기간, 조세를 포탈하거나 법령에 의한 제한을 회피할 목적으로 하였는지 여부 등을 고려하여 대통령령으로 정한다.(신설 제10조2항)
21	실명법 개정시행령 (헌법불합치 결정)	2002. 4. 8	법무부	법 제10조제2항의 규정에 의한 과징금 부과기준은 별표와 같다. 다만 조세포탈을 하거나 법령에 의한 제한을 회피할 목적이 아닌경우에는 100분의 50을 감경 할 수 있다.(제4조의 2) 5억원이하 5%, 의무위반 경과기간이 1년이하 5%, 1년경과 2년이하 10%, 2년 초과 15% ※ 행정청 및 매도자의 흠결이 없는 경우에도 장기 미등기자에게는 국세나 지방세를 연체하지 않았으면 감경했음에도 원고의 재산권을 좀도둑질까지도 했음에도 감경하지 않았다.
22	원고 매수토지 토지매각원부 (745-7)	2011.7.29 출력	한국토지공사	매도자 및 행정청이 담합 매도행위로 불로소득을 얻은것에 만족하지 않고 토지면적 확정시 각 필지에 안분(감 0.7㎡) 하지 않고 부동산 소유권이 전등기 제도를 악용 5.1㎡(356㎡→350.9㎡)를 감소시킴으로써 매수자와 매도자간의 평등권 침해정도가 아니고 매수자간의 평등권을 침해한 역차별을 함. 표시변경 등기완료일 공시관리 하지 않음
23	745-2 토지대장 (역대우 받음)	2002. 6.28 2013. 7. 9 출력	한국토지공사 청원군 원고	연체중이던 매수자 토지는 오히려 3.8㎡를 증가시켜주어 표시변경 등기 8년후 소유권 이전등기를 신청했어도 채무자 상태였으므로 장기미등기자가 아님
24	오창 과학단지 확정측량에 대한 회신	2012. 7.25	대한지적공사 →원고	오차의 한계는 없고(각 필지에 안분) 지적측량 성과와 검사측량 성과의 오차는 10cm이며 사업시행자가 설치한 경계점을 실측. 면적을 산출하였고 사업시행자가 필지별로 확인한 사항임. 안분하지 않았다는 사실확인
25	취득세 영수증	2001. 1. 23	청원군	지방세법에 의하여 1998. 8. 24. 까지 납부할 취득세를 2001. 12. 26. 토지면적 확정일 기준으로 2002. 1. 23. 납부했음에도 가산세 없이 한국토지공사의 납부안내에 따라 납부하였음으로 청원군(충청북도)이 쌍무계약에 불로소득을 얻을 목적으로 개입한 증거가 됨(취득세용 토지대금완납확인서)

26	재산세 납부 의무자 해석사례	2008. 12. 11	법제처 2008-933	택지를 분양받아 매매계약을 체결하고 대금을 완납한 경우(취득한 경우)라면 택지개발사업이 완료되지 않은 상태에서 분양 받은 택지의 사용이 사실상 불가능하더라도 매수인은 지방법 183조1항의 재산을 사실상 소유자라고 해석하였음으로 토지면적 확정전 재산세를 원고에게 부과하지 않았으므로 이 또한 창원군이 불법개입한 사실이 입증된 것임. 지방세 납부상 일시납계약자에게 불리하다는 사실 입증
27	부동산실명법 시행령 어떻게 되어 있나	1995. 4. 3	재정경제원 연합뉴스	미확정 부동산의 경우 반대급부이행일은 대금청산일을 원칙으로 한다.
28	환지등기 촉탁서 (표시변경등기)	2002. 8. 22	법원 한국토지공사 촉탁 법무사	사업시행자가 2002.8.7 신청했다가 반려하여 지용민 법무사에 촉탁하여 신청 표시변경등기 신청일 입증
29	한국토지주택 공사 민원회신	2012. 8. 7	한국토지주택 공사 → 원고	환지등기 완료예정일은 2002.10.4 경 임
30	등록세 납부용 토지대금 완납확인서	2002.11.26	한국토지공사 , → 원고	2001.12.26 토지면적이 확정되었기 소유권이전등기 신청을 하려고 등록세용 토지대금 완납확인서를 발급 받았으나, 표시변경등기 신청일 또는 완료일 표기는 없었고 역차별 토지면적 확정일(2001.12.26)만 표기되었기, 원고가 청산금을 신청할 경우 등기신청 해태 책임이 원고에게 판단할 수도 있기 때문에 소유권 이전등기 신청을 하지 않았으나 표시변경 등기완료일이 2002.10.4경이었으므로 등기신청 해태에 따른 과태료가 없는 시기였음 표시변경등기 완료일이 부동산등기 특별조치법 및 부동산실명법에서 규정하고 있는 기산일이 아니라는 것을 입증한 것 임
31	재산세 고시서 및 영수증	2006.9.28 2006.10.2	청원군→원고	한국토지공사에 재산세납부고지 했다가 사실상 소유자는 원고라는 사실을 통보받고 (지방세법 제194조제1항 및 동법 시행규칙 제79조 규정)

				수시부과, 금액정정 부과징수 하였으므로 장기미등기 기산일이 표시변경등기 완료일(2002.10.4)이라면 그 당시에 과징금을 부과했다면 부동산 평가액의 10%납부 할 것을 2011년 부과하여 20% 과징금을 납부토록 하였으므로 청원군이 부동산실명법 제10조제3항(제5조5항)을 위반한것임
32	공과금 거래명세표	2007.9.28 납부	원고→청원군	2007년 재산세 납부 입증. 청원군이 이익형량을 하지 않은 불법행위 입증 청원군의 실명법 제10조제2항 위반
33	재산세 납세의무자 변동신고서	2005. 12. 31	안전행정부	지방세법 제194조제1항 및 동법 시행령규칙 제79조의 규정에 의한 사실상 소유자에게 부동산취득일을 명기하여 재산세를 부과토록한 규정
34	면적정산 관련 환불금 신청안내	2009. 2. 12	한국토지공사 → 원고	557,450원 (원금+토지면적 확정시까지 현행 시중금리 이자적용)을 본사 결산감사시 지적에 의하여 원고 242-19 -12500-0 계좌로 입금시켜 주겠다고 통보
35	매매 정산금 환급	2009. 3. 2	한국토지공사 → 원고	원고 통장사본을 확인하고 원고계좌로 557,450원 입금됨(1998.7.22 퇴직금 지급계좌) : 법관 인정
36	원고 등기필증 및 등기부 등본	2009. 10. 30 2009. 11. 2	원고 대리인 지용민 → 동청주 등기소	2009년 9월 27일 매매 계약서 검인 및 등록 세 납부 2009년 10월 30일 이전 등기신청 하여 2009년 11월 2일 등기 경료
37	부동산 실명법 법률위반 판례	2009. 9. 10	대법원 2009. 9.10 선고 2009도 5031판결	가등기 담보계약의 경우 부동산실명법 제10조에서 정한 3년의 소유권이전 해태기간의 기산일을 청산절차가 종료된때 ※미확정 부동산거래의 유일한 판례
38	종합감사 결과 처분 요구 사항	2011. 5. 26	충청북도 → 청원군	부동산 장기미등기자 과징금 누락 (14건) 시행 16년동안 판례가 없는 도상가분할 토지사건으로 1,282명 매수자 중 가장먼저 매매대금을 납부한 원고가 유일한 장기미등기자로 판단 행정절차법 제4조 위반한 진정소급입법 해석
39	과징금 부과처분 사전통지	2011. 7. 7	청원군 → 원고	부동산등기 특별조치 법 제2조 제1항의 적용을 받는 자로서 부동산 실권리자 명의 등기에 관한 법률 제10조 제1항에 의거 3년 이내 소유권 이전

				등기를 신청 하여야 함에도 불구하고 7년 3개월 후(잔금 납부일 기준) 소유권 이전 등기신청하기 24,071,740원 장기 미등기 과징금을 부과하겠다고 사전통지(취득가격의 54% 금원)
40	과징금 부과처분 통지에 따른 의견서	2011. 7. 25 2011. 8. 8	원고 → 청원군	국가경제 위기시 1인1필지 매각에 동참하여 매수. 토지를 계약한 해에 매매대금 납부. 신분이 확실함에도 구두에 의한 퇴직금 계좌로의 송금을 거절하여 청산이 늦어짐. 매매대금 종결일 수정제출. 원고의 반대급부일을 매매대금 청산일로 보아야됨. 부동산 등기특별조치법 법령해석 자료제출. (제2조제1항)
41	과징금부과 대상자여부 관련질의	2011.8.8.	구 청원군 → 충청북도	매매대금 납부일, 지번결정일, 등록세 납부일, 지적결정일, 등기부 생성일을 사실과 다르게 허위문서 작성. 등기부 생성 10개월전에 등록세까지도 납부하였다고 허위기술. 일시납계약서 첨부. 전제조건인 부동산등기특별조치법 법령해석 첨부. 원고가 1998.7.24 잔금 104,040원을 남겨놓고 매매대금을 납부하였으나 청원군 전산상으로는 토지면적확정일 등록되어 있음.(한국토지공사와 청원군 협의)
42	장기미등기자 적용 관련 질의	2011. 8. 17 2012. 5. 17 원고 확인	충청북도 토지정보과 → 법무부 충청북도 정보공개에 의함	청원군의 잘못된 사건개요 그대로 인용. 청원군으로부터 전달받은 법무부의 부동산등기 특별조치법 제2조제1항 해석 삭제, 일시납 계약서를 삭제 하는 위변조 문서로 질의 행정소송1심전 효력정지 신청사건에서 청원군에게 법무부질의 문서를 제출하라고 명하였으나 1심이 종료될때까지 제출하지 않았음 ※ 확정지번이 생성되고 등기부가 작성된 시점부터 등기신청이 가능하기 때문에 장기미등기자에 해당한다는 의견 제출
43	부동산실명법 관련 질의에 대한 회신	2011. 11	법무부 → 충청북도	매매대금이 완납되고 표시변경등기가 완료되면 매도자로부터 소유권이전등기에 필요한 서류를 받을 수 있는 시점이므로 대금청산일을 장기미등기 기산일로 보기어려움(역차별 평등권 침해 해석)

				※ 국가법령정보센터에 등재되어있는 부동산등기 특별조치법 제2조제1항 해석을 검색하지도 않고 법률시행전 해석과 다른 진정소급입법 해석으로 불법행위를 함(결론적으로는 반사회질서 행위유도)
44	법무부 해석 통보 및 전파	2011. 12. 7	충청북도 → 청원군 등 산하기관	법무부의 부동산실명법 관련 질의회신을 첨부하여 전파. 원고에게 장기미등기 과징금을 부과징수토록 함
45	부동산 장기미등기에 따른 과징금 부과통지	2011. 12. 29.	구 청원군 → 원고	쌍무계약에 불법개입하여 이득을 보았음에도 허위문서를 작성하여 질의한 법령해석에 따라 평등권 위반하여 원고가 취득세, 재산세를 납부하였음에도 증거도 없이 법률개정에 의한 기존판결 무시한 과징금 부과. (50% 감경도 하지 않음) 대법원2005.9.15선고 2005두3257판결. 서울고등법원2009.5.1선고 2008두31804판결. 표시변경등기 완료일(2002.10.4경)은 공시되지않는 연월일이므로 토지면적 확정일을 기산일로 계산 부과 헌법제판소 법위반 (개정된 감경규정은 이익형량을 하라는 강행규정임)
46	행정심판 청구서	2012. 1. 18.	원고 → 행정심판 위원회	새로운 법령해석은 행정절차법 제4조를 위반한것이고, 토지분할 확정측량이 불법으로 시행되었는지를 확인하여 과징금 부과 부당여부 주장.
47	과징금부과 취소청구 답변서에 대한 의견서	2012. 2. 8.	원고 → 행정심판 위원회	쌍무계약이므로 대금청산이 되어야 매매계약이 완료된것이고 허위문서를 작성하게된 경위확인. 토지분할 적법성 검토가 선행되어야함.
48	행정심판 청구사건 심리기일 통지	2012. 2. 20	행정심판 위원회 → 원고	구술심리 신청가능.
49	구술심리 신청 및 거부	2012. 2. 24 2012. 2. 27	원고 → 행정심판 위원회	기존법령 해석과 다르므로 구술심리가 필요함. 구술심리를 거부하였으므로 행정심판법 제40조위반.(이승열 주무관이 유선통보)
50	행정심판 재결서	2012. 2. 29	충청북도 행정심판	충청북도와 청원군은 국가부도위기시절 원고등 한국토지공사 직원들의 헌신적인 노력으로 약4년간

			위원회	지방세 조기확보 이득을 얻었고, 피동적 매수자인 청구인에게 지방세 구걸행위 및 한국토지공사와 담합매도 행위로 청구인등 계약성실이행자 재산권 좀도둑질 행위를 하고도 법률시행 21년(16년)동안 판례가 없는 해석 및 위변조문서에 의한 법령질의로 청구인 재산권약탈(부동산평가액의 20%) 한 것이 정당하다는 주권을 침해한 안하무인 천인공노할 재결 헌법, 헌법재판소법, 소득세법, 지방세법 판례등 수십개 조문에 위반되는 무법천지 재결
51	오창과학산업 단지 사업개요	2006	한국토지공사	산업입지법을 위반(사업착수 유효기간 3년 넘김)한 불법토지조성 : 원인무효인 토지 1992. 7. 15 : 지방공업단지 지구지정 1996. 8. 5 : 실시계획승인 신청 한국토지공사 사업손실 : 780억원≒ 810,152백만원 - 732,139백만원
52	행정처분효력 정지신청서	2012. 3. 21	원고 → 청주지방법원	구술심리를 거절하여 재결한 원고의 2년간 근로소득에 해당되는 과징금은 감당하기 어려움
53	2012아23 효력정지 결정	2012. 3. 29	청주지방법원	이사건 신청을 기각한다. 2012. 3. 28 재판관이 내일까지 피신청인에게 충청북도가 법무부에 질의한 문서를 내일까지 제출하라고 명령을 하고도 문서를 받지않고 기각결정을 함
54	과징금 부과처분 취소의 소	2012. 3. 21	원고 → 청주지방법원	부동산 실명법에서 규정하고 있는 장기미등기기산일을 전제조건인 부동산등기 특별조치법에서 규정하고 있는 소유권이전등기 기산일과 다르게 해석하는 것은 삼권분립의 원칙을 위반한 잘못된 해석이다. (대금청산일 → 잔금납부일) 매도자의 부동산등기제도 악용으로 역차별 받은 원고매수 토지가 많이 감소되었으므로 역지사지. 원고에게 부과된 재산세는 연체없이 납부하였으므로 50% 감경하지 않은 것은 재량권 일탈남용이다. 지방세법에 의하여 사실상의 소유자라고 재산세를 수시·금액정정 납부고지하였음에도 그 당시 과징금을 부과하지 않아 과징금이 2배로 증가했

				으므로 청원군이 부동산실명법 제10조제3항을 위반한 것이다.
55	민원 신청	2012. 5. 31	원고 → 법무부	부동산등기 특별조치법 및 부동산실명법상 반대급부의 이행이 완료된날에 관한 재질의 - 면적감소에 따른 청산금지급일로 볼수 없다는 법무부해석 자료를 근거로 청원군이 과징금을 감경도 없이 부과 - 부동산등기특별조치법 제2조제1항 해석과 같이 토지대금을 청산한날을 반대급부이행일로 보아야 함
56	민원 회신	2012. 6. 11	법무부 → 원고	소유권 이전등기는 반대로 매도자에게 지급할 채무가 있으면 불가능 하다는 사실을 모르는 답변 이 사건 토지등은 수자원공사 신도시 사업과 똑같은 법률, 절차에 의하여 분양되고, 확정된 면직에 대한 표시변경 등기후 대금청산이 이루어졌음에도 충청북도와 청원군의 위변조된 질의 문서만 믿고 원고가 취득세, 등록세 납부후 토지면적 확정전 토지대금 완납확인서를 발급받은 것으로 오인답변
57	민원 신청	2012. 6. 27	원고 → 법무부	반대급부의 이행이 완료된날에 대한 재해석 요구 - 표시변경등기 완료일로부터 매매대금 청산일까지 기간이 길었다는 사유로 반대급부이행일을 대금청산일로 한다는 입법예고 내용 및 기존 법령해석을 증거도 없이 뒤집는 것은 납득할 수 없음 - 토지대금 선납으로 원고가 이득을 본 것이 아니라 IMF시기였기 때문에 매도자 및 청원군등이 원고등의 재산권을 이용해 불로소득을 얻은것임 - 토지면적 차이가 10%미만이라면 대금 청산일을 반대급부 이행일로 볼수 없다면 매도자의 의도대로 확정측량을 해도 된다는 위험천만한 발상
58	민원 회신	2012. 7 .31	법무부 → 원고	면적정산 의무와 목적용지의 소유권이전등기 의무를 동시이행 관계로 결부시키고 있지 않음. 등기공부정리후 소유권이전등기신청까지 장기간 소요되었으므로 청산금 반환일을 반대급부이행일로 볼수 없음(민법 채권, 채무관계 위반 답변)

59	면적정산에 따른 이자 지급요청	2012. 5. 24	원고 → 한국토지공사	토지면적 확정일로부터 청산금지급일까지 연체이자 662,846원 지급요청. 토지면적을 불공정하게 역차별 확정한 사유 답변
60	이자지급 요청에 대한 회신	2012. 6. 1	한국토지주택공사 → 원고	면적정산금에 대한 이자를 지급하지 않음 토지면적 확정관련 답변거부
61	한국토지주택공사 용지규정	2011. 12. 31	한국토지주택공사	제76조(면적정산) 초과 수납한 매매대금은 실제수납일로부터 반환일까지 면적정산일 기준 정기예금 이율을 적용한 이자를 가산하여 면적정산일로부터 2개월이내에 반환한다. ※ 토지면적 확정시 역차별하고도 7년동안 환불지체
62	민원처리 위법 시정요구	2012. 6. 5	원고 → 한국토지주택공사	토지매각 원부 및 등록세용 토지대금 완납확인서에 표시변경등기완료일을 공시관리 하지 않는 사유 각필지당 0.72㎡ 감소시킬 것을 원고 매수토지는 5.1㎡ 감소시킨 것은 불공정 행위임 ※ 한국토지주택공사 회신거부
63	법무부 질의 내용 문서 정보공개 갑제43호증 문서	2012.5.7	충청북도 도시정보과 → 원고	전제조건인 부동산 등기특별조치법 제2조제1항의 법무부 유권해석을 고의로 삭제하였음이 확인됨 가등기 담보등에 관한 법률에 의한 계약의 경우만 차용금 증서 및 부동산 매매계약서 첨부. 기안자인 권혁미 주무관에게 재확인
64	2012구합596 판결	2012. 7. 13	청주지방법원 최병준 이경민 권수아	위변조된 법령질의 문서를 피고로 부터 송달받지도 않고 재판을 진행. 소유권이전가능일이 기산일이라는 법률해석례 및 판례가 없었음에도 기산일에 대한 위헌성이 해결되었다는 것은 잘못된 설시이다. 부동산 실명법 제10조제3항 직권판단 행정청이 불법개입하여 구걸하고 좀도둑질 하였으므로 청산금 지급일까지 동시이행관계가 있음에도 이를 간과. 헌법재판소의 결정에 의한 이익형량을 전혀 하지 않았으므로 재량권 일탈 남용마저 묵인. 법무부는 진정소급입법해석을 고수하였고 한국토지주택공사는 사실확인을 일체거부하였고 법관이 피고 무변론 원고 패소 판결을 한 것은 심리미진.

65	행정소송 2012누547 항소사건 원고준비서면	2012.9.6 2013.2.20 2013.3.20 2013.4.9 2013.4.17 2013.5.6	원고 → 청주지방 (대전고등)	법관이 원고에게 반어법까지 사용한 피고의 실명법 제10조제3항 위반 여부판단은 다툼이 없는 명백한 심리미진 판결 실명법 제10조제1항 법무부 해석은 전제조건인 특별법 해석과 다르고 법률시행전 해석과 다르므로 법률불소급의 원칙에 반하는 불법행위이다. 채권채무관계 평등의 원칙에 의하여 원고에게 동시이행 항변권이 있다(대법원 1999.4.23 선고, 1992.8.18 선고) 조세포탈 여부를 판단함에 있어 권리의 제한을 회피할 목적으로 차명보유자의 법률개정전 판결서를 인용한 것은 역차별에 의한 역채권자에게 공동채무자인 피고가 과징금을 부과한 본사건과는 괴리가 있는 판단이다. 매도자는 토지면적 확정시 역차별하고도 청산금을 7년동안 지급하지 않았으므로 사실조회가 필요하다. 원고는 주소나 연락처도 변경하지 않았고 매도자와 주야간 전화도 공유했다. 표시변경등기가 완료되어야 소유권이전이 가능하지만 부동산취득일이 아니기 때문에 공시관리 되지 않는 연월일이다. 청원군, 충청북도, 한국토지공사는 원고의 재산권을 이용해 불로소득을 얻은 가해자이고 원고는 자존심 때문에 7년동안 권리행사를 못한 피해자 이다. 부동산실명법은 충청북도, 청원군, 한국토지공사의 적반하장 법률 해석이다. 부동산 쌍무계약에 청원군, 충청북도가 불로소득을 얻을 목적으로 일시납계약을 유도하였기 때문에 발생한 사건이다. 원고는 5개월 약정을 46일만에 이행한 선의의 매수자였고 9개월후에는 미등기 전매도 법률을 개정해 가능토록한 국가적으로 어려운 시기였다. 헌법, 민법에 위반되는 법률판단이다. 토지면적 확정은 부동산등기 제도를 매도자가 악용한것이고 청산금 반환 책임도 역채무자인 매도자에게 있다. 원고는 구사적 애사심에서 3년분할 납부계약을

				하지 않고 일시납 계약을 하였으나 3년5개월후 역차별하고도 청산금 지급에 안면몰수까지 했다. 원고는 표시변경등기 완료일을 통보 받지 못했고 매도자 및 행정청은 행정구역 변경업무처리 미숙으로 6개월 이상 등기공부작성이 지연된 것이 확인되었다. 역차별 토지면적 확정은 매도자 및 행정청의 계산된 담합 좀도둑질 행위였다. 충청북도의 행정절차법 제4조 위반문서에 의한 과징금 부과는 무효이다. 신의 성실의 원칙에 어긋나는 토지면적 확정 및 과징금 부과행위. 법원은 원고의 부동산 취득에 대한 경위도 판단하여야 한다.(위력에 의한 취득) 충청북도 행정심판위원회의 행정심판법 제40조를 위반한 재결서는 일고의 가치는 없다. 행정절차법 제14조, 제15조 위반 이익형량의 원칙을 위반한 과징금 부과는 불법행위이다. 년 13.8% 고금리시기에 일시납계약을 한 것은 행정청에 적선행위를 한 것이다. 퇴직금을 은행계좌로 온라인 송금 받았으므로 매도자는 언제든지 청산금을 지급할 수 있었다. 도상가분할 토지제도 모순을 매수자에게 전가하는 것은 적반하장 행위이다. 가해자가 피해자에게 과징금을 부과한 것은 불법행위이다. 이익형량을 하지 않은 것은 재량권 일탈남용이다. 부동산등기 특별조치법 제2조제1항에 대한 법무부해석과 이 사건 토지 법무부 해석의 차이분석. 적반하장 법률 해석 및 행정처분이다. 신의성실의 원칙 위반 및 표시변경등기 완료일 미송달. 고등법원 판례와 어긋나는 판결이다. 충청북도, 청원군이 제3자로서 쌍무계약에 개입하였으므로 역차별 토지면적 확정에 대한 공동 입증 책임이 있다. 청산금 관련 장기미등기는 계약을 성실하게 이행한 매수자에게만 발성 할수 있는 사건이다.

				민법 제750조, 제760조를 위반한 과징금 부과이다. 도덕적으로 용납할 수 없는 배은망덕한 사기행위, 적반하장 행위를 합법화하는 법률 해석은 법리의 오해이다. 피고가 부동산등기 특별조치법에 의한 과징금 부과징수 규칙 제2조의4호를 적용하지 않은 것은 권리남용이다. 헌법, 민법, 행정절차법, 행정소송법 관련 원고의 주장정리와 과징금 부과 과정에 대한 전반적 변론
66	민원신청	2012.8.22	원고 → 법무부	신의성실의 원칙에 입각한 법령해석요구 행정절차법 제4조 신의성실 및 신뢰보호에 위반한 충청북도 질의해석은 효력이 없다. 입법예고 사항을 수정하여 공포하지 않았으므로 다른 판결이 있기전까지 유효하다. 미완성 토지에 대하여는 자연손해금에 면적정산까지 포함되어 있으므로 동시이행 항변권이 있다. 매수자의 반대급부 이행일이 매도자의 의지에 의하여 도달해서는 안된다.
67	민원회신	2012.9.7	법무부 → 원고	면적이 증가한 경우라면 매수인이 매도자에게 정산금을 지급하지 않는 이상 매도인이 소유권 이전등기에 협력하지 않을 것인바 매수인이 정산금을 모두 지급한 날을 기산점으로 보아야 할것입니다.(등기선례 5-820, 1998.11.26 참조) 면적이 축소된 경우에는 매수인이 대금을 완납한 이후 매도인이 소유권 보존등기를 경료하고 매수인에게 통지한 이상 매수인은 그 시점부터 소유권이전등기를 경료할 수 있으므로 그 시점을 기산점으로 보아야 할것입니다. ※따라서 토지면적 확정시에는 매도자는 블록단위 면적증감은 각 필지에 안분해야 한다는것을 법무부가 입증한것임
68	사실조회신청	2012.9.6	원고 → 법원 → 한국토지주택공사	확정측량을 공평하게 실시하였는지 여부. 표시변경등기가 지연된 사유 원고가 소유권이전등기 안내문을 받았는지 여부 한국토지공사 직원들이 매수하거나 매매알선한 필지 수(담당자는 30%로 기억하고 있음)

69	사실조회독촉	2012.12.10 2013.5.15	법원 → 한국토지주택 공사 법원	사실조회 회신이 되지 않아 재판이 지연되고 있으므로 조속한 회신촉구. 회신을 거부함. 재판장이 토지면적 확정시 평등권을 침해한 것이 고의든 실수든 결국은 마찬가지라고 원고에게 사실조회를 철회토록 종용하고도 판결서에는 매매계약서에 면적정산 조항이 있으므로 평등권 침해가 아니라고 원고를 기만한 판결을 함.
70	사실조회신청 Ⅱ	2012.9.6	원고 → 법원 → 충청북도	오창공단 사업시행자로 한국토지공사를 지정한 사유, 허위문서로 법무부에 법령질의를 한 사유, 청원군으로부터 법무부 질의문서를 법원에 제출하라는 명령을 전달받았는지 여부
71	사실조회신청 Ⅱ 회신	2012.9.28 2013.5.15	충청북도 → 법원 법원	산업단지 개발사업을 원활하게 추진하기 위함. 문서 공개요청으로 문서기안자에게 확인까지 하였는데 상세하게 기술하였다고 위증하고도 원고의 재회신 요구거부(토지정보 과장) 청원군으로부터 법무부 질의문서 사본요청이 없었음 ※ 행정청이 법원의 문서제출명령을 거부한것임 법무부에 질의한 문서가 사실과 다르더라도 위법하다고 볼 수도 없고 질의할 필요조차 없다고 공무원법을 위반한 독선적 판결
72	소송 고지 신청서	2013.3.27	원고 → 법원 → 한국토지주택 공사, 청원군	토지분할 확정측량은 지적법등에 위반된다. 청산금 지급지연 책임은 한국토지공사에 있다. 소유권이전등기 안내문을 송달받지 못했다. 소송에 참여하지 않으면 구상권 청구 예정 ※ 참여거부
73	문서제출 명령서	2013.3.27	원고 → 법원 → 한국토지주택 공사	표본필지 79개 토지매각원부 제출요구. 취득, 정산, 계약 약정사항, 수납현황, 정산 사항이 포함되어 있으므로 위법한 확정측량이 있었는지를 확인하기 위함. 청원군이 민법 제760조에 위반되는 행위를 하였는지 여부를 확인하기 위함 ※명령거부
74	문서송부 촉탁신청서	2013.3.27	원고 → 법원 → 청원군	단독주택지 79개 표본필지에 대한 취득세, 등록세 납부현황을 파악하여 청원군 개입을 재확인하기 위함. 1심에서 조세를 포탈하거나 법령에 의한 제한을 회피할 목적이 없다고 인정하기 어려워 과징금을 감경해줄 수 없다고 판시하였기 때문에

75	(청주) 2012누 547 판결서	2013.5.15 선고	대전고등법원 (청주) 사공영진 이국현 이수헌	원고의 항소를 기각한다 반대급부의 이행이 완료된날을 행정절차법 제4조를 위반한것임에도 논리적 검토없이 잔금지급일로 판단한 것은 심리미진이다. 개정 법령에 의하여 의무 위반기간에 따라 과징금 비율이 달라짐에도 과징금 부과가 지연되었다는 점 만으로 위법하다고 인정 할 수 없다는 판단은 법원의 불법행위. 평등의 원칙에 대한 판단도 부동산등기법을 일체 모르면서 역차별 토지면적이 고의든 실수이든 마찬가지라고 원고를 기만하는 변론을 진행했고, 위헌 여부도 필요하면 전화하겠다고 원고 전화번호까지 확인하고도 묵살. 피고에게는 한마디도 묻지 않고 피고 무변론 원고 패소 판결을 한 것은 절대 군주적 판결
76	2013두12089 상고사건	2013.5.31 상고 2013.7.22 상고이유서 제출	원고 → 대법원	충청북도, 청원군, 한국토지공사의 담합 갑질행위에 의한 적선행위로 토지취득 사건발생 사유는 토지면적 확정시 역차별하고도 원고의 자존심을 짓밟음 과징금 부과과정 및 재판과정에서의 부당행위 심리미진 판결(법률제정 목적에 역행). 원심판결을 파기하고 사건을 대전고등법원(청주재판부)에 환송한다라는 판결을 구합니다.
77	행정절차법 제4조 해석요청	2013.4.23	원고 → 안전행정부	매매청산금 발생은 매매계약을 성실히 이행한 매수자토지 면적이 당초 분양 면적보다 감소한 경우임. 매매잔금이 남아있을 경우 소유권이전이 불가능하므로 매도자는 전략적으로 토지면적 확정시 계약을 성실히 이행한 매수자를 역차별하여 감소시킴. 청원군이 도세인 취득세 납부시기를 토지면적 확정일에 매매대금을 납부한 것으로 간주하여 수납받겠다는 조건을 제시하였기 3년6개월전 대금을 납부하였으나 13년후 전제조건인 부동산 특별조치법 제2조제1항 해석과 달리 청산일이 아닌 잔금 지급일로 해석하여 원고의 2년간의 급료에 해당하는 과징금 부과

78	민원 회신	2013.5.8	안전행정부 → 원고	행정절차법 제4조제1항은 "행정청은 직무를 수행함에 있어서 신의에 따라 성실하여야 한다"고 규정하고 있고, 제2항은 "행정청은 법령등의 해석 또는 행정청의 관행이 일반적으로 국민들에게 받아들여진때에는 공익 또는 제3자의 정당한 이익을 현저히 해할 우려가 있는 경우를 제외하고는 새로운 해석 또는 관행에 의하여 소급하여 불리하게 처리하여서는 아니된다"고 규정하고있는 바, - 이는 행정청은 행정권을 행사함에 있어 신의에 쫓아 성실히 수행하여야 할 의무가 발생하여, 행정청이 스스로 행해 온 법령의 해석 관행등을 국민의 신뢰에 반하는 임의적인 변경의 금지를 선언한 것이라 할 수 있습니다.
79	진정민원	2013.6.22	원고 → 법원행정처	중립성을 잃은 판결 및 변론진행에 대한 진정 -부동산실명법을 해석함에 있어 전제조건인 부동산등기 특별조치법과 다르게 해석하면서 법리의 상관관계 언급이 전혀없다. -지방세 관련 매도자 및 행정청에게 유리하도록 토지면적은 전략적으로 확정하였는데 반박도 변론도 없었다. -기존법령 해석 및 판결과 다른 판결을 하면서 헌법, 민법 관련 법령상 납득할 만한 내용이 전혀 없다. -행정절차법 제5조를 위반한 미필적 고의 법률을 제4조를 위반한 적반하장 해석 및 판결 -법원이 실질적 변론없이 피고역할을 하여 판결
80	2013두12089 사건판결	2013.9.26 판결	대법원 주심 고영한 양창수 박병대 김창석	상고심 절차에 관한 특례법 제4조제1항 각호에 정한 사유를 포함하지 아니하거나 이유가 없다고 인정되므로 기각
81	부동산 압류등기 촉탁알림	2014.1.8	청원군 → 원고	대법원의 심리불속행 판결후 과징금 독촉없이 원고의 모든 부동산을 압류등기 촉탁후 독촉고지서 발송. 원고가 항의하자 1건만 남기고 압류해제. 개인정보 보호법 위반
82	민원 신청	2014.1.20	원고 → 충청북도 →	위법행위에 의한 과징금 부과 취소요청 -청원군과 충청북도의 허위문서 작성에 의한 적

			청원군 원고 → 청원군	반하장 과징금 부과는 취소되어야 한다. -불법행위를 고발, 진정, 언론공개 예정 -국민들에게 계약이행을 지체하는 것이 유리하다는 것을 전파하겠다.
83	민원 회신	2014.2.7	청원군 → 원고	행정심판 및 행정소송을 통하여 정당히 부과된 과징금이므로 취소할 수 없다.
84	민원	2014.2.11	원고 → 충청북도 감사관 → 청원군 이송	귀도 공무원들은 국민들로부터 약탈자, 살인자라는 인식을 받아야 하는가. 공무원들이 적선을 베픈 매수자의 은혜를 원수로 되갚은 불법 행정행위 확정측량은 신의성실의 원칙 및 평등권, 지적법에 의하여 각 필지에 안분하여야 하나 오히려 역차별. 도세인 취득세 납부를 토지면적 확정이후로 미루었기 일시납 계약을 하였으므로 지방세 세입권자에게 원고는 적선행위를 한것임 감사실에서 감사지적하였고 사실조회 회신이 위증이 아니라고 답변하였기 직접 답변 요구
85	민원 신청	2014.1.23	원고 → 한국토지주택 공사 충북지역본부 , 본사	위법자는 채권자가 아닌 채무자가 되어야 합니다. 토지분할시 안분하지 않고 역차별. 퇴직금 지급계좌로 청산금을 지급해달라고 요청하였으나 거부하고 7년후 송금 원고에게 표시변경등기 완료일이 송달되지 않았음 사실조회 답변을 법원의 독촉에도 이행하지 않았고 행정소송에 참여요청도 거부 과징금에 대한 구상권 청구에 응하지 않으면 토지매수자들에게 대금을 연체하라고 공표하겠다.
86	도지사 직접민원	2014.3.13 15시37분 본인확인 (민혜숙)	원고 → 도지사 이시종 친전 → 청원군 이송 (2014.3.14)	원고는 국가부도 위기였기 때문에 자사 토지를 매수했으나 담합행위를 한 매도자 및 청원군, 충청북도로부터 농락당했다. 부동산매매계약에 행정청이 관여했으므로 매도자의 위법행위와 채무불이행에 대한 공동책임이 있다. 헌법 불밥치 결정에 의한 개정법률도 적용하지 않았다. 과태료 부과 징수규칙에 의하여 매도자의 역채무불이행 기간은 등기신청 의무기간에 포함하지 않

				아야 하므로 원고는 장기미등기자가 아님. 충청북도가 허위문서를 작성하여 부과한 과징금은 불법행위이므로 도가 사건에 대한 해결을 해야 한다.
87	진정 민원	2014.3.5	원고 → 법무부	지자체는 슈퍼갑, 공기업은 갑, 국민은 을이어야 하는가 -도상가분할 토지매매계약을 성실히 이행한 매수자에게 반사회적 행위를 할 의도가 있었다고 비례의 원칙(입법목적의 정당성, 법익의 균형성)에 저촉되게 해석적용 -행정 심판위원회의 부당행위 -재판과정에서의 부당행위 -사기죄 및 재량권의 일탈남용 심리미진 -지자체의 사기행위를 법원이 옹호한 판결 -이사건 토지등은 원고등 한국토지공사 직원들의 피눈물나는 노력으로 조정되었음에도 매도자 및 지자체가 가중 역차별
88	민원	2014.6.9	원고 → 충청북도	공무원들은 국민으로부터 약탈자 살인자라는 인식을 받아야 하는가 -원고의 재산권을 이용해 충청북도와 청원군이 불법불로소득을 얻었음에도 의도있는 반사회적 행위에 의하여 헌법불합치 결정에 의한 개정법률까지도 묵살한 법원의 적반하장 판결을 대법원에서 심리불속행으로 판단한 것을 수용한것인가? -충청북도와 청원군이 자신들의 과오를 인정할 것인가?
89	민원회신	2014.6.18	충청북도 → 원고	부동산장기미등기 과징금 부과 관련 회신. 대법원까지 판결된 사항이므로 판결내용 참고
90	과징금 납부영수증	2014.7.9	원고 → 청주시	소장 제출일인 6월30일 청원군 가상계좌 폐쇄되어 청주시 가상계좌로 과징금 송금
91	사기성 과징금에 대한 손해배상 청구의 소 2014기단 13242	2014.6.30 2014.9.18 2014.10.8	원고 → 피고 청원군 피고 한국토지 주택공사 피고 충청북도	피고는 원고에게 24,071,740원과 각각 3백만원씩 위로금을 지급하라 등록세용 토지대금 완납 확인서에 표시변경 등기 완료일이 표시되어 있지 않았다.(2002.11.26) 청원군은 재산세 부과시 실질적인 소유자는 원고라는 사실을 알았음에도 과징금을 부과하지 않았

				으므로 법률 제5조제5항 위반 신의성실의 원칙과 평등의 원칙위반. 반사회적 토지분할 확정측량 청원군의 반사회적 행위 관련 여부 및 책임 원고가 매매대금 납부를 지연시켜 소유권이전 등기신청을 미룰 의사가 있었는지 여부 관련 법령의 해석 및 적용관련 부동산실명법 상 과징금 부과 관련 판결이 국민에게 미치는 영향 배은망덕한 토지면적 확정 청원군과 충청북도의 허위문서 작성에 의한 상급기관에 질의 한국토지주택공사는 구상권청구 거부 행정절차법 제4조 위반 과태료 부과징수 규칙 제2조제4호 미적용 청구원인 적시. 한국토지주택공사 관련자 진술 적시. 원고의견 제출서 적시, 청원군의 충청북도의 질의내용 적시, 충청북도의 법무부 질의 내용 적시 헌법 제7조, 제10조, 제11조, 제12조, 제13조2항, 제23조, 제29조, 제37조에 위반되는 해석 및 행정처분 민법 제2조, 제137조, 제150조, 제536조, 제537조, 제538조, 제750조, 제760조에 위반되는 행정작용 및 처분 지방세법 제73조, 제183조, 지방세법 시행규칙 제79조와 불합치 청원군과 충청북도의 불법개입에 의한 지방세 불로소득 적시 세금납부상 일시납계약이 3년분할납부계약보다 5백만원 정도 불리한 조건 손해배상 관련 판례적시 산업입지 및 개발에 관한 법률을 위반한 원인무효 토지 민사소송법 제344조 위반한 판결. 이중과세 금지원칙 위반
92	2014가단 13242 청주시 답변서	2014.8.18	청주시 → 법원	청원군이 충청북도와 함께 원고로 하여금 일시납계약을 유도한것은 반사회적 행위이며, 원고에 대하여 개정실명법을 적용하지 않은 불법이 있으며

				과징금부과 처분에 임하여 감경을 하지 않은 위법이 있다는 것으로 요약되나 행정심판 및 행정소송을 통하여 위법함이나, 부당함이 없는 것으로 확정되었으므로 청구이유가 없다. 변론할 내용이 없다.
93	2014가단 13242 한국토지주택공사 답변	2014.8.14	한국토지주택공사 소송대리인 권영국 → 법원	원고와 정상적인 방법에 의하여 매매계약을 체결할 것이므로 청구는 이유가 없다. 자세한 청구원인에 대한 답변은 추후 제출하도록 하겠다고 하였으나 이후 일언반구도 없었다. 법정에서 변론할 내용이 없다고 진술
94	가단 13242 증거설명서 제출	2014.11.21	원고 → 법원	46개 증거설명서 제출 -적반하장 사기행위라는 입증자료
95	가단 13242 요약 준비서면 제출	2014.12.3	원고 → 법원	판사의 요청에 의하여 2페이지로 요약하여 제출 -경제적 손해 및 신체의 자유를 피해받은 피해자에게 과징금을 부과한 것은 적반하장 사건이다. -헌법의 근간인 평등권 및 민법의 근간인 신의성실의 원칙에 위반 -토지면적 확정시 역차별 받은 역채권자는 장기미등기자라면 매매대금을 연체하라는 반사회적 질서를 유도하는 법률이다. -허위문서까지 작성하여 법무부에 법령질의를한 충청북도가 이사건 주책임자이다. -피고들이 실수, 고의, 관련 법률을 준수하지 않은 것중 한가지 사유만 없었더라도 발생하지 않은 사건 -한국토지주택공사는 원고가 요구하는 사실확인거부, 부당이득 반환거부, 행정소송 참여거부, 과징금 구상권 청구거부. -청원군이 원고에게 과징금을 부과한 것은 피고들의 담합사기행위
96	2014가단 13242 판결	2014.12.17	판사 나경선	이 사건은 원고와 소속회사간의 쌍무계약에 충청북도와 청원군이 지방세 불로소득을 얻을 목적으로 일시납 계약을 유도한 것이 발단임에도 묵과 행정청이 개입하지 않았으면 3년분할 납부 계약을 하였을 것이므로 매도자의 토지면적 확정시

				역차별에 자존심 때문에 동시이행 항변권이 있다고 원고는 판단하지 않았음 진의 아닌 의사표시로 변론을 진행한 판결은 심리미진 행정소송 1심과 마찬가지로 구술심리를 거절하여 원고의 의무만으로 행정심판 재판서를 그대로 인용 원고의 주장을 인정 할 수 없는 사유를 밝히지 않고 불법행위를 인정 할 수 없다는 판결은 행정청의 보이지 않는 압력에 의한 판결 법관이 원고에게 소장 내용을 충분히 숙지하였으므로 피고별로 불법행위를 3줄 정도로 위로금 청구도 반페이지 정도로 요약하고 증거설명서(46개)를 제출하라고 명령하였기 이행하였음에도 충청북도가 변론 종결 7일후 소송수행자 변경을 신청하자 180도 달라진 원고 패소판결. 청구원인에 대하여 피고들이 행정소송 기판력을 주장한 것 외에는 반박을 안했고 법정에서 변론할 내용이 없다고 모두 차례로 진술하였음에도 원고패소 판결을 한 것은 지방법원의 한계점을 노출한 판결 가해자가 가해행위를 하지 않았다고 반박하거나 변론을 하지 않았음에도 불법행위가 아니라는 판단은 무소불위, 안하무인, 무법천지 판결 준비서면에 주요부분을 언더라인으로 표시한 것은 판사가 언더라인을 친 것으로 오해할 수 있다고 접수를 거부한 것은 중립의무를 위반한 직권남용
97	민원	2015.2.11	원고 → 기획재정부	부동산실권리자 명의등기에 관한 법률 제10조제1항제1호에 대한 질의 현행소관 부처는 법무부이나 상기법령 제정시 귀부에서 주관(이강국 전 헌법재판소장 증언)하여 법무부와 공동으로 제정하였고 법무부는 답변을 회피하므로 귀부에서 답변 요함
98	민원	2015.2.11	원고 → 기획재정부 → 법무부 →법원행정처 부동산등기과	입법예고 사항을 시행령에 포함하지 않은 사유에 관한 질의(1AA-1502-047463)

99	법원행정처 답변	2015.2.23	법원행정처 부동산등기과 → 원고	법률관계 내지 재판에 관련될 수 있는 사항으로 사법행정을 직무로 하는 우리처의 업무한계상 구체적인 답변을 하거나 견해를 표명하는 것은 허용되지 않음(청원법 위반 답변) ※ 삼권분립의 원칙에 반하는 직무유기
100	항소사건 2015나10227 요약쟁점 정리서면	2015.4.28	원고 → 법원	원고의 주장 피력 행정절차법 제4조해석 요청에 대한 안전행정부 답변 제시 제1심 판결에 대한 의견(사실에 관한 부분, 법률적 판단에 대한 부분). 원고가 변론일에 요약쟁점정리 서면에 대한 피고들의 반박주장이 없다고 하자 피고들이 불리할수 있다고 변론을 진행하였으나 선고일까지 6주동안 답변서를 제출하지 않았으므로 무반박
101	항소사건 2015나10227 사건 판결	2015.6.16	재판장 박병찬 박상렬 김기홍	국가배상 책임의 요건을 충족하기 우해서는 그 행정처분의 담당공무원이 일반의 공무원을 표준으로하여 볼 때 객관적 주의의무를 결하여 그 행정처분이 객관적 정당성을 상실하였다고 인정될 정도에 이르러야 한다고 설시하였으나 이 사건은 공무원이 불법으로 토지조성인허가를 해주었고 부동산 쌍무계약에 불법개입하여 불로소득을 얻었고 매도자와 담합하여 좀도둑질까지 했고, 사건개요도 허위를 작성하고, 전제조건인 부동산 등기특별조치법 해석을 삭제하여 법무부에 질의했고 법무부는 진정소급입법해석하는 불법행위로 원고에게 과징금을 부과토록했으므로 사기 행위가 공무원의 표준업무라고 판단한 것이다. 원고가 알고 잇는 헌법소원 내용을 법정에서 제시하고 영수증까지 받았음에도 헌법소원에 반하는 판결을 한 것은 원고를 농락한 것이다.
102	상고사건 2015다28904 판결	2015.11.12	주심 김신 재판장 김용덕 백보영 권순일	상고심 절차에 관한 특례법 제4조제1항 각호의 사유를 포함하지 아니하거나 제3항 각호에 해당된다고 인정되므로 상고를 기각한다.

103	재심의 소 제기 2015재나105	2015.12.14	원고 → 청주지방법원	대법원 2015다228904 사기성 과징금에 대한 손해배상 청구 상고사건에 대하여 대법원에서 2015.11.16 심리불속행 확정 판결에 대하여 재심사유가 있어서 재심의 소 제기. 사실심인 1,2심 판결서가 대법원에서 판단할수 있는 법리적 사실적 판단이 전혀 없었기에 청주지방법원에 재심을 신청함 매매대금 성실납부자는 정부, 지자체, 매도자 매매대금 연체자와 평등권이 있다. 법률제정 목적에 역행하는 법률해석은 반사회질서 법률이므로 국가 및 국민모두가 피해자가 되는 법률해석 미필적 고의 행위에 의한 사건을 미필적 고의 법률을 진정소급입법 해석하여 적용 강행규정을 위반하여 조성한 토지의 소유권이전 관련 법률의 강행규정을 임의규정으로 오판
104	정보공개 민원	2015.12.1	원고 → 법제처	부동산실명법 제10조제1항제1호의 법령심의 및 후속조치 내용 공개요청 장기미등기 기산일을 대금청산일로 규정한 시행령(안)제6조를 직권 삭제하므로서 법무부에서 단지 문구해석에만 의존한 공시관리되지 않는 표시변경등기 완료일로 해석한 진정소급입법해석으로 사용자의 갑질행위에 의한 고용된자인 원고간의 쌍무계약에 청원군과 충청북도 지방세 유에조건을 제시 일시납 계약유도로 불로소득 및 부당이득을 얻었음에도 역 연대채무자인 청원군이 역채권자인 원고에게 부동산 평가액의 20% 과징금 부과
105	정보공개 결정통지서	2015.12.14	기획재정부 → 원고	1995.4.4 관보(31페이지 라항, 제32페이지 시행령(안) 제6조)공개
106	민원 신청	2015.12.29	원고 → 법제처	부동산 실권리자 명의등기에 관한 법률시행령의 법률 검토 내용 공개 및 의견서 - 정보공개 청구서 - 정보공개 요청사유 - 재심소장 사본
107	민원	2016.1.11	원고 → 법무부	미필적고의 법령을 제정한 사유를 밝혀주시기 바랍니다.

108	민원	2016.2.23	원고 → 국토교통부	성실한 토지매수자의 재산권까지 약탈하는 도상가분할 선매각제도는 폐지되어야 함
109	민원 회신	2016.3.4	국토교통부 → 원고	선수금 제도는 사업시행자가 산업단지 개발사업의 완료전에 토지의 분양대금 일부 또는 전부를 미리 받을수 있게 함으로써 사업진행에 필요한 자금을 확보할 수 있게 해주는 제도로써 주택건설 용지의 토지매매계약으로 인한 피해등을 이유로 제도를 폐지하는 것은 어려움
110	민원	2016.3.18	원고 → 법제처 경제법제국장	채권자에게 징벌성 세금을 부과토록 법령 심사사유 -부동산실명법 해설(발췌) -1995 재정경제원 심사보고서(경제법제국) -국토교통부 민원회신(도상가분할토지 선매각 제도 폐지요구) -민사 1심 증거설명서 -부동산실명법 개정내용 요약
111	민원	2016.2.16	원고 → 기획재정부	미필적 고의 법령은 제안한 기획재정부에서 규명하고 공개하여야 한다.
112	민원 회신	2016.4.8	기획재정부 → 원고	입법예고시 대금청산일로 되어있었으나 법제처 심사과정에서 반대급부의 이행이 완료된 날로서 충분하고 세법을 원용하여 불필요하게 규정할 필요가 없다고 직권 삭제하여 수용
113	정보공개 민원	2016.2.23	원고 → 법무부	미필적 고의 법률의 법률시행후 대금청산일로 볼 수 없다고 해석한 사례 및 판례가 있었는지를 확인하기 위하여 헌법 불합치 결정에 의한 법률 개정전후인 2002, 2003년 국가기록원 보존자료 공개요청
114	정보공개 불가 통보	2016.3.3	법무부 → 원고	사생활의 비밀 또는 자유침해 우려 비공개 결정
115	민원	2016.3.15	원고 → 법무부	부동산실명법에서 규정하고 있는 부동산취득시기가 기획재정부에서 규정하려했던 소득세법과 불합치 사유
116	민원	2016.4.18	원고 → 법무부	형사 처벌이 재산권 보호에 우선되는 사유를 답변해 주시기 바랍니다.(시행령(안) 공포후 3가지 경우로만 규정할 경우 기소유가 곤란하다는 의견 제시)

117	국회, 국가기록원 자료공개에 의한 민원	2016.4.19	원고 → 법제처장 제정부	법령제정 목적에 역행하도록 법령을 심사한 사유를 답변해 주시기 바랍니다. 국회 의사록 등 국회자료 국가기록원 DA1042197, CA0011042, DA1042764, DA1042964등 자료첨부 부동산실명법, 시행령 과정 국가기록원 자료제출
118	민원 회신	2016.5.10	법제처 → 원고	원고의 정보공개 요청에 법제처가 응하여 국가기록원 보존자료를 법제처에 제공하였음에도 법제처가 생산한 문서로는 확인할 수 없다는 회신은 직무유기이며, 법률심사권자가 법률적 행정행위 21년후 명확한 해석을 못하는 것을 국민들에게 이해하고 실천하라는 것은 명백한 직권 남용
119	민원	2016.5.13	원고 → 충청북도 지사 이시종	충청북도는 기판력만 주장하지 말고 제2심에서 민원인이 제출한 요약 쟁점 준비서면 및 재심청구사건에 대한 답변서를 조목조목 제출하기 바람 충청북도가 무변론하였기 법원이 쟁점토론 없이 원고패소 판결을 하였으므로 충청북도에 구상권청구. 법원은 헌법에 명시된 재산권 보호, 평등권 및 과잉금지의 원칙, 공무원법에 명시된 신의성실의 원칙, 민법에 명시된 동시이행항변권, 채무자위험부담주의, 민사소송법에 의한 변론진행 헌법재판소의 헌법불합치 내용 및 개정법률 헌법소원 내용, 비례의 원칙, 청원군과 충청북도의 허위문서 작성 및 위증, 피고들의 무변론, 과징금 부과권자가 관여하지 않은 사건의 감경판례, 가해자와 피해자의 구분등을 모두 간과하고 석명요구를 하고도 한줄도 안읽어보고 원고 농락 절대군주적 직무유기 판결. 1995.4.26 재정경제원 발간 부동산실명법 해설책자(2016.3.31 확인)에 대금청산일이라고 공표한 자료첨부
120	민원	2016.5.13	원고 → 청주시장 이승훈	청주시는 가장 악랄한 약탈자가 아니라는 사유를 답변해주시기 바랍니다. 청주시의 자백간주 내용 적시. 원고가 제출한 요약쟁점 준비서면 및 재심청구 사건에 대한 답변서 제출을 요함

				청주시가 무변론하였기 법원이 원고패소 판결을 하였으므로 재심청구 금원에 대한 구상권을 청주시에 신청함
121	2015 재나 105 사건 준비서면	2016.8.5	원고 → 청주지방 법원	가해자가 피해자에게 징벌성 세금을 부과한 사건에 대한 재심 선의의 매수자만 권리제한을 하고 악의의 매수자는 권리제한을 못할 법률은 반사회질서법 악의의 가해자 사기행위 내용 재량권 남용(비례의 원칙위반) 주요재심 이유(법률 불소급의 원칙위반, 과세불소급의 원칙위반, 이중과세 금지의 원칙 위반) 법원이 피고역할을 하여 판결 부동산실명법 주요내용 적시 매도자 및 행정청의 담합 갑질행위에 의한 사기사건 소유권 이전 등기지연사유는 매도자의 불법 역채무 이행 지연 피고들은 원고의 재산권을 이용해 불로소득을 얻은 가해자이고 원고는 행정청에 선의를 제공하고도 재산권까지 약탈한 피해자이다. 부동산실명법, 부동산등기특별조치법 법리검토 내용적시 법률제정과정 국가기록원 자료요약 적시 국토교통부 회신문서 적시 과징금 감경사유 자료제출
122	2015 재나 105 판결	2016.8.26	재판장 윤성묵 임택준 염혜수	원고가 추가로 입증한 국회자료 법률제정과정 국가기록원 과정 국토교통부의 도상가분할 토지에 대한 피해로 인정한 부분도 간과하고 피고 소속 직원들을 소송수행자로 참여시킨 피고들은 피고석에 착석하지도 못하게하고, 원고은 변론을 못하게 하고, 변론 준비서면도 접수할 필요가 없다고 인권을 무시한 재판장은 법관으로서 금치산자이다. 대법원 판결서가 원고에게 도달한 것은 2015.11.16. 임이 사건 일반기록에 명시되어있음에도 판결서 작성일인 2015.12.12일로 판단하여 30일 경과한후 소를 제기하여 부적합하다고 소를 각하한 것은 판결을 경정하여야 함에도 불구하고 법원은 경정을 거부하였다.

123	민원	2016.10.4	원고 → 대법원 윤리감사관실	행정청의 적반하장 사건을 법원이 법률에 따라 판결을 하지 않은 사유를 밝혀주시기 바랍니다. -행정소송 1심,2심,3심 -민사소송 1심,2심,3심 -민사소송 재심
124	민원	2017.1.3	원고 → 국토교통부	토지 선분양제도 폐지 및 한국토지공사 지도 감독 요청
125	민원 회신	2017.1.20	국토교통부 산업입지정책 과 → 원고	사인간의 거래인 용지매매 계약으로 발생한 피해 등의 이유로 동제도를 폐지하는 것은 곤란
126	민원	2017.1.10	원고 → 법무부	부동산실명법 폐지 및 관리자 문책요청
127	민원	2017.1.17	원고 → 법무부	법무부 로고음악 대체 및 위임전결 개정요구
128	민원	2017.1.25	원고 → 법무부	부동산실명법 관련 청원
129	민원	2017.3.10	원고 → 청주지방 법원	청주지방법원 기피신청 미필적 고의 법률에 대한 해석은 유전유죄, 무전무죄로 해석하고 사건에 대한 판단은 유권무죄, 무권유죄 판결을 하였기 공정한 재판을 기대하기 어려움
130	민원	2017.8.17	원고 → 박상욱 한국토지주택 공사 사장	전직 직원을 역차별하고도 재산권까지 약탈해가는 공사에대한 진정 -행정청과 공동 갑질행위로 토지면적 확정시 역차별하고도 법정에서 묵비권 행사로 재산권을 약탈당하도록 방치
131	민원 회신	2017.8.25	한국토지주택 공사 → 원고	법원의 판결 사실인정이나 법률 판단에 대해 이견이 없는바 수용할수 없음
132	민원	2017.10.27	원고 → 대법원	행정청의 적반하장 사기사건에 대한 손해배상 청구사건 진행 촉구 ※ 피고 충청북도는 다른 재판 일정을 이유로 변론기일을 늦춰놓고 변론기일에는 재판장과 협의하여(충청북도 담당자 증언) 방청석에서 원고 변론 내용만 지켜보았다.

133	민원	2018.3.19	원고 → 김외숙 법제처장	법제처가 부동산실명법 시행령(안) 심사시 직권 남용한 사유를 밝혀주시기 바랍니다. -주권을 국민으로부터 빼앗아 법원에 부여함 -법제처가 국민의 재산권 보호에 앞장서야함에도 중앙행정기관의 입법 법률에 직권을 남용하여 이 헌령 비현령 법률을 제정토록했고 -법원은 공무원들의 허위공문서 작성 위증행위 사기행위를 100% 이의없으므로 인증하는 기관이므로 국민들의 심판을 받아야 한다.
134	민원	2018.6.11 2018.6.14 법제처 김계홍 차장 외 50명	원고 → 국무총리 → 법제처 법무부, 대법원(법원 행정처) 충청북도	법깡패인 법제처에 법령의 심사가능은 부여해서는 안됩니다.
135	민원	2018.6.11 2018.6.14 고규창 행정부 지사외 41명	원고 → 충청북도지사 이시종	충청북도는 국민들의 재산권 및 알권리를 침탈하는 곳이고 청주지방법원은 국민들의 알권리를 말살하는 곳이다.
136	민원	2018.6.26 2018.7.5 이금로 차관 외 21명	원고 → 법무부	법무부는 부동산실명법 장기미등기 조문을 반사회질서적으로 해석하고 있다.
137	민원	2018.7.20	원고 → 법무부	거짓문서에 의한 부동산실명법 장기미등기 관련 조문 재해석 요청
138	민원	2018.8.21	원고 → 청주지방법원장 이상주	법원의 중립업무 준수에 관한 탄원서 -2017.11.13 법원행정처 회신 문서에 의거
139	2016재나96 사건 판결서	2018.10.5	재판장 이태영 정연주 김재연	사실심에서 법리적, 사실적 법령에 의한 설시를 하지 않은 것은 직무유기. 부동산 쌍무계약에 행정청이 원고의 재산권을 이용해 불로소득을 얻은 것이 소유권 이전등기 지연 사유로 이사건의 핵심임에도 언급이 없다. 부동산등기제도를 악용한 것은 등기의무자 및 불

				법개입한 행정청이다. 상기내용 파악없이 신의성실의 원칙 재량권 남용 문서제출 명령거부, 사실조회 답변거부, 허위공문서 작성 위증, 법률 진정소급 입법해석, 매도자의 의지에 의하여 장기미등기 기산일 결정이 불법행위가 아니며 피고가 재판일정을 고의로 지연시키고, 이사건 각종 법령등과 합치되지 않는 해석으로 피고 자백간주 원고패소 판결을 한 것은 무법천지 판결
140	대법원 앞 1인시위	2018.11.30	원고	청주지방법원은 충청북도 사기행위 양성기관이다. 토지매각시 걸인 행위 → 토지면적확정시 좀도둑질 → 허위문서 및 위증으로 강도행위
141	대법원 앞 1인시위	2018.12.25	원고	대법원마저 충청북도 사기행위 방패역할을 할 것인가? 부동산 거래계약을 성실하게 납부하면 토지면적 확정시 역차별 받으므로 매매대금을 연체하는 것이 유리하다는 것을 법원이 공증
142	정보공개 요청	2018.10.19	원고 → 충청북도 행정심판 위원회	2012.2.29. 구술심리를 거절하여 원고에게 석명기회를 주지않고 원고의 의무만을 기초사실로 판단하여 법원에서 그대로 인용하였기 회의록 공개 요청
143	정보공개 요청 회신	2018.10.25 2018.12.12	충청북도 행정심판 위원회 → 원고	비공개 결정통지서 기각결정 통지
144	2018다281586 사건판결서	2019.1.31	주심 박정화 재판장 권순일 이기택 김선수	심리불속행 기각
145	2019재다3750 사건판결서	2019.5.30	주심 이동은 재판장 김재형 조희대 민유숙	재심기각

146	2019헌바209 헌법소원 결정	2019.9.11 2020.1.8	헌법재판소 재판장 유남석 이은애 김기영 → 원고	재판의 전재성이 없다. (지정재판부에서 각하결정)
147	국회 민원	2019.8.7	원고 → 문희상 국회의장님	행정부 및 사법부가 국회 및 국민을 우롱하고 있습니다. 저는 국가부도위기 시절 구한국토지공사 직원이었기 소임을 다하기 위하여, 실수요자가 없었기 때문에 소속회사의 경영개선을 위하여 도상가분할 토지를 3년 분할납부계약이 아닌 일시납계약을 한 것이 오히려 화근이 되어 부동산실명법의 법리를 오해한 충청북도에 의하여 16년후 부동산평가액의 20%에 장기미등기 과징금을 부과징수 당한 사람입니다. 부동산실명법의 장기미등기 기산일을 명확히 하기 위하여 구재정경제원에서 청산일로 시행령(안) 제6조에 규정하려하였으나 법제처 심사시 누가 법률해석을 하더라도 같은 것이라고 직권삭제 하므로서 미필적 고의 법률이 되었고, 법률공포 직후 언론보도자료, 법률해설집에서 대금청산일로 국민들에게 알렸으므로 법률시행 24년동안 판례가 없으므로 법원 및 헌법재판소에서는 판례를 통해 국민들에게 명확히 전달하여야 함에도 법률 소급해석에 의한 판결내용에 사실적 법리적 검토내용이 없는 것은 국회 및 국민을 농락하는 직무유기 행위입니다. 대통령, 국무총리가 민원을 법제처, 법무부, 법원행정처에 이첩하더라도 사건에 대한 판단은 법관의 고유권한이므로 항소하는 방법뿐이 없다고 원론적인 답변뿐이므로 국회는 삼권분립의 원칙에 따라 권력을 가진자와의 동의한 지위에 있으므로 가해자가 피해자에게, 연대채무자가 역채권자에게, 재산권을 제공 받은자가 재산권을 제공한자에게 과징금을 부과하는 것이 타당한지 질의할 수 있다고 사료되오니 부동산 거래질서 확립을 위한

				법률이 국민들로 하여금 향후 수습할 수 없는 거래질서를 어지럽히는 매매대금 연체 현상이 발생하지 않도록 선처하여 주시기 바랍니다. -부동산실명법 제10조제1항제1호는 대국민 기만 법률이다(요약) -재심소장 (2019.2.28) -2019재다3750 판결서 (2019.5.30) -헌법소원 심판청구서 (2019.6.21) -헌법재판소 결정서 (2019.7.12) -유남석 헌법재판소장님 친전 (2019.7.23)
148	헌법재판소 앞 1인시위 자료	2019.8.5	원고 → 헌법재판소	부동산실명법 제10조제1항제1호는 대국민 기만 법률이다.
149	실명법 관련 법률자문 요청	2020.1.20	원고 → 부동산실명법 심사 기안자 김기표 → 법무부 → 대검찰청 → 법률구조공단으로 이송	부동산실명법 장기미등기 기산일에 대한 해석 -법률(안) 심의보고서(1995.2.18) -부동산실명법 시행령 국무회의 의결(1995.5.9) -부동산실명법 공포관보(1995.3.30) -시행령(안) 공포 관보(1995.4.4) -전제조건인 부동산등기 특별조치법 제2조제1항에 대한 법무부해석 첨부 이송받은 법무부에서 다시 대검찰청에 이송하였으므로 법무부 및 대검찰청은 청원에 대한 답변을 해야되나 해석 권한이 없는 법률구조공단으로 이송

부동산실명법 제10조제1항제1호에 대하여 국가가 8년동안 주장한 것은 하나만 알고 열여섯을 모르는 독선적 법률해석뿐이며 원고의 주장에 대하여 법률적 근거나 증거를 가지고 반박주장을 하지 못했습니다.

동법 제10조제2항은 헌법재판소의 헌법불합치 결정에 의한 신설된 강행규정임에도 판례를 인용하지 않았습니다.

동법 제10조제3항(과징금부과시기 : 제5조제5항)도 법관이 원고에게 반어법을 사용하고도 직관으로 판단했습니다.

부동산실명법 전제조건인 특별조치법의 과태료부과 징수규칙에 의한 신청기간 불산입에 대한 조문은 당해 행정청이 역연대 채무자임에도 판단조차 하지 않았습니다.

국민에게 준법계도를 해야할 법조조직이 반사회질서 행위를 유도하는 판단을 한다면 국익을 해치는 행위이므로 공무원법 위반행위 입니다.

부동산 쌍무계약에서 불법개입한 악의의 행정청, 매도자, 매수자는 권리제한 규정을 두고 있지 않음에도 행정청에 적선행위를 한 선의의 매수자만 권리제한을 하면서 법률적 근거가 없어 공시, 인용되지 않는 연월일을 소유권 이전기산일로 소급 판단하는 것은 기만행위입니다.

법률을 평등권적으로, 비례의 원칙으로 해석하면 대금청산일이 되기 때문에 법률시행 25년동안 법률해석례도 없고 판례도 없습니다.

부동산실명법 제10조제1항은 위헌 법률신청 및 헌법소원이 있었으나 헌법재판소의 위헌결정에 의한 강행규정도 적용하지 않았고 동조 동항 제1호의 해석을 적반하장으로 해석하였기 위헌법률 신청을 요청 하였으나 기각한 것은 민사소송법 위반입니다.

서 울 고 등 법 원

제 1 3 민 사 부

판 결

사 건	2020나2020676 손해배상(기) 청구의 소
원고, 항소인	
피고, 피항소인	대한민국 법률상 대표자 법무부장관 추미애 소송대리인 정부법무공단 담당변호사 고영석
제 1 심 판 결	서울중앙지방법원 2020. 6. 18. 선고 2019가합5012 판결
변 론 종 결	2020. 10. 30.
판 결 선 고	2020. 11. 27.

주 문

1. 원고의 항소를 기각한다.

2. 항소비용은 원고가 부담한다.

청구취지 및 항소취지

제1심판결을 취소한다. 별지 청구취지 기재와 같은 판결을 구한다.

이 유

1. 제1심 판결의 인용

이 법원이 이 사건에 관하여 설시할 이유는 제1심 판결문의 이유 기재와 같으므로 민사소송법 제420조 본문에 의하여 이를 그대로 인용한다(제1심에서 제출된 증거를 다시 살펴보더라도 제1심의 사실인정과 판단이 타당하다고 보인다).

2. 결론

이 사건 소 중 손해배상청구를 제외한 나머지 부분은 각하하고, 원고의 나머지 청구는 옳지 않아 이를 기각하여야 한다. 제1심판결은 이와 결론을 같이 하여 정당하므로 원고의 항소를 기각하기로 하여 주문과 같이 판결한다.

재판장 판사 강민구

판사 박재영

판사 이정훈

별지

청 구 취 지

1. 피고는 부동산 실권리자명의 등기에 관한 법률에서 규정한 장기미등기 기산일을 법률시행 24년 후 진정소급입법 해석하는 것이 법률제정 목적 및 헌법 등에 위반되지 않는다는 사실을 국민들에게 공개할 수 있도록 법률심을 진행하고, 향후 국민들의 반사회질서행위에 대해 책임져라.
2. 피고는 충청북도의 허위문서에 의하여 법률시행 16년 후 장기미등기 기산일을 대금청산일로 볼 수 없다고 유권해석을 하였으나, 이는 법률시행 전 대금청산일로 한다는 시행령(안) 제6조로 공동공포한 내용 및 전제조건인 부동산등기 특별조치법 제2조 제1항 제1호의 해석과 합치하지 않는바, 그 사유를 밝혀라.
3. 피고는 경제실무를 겸비한 법률전문가 조직으로서 법률제정 과정을 원고로부터 제공받고도 시행령(안) 심사사유를 밝히지 않는 것은 국민들의 알권리를 침해한 권리남용이며, 이에 대한 법률해석 권한이 소관부처인 법무부에 있다는 것을 법정에서 진술하고, 매수자의 권리를 제한한 법률의 유일한 유권해석인 부동산등기 특별조치법 제2조 제1항에 대한 해석을 국가법령정보센터 게시물에서 삭제한 사유를 밝혀라.
4. 피고는 원고에게 24,071,740원과 이에 대하여 이 사건 소장부본 송달 다음 날부터 다 갚는 날까지 연 15%의 비율로 계산한 돈을 지급하거나, 묵비권 행사로 사기성 과징금에 대한 원고의 기존 손해배상청구소송이 기각되게 한 청주시, 한국토지주택공사, 충청북도로 하여금 그 답변을 이행하도록 파기환송 하라. 끝.

상 고 이 유 서

[담당 재판부 : 민사3부]

사건 : 2020다298716 부동산실명법 장기미등기 기산일 공개 및 손해배상 청구의 소

상고인(재심원고) : 김정선

피상고인(재심피고) : 대한민국

위 사건에 관하여 재심원고 상고인은 다음과 같이 상고이유서를 제출합니다.

상 고 이 유

"별 첨"

2021. 1. 21.

상고인(재심원고) 김정선 (인)

대법원 귀중

상고이유서

1. 이 사건 원심판결은 정부의 법조조직이 삼권분립의 원칙 정부조직법을 위반 미필적 고의법률을 시행토록했고 16년후 법률적 근거가 없는 진정소급 해석과 9년동안 법치주의 판결이 아닌 관치주의 판결로 도상가분할 토지대금을 성실하게 납부한 선의의 매수자에게 매도자 및 행정청이 민법상의 대원칙인 신의칙을 위반, 토지면적 확정 및 법률해석시 가중 역차별하여 부동산 취득가격(44,956,000원)보다도 많은 재산권을 빼앗았고 기획재정부와 국토교통부의 선자금조달업무를 고의적으로 계속 훼방하겠다는 의지이므로 (#1, 2, 4, 6, 8, 10, 11, 12, 13, 14, 15, 16, 17, 18, 22, 23, 24, 37, 43, 90)

2. 결과론적으로 헌법 제1조를 위반하여 시행한 부동산실명법이 국민들에게 토지대금을 연체하는 것이 지방행정청 등 으로부터 재산권을 침해받지 않고 지방세를 절감하는 방법이라고 권유하는 헌법 제37조제2항에 반하는 반사회 질서법으로 법조조직에 의하여 왜곡되었기, 현행 부동산등기 제도하에서는 도저히 회복 할 수 없는 5천만 국민 및 국가 모두에게 피해가 되는 법원 설립 목적에 반하는 판결이므로 국가적 손실을 막고, 국민의 재산권, 알 권리를 침해하지 않도록 파기환송하여야 합니다. (#4, 22, 23, 24, 64, 65, 75, 90, 91, 92, 93, 94, 95, 96, 100, 101)

3. 부동산실명법의 장기미등기 조문 및 그 전제조건인 부동산등기 특별조치법은 매수자의 권리를 제한한 법률이지만 매수자가 법률적용시기를 원하는 시기로 결정하려고 잔금일부를 고의로 연체 할 경우에는 매도자의 표시변경등기가 완료되었다고 하더라도 매도자에게 동시이행항변권이 있어 소유권이전등기 신청 자체가 불가능하므로 계약이행지체등기권리자(매수자)에게는 적용할 수 없는 법률입니다. (#4, 67, 23)

4. 선매각 토지 등기제도를 악용한 것은 매도자 및 쌍무계약에 불법개입하여 불로소득을 얻은 행정청임에도 불구하고, 도상가분할 토지거래제도 및 소유권이전등기제도를 악용당한 매수자인 피해자에게 당해 행정청이 부동산평가액의 20% 과징금을 부과하는 행정벌을 가하는 것은 대한민국 헌법의 정체성을 모두 부인하는 불법행위입니다.(#2, 3, 4, 5, 25, 81, 90)

5. 구 재정경제원이 법무부 소관 법률인 부동산 등기특별조치법의 문구를 그대로 인용한 부동산실명법 공포직후, 시행령 공포전 헌법, 민법, 가등기 담보등에 관한 법률, 지방세법, 소득세법 등 관련 법률의 조문을 인용하지 않더라도 동법상의 부동산취득일 규정의 법리를 오해하지 않도록 장기미등기 기산일을 대금청산일로 한다라고 시행령(안) 제6조로 규정하여 공포하였으나(#5, 11, 12, 13, 14, 16, 27)

6. 법제처는 누가 법률해석을 하더라도 같은 해석이 될것이라고 직권삭제하여 입법권자(국회)로부터 위임받은 행정권(구 재정경제원 판단)을 직무유기하는 법령심사를 하고도, 지방행정청의 적반하장 사건 발생 후 법제 운영지침에 따라 답변권한이 법무부에 있다고 청원을 계속 거부하였고, 충청북도의 위조문서에 의한 법무부의 자기모순 해석으로 지방행정청의 재산권 약탈행위 3년후 국가법령정보센터에 게시되었던 전제조건인 부동산등기특별조치법 제2조제1항제1호의 법무부 해석마저 법무부 요구라고 삭제하여 30년전 법무부의 도상가분할 토지 법리해석을 뿌리채 뽑아버렸고(#6, 15, 17, 104, 106, 110, 117, 133, 134)

7. 법무부는 법률시행 16년후 헌법 제13조제2항 및 행정법상의 신의칙(행정절차법 제4조)을 위반, 모순행위 금지의 원칙에 불구하고 법률시행전 해석과 다르게 지방세법상 취득일도 아니고, 소득세법상 취득일도 아니고 등기법상의 취득일도 아닌 공시관리되지 않은 표시변경등기 완료일로 진정소급 입법해석하는 불법행정작용을 하였기 사유없이 불로소득을 받은 가해자가 피해자에게 행정벌을 가한 적반하장사건의 법리에 대하여 국가기록원에 소장되어있는 자료도 공개거부하고 원고

의 반사회 질서법이라는 청원에 구체적으로 답변을 9년동안 거부하였고(#6, 7, 8, 10, 11, 13, 17, 18, 20, 21, 42, 43, 55, 56, 57, 58, 66, 67, 87, 98, 99, 107, 113, 114, 115, 116, 134)

8. 법원은 국가공권력이 남용되지 않도록 원고의 자사토지 취득경위, 원고가 제출한 역차별 받은자료, 법률제정과정자료, 관련 법률, 판례, 법률발의자 문서, 도상가분할 토지운영제도 부처인 국토교통부 문서와 관련분야 전문지식인, 행정권자, 원고의 재산권을 이용해 불로소득을 얻은 행정처분권자의 의견 및 진술을 토대로 중립적으로 판결을 하여야 함에도 불구하고 (#37, 38, 52, 53, 54, 77, 78, 92, 95, 97, 98, 124, 125, 132, 134, 138)

9. 채증(149개)의 법칙, 비례의 원칙(법률제정 목적의 정당성)도 없이 권력이 있는 국가기관 등은 직무유기, 허위 문서작성, 위증, 사실확인을 위한 자료제출을 거부할 수 있는 권리만 있고 정부정책에 의하여 자사토지 계약체결 후 거래대금을 성실히 납부한 국가 공기업 소속직원이었던 국민은 의무만 있으며 피고 소송수행자는 원고의 주장을 반박할 근거가 없으므로 묵비권을 행사했고 소송대리인은 추상적 법규범으로 허무맹랑한 주장만 했고 수십명의 공무원들이 답변서 및 법정변론을 말 한마디 못한 법리 및 사건의 사실적 내용에 대하여 실질적 변론을 9년동안 한번도 하지 않고 언행 불일치 궁색한 논리로 25년동안 판례가 없는 구체적 논리가 실종된 독선적 판결문을 작성한 것은 명백한 삼권분립의 원칙을 위반하여 가해자와 피해자를 바꿔치기한 심리미진 관치주의 판결을 한 것입니다.(#41, 42, 44, 64, 65, 70, 71, 72, 73, 74, 75, 76, 79, 80, 91, 96, 101, 102, 112, 121, 122, 139, 140, 141, 144, 145, 146)

10. 궁박한 처지에 있었던 원고등 사업시행자 소속직원들에게 행정청이 지방세 세입을 토지면적 확정시까지 유예하겠다는 조건을 제시하여 일시납계약을 유도, 지방세 세수물건 조기확보로 불로소득을 얻었고, 실수요자가 아닌 사업시행자 소속직원들이 3년 분할납부 계약후 잔

금연체가 많았기 때문에 사업시행자는 소유권을 매수자에게 조기 이전해주기 위하여 3년분할 납부 계약후 연체중인 매수자 토지는 3.8㎡를 증가시켜주고, 같은 블록내 일시납 계약후 3년5개월전 매매대금을 납부한 매수자 토지는 5.1㎡를 감소시켜 매도자는 재산세를 계약성실 이행자에게 전가시키고, 재산세 세입권자인 구 청원군에는 사업시행자 보유분 재산세의 2배에 해당하는 세입할 수 있도록 했고 등록세 세입권자인 충청북도는 등록세를 조기에 세입할 수 있도록 한 것은 행정 편의적 갑질행위 정도가 아니고 행정청과 사업시행자의 계획된 범죄행위입니다.(#4, 25, 26, 68, 69)

11. 피고가 반박하지 않는 계획된 범죄행위가 불법행위가 아니고 평등권 침해도 아니라는 것은 법관의 궁색한 논리라고 볼 수밖에 없습니다.

- 과징금 부과처분 취소소송 1심에서 최병준 재판장은 피고 구 청원군에 명령한 충청북도의 허위 법령 질의문서를 수신하지도 않았고 등록세는 등기를 신청하기 전에만 납부하면 됨에도 불구하고 등록세를 늦게 납부하였으므로 부동산실명법 제10조3항 및 동법 제10조2항도 적용할수 없다고 궁색한 논리로 판결했습니다.(#11, 19, 20, 21, 25, 26, 31, 32, 33, 37, 64)

- 제2심에서 사공영진 재판장은 토지면적 확정 당시 역차별이 고의인지 실수인지 확인하기 위하여 매도자에게 사실조회한 문서(79개 필지에 대한 토지면적 확정당시 대금납부 현황)를 받아야 하겠다는 원고의 변론을 역차별이 고의이든 실수이든 결론은 마찬가지라고 변론을 진행했음에도, 행정청이 사유없이 원고의 재산권을 이용해 불로소득을 얻었으므로 과징금 부과는 취소되어야 한다는 주장에 관할 구역이므로 부과할 권한이 있다고 동문서답 식으로 설시했고, 당초 분양면적보다 면적 증감이 법률적용 시기에 있어서는 하늘과 땅차이 임에도 매매계약서에 제4조에 면적증감 조항이 있으므로 역차별이 평등권 침해가 아니라는 궁색한 논리로 판결을 했습니다.(#22, 23, 24, 31, 32, 37, 65, 68, 69, 70, 71, 72, 73, 74, 75)

- 구청원군, 한국토지주택공사, 충청북도를 상대로한 손해배상 청구 민사소송에서 나경선 판사는 원고의 청구취지를 충분히 이해하였으며, 피고별로 3줄정도의 불법행위를 요약하고 위로금 청구도 반페이지 정도로 요약하고 증거설명서를 제출하라고 명령을 하여 원고는 이행하였고, 피고들은 법정에서 차례로 변론할 내용이 없다고 진술하였음에도 판결문에는 피고가 불법행위를 하였다는 증거가 없었으므로 원고의 청구를 기각한다는 궁색한 논리로 판결서를 작성했습니다.(#91, 92, 93, 94, 95, 96)

- 제2심에서는 원고가 피고들이 답변서 및 자료를 제출하지 않는다고 변론을 하자 박병찬 재판장은 자료제출를 하지 않으면 불리할 수 있다고 변론을 진행했고 이의여부를 확인하기 위하여 6주간의 소명기회를 주었으나 피고들이 모두 답변서를 제출하지 않았음에도 평등권 침해가 아니라고 원고의 청구를 기각한 것은 역시 궁색한 논리에 의한 판결입니다.(#100, 101)

12. 용지매매계약서 제3조에서는 조성공사 준공일로부터(2002.1.4) 3년이내에 지정용도로 사용하지 않을 경우 제8조에의하여 계약을 해제할수도 있고 제7조에는 계약체결일(1998.6.8)로부터 5년이내에 사용하지 않을경우에는 환매등기를 하겠다는 조항도 있었지만 매도자는 계약해제도 환매등기도 하지 않았으므로 매도자가 계약을 위반한것이며, 매도자가 계약을 위반하지 않았으면 3년의 유예기간이 있으므로 장기미등기 사건이 발생할 수 없습니다.(#1, 4)

13. 서로 대가적인 채무를 부담하는경우에는 반대급부의 이행이 완료된 날이라는 부동산특별조치법 및 부동산실명법에서 규정하고 있는 법리가 매수자가 매도자에게 지급할 채무가 없는 지방세법상 부동산취득일인지, 금전적 채권채무가 없게된 소득세법상 부동산 취득일인지, 서로대가적인 채무가 모두 완료된날(매매대금 완납과 소유권이전이 가능한날)인지 국가는 명확하게 밝혀야 합니다.(#5, 8, 11)

14. 법무부는 1993.7.2 사업준공된 안산신도시 개발사업의 도상가분할 토지거래의 경우에 소득세법상 부동산취득일로 부동산등기 특별조치법 법령해석을 했고, 구 재정경제원의 주관발의(1995.2.17)한 부동산실명법의 공동발의자로서 소득세법상의 부동산취득일이라는 시행령(안) 공포시까지 동의했으므로 법률시행 16년후, 소득세법상 부동산 취득일로 볼 수 없다는 해석은 진정소급입법 해석으로서 불법행위입니다.(#6, 43)

15. 역차별 토지면적 확정에 의하여 원고의 지방세법상의 취득일은 토지면적 확정일인 2001.12.26. 이고, 매도자의 역채무이행이 완료된날인 소득세법상 취득일은 2009.3.2. 이며 서로대가적인 채무가 모두 종료된날인 2002.10.4. 경이나 표시변경등기완료일은 부동산 취득일이 아니기 때문에 매도자의 토지매각원부 에도 없고 소유권이전등기에 필요한 연월일도 아니고, 지방세 세입권자가 관리하고 있는 연월일도 아니기 때문에 소득법상의 취득일로 볼수없다는 법리판단은 명백한 법리의 오해입니다.(#4, 29, 30)

16. 미필적 고의 법률을 진정소급 해석하고 판단함에 있어서 권한을 행사할 수 있는 공무원등은 고의 또는 과실로 선량한 국민에게 적반하장으로 재산권을 침해하는 가해행위를 하여도 행정처분 취소사유 및 손해배상 책임이 없다는 것은 공무원은 헌법 및 각종법률을 모두 간과하여도 된다는 치외법권자라는 판결을 한 것이므로 원고의 상고심 청구는 상고심 절차에 관한 특례법 및 민사소송법에 적법합니다.(#15, 46, 47, 48, 49, 50, 53, 54, 64, 65, 75)

17. 법원이 사건을 판단함에 있어 표시변경등기가 완료되면 소유권이전이 가능하다는 주장 외에는 피고(구 청원군, 한국토지주택공사, 충청북도, 법제처, 법무부, 법원 행정처)가 무반박, 무변론 했음에도 헌법재판소의 헌법 불합치 결정에 의한 개정 법률에 의한 대법원 판례(제10조제2항) 과징금 부과시기 적정성 여부(제10조제3항 위반), 행정청이 역연대채무자 이므로 청산금 지급일까지는 등기신청의무기간에 산

입해서는 안된다는 주장(과태료부과징수 규칙제2조제4호)도 모두 간과하였으므로 법률에 의한 판단을 한구절도 없었으므로 헌법 제103조를 위반 100% 관치주의 판결을 한 것입니다.(#86, 88, 89)

18. 3년분할 납부계약후 잔금일부를 연체하면 소유권이전등기 신청시기를 매수자가 결정할 수도 있고 양도소득세 납부에도 유리하다는 사실을 잘 알고 있있던 원고는 충청북도와 구 청원군이 지방세 세수물건 조기확보를 위해 일시납계약을 유도하였기 구시적애사심에서 오창사업단 단독주택단지 매수자중 토지면적 확정 3년5개월전 가장먼저 매매대금을 납부하여 공공의 이익을 위해 재산권을 매도자, 충청북도, 구 청원군에 할애해 주었음에도

19. 원고의 소속직장이었던 매도자인 구한국토지공사로부터 토지면적 확정시 블록단위 면적증감을 각 필지에 안분(0.7㎡씩 감소)하지 않고 오차로 도저히 인정할 수 없는 5.1㎡를 감소시키는 역차별을 받았기 자존심 때문에 7년동안 권리행사를 못했으므로, 구 한국토지공사, 충청북도, 구 청원군이 원고에게 가해행위를 한것입니다.(#4)

20. 도상가분할토지 거래제도는 외상매출 부동산거래이지만 잔금이 남아있을 경우 소유권이전이 불가능하기 때문에 역차별 전략으로 토지면적을 확정하는 것이 관행적으로 비일비재하며 같은 블록내 3년분할 납부계약하여 연체중이던 매수자 토지는 블록면적이 감소하였음에도 3.8㎡를 증가시켜주어 원고보다 12년 늦게 매매대금을 납부하고 1년 늦게 소유권이전등기를 하였어도 매수자가 채무자이었으므로 장기미등기자가 아니므로 부동산실명법에서 규정하고 있는 부동산취득일을 대금청산일로 볼 수 없다는 주장은 공공의 질서에 반하는 적반하장 법률이라는 것을 입증한 것입니다.(#4, 22, 23)

21. 블록단위 면적증감을 각 필지에 오차없이 안분했다면 원고는 3,015원 정도 채무자였으나 부동산등기 제도를 악용 481,930원 역채권자로 고의 전환시키고도 청산금을 언제라도 환급해줄수 있는 여건에 있

었음에도 7년후 본사 회계 결산 감사시 환급해주라는 지적에 의하여 퇴직금 지급 계좌로 환급해주었기 원고는 소유권이전등기를 경료했습니다. (#4, 34, 35)

22. 소유권이전등기 경료 2년후 원고의 재산권을 이용해 사유없이 불로소득을 얻은 충청북도는 부동산실명법에서 규정하고 있는 장기미등기 조문을 매수자와 매도자간의 평등권, 매수자간의 평등권을 전제로 법률해석을 하지않고 당해 조문의 문리적 해석만으로 1,282개 단독주택지 매수자중 가장먼저 매매대금을 납부한 원고에게 유일하게 과징금을 부과토록 감사처분을 한 것은 가해자가 피해자에게, 불로소득을 얻은자가 재산권을 할애해준 자에게, 역연대채무자가 역채권자에게 낫놓고 기역자도 모르는 독선적 위법 행정처분을 한것입니다.(#2, 3, 22, 25, 38, 41, 47)

23. 대한민국 민법상의 불법행위는 행위자의 고의 또는 과실로 인한 위법행위로 타인에게 손해를 가하는 행위이며 채무불이행과 함께 손해배상 청구권의 발생원인이 되며 불법행위로 인해 생긴 손해는 가해자가 배상하여야 합니다.(민법 제750조)

24. 국가기록원에 소장되어 있는 법률제정 과정 및 원고 청원에 의한 기획재정부 회신 문서에 의하면 부동산 실권리자명의 등기에 관한 법률 제10조제1항제1호로 서로 대가적인 채무를 부담하는 경우에는 반대급부의 이행이 사실상 완료된 날이란 문구로 규정한 부동산취득일에 대하여(#7, 8)

25. 국민여론을 수렴하지 않은 장기미등기 기간계산일의 법리에 대하여 오해가 없도록 국회에 법률을 발의한 구 재정경제원이 시행령(안)으로 확정되지 아니한 부동산거래의 경우에는 대금청산일로 규정하겠다고 관보에 고시한 것을(공동발의자인 법무부, 법률 심사권자인 법제처 동의)(#7, 9, 10)

26. 법제처가 행정절차법 제5조로 규정한 행정 작위를 위반하여 누가 법률해석을 하더라도 같을 것이라고 직권 삭제하였기 미필적 고의 법률이 시행되도록 국민의 주권을 침해하였고,(#15, 17, 18)

27. 법률시행 16년후 법무부가 소유권이전등기는 소유권보존등기 형식을 빌린 표시변경등기가 완료되면(이사건 토지등의 경우 43일 도과) 가능하므로 대금청산일로 볼수 없다고 행정절차법 제4조 및 전제조건인 부동산등기특별조치법 제2조제1항제1호, 제11조, 과태료 부과징수규칙 제2조제4호에 합치되지 않는 자기모순 법률해석을 함으로서 적반하장 재산권 몰수 사건이 발생하였습니다.(#11, 12, 13, 14, 16, 43, 77, 78)

28. 지방세법에는 매매대금 납부일로부터 1개월이내에 취득세를 납부하도록 규정하고 있으므로 원고는 1998.6.8. 매도자와 1998.11.8. 잔금을 납부하기로 매매계약을 체결하였고 명예퇴직하여 퇴직금으로 1998.7.24. 매매대금을 선납하였으므로 지방세법에 따라 1998.8.24.까지 취득세를 자진납부 해야되나(#2, 3)

29. 2001.12.26 토지면적 확정일 기준으로 매도자의 안내에 따라 가산세없이 2002.1.23. 취득세를 납부하였으므로 지방세 세입권자가 지방세(취득세, 재산세, 등록세) 세수물건 조기확보를 위하여 토지면적 확정시까지 취득세 등 유예조건을 제시한 것은 명백합니다.(#25)

30. 충청북도와 구 청원군이 부동산 쌍무계약에 불법개입하여 불로소득을 얻은 것 자체가 불법행위이며 이사건 토지등은 산업입지 및 개발에 관한 법률을 위반(유효기간)하여 조성된 토지이므로 이 두가지중 한가지 사유만 인용했더라도 과징금 부과는 취소되어야 하는 사건이었습니다.(#25, 51)

31. 부동산실명법 국회 제안 설명시 부동산취득일이 부동산등기특별조치법(60일 경과) 및 부동산실명법 (3년 경과) 기간계산일이라고 제안 설

명했으므로 원고는 1998.7.24 사실상 완납하였으나 역차별 토지면적 확정으로 매매대금이 완납처리된 날은 2001.12.26. 이고 2002.6.28. 사업준공되어 2002.8.22. 표시변경등기를 신청, 2002.10.4. 경 등기 공부가 작성완료 되었으므로 부동산실명법상의 부동산취득일은 소유권이전가능 8개월전인(#8, 28)

32. 지방세법상의 취득일(2001.12.26)은 절대 될 수 없고 매도자의 갑질 행위에 의한 소득세법상 취득일(대금청산일)인 2009.3.2.로 판단하여야 하며 역차별 받아 청산금을 받아야하는 매수자의 부동산 취득일은 매수자가 결정하는 것이 아니고 매도자의 의지에 의하여 결정되므로 등기신청 지연책임이 매수자에게 있는 것이 아니고 매도자에게 있으므로 청산일로 해석되어야 합니다.(#33, 34)

33. 법무부와 법원은 선매각 토지거래의 경우 매도자의 반대급부 이행일인 표시변경등기 완료일이 매수자의 권리를 제한한 소유권이전등기 기산일이라고 주장하나 표시변경등기 완료일은 행정상으로 토지의 사용이 가능한 날로 소유권 이전이 가능한 날이지만 부동산 등기법상 부동산 취득일이 아니기 때문에 공시 관리되지 않은 연월일이며, 표시변경 등기완료일이 매수자의 권리제한 기산일이라면,

34. 법원 행정처 부동산등기과 또는 법무부가 30년간 부동산등기법을 개정해야 하는 행정권을 직무유기한 것이며 부동산등기특별조치법 시행 30년후, 부동산실명법 시행 25년후 과태료 기간산정 기준일 및 과징금 기간 산정 기준일은 언제로 보아야 하는지 당연히 답변을 하여야 함에도 재판중인 사건에 대하여는 답변을 할 수 없다는 것은 행정권을 사법부에 미룬 작위의무 위반입니다.(#99)

35. 구 청원군은 원고에게 지방세법상 취득일을 기산일로하여 과징금 부과 사전통보 했으며, 법무부가 표시변경등기가 완료되었으면 소유권 이전이 가능하므로 대금청산일로 볼 수 없다는 회신문서를 충청북도로 통보받고도 표시변경등기 완료일을 알 수 없기 때문에 소유권이

전이 가능한 날로부터 8개월전인 지방세법상 취득일(2001.12.26)로 기산해서 원고에게 장기미등기 과징금을 부과하였습니다.(#39, 45)

36. 1998.7.24. 매매대금을 납부한 매수자(원고)는 2001.12.26. 토지면적 확정시 5.1㎡를 감소당하는 역차별을 받아 취득세, 재산세를 납부하였음에도 2002.10.4.경 표시변경등기 완료일이 장기미등기 기산일이고 같은 블록내 토지면적 확정시 연체중이던 매수자는 3.8㎡를 증가시켜 주는 역대우로 재산세를 납부하지 않았음에도 2010년경(토지대장상 10.13자 변경)이라면 헌법 제11조로 규정한 가중 역차별 평등권 침해법률입니다.(#25, 31, 32)

37. 원고 매수 토지 745 블록 10개 필지만으로는 객관성이 결여될 수 있으므로 1,282개 필지중 임의의 6개 블록 79개 필지 분양면적과 확정면적등 비교해본 결과 25개 필지는 오차로 도저히 인정할 수 없었고 755 블록의 경우 4.5%인 12.9㎡가 증가한 필지도 있고 2.3%인 7.8㎡가 감소한 필지도 있었으므로 명백한 평등권 침해이며 토지면적 확정 당시의 각필지 매매대금 납부현황을 참조한 고의성 여부를 확인하기 위하여 한국토지주택공사에 토지매각원부 열람을 요구하였으나 거부하였고 법원의 사실조회 독촉에도 한국토지주택공사가 사실조회를 거부하였으므로 명백한 범죄행위입니다.(#4)

38. 사업시행자 소속직원으로서 책무에 의하여 자사보유 미확정 부동산을 취득하여 토지조성자금을 조달해야만 했던 궁박한 처지의 사회적 약자에게 당해 행정청이 제3자로서 일시납계약을 유도하여 재산권을 구걸하고 매도자의 토지면적 확정시 역차별로 사회적 약자의 재산권을 좀도둑질(고의행위) 한것에 만족하지 않고, 재산권을 할애해준 매수자에게 부동산 평가액의 20%에 해당하는 과징금을 부과한 적반하장 사기 사건에 대하여(#4, 68)

39. 직접 가해행위를 한 충청북도, 구 청원군, 구 한국토지공사는 법원 또는 청원을 통한 십수차례 사실확인등 자료제출을 일체거부하고 법

리에 대한 근거가 있는 반박주장과 변론은 한마디도 안했고 법리를 오해토록 최초 원인제공자등으로서 간접 가해자인 법제처, 법무부, 대법원 부동산등기과는 행정권자로서 수십차례 청원에 대한 구체적 답변을 9년동안 회피하였고, 법원은 불법행위인 진정소급 입법 해석을한 법무부 질의 해석만 인용하고 원고의 70여개 증거에 의한 청구원인을 모두 간과하여 모순된 판결을 하므로서 직접 가해자로부터 원고가 손해배상을 못받았기(#2, 4, 22, 23, 24, 25, 31, 34, 35, 38, 39, 40, 41, 42, 44, 45, 46, 47, 48, 49, 50, 51, 52, 54, 59, 60, 61, 62, 63, 64, 65, 66, 67, 68, 69, 70, 71, 72, 73, 74, 75, 76, 80, 85, 86, 87, 88, 89, 91, 101, 102, 103, 122, 139, 140, 141, 144, 145)

40. 원고는 원인을 제공한 대한민국(법제처, 법무부, 법원행정처)를 상대로 그 손해배상을 청구하였음에도 위헌법률신청, 전문심리위원 참여신청도 거부하고 25년동안 판례가 없는 사건을 하나만 알고 열여섯은 모르는 독선적으로 변론진행없이 원고의 청구를 모두 기각하였으므로 대한민국은 국민이 주인인 법치국가가 아니고 관치주의 국가로서 법조조직이 주권을 계속 침해하여 선량한 국민의 재산권을 침탈하겠다는 판결이므로 법조조직의 자폭행위와 다름없다고 사료됩니다.

41. 이 사건이 원심판결대로 확정된다면 국민들이 매매대금을 연체할 것이 명백하므로 가장 피해가 큰 것은 국가와 국민이며 다음은 국가의 법조조직, 3번째는 사업시행자와 지방행정청 네 번째는 재산권을 몰수당한 원고입니다.

42. 원심 법원이 인용하지 않은 원고의 증거를 다시 제출하오며 행정청의 불법행위를 사법부가 모두 책임지는 것은 삼권분립의 원칙에 반한다고 사료되므로 대법관님들의 현명한 판단을 원고는 학수고대 하겠습니다.

첨부 : 증거설명서 및 증거서류 1식

2021. 1. 21.

상고인 김 정 선 (인)

대법원 귀중

대 법 원

제 1 부

판 결

사 건 2020다298716 손해배상(기)청구의소

원고, 상고인

피고, 피상고인 대한민국

법률상 대표자 법무부장관 박범계

소송수행자 조준현, 장일수, 이승호

소송대리인 정부법무공단(담당변호사 최재정, 고영석, 박선아)

원 심 판 결 서울고등법원 2020. 11. 27. 선고 2020나2020676 판결

주 문

상고를 기각한다.

상고비용은 원고가 부담한다.

이 유

이 사건 기록과 원심판결 및 상고이유를 모두 살펴보았으나, 상고인의 상고이유

에 관한 주장은 「상고심절차에 관한 특례법」 제4조에 해당하여 이유 없음이 명백하므로, 위 법 제5조에 의하여 상고를 기각하기로 하여, 관여 대법관의 일치된 의견으로 주문과 같이 판결한다.

2021. 4. 1.

재판장 대법관 김선수

주 심 대법관 이기택

대법관 박정화

대법관 이흥구

재심 이유서 제출

[담당재판부:민사2(카)]

사건:2021 재다 556 부동산 실명법 장기미등기 기산일 공개 및
손해배상 청구의소 .

원고(재심원고):

피고(재심피고) :대한민국

위 사건에 관하여 재심원고 는 다음과 같이 재심 이유서를 제출합니다.

재심 이유서

"별첨"

2021.4.21.

원고(재심원고):

대법원 귀중

재심 이유서

1.귀 대법원은 상고심 절차에 관한 특례법 제4조에 해당되어 위 법 제5조에 의하여 상고를 기각한다고 판결하였으나 이는 대한민국 헌법의 정체성과 사법조직의 위계질서를 간과한 판결이라고 사료됩니다.

(삼권 분립의 원칙위반)

2.도상가분할 토지거래는 사업시행자(매도자)가 매수자로부터 토지대금을 미리 받아 그 회수대금으로 토지를 조성하여 토지면적 확정 및 표시변경 등기 완료 후 소유권을 매수자(등기권리자)에게 이전해주는 외상매출 부동산 거래로,

3.매수자의 고의(지방세 절감을 위해 계약 이행 지체) 또는 매도자의 과실(면적이 증가한 경우)에 의하여 거래 잔금이 남아있는 경우 매도자(등기의무자)에게 동시이행항변권이 있어 현행 등기법상 소유권이전이 불가능 (등기선례 5-820.1998.11.26.)하므로 계약이행을 지체하여 소유권이전등기 제도를 악용할 의도가 명백한 등기권리자 에게는 잔금을 완납할 때까지 과태료 및 과징금을 부과 할 수 없으나,

4.부동산 쌍무계약에 지방행정청이 불로소득(지방세 세수물건 조기 확보)를 얻기 위해 개입하여 일시납 계약을 유도한 경우로서, 매도자가 도상가분할 토지 소유권 이전 등기제도를 역 악용, 일시납 계약 후 계약을 성실하게 이행한 매수자를 역차별(고의로 토지 면적 감소) 하여 당해 행정청이 지방세 불법 불로소득까지 얻은 경우에, 매도자의 역채무 불이행으로 매수자가 금전적 역 채권자인 경우 지방행정청이 매수자에게 등기신청 해태에 따른 과태료 및 과징금 부과 기산일은 어느날 이며 법률 적용의 적정성 여부가 이사건의 쟁점입니다.

5.정부가 국회에 부동산 실권리자 명의 등기에 관한법률(약칭" 부동산실명법")을 제안 설명하면서 기시행중인 부동산등기특별 조치법 제2조제1항제1호로 규정한 문구를 그대로인용, 계약의 당사자가 서로 대가적인 채무를 부담하는 경우에는 반대급부의 이행이 완료된 날이란 부동산 취득일이며 부동산 등기특별조치법에 의한 과태료 부과 대상자(60일 이내에 소유권 이전등기를 신청하지 않음)로서 3년 이내에 소유권이전 등기를 신청하지 아니한 등기권리자에 대하여는 30%의 과징금을 부과 한다고 입법제안 설명을 하였으므로,

6.정부(주관 발의자인 재정경제원, 공동발의자인 법무부, 정부제안 법률 심사권자인 법체처)는 기간 계산일을 어떤 법률에 의한 부동산 취득일인지 헌법 제1조제2항 에 의거 국민들에게 알려 줄 의무가 반드시 있으며,

7.재정경제원이 시행령에 채권·채무가 깨끗이 해결된 날인 대금청산일로 규정하려고 하였으나 법제처는 누가법률해석을 하더라도 같을 것이라고 직권 삭제하였기, 재정경제원이 부동산실명법 해설 책자로 평등권을 침해하지 않는 잔금청산일 이라고 국민들에게 공지하여 시행한 법률을

8.재정경제원으로부터 법률을 이관 받은 법무부는 같은 문구로서 전제조건인 부동산 등기 특별조치법 의 부동산 취득일은 표시변경 등기 후 대금 청산일로 해석(1993.7.2.사업 준공한 안산신도시)하였음에도 시행21년후(부동산실명법 시행13년후) 충청북도의 법령질의 회신에서 부동산실명법의 부동산취득일은 대금청산일로 볼 수 없다(2002.6.28.사업준공 오창산업단지)고 2011년11월경 유전(계약 성실 이행자) 유죄, 무전(계약이행 지체자) 무죄 라는 진정 소급입법 해석하는 자가당착 불법 행위를 하였고,

9.사법권자인 법원은 표시변경 등기완료일이 상기 법령상 부동산 취득일 이라면 정부가 부동산 등기법상 이를 공시관리토록 하는 법률개정 직무를 유기를 했음에도 이를 간과한 것은 법원이 삼권분립의 원칙을 위반하여 21년후 9년동안 대법원 판결 및 헌법재판소 위헌결정 까지 자기부정 하는 추상적 법규범에 의한 독선적 유권무죄 무권유죄 판결을 한 것입니다.

(원심 판결이 헌법에 위반되거나, 헌법을 부당하게 해석한 경우)
(원심판결이 명령·규칙, 또는 처분의 법률 위반여부에 대하여 부당하게 판단한 경우)

10.재정경제원과 법무부는 1995.3.30. 부동산실권리자 명의 등기에 관한 법률을 공포하면서 법무부 소관법률로 1990.9.2.시행한 부동산등기 특별조치법 제2조, 제11조의 적용을 받는 자로서 계약의 당사자가 서로 대가적인 채무를 부담하는 경우에는 반대급부의 이행이 사실상 완료 된 날로부터 3년 이내에 소유권이전등기를 신청하지 아니한 등기권리자(이하 “장기미등기자”라 한다)에게 부동산평가액의 30%에 해당하는 과징금을 부과 한다 라고 제10조제1항 제

1호로 규정하였고(헌법불합치 결정에 따른 개정 법률은 30%내에서 부동산 거래금액,의무위반 경과기간에 따라 차등 적용 토록함)

11.동년 4월4일 재정경제원 장관 및 법무부 장관은 위 법 제10조 제1항은 부동산 실 소유자 명의 등기에 관한 법률로 입법예고한 조문이 아니기 때문에 동법 시행령(안) 제6조로 장기미등기 기산일은 대금청산일로 한다 라고 입법예고 (관보 및 언론 보도자료, 법제처 심의)하였습니다.

12.시행령(안) 국민의견 수렴 시 법제처는 동년 4월15일경 법령 심사 권리를 남용(행정절차법 제5조 위반)하여 대금청산일로 규정하지 않더라도 같은 해석이 될 것이라고 시행령(안) 제6조를 직권 삭제하여 재정경제원에 통보하였기,

13.재정경제원 에서는 국민들에게 피해가 없도록 동년 4월26일 장기 미등기 기산일은 잔금청산일이 된다고 부동산실명법 해설을 발간 공공기관 등에 배포하였고(제50페이지-53페이지).

14.시행령 공포를 위한 국무회의시 (1995.5.9.) 법제처의 시행령(안)제6조 삭제는 수용하되 소득세법 시행령 제162조에 의한 취득의 시기 (대금청산일)가 기간 계산기산일이 된다고 설명하여 국무회의를 통과하였고 1995.5.19.시행령 공포 시 시행령(안)제6조를 삭제한 사유를 국민들에게 알리지 않았으므로,

15. 부동산실명법 에서 규정하고 있는 장기미등기 기산일은 여타 법률에서 규정하고 있는 부동산 취득일 해석에 합치 되고 다음과 같이 1990.9.2. 시행된 부동산 등기특별조치법 제2조 제1항 제1호로 규정한 소유권이전등기 신청 기산일인 대금청산일과 동일하여야 법제처에 의한 미필적 고의법률 조문이 매도자 및 행정청의 갑질행위에 의한 적반하장 법률이 아니되며 헌법 제1조2항으로 규정된 주권은 국민에게 있다는 헌법과 합치 됩니다.

16.법무부가 발의한 부동산 등기특별조치법 제2조제1항제1호는 계약의 당사자가 서로대가적인 채무를 부담하는 경우에는 반대급부의 이행이 완료 된 날부터 60일 이내에 소유권이전등기를 신청하여야한다 라고 규정되어있고 제11조에는 등기권리자가 상당한 사유 없이 등기신청을 해태한 경우 에는 과태료를 부과한다고 규정 되어있고, 부동산 등기 특별조치법에 의한 과태료 부과 징수규칙 제2조 제4호에는 기타 시장 등이 등기신청 해태에 관하여 상당한 사유

가 있다고 인정되는 경우에는 그 사유가 존재하는 기간은 법제2조의 등기신청 기간에 이를 산입하지 아니한다 라고 규정되어 있습니다.(법무부 2012,9,7 답변서에서 재확인)

17.법무부는 안산신도시 도상가분할 토지거래의 경우 부동산등기 특별조치법 제2조제1항제1호로 규정된 소유권이전등기신청 기산일은 토지면적 확정 및 표시변경 등기 후 대금청산일로 해석하여 부동산실명법 공포전 법제처가 운영하는 국가 법령정보센타에 게시하여 왔기에 그동안 의무기간 60일을 지키지 못해 과태료 부과 건수가 30년간 헤아릴 수 없이 많았을 것임에도 기산일에 대한 법률개정이나 판례가 없었다고 판단됩니다. (원고가 출력하여 2011.8.8.구청원군을 통해 최초 법리를 오해한 충청북도 에 전달하였으나 충청북도가 법령해석, 일시납계약서를 삭제하고, 사건개요도 사실과 다르게 작성하는 허위문서로 법무부에 부동산실명법 장기미등기 기산일 질의).

18.법무부 부동산 실명법 담당자는 기산일을 청산일로 볼 수 없다고 회신하였기 전제조건인 부동산 등기특별조치법 담당자에게 질의한 결과 면적이 당초 분양면적보다 증가한 경우라면 매수인이 매도인에게 추가로 정산금을 지급하지 않는 이상 매도인이 소유권이전등기에 협력하지 않을 것인바, 매수인이 정산금을 모두 지급한날을 기산점으로 보아야 할 것입니다 라고 원고에게 회신 (등기선례 5-820. 1998.11.26.참조. 법무부 2112,9.7)하였고

19.당초 분양면적보다 감소된 경우에는 소유권이전 등기의무자(매도자)가 소유권보존등기 경료 후, 소유권 이전 등기권리자 에게 통지하고 필요한 서면을 교부한때(원고의 경우 2009.10.30.)가 등기 해태 과태료를 부과하는 기산점이 된다고 원고에게 회신 (법무부 2012.9.7.).하였으므로

20.앞서 법무부 부동산실명법 담당자가 충청북도로부터 부동산실명법 장기 미등기기산일에 대한 질의를 받고 2011년11월경 청산일(2009.3.2.)로 볼 수 없다는 질의회신은 도상가분할 토지 소유권 이전등기 현실을 전혀 모르는 진정소급입법 해석으로서 불법행위이며 ,헌법전문, 헌법제11조, 헌법 제13조제2항에 합치 되지 아니하며 법무부 심의관실 같은 사무실 에서도 반대급부 이행일에 대한 문구에 대하여 담당자에 따라 법률해석을 달리 하였으므로 누가법률해석을 하더라도 같을 것 이라고 직권 삭제한 것은 헌법 제7조 공무원법을 위반한 법제처의 직권남용 및 직무유기 행정행위 입니다.

21.이 사건은 충청북도의 위탁사업이나 마찬가지인 오창산업단지 사업시행자인 구한국토지공사가 국가외환 위기시절 실수요자에게 매각해야 할 토지를 소속직원들에게 반강제적으로 매각하여 토지조성 자금을 조달할 수 밖에 없었던 토지거래에 충청북도와 구청원군이 지방세 불로소득을 얻을 목적으로 5년후에나 토지사용이 가능할 토지에 대하여 3년분할납부 계약보다 불리한 일시납 계약을 권유하였기 원고는 구사적애사심에서 일시납 계약을 하였으나

22.구한국토지공사는 잔금이 남아있을 경우 소유권이전이 불가능(20년간의 경험)하므로 토지면적 확정시 블록단위 면적증감을 각필지에 안분 (0.7㎡감소)하지 않고 행정청 및 매도자에게 지방세 세수상 유리하도록 전략적으로 토지면적 확정 3년5개월전 토지대금을 사실상 완납한 원고 매수토지는 오차로 도저히 인정할 수 없는 5.1㎡를 감소시켜 오차없이 안분했다면 3,015원 채무자이거나 129.300원 채무자 이어야 할 원고를 481,930원(토지면적4.4㎡)금전적역채권자로 전환시키고 사실상의 소유자는 원고라고 재산세를 전가하고도 7년동안 퇴직금계좌로 역 채무를 이행하지 않아 원고로 하여금 자존심 때문에 권리행사를 못하게 하는 원인을 제공하였고 ,연체중인 매수자 토지는 오히려 3.8 ㎡를 증가시켜 주어 12년 동안 부동산실명법 적용 받지 않도록 배려하였기 등기의무자 및 부동산 쌍무계약에 불법개입한 당해행정청이 고의적으로 헌법23조제1항 및 민법의 근간인 신의칙을 위반 원고의 재산권을 침해하는 계획적 가해행위를 하였음에도

23.충청북도와 구청원군은 일시납유도 13년 후, 소유권 이전등기 2년 후 적반하장으로 허위 공문서 까지 작성 ,법무부에 법령해석을 질의하여 1,282명 매수자중 퇴직금으로 가장먼저 매매대금을 납부한 원고를 유일하게 부동산실명법 제10조제1항제1호에 의한 장기미등기자 라고 판단하고,제10조제3항(사실상의소유자라고 원고에게 재산세 부과시 과징금을 부과하지 않아 과징금이 2배로 증가),강행규정인 10조제2항(조세를 포탈하거나 권리의 제한을 회피할 목적이 없었다고 인정되면 50%감경), 당해 행정청이 사유 없이 원고의 재산권을 이용해 불로소득을 얻은 역연대 채무자임에도 역채권자에게 부동산 등기특별 조치법에 의한 과태료부과 징수규칙 제2조4호도 모두 적용하지 않고 채권·채무 관계가 없는 사건에 대하여 헌법불합치 결정에 의한 개정 법률을 적용한 대법원의 과징금 감경 판례도 간과하여 인면수심 ,무법천지로 법령 상 최고의 과징금을 원고에게 부과하는 사기행위를 하고도,

24. 당해 행정청은 행정소송 및 민사소송 시 위증과 법무부의 진정소급 법령해석을 제외하고는 묵비권을 행사하고 매도자는 역차별 사실 확인을 위한 자료공개를 일체 거부하고 적법하게 매각하였다는 답변이 전부이며 법무부, 법제처, 대법원 부동산등기과 는 미필적 고의법률 시행 및 불법 법률해석으로 불로소득을 얻은 행정청이 재산권을 할애해준 등기권리자의 재산권을 몰수해간다는 사실을 알고도 법리적으로, 사실적으로 법률 제정목적에 역행하는 법률해석이라는 원고의 주장에 법리적 반박 답변을 9년 동안 하지 못했고 표시변경등기 완료일이 기산일이라면 지방 행정청이 행정행위에 인용토록 관련 법률을 개정하지도 않았음에도 표시변경 등기가 완료되면 소유권이전이 가능하다는 독선적, 추상적 주장 외에는 묵비권을 행사하여 국민모두가 궁박한 시기에 행정청에 적선행위를 한 원고에게 부동산취득 가격보다도 많은 재산권을 침해한 것은 국가(행정부 및 사법부))가 헌법 제7조,13조제2항,제23조제1항,제27조제1항,제37조제2항을위반하고 공무원법, 민법,청원법, 민사소송법등을 위반하여, 권한을 가진 공무원은 모두 치외 법권자 라고 관치주의 판결을 한 것입니다.

25. 국가는 30년 동안 행정권의 직무유기로 5천만 국민의 주권(알권리)를 침해하여 일반적 법규범(지방세법,소득세법,부동산등기법상 취득일)에 없는 근거가 없는 추상적 법규범(공시관리 되지않는 부동산취득일)을 주장하고,2014년경 부동산 등기 특별조치법 제2조제1항제1호 해석마저 법제운영 지침에 따라 국가법령 정보센타 게시물에서 삭제 한것은 법무부가 헌법 제1조제2항에 규정된 주권, 헌법 제11조에 규정된 평등권을 뿌리째 뽑아버려 국가로부터의 법무부 수임직무를 남용 및 직무유기한 것이며,

26. 법원은 헌법 제11조,제27조제1항,제37조제2항,제103조를 위반 국민들에게 계약이행을 지체하여 지방세를 절감토록 반사회 질서를 유도하고 국가 등의 공권력으로부터 사회적 약자인 국민을 보호하기는커녕 법관이 진의 아닌 의사표시로 변론을 진행하고 변론기록에 원고의 구체적 진술을 전혀 적시하지 않았고 공무원들의 불법행위 모두 불인정하는 등 피고역할 (변론할 내용 없다고 법정진술, 불출석)및 방패 역할(민사소송법 에 의한 원고가요구하는 자료제출 , 증거제출, 반박의무가 없음)을 하여 적반하장 및 관치주의 판결을 하였으므로,

27.부동산 등기특별조치법 및 부동산실명법은 헌법 제37조2항으로 규정한 공공의 이익을 위한 매수자 권리 제한 법률이 아니고 공공의 이익에 반하는

헌법11조를 위반한 가중역차별 법률로 국민모두가 경제적 피해자 (일시납계약을 하지 않을 것이므로 매수자로부터 자금조달 차질, 계약이행 지체에 따른 부작용, 지적측량비용50%증가, 등기부 기재사항 추가 ,계약서에 토지면적 확정시 안분하겠다는 조항 추가, 매도자 및 행정청의 지방세관련 자승자박행위, 민법과 불합치 등)가 되는 부동산거래질서 상 원상회복이 도저히 불가능한 판결 이므로 상고심 절차에 관한 특례법 제4조제1항 제1호, 제2호 및 민사소송법상 재심사유에 해당됩니다.

(원심판결이 법률 명령 규칙 또는 처분에 대하여 대법원판례와 상반되게 해석한 경우)

28.원심은 도상가분할 토지 취득시기를 표시변경 등기완료일 이라고 판결 하였으나 한국수자원공사로부터 택지조성 사업지구내의 토지를 취득하면서 지적확정 후 면적증감에 따라 정산하기로 약정한 경우 토지취득의 시기는 택지조성사업 완료 후 지번 ,지적의 확정일이 아니라 대금 청산일 이라고 한 사례(2001.3.27.선고99두2550 판결)와 상반됩니다.

29.원심은 도상가분할 토지 취득의 시기를 대금 청산일로 볼 수 없다고 판단하였으나, 도상가분할 토지거래와 다른 형태의 미확정 부동산의 거래인 가등기담보 등 에 관한 법률(제4조 제3항 근거규정)에 따른 가등기담보 계약의 경우 부동산실명법 제10조 에서 정한 3년의 소유권이전 등기 의무 해태기간의 기산일은 청산절차가 완료된 때 라는 판결.(2009도 5031 판결, 대법원2009.9.10. 선고)과 상반됩니다.

30. 원심은 원고가 부과된 국세 및 지방세를 연체 없이 납부하였다고 하더라도 등록세를 늦게 납부 하였으므로 원고에게 부동산실명법 제10조제1항 위헌소원 (장기미등기자는 감경을 받을 수 있으므로 차명보유와 평등권침해가 아니다: 헌법재판소 전원재판부 2012 헌바 263, 2013.2.28.결정)을 제시하고도 과징금 감경규정을 적용할 수 없다고 판단하였으나 과징금 임의적 감경 규정인 부동산실명법 시행령 제4조의2(헌법재판소의 헌법불합치 결정에 의한 개정시행령)단서의 적용에 관한 행정청의 재량범위는 이익형량을 전혀 하지 아니하거나 이익형량을 고려대상에 마땅히 포함시켜야 할 사항을 누락한 경우 또는 이익형량을 하였으나 정당성 객관성이 결여된 경우에는 그 행정행위는 재량권을 일탈 남용한 위법한 처분이라고 할 수밖에 없다는 기존판결(2005두 3257

판결 ;대법원2005.9.15.선고)과 상반 됩니다.

(법률 ·명령 ·규칙 또는 처분에 대한 해석에 관하여 대법원 판례가 없는 경우)

31.도상가분할 토지거래에 대하여 부동산실명법 제10조제1항 제1호 및 그전제 조건인 부동산등기특별조치법 제2조제1항제1호 의 부동산 취득일에 대한 판례가 없습니다.(입법예고 및 시행 전 법령해석은 대금청산일)

32.부동산실명법 제10조제3항(제5조5항)을 적용함에 있어 법원은 등록세를 늦게 납부하였으므로 적용할 수 없다고 판단하였으나 지방세법에 의하여 사실상 소유자는 등기권리자라고 재산세를 부과한 경우 그 당시 과징금을 부과하지 않아 과징금 2배로 증가한경우 행정청이 위법행위를 했다고 볼 수 없다는 판례가 없습니다.

33.행정청이 사업시행자 소속 직원들에게 지방세 유예조건 으로 일시납계약을 유도하여 지방세 불법불로소득(약22억2천만원 추정)을 얻었고 사업시행자가 토지면적 확정시 계약 성실 이행자를 역차별하고도 청산금을 지급하지 않아 행정청이 역 연대채무자인 경우 과태료 부과 징수규칙 제2조 제4호 (시장등이 등기신청해태에 대하여 상당한 사유가 있다고 인정)에 의하여 부동산등기 특별조치법제2조 제1항의 등기신청의무 기간에 산입하지 아니할 수 있는지 여부 판례가 없습니다.

(민사소송법제451조 제1항제6호 판결의 증거가 된 문서, 그 밖의 물건이 위조되거나 변조된 것일 때)

34.법원은 충청북도 행정심판위원회가 행정심판법 제40조를 위반 원고의 구술심리신청을 거부한 재결서를 10년 동안 인용하고 있으나 충청북도가 법무부에 법령 질의 시 법무부의 부동산등기특별조치법 제2조제1항제1호 법률 해석, 일시납계약서를 삭제하고 충청북도 및 구청원군이 일시납계약을 유도하여 불법불로소득까지 얻었고 사업시행자의 토지면적 확정시 오차로 인정할 수 없는 역차별이 있었다는 원고의 의견을 삭제하는 등 허위로 질의하고도 법원의 문서제출명령도 거부 하였으므로 부동산등기제도를 악용한 것은 매도자 및 충청

북도와 구청원군이라는 사실을 알고(10년동안 행정심판위원회 회의록 공개거부) 도 재결서를 그대로 인용한 것은 재심 사유가 됩니다.

(민사소송법 제451조제1항 제9호 판결에 영향을미칠 중요한사항에 관하여 판단을 누락한 때)

35.원고가 149개 증거자료를 법원에 제출한 바와 같이 소유권이전 가능시점으로부터 4년3개월전 매매대금을 납부한 매수자(오창읍 양청리745-7)는 토지면적 확정시 소유권을 조기에 이전해주려고 고의로 면적을 감소시켜 매수자가 역 채권자이므로 대금청산 여부에 관계없이 장기미등기자이고, 법률 적용을 받지 않으려고 연체중이던 이던 매수자토지(동소 745-0)는 반사이익으로 면적을 증가 시켜주어 12년간 채무자이어서 장기미등기자가 아니므로 반대급부의 이행이 완료된날 을 청산일로 볼수없다는 법률해석은 국가가 부동산거래 계약이행을 지체하라고 유도하는 반사회 질서 법률이라는 것을 판단하지 않았습니다.

36.외상매출 부동산의 취득세를 대금납부일로부터 3년6개월후 ,토지면적 확정일 기준 매도자의 안내에 따라 자진신고 납부시 가산세가 없었다는 것은 행정청이 사유없이 일시납 계약을 유도 매수자의 재산권을 이용해 불로소득 및 매도자의 역차별 토지면적 확정으로 불법불로소득 까지 얻은 가해자 라는 사실을 법원은 판단하지 않았습니다.

37.도상가분할토지 매도자,매수자 관할행정청 모두 연체이자가18%이고, 3년분할 납부계약의 할부이자(년9%) 는 취득원가에 포함되어 양도소득세 계산시 유리하고,20년간의 경험으로 잔금이 남아있을경우 소유권이전이 불가능하기 때문에 매도자가 토지면적 확정시 오차라는 이유로 역차별 하더라도 5%정도 잔금을 잔금을 남겨놓으면 완납처리가 안되므로 소유권이전 등기 신청 시기를 매수자가 결정할 수 있고 ,계약을 성실히 이행하면 토지면적 확정시 불리하다는 사실을 알고 있었음에도 원고가 일시납계약을 체결한 것은 구사적 애사심 때문이었고 행정청의 지방세 세수물건 조기확보로 원고가 재산권을 행정청에 할애해 주었다는 사실을 판단하지 않은 것은 명백한 심리미진 판단입니다.

38.매수자가 계약을 성실하게 이행할 경우 토지면적 확정시 매도자의 의지에

의하여 매수자가 채무자인지 역채권자 인지 결정권을 갖고 있고 국민 누가 판단 하더라도 매도자의 역차별 갑질행위에 의한 역채권자 에게 민법 및 관습법에 불구하고 매매대금 청산의무가 있다는 것은 잘못된 판단입니다.

39.과징금 부과 권한을 가진 행정청이 토지면적 확정시까지 취득세(도세),재산세(시·군세)를 유예하지 않았으면 원고는 애사심이 있었다고 하더라도 여러 가지로 유리한 조건인 3년분할 납부계약을 소속회사와 체결했을 것이고 원고가 법률적용시기를 3년후에 결정할수 있었으므로 사건이 발생하지 않았을 것이라는 판단을 하지 않았습니다.

40.일시납계약을 하더라도 3년분할납부 계약자보다 토지의 사용·수익 시기가조기에 도달하는 것이 아님에도 일시납 계약자의 권리제한 시기가 3년분할납부 계약자보다 조기에 도달하고.

41.거래대금을 성실하게납부하면 매수자의 권리제한시기를 매도자가 결정하고 계약이행을 지체하면 권리제한시기를 매수자가 스스로 결정하므로 대금청산일로 볼수 없다는 법률해석은 역차별 평등권 침해 법률 인지를 판단하지 않았습니다.

42부동산평가액의 15%(부동산등기특별조치법).30%(부동산실명법)까지 과태료(과징금)이 부과되는 법률의 기산일을 16년후 법률시행전 법률해설집등 의 해석과 달리하면서 법리적 검토없이 자기부정 판결문을 30년동안 공개하지 않는 것은 국민을 기만하고 국가및국민을 해치는 법률 인지를 판단하지 않았습니다.

43.부동산등기특별 조치법 및 부동산 실명법은 등기권리자가 부동산 등기제도를 악용하여 불로소득을 얻지 못하도록 등기권리자에게 의무를 부과한 법률이나 지방세관련 등기의무자 및 행정청이 외상매출부동산인 도상가분할 토지 등기제도를 악용하여 재산권을 침해하고 등기권리자에게 권리행사를 못하게 하는 원인을 제공하여도 불법행위가 아니라는 부동산실명법 은 적반하장 ,평등권 ,재산권 침해법률 인지를 판단하지 않았습니다.

2021.4.21.

재심원고

대법원 귀중

준비서면

사건 : 2021재다 556 손해배상(기) 청구의소

담당 재판부 : 대법원 민사3부 (카)

제출자 원고 ; 김정선
피고 : 대한민국

선고기일 : 2022.1.13. 11:00

1.이 사건은 부동산 실권리자 명의등기에 관한 법률(1995.3.30.공포)에서 규정하고 있는 장기미등기 기산일(부동산취득일)을 명확히 하기 위하여 구 재정경제원 과 법무부가 동법 시행령으로 대금청산일로 규정하려했던 조문을 정부가 제안 하는 법률에 대한 심사권을 가진 법제처가 누가 법률해석을 하더라도 같을 것이라고 삭제 하므로서 헌법 제1조에 의한 국민주권과 행정절차법 제5조를 위반한 미필적 고의 법률이 1995.7.1.시행되었기 때문입니다.

2.미필적 고의 법률이지만 법무부가 부동산 실명법 장기미등기 조문 (제10조제1항) 적용의 전제 조건인 부동산 등기 특별조치법(제2조 및 11조에의한부동산 취득일) 에 대한 해석을 표시변경 등기후 대금청산일로 해석 하여 법제처가 운영하는 국가법령정보센터에 사건발생 2년후인 2013 년 경 까지 게시되었기 부동산 등기특별조치법 (1990.9.2.시행) 제2조제1항제1호 및 부동산 실명법 제10조제1항제1호 에서 규정 하고 있는 부동산 취득일을 대금 청산일로 볼수 없다는 판결 이 현재까지 이사건 외에는 없습니다.

3.외상매출 부동산거래 이지만 매도자가 토지면적 확정시 부동산 소유권이전등기제도를 역악용하는 역차별 토지면적 확정사유는 고의로 잔금 일부를 연체한 매수자 뿐만 아니라 매매대금을 성실하게 납부한 매수자 토지가 경계표지설치오차로 면적이증가할 경우 채무가 남아있어 소유권

이전 등기신청을 지체하는 경우가 많으므로 이를 방지하기 위함이며 이를 방지하기 위한 법률을 공영개발 45년 동안 제정 할수 없었기 부동산 실명법에서 규정하고있는 부동산 취득일은 평등권을 침해하지않는 대금청산일로 판단하는 것이 당연합니다.

4.부동산매수자(등기권리자)에게 소유권이전 등기제도를 악용하여 불로소득을 얻지못하도록 법무부가 발의한 부동산 등기 특별 조치법(1990.8.1. 공포) 제11조 단서에 제2조의 소유권이전등기 신청해태 책임이 매도자(등기의무자)에게 있을 경우 등기관의 판단에 의하여 등기의무자에게 과태료를 부과한다 라고 규정되어 있었으므로 동법 제2조(등기권리자는 부동산 취득일로부터 60일이내에 소유권이전의무)는 부동산 쌍무계약 당사자 간의 평등권을 침해하지않는 법률이었으나,

5.부동산등기 특별조치법 제2조,제11조를 전제조건으로 구재정경제원과 법무부가 공동으로 발의한 부동산실권리자 명의 등기에 관한법률(1995.3.30.)공포후 법무부는 등기권리자만의 권리제한법률 이라고 법제처에 의한 미필적 고의 법률인 부동산실명법 시행일(1995.7.1.)에 부동산등기특별조치법에 규정되어있던 등기의무자에게 과태료를 부과 할수있다는 단서조항을 삭제하므로서 법무부에 의하여 매수자의 권리제한 법률이 당해조문의 문리적 해석만 으로는 매수자와 매도자간의 평등권을 침해할 수 있는 법률로 변질되었습니다.

6.부동산 실명법 주관발의자인 구재정경제원으로부터 2002.1.1법률을 이관 받은 법무부는 장기미등기 조문(제10조제1항)에 대하여 헌법재판소의 헌법불합치결정(평등권 및 과잉금지의원칙 위반)에 따라 2002.3.30. 장기미등기자 에게는 과징금을 50% 감경 할수있도록 제10조 제2항을 신설한날에 제10조제1항은 미필적 고의 법률조항이지만 ,구재정경제원이 법률 공포후 시행전인 1995.4.26.법률해설집으로.1995.4.4.언론 보도자료로 대금청산일로 공표하였으므로 미필적 고의법률 해석에 논란이 없었기 제10조 제1항 제1호 조문(서로대가적인 채무를 부담하는경우에는 반대급부의 이행이 사실상 완료된날)은 개정하지 않았다고 보아야 합니다

7.원고는 국가경제위기시절 토지실수요자가 아닌 국가공기업 소속직원으로서의 정부정책에 의한 피동적 매수자로서 3년분할납부 계약후 약5%의 잔금을 연체하면 매도자가 오차라는 구실로 역차별 토지면적을 확정하더

라도 매매대금이 완납처리 되지않아 소유권이전 관련 법률에 의하여 제한을 받지않고 소유권이전 등기신청시기를 매수자가 결정할수 있다는 사실을 익히 알고 있었지만.

8.충청북도와 구청원군(현청주시)이 숙원사업인 오창산업단지 조성으로인한 지방세 세수물건 조기확보를 위해 토지면적 확정시까지 지방세를 유예시켜주겠다는 조건을 사업시행자인 구한국토지공사에 제시하였기 원고는 구사적애사심에서 토지조성자금조달 여건상 5년후 소유권 이전이 가능할 단독주택지를 5개월약정 일시납 계약을 하였고 정부정책에 의한 퇴직금으로 선납까지 하였으므로 충청북도,청주시,한국토지주택공사,국가는 공지된 법규범에 의하여 원고를 보호를 의무가 있습니다.

9.이 사건의 발단은 충청북도와 청주시(구청원군)이 지방세 납부시기를 토지면적 확정일 (2001.12.26.)을 기산일로 하기로 개입하여 원고와 소속회사(구 한국토지 공사)간의 확정되지 아니한 토지에 대한 쌍무계약에 일시납 계약을 유도하여 공히 지방세 불로소득을 얻었고

10.등기의무자(매도자)가 토지면적 확정시(2001.12.26.) 부동산 소유권 이 전 등기제도를 역악용,5개월 잔금납부 약정을 퇴직금으로 46일 만에 이행(1998.7.24.)한 원고 매수 토지면적을 오차로 도저히 인정할수 없 는 5.1㎡를 감소 (블록단위 면적증감을 각필에0.7㎡씩감소 안분했다면 3,000원정도 채무자를 557,450원 채권자로 전환)시켰으므로 상기 행정청 및 등기의무자는 우월적 지위를 이용해 지방세 불법 불로소득을 얻은 2차 가해자였고

11.원고와 같은블록내 매수자는 토지면적 확정시 잔금을 연체중임에도 불구하고 0.7㎡를 감소 시키지않고 역대우로 3.8㎡를 증가시켜주어 토지 면적 확정 9년후, 표시변경 등기완료 8년후 소유권이전에 관한 권리제한 법률 적용을 받지않고 소유권을 이전(2010.10.10.)하였음에도

12.법률시행 16년후 2011년 법무부가 충청북도의 허위공문서에 의하여 도상가분 할 토지의 부동산 취득일에 대하여 대금청산일로 볼수 없다는 자기부 정 진정소급해석을 8년동안 고수하였으므로 부동산 실명법 제10조 제1항 제1호 가 지방세 세입권자의 적반하장 법률로 둔 갑되었고

13.등기의무자가 역채무를 7 년동 안 이행하지 않아 소유권 이전 신청이 지연 되었기 원고는 재산적 피해자 였음에도 법무부의 진정소급 법률해석으로1,282명 매수자중 애사심에서 가장먼저 대금을 납부하고도 부동산 등기관서의 의견 수렴없이 매수자의 재산권을 이용하여 불법불로 소득까지 얻은 행정청에 공시관리 되지않는 표시변경 등기가 완료되면 소유권이전 등기 신청이가능 하다고 소유권이전등기 경료 2년후 유일하게 부동산 평가액의 20% 과징 금을 징수 당하였고

14.표시변경등기완료일이 장기미등기 기간계산일 이라고 하더라도 구청원군은 사실상의 소유자라고 원고에게 재산세 부과시 과징금을 부과하지 않아 과징금이 2배로 증가하였으므로 부동산 실명법 제10조3항을 위반하였고 헌법재판소의 헌법불합치 결정에의한 개정 법률인 제10조제2항도 원고가 국세나 지방세를 연체하지 않았으므로 헌법재판소법 및 판례에따라 50%감경 했어야하므로 5%과징금을 부과할 것을 20%과징금을 부과징수하였 으므로 원고의 재산권을 이용해 불법불로 소득까지 얻었음에도 이익형량을 전혀하지 않은것 은 행정청의 명백한 사기행위입니다

15.법무부가 가해자 와의 손해배상 민사소송중 부동산 등기특별 조치법 제2조 제1항제1호에대한 법무부해석 마져 국가법령정보 센터에서 삭제토록 요구하여 법무부가 자업자득한 사건이므로 법무부는 법정에서 자기부정 진정 소급법률 해석이 헌법 제13조제2항 및 행정절차법 제4 조에 위반되지 않는 다는 것을 진술하여야하며

16.법원 행정처 부동산 등기과는 부동산실명법에서 규정하고 있는 부동산 취득일이.대금청산일이 아니고 표시변경 등기완료일 이라면 일선 등기소에 표시변경등기완료일을 공시관리 하도록 행정행위를 하지않은 사유를 진술하여야하며

17.법제처는 법령제정과정을 원고로 제공 받고도 누가 법률해석을 하더라 도 같을 것이라고 직권삭제한 사유를 답변하지 않는 것은 행정절차법 제5조 및 직무유기행위가 아니라는 것을 진술하여야하며

18.원심 판결은 공권력을 가진자(충청북도,구청원군,한국토지주택공사, 법무부,법제처, 법원행정처 부동산등기과)는 헌법 및 법률을 준수할 의무는 전혀없고 사회적 약자(소속회사의 권리남용에 따른 부동산 취득

자)는 미필적 고의법률을 추상적법규범으로 이익형량을 하지않고 적용하더라도 수용해야 한다)는 의무만 있다는 것은 헌법제13조제2항 제37조2항등에 반하는 10년간의 관치주의에 의한 판결으로서

19.국가의 법조행정조직은 헌법제1조제2항으로 규정한 국민의 알권리를 25년간 침해하고 법원은 공권력을 가진자의 위법,불법행위는 모두적법행위라고 10년동안 판단하였다는 것을 명백하게보여준 사건으로서 향후 국민들이 공권력에 대한 방어수단으로 부동산 매매대금을 일부를 고의로 연체하는 반거래질서행위를 법원이 공개적으로 책임지겠다는 판결이라고 사료되므로 주권을 침해하지 않는 법리로 재심을 하여야 합니다.

20법원은 원고의 청구를 받아 줄수 없다면 피고 본인에게 법정에 출두토록하여 변론을 진행시켜 주시기바라며 원고의 149개 증거에 의한 청구원인에 대하여 피고가 무답변 (10년간 사실확인,자료제출 전무) 무변론 하였음에도 국민들에게 공지된 법규범이 아닌 추상적 법규범으로 원고패소 판결한 것이 헌법 제103조에 의한 판결 인지를 판단하셔야 합니다.

2022.1.10

원고 김정선 (인)

대법원 귀중

대 법 원

제 3 부

판 결

사 건	2021재다556 손해배상(기) 청구의 소
원고(재심원고)	김정선
피고(재심피고)	대한민국 법률상 대표자 법무부장관 박범계 소송수행자 조준현, 이승호, 장일수 소송대리인 정부법무공단 담당변호사 고영석
재심대상판결	대법원 2021. 4. 1. 자 2020다298716 판결
판 결 선 고	2022. 1. 13.

주 문

재심청구를 기각한다.

재심소송비용은 원고(재심원고)가 부담한다.

이 유

재심청구이유를 판단한다.

관련 법리에 비추어 기록을 살펴보아도, 재심대상판결에 원고(재심원고)가 주장하는 재심사유가 있다고 인정되지 아니한다.

그러므로 이 사건 재심청구를 기각하고 재심소송비용은 패소자가 부담하도록 하여, 관여 대법관의 일치된 의견으로 주문과 같이 판결한다.

재판장 대법관 김재형

대법관 안철상

주 심 대법관 노정희

제10장 국회,헌법재판소, 대통령, 감사원, 국민권익위원회, 언론기관

제목 : 위헌 법률 진정
발신 : 김정선

수신 : 국회 민원실

충청북도가 성실한 국민을 상대로 도상가분할 토지를 사기수단으로 이용하고 있다.(부동산 실권리자 명의등기에 관한 법률 제10조 제1항 제1호 관련)

1. 민원인은 국가경제위기시절 공기업 소속직원으로서 실직하지 않으려고 충청북도 청원군 소재 도상가분할 자사토지에 대한 매매계약을 일시납으로 체결하였고 애사심에서 3년 분할납부 아닌 일시납을 선택한 사유는 청원군과 충청북도에서 지방세 납부시기를 필지분할 이후로 미루었기 때문이며, 공기업의 2차 경영전략인 상위직급자 퇴직전략에 의하여 향후 11년간의 근로 활동기회를 상실하였고 퇴직금으로 선납까지 하여 청원군과 충청북도, 공기업에 경제적 도움을 주었으나 공기업은 3년 분할 납부계약자의 잔금약정일로부터 6개월 후 토지면적 확정시 매매대금 완납필지수를 늘려 청원군, 충청북도, 공기업에 부당이익이 되도록 매매대금 성실납부자의 매수 토지 면적이 감소되도록 역차별하였고 민원인은 1,282필지 매수자중 가장먼저 매매대금을 납부하고도 유일하게 장기 미등기 과징금을 부과 받았다.

- 충청북도,청원군,공기업은 충청북도의 숙원사업인 오창산업단지 조성공사가 국가경제위기로 중지 위기에 직면하자 1998년 공기업에서 조성중이던 도상가분할 단독주택지의 매각조건으로 지방세법 시행령 제73조(취득의시기등) ①항 본문과 지방세법 제120조(신고납부: 취득한 날로부터 30일 이내)에 불구하고 취득세 납부시기(추후 법제처 해석에 의하면 사실상 사용이 불가능하더라도 완납했으면 재산세 납부의무자임)를 토지분할 확정측량 이후로 미루었기
민원인은 부족한 돈을 차용하기로 하고 애사심에서 44,956,000원에 356㎡(가지번 272-5, 확정지번 745-7)를 일시납으로 공기업과 계약체

결(1998.6.8)하였고 곧이어 공기업의 상위직급자 퇴직전략(121명중 93명퇴직)에 의하여 퇴직금으로 1,282개 단독주택지 매수자중 가장먼저 매매대금을 납부(1998.7.24 : 매매계약서에 계약단가로 정산하기로 되어있어 면적감소 대비 104,040원 남겨둠)하였으나 3년6개월후 토지분할 확정측량(필지분할: 2001.12.26)시 공기업은 지적법,헌법,민법에 명시된 신의 성실의 원칙 및 평등권을 지키지 않고 충청북도, 청원군, 공기업과 매매대금 비성실납부자에게 유리하도록 매매대금 성실납부자를 역차별하여 민원인에게 정신적 충격을 주었고, 공기업은 면적감소에 따른 환급해야할 채무까지도 이행하지 않았는데, 청원군은 공동불법행위자 및 부당이득 취득자로서 충청북도의 감사지적으로 경제적 도움을 준 신청인에게 24,071,740원의 과징금을 부과 징수한 것은 사회적 정의 및 사법적 정의에 반한다.

- 민원인과 우월적 지위에 있는 공기업간의 도상가분할토지 매매계약에 청원군과 충청북도가 관여하고도 그 사실을 은폐하여 행정절차 법 제4조 (신의성실 및 신뢰보호)를 위반한 것이 이사건의 핵심이며 자신들의 권리를 일부 포기하겠다고 일시납 매매계약을 유도한 것은 포괄매도 행위이며, 공기업이 토지면적 확정시 지방세관련 충청북도, 청원군, 공기업,매매대금 비성실 납부자에게 부당이득이 되도록 일시납 매매계약자 및 매매대금 성실납부자를 역차별 한 것은 보은을 원수로 되갚은 공동불법행위이다.

2. 민원인은 토지분할 확정측량 실시 3년 5개월전에 매매대금은 납부하였고 면적감소 예상하여 104,040원 잔금을 남겨 놓았으므로 공기업이 지적법령을 지켰다면 민원인은 3,015원 채무자가 되어야 하나 오차라고 인정할 수 없는 5.1㎡를 감소시켜 481,930원 채권자로 전환시켜 청원군, 충청북도가 주장하는 매수자의 반대급부이행일에 도달 시켰고. 같은 블록 내 연체금액이 많았던 3년 분할 납부계약자 매수토지는 3.8㎡가 증가되어 지적확정 8년 후에 매매대금을 완납하여 부동산 등기특별조치법, 부동산 실권리자 명의등기에 관한 법률에 의한 매수자의 권리제한이 적용 배제되었으므로 지적이 증가한 경우에 매매대금 정산일

이므로 지적이 감소할 경우에도 확정측량일이 아닌 매매대금 청산일을 매수자의 반대급부 이행일로 판단하여야 한다.

- 미확정 부동산(도상가분할토지)의 매매계약은 매도자가 조성자금이 필요하여 선매각하는 것임에도 불구하고 토지면적 확정시 매도자는 매매대금 납부현황을 참조하여 행정편의 및 세제상 이익이 되도록 주관적 (오차라고 주장할 수 있는 약간의 면적증감)일수있기 때문에 매매대금 성실납부자가 불리(오차가 발생할 수 있기 때문에 지적이 감소되도록 역차별 전략) 할 수 있는 맹점이 있다.

- 이 사건은 이 같은 맹점과 지방세법을 충청북도 등이 악용하여 경제적 이득 및 부당이득을 얻었고 민원인은 오히려 오차의 범위를 훨씬 벗어난 역차별을 받은 배신감과 공기업 등의 작위의무 미이행으로 소유권이전 등기가 늦어진 피해자이나 청원군과 충청북도는 부동산 실권리가 명의등기에 관한 법률의 허점(동법시행령에 소득세법 시행령 162조와 문맥을 같이하여 매매대금 청산일을 원칙적으로 한다고 공표하였으나 시행령에 포함시키지 않았음)을 악용하여 대금을 선납하더라도 다른 매수자보다 사용시기가 앞당겨 질수 없는 토지를 1,282개 단독주택지 매수자중 가장먼저 매매대금을 납부한 민원인에게 유일하게 장기미등기 과징금을 부과 징수한 것은 법치주의 국가에서는 일어날 수 없는 일이다.

3. 부동산 실권리자가 명의등기에 관한 법률 제 10조 1항 제1호 (쌍무계약의 장기미등기자등에 대한 벌칙등)는 법률 제정할 당시 동법시행령에 미확정 부동산의 경우 매수자의 반대급부 이행일은 소득세법상의 취득일과 맥락을 같이하여 청산일로 하겠다고 공표하였으나 시행령에 포함하지 않을 사유를 법령제안 부처인 기획재정부, 법령소관 부처인 법무부, 법령판단부처인 법원행정처에서 국회에서 제정된 법률이라고 한정된 지식의 소유자인 판사의 판단에만 맡기는 것은 직무유기이다. 부동산거래질서 확립을 위하여 제정한 법률이 오히려 부동산거래질서를 어지럽히도록 유도하는 역할을 한다면 반경제 질서 법률인 것이다.

- 부동산 실권리자 명의 등기에 관한법률 제10조 제1항(장기 미등기자에 대한 벌칙등)이 평등권을 침해하지 않기 위해서는 매수자의 반대급부 이행일을 정산일(면적이 감소한 경우 확정측량일)이 아니고 소득세법 및 당초시행령(안)대로 청산일(주고받은 것을 깨끗이 끝냄)로 해석되어야 매매대금 성실납부자가 지적확정시 불이익을 받더라도 등기관련 법령에서는 불이익을 받지 않으며 헌법, 소득세법, 부동산 등기 특별 조치법 제2조 1항, 민법, 관습법에도 합치되며 매수자의 권리를 제한하려면 국민의 99.99%가 인식하지 못하는 특별법에 규정하지 말고 일반법률인 등기법에 법령해석에 관한 쟁송이 없도록 명확히 규정하여야 한다.

- 토지분할 확정결과 매매대금을 환급받아야 할 매수자는 매매대금을 성실히 납부하였음에도 오히려 필지분할 업무속성상 면적이 감소되는(민원인 5.1㎡감소)되는 것을 감수하여야 함에도 불구하고 국세, 지방세도 성실히 납부하고도 양도소득세보다 많은 과장금이 부과될 수도 있고, 매매대금 연체자는 성실납부한 매수자의 간접도움으로 조성토지를 인수할 수 있었음에도 면적도 증가(3.8㎡증가)하고 지방세도 절감하고 과징금도 부과 받지 않고 매매대금 완납시기 및 소유권 이전등기 시기를 매수자의 의지에 따라 조정할 수 있다면 국가등이 미확정 부동산에 대하여 일시납계약 및 매매대금을 성실히 납부할 것을 권유하는 것은 기망행위이다.

- 법무부 소관법률의 법령해석은 실무경력이 일천한 비정규직이 작성하여 검사결재로 회신하고 있으나 법령해석은 타법령과의 관계를 감안하여야하므로 타부처소관 법령해석과 평등권을 유지하기 위해서는 법제처장의 결재를 득하도록 법무부 조직을 개편해야한다.

4. 법원에서 면적이 감소한 경우에는 토지분할 확정 측량일을 매수자의 반대급부이행일을 판단하고 있으므로 국민들에게 미확정 부동산에 대하여 일시납계약을 하지 말고 분할납부계약을 하여 매도자가 불법행위를 하여도 매매대금이 완납되지 않도록 5% 정도 잔금을 남겨 놓았다가 매수자의 의지에 의하여 잔금을 납부하고 소유권이전을 하는 것이

지방자치단체로부터 사기를 당하지 않는 방법이라고 공표하여야 한다.

5. 충청북도와 청원군(현 청주시)은 자신들의 목적달성을 위하여 공기업에 경제적 손실 780억이상(단독주택지 1282개 필지 매각금액보다도 많은 금액)과 국가경제 위기시절 공기업과 담합하여 소속직원들에게 일시납계약으로 토지를 매수케하여 고통을 주었음에도 불구하고 위법사실과 이미 법령해석이 있었던 것을 은폐하고 공문서위조 및 위증까지하여 민원인에게 장기미등기 과징금부과가 적법하다는 판결과 불법행위에 의한 손해배상을 기각하도록 하였으므로 배은망덕한 사기성 단체이다.

6. 민원인은 청원군을 상대로 한 과징금 부과처분 취소행정소송 3심에서 패소하였기에 행정소송결과에 불만이 있어 공무원들은 약탈자, 살인자라는 인식을 받아야 하느냐는 문서를 충청북도와 청원군에 제출하였으나 이미 판결된 사건에 대하여는 구제할 수 없다는 회신을 받았으며, 청원군, 공기업, 충청북도를 상대로 한 손해배상 청구 민사소송 2심에서 패소하였기 대법원에 민사소송 상고를 청구하였다.

7. 공기업은 소속직원들에게 반강제적으로 지사토지를 매수케하고도 상위직급자로서 퇴직금 및 급여가 많다는 사유로 거리로 내몰고도 애사심에 일시납 계약으로 매수한 우수고객을 도상가분할 토지 확정시 역차별하고도 구두로 청산금을 요청하였다고. 7년동안 청산금 환불도 하지 않았고 이자도 지급하지 않았고 행정 소송과 민사소송에서 원고의 입증자료에 대한 확인도 일체 거부하고, 구상권 청구도 거부하고, 불법행위를 하지 않았다는 구체적인 답변이 없었으므로 민사소송법상 자백간주이다.

8. 법원에서는 피고에게 허위문서인지를 확인하기 위하여 자료제출을 명하였으나 거부하였음에도 오히려 피고가 주장·반박하지도 않은 사실을 포함하여 변론도 진행하지도 않고 판결문에 설시하였고 재판장이 진의 아닌 의사표시까지 하여 민원인의 알 권리마저 취소토록 종용하

였으므로 중립의무를 지킨 것이 아니라 피고의 변호인 역할을 하여 위 헌재청 신청도 받아들이지 않고 기존판결을 완전히 무시하고 국민들에게 부동산 거래질서를 어지럽히도록 유도하는 합리성이 전혀 없는 민원인 패소 판결을 한 것은 공무원법 제56조 위반이다.

9. 산업입지및 개발에 관한 법률에 의한 지구지정 유효기간을 넘겨 조성한 토지를 우월적 지위를 이용하여 소속직원들에게 매도하였고 지방세법을 위반하여 고금리시대에 일시납을 유도하였고 토지면적 확정시 매매대금 성실납부자를 역차별하고도 청산금도 지급하지 않았고 소유권 이전 등기 기산일이 되는 매도자 반대급부이행일도 공시관리하지 않았고 지방세법에 의하여 매도자로부터 실질적인 소유자는 민원인이라는 통보를 받고 재산세도 부과했음에도 그 당시에 부과하지 않고 과징금이 증가한 때에 부과한 것. 지자체가 관여하지 않을 사건에서도 50% 감경이 타당하다는 판결이 수없이 있었고 국민권익위원회에서도 50% 감경하였고 지방세를 납부한자와 납부하지 않은자는 차이가 있어야 하므로 50% 감경한 판례가 있었으므로 이 사건은 지자체가 매매조건에 관여하여 경제적 이득 및 부당이득을 취하였으므로 부동산 등기 특별 조치법에 의한 과태료 부과 징수규칙 제2조 4호를 적용함이 타당함에도 눈과 귀를 막아버린 판사들에 의하여 민원인은 법령상 최고의 과징금 24,071,740원의 재산권을 약탈당하여 오장육부가 망가졌다.

- 국가경제 위기시절 민원인의 불행이 충청북도,청원군,공기업에게는 공기업 소속직원들이 매수세력이 되어 오히려 행운이었고, 부동산 투기를 하지 말라고 제정한 부동산 실권리자 명의등기에 관한 법률을 적용함에 있어, 부동산 투자 목적도 없었던 피동적 매수자에게 포괄적·주동적 매도자인 충청북도, 청원군, 공기업이 위법행위를 하여 경제적 이득을 얻었음에도 불법행위로 부당이득까지 얻고도 부족하여, 충청북도와 청원군이 권력을 이용해 정부정책 및 부동산거래질서, 미풍양속을 따르면 따를수록 손해라는 덫을 놓아 민원인을 낚아챈 것은 가장 악랄한 묻지마 사기행위 및 정신적 살해행위이다.

2015.09.16 민원인 김정선

발신 :

김정선

수신 : 문희상 국회의장님 친전

행정부 및 사법부가 국회 및 국민을 우롱하고 있습니다.

1. 존경하는 문희상 국회의장님 안녕하십니까?

2. 저는 국가부도위기 시절 구한국토지공사 직원이었기 소임을 다하기 위하여, 실수요자가 없었기 때문에 소속회사의 경영개선을 위하여 도상가분할 토지를 3년 분할납부계약이 아닌 일시납계약을 한 것이 오히려 화근이 되어 부동산실명법의 법리를 오해한 충청북도에 의하여 16년후 부동산평가액의 20%에 장기미등기 과징금을 부과징수당한 사람입니다.

3. 부동산실명법의 장기미등기 기산일을 명확히 하기위하여 구재정경제원에서 청산일로 시행령(안) 제6조에 규정하려하였으나 법제처 심사시 누가 법률해석을 하더라도 같은 것이라고 직권삭제 하므로서 미필적 고의 법률이 되었고, 법률공포직후 언론보도자료, 법률해설집에서 대금청산일로 국민들에게 알렸으므로 법률시행 24년동안 판례가 없음으로 법원 및 헌법재판소에서는 판례를 통해 국민들에게 명확히 전달하여야 함에도 법률 소급 해석에 의한 판결내용에 사실적 법리적 검토내용이 없는 것은 국회 및 국민을 농락하는 직무유기 행위입니다.

4. 저는 구한국토지공사에 20년간 근무했으므로 3년 분할납부 계약을 하는 것이 여러모로 유리한 것을 알고 있었지만 공익을 위하여 일시납계약을 하였으므로 지방세 납부상 불리하지 않다고 일시납계약을 유도한 지자체의 적반하장 행위입니다.

5. 저는 부동산 쌍무계약에 불법개입한 지자체 및 사업시행자를 상대로 부동산실명법 제10조제1항제1호로 규정한 장기미등기기산일을 법률공포당시 대금청산일(채권채무관계를 깨끗이 끝냄)로 공표하였으므로 면적정산일(매수자가 매도자에게 지급할 채무가 없게 된 날) 또는 공시 관리되지 않는 표시변경등기완료일(이사건 토지등의 경우 43일 도과)로 해석하는 것은 법률불소급의 원칙에 어긋나며 가해자가 피해자에게 과징금을 부과하는 것은 부당하

다고 7년동안 법원과 헌법재판소에 주장하였으나, 사회적 약자에게는 당해 법률 헌법 및 각종 법률이 모두 그림의 떡이었습니다.

6. 헌법재판소의 헌법 불합치 판결내용과 개정법률의 적용모두 국가 및 지자체를 기속함에도 재량권이라면 법원 및 헌법재판소가 존재할 이유가 없다는 것을 저는 뼈저리게 느꼈으며 헌법 및 각종 법률이 무용지물이라면 국회의 입법권마저 행정부 및 사법부가 유린한 것으로 사료됩니다.

7. 법률제정목적이 부동산거래 질서를 확립하기 위한 것임에도 재산권을 제공하여 지방세 세수물건을 조속히 만들도록한 매수자는 청산금을 돌려주지 않아 7년동안 권리행사를 못했는데도 대금납부 13년후 부동산 평가액의 20%에 해당하는 과징금은 부과징수 당해야하고 계약이행을 9년간 지체한자는 장기미등기자가 아니므로 부동산실명법은 매매대금의 5%정도 잔금을 남겨놓아 토지면적 확정시 매도자가 갑질행위를 하더라도 매매대금이 완납되지 않도록 반사회질서 유도 법률입니다.

8. 법률해석 및 적용에 있어 권력을 가지는 자는 권리만 있고 선량한 국민은 의무만 있다는 논리는 국민의 주권에 대한 침해이며, 민사법정에 민법 및 민사소송법도 없고 헌법재판소에 헌법재판소법도 헌법재판관의 고유한 권한이라면 국민들이 법조인들을 위하여 존재한다는 의미로도 해석될 수도 있습니다.

9. 대통령, 국무총리가 민원을 법제처, 법무부, 법원행정처에 이첩하더라도 사건에 대한 판단은 법관의 고유권한이므로 항소하는 방법뿐이 없다고 원론적인 답변뿐이므로 국회는 삼권분립의 원칙에 따라 권력을 가진자와의 동의한 지위에 있으므로 가해자가 피해자에게, 연대채무자가 채권자에게, 재산권을 제공 받은자가 재산권을 제공한자에게 과징금을 부과하는 것이 타당한지 문의할 수 있다고 사료되오니 부동산 거래질석 확립을 위한 법률이 국민들로 하여금 향후 수습할 수 없는 거래질서를 어지럽히는 매매대금 연체 현상이 발생하지 않도록 선처하여 주시기 바랍니다.

첨 부 : 1. 부동산실명법 제10조제1항제1호는 대국민 기만법률이다(요약)
2. 재심소장 (2019.2.28)
3. 2019재다3750 판결서 (2019.5.30)

4. 헌법소원 심판청구서 (2019.6.21)
5. 헌법재판소 결정서 (2019.7.12)
6. 유남석 헌법재판소장님 친전 (2019.7.23)

2019. 8. 7

민원인 김 정 선

국 회 사 무 처

국민에게 힘이 되는 국회

수신자 김정선
(경유)
제목 민원 회신

귀하께서 국회에 제출하신 진정(관리번호 2005823, 2019. 8. 7. 접수)은 「진정처리에 관한 규정」 제6조제1항제3호(판결·결정·재결·화해·조정·중재 등에 의하여 확정된 권리관계에 관한 것)에 따른 진정불수리사항에 해당하여 수리하지 아니함을 알려드립니다. 끝.

국 회 사 무 총 장

수신자

전결 09/10

민원지원관 박철환 서기관 이순희 국회민원지원센터장 손을춘

협조자

시행 국회민원지원-6770 2019.09.10. 접수
우 07233 서울 영등포구 의사당대로 1 의원회관 220호 / http://www.assembly.go.kr
전화 2154 전송 / pchdd@assembly.go.kr / 부분공개(6)

발신 :

. 김정선

수신 : 국회(법사위원님, 행정안전 위원님)

제목 : 국정감사 요청(자료제공)

1. 국민을 위해 노력하시는 위원님들의 노고에 감사의 말씀을 드립니다.

2. 부동산등기제도, 도상가분할 토지제도, 세법등을 낫놓고 기역자도 모른다는 식의 100% 관치주의 판결 및 결정을 하는 법원 및 헌법재판소, 보은을 원수로 되갚은 충청북도 및 청주시 미필적 고의 법률행위 및 반사회적 법률해석을 한 법제처 및 법무부를 국정감사하여 주십시오.

3. 부동산실명법은 국민생활과 가장 밀접한 법률로 공청회를 거쳐 1995년 제정하였고 법제처에 의한 미필적고의 법률을 평등권을 전제로 하여 해석하는 것이 아니고 단지문구 해석에만 의존하여 장기미등기 기산일을 법률시행 16년~ 24년후 대금청산일로 볼수 없다고 진정소급입법 해석하는 것은 헌법에 규정된 국민주권 및 재산권 침해행위입니다.

4. 법률제정목적에 역행하는 진정소급입법해석은 사업시행자로 하여금 시장에서의 토지조성자금 조달토록 하기위한 국토교통부 및 기획재정부의 업무를 훼방하고 국민들로 하여금 부동산 매수 계약이행을 지체토록 하므로서 국가 및 국민모두가 피해자가 되는 유전유죄 무전무죄 법률해석입니다.

5. 행정소송에 행정절차법 및 행정소송법으로 규정된, 민사소송에 민법 및 민사소송법으로 규정된, 헌법소원 청구에 헌법 및 헌법재판소법으로 규정된 평등권이 없다면 법조계는 국민들을 상대로 한 사기조직의 대부입니다.

6. 충청북도가 국가부도위기시절 사업시행자 소속직원이었던 민원인(원고)에게 지방세 유예조건으로 구결행위를 하였기 도와주었더니 사업시행자와 담합하여 토지면적 확정시 좀 도둑질을 하고도 모자라 13년후 허위문서까지 작성하여 법무부에 법령해석을 의뢰 강도행위를 하였다.

7. 사건발생원인에 대하여 피고(청주시, 한국토지주택공사, 충청북도) 무서중, 무변론 원고패소 판결은 가해자의 행위를 100% 인정해주는 무법천지 100% 관치주의 판결이며 헌법재판소는 스스로 권위를 무너뜨리는 계륵 조직입니다.

8. 진정소급입법 해석하지 않은 사건의 헌법재판소의 헌법불합치 결정(2001년)에 따른 개정법률(50% 감경, 2002.3.30) 적용 여부, 헌법소원결정 적용여부, 청주시의 부동산실명 제10조3항 위반여부도 법원이 직권으로 판단하지 않았습니다.

9. 부동산실명법 시행전 법률공포 관보(1995.3.30) 언론보도자료(1995.4.3), 시행령(안)관보(1995.4.4), 구 재정경제원의 법률해설집(1995.4.26)에서 서로 대가적인 채무를 부담하는 경우에는 반대급부이행일(부동산취득일)로 표기한 장기미등기 기산일은 대금청산일(채권채무관계를 깨끗이 해결함)이 된다고 공표하였습니다.

10. 부동산실명법 제10조제1항 적용의 전제조건인 부동산 등기특별조치법 제2조제1항에 대한 법무부 해석이 도상가분할 토지거래의 경우 등기공부정리후 대금정산일(청산일)로 해석되었고 부동산실명법은 계약이행 지체매수자 및 매도자에게는 권리제한을 하지 않는 법률이므로 법제처는 누가 법률해석을 하더라도 같을것이므로 불필요하게 시행령에 규정할 필요가 없다고 직권삭제하여 1995.5.19. 시행령을 공포하였고 시행령(안) 제6조 삭제이유를 관보에 명시하지 않았고, 부동산실명법 및 동법시행령은 1995.7.1. 시행되었습니다.

11. 확정되지 아니한 부동산 거래인 도상가분할 토지매매제도는 외상매출 부동산 거래이지만 매매대금이 완납되어야 소유권이전이 가능하므로 계약을 성실하게 이행한자는 면적이 감소(청산금 환급 대상)하고 계약이행 지체라는 면적이 증가(채무상태계속 유지)하는 모순이 있으므로, 장기미등기 기산일을 청산일이 아닌 매수자가 매도자에게 지급할 채무가 없게된날 또는 공시관리되지 않는 등기공부 완료일(신청일로부터 43일 도과)을 장기미등기 기산일로 해석하는 것은 매수자로 하여금 계약이행을 지체하여 소유권 이전 등기 기산일(장기미등기 기산일)을 매수자가 결정토록하는 반사회적 법률이므로 국민모두가 피해자가 되는 법률입니다.

12. 충청북도는 국가균형발전을 위해 오창산업단지를 국토교통부로부터 지방공업단지 지정을 받아 구한국토지공사를 사업시행자로 지정하였고 사업규모 관계로 업무협의가 늦어져 사업착수 유효기간을 1년3개월 넘겨 사업을 착수하였으므로 산업입지 및 개발에 관한 법률의 강행규정을 위반하여 이사건 토지등을 조성토록하였고 100% 정부투자기관인 구 한국토지공사는 780억원의 사업손실을 가져왔고 국가부도 위기시절 원고등 구 한국토지공사 직원들의 각고의 노력 끝에 오창산업단지 조성공사를 완료할 수 있었음에도 불구하고 13년후 1,282명의 단독주택지 매수자중 가장 먼저 매매대금을 납부한 민원인에게 허위문서까지 작성하여 유일하게 장기미등기 과징금을 청주시로 하여금 부과징수 토록한 것은 지자체의 최대 사기사건으로서 원고의 청구원인에 대하여 구체적 답변은 하지 않고 부동산경제를 전혀 모르는 판사의 판단에만 의존하였다.

13. 부동산 평가액의30% 까지 부과되는 법률의 기산일을 부동산 취득일로 국회 및 대통령이 국민들에게 설명해놓고 양도소득세의 부과기준일이 되는 소득세법상의 부동산취득일이 아니라면 국회 및 대통령은 명확한 법률 해석을 하여 국민들에게 공포했어야 하므로 미필적고의 법률에 대한 책임이 국회에 있다고 사료됩니다.

14. 법무부는 공동발의자로서 장기미등기 기산일은 청산일로 한다는 시행령(안) 제6조에 대하여 기산일을 몇가지 규정으로만 나눔으로서 기소유지 곤란하다는 의견을 제출해놓고 동법을 구 재정경제원으로부터 이관받아 헌법재판소의 헌법불합치 판결에 따른 법률개정시 개정하지도 않고 법률시행 16년후 청산일로 볼수 없다는 해석을 한 것은 국민 및 국회를 기만한 것입니다.

15. 법률심사권자인 법제처는 미필적 고의 법률이 되도록 행정행위를 해놓고 16년후 나몰라라 하는 것은 직무유기 행위입니다.

16. 법무부 및 법제처에서는 입법권자는 국회이므로 자신들이 답변할 사항이 아니라고 주장하므로 국회에서 최종결론을 내려야 하며, 진정소급 입법해석에 의한 민원인이 피해를 국가에서 배상토록 조치하여 주시기 바랍니다.

첨부 : 1. 부동산실명법 공포 법률 관보(1995.3.30)

2. 부동산실명법 시행령 관보(1995.5.19) : 시행령(안) 제6조 삭제사유 없음

3. 부동산실명법 제10조제1항제1호는 대국민 기만법률이다(헌법재판소 앞 1인시위자료)

4. 청주지방 법원은 충청북도 사기행위 양성 기관이다(대법원 앞 1인 시위자료)

5. 대법원 마저 충청북도 사기행위 광대역할을 할것인가(대법원 앞 1인 시위자료)

6. 충청북도는 국민들의 재산권 및 알권리를 침탈하는 곳이고 청주지방법원은 국민들의 알권리를 말살하는 곳이다.(2018.6.11)

7. 법깡패인 법제처에 법령의 심사기준을 부여 해서는 안됩니다.(2018.6.11)

8. 법무부는 부동산 실명법 장기미등기 조문을 반사회적으로 해석하고 있다(2018.6.26)

9. 재심 상고이유서(2018.11.23)

10. 대법원 2018다287586 판결서(2019.1.31)

11. 헌법소원 심판청구서(2019.6.21)

12. 국선대리인 선임 신청사유서

13. 헌법소원 각하 결정서(2019.9.25)

2019. 10. 2.

국정감사 요청자(민원인) 김정선

수신 :서울특별시 영등포구 의사당대로1.(여의도동)
박병석 국회의장님 친전 (우편번호07233)
발신: 김정선

)

제목: 재판관 및 공무원 징계요청.

내용:1.국가의 법조조직 및 지방행정청이 삼권분립의 원칙을 위반하고 헌법 제37조제2항등을 위반한 부동산실명법 제정목적에 반하는 법률심사,법률해석 ,법률적용으로 직권남용 및 직무유기 하였습니다.

2 법률시행16년(21년)후 법률시행전 해석과 다른 추상적 독선적 법규범로10년동안 피고 무반박 원고패소 판결을 하였기 판결서로서 법리적사유를 명백히하여 달라는 청구 의 소를 기각 하므로서,

3.토지조성자금 선 조달업무를 방해하고,부동산등기법을 개정하고, 지적측량비용증가,국민들에게 거래대금을 연체하는 것이 유리하다는 것을 공식적으로 국가가 인정한 것이므로

4.국민들의 주권을 침해하고 국민들에게 반사회질서를 유도하는 판결을 하였으므로 이는 부당이득에 해당되고 국가 및 국민 모두에게 피해를주는 판결이므로 이사건 관련공무원 및 재판관들을 징계처분하여 주시기 바랍니다.

첨부:1법률제정과정 및충청북도 등의 법률위반과 사기행위 개요

2.부동산실명법이 지방세 세입권자인 행정청의 적반하장 사기법률로 둔갑

3.재심이유서.

4.2020나2020676 부동산실명법 장기미등기 기산일공개 및 손해배상청구의소 준비서면(증거설명서149개)

5부동산실명법제10조제1항제1호는 대국민기만법률이다.

6.청주지방법원은 충청북도의 사기행위 양성기관이다.

7.대법원마저 충청북도 사기행위 방패역할을할것인가.

8.부동산 등기특별조치법제2조제1항에관한질의(법무부)

9.기획재정부 회신문서.끝

법률제정과정 및 충청북도 등의 법률 위반 과 사기행위개요

1990.8.1. : 법무부는 부동산 미등기전매를 방지하기 위하여 매수자에게 과태료를 부과할 수 있는 부동산등기특별조치법을 공포하였고 1993.7.2.사업준공된 안산신도시 도상가분할 토지 거래 경우 소유권이전 등기신청 기산일은 표시변경등기 완료 후 확정된 면적에 대한 대금 청산일이라고 해석하여 법제처 국가법령 정보 센터에 게시

1995.1.27.: 구재정경제원은 부동산 차명보유를 방지하기 위하여 입법예고한 부동산 실소유자 명의등기에 관한법률 제정과정중 장기미등기자도 과징금을 부과토록 장기미등기자에 대한 벌칙조항을 추가하여

1995.3.30.: 부동산 실권리자명의 등기에관한 법률로 명칭을 변경 (공동발의자법무부), 제10조제1항으로 부동산등기특별조치법 제2조1항으로 규정되어있는 반대 급부의 이행이 완료된날 이라는 조문을 그대로 인용 부동산등기특별조치법 제2조,11조에의하여 부동산 취득일로부터 60일 이 내 소유권이전 등기를 신청하지않아 과태료부과 대상자로서 3년이내 에 소유권이전등기 를 신청하지 아니한 장기미등기자 에게 부동산 평가액 의 30% 과징금을 부과 하겠 다고 공포하였다.(개정법률은 30%이내에서거래가액 ,위반기간에 따라 차등적용)

1995.4.4.: 동법시행령(안)으로 장기미등기 기산일은 대금청산일로 한다라고 **입법예고**하였으나 법제처가 누가법률해석을 하더라도 같을것 이라고 직권 삭제하였기.

1995.4.26.: 법률주관 발의자인 구재정경제원은 국민들에게 피해가없도록 장기미등기 기산일은 잔금청산일이 된다고 부동산실명법 해설책자로 공공기관및 국민 들에게 고지 하였고.

1995.7.1.:미필적 고의 법률인 약칭 부동산 실명법은 시행되었고 지방세 절감을 위해 매수자가소유권이전등기 신청을 지연시킬 목적으로 잔금납부를 지체할 경우 에는 완납할 때까지 적용할 수

없는 법률이 시행되었습니다.

1998.6.8:IMF 시절 원고등 사업시행자 소속직원들은 토지조성자금을 국민들로부터 조 달할수 없었으므로 자사 부동산을 취득해 회수대금으로 운영자금을 조달해야만 했고 지방세 세입권자인 충청북도(취득세,등록세)와구청원군(재산세)은 오창산업단지가 숙원사업이었기에 지원반 도 운영해왔고 5개월약정 일시 납계약을하더라도 취득세및재산세 납부시기를 토지면적 확정일 (2001.12.26.)에 매매 대금을 완납한 것으로 간주하겠다 고 지방세 구걸행위를 하였고 사용자의 위력에의한

부동산 취득이었으므로 3년분할납부 계약후 부동산등기제도를 악용하여 잔금일부 (매도자가 토지면적확정시 갑질행위를 하더라도 완납처리되지 않도록 약5% 정도)를 연체하면 지방세 납 부상 유리하다는 사실을 알고 있었지만 구사적 애사심에서 원고 는 구한국토지공사 와 양도차익 발생시 양도 소득세 납부에 불 리한 일시납 계약을 체결(1998.11.8.잔금납부)하여 지방세 세수물건 토지조성자금 조기확보에 기여했으므로 충청북도 ,구청원군,구한국토지공사에 재산권을 할애해준 사익보다 공익을 위 한 매수자였다.(356㎡:44,956,000원)

2001.12.26: 구 한국토지공사는 블록단위 면적증감(10개필지 7.2㎡)을 각필지에 안분하지 않고 소유권이전등기 제도를 역악용하여 5 개월약정을 퇴직금으로 46일만에 이행한 원고 매수토지를 오차로 도저히 인정할수없는 5.1㎡를감소시켜 취득세 및 재산세를 납부토록하고 3년분할납부 계약후 연체중이던 매수자는 오히려 3.8㎡를 증가 시켜주어 재산세를 납부하지 않아도 되고 부동산 실명법 적용시기를 매수자 결정토록 했으므로

구한국토지공사,구청원군,충청북도는 계획적으로 공모하여 원고의 재산권을 좀도둑질 까지하였다.

2002.1.23.:원고는 부동산취득일로부터 3년6개월후 지방세 유예조건에 따라 가산세없 이 취득세 를 납부하였고 퇴직금 지급계좌로의 대금청산금 지급 요청은 서류로 신청 하라고 구한국토지공사가 거절.

2006.10.2: 구한국토지공사가 사실상의소유자는 원고라는 사실을 구청원군에 통보하므로서 금액 정정고지서(50%감면 →100%)에 의하여 재산세납부.(반대급 이행일이 표시변경등기 완료일이라면 과징금이2 배로 증가하였으므로 구청원군이 부동산실명법 제10 조3항을 위반한 것임)

2009.3.2.: 구한국토지공사 충북지사는 본사결산 감사시 예수금을 청산하라는 감사지 적을 받 고 청산금 557,450원(원금+토지면확정일까지이자)을 퇴직금지급 계좌로 온라인 송금.

2009.10.30.:소유권이전등기경료.

2011년:충청북도는 구청원군에 대한 감사시 1282명 단독주택지 매수자 중 가장먼저 매매대금 을 납부한 원고에게 부동산평가액의 20%인 장기미등기과징금 24,071,740원을 부과 토록 유일하게 감사 처분.

2011년11월경:법무부는 충청북도 로부터 허위문서(1998.7.24. 사실상 토지대금완납→ 2011.12.26.(토지면적확정일)을.취득세,등록세납부일로 2002.8.7.(한국토지공사가 표시변경등기를 1차 신 청 한 날) 을 토 지 면 적 확 정 일 로 오 인 하 고 , 일시납 매매계약서 삭제,청원군을통해 충청북도에 전달한 부동산등기특별조치법 제2조제1항제1호 법무부해석삭제)로 법 률 해석을 의뢰 받고(2011.8.17.) 대금청산일로 볼수 없다고 21년(실명법 16년)후 자기부정 진정소급 입법 해석을 므로서 사유없이 원고의 재산권 을 이용해 좀도둑질 까지한 구청원군과 충청북도 가 원고의 재산권을 몰수하는 사기행위를 하도록 원인제공

2011.12.29:구청원군은 부동산 실명법 제10조제2항(헌법불합치결정에의한 이익형량을하라는 신설조 항)및제10조제3항 (과징금2배증가)적용뿐만아니라 사유없이구청원군 이 공동갑질행위에 의한 역 연대채무자이므로 역채권자에게 등기신청을 해 태한 정당한사유또는상당한사유가있는지(부동산실명법 ,부동산등기특별 조치법에의한 과태료부과 징수 규칙)조문 판단도하지않고 보은을 원수로 되갚은 안하무인 적반하장 무법천지 과징금부과.

부동산 실명법이 지방세 세입권자인 행정청의 적반하장 사기법률로 둔갑

5천만 국민은 반사회질서법을 방치한 국회 및 법리적 사실적 정의는 털끝만치도 없는 정부의 법조조직을 소환합니다.

도상가분할 토지거래 쌍무계약에 제3자인 충청북도와 청원군이 사업시행자 소속직원들에게 지방세 구걸 행위를 하였기 토지면적확정 3년5개월 전 매매대금을 납부하였으나 매도자가 부동산 소유권 이전 등기제도를 역악용,오차로 인정할 수 없는 5.1㎡를 감소시키고도 청산금을 퇴직금계좌로 7년후 환급해주었음에도 소유권이전등기에 인용되는 않는 매도자의 반대급부이행일이 장기미등기 기산일이어서 지방세 구걸행위 13년후 유일한 장기미등기자이고 같은블록내 3년분할납부 계약후 연체중이던 매수자 토지는 블록면적이 7.2㎡감소(10개필지)하였음에도 3.8㎡를 증가시켜주어 장기미등기 기산일이 매도자의 반대급부이행일로부터 8년후 라는 유전유죄 법률은 국민 누가 판단하더라도 반사회적 부동산거래 질서법입니다.

법률시행 16년후(21년후) 부동산 실명법 제10조제1항제1호를 삼권분립의 원칙을 위반한 독선적 해석으로, 가장먼저 매매대금을 납부한 매수자를 가중 역차별하여 역연대채무자가 역채권자에게 부동산취득가격 보다도 많은 재산권을 몰수했고 역채권자에게 사실상의소유자라고 재산세를 부과한 시점도아니고 소유권이전등기경료 2년후 과징금이 2배로증가한 시기에 몰수해 가는 것은 불법행위이고,가중역차별은 정부경제부처의 토지조성 자금 선 조달업무를 훼방하고,도상가분할토지 매수자에게 계약이행을 지체하여 무전무죄의 법률을 적용받는 것이 유리하다는 해석이라는 피해자의 주장을 정부의 법조조직이 10년동안 받아들이지 않았으므로 국민들은 백해무익한 정부 법조조직을 해체토록 요구 합니다.

부동산 실명법은 부동산 소유권 이전등기 제도상 무전(계약이행지체자)무죄 (매수자가 법률적용 시기결정)인 법률로 유전(계약성실이행자)유죄로 규정한 등기권리자 권리제한 기산일(반대급부이행일) 해석을 법률 주관

발의자인 재정경제원 이 국회에 법률제안 설명시,시행령(안) 공포시,언론보도자료,법률해설집으로 부동산취득일 으로서 대금청산일 이라고 국민들에게 공지한후 시행한 1995년 시행한 법률입니다.

법제처는 시행령 공포전 헌법 제1조 및 행정절차법 제5조를 위반 누가 법률해석을 하더라도 같을 것 이라고 대금 청산일로 한다는 시행령(안) 조문을 직권 삭제하여 미필적 고의법률을 시행토록했고,

법무부는 전제조건인 부동산등기 특별조치법의 기산일은 표시변경등기완료(매도자의 반대급부이행일)후 대금청산일로 부동산실명법 공포전 해석하였고,시행령(안)까지 동의했음에도 법률시행16년후 충청북도의 허위공문서에 의한 법령해석 질의시(2011년) 헌법제11조 ,제13조 제2항 ,제37조2항 및 행정절차법 제4조를 위반하여 대금청산일로 볼수없다고 회신하므로서 진정 소급입법해석하는 불법 행위를하였고,피해자가 청원을 계속하자 2014년까지 법제처 법령정보센타에 게시되었던 부동산등기특별조치법 제2조제1항 제1호해석 마져 법무부 소관법률의 법률해석은 게시하지 말라고 법제처에 삭제 토록 한것은 계속해서 가중역차별로 선량한 국민의 재산권을 약탈하겠다는 것을 국민들에게 선포한 것입니다.

법원은 매도자의 반대급부이행일이 매수자의 장기미등기 기산일이라면 마땅히 부동산 등기법에 규정 했어야하는 것을 간과하고 추상적 독선적 법규범으로 채증의법칙,비례의원칙 ,헌법재판소결정 ,관련법률 판례등을 모두 간과하여 사유없이 매수자의 재산권을 이용해 불로소득 및 불법불로소득을 얻은 행정청 및 매도자와 법무부 ,법제처 , 대법원 부동산등기과 직원들은 치외법권자 라고 30년동안 판례가없는 사건에 대하여 피고무변론 원고 패소 판결을10년동안 지속하였으므로 관련 공무원및 이기택 대법관등 69여명의 재판관들은 헌법 제1조 ,제7조, 제11조,제13조2항, 제23조,제37조제2항, 제103조를 위반하여 국가 및 5천만 국민들에게 경제적 피해를 주었으므로 스스로 관복 및 법복을 벗어야합니다.

사건번호

충북행심12-15(2012.02.29.재결,박경국행정부지사,강성조기

획 관리실장,박완수담당관 , 고명수팀장,이승열주무관)

(과징금 부과 처분 취소의소 ;상대방 구청원군)
(청주)2012 구합596(2012아23 효력정지결정,2012.3.29.: 2012.7.13.판결,재판장최병준,판사 이경민,판사 권수아)
(대전고등청주)2012누547(2013.05.02.판결,재판장 사공영진 판사 이국헌, 판사 이수현)
(대법원)2013두 12089(2013.09.30.판결, 대법관,양창수, 박병대,고영한, 김창석)

(손해배상 청구의소;상대방 청주시,한국토지주택공사,충청북도)

(청주)2014가단13242(2014.12.12.판결, 판사 나경선)
(청주)2015나10227(2015.6.23.판결,재판장 박병찬 .판사박상렬, 판사 김기홍)
(대법원)2015다228904(2015.11.12.판결,대법관 김용덕,박보영, 김신,권준일)
(청주)2015재나105(1016.8.26.판결,재판장 윤성묵.판사임택준 ,판사 염혜수)
(청주)2016카기368(2016.8.25.위헌법률신청각하결정,재판장윤성묵,판사 임택준 염혜수
(대법원)2017마5827(상고장 각하명령 2017.2.6.결정,재판장김창석,주심 박상옥, 대법관 이상훈,조희대)
(청주)2016라10042(소송비용액확정 2017,7.24결정 재판장 성익경 판사 강경묵 ,조민식)
(청주)2016라10094(소송비용액 확정.2017.7.27.결정 재판장윤성묵,판사 이정관,조민식)
(대법원)2017마5621(소송비용액확정,2017.9.28.결정.재판장조재연,주심조희대.대법관 고영한,권순일)
(청주)2016카기653(위헌법률 심판제청.2017.11.29.결정.재판장윤성묵 판사이정아.조민식)

(청주)2017카기420(기피각하결정,2018.5.18.재판장지영난.판사김주식.이정아)

(청주)2016 재나96(2018.10.5.판결,재판장이태영.판사정연주, 판사김재연)

(대법원)2018다291586(2019.1.31. 판결 재판장권순일,대법관이기택.주심박정화.대법관김선수)

(대법원)2019 카기150(위헌법률심판제청2019.5.6. 결정 재판장 김재형 주심이동원 대법관 조희대,민유숙)

(헌소)2019헌바209 (헌법소원기각결정2019.7.9.결정,재판장 유남석 재판관이은애.김기영)

(헌소)2019헌사469(국선대리인 선임신청기각결정 .2019.7.9.결정,재판장 유 남석,재판관이은애,김기영)

(대법원)2019 재다3750(2019.5.30.판결.재판장김재형 ,대법관조희대 ,민유숙 주심이동원대법관)

(헌소)2019헌아476(헌법재판소결정 위헌확인각하결정,재판장유남석.재판관이은애.김기영)

(헌소)2019헌마800(2019.8.20.결정 재판장 이석태 재판관이영진,이미선)

(대법원)2019카경,.2019카경10.(판결경정신청.2019.8.7.결정,재판장 김재형 주심이동원 대법관 조희대 ,민유숙)

(장기미등기 기산일공개 및 손해배상 청구의소;상대방 대한민국)

(서울중앙)2019가합5012(현금공탁결정2020.2.5. ;재판장김인택 판사강상효 , 이상언 : 2020.6.19.판결:재판장박석근, 판사김정윤,김현영)

(서울고등)2020나2020676(2020.11.27.판결,재판장강민구,판사박재영,이정훈)

(대법원)2020다298716(2021.4.1.판결 재판장김선수,주심이기택 대법관 박 정화 ,이흥구)

(대법원)2021재다556(재심청구)

국 회 사 무 처

내일을 여는 국민의 국회

수신자
(경유)
제목 민원 이송 통지

귀하가 국회에 제출하신 민원(관리번호 2101785, 2021.05.26.접수)은 2021.06.8. 자로 충청북도청(☎ 043)220-2114), 청주시청(☎ 043)201-0001), 한국토지주택공사(☎ 1600-1004)로 이송하였음을 알려드립니다. 끝.

국 회 사 무 총 장

수신자

대결 06/08

민원지원관 남미숙 서기관 정용제

협조자

국회민원지원-3747 2021.06.08.

07233 서울 영등포구 의사당대로 1 의원회관 220호 http://www.assembly.go.kr

2154 adamas@assembly.go.kr 비공개(6)

수신;서울특별시 영등포구 의사당대로 1(여의도동) 대한민국 국회

박병석 국회의장님 귀중, 우편번호 07233

참조; 이춘석 국회사무처 총장님

윤호중 법제사법위원회 위원장님

윤한홍 법제사법위원회 간사님

서영교 행정안전 위원회 위원장님

박완수 행정안전 위원회 간사님

임호선 행정안전위원회 의원님

진선미 국토교통위원회 위원장님

이헌승 국토교통위원회 간사님

정정순 국토교통위원회 의원님

김은혜 국토교통위원회 의원님

김병욱 정무위원회 간사님

발신:

김정선(인) 올림,

핸드폰번호

제목 : 부동산실명법 관련 대정부 질의요청

1.부동산 실명법 관련 재판관 및 공무원 징계 청구(2021.5.26.) 및 국회민원지원 -3747(2021.06.08.)호등과 관련입니다.

2.부동산 실명법 관련 행정부,사법부에 헌법과 법률은 없고 추상적 독선적 법규범 만 있다면 대한민국은 법치는 없고 관치 및 정치만 있으므로 이사건 관련자들은 권력을 남용 향후대책이 없는 대한민국 국민전체에 피해를 준 가해자 이므로 처벌을 해야 국가의 기강이 확립 됩니다.

3.법무부 및 법제처,법원행정처,사법부의 헌법 및 법률,정부조직법 위반에 대하여 입법부 및 국민의대표인 국회의원 까지도 이의를 제기할 권한이 없다면 국회조직이 존재할 이유가 없습니다.

4.충청북도,청주시,한국토지주택공사가 신의성실의 원칙을 위반 도상가분할 토지 거래제도를 담합 악용하여 불로소득을 얻은 가해자들 임에도 정부정책 등에 의하여 피해자인 선량한 국민에게 소유권이전 등기 경료 2

년후 충청북도,청주시,법무부가 주권 침해및 법률불소급의 원칙을 위반한 법률해석으로 헌법재판소법 까지 간과 부동산 평가액의 20%에 해당하는 과징금 부과가 적법한 행위라면 사법부가 권력을 가진자는 치외법권자 로 판단한 것이므로 법원이존재할 이유가 없습니다.

5.청원인이 토지면적 확정 3년5개월전(1998.7.24.) 매매대금을 납부한 것은 충청북도와 구청원군(현청주시)가 취득세 재산세 수납시기를 토지면적 확정일을 기산일로 해서 수납 받겠다고 구청원군이 청원인의 소속직장이었던 구한국토지공사와 협의하였기 구사적애사심 으로 3년분할 납부계약을 하지 않고 5개월 약정 일시납 계약을 체결하였기 때문입니다.

6.잔금이남아 있을 경우 매수자에게 소유권이전이 불가하므로 구한국토지공사가 2001.12.26.토지면적 확정시 블록단위 면적 증감을 각필지에 안분(10개필지 각0.7㎡씩감소)하지 않고 3년5개월전 매매대금을 납부한 매수자 토지는 5.1㎡를 감소시켜 역채권자로 전환시키고도 하시라도 청산금을 지급할 여건이었음에도 7년후 퇴직금 지급계좌로 지급하였음에도 충청북도가 일시납유도 13년후 진정소급 해석으로 장기미등기 자로 판단하여 법무부에 질의를 했고,

7.3년분할 납부 계약후 연체중이던 매수자 토지는 역대우로 블록면적이 감소하였음에도 3.8㎡를 증가시켜 주어 토지면적 확정 9년후 소유권 이전등기를 하였어도 장기미등기자가 아니므로 부동산 실명법 시행16년후 장기미등기 기산일를 법무부가 대금 청산일로 볼수없다는 진정소급입법 해석한것은 공무원으로서의 적성검사 불합격 자로 하여금 법률해석을 하도록 위임하였으므로 주권,재산권을 침해한 정부조직법 위반행위입니다.

8.법제처는 법률에 부동산취득일을 반대급부의 이행이완료된 날로 규정한조문을 시행령으로 청산일로 규정하지 않더라도 같은해석이 될것이라고 삭제하고도 벌칙에 대한 조문의 해석은 법률해석권한이 법무부에 있다고 주장하는 것 역시 공무원으로서 적성불합격자가 법률 심사 및 행정작위를 하였으므로 정부조직법 위반입니다.

9.법원행정처 부동산등기과는 등기업무 총괄부처로서 표시변경 등기완료일이 특별법상의 취득일이라면 표시 변경 등기완료일을 소유권 이전등기에 인용토록 조치했어야 함에도 30년동안 아무런 조치를 하지 않았음에도 해석에 대한 청원을 거부하였으므로 법조조직은 선량한 국

민에게 없는 죄를 만들어 뒤집어 씌우는 무소불위 조직이므로 민주공화국 정부조직법 위반자 들입니다.
10.정부조직법으로 법제처에 법령의 심사 기능을 부여했더니 오히려 미필적 고의법률을 시행토록 했으면서도 16년후 10년동안 발뺌만 했고
11,법무부에 범죄를 예방하고 다스리라고 직무를 부여했더니 오히려 역차별 진정소급해석으로 향후 범죄자를 양산하는 행정작위를 하고도 자기부정을 감추려고 국민의 알권리를 뿌리채 뽑아 버렸고(부동산 등기특별조치법 제2조제1항의 해석을 국가법령정보센타 게시물에서 삭제토록함)
12.법원행정처에 부동산 등기업무를 부여했더니 법원의 진정소급입법해석에 의한 판결에 따라 반드시 필요한 업무가 아닌 것이 증가 될것이 확실함에도 법무부나 법원의 판단이 산으로 가든 바다로 가던 관여 하지 않겠다는 것은 직무유기입니다.
13. 법제처가 장기미등기 조문의 해석을 명확히 하기 위하여 대금청산일로한다 라는 시행령(안)조문을 삭제하였기 시행령 공포전 구재정경제원은 어쩔수 없이 법률해설집으로 장기미등기 기산일은 잔금청산일이 된다고 공기관 및 국민들에게 고지하였고 국무회의시 소득세법 시행령 제162조에의한 부동산 취득의 시기(대금청산일)가 장기미등기 기산일이라고 설명하였기.
14.법무부가 민원인에게 정보 공개한 자료에 의하면 장기미등기 기산일을 법률시행 16년동안 대금 청산일로 볼 수 없다(2011년 법무부판단)라든지 표시변경 등기완료일(2011년충청북도 판단 및 그후 10년간 법원의 판단)이라고 판단한 법률 해석례 및 판례가 없었음에도.
15.법무부는 16년후 알권리를 침해하는 진정소급입법 해석하고도 주권을 말살했고,법령심사 권한을 악용 하여 주권을 침해토록 원인을 제공한 법제처 및 부동산등기실무부처인 법원행정처도 묵비권을 10년간 행사했고
16. 법원은 헌법 및 헌법재판소법, 부동산등기법,민법 ,민사소송법등 어느 법률에도 합치 되지 않는 추상적 법규범으로 무법천지판결을 하였으므로 계약성실이행 매수자 가중역차별에 따른 경제부처의 선자금 조달업무를 훼방하고 국민전체에 대한 경제적손실과 향후 반사회 질서 행위에 대한 책임이 법원에 있다는 것을 분명히 알리고 직권남용 및 직무유기를 한 법제처 ,법무부,법원행정처는 부당이득을 얻었으므로 각각 민원

인에게 소송가액인 5천6백만원을 지급 하라고 입법권자 및 국민의 대표로서 국정 질의하여 주시기 바랍니다.

17.또한 충청북도,청주시,한국토지주택공사도 선량한 민원인에게 재산권을 구걸하고(일시납 계약유도),좀도둑질(부동산 소유권이전 등기 제도를 악용한 역차별 토지면적 확정)하고도 모자라 적반하장으로 약탈행위 (허위공문서 까지 작성하여 새로운 법령해석 유도) 하고도 소송시 불로소득여부,자료제출의무,법정진술 의무에 묵비권을 행사 했으므로 역시 각각 5천6백만원을 지급하고 향후 매수자들의 반사회적 질서행위에 대한 수인의무가 있음을 국정질의 주시기 바랍니다.

18.부동산 실권리자명의 등기에 관한 법률 제10조제1항으로 부동산취득일을 반대급부의 이행이 완료 된날 로 규정하였다고 국회에 입법제안 설명한 법률 주관발의자인 구재정경제원이 장기미등기 기산일 해석을 명확히 하기 위하여 동법시행령(안) 제6조로 대금청산일로 규정하려고 하였으나,

19.국가가 입법제안하는 법령의 심사권자인 법제처에 의하여 누가법률해석을 하더라도 같을 것 이라고 직권삭제 되므로서 미필적고의 법률이 시행되었다는 것을 공동발의자인 법무부는 익히 알고 있었음에도.

20.법률을 이관받은 법무부가 법률시행 16년후인 2011년 시행령(안)과 다르게 청산일로 볼수 없다고 해석한 것은 법률 논리체계상 법제처의 직권남용과 법무부가 헌법등을 유린한 공모에 의하여 국회,국무위원,국민을 기만한 불법행위 라고 볼 수밖에 없습니다.

21.부동산 실명법 제10제1항제1호가 미필적 고의법률이지만 법무부 소관법률로 전제조건인 부동산 등기특별 조치법의 소유권이전등기 기산일을 표시변경등기후 대금청산일로 해석하여 국가법령 정보센타에 게시되어 있었고 시행령 공포전 잔금청산일 이라고 구재정경제원이 법률해설집을 발간 공기관 및 국민들에게 고지하였으므로.

22. 민원인의 소유권이전 등기경료2년후 인 2011년 충청북도의 허위공문서에 의하여 법무부는 대금청산일로 볼수 없다고 진정소급입법 해석으로 회신 하였으나 16년동안 대금청산일로 볼수 없다는 법률 해석례 및 판례가 한건도 없었으므로 법무부 새로운 해석은 매수자들에게 잔금을 연체하라고 권장하는 명백한 불법행위입니다.

23.도상가분할 토지거래는 사업시행자 (매도자)가 매수자로부터 토지대금을 미리 받아 그 회수대금으로 토지를 조성하여 토지면적 확정 및 표시변경등기완료후 소유권을 매수자(등기권리자) 에게 이전해주는 외상매출부동산 거래로,
24.매수자의 고의 또는 매도자의 과실에 의하여 거래잔금이 남아있는 경우 매도자(등기의무자)에게 동시이행항변권이 있어 현행등기법상 소유권이전이 불가능 (등기선례 5-820.1998.11.26.)하여 잔금을 완납할 때까지 매수자에게 소유권이전 등기의무를 부과 할 수 없으므로,
25.충청북도와 구청원군이 지방세물건 조기확보를 위해 일시납 계약을 유도했고 매도자가 도상가분할 토지 소유권이전 등기제도를 악용 토지면적확정시 블록단위 면적증감을 각필지에 안분 하지않고 계약성실이행자를 역차별(고의로 토지면적 감소시킴) 하여 매수자가 금전적 역 채권자이며 당해행정청이 이로 인해 불법 불로소득 까지얻은 연대채무자인 경우에 매수자에게 등기신청 해태에 따른 과태료 및 과징금부과 시점을 언제로 보아야 하느냐가 부동산 실명법의 법리 및 이사건의 쟁점입니다.
26. 대한민국 헌법 제1조에는 대한민국은 민주공화국이고,주권은국민에게 있고 모든 권력은 국민으로부터 나온다고 규정하고 있으므로 행정절차법 제5조를 위반한 법제처 및 행정절차법 제4조를 위반한 법무부는 국민의 주권침해자이며 소급해석에 의한 판결문에 법리를 명시해달라는 요구를 법원이 거부하였으므로 법원도 주권 침해자입니다..
27.국회의원은 국민을 대표하여 법률을 제정하고 국정을 심의한다 는 직무규정이 있으므로 5천만국민에게 악영향을 미친 판결에 대하여 국정감사를 하지 않는 것은 직무유기 행위입니다
28.헌법제7조에는 공무원은 국민전체에 대한 봉사자이며,국민에대하여 책임을 진다 라는 복무규정이 있으므로 헌법과 공지된 법률에 의하지 않고 국민의 주권 ,재산권 , 신체의 자유등을 뺏어가는 것은 범죄행위입니다.
29.부동산의 소유권이전등기는 국민생활과 가장 밀접한 법률임에도 국가가 법률시행전 해석과 다르게 16년후 10년동안 법률해석 및 판례가 없는 논리를 주장하는 것은 명백한 입법권 ,주권,재산권 침해행위이므로 국회 및 국회의원은 관련부처의 국정을 심의하여야 함에도 국회가 민원

이라고 수차례 대정부 질의를 하지 않는 것은 무노동 무임금 원칙에 의하여 세비를 국고에 반환하여야 합니다.
30.약칭부동산 실명법은 매수자와 매도자간의 담합행위에 의하여 매수가가 불로소득을 얻지 못하도록 매수자의권리를 제한한 법률이지만.
31.도상가분할 토지거래로서 매수자가 법률적용을 회피하려고 잔금일부을 연체하거나 매도자가 토지면적 확정시 역대우하여 토지면적을 증가시켜줄 경우(이사건토지 해당블록 3.8㎡증가)에는 매도자에게 동시이행 항변권이있어 매수자의 권리를 제한할 방법이 없으므로.
32.부동산 실명법의 장기미등기 조문의 적용을받는 매수자는 쌍무계약을 성실히 이행하였으나 매도자가 소유권이전 등기제도를 역악용하는 역차별(이사건토지 5.1㎡감소)로 매수자를 역채권자로 전환시킨 경우이므로 법률시행전 시행령(안),언론보도자료, 법률해설집으로 국민들에게 고지한 바와같이 대금청산일로 해석되어야 계약성실이행 매수자가 가중역차별 받지않는 법률이므로 국민들의 매매대금연체 확산을 방지할수 있습니다.

33.부동산 등기특별조치법 시행 8년후,부동산실명법 시행3년후,사업시행자 소속직원으로서 사업비를 스스로 조달해야만 했던 궁박한 처지의 선량한 민원인에게 지방행정청이 지방세 구걸 행위 및 좀도둑질을 하고도 모자라 법률시행 16년후 적선을 베픈 민원인에게 허위문서 까지 작성하여 재산권을 약탈하여도 불법행위가 아니라는 것은 권력을 남용한 법원의 중립의무 위반입니다.
34.미확정 부동산 쌍무계약에서 누가법률 해석을 하더라도 같을 것이라고 청산일로 한다 라는 조문을 삭제한 것은 매수자와 매도자간, 매수자간의 평등권으로 법률해석을 한다는 전제조건이 필수임에도 헌법 재판소에 헌법 재판소의 헌법 불합치 결정에 의한 개정 법률도 재량권이라고 적용하지 않으며 법원이 소급해석으로 비경제적 법률로 둔갑되었고 주권, 재산권을 침해하고 있으므로 헌법 소원을 제출하였으나 사전심사로서 전제성이 없다고 기각한 것도 자기부정 행위이므로 헌법 재판소도 국정질의를 하여야 합니다
35. 미필적 고의 법률 의 시행전 해석을 16년후 법률제정 목적에 역행하도록 소급해석 하는 것은 부동산거래 질서 확립을 위한 법률이 반사회질

서법으로 변질되었으므로 국가및 국민모두가 피해자가 되는 법률입니다.
36.부동산 실명법에서 규정하고있는 장기미등기자에 대한 벌칙등은 1995.1.27. 입법예고시 국민여론 및 공청회를 거치지않은 조문으로서 법률공포 직후 언론보도자료, 시행령(안)으로 대금청산일 로 입법예고 하였고, 법제처에 의하여 미필적 고의법률이 되었지만 법률시행전 법률 해설집으로,전제조건인 부동산 등기특별조치법 역시 부동산 취득일을 청산일로 법무부가 해석하였기 2011년 11월 까지 반대급부 이행일을 청산일로 볼수 없다는 해석이 없었습니다.
37. 충청북도및구청원군(현 청주시)는 도민과 군민 소득증대를 위해 국가공기업인 구 한국토지공사에 우월적 지위를 이용 사업착수 유효기간(3년)을 넘겨 사업성이 없는 오창산업단지를 조성케 하므로서 2004년기준 780억원의 사업손실을 초래토록 하였다.
38.구한국토지공사는 100% 정부투자기관으로 외환위기시절 정부에서 추가 출연할 재원이 없었기에 정부는 국민의 정서상 소속회사의 부동산을 취득할 수 없는 민원인등 소속직원들에게 매각토록 독촉했고 민원인등 소속직원들은 사업비조달을 위해 토지를 매수했으므로 토지취득 자체가 평등권침해를 받은 것입니다.
39. 충청북도와 구청원군은 우월적 지위를 이용해 780억원의 국고손실을 초래 케하고 민원인등 구한국토지공사 직원들의 피눈물나는 자구노력으로 지방세 세수물건이 조기에 확보되었고 구한국토지공사가 부동산소유권이전 등기제도를 역악용 토지면적확정시 역차별로 지방세 불법불로소득이 있었음에도
40.적반하장으로 허위공문서 까지 작성하여 1,282 개 단독주택지 매수자중 소유권이전 가능시점으로부터 4년3개월전 가장먼저 매매대금을 납부한 민원인에게 소유권이전등기경료 2년후 역차별에 의한 역채권자에게 장기미등기과징금(20%)을 유일하게 부과징수한 것은 부동산실명법제10조제1항제1호,제10조제2항(평등의원칙 및 과잉금지의원칙에 어긋난다는 헌소 결정에의한 신설조문),제10조3항,부동산등기 특별조치법 에의한 과태료 부과징수규칙 제2조4호를 위반한 천인공노할 사기행위이다.
41.법무부의 청산일로 볼수없다는 법률해석은 도상가분할 토지거래가 가해자와 피해자를 뒤바꾸는 적반하장행위로 둔갑되는 반사회질서법이라는

민원을 매도자,충청북도,청주시,법무부 ,법제처,법원행정처,헌법재판소 모두 4차례내지 15차례 민원인으로부터 진정 및 탄원서 등를 접수하고도.

42.헌법과 법률에 의하여 담당재판관의 고유권한이라는 답변뿐이었고 69명의 재판관들은 행정심판법을 위반하여 구술심리를 거절한 충청북도 행정심판 위원회의 재결서만 무노동으로 인용,판결서에 헌법 및 법리적 논리가 완전히 실종되고 변론일에 출석 여부만 확인할 정도의 무법천지 판결을 하였으므로 판결 사유서를 제출토록 대법원에 국정질의를 하여야 하며

43.부동산 소유권이전 등기제도 ,도상가분할 선매각 제도를 악용하여 불로소득을 얻은자는 충청북도,구청원군 구한국토지공사 이므로 자료제출을 일체거부하고 원고의149개 증거서류를 근거로 한 청구의소에 피고 모두 변론할 내용이 없다고 법정진술 하였음에도 법원이 헌법 및 법률을 위반하여 무법천지로 민원인인 원고 패소판결을 10년간 지속한 것은 .

44. 보은을 원수로 되갚은 충청북도 지사 이시종은 관치적,정치적 판단에 의하여 상왕이고 법무부,법제처,법원행정처,법원,헌법재판소는 시녀라는 것을 입증한 것 이므로 국회가 입법권과 국정조사권을 이용해 충청북도 지사,청주시장,한국토지주택공사 사장,법무부장관,법제처장,법원행정처장, 대법원장,헌법재판소장을 소환하여 대정부 질의를 하여야하며 만약 이를 이행하지 않는다면 국회 및 국회의원도 국민위에 군림하는 사기행위의 공범이라는 국민들의 인식에서 벗어날 수 없다고 사료됩니다.

45.충청북도 지사에게는 도세인 취득세 납부시기를 토지면적확정일을 기준으로 세입하겠다고 결정한 것이 구청원군의 월권 행위였는지 여부

-,매도자의 역차별 토지면적 확정에 의하여 등록세 세입이조기에 이루어진 사실이 전혀없었다는 사실 입증,

-오창산업단지 조성사업이 사업착수 유효기간을 넘기지 않았다는 사실,

-법무부에 법령 질의시 부동산 등기특별조치법제2조제1항 법무부해석,5개월약정 일시납 계약서를 삭제하고 사건개요도 추정된다는 구청원군의 사건개요를 매도자에게 확인도 하지않고 충청북도에 적선을베픈 매수자에게 불리하도록 사건개요를 사실과 다르게 작성한 사유.

-행정심판시 허위공문서를 작성하여 법령질의를 하였음에도 행정심판법 제40조를 위반 구술심리를 거절하고도 회의록을 10년동안 공개하지 못

하는 사유
-허위공문서를 간략하게 작성하고도 구청원군을 상대로한 과징금부과 처분 소송시 사실조회 답변에서 상세하게 기술하였다고 위증한 사유.
-충청북도의 갑질행위에 대한 서신탄원에 묵비권을 행사하고 직접면담을 도지사가 집무실에 있었음에도 2차례나 거절한사유.
-충청북도 감사관실이 이사건 최초 제기자 였음에도 감사지적 사항이행 여부는 피감기관에서 판단할 사안이라고 직접답변을 거부하고 허위공문서를 작성한 토지정보과를 감사하여 달라는 요구를 뇌물을 받지 않았으면 감사사유가 않된다고 감사직무를 유기한 사유.
-충청북도가 감사처분하고 허위공문서를 작성하여 이사건이 발생하였음에도 불법행위를 모두 청주시에 떠넘긴 사유
-민사소송 1심법정에서 참석한 소송대리인이 법정에서 변론할 내용이없다고 진술하고도 내부적으로 처리가 가능한 소송에 전혀 관여하지않은 다른 소송대리인이 1명이보직 변경되었다고 선고 1주일 전에 법원에 팩스로 소송대리인 변경을 통지한사유.
-충청북도는 국민들의 재산권 및 알권리를 침탈하는곳이고 청주지방법원은 국민들의 알권리를 말살하는 곳이라는 청원에 대하여 답변을 거부한 사유를 국정질의 하여주시기 바랍니다.
46.청주시장에게는 취득세 ·등록세 산출시 매도자의 반대급부이행일로 볼 수 있는 표시변경등기 완료일이 인용되는지 여부 및 시·군 및 등기소에서도 관리하지도 않는 년월일을 부동산 취득일로 판단한 충청북도의 감사지적사항을 그대로 인정하여 충청북도에 법령질의한 사유
-사건개요 작성시 민원인의 의견과 전산상 자료가 일치하지 않을 경우 토지매각원부를 관리하고있는 매도자에게 확인도 하지않고,지방세유예조건에 의하여 전산상 입력되어있는 토지면적 확정일에 매매대금을 완납하고 취득세 뿐만아니라 납부하지도 않은 등록세까지도 납부한후 8개월후 토지면적이 확정되었다고 사실과다르게 사건개요를 작성한 사유.
-실수요자가 없어 사업시행자 소속직원 자구책으로 토지를 매수해야만 했던 시기에 일시납계약을 유도한 것이 사업시행자 및소속직원 만을 위한 배려였는지여부 및 매수자의재산권을 이용해 불로소득 뿐만아니라 불법불로소득을 얻었는지 여부.

-효력정지신청 사건시 변론일에 충청북도가 법무부에 질의한 문서를 내일까지 제출하라고 법원이 명령을 하였음에도 1심종료시 까지 제출하지 않은 사유.
-사실상의 소유자라고 재산세 수시부과 및 금액정정부과(사업시행자 50%감면→100%)시 제10조3항을 위반 과징금부과 사전통지를 하지않은 사유(개정된 법률에 의하여 기간경과에 따른 과징금2배증가).
-부동산실명법 제10조 제2항은 헌법재판소의 결정에 의한 개정법률이므로 강행규정임에도 임의규정으로 재량권이라고 이익형량을 하지 않은사유 및 연대 채무자임에도 과태료 부과 징수규칙 제2조4호를 적용하지않은사유
-이종윤 청원군수에대한 친전 (2014.3.13.)청원에대하여 구체적답변을 거부하고 거짓으로 답변한 사유
-청주시(구청원군)가 매도자의 갑질행위에 의한 연대채무자 임에도 역채권자인 피해자에게 등기신청 해태에 따른 상당한 사유가 있는지 여부를 판단하지않은 사유를 국정질의하여 주시기 바랍니다..
45.한국토지주택공사 사장에게는 구한국토지 공사 직원들이 오창산업단지내 단독주택지의 3분의1이상을 매수하거나 매매알선하여 사업기간 단축에 기여했는지 여부.
-년예금운용수익이 13.8%(이자소득세제외) 연체이자 18%인 시기에 일시납계약이 년9%할부이자가 부리되는 3년분할납부계약에 비하여 지방세, 국세 납부상 유리했는지여부.
-토지면적확정시 부동산 소유권이전등기 제도를 역악용 계약성실이행자를 역차별하여 역채권자로 전환 시키고도 청산금을 11년후에 퇴직금 지급계좌로 지급한 사유 및매수자에게는 연체이자를 부과하면서 토지면적확정후 7년간은 역채권자에게 이자를전혀 지급하지않는사유
-토지면적 확정시 고의성 여부를 확인하기위하여 1.282개 필지중79개필지에 대한 토지매각원부의 열람도 거부한사유.
-공사에 기여한바있는 전직직원을 공사가 역차별하 므로서 발생한 과징금 부과사건에 대하여 공사가 소송에참여도 거부하고 사실조회답변도 법원의 독촉에도 이행하지않아 고의성여부가 확인되지않아 원고가 패소하였음에도 구상권청구를 거부한사유

-손해배상청구 사건의 당사자로서 충청북도와 청주시와 같이 실무를 잘 알고 있는 직원을 소송에 참여 시킬수있었음 에도 실무를 전혀모르는 외부변호사를 선임하여 적법하게 매각하였다는 것이 답변의 전부였으므로 배은망덕한 갑질행위 소송행위라고 판단되는바 공사의 의견은

-한국토지주택공사가 계속하여 묵비권을 행사하므로서 원고(민원인)가 계속하여 패소하는 결정적 역할을 했음에도 민원인이 국회입법 제정과정 및 국가기록원 보관 자료를 정보공개 요청하여 재심을 신청한 사건에 대하여 한국토지주택공사는 갑자기 변론기일에 재심사유가 안된다는 답변서를 법원에 제출한 것은 인륜을벗어난 행정으로 판단되는바 한국토지주택공사의 의견은

-위법자는 채권자가아닌 채무자가 되어야한다는 청원에대하여 사실적 사유를 답변하지않은 사유

-전직직원을 역차별하고도 재산권까지 약탈해가는 공사에대한 진정을 거부한사유

-전직직원 역차별 갑질행위에 따른 구상권 청구를 거부한사유

-국회로부터 이첩받은 중요한 민원문서를 지역본부 부장전결로 처리한 것이 위임전결에 적합한 것인지를 국정질의 하여주시기 바랍니다

2021.07.21. 민원인 김정선

대한민국 국회 귀중

첨부1.부동산등기특별조치법제2조제1항에관한질의해석(1993.7.2.사업준공된 안산신도시는표시변경등기 후대금청산일,법무부:원고가2011.8.8. 국가법령정보센타자료를출력하여 구청원군을통해 충청북도에 전달하였으나 충청북도가 삭 제하여 법령질의)

2.정보공개결정 통지서(2015.12.11. 국회사무처→청원인)
부동산실명법 정부안 주요골자,부동산 취득일 기준 부동산등기특별조치법과의연계,3년이내에 소유권이전등기를 신청하지아니한 등기권리자에게 부동산평가액의30%과징금부과(제10조)

3.부동산실권리자명의등기에관한법률시행령(안)심사및국무회의의뢰
(1995.4.3.재정경제원→법제처) ;
제6조로 장기미등기기산일은 대금청산일로 한다

헌법소원심판청구서

청구인 김정선

대리인 변호사 : 국선 대리인(헌법재판소법 제70조제2항)

청 구 취 지

"구 부동산 실권리자 명의 등기에 관한 법률(1995.3.30. 법률 제4944호로 공포하여 1995.7.1 시행되고, 2002.3.30 법률 제6683호로 개정된 것) 제10조제1항 제1호는 헌법에 위반된다" 라는 결정을 구합니다.

당 해 사 건

대법원 : 2019재다 3750 손해배상(기), 2019카기 150 위헌법률심판제청

원고(재심원고) : 김정선

피고(재심피고) : 1. 충청북도 청원구의 소송수계인 청주시
대표자 시장 한범덕
2. 경남 진주시 충의로 19, 한국토지주택공사
대표자 사장 박상우(변창흠)
3. 충청북도
대표자 지사 이시종

위헌이라고 해석되는 법률조항

"별첨"

청 구 이 유

"별첨"

첨 부 서 류

"별첨"

2019. 6. 21.

청구인 김정선(인)

헌법재판소 귀중

위헌이라고 해석되는 법률조항(2002.3.30 개정 법률)

부동산 실권리자 명의등기에 관한 법률 제10조 제1항 제1호

제10조(장기미등기자에 대한 벌칙등)

① 부동산등기 특별조치법 제2조 제1항, 제11조 및 법률 제4244호 부동산등기특별조치법 부칙 제2조를 적용받는 자로서 다음 각호의 1에 의한 날부터 3년 이내에 소유권이전등기를 신청하지 아니한 등기권리자(이하 "장기미등기자"라 한다)에게는 부동산평가액의 100분의 30의 범위에서 과징금(부동산등기 특별조치법 제11조에 따른 과태료가 이미 부과된 경우에는 그 과태료에 상응하는 금액을 뺀 금액을 말한다)을 부과한다. 다만, 제4조 제2항 본문 및 제12조 제1항에 따라 등기의 효력이 발생하지 아니하여 새로 등기를 신청하여야 할 사유가 발생한 경우와 등기를 신청하지 못할 정당한 사유가 있는 경우에는 그러하지 아니하다.

1. 계약당사자가 서로 대가적인 채무를 부담하는 경우에는 반대급부의 이행이 사실상 완료된 날

전제조건인 부동산등기 특별조치법(1990.9.2 시행, 법률 제4244호)

제2조(소유권이전등기등 신청의무) ①부동산의 소유권이전을 내용으로 하는 계약을 체결한 자는 다음 각호의 1에 정하여진 날부터 60일 이내에 소유권이전등기를 신청하여야 한다. 다만, 그 계약이 취소·해제되거나 무효인 경우에는 그러하지 아니하다.

1. 계약의 당사자가 서로 대가적인 채무를 부담하는 경우에는 반대급부의 이행이 완료된 날

부동산등기특별조치법 제2조제1항에 관한 질의[법무부 연도미상, 법무부]

분양자인 한국수자원공사는 토지를 우선 도상분할하여 피분양자에게 분양하면서 일응대금을 받되 토지조성공사가 완료된 다음 지적측량을 실시하여 그 면적을 확정한 후 증감된 토지에 대하여는 그 대금을 정산하기로 약정하여 분양한 것이므로, 그 면적이 확정되어 대금이 결정된 후 그 대금이 정산되어야 반대급부의 이행이 완료된 것으로 볼 수 있는데다가, 현실적으로도 공사가 완료된 다음 그 면적이 확정되어 표시변경등기가 이루어져야 피분양자

앞으로 이전등기가 가능하므로 지적측량을 실시, 분양면적을 확정한 후 그에 따른 토지대금을 정산한 날을 위 법상의 이전등기 신청기산일로 보는 것이 타당하다고 생각됨(1993년 사업준공이므로 실명법 공포전으로 판단됨)

청 구 이 유

1. 사건개요

가. 이사건은 원고와 원고의 소속직장이었던 구 한국토지공사(현 한국토지주택공사)와의 우월적 지위를 이용한 도상가분할 토지 쌍무계약에 구 청원군(현 청주시)과 충청북도가 담합하여 일시납계약을 유도하여 불법불로소득을 얻은것에 만족하지 않고 충청북도가 법률시행 16년후, 일시납계약 유도 13년후 허위문서까지 작성한 진정 소급입법해석에 의하여 청주시로 하여금 원고에게 장기미등기 과징금을 부과한 사건에 대하여, 구 청원군을 상대로한 과징금 부과 처분취소소송 및 피고들은 상대로 한 손해배상 청구소송 사건에서 원고의 67개 서증에의한 청구의 소를 피고들이 무답변, 무서증, 무변론 했음에도 원고 패소 판결을 하였기 이는 100% 관치주의 판결이므로 헌법소원 심판을 청구하게 되었습니다.

- 법제처 심사에 의한 미필적 고의 법률의 장기미등기 기산일을 법률시행전 대금 청산일로 공표한 것을 소유권이전등기 경료 2년후, 법률시행 16년후 대금정산일로 해석하는 것은 진정 소급입법 해석입니다.

- 지방세 유예조건으로 일시납계약을 유도해놓고 사건개요 작성시 원고가 토지면적 확정 3년5개월전 매매대금을 납부하였음에도 피고 구 한국토지공사와 피고 구 청원군과의 협약에 의하여 전산상으로 등록되어 있는 토지면적 확정일에 원고가 매매대금을 납부한 것으로 작성하고, 소유권이전등기 신청지연 의사가 없었다고 판단할 수 있는 일시납계약서 삭제, 법률적용의 전제조건인 부동산 등기특별조치법 제2제1항제1호에 대한 법무부 해석례를 법무부에 법령해석 질의시 삭제한것은 원고에게 불리하게 법률해석이 되도록 작성한 것이므로 허위공문서 작성입니다.

- 법원에 문서를 제출하지 않아 정보공개로 확보한 문건을 문서 기안자 및 협조결재자에게 확인까지 하였는데도 피고 충청북도는 6년동안

왜 허위문서가 아닌지 답변도 하지 않고 대법원에 답변서를 제출하면서 원고의 청구사유에 대하여 반박할 내용이 없으므로 허위문서라고 판결문에 설시되지 않았다고 대법원에까지 속여왔습니다. (피고 구 청원군과 피고 구한국토지공사는 응소조차 하지 않았음)

나. 지방세 세입권자인 행정청이 개입하지 않았으면 발생 할 수 없는 사건으로서 행정청인 가해자가 피해자에게, 불로소득을 얻은자가 불로소득을 얻도록 도움을 준자에게, 연대 채무자가 금전적 역채권자에게 징벌성 행정처분 과징금을 부과징수한 것은 공서양속에 어긋나는 불법행위로서 보은을 원수로 되갚은 사건입니다.

다. 장기미등기 기산일을 매매대금 청산일로 판단한 사건(법률 발의자가 대금 청산일로 공표하였기 동법 동조에 대한 위헌법률 신청이 있기전까지 매수자가 매도자에게 지급할 채무자가 없는 시기 또는 공시관리되지 않는 표시변경 등기 완료일로 판단한 판례가 없었음)에 대하여도 헌법재판소의 헌법불합치 결정(99헌가 18사건 등 : 2001.5.31)에 따라 개정된 법률(2002.3.30. 법률 제6683호)에 의하여 신설된 동법 제2항 따른 과징금 감경 대법원 판례를 원고가 법원에 제시하였고 헌법소원결정(2012헌바 263, 2013.3.28, 조세를 포탈하거나 법령에 의한 제한을 회피할 목적이 없었다면 50% 감경할 수 있으므로 차명보유자와 평등권 침해가 아니다)를 법원이 원고에게 제시하고도 이마저 간과한 것은 직권을 남용한 사법조직의 위계질서 파괴행위입니다.

- 부동산 실명법 및 제10조2항, 제3항
②제1항의 규정에 의한 과징금의 부과기준은 부동산평가액, 소유권이전등기를 신청하지 아니한 기간, 조세를 포탈하거나 법령에 의한 제한을 회피할 목적으로 하였는지 여부, 부동산등기 특별조치법 제11조의 규정에 의한 과태료가 부과되었는지 여부 등을 고려하여 대통령령으로 정한다.<신설 2002.3.30>
③제5조제4항 내지 제7항의 규정은 제1항의 규정에 의한 과징금에 관하여 이를 준용한다.<개정 2002.3.30, 제5항 지체없이 과징금 부과>

라. 부동산거래질서는 소유권이전등기 못지않게 매수자들에게 거래계약을 성실하게 이행토록 하는 것이 중요함에도 외상 매출 부동산을 소유권

이전등기 가능시점 4년 3개월전(토지면적확정 3년5개월 전)매매대금을 납부한 매수자는 토지면적을 5.1㎡ 감소시켜 금전적 역채권자이므로 역채권을 수령못했어도 장기미등기자이고, 같은 블록 내 토지면적 확정시기에 연체중이던 매수자 토지는 3.8㎡ 증가시켜주어 소유권이전등기 가능일로부터 8년간 계약이행을 지체하여도 장기미등기자가 아니므로 법원의 판단은 국민들에게 매도자가 토지면적 확정시 갑질행위를 하더라도 매매대금이 완납처리되지 않도록 5%정도 잔금을 남겨놓아 소유권이전등기신청을 지체하므로서 매도자를 괴롭히도록 유도하는 향후 출구가 없는 반사회적 법률입니다.

마. 구 부동산 실권리자 명의 등기에 관한 법률(1995.3.30 법률 제4944호로 공포하여 1995.7.1 시행된 것), 제10조 제1항 제1호(계약 당사자가 서로 대가적인 채무를 부담하는 경우에는 반대급부의 이행이 사실상 완료된날)에 대한 해석을 명확히 하기 위하여 법률 발의자인 구재정경제원이 시행령(안)제6조에 장기미등기 기산일은 대금 청산일로 한다고 입법예고 하였으나 법제처에 누가 법률해석을 하더라도 같을 것이므로 불필요하게 규정할 필요가 없다고 삭제하였고, 구 제정경제원에서 참고사항으로 소득세법 시행령 제162조(매매대금 청산일) 적용하면 법률해석에 문제가 없다고 국무회의를 통과하여 동법 및 동법시행령은 1995.7.1 시행되었습니다.(국가기록원 보존문서, 현 기획재정부 회신문서)

바. 부동산실명법 공포 3년후인 1998년 국가부도위기로 원고와 피고 구한국토지공사간의 쌍무계약에 피고 충청북도는 사업시행자인 피고 구한국토지공사로 하여금 취득세 등록세 세수물건을 조기조성토록 하기 위하여 취득세 수납대행기관인 피고 구 청원군으로 하여금 5년이후에 소유권이전등기가 가능한 도상가분할 토지 매매계약에 대하여 지방세 납부 유예조건(토지면적 확정시까지 지방세를 수납받지 않음)을 원고등 사업시행자 소속직원들에게 제시 일시납 계약을 유도하는 경제적 도움을 요청하였습니다.

사. 동법은 매수자의 권리를 제한한 법률이지만, 매수자가 소유권이전등기를 지연시킬 목적으로 채무이행을 지체한 경우 및 쌍무계약의 상대방인 매도자에게는 권리제한을 하지 않는 법률이라는 것을 간과해서는 안되며, 법률시행 3년후 피고 충청북도와 구 청원군이 장기미등기 기산일

을 대금 정산일(매수자가 매도자에게 지급할 채무가 없는 날)로 판단했다면 한정치산자가 아니고서는 5년이후에 소유권이전이 가능할 토지에 대하여 일시납 계약을 유도하는 행정행위를 할 수 없습니다.

아. 원고는 20년간의 경험으로 3분할 납부계약을 하면 3년후 잔금 납부시기를 조정할 수 있고(매도자가 조성공사 지연시 잔금 납부시기를 유예시킬 수 있다는 조항도 매매계약서에 명시되어 있음) 매매대금이 완납되어야 소유권이전등기가 가능하므로 소유권이전등기 신청시기를 원고(매수자)가 결정 할수 있다는 사실을 알고 있었지만 피고들을 신뢰하고, 구사적 애사심에서 일시납계약(1998.6.8. 가지번 272-5, 가지적 356㎡, 44,956,000원)을 체결하였고 피고 구 한국토지공사의 2차 갑질행위인 장기근로자 퇴직전략에 퇴직금으로 5개월 약정을 46일만에 이행하였으나 피고 구 한국토지공사는 3년 5개월 후 토지면적 확정시 갑질행위를 하고도, 퇴직금 지급계좌로의 청산금 지급을 거부하였기 청산금 지급의무와 소유권이전등기 신청은 동시이행 관계가 있다고 판단하였습니다.

자. 법률 공포(1995.3.30)후 언론보도자료(1995.4.4) 및 구 재정경제원의 동법 해설집(1995.4.26) 53쪽에서 동법 동조 동항의 장기미등기 기산일(부동산 취득일)은 잔금 청산일이 된다고 공표하였기 법률시행 16년동안 도상가분할 토지매매의 경우 장기미등기 기산일 적용과 관련한 판례가 없었고, 동법을 구 재정경제원으로부터 이관받은 법무부는 헌법재판소의 헌법불합치 판결에 따라 2002.3.30 법률개정시 동법 제10조제1항은 개정하였으나 제1호는 개정하지 않았습니다.

차. 2011년 11월(원고의 소유권 이전 등기 경료 약 2년2개월 경과 시점) 충청북도 및 법무부에서 문리적 해석상 장기 미등기 기산일은 소득세법등에서 규정하고 있는 매매대금 청산일(채권, 채무관계를 깨끗이 해결한 날)이 아니고 매매대금 정산일(매수자가 매도자에게 지급할 채무가 남아있지 않은 날)로 진정소급 입법해석하므로서 원고는 매매대금을 납부한 날로부터 약 13년후, 매도자인 구 한국토지공사(이하 "구 토공"이라 한다)의 역차별 면적 확정에 의하여 역채권자가 된날로부터 약 10년후, 구 토공으로부터 매매대금을 청산받은 날로부터 2년9개월 후 부동산 평가액의 20%(의무 위반경과 기간 2년 초과 15% + 부동산 평가기준액 5억원 이하 5%)에 해당하는 장기미등기 과징금 24,071,740원(원

고의 2년간 급료에 상당하는 금액)을 구 청원군(현 청주시)으로부터 부과징수 당했습니다.

– 부동산 실권리자 명의등기에 관한 법률에서 규정하고 있는 장기미등기 조문을 해석함에 있어 계약이행 지체 매수자 및 매도자는 권리제한을 할수 없는 법률이므로 법률시행전 국민들에게 공표한 매매대금청산일이 아닌 매수자가 매도자에게 지급할 채무가 없게된 날 또는 공시 관리되지 않는 매도자의 표시변경등기 완료일로 해석하는 것은 법률발의자(기획재정부) 및 법률심의자(법제처)와 다른 소급 해석이므로 헌법에 규정된 주권침해이며 삼권분립의 원칙, 법률불소급의 원칙, 과잉금지의 원칙, 평등의 원칙과 행정절차법 제4조에 위반되며 면적정산일로의 해석은 도상가분할 토지매매 속성상 매수자들에게 매매대금을 연체하도록 유도하는 반사회적 법률으로서 법률시행 24년동안 판례가 없는 사건입니다.

– 부동산 실명법 제10조 제1항(제1호)는 부동산 등기 특별조치법 제2조 제1항(1호)의 적용을 받는자로 규정되어있고 부동산 등기특별조치법 제2조 제1항 제1호는 서로 대가적인 채무를 부담하는 경우에는 반대급부의 이행이 완료된날로부터 60일 이내에 소유권이전등기를 신청하지 않은 경우 과태료를 부과토록 되어있고 이 사건토지등의 토지면적 확정일은 2001.12.26. 이며 피고 구 한국토지공사가 이사건 토지등의 표시변경등기 신청을 한날은 2002.8.22이고 표시변경등기 완료예정일은 2002.10.4. 경이다. 따라서 표시변경등기가 완료되어야 소유권이전등기 신청이 가능함에도 60일이내에 소유권이전등기를 신청하라는 법률을 표시변경등기 완료 9개월전에 소유권이전등기를 신청하라는 논리는 잘못된 주장이며 부동산실명법 공포전 부동산등기특별조치법 제2조 제1항 제1호에 의한 기산일은 등기공부정리후 대금청산일로 해석되어 있었으므로 부동산 실명법에서 규정하고 있는 장기미등기 기산일도 대금청산일로 해석되어야 한다.

– 지방세 세수관련 불로소득을 얻을 목적으로 지방세 납부상 불리하지 않다고 일시납계약을 유도한 피고 행정청은 피고 구 한국토지공사가 지방세 관련 피고들에게 부당이득까지 발생토록 고의로 역차별 토지면적을 확정하고도 청산금을 지급하지 않았으므로 연대채무자임에도 불구하고, 일시납 계약유도 13년후, 소유권이전등기 경료 2년후 진정소급해석에 의하여 부동산 평가액의 20%에 해당하는 과징금을 부과징수한 것은 명백한 사기 행위입니다.

– 원고가 67개 서증으로 피고들의 법리의 오해, 불법행위, 위법행위, 불법 불로소득, 허위공문서 작성, 적반하장 행위, 가해행위등을 원인으로 손해배상 청구한것에 대하여 피고들은 무서증, 자료제출거부, 무답변, 무변론 했음에도 청주지방법원이 피고역할을 하여 모순된 논리로 동문서답식 원고 패소 판결을 한 것은 평등의 원칙, 채증의 법칙, 민사소송법을 위반한 사법권 남용입니다.

– 피고 구 한국토지공사는 토지면적 확정시 블록단위 면적증감을 각 필지에 안분(0.7㎡감소)하지 않고 매매대금이 완납되어야 소유권이전등기가 가능하므로 토지면적 확정 3년5개월전 매매대금을 납부한 원고 토지면적을 오차로 인정할수 없는 5.1㎡를 감소시키고도 퇴직금 지급계좌로의 청산금을 7년동안 지급하지 않았고, 같은 블록내 3년 분할 납부계약하여 연체중이던 매수자 토지를 3.8㎡를 증가시켜주어 원고보다 12년 늦게 매매대금을 납부토록 한 것은 명백한 도상가분할 토지제도 및 부동산등기제도를 피고 구 한국토지공사가 악용한 것입니다.

– 부동산 실명법에서 규정하고 있는 도상가분할 토지의 취득일을 16년 소급하여 전제조건인 부동산등기특별조치법의 해석과 달리 해석하려면 평등의 원칙에 위반되는지 여부가 검토되어야 하며, 소득세법, 가등기담보등에 관한 법률 모두 대금청산일로 규정되어있고 대법원 판례가 있고, 동시이행관계가 있다고 규정되어있음에도 징벌성 행정처분 법률에서만 대금정산일로 해석하고 매도자의 표시변경등기신청 8개월전에 소유권이전등기로 신청하라는 논리와 동시

이해관계가 없다는 논리는 모순된 논리입니다.

2. 재판의 전제성

가. 헌법 제11조 평등권

– 부동산 실명법은 부동산거래 질서를 확립하기 위한 법률이며 매수자가 소유권이전을 지연할 목적으로 매매대금 납부를 지체하거나 매수자가 매매대금을 완납하였다고 하더라도 토지면적확정시 매도자의 고의 또는 과실로 면적이 증가한 경우에는 소유권이전 등기기산일을 매수자가 결정권을 갖게 되며, 매도자가 소유권이전등기 기산일의 결정권을 갖기위하여 토지면적 확정시 매도자가 고의로 면적을 감소시킨 경우, 금전적 역채무 이행은 민법상 채무자에게 있고 청산일도 매도자가 결정권을 갖고 있음에도 역차별 받은 매수자에게 매매대금 청산과 관계없이 소유권이전등기를 신청하라는 법률은 가중역차별 법률이므로 평등권 침해 법률이다.

– 매매대금을 조기에 납부하더라도 사용 수익할 수 없는 토지에 대하여 피고들에게 경제적 도움을 주기위하여 소유권이전 가능일로부터 4년 3개월 전에 매매대금 납부한자는 토지를 5.1㎡를 감소시켜 역채권 수령과 관계없이 장기미등기자이고, 연체중이던 매수자 토지는 3.8㎡를 증가시켜주어 매매대금을 연체하여 소유권이전 등기가능일로부터 8년후 소유권이전 등기를 했어도 장기미등기자가 아니므로 부동산 실명법은 매매대금을 연체하라는 반사회적 법률이다.

– 논리적으로 소유권이전등기 신청이 가능한 매도자의 반대급부 이행일(표시변경등기 완료일)을 장기미등기 기산일로 판단할 수도 있으나, 등기는 신청주의여서 신청일만 표시되고 완료일(이 사건토지등의 경우 43일 도과)은 공시되지 않는날이므로 법률에 완료일을 공시토록 규정화 해야되고, 매수자가 매도자에게 지급할 채무가 있는 경우 현행 등기법상 소유권이전등기 신

청이 불가능한데, 이에 대한 해법을 찾아야 평등권 침해 법률이 아닙니다.

나. 헌법 제13조2항, 제23조 1항 재산권 보호
법률시행전 공표한 법률해석(장기미등기 기산일은 대금청산일이다)을 법률시행 16년후, 소유권이전등기 경료 2년후 공시관리되지 않는 매도자의 반대급부이행일이 장기미등기 기산일이다라는 판단은 진정소급입법 해석으로서 재산권 박탈행위이므로 헌법에 위배된다.

다. 제37조제2항 과잉금지의 원칙
부동산 거래대금을 연체한 매수자는 권리제한을 못하는 법률인데도 부동산 거래대금을 성실하게 납부한 매수자는 매도자로부터 역차별 받은것도 손해인데 가해행위를 한 매도자에게 청산금 지급을 독촉하라는 규정은 자존심까지 헌납하라는 공익을 위한 권리제한이 아니고 매매대금을 연체하라는 공익을 해치는 법률이므로 헌법에 위반된다.

라. 헌법 제27조제1항 법률에 의한 재판을 받을 권리
산업입지 및 개발에 관한 법률의 강행규정을 위반하여 이 사건토지등을 조성했고 조성토지를 실수요자가 아닌 소속직원들에게 매각하였고 과징금 부과 권한을 가진 행정청이 지방세법을 위반하여 매수자의 재산권을 이용해 불로소득을 얻었고 소유권이전 등기기산일을 매수자가 결정할수 있으냐 매도자가 결정 할수 있느냐의 행정행위를 매도자가 도상가분할 토지제도, 등기제도를 악용하여 역차별 하므로서 피고들 모두 부당이득을 얻었고, 적반하장으로 가해자가 피해자에게 징벌성 과징금을 부과한 것이 타당한지, 피고들은 답변도 안했고 법원은 변론도 진행하지 않았어도 피해자는 가해자에게 손해배상 청구대상이 아니라는 판결은 민사법정에 민법 및 민사소송법도 없으므로 헌법에 위반된다.

마. 헌법제1조제2항 주권침해

- 부동산 평가액의 30%까지 부과되는 장기미등기 기산일에 대하여 법률발의자 및 심사권자가 법률시행전 국민들에게 공표한 법률해석을 법률시행 24년후 다르게 해석하면서 그 이유를 밝히지 않는 것은 주권 침해이다.

- 재판도 일종의 법률행위이며 행정심판위원회 및 법원은 우월적 지위를 이용해 원고에게 진술기회도 주지 않고 법원은 피고들에게 문서제출명령을 하고도 문서를 받지도 않았고 피고들은 반박주장도 안했고, 법정에서 변론할 내용이 없다고 진술하였음에도 원고 패소판결을 한 것은 심리미진 주권침해이다.

- 미필적 고의 조문인 부동산 소유권이전 관련 징벌성 규정에 대한 판례 및 법률 해석례를 24년동안 국가법률 정보센터를 통해 공개하지 않고 법원의 판단에만 맡기는 것은 삼권분립의 원칙에 어긋나는 국민의 알권리를 침해한 것이다.

- 과징금을 부과할 수 있는 권한을 가진자가 불로소득을 얻을 목적으로 쌍무계약에 불법개입하여 부당이득까지도 얻었음에도 문서제출 명령을 위반한 것은 직무위반이다.

- 법률에 장기미등기자라는 사실을 알았을때는 지체없이 과징금을 부과토록 규정되어 있음에도, 재산세 부과, 종합소득세 납부대상 보고시 과징금을 부과하지 않고 과징금이 증가한 시기에 부과한 것은 직무태만이다.

- 허위 공문서 작성이라는 원고 주장에 피고가 구체적인 답변을 한마디도 하지 않았음에도 법원이 불법행위가 아니다라는 판결은 직권남용이다.

– 최고의 법률 전문가 집단인 법제처가 원고로부터 국가기록원에 소장되어 있는 법률 심사자료를 제공받고도 법무부 소관 법률이라고 심사사유를 밝히지 않은 것은 직무유기이다.

– 법무부가 소관 법률인 부동산등기 특별조치법에서 규정한 소유권이전등기 기산일은 대금 청산일이라고 부동산 실명법 공포전 국가법령정보센터를 통해 공개해놓고 문구를 그대로 인용한 부동산 실명법의 장기미등기 기산일을 법률시행 16년후 매수자가 매도자에게 지급할 채무가 없는날로 해석한 것은 진정소급 법률해석으로 불법행위이다.

3. 위헌이라고 해석되는 이유

가. 매수자가 매도자에게 지급할 매매대금이 남아있는 경우 매도자가 민법제536조에 의한 동시이행 항변권을 주장하여 소유권이전등기에 필요한 서류를 발급해주지 않으므로 잔금을 완납할때까지 매수자에게 소유권이전등기 의무(권리제한)를 부과할 수 없으며 동법에서는 매도자에게 역채무 이행의무를 규정하고 있지 않으므로 매매계약을 성실히 이행하고도 매도자의 의지에 의하여 역차별 받은 매수자만 소유권이전등기 의무를 부과(권리제한)하는 평등권을 침해한 법률조항이며, 공기관에서조차 절세할 목적으로 잔금을 연체하는 부동산 등기제도를 악용하는 경우가 허다하며 이를 제재할 방법은 소송만이 유일한 방법이다.

나. 확정되지 아니한 부동산으로서 잔금약정일이후 이 사건토지와 같이 매도자가 직접 필지경계 표지를 설치하여 토지면적을 확정할 경우 매도자의 입장에서는 외상매출 부동산이지만 매매대금이 완납되어야 매도자의 의지에 의하여 매수자에게 소유권을 이전시킬수 있으므로 매매대금을 사실상 완납(토지면적 확정시 시공오차에 의하여 감소가 되는 경우가 많으므로 자투리 잔금 남김) 한 매수자 토지는 오차라는 구실로 면적을 감소시키고 같은 블록내 연체중인 매수자 토지는 면적을 증가시켜주는 것이 지방세 관련 매도자 및 행정청에게 경제적으로 유리하므로 토지면적 확정시 갑질행위를 하는 관행이 있어왔고 실질적인 매도자인 피고 구 한국토지공사와 담합행위자인 구 청원군은 토지면적 확정시 1,282개 단독주택지중 79개 견본 필지에 매매대금 납부현황,

토지매각원부, 취득세 납부현황을 열람 신청하였으나 개인 정보를 유출할 수 없다고 거절하여 역차별이 고의인지 실수인지 원고의 알권리를 침해하였다.

다. 따라서 확정된 또는 확정되지 아니한 부동산으로서 매수자가 부동산등기제도를 악용하는 경우와 미확정 부동산으로서 토지면적이 증가된 경우에는 매수자가 소유권이전등기 기산일을 결정할 수 있으나 계약을 성실히 이행하고도 매도자의 역차별에 의하여 면적이 감소된 경우에는 매도자의 의무인 역채무의 청산절차없이 소유권을 이전해가라는 법률은 국민들로 하여금 매매대금을 연체하여 소유권이전등기 신청 기산일을 매수자가 결정하도록 유도하는 규정이므로 부동산실명법은 매매대금을 연체하라는 공익에 반하는 법률입니다.

라. 원고는 국가 위기시절 국가공기업 소속직원으로서 피고인 지방자치단체가 도움을 요청해와 사익을 희생하고 공익을 위하여 소유권이전 등기신청시기를 원고가 결정 할수 있는 3년분할 납부계약을 하지 않고 일시납 계약을 하여 토지를 사용 수익할 수 있는 시점으로부터 4년 3개월전 매매대금을 납부하였음에도 피고는 그 공로를 흔적도 없애고 진정소급 입법해석에 의하여 피고가 재량권으로 등기지연 사유로 인정 할 수 있는 단서조항도 적용하지 않고 헌법재판소 전원 합의부 헌법불합치 판결과 헌법소원에 의한 이익형량도 전혀 하지 않았으므로 헌법에 위반됩니다.

4. 심판청구에 이르게 된 경위

사건번호 : 충북행심 2012-15(2012.02.29)

(청 주) 2012구합596(2012.7.13 판결, 재판장 최병준,
판사 이경민, 판사 권수아)

(대전고등 청주) 2012누547(2013.05.20 판결,
재판장 사공영진, 판사 이국헌, 판사 이수현)

(대법원) 2013두12089(2013.9.30 판결, 대법관 양창수,
박병대, 고영한, 김창석)

(청 주) 2014가단13242(2014.12.22 판결, 판사 나경선)

(청 주) 2015나10227(2015.6.23 판결, 재판장 박병찬,
판사 박상렬, 판사 김기홍)

(대법원) 2015다228904(2015.11.12 판결, 대법관 김용덕, 박보영, 김신, 권준일)

(청 주) 2015재나105(2016.8.26 판결, 재판장 윤성묵, 판사 임택준, 판사 염혜수)

(청 주) 2017카기420 : 기피신청, 민사10부(2017.3.13) 재판장 지영난, 판사 김주식, 판사 이경아

(청 주) 2016재나96 (2018.10.5 판결, 재판장 이태영, 판사 정연주, 판사 김재연)

(대법원) 2018다281586(2019.1.31 재판장 권순일, 대법관 이기택, 주심 박정화, 대법관 김선수)

(대법원) 2019재다3750 (2019.05.30 판결, 재판장 김재형, 대법관 조희대, 대법관 민유숙, 주심 대법관 이동원)

(대법원) 2019카기150(2019.5.28 송달, 재판장, 김재형, 대법관 조희대, 대법관 민유숙, 주심 이동원)

2019. 6. 21.

청구인 김정선 (인)

헌법재판소 귀중

국선 대리인 선임 신청 사유서

신청인 : 김정선
접수번호 : 사건번호 2019 현사 469

1. 청구인(원고)은 국가부도위기시절 국가공기업 소속직원으로서 정부정책에 의한 피동적 자사 토지 매수자이며 토지를 필요로 하는 실수요자가 아니었으므로 국가는 법리적 사실적으로 사업시행자 및 지방행정청으로부터 가해행위를 당했는지 평등권을 침해받았는지 청구인을 보호할 필요가 있습니다.

2. 피고들은 충청북도 숙원사업인 이 사건토지등의 조성공사를 국가경제 위기로 중단 할 수밖에 없었기에 그 지체기간을 단축하기 위하여 원고 등 사업시행자인 공기업 소속지원들에게 부동산 취득일로부터 1개월 이내에 납부하도록 되어있는 충청북도 세입인 취득세를 토지면적 확정일에 매매대금을 납부한 것으로 간주하여 수납 받겠다고 수납대행자인 구 청원군은 일시납 계약을 하도록 도움을 요청하였습니다.(1998.7.24. 매매대금납부, 2002.1.23 취득세 자진신고 납부시 가산세가 없었던 것으로 입증)

3. 조성공사 자금조달을 위해 지방세 유예조건으로 일시납 계약을 유도했으므로 사업시행자 및 지방세 세입권자는 일시납 계약자등 매매계약을 성실하게 이행한 매수자들에게 토지면적 확정 및 법률적용에 있어서 불리하도록 해서는 안됩니다.

4. 원고는 소속직원으로서 책임과 의무에 의하여 토지를 매수해야만 했고 20년간의 경험으로 3년 분할납부 계약이 일시납계약보다 소유권 이전등기 신청등 모든면에서 유리했지만 피고 지방행정청이 지역균형 발전을 위한 간절한 도움을 요청했기에 피고들은 신뢰하여 5개월 약정 일시납 계약을 하였고 5개월 약정을 퇴직금으로 46일만에 이행하였으므로 1,282명의 매수자중 가장 많은 재산권을 제공한 매수자이었고 피

고들은 원고의 재산권을 이용해 불로소득을 얻었습니다.

5. 년 예금운용수익 13.8%인 시기에 3년 분할납부계약의 할부이자는 년 9%이었고 취득원가에 포함되므로 향후 양도소득세 계산시 유리하고, 일시납 계약하여 매매대금을 연체하면 년 18%의 연체이자를 납부해야 되므로 원고는 매매대금을 연체하여 소유권이전등기 신청을 지연할 의사가 없었던 사익보다 공익을 우선한 매수자로 판단하여야 합니다.

6. 원고가 조성공사시 오차가 발생할 수 있으므로 자투리 잔금 104,040원(0.82㎡)을 남겨놓은 9개월 후 부동산등기 특별조치법 제2조제4항에 미등기 전매도 가능토록 규정하므로서 매각촉진에 의한 회수자금으로 조성기간을 단축할 수 있었고 3년5개월후 토지면적 확정측량을 할 수 있게 되었습니다.

7. 사업시행자는 블록단위 면적증감을 각 필지에 안분(감소0.7㎡)토록 토지분할경계표지 설치업무를 지적측량 대행기관에 의뢰하지 않고 직접설치하여 3년5개월전 가장먼저 매매대금을 납부한 원고 매수토지는 5.1㎡를 감소시키고 3년분할 납부계약하여 연체중이던 매수자 토지는 3.8㎡를 증가(8년간 매매대금 연체)시켜주는 부동산등기제도 및 도상가분할 토지매매제도를 악용하므로서 피고들 및 매매대금 연체자에게 부당이득이 발생토록 했습니다.

8. 원고는 피고들의 배은망덕한 행정 행위에 자존심마저 헌납할 수 없어 퇴직금 지급계좌로 청산금을 지급해 달라고 요청하였으나 매도자는 서류로 신청하지 않았다고 7년동안 이행하지 않았으므로 불법개입한 피고 행정청은 연대채무자입니다.

9. 도상가분할 토지매매제도는 외상매출 부동산이지만 매매대금이 완납되어야 소유권을 매수자에게 이전해줄 수 있으므로 매도자는 계약을 성실하게 이행한 매수자의 토지면적을 감소시키는 역차별 관행이 있어

왔습니다.

10. 부동산 쌍무계약의 매도자에게 권리제한 규정이 없는 부동산 소유권이전등기는 매수자가 매도자에게 지급할 채무가 있는 경우 매도자에게 동시이행 항변권이 있어 소유권이전등기가 불가능하므로 부동산실명법에서 규정하고 있는 장기미등기 기산일은 법률 발의자가 법률시행전 공표한대로 대금청산일로 보아야 합니다.

11. 원고는 피고 구 한국토지공사로부터 7년후 청산금을 퇴직금 입금계좌로 환급 받았고 소유권 이전등기 경료 2년후 원고의 재산권을 이용해 부당이득까지 얻은 피고 충청북도가 미필적고의 법률의 법리를 오해하고 허위 공문서까지 작성하여 법무부에 법령질의하여 발생한 법률시행 24년동안 해석례 및 판례가 없는 사건을 진정소급입법 해석에 의하여 매수자가 매도자에게 지급할 채무가 없는날 또는 매도자 반대급부 이행일(표시변경등기 완료일)로 판단하는 것이 매수자간의 평등권 매수자와 매도자의 평등권을 침해하지 않는지 법원은 명백히 밝혀야 함에도 피고 무반박, 무서증, 무변론 원고 패소 100% 관치주의 판결을 한것은 주권침해 행위이며 민사소송법을 위반한 직권남용 판결입니다.

12. 매매대금을 성실하게 납부한자는 고의로 토지면적을 감소시켜 면적도 손해인데 소유권이전등기 관련 법률에서 매도자의 역채무 이행의무를 매수자의 권리제한 수단으로 하는것은 매수자들에게 절세전략으로 매매계약을 지체하도록 유도하는 법률이므로 향후 그 대책이 없는 책임은 법제처(누가 법률해석을 하더라도 청산일로 해석되므로 시행령에 규정할 필요가 없다), 법무부, 법원에게 있으며 헌법재판소는 미필적 고의 법률을 법제처가 심사한대로 대금 청산일이어야 하는지 법무부 및 법원의 판단대로 매수자가 매도자에게 지급할 채무가 없는날 또는 공시 관리되지 않은 매도자 반대급부이행일로 보아야 하는지 여부와 평등권 침해여부 및 등기법상 매수자에게 채무가 남아있는 경우 가능한지를 검토하셔야 합니다.

헌법재판소의 헌법 불합치 결정에 따른 개정 법률, 헌법소원 결정까지 무시하는 법원의 판결은 견제할 필요가 있으며 원고는 정부시책 및 지방행정청 및 사업시행자의 갑질행위에 의한 피동적 매수자이므로 국가에서 부동산 실무 및 세무실무 경험이 있는 변호사를 선임하여 부동산 실명법 제정 목적에 합당하는 판결을 하셔야 합니다.

2019.06. .

신청인 김정선 ㊞

헌법재판소 귀중

헌 법 재 판 소

제1지정재판부

결 정

사 건 2019헌바209 구 부동산실권리자명의등기에관한법률 제10조 제1항 제1호 위헌소원

청 구 인 김정선

당 해 사 건 대법원 2019재다3750 손해배상(기)

결 정 일 2019. 7. 9.

주 문

이 사건 심판청구를 각하한다.

이 유

1. 사건개요

가. 청구인은 1998. 6. 8. 충북 청원군 오창면 양청리 272-5 대 356㎡를 한국토지주택공사로부터 매수하였는데 2009. 10. 30.경 비로소 자신의 명의로 등기하였다. 충청북도 청원군수는 2011. 12. 29. 청구인에게 구 '부동산 실권리자명의 등기에 관한 법

률' 제10조 제1항에 해당한다는 이유로 과징금 24,071,740원을 부과하였다.

나. 청구인은 위 과징금 부과처분에 관하여 취소를 구하는 행정소송을 제기하였으나 패소판결이 확정되자, 충청북도 청원군(이후 청주시로 행정구역 변경됨), 한국토지주택공사, 충청북도가 법령위반의 불법행위를 저질러 청구인이 손해를 입었다며 그 손해배상을 구하는 소를 제기하였으나(청주지방법원 2014가단13242), 청구가 모두 기각되었다. 청구인이 항소하였으나 항소심 법원도 청구인의 항소를 기각하였다(청주지방법원 2015나10227). 위 항소심 판결에 대한 청구인의 상고가 기각되어 위 항소심 판결이 그대로 확정되었다.

다. 청구인은 위 항소심 판결에 대하여 재심을 청구하였다가(청주지방법원 2015재나105) 재심의 소가 각하되자, 다시 재심을 청구하였으나(청주지방법원 2016재나96), 그 재심의 소도 각하되었다. 이에 청구인은 상고하였고(대법원 2018다281586), 대법원이 이를 기각하자, 위 대법원 판결에 대하여 재심의 소를 제기하였으나(대법원 2019재다3750), 대법원은 2019. 5. 30. 재심사유가 인정되지 않는다는 이유로 청구인의 재심청구를 기각하였다.

라. 청구인은 2019. 4. 5. 위 대법원 2019재다3750 사건의 계속 중 구 '부동산 실권리자명의 등기에 관한 법률' 제10조 제1항 제1호에 관하여 위헌법률심판제청신청(대법원 2019카기150)을 하였다가, 대법원이 2019. 5. 16. 이를 기각하자, 2019. 6. 21. 이 사건 헌법소원심판을 청구하였다.

2. 심판대상

이 사건 심판대상은 구 '부동산 실권리자명의 등기에 관한 법률'(2002. 3. 30. 법률 제6683호로 개정되어 2010. 3. 31. 법률 제10203호로 개정되기 전의 것) 제10조 제1항

제1호가 헌법에 위반되는지 여부이다.

[심판대상조항]

구 부동산 실권리자명의 등기에 관한 법률(2002. 3. 30. 법률 제6683호로 개정되어 2010. 3. 31. 법률 제10203호로 개정되기 전의 것)

제10조(장기미등기자에 대한 벌칙등)

① 부동산등기특별조치법 제2조제1항·제11조 및 법률 제4244호 동법 부칙 제2조의 적용을 받는 자로서 다음 각 호의 1에 의한 날부터 3년 이내에 소유권이전등기를 신청하지 아니한 등기권리자(이하 "장기미등기자"라 한다)에 대하여는 부동산평가액의 100분의 30에 해당하는 금액의 범위 안에서 과징금(부동산등기특별조치법 제11조의 규정에 의한 과태료가 이미 부과된 경우에는 이를 차감한 금액을 말한다)을 부과한다. 다만, 제4조제2항 본문 및 제12조제1항의 규정에 의하여 등기의 효력이 발생하지 아니함에 따라 새로이 등기를 신청하여야 할 사유가 발생한 경우와 등기를 신청하지 못할 정당한 사유가 있는 경우에는 그러하지 아니하다.

1. 계약당사자가 서로 대가적인 채무를 부담하는 경우에는 반대급부의 이행이 사실상 완료된 날

3. 판단

가. 당해사건이 재심사건인 경우 심판대상조항이 '재심청구 자체의 적법 여부에 대한 재판'에 적용되는 법률조항이 아니라 '본안 사건에 대한 재판'에 적용될 법률조항이라면 재심청구가 적법하고 재심의 사유가 인정되는 경우에 한하여 재판의 전제성이 인정될 수 있다. 심판대상조항이 '본안 사건에 대한 재판'에 적용될 법률조항인 경우 당해사건의 재심청구가 부적법하거나 재심사유가 인정되지 않으면 본안 판단

에 나아갈 수가 없고, 이 경우 심판대상조항은 본안 재판에 적용될 수 없으므로 그 위헌 여부가 당해사건 재판의 주문을 달라지게 하거나 재판의 내용이나 효력에 관한 법률적 의미가 달라지게 하는 데 아무런 영향을 미치지 못하기 때문이다(헌재 2007. 12. 27. 2006헌바73 참조).

나. 심판대상조항은 재심사유가 있다고 인정되어 본안에 관한 심리·재판이 이루어지는 경우에 비로소 그 적용 여부가 검토되는 것에 불과하다. 그런데 당해사건 법원은 재심사유가 인정되지 않는다는 이유로 재심청구를 기각하였으므로, 심판대상조항은 당해사건에 적용될 여지가 없어 재판의 전제가 되지 아니하고, 따라서 심판대상조항은 이 사건 헌법소원심판의 대상이 될 수 없다.

4. 결론

그렇다면 이 사건 심판청구는 부적법하므로 헌법재판소법 제72조 제3항 제4호에 따라 이를 각하하기로 하여, 관여 재판관 전원의 일치된 의견으로 주문과 같이 결정한다.

재판장	재판관	유남석	유 남 석
	재판관	이은애	이 은 애
	재판관	김기영	김 기 영

헌 법 재 판 소

제1지정재판부

결 정

사 건	2019헌사469 국선대리인선임신청 (2019헌바209 구 부동산실권리자명의등기에관한법률 제10조 제1항 제1호 위헌소원)
신 청 인	김정선
결 정 일	2019. 7. 9.

주 문

신청인의 신청을 기각한다.

이 유

이 사건 신청은 헌법재판소법 제70조 제3항 단서에 해당하는 것으로 인정되므로 주문과 같이 결정한다.

재판장 재판관 유남석 유 남 석

재판관 이은애 이 은 애

재판관 김기영 김 기 영

부동산 실명법 제10조제1항제1호는 대국민 기만법률이다.

1. 대금납부 지체자 및 매도자는 권리제한 규정이 없는 부동산실명법은 부동산 평가액의 30%까지 부과되는 장기미등기 기산일을 대금청산일로부터 3년이라고 국민들에게 공표한 후 1995년 시행

2. 2001년 헌법재판소 전원재판부의 헌법불합치 결정에 의하여 2002년 장기미등기자에게 이익형량을 하도록 과징금 감경규정을 신설하였고 헌법재판소법에 따라 모든 국가기관 및 지자체를 기속

3. 1998년 원고는 국가등의 공권력에 의하여 지자체가 구결행위(지방세 유예조건제시를)하였기 외상매출 부동산을 구사적 애사심에서 3년 분할 납부계약을 하지 않고 사익보다 공익을 중시하여 일시납 계약을 하였고 매도자가 확정되지 아니한 부동산의 등기제도를 악용, 계약성실 이행자를 역차별하는 담합 좀도둑질을 하고도 원고의 자존심마저 짓밟아 2009년 청산금 환급했고 원고는 소유권이전등기를 경료했으므로 7년동안 권리 행사를 못한 피해자이다.

4.매도자가 토지면적 확정 3년5개월 전 대금 납부한 원고 매수토지를 5.1㎡를 감소시켜 역채권자로 전환시키고, 연체중이던 매수자 토지는 3.8㎡를 증가시켜 12년후 소유권이전 등기를 신청토록한 것은 갑질행위로서 채무가 남아있는 매수자는 소유권이전이 불가능한 부동산 등기제도 때문이다.

5. 2011년 법률시행 16년후 충청북도가 대금청산일을 기산일(취득일)로 볼 수 없다는 판례가 없는 법률 소급해석으로 청산금 입금전 취득세 및 재산세를 납부한 원고에게 구 청원군으로 하여금 장기미등기 과징금을 감경도 하지 않고 부과징수토록 한 것은 원고의 재산권을 이용해 불법불로소득까지 얻은 지자체의 적반하장 사기행위이다.

6. 법원이 헌법재판소법을 위반하면서 까지 7년동안 모순된 논리로

무법천지, 피고(지자체, 사업시행자) 무변론 원고 패소판결을 한 사건의 공익을 위한 헌법소원을 헌법재판소 지정재판부에서 각하결정을 한 것은 헌법재판소의 구조적 문제이다.

7. 국민들은 국가등으로 부터 사기행위를 당하지 않으려면 매매대금을 5%정도 지체하는 것이 방어수단이며 절세도 할수 있으므로 반사회적 질서, 국가적 경제손실책임은 헌법을 지킬 의사가 없는 법원 및 헌법재판소에 있다.

심판청구 경위

사건번호 : 충북행심 2012-15(2012.02.29)

(청　주) 2012구합596(2012.7.13 판결, 재판장 최병준, 판사 이경민, 판사 권수아)

(대전고등 청주) 2012누547(2013.05.20 판결, 재판장 사공영진, 판사 이국헌, 판사 이수현)

(대법원) 2013두12089(2013.9.30 판결, 대법관 양창수, 박병대, 고영한, 김창석)

(청　주) 2014가단13242(2014.12.22 판결, 판사 나경선)

(청　주) 2015나10227(2015.6.23 판결, 재판장 박병찬, 판사 박상렬, 판사 김기홍)

(대법원) 2015다228904(2015.11.12 판결, 대법관 김용덕, 박보영, 김신, 권준일)

(청　주) 2015재나105(2016.8.26 판결, 재판장 윤성묵, 판사 임택준, 판사 염혜수)

(청　주) 2016재나96 (2018.10.5 판결, 재판장 이태영, 판사 정연주, 판사 김재연)

(대법원) 2018다281586(2019.1.31 재판장 권순일, 대법관 이기택, 주심 박정화, 대법관 김선수)

(대법원) 2019재다3750 (2019.05.30 판결, 재판장 김재형, 대법관 조희대, 대법관 민유숙, 주심 대법관 이동원)

(현　재) 2019헌바209(2019.7.16 송달)

헌 법 재 판 소

제3지정재판부

결 정

사 건 2019헌마800 헌법재판소 결정 위헌확인

청 구 인 김정선

결 정 일 2019. 8. 20.

주 문

이 사건 심판청구를 각하한다.

이 유

1. 사건개요

청구인은 2019. 6. 21. 구 '부동산 실권리자명의 등기에 관한 법률' 제10조 제1항 제1호에 대하여 헌법소원심판을 청구하였으나, 재판의 전제성이 인정되지 아니한다는 이유로 각하되었다(헌재 2019. 7. 9. 2019헌바209). 청구인은 2019. 7. 24. 위 2019헌바209 결정이 부당하다고 주장하면서 그 취소를 구하는 이 사건 헌법소원심판을 청구하였다.

2. 판단

청구인은 위 2019헌바209 결정의 취소를 구하고 있으나, 헌법재판소의 결정에 대하여는 불복신청이 허용되지 아니한다(헌재 2016. 4. 5. 2016헌마251 참조).

설령 이 사건 심판청구를 위 2019헌바209 결정에 대하여 재심을 구하는 취지로 보더라도, 헌법재판소의 결정에 대하여 재심을 청구하기 위해서는 헌법재판소법 제40조에 의하여 준용되는 민사소송법 제451조 제1항 각 호의 사유 중 헌법소원심판의 성질상 허용되는 재심사유를 재심청구의 이유로 주장하여야 하고, 이에 해당하지 아니하는 사유를 들어 재심을 청구하면 그 재심청구는 부적법하다(헌재 2013. 2. 28. 2012헌아99 등 참조). 그런데 청구인은 민사소송법 제451조 제1항 각 호의 사유 중 헌법소원심판의 성질상 허용되는 재심사유를 주장하고 있지 않다.

3. 결론

이 사건 심판청구는 부적법하므로 헌법재판소법 제72조 제3항 제4호에 따라 이를 각하하기로 하여, 관여 재판관 전원의 일치된 의견으로 주문과 같이 결정한다.

재판장 재판관 이석태 이 석 태

재판관 이영진 이 영 진

재판관 이미선 이 미 선

발신 :
김정선

수신 : 이석태 헌법재판관 님 친전

제목 : 국민 및 국회를 기만한 법률의 헌법소원을 사전심사 각하한 것은 재심사유에 해당됩니다.

내용 : 1. 저는 부동산실명법의 헌법소원 심판의 불복사건인 2019헌마800 사건의 청구인으로서 공무원은 헌법에 명시된 국민에 대한 봉사자가 아니라 권력남용 및 직무유기로 국회 및 국민을 기만하고 헌법 제1조제2항에 명시된 국민주권, 헌법 제11조의 평등권, 헌법 제13조제2항, 헌법 제23조제1항의 재산권, 헌법 제37조제2항의 과잉금지의 원칙, 헌법 제27조제1항에 의한 법률에 의한 재판을 받을 권리를 박탈하고, 헌법재판소법에 규정된 공익을 위한 헌법소원, 헌법재판소 전원재판부 결정을 17년후 번복(기속규정 위반)하는등 거리낌 없이 규정을 위반하고 재산권을 약탈해가는 것이 표준업무로 판단하는 사람들이라고 새삼느끼게 되었습니다.

2. 부동산 취득시기를 계약 당사자가 서로 대가적인 채무를 부담하는 경우에는 반대급부의 이행이 사실상 완료된날(전제조건인 부동산등기특별조치법 제2조제1항의 문구를 그대로 인용)로 규정한 부동산 실명법 제10조제1항 제1호의 장기미등기 기산일은 부동산 실명법 공포(1995.3.30)직후 언론보도 자료 및 구 재정경제원이 소득세법에서 규정하고 있는 바와 같이 부동산 실명법 해설집에서 대금청산일이라고 공표한후 시행(1995.7.1) 하였기

3. 구재정경제원이 동법시행령(안) 제6조로 규정하려했던 대금청산일로 한다라는 규정이 법제처 심사시 누가 법률해석을 하더라도 같을 것(=대금청산일) 이라고 직권삭제했지만 부동산등기제도 및 도상가분할 토지매매 거래특성을 감안 부동산실명법상의 부동산 취득시기를 대금청산일로 볼수 없다는 법률해석례 및 판례가 법률시행이후 현재까지 이 사건외에는 없으므로 법원 및 헌법재판소에서는 민사소송법등에 따라 사실적, 법리적으로 원고의 청구원인 대하여 동문서답식 판단을 해서는 안되며 국민들에게 국가법령 정보센터를 통해 그 사유를 명시를 하는 것이 공무원들의 표준업

무라고 판단됩니다.

4. 부동산실명법 제10조제1항제1호 적용의 전제조건인 부동산 등기특별조치법 제2조제1항제1호의 소유권이전등기 신청 기산일에 대하여 도상가분할 토지매매 경우의 법무부해석(부동산실명법 공포전으로 추정)은 표시변경 등기후 대금정산일로 표기되어 있으나 매수자가 매도자에게 지급할 채무가 남아있는 경우에는 소유권이전등기 신청 자체가 불가능하므로 토지면적 확정시 면적이 감소되어 매수자가 금전적 채권자인 경우가 확실하므로 청산일로 해석된 것이며 청구인은 2011년 구 청원군으로부터 과징금 부과 사전통보를 받고 법무부해석례를 구 청원군에 증거로써 제출했고 이 사건을 감사지적한 충청북도에 구 청원군이 문서로써 전달하였습니다.

5. 충청북도는 청구인에게 불리한 해석이 되도록 법무부 해석례, 5년후 소유권이전이 가능한 토지의 일시납계약서, 구청원군과 충청북도의 지방세 유예조건에의한 대금납부 시기를 삭제한 채, 법무부에 법률해석을 의뢰하였고 행정심판시 행정심판법에 불구하고 구술심리를 거절했고 피고 구 청원군을 상대로한 행정소송부터 민사소송 대법원 상고 재심까지 위증 및 허위문서를 제출하였다.

6. 또다른 형태의 확정되지 아니한 부동산거래인 가등기 담보등에 관한 법률에도 취득시기를 청산일로 규정하고있고 민법에 규정된 동시이행관계가 있다고 규정되어있고 대법원 판례도 청산절차가 완료된때라고 판결하였으므로 외상매출 부동산인 도상가분할 토지취득시기를 청산일로 볼수없다는 논리는 문구의 문리적 해석외에는 어느 법률에서도 찾아 볼수 없습니다.

7. 법원은 원고의 67개 서증에 의한 청구원인에 대하여 피고들 모두 무서증, 무반박, 법정 무변론 했음에도 원고 패소 판결을 하였으므로 7년간 법률에 대한 해석은 유전유죄, 무전무죄, 사건에 대한 판단은 유권무죄, 무권유죄 판결을 하였기 부동산실명법은 유전유죄, 무전무죄 반사회적 법률이므로 국민모두가 피해자이기 때문에 공익을 위한 헌법소원을 청구하게 되었습니다.

8. 법치주의 국가에서 발생할 수 없는 사건에 대한 헌법소원을 지정재판부에서 각하결정을 한 것은 헌법재판소가 헌법 및 헌법재판소법을 지킬의사가

없다는 것을 극명하게 보여준 사건입니다.

-부동산 쌍무계약에 불법개입한 행정청이 일시납계약 유도 13년후 진정소급입법 해석에 의하여 장기미등기 과징금을 부과징수한 것은 헌법 제1조제2항의 주권침해, 헌법 제13조제2항 제23조제1항의 재산권 침해행위이다.

-진정소급입법 해석을 하지 않은 사건에도 헌법재판소는 헌법 제11조, 헌법 제37조2항에 위반된다고 전원재판부에서 헌법불합치 판결을 하였고, 개정법률에 감경규정(이익형량)을 신설하였음에도 헌법재판소법을 위반하여 재량권이라고 인용하지 않았으므로 상기 헌법에 위반된다.

-또한 헌법재판소 전원재판부에서 탈세나 법률에의한 제한을 회피할 목적이 없었다면 감경 받을수 있으므로 차명보유자와 평등권 침해가 아니라고 결정하였다는 사실을 법원이 원고에게 제시하였기, 청구인이 국세 및 지방세를 연체하지 않았다는 증명서로 제출했음에도 법원이 인용하지 않은 것은 직무유기 행위이다.

- 보은을 원수로 되갚은 사건에 대하여 부동산 계약을 성실히 이행한 청구인은 위법자이고, 소유권이전등기 신청을 지연할 목적으로 계약이행을 지체한자는 위법자가 아니며 궁박한 처지의 청구인 재산권을 이용해 부당이득을 얻은 행정청 및 매도자는 각종 법률을 지킬 필요가 없다는 판단은 헌법 제11조 평등권, 헌법 제27조 제1항에 의한 법률에 의한 재판을 받을 권리를 박탈한 것이다.

9. 지방자치단체가 부동산 쌍무계약에 개입하지 않았으면 청구인은 3년 분할 납부 계약을 하였을 것이므로 발생 할 수 없는 사건으로서 지방세법으로 구결행위를 하고 부동산등기 제도를 사업시행자와 공모하여 악용하므로서 좀도둑질을 했고, 16년후 진정소급 입법해석에 의하여 강도 행위를 한 사건에 대하여 법원 및 헌법재판소에서 이유 없다고 기각판결(각하 결정) 한 것은 법과 정의로 판단한다면 지방자치단체의 공권력 남용으로부터 국민을 보호하는 것이 아니라 오히려 공권력 남용을 공증해 주므로서 선량한 국민의 재산권을 약탈하고 국민들로 하여금 반사회적 행위를 권장하는 기관이므로 청구인은 그 행태를 국민들에게 상세하게 알릴 권리와

의무가 있습니다.

10. 법조인으로서 덕망이 높은 분으로 인정되어 헌법재판관으로 근무하시는 분들이 헌법재판소법에 규정되어있는 공익을 위한 헌법소원의 국선변호인 선임 신청에 대한 기각결정문에 사유를 설시하지 않고, 17년전 헌법재판소 전원재판부 헌법불합치 결정과 헌법소원결정은 법원 및 국가기관, 지방자치 단체를 기속한다고 규정되어있음에도, 이마저 인용하지 않은 것은 헌법재판소 스스로 위상을 깍아내리고, 국민들로 하여금 절세를 위해 매매대금을 연체토록 유도하는 반사회적 행위 범주에 해당된다고 사료됩니다.

11. 지방세 세수 물건 조기확보를 위해 충청북도, 구 청원군이 불법개입하였고, 사업시행자는 우월적 지위를 이용해 소속직원들에게 반강제 매각하고도 도상가분할 토지 면적확정시 피고들에게 유리하도록 오차로 인정할 수 없는 역차별을 했고, 금전적 역채무이행 책임이 매도자에게 있음에도, 연대채무자가 역차별 받은 역채권자에게 징벌성 과징금을 부과할 수 있다는 법리에 대한 판단은 명백한 모순 논리입니다.

12. 청구인은 국가, 국가공기업인 소속회사, 지방자치 단체의 공권력에 의한 피동적 도상가분할 토지 매수자이므로 재산권 증식을 목적으로 한 사적자치의 원칙에 의한 매수자도 아닙니다.

13. 국가부도위기시절 정부는 수단과 방법을 가리지 말고 공기업등에게 운영자금을 스스로 마련하라는 지침을 내렸고 청구인 소속회사였던 구 한국토지공사는 실수요자에게 매각해야할 토지를 토지공급규정을 위반하여 공권력으로 소속직원들에게 매각하였고 구 청원군(재산세 세입권자) 충청북도(취득세, 등록세 세입권자)는 오창산업단지내 단독주택지등을 지방세법(부동산취득일로부터 1개월이내 취득세 납부, 재산세 납부 의무자)에 불구하고 지방세 유예조건(토지면적 확정일을 부동산 취득시기로 간주)을 제시하였기, 청구인은 20년간의 경력으로 3년분할 납부 계약이 일시납 계약보다, 부동산 등기 신청시기를 매수자가 결정할수 있는 조건, 향후 양도소득세 등 여러모로 유리했지만 구사적 애사심에서 5개월 약정 일시납계약을 체결하였고, 청구인이 매매계약을 체결한후 9개월 후에는 정부가 부동산등기 특별조치법에 산업단지내 주택건설용지등은 미등기 전매

도 가능토록 제2조제4항을 신설하였고, 그후 매수자는 미등기 전매를 한 사례도 상당수 있습니다.

14. 매도자가 토지면적을 확정할때는 블록단위 면적증감을 구지적법 시행령 48조 및 평등의 원칙에 의하여 각 필지에 안분(0.7㎡ 감소)하여야 함에도 불구하고, 매수자가 매도자에게 지급할 채무가 있는경우에는 매수자에게 소유권을 이전해줄수 없으므로, 고의로 연체중이던 매수자 토지는 3.8㎡를 증가시켜주는 역대우로 매도자의 표시변경등기 완료 8년후 소유권이전등기 신청을 한 매수자는 재산세를 납부하지 않았음에도 장기미등기자가 아니며 같은 블록내 토지면적 확정 3년5개월전에 매매대금을 납부한 청구인 매수토지는 5.1㎡가 감소되도록 역차별했고 청산금도 구두로 신청하였다고 7년후 지급했고, 재산세도 납부하였음에도 진정소급 입법해석에 의하여 장기미등기자라면 부동산 실명법은 부동산 거래질서를 확립하기 위한 법률이 아니고 절세를 위해 매매대금을 연체(공기관이 매수한 경우도 재산세, 등록세를 절감하기 위하여 연체하는 경우도 상당수 있음)하라는 국민모두에게 피해자가 되는 법률이므로 사전심사로서 각하결정을 한 것은 헌법재판관님들이 반사회적 법률 공론화에 최종 책임이 있다고 사료됩니다.

15. 공법인 헌법, 행정절차법, 민사소송법, 행정소송법과 사법인 민법에 규정된 조문과 합치되지 않도록 사회법인 부동산 실명법을 진정소급입법 해석하여 법원이 피고 역할을 하여 당해 법률(과징금 부과시기, 이익형량) 등 수십개 조항의 법률을 위반하여 무법천지 판단한 사건을 헌법재판소에서 사전심사로서 각하결정을 한 것은 법령의 합헌성을 재판하기 위해 설치된 헌법재판소로서의 기능을 상실한 기관으로 판단되므로 재고하여야 하며 합헌성 판단은 법률 불소급의 원칙이 일사부재리의 원칙에 우선하여야 합니다.

16. 헌법재판소법에는 더 이상 항소할 수 없는 경우에 한하여 헌법소원을 제기할 수 있도록 되어있기 때문에 청구인은 행정소송부터 민사소송 대법원 최종판결까지 소송경과 및 변론기록을 헌법소원 청구서에 첨부하였기 때문에 헌법 소원 청구의 전제성이 없다는 결정을 청구인은 수긍할 수 없고, 반사회적 행위 공론화를 방지하기 위한 헌법소원이므로 흠결이 있다고 판단되더라도 국선변호인을 통해 보완할 수 있음에도 명백한 규정을

무시하고 헌법재판관의 주관에 의하여 적용할 수 있는 규정으로 각하결정을 한 것은 직권남용으로 사료됩니다.

17. 허위문서가 판결의 증거가 된때, 판결사유에 모순이 있을 때, 대법원 판례가 없을 때(미필적 고의 법률의 진정소급입법해석) 대법원 판례(가등기담보등에 관한 법률에 의한 취득시기 판례, 개정법률에 의한 대법원 감경판례)와 다른 판결은 민사소송법에 재심 및 상고심에 해당된다고 규정되어있음에도 대법원이 심리불속행 기각판결을 한 것은 직무유기, 직권남용으로서 국회 및 국민을 기만한 사건입니다.

18. 부동산 평가액의 30%까지 부과되는 법률의 진정소급 입법 해석을 헌법재판소의 전원재판부에 회부하여 기획재정부, 법원, 법무부, 법제처, 국토교통부, 반사회적 행위가 공론화할 경우 가장 큰 피해자가 되는 피고들의 의견을 듣고 합헌성 여부를 결정하므로서 국민의 주권을 침해하지 않고 헌법재판소의 위상을 되찾고 17년전 헌법재판소 전원재판부의 헌법불합치결정, 2012년 헌법소원 결정을 모든 국가기관 및 법원, 지방자치단체로 하여금 준수하도록 문서로서 시달하므로서 비생산적인 다툼의 소지를 제거해야 할것으로 사료됩니다.

2019. 9. 4

청구인 김정선

입증서류

1. 법령안 입법예고(1995.4.4)
2. 부동산실명법 해설(발췌 1995.4.26. 재정경제원) : 2016.3.31 확인 재심자료로 제출
3. 부동산 실권리자명의 등기에 관한 법률 시행령 국무회의 의결(1995.5.9) : 2016.3.31 확인 재심자료로 제출
4. 부동산 등기특별조치법 제2조제1항에 관한 질의(법무부 연도미상) :2011.8.8 확인
5. 용지매매계약서(1998.6.8. 일시납계약)

헌 법 재 판 소

제1지정재판부

결 정

사 건 2019헌아476 헌법재판소 결정 위헌확인(재심)

청 구 인 김정선

결 정 일 2019. 9. 24.

주 문

이 사건 심판청구를 각하한다.

이 유

1. 사건개요

가. 청구인은 2019. 6. 21. 구 '부동산 실권리자명의 등기에 관한 법률' 제10조 제1항 제1호에 대하여 헌법소원심판을 청구하였으나, 재판의 전제성이 인정되지 아니한다는 이유로 각하되었다(2019헌바209).

나. 청구인은 2019. 7. 24. 위 2019헌바209 결정이 부당하다고 주장하면서 그 취소를 구하는 헌법소원심판을 청구하였으나, 헌법재판소의 결정에 대한 불복이 허용되

지 않고 적법한 재심사유에 대한 주장이 없다는 이유로 각하되었다(2019헌마800).

다. 청구인은 2019. 9. 10. 위 2019헌마800 결정에 대한 재심을 구하는 이 사건 헌법소원심판을 청구하였다.

2. 판단

헌법재판소의 결정에 대하여 재심을 청구하기 위해서는 헌법재판소법 제40조에 의하여 준용되는 민사소송법 제451조 제1항 각 호의 사유 중 헌법소원심판의 성질상 허용되는 재심사유를 재심청구의 이유로 주장하여야 하고, 이에 해당하지 아니하는 사유를 들어 재심을 청구하면 그 재심청구는 부적법하다(헌재 2013. 2. 28. 2012헌아99 등 참조). 그런데 청구인은 민사소송법 제451조 제1항 각 호의 사유 중 헌법소원심판의 성질상 허용되는 재심사유를 주장하고 있지 않다.

3. 결론

이 사건 심판청구는 부적법하므로, 헌법재판소법 제72조 제3항 제4호에 따라 이를 각하하기로 하여, 관여 재판관 전원의 일치된 의견으로 주문과 같이 결정한다.

재판장 재판관 유남석 유 남 석

재판관 이은애 이 은 애

재판관 김기영 김 기 영

헌 법 재 판 소

제3지정재판부

결 정

사 건	2019헌아549 구 부동산실권리자명의등기에관한법률 제10조 제1항 제1호 위헌소원(재심)
청 구 인	김정선

재심대상결정	헌법재판소 2019. 7. 9. 2019헌바209 결정
결 정 일	2019. 11. 12.

주 문

이 사건 심판청구를 각하한다.

이 유

1. 사건개요

가. 청구인은 2019. 6. 21. 구 '부동산 실권리자명의 등기에 관한 법률' 제10조 제1항 제1호에 대하여 헌법소원심판을 청구하였으나, 재판의 전제성이 인정되지 아니한다는 이유로 각하되었다(2019헌바209).

나. 청구인은 2019. 7. 24. 위 2019헌바209 결정이 부당하다고 주장하면서 그 취소를 구하는 헌법소원심판을 청구하였으나, 헌법재판소의 결정에 대한 불복이 허용되지 않고 적법한 재심사유에 대한 주장이 없다는 이유로 각하되었고(2019헌마800), 다시 2019. 9. 10. 위 2019헌마800 결정에 대한 재심을 구하는 헌법소원심판을 청구하였으나, 이 역시 적법한 재심사유에 대한 주장이 없다는 이유로 각하되었다(2019헌아476).

다. 청구인은 2019. 10. 18. 위 2019헌바209 결정에 대해 불복하는 취지의 이 사건 헌법소원심판청구를 제기하였다.

2. 판단

청구인은 불복신청이 허용되지 않는 헌법재판소의 결정에 대해 적법한 재심사유를 지적하지 아니한 채 계속적·반복적으로 불복하고 있는바, 이는 헌법소원심판 청구권의 남용에 해당한다.

3. 결론

그렇다면 이 사건 심판청구는 부적법하므로 헌법재판소법 제72조 제3항 제4호에 따라 이를 각하하기로 하여, 관여 재판관 전원의 일치된 의견으로 주문과 같이 결정한다.

재판장 재판관 이석태 이 석 태

재판관 이영진 이 영 진

재판관 이미선 이 미 선

발 신 : 경기도
김정선(
핸드폰

수 신 : 서울특별시 종로구 청와대로 1(세종로)
박근혜 대통령 각하(본인 및 비서실장 외 개봉금지)
(우:03048)

제 목 : 충청북도(청주시, 청주지방법원)의 갑질행위를 고발합니다.

내 용 :

1. 국정운영에 수고가 많으신 박근혜 대통령 각하의 노고에 감사의 말씀을 드리며 제 개인의 문제 뿐만 아니고 공무원들의 복무자세에 과감한 혁신이 필요하다고 판단됩니다.

2. 행정청(충청북도, 구 청원군)은 사용자(구 한국토지공사)와 고용된자(민원인)간의 불공정성 도상 가분할 토지 매매계약에 불법으로 개입하여 민원인의 재산권을 이용해 불로소득을 얻었고, 매도자(구 한국토지공사)의 매매대금 성실납부자 역차별 토지면적 확정으로 충청북도, 구 청원군, 구 한국토지공사가 지방세 관련 부당이득까지 얻었음에도, 공동 불법 가해자인 충청북도가 다른 가해자인 구 청원군으로 하여금, 또 다른 가해자인 구 한국토지공사로부터 피해자인 민원인(매수자)이 청산금을 늦게 환급받고 소유권 이전등기가 지연되었다고 헌법, 민법 등 수십 개 법률조항에 저촉됨에도 과징금을 부과토록한 사건으로서 법원은 법률에 의하여 사건을 판단하는 것이 아니고 법관의 양심에 의하여 모순된 논리로 판결문을 작성한다는 사실을 진언 드립니다.

3. 저는 IMF 시절 자사보유 토지를 매수해야만 했고, 행정청이 일시납 계약을 하더라도 지방세 관련 불이익 없다고 구 한국토지공사 직원들에게 전파하여 3년 분할 납부계약이 아닌 일시납 계약을 하여

1,282개 단독주택지 매수자중 가장 먼저 매매대금을 납부(구 한국토지공사의 상위 직급자 퇴직전략에 의한 퇴직금으로 선납) 하였음에도 배은망덕하게도 구 한국토지공사는 3년6개월후 면적확정시, 도상가 분할 토지 선매각제도의 맹점을 악용하여 고의적으로 역차별(면적감소 5.1㎡)하고도, 민원인의 퇴직금 계좌로 청산금 환급 요청도 서류로 신청하라고 거부하였기 자존심마저 꺽일 수 없어 소유권 이전등기가 지연 되었습니다.

4. 제가 애사심이 없었다면 이 사건 토지를 매수하지 않았을 것이며, 행정청이 관여하지 않아 3년분할 납부계약을 하여 매도자가 토지면적 확정시 갑질행위를 하여도 완납처리되지 않도록 잔금을 남겨 놓았더라면 양도소득세 18백만원정도만 납부하면 되었으나 일시납 계약을하여 행정청 및 매도자에게 도움을 주었음에도, 양도소득세도 5백만원(금리, 취득원가 감안)도 더 납부하였고, 지방세, 국세도 연체 없이 납부하였음에도 과징금, 상대방변호사 비용등 약 73백만원을 지출해야 할 억울한 처지에 있어 대통령 각하께 서신을 드리게 된 것 송구스럽게 생각합니다.

5. 부동산 실권리자 명의등기에 관한 법률상의 장기미등기 기산일을 청산일로 한다고 법령발의 부처인 구 재정경제원 장관이 언론 배포 자료 및 법률해설집에서 명시하였고 시행령(안)에서 명시하여 공포하였으나, 법무부 및 법제처에서 누가 법률해석을 하더라도 같은 것이므로 언급할 필요가 없다고 주장하여 국민회의시 보고하여, 당해 조문이 삭제되었으며,

6. 법률 제정 16년동안 논란이 없었던 법률해석을 충청북도와 법무부가 부동산 실명법상 취득일(장기미등기 기산일)은 매매대금 청산일이(소득세법상 취득일) 아니고 정산일이라고 해석하여 매매대금 성실납부자만 권리제한을 하고 매매대금 연체자는 권리제한을 못하는 법률이라고 주장하여도, 헌법에 명시된 공무원은 국민에 대한 책임을 진다는 생각을 1%도 갖고 있지 않은 이사건 관련 행정공무원

및 법관들은 헌법 및 각종 법률이 필요 없고, 국회, 정부, 국민들은 안중에도 없고 마이동풍 사기행위가 직업인 사람이므로 퇴출되어야 합니다.

7. 이 사건 토지등은 불법으로 조성된 원인 무효 토지이므로 법률적으로 판단하면 실제가 없는 토지이고, 장기미등기 기산일을 구 재정경제원 장관이 법률 시행전 해석한 매매대금 청산일이 아니고 매매대금 정산일이라면 사업시행자가 자금이 없어 언제 완성된 토지를 만들어질지 모르는 토지에 대하여 행정청이 일시납 계약을 유도한 것 자체가 매수자가 3년동안 소유권이전등기를 지연할 수 있는 권리를 송두리째 빼앗아 간 것이므로 공동 사기 행위입니다.

8. 토지면적 확정시에는 블록단위 분양면적과 시공된 면적이 차이를 각 필지에 안분하도록 경계표지를 설치하여야 함에도 민원인은 일시납(5개월)계약 체결하여 46일만에 매매대금을 사실상 완납하였으나, 토지면적 확정시 5.1㎡를 감소시켜(3,015원 채무자 → 481,930원 채권자) 그날이 장기미등기 기산일이고 같은 블록내 3년분할 납부계약 연체자 매수토지(양청리 745-_ 는 오히려 3.8㎡를 증가시켜주어 매매대금을 민원인보다 12년 늦게 납부하고 소유권이전 등기를 하여도 과징금 부과 대상이 아니므로, 장기미등기 기산일이 매수자의 의지에 도달하는 것이 아니고 매도자의 의지에 의하여 결정되므로 일시납 계약은 사기꾼에게 돈 보따리를 내놓은것과 다름 없습니다.

9. 민원인은 포괄 매도자인 행정청 및 매도자의 갑질행위에 의한 피동적 매수자로서 매도자는 2차 갑질행위에 의하여 민원인인의 향후 11년간 근로 활동기회를 상실토록하고도, 토지면적 확정시 포괄 매도자들에게 부당이득이 되도록 매매대금 성실납부자인 민원인을 역차별(3차 갑질행위)하고도 청산금 지급을 지연(4차 갑질행위)시켜 사건이 발생했음에도, 행정청 및 매도자는 사실조회답변, 문서제출명령서, 문서송부 촉탁의뢰서등에 대한 회신도 거부하고 매도자가

소송에 직접 참여하지도 않는 등 5차 갑질행위을 하여 민원인의 2년간 근로소득에 상당하는 금원을 약탈하고 정신적 가해행위를 한 사건으로서 충청북도의 부동산실명법 시행 16년후 제정목적에 역행(부동산거래질서를 어지럽히도록 권장)하는 역차별 해석(선의의 매수자만 권리제한을 하고 악의의 매수자는 권리제한을 못함)에 의한 사건임에도,

10. 법원은 불법행위(불법토지조성, 제3자로서 부당이득, 허위공문서 작성, 위증, 지방세법위반, 법률불소급의 원칙, 이중과세 금지의 원칙, 갑질행위) 평등의 원칙(민법, 민사소송법, 소득세법, 역차별 토지면적 확정, 동시이행 항변권, 채무자 위험 부담주의, 구상권 청구, 판례, 가해자가 피해자에게 징벌성 세금을 부과 과징금 감경) 전제조건인 부동산등기 특별조치법, 체증의 법칙(C1개 증거), 비례의 원칙(입법목적의 정당성, 방법의 적정성, 피해의 최소성, 법익의 균형성), 작위의무위반(소유권 이전등기 기산일 미공시, 피매도자의 문서에의한 재산세부과시 과징금 미부과), 헌법불합치 판결내용, 헌법소원 내용등을 간과한 양심의 자유를 일탈 남용한 판결을 하였습니다.

11. 법률제정 16년동안 논란이 없었던 부동산 실명법 제10조제1항제1호에 대하여 기획재정부는 구 재정경제원 장관이 법률시행이전 법률해설집에서 해석한 법률해석이 유효한것인지 여부 회신을, 법제처는 시행령(안) 삭제를 요구한 사유가 소득세법 시행령을 원용하여 불필요하게 규정할 필요가 없다고 판단한 사유에 대한 회신을 법무부는 법률 및 동법 시행령 공동 발의자로서 형사처벌을 이유로 삭제토록 요구해놓고 법령제정 목적에 역행하는 법률해석을 한 사유에 대한 회신을 최소한 국장 결재를 득하여, 송달하여 주시기 바랍니다.

12. 국토교통부 장관은 도상가분할 토지 선매각시 일시납 계약 제도를 폐지하던지 구 한국토지공사로 하여금 민원인의 구상권 청구에 응

하도록 조치하여 주시기 바랍니다.

13. 가해자가 법률을 위반하여 불로소득 및 부당이득을 얻고도 작위의무를 위반하였기 발생한 적반하장 사건임에도 가해자들의 위법행위는 죄가 성립되지 않고 공무원들은 표준 업무가 아니면 법률을 몰라 국민들에게 피해를 주어도 되고, 세무공무원 및 등기 공무원도 해석하기 어려운 법률은 피동적 매수자가 지켰어야 한다는 것은 공무원은 권리만 있고 국민은 의무만 있다는 논리이므로 반드시 척결되어야 합니다.

14. 민원인의 재산권을 약탈하고 신체의 자유를 침해한 관련 공무원들은 모순된 논리로 민원인의 4년간 급료에 해당하는 금원을 약탈토록 하였으므로 평등의 원칙에 의하여 직무를 유기한 가해자이므로, 4년간 급료를 국고에 수납하여야 합니다.

15. 민원인의 자세한 민원내용은 대법원 민원 내용 및 위헌 법률제청 내용으로 대체코자 하오며 넓으신 아량으로 억울한 국민을 살펴주시기 바라며 내내 건강하시기를 기원합니다.

첨 부 : 1. 위헌 법률 심판제청(2016.07.08)
2. 행정청의 적반하장 사건을 법원이 법률에 따라 판결을 하지 않은 사유를 밝혀주시기 바랍니다.(2016.10.04)

2016.10.12.

민원인 김정선 (인)

발 신 : 경기도
김정선(
핸드폰

수 신 : 서울특별시 종로구 청와대로 1(세종로)
문재인 대통령 각하(본인 및 비서실장 외 개봉금지) (우:03048)

제 목 : 청주지방법원의 적폐행위를 고발합니다.

피 고 : 구 청원군(현 청주시), 구 한국토지공사(현 한국토지주택공사), 충청북도

사건번호 : (청 주) 2012구합596(2012.7.13 판결, 재판장 최병준, 판사 이경민, 판사 권수아)
(대전고등 청주) 2012누547(2013.05.20 판결, 재판장 사공영진, 판사 이국헌, 판사 이수현)
(대법원) 2013두12089(2013.9.30 판결, 대법관 양창수, 박병대, 고영한, 김창석)
(청 주) 2014가단13242(2014.12.22 판결, 판사 나경선)
(청 주) 2015나10227(2015.6.23 판결, 재판장 박병찬, 판사 박상렬, 판사 김기홍)
(대법원) 2015다228904(2015.11.12 판결, 대법관 김용덕, 박보영, 김신, 권준일)
(청 주) 2015재나105(2016.8.26 판결, 재판장 윤성묵, 판사 임택준, 판사 염혜수)
(청 주) 2016재나96 : 손해배상(기), 민사3부(2016.9.27)
2017카기420 : 기피신청, 민사10부(2017.3.13)

내 용 :
1. 국정운영에 수고가 많으신 문재인 대통령 각하의 노고에 감사의 말씀을 드리며 제 개인의 문제 뿐만 아니고 법조인들의 구조적 병폐를 진언드리는 바입니다.

2. 국가 부도위기 시절 지방행정청(충청북도, 구 청원군) 및 매도자(구 한국토지공사)가 매도자 소속직원(원고)의 궁박한 처지, 지방세법, 도상 가분할 토지매매제도를 악용하고 민법을 지키지 않았을뿐만 아니라 작위의무를 위반하였기 매수자는 소유권이전등기신청이 지연된 피해자임이 명백함에도, 불로소득을 얻은 지방행정청이 피해자에서 장기미등기 과징금을 부과징수한 사건으로서 지방행정청(제3자로 불법 개입한 포괄매도자) 및 공기업(사업시행자)은 헌법 및 관련법률를 지킬 필요가 없고, 법률 및 정부등을 신뢰한 매수자는 권리는 없고 의무만 있으며, 미필적 고의 법률에 대한 해석은 유전유죄 무전무죄로 해석하고, 원고의 청구원인에 대하여 피고가 답변을 일체거부하고 변론을 한마디도 못하자, 법관이 모순된 논리로 피고 역할을 하여 판결하였으므로 청주지방법원은 사회적, 경제적, 사법적 정의가 없는 직무유기를 계속 하고 있습니다.

3. 원고의 소유권이전등기 경료 1년8개월후 충청북도 감사 담당관실 신승민 주사가 부동산실권리자 명의 등기에 관한 법률의 장기미등기 관련 조문을 문구해석에만 의존하여 법률해석을 잘못했더라도, 행정공무원(충청북도, 구 청원군, 법무부), 구 토지공사(현 한국토지주택공사), 사법부 공무원(청주지방법원에 근무하는 판사)이 1%만이라도 사회적, 경제적, 사법적 정의가 있었더라면 1년이내에 종결되었을 사건에 대하여, 사법부에서 무법천지 판결을하므로서 6년이상 시달린 원고는 자살충돌까지 느끼고 있으며, 원고의 사실확인 민원에 대하여 수십명의 공무원이 초등학교 학생수준도 안되는 로보트식 답변을 일삼는 것은 적폐대상이며, 법률전문가이신 대통령각하마저 미필적 고의 법률에 대한 법무부장관과 법제처장의 판단, 법률에 의한 판단을 하지 않은 판결양심을 법원에 묻지 않는다면 정부마저 무법천지이므로 국민들에게 부동산 매수자는 연체이자를 납부하더라도 매도자의 갑질행위에 의하여 매매대금 완납처리가 되지 않도록 5% 잔금을 남겨놓아 매수자가 소유권이전등기를 원하는 시기에 완납하도록 반사회적 행위를 유도하는 것이 법조인들의 사고라고 알릴 수밖에 없으며 대통령 각하도 그 책임을 면할수 없을것입니다.

4. 사업시행자(구 한국토지공사)와 그 소속직원(원고)간의 도상가분할 토지 쌍무계약에 지방행정청이 제3자로서 개입하여 일시납계약을 하더라도 지방세납부상 불리하지 않다고 유도하였기 원고는 구사적 애사심에서 일시납계약을 하였으나 충청북도 지사 이시종은 용지매매계약체결 14년후 구 청원군에 대한 감사시 부동산실권리자 명의등기에 관한 법률 의 장기미등기 기산일을 행정절차법 제4조를 위반하여 매수자가 매도자에게 지급할 매매대금이 남아있지 않은 시기를 판단 1,282개 단독주택지 매수자중 가장먼저 매매대금을 납부한 원고에게 유일하게 장기미등기 과징금 24,071,740원(시가의 20%, 원고의 2년간 급료에 해당하는 금액)을 부과징수 토록한 적반하장 사기사건입니다.

5. 구 청원군, 충청북도가 제3자로 개입하여 원고등의 재산권을 이용해 불로소득(지방세 세수물건 확보)을 얻었고, 매도자가 4차례 갑질행위를 하였기 매도자 및 지방행정청에 원고의 자존심마저 헌납할 수 없어 매도자의 2차 청산금 환급 신청 문서에 의하여 원고는 매매대금 납부 11년후(역채권자가 된 7년6개월후) 도상가분할 토지 청산금을 환급받고 소유권이전등기를 경료하였으므로 원고는 7년동안 재산권행사를 못한 피해자이고, 구 한국토지공사, 구 청원군, 충청북도는 공권력을 이용해 불법불로소득까지 얻은 가해자들입니다.

6. 실수요자에게 매각해야 할 토지를 국가 경제위기였기에 공급규정 및 공급승인 조건을 피고들이 위반하여 피고2 소속직원들에게 반강제적으로 매각하였고 원고등 구사적 애사심이 있었던 직원들은 일시납계약을, 애사심이 적었던 매수자는 3년 분할 납부계약을 하여 양도소득세 계산시도 유리했고, 고의적으로 잔금을 남겨놓아 지방세 국세도 절감했고, 애사심이 없었던 직원들은 부동산등기 특별조치법 제2조제4항을 신설하여 미등기 전매도 가능토록 법률개정을 한후에 매수계약을 체결하여 양도소득세를 한푼도 안내고 미등기 전매한 경우도 다수이므로, 일시납계약을 성실히 이행하여 행정청 및 매도자에게 이득을 제공한자에게 불리한 법률해석 및 행정처분을 하여서는 안됩니다.

7. 원고는 매도자의 2차 갑질행위(명예퇴직 하지 않으면 장기근속자 퇴직금을 43%만 지급하겠다고 루머형성)에 의한 퇴직금으로 5개월 약정을 46일만에 미확정 부동산이었으므로 블록 시공오차 및 각 필지경계표지 설치오차 정도의 잔금(104,040원, 0.82㎡)을 남겨놓았으므로 향후 11년간의 근로활동기회를 상실하였지만 소유권이전등기 신청가능시점으로부터 4년3개월전 매매대금 납부지연으로 소유권이전등기 신청을 지연할 의사가 없었음은 명백하며, 피고2가 블록단위 면적증감(시공오차)을 각 필지에 안분(0.7㎡씩 감소)했다면, 경계표지설치오차가 없었을 경우 원고(오창읍 양청리 745-7)는 3,015원 채무자 이었으나 5.1㎡를 감소시켜 매매대금 완납처리(481,930원 역채권자) 하였고 같은 블록내 다른 매수자 토지(동소 745- 는 3.8㎡를 증가시켜주는 역대우를 하여 원고보다 지방세 국세도 적게 납부하고, 12년 늦게 매매대금을 완납했음에도 채무자 이었으므로 장기미등기자가 아니며, 지방행정청 및 매도자는 지방세 관련 불법 불로소득을 얻었으므로 명백한 갑질행위이며 공동불법 행위자들이다.

8. 원고가 표본적으로 79개 필지에 대한 토지매각안내 팜프렛과 구 청원군의 토지정보를 검색하여 면적증감을 ㎝로 환산하여 비교해보니 25개 필지가 구지적법 시행규칙으로 규정한 0.1m를 초과하였으므로, 토지면적 확정이 사업시행자의 갑질행위에 의한 필지경계표지 설치이었음이 입증되었고, 법률소관 부처인 국토교통부 및 피고2가 설치한 필지경계표지에 의하여 지적확정 측량을 실시한 구 대한 지적공사에서도 문서로서 인정하였고 피고2는 한국토지주택공사는 4차에 걸친 갑질행위에 대하여 답변을 일체 거부하고 있습니다.

9. 부동산 실권리자 명의등기에 관한 법률 공포(1995.3.30) 직후 장기미등기 기산일은 매매대금 청산일이라고 1995.4.1 보도자료를 배포했고 1995.4.4 같은 법 시행령 제6조(장기미등기 기산일)로 관보에 개시하였으나 법제처 및 법무부에서 누가 법률해석을 하더라도 같은 해석이 될 것이므로 소득세법을 참조하면 되며 다시 불필요하게 원용하여 규정화할 필요가 없다고 심사 및 의견제출하여(국가기록원 보관자료 및 기획

재정부 문서로 확인) 삭제된 시행령이 공포(1995.5.19) 되었다 하더라도 구 재정경제원 장관이 법률해석에 이견이 없도록 해설집에서 청산일이라고 해석(1995.4.26)하였으므로 법률시행(1995.7.1) 16년후인 2011년 피고3 충청북도와 법무부가 매수자의 권리를 제한한 법률이므로 매수자가 매도자에게 지급할 매매대금이 없는 시점이 장기미등기 기산일이라는 해석은 민법 제2조 및 행정절차법 제4조를 위반(안전행정부 유권해석)이며 미필적 고의 법률에 대한 반사회적 해석이며 헌법 제37조 제2항에 배치된다.

10. 도상가분할 토지매매계약에서 토지면적 확정결과 매매대금은 청산받아야할 매수자(역채권자)는 매매대금을 성실하게 납부한 매수자이고, 토지면적 확정후 매매대금을 정산해야 할 매수자는 매매대금 납부를 지체한 매수자이거나, 매도자의 배려로 당초 분양면적보다 증가(매도자 토지대금 약정일 이후 도상의 각 필지좌표를 지상에 설치할 경우 오차라는 구실로 100% 가능)한 경우이므로 장기미등기 기산일은 매매대금 정산일로 해석하는 것은 평등권 침해가 아니라 매수자의 정당한 권리는 인정안하고 매도자의 갑질행위는 인정하는 역차별 법률이다.

11. 미필적 고의 행위에 의한 사건을 미필적고의 법률을 적용함에 있어 선의의 국민(국가정책에 순응함)은 의무만 있고, 악의의 행정청(불로소득을 얻을 목적이 있었음)은 권리만 있다고 판단한다면 헌법에 명시된 주권이 국민에게 있는 것이 아니고 법관에게 있다는 사고로서 사법부가 사법권뿐만아니라 입법권 행정권까지 가지고 있다는 초헌법적 발상이다.

12. 사용자(피고2, 구 한국토지공사)와 그 소속직원(원고)간의 불공정성 도상가분할 토지 선매매에 궁박한 처지의 원고에게 행정청(피고1, 구 청원군, 피고 3 충청북도)이 지방세 유예조건을 제시하여 일시납 계약을 유도하지 않았으면 원고가 구사적 애사심이 있었다고 하더라도 소유권이전등기가 10년이후에 가능할지도 모르는 토지에 대하여 매년 재산세를 납부하면서까지 3년분할 납부계약이 아닌 5개월 약정 일시납

규칙 제2조4호인 등기신청을 해태한 상당한 사유에 해당되므로 매도자가 매수자에게 매매대금을 청산한 날까지는 등기신청의무기간에 산입하여서는 아니되므로 원고에게 장기미등기 과징금을 부과해서는 안된다.

16. 법원은 피고1이 원고에게 재산세를 부과할 당시 장기미등기라는 사실을 알기 어려웠을 것이라고 판단하였으나 매도자로부터 사실상의 소유자는 원고라는 통보를 받아 수시부과, 금액정정 부과하였으므로 그당시에 부과했다면 시가의 10%만 납부하면 되었을 것을 시가의 20%로 증가하였으므로 피고1이 부동산 실명법 제5조제5항(제10조제3항)을 위반한 것이다.

17. 법원은 구 실명법의 헌법 불합치 판결에 의한 과징금 감경 조항은 재량권에 해당되고, 등록세를 늦게 납부한 것은 매도자가 역채무를 이행하지 않아 소유권이전등기 신청이 지연된것이므로 판결사유가 될수 없고, 과징금 부과권자 및 매도자의 흠결이 없을 경우에도 과징금을 감경하는 것이 타당하다는 판결이 수없이 있었으므로 비례의 원칙 및 이익형량의 원칙에 어긋나는 판결이다.

18. 피고1의 주장
등기권리자가 장기미등기라는 사실을 알았을 때 지체없이 과징금을 부과토록한 부동산 실명법 제5조제5항을 차명보유일경우만 해당된다(제10조의 준용규정을 모르고 답변) 부동산실명법은 매수자의 권리를 제한한 법률이므로 매도자에게 지급할 매매대금이 남아있지 않은 날이 장기미등기기산일이다. 과징금 감경조항은 부과권자의 재량행위에 해당된다.

19. 피고2의 주장
소유권이전등기 기산일되는 표시변경등기 완료일(신청일로부터 43일 도과)도 공시하지 않은 피고2는 원고에게 적법하게 토지를 매각했다는 것이 답변의 전부다.

20. 피고3의 주장
피고1과의 행정소송에서 원고가 패소하였으므로 민사소송에서 행정소송 기판력을 인정해야 한다. 피고1에게 지방세법을 위반하라는 지시를 한적도 없고 피고2와 지적법을 위반하라고 협의한적도 없다고 주장하였으나 자신들의 권한을 대행권자가 위반했다면 대행권자에게 책임을 물어야할 사항이다. (취득세 영수증에 가산세가 없는 것으로 입증됨)

21. 본안소송 판결은 헌법전문(자유와 권리에 따르는 책임의 완수), 헌법 제11조(평등권), 헌법 제27조(법률에 의한 재판을 받을 권리), 제37조제2항(과잉금지의 원칙), 헌법재판소 판결(99헌가18호 2001.5.31, 2012헌바263호 2013.3.28), 상고심 절차에 관한 특례법 제4조(심리의 불속행) 제1항 1호, 2호, 3호, 4호, 제3항에 합치되지 아니한다.

가. 본안소송 판결은 부동산 실명법 제1조(목적), 제5조(과징금) 제5항, 제10조(장기미등기자에 대한 벌칙등) 1항 본문 동법 시행령 제4조의2(장기미등기자등에 대한 과징금 부과기준)에 모순되며 합치되지 아니하며 법리적 판단을 전혀하지 않았다.

나. 본안소송 판결은 부동산 등기특별조치법 제2조(소유권 이전등기등 신청의무) 제1항제1호, 제5항제2호, 부동산 등기 특별조치법에 의한 과태료 부과 징수규칙 제2조(등기신청기간의 산정) 4호에 합치되지 아니한다.

다. 본안소송 판결은 민법 제750조(불법행위의 내용), 민법 제537조(채무자 위험 부담주의), 민법 제538조(채권자 귀책사유로 인한 이행불능), 제2조(신의성실의 원칙), 제150조(조건성취, 불성취에 대한 반신의 행위), 제536조(동시이행 항변권), 제760조(공동 불법 행위자의 책임), 제741조(부당이득의 내용), 제746조(불법원인 급여), 제751조(재산 이외의 손해배상)에 합치되지 아니하며 이에 대한 판단을 전혀하지 않았다.

라. 본안소송 판결은 민사소송법 제344조(문서제출 의무), 제150조(자

백간주), 제134조(변론의 필요성), 제136조(석명권 구문권), 제147조(제출기간의 제한), 제148조(한쪽 당사자가 출석하지 아니한 경우), 제149조(실기한 공격·방어 방법의 각하), 제202조(자유심의 주의), 제208조(판결서의 기재사항등), 제211조(판결의 경정), 제256조(답변서의 제출의무), 제272조(변론의 집중과 준비), 제273조(준비서면의 제출등), 제278조(요약 준비서면), 제349조(당사자가 문서를 제출하지 아니한 때의 효과), 제351조(제3자가 문서를 제출하지 아니한때 제재)에 합치되지 아니한다.

마. 본안소송 판결은 지적법 (현 공간정보의 구축 및 관리등에 관한 법률) 시행령 제48조(분할토지의 신규면적 오차의 허용범위등), 제47조(면적측정의 방법), 지적법 시행규칙 제34조(측량성과의 인정) 4호를 위반한 사실을 간과했다.

바. 본안소송 판결은 시행령(안)에 있었던 장기미등기 기산일 조문을 삭제하면서 참조토록한 소득세법 제98조(양도 또는 취득의 시기) 및 동법 시행령 제162조(양도 또는 취득의 시기) 제1항에 합치되지 아니한다.

사. 본안소송 판결은 지방세법 제183조(납세의무자), 제191조(납기), 제192조(징수방법 등), 제194호(신고의무), 지방세법 시행규칙(재산세 납세의무자 신고등), 제120조(신고납부)를 간과했다.

아. 본안소송 판결은 산업입지 및 개발에 관한 법률 제13조(공업단지 지정의 해제), 제18조(지방공업단지 실시계획의 승인) 동법 시행령 제15조(공업단지 지정의 해제) 제1항2호 위반행위를 간과했다.

자. 본안소송 판결은 양도소득세 등 부과처분취소(대법원 2001.3.27, 선고 99두2550 판결), 과징금 부과처분 취소(대법원 2010.7.15, 선고 2010두7031 판결, 국민권익위원회 행심 2012.462호, 2013.2.19), 가등기담보계약의 경우 청산절차가 완료된때(대법원 2009도5031), 신뢰보호의 원칙(대법원 2006.2.24, 2004두13592 판결, 대법원 2005.7.8, 2005

두3165, 대법원 2000.8.18, 98두2713), 작위의무위반(2014.4.26, 선고 2010다8709)과 합치되지 않는 판결을 하였다.

22. 부동산 쌍무계약의 소유권 이전등기 신청과 관련하여 법률의 해석은 헌법 제37조제2항, 행정절차법 제4조를 위반하여 유전(매매대금 성실납부자) 유죄(매도자의 의지에 의하여 면적감소로 매수자의 권리제한시기가 조기에 도달) 무전(매매대금 연체자) 무죄(면적증가로 매수자의 권리제한 시기를 매수자가 결정)로 판단하고, 사실적 판단은 헌법 제11조, 제27조를 위반하여 무권(권리가 없는자) 유죄(법률에 의하여 보호받지 못함) 유권(권리가 있는자) 무죄(강행 법규을 위반해도 되고 타인에게 손해를 끼쳐도 손해배상의 의무가 없고, 타인의 재산을 이용해 부당이득을 얻어도 되고, 공기업 및 행정공무원, 사법공무원은 법률을 몰라도 되고, 사유를 묻지 않아도 되고, 사실확인에 대한 답변을 안해도 되고 허위 공문서를 작성해도 된다) 판단을 하였으므로 본안소송을 법치주의가 아니고 관치주의에 의한 판단을 하였습니다.

23. 원고는 국가부도위기시절 정부정책, 지방행정청의 지방세 세수물건 확보전략, 소속회사의 경영전략에 의한 자사보유 도상가분할 토지에 대한 피동적 매수자 이므로, 부동산 실권리자명의 등기에 관한 법률의 시행령 제정과정의 적법성 여부 및 법치주의에 의한 판결을 하였는지 여부를 지방법원 및 대법원에서 갑질행위로 거부하였으므로 정부에 청원할 수 있으며 매수자가 의도적으로 채무자 상태를 유지할 경우 장기미등기과징금을 부과할 수 없음에도 양도소득세보다 많은 장기미등기 과징금 기산일이 도상가분할 토지 매매의 경우 매수자의 의지에 의하여 도달하는 것이 아니고 매도자의 갑질행위에 도달하여도 불법행위 및 평등권 침해가 아니라는 판례를 국가법령 정보센터에 수록토록하여 원고와 같은 피해자가 발생하지 않도록 해야합니다.

2017.12.29

민원인 김 정 선

수신 :서울특별시 종로구 청와대로1.
문재인 대통령각하 친전 (우편번호03048)

발신: 김정선

제목: 재판관 및 공무원 징계요청.

내용:1.국가의 법조조직 및 지방행정청이 삼권분립의 원칙을 위반하고 헌법 제37조제2항등을 위반한 부동산실명법 제정목적에 반하는 법률심사,법률해석 ,법률적용으로 직권남용 및 직무유기 하였습니다.

2 법률시행16년(21년)후 법률시행전 해석과 다른 추상적 독선적 법규범로10년동안 피고 무반박 원고패소 판결을 하였기 판결서로서 법리적사유를 명백히하여 달라는 청구 의 소를 기각 하므로서,

3.토지조성자금 선 조달업무를 방해하고,부동산등기법을 개정하고, 지적측량비용증가,국민들에게 거래대금을 연체하는 것이 유리하다는 것을 공식적으로 국가가 인정한 것이므로

4.국민들의 주권을 침해하고 국민들에게 반사회질서를 유도하는 판결을 하였으므로 이는 부당이득에 해당되고 국가 및 국민 모두에게 피해를주는 판결이므로 이사건 관련공무원 및 재판관들을 징계처분하여 주시기 바랍니다.

첨부:1법률제정과정 및충청북도 등의 법률위반과 사기행위 개요

2.부동산실명법이 지방세 세입권자인 행정청의 적반하장 사기법률로 둔갑

3.재심이유서.

4.2020나2020676 부동산실명법 장기미등기 기산일공개 및 손해배상청구의소 준비서면(증거설명서149개)

5부동산실명법제10조제1항제1호는 대국민기만법률이다.

6.청주지방법원은 충청북도의 사기행위 양성기관이다.

7.대법원마저 충청북도 사기행위 방패역할을할것인가.

8.부동산 등기특별조치법제2조제1항에관한질의(법무부)

9.기획재정부 회신문서.끝

3982
20.2.04 1.2
감사원
공직감찰 조사국 조사1과

수신 : 서울시 종로구 북촌로 112
황찬현 감사원장님 귀중

발신

제목 : 도상가분할 토지에 대한 청원군(충청북도)의 사기성 과징금 부과 고발

1. 국가기관과 지방자치단체, 공기업을 검사 감독하며 행정기관의 사무와 공무원의 직무를 감찰하기 위하여 노력하시는 원장님 이하 감사원 직원들의 노고에 감사드립니다.

2. 본인은 청원군으로부터 부동산등기 특별조치법 제2조 1항의 적용을 받는자로서 부동산 실권리자 명의 등기에 관한 법률 제10조 1항(장기미등기)에 해당된다는 사유로 24,071,000원 과징금을 부과 받았으나 당해 법률의 입법취지, 법령해석상의 문제점, 사회적 정의에 어긋나는 행정행위, 구 실명법의 헌법 불합치 사유, 현 실명법의 적용상 문제점을 제시하여 행정심판, 효력정지, 지방법원, 고등법원, 대법원에 과징금 부과 취소요청을 하였으나 심리불속행으로 패소하여 본인소유 부동산이 모두 청원군으로부터 압류촉탁 등기된 사람입니다.

3. 충청북도에서 구 한국토지공사로 사업시행자가 변경된 오창산업 단지내 단독주택지인 이사건 토지는 특성상 유사 필지수가 1200개가 넘고 불특정 다수인이 거래할수 있는 토지이고 공기업으로부터 매수한 토지이므로 관련법상 반사회적 행위를 할 수 있는 대상토지라고 볼수 없으며 미확정 부동산에 대한 쌍무계약에 청원군이 관여하여 일시납을 유도해 놓고서 확정시 담합하여 매도자의 불법행위로 경제적 이득을 보았음에도 불구하고 문서까지 위조하여 어려운 여건에 처한 민원인에게 반사회적 행위를 하였다고 과징금을 부과한 것은 보은을 원수로 되갚은 사기행위이며 간접살인 행위입니다.

4. 청원군과 충청북도, 구 한국토지공사는 자신들의 필요에 의하여 일시납을 유도하여 민원인으로부터 경제적 도움을 받았(숙원사업에 매매대금선납 받음)으면서도, 3년6개월후 토지분할 확정측량시 헌법 제11조, 민법 제2조, 지적법 시행령 제43조, 제47조를 지키지 않고 의도된 위법행위(필지분할시 면적증감을 안분하지 아니함)를 했기 때문에 매매계약 일부 무효인 법률행위를 하여 민원인에게 피해를 주었기 동시이행항변권이 있다고 판단하였습니다.

-민원인은 이 사건 토지를 재산증식수단으로 매수한것도 아니고 직장생활을 계속하고 싶어 자살골 토지(공사직원들이 단독주택지의 30%이상을 매수하거나 매매알선)를 매수하였고 3년분할 납부계약시 부리되는 이자가 시중은행 금리보다 많이 낮았지만, 부족되는 매수자금은 처가에서 차용할수 있었으므로 이자소득세를 감안하면 일시납으로 계약하는 것이 많이 불리할것같지 않았고 청원군에서 취득세 납부시기를 토지분할 확정측량 이후로 미루었기 때문에 지방세도 불리할 것 같지 않아 애사심에서 일시납 계약을 하여 충청북도, 청원군, 구 한국토지공사에 이사건 토지등의 조성공사가 중지되지않도록 도움을 주었습니다.

-본인은 구 한국토지공사의 2차 경영전략인 상위직급자 퇴직전략(그당시 77%퇴직, 퇴직금규정 일원화, 주공과의통합, 다면평가)에 의하여 명예퇴직 하였고 일시납으로 계약을 했기 때문에 퇴직금으로 선납하여 단독주택지 매수자 1250여명중 가장먼저 매매대금을 납부(면적감소예상하여 104,040원 남겨둠)하였습니다.

-부동산 등기 특별조치법 및 부동산 실명법은 매도자와 매수자가 담합하거나 매수자가 자기의무를 게을리하므로서 탈세등 부당 이득을 방지하기 위하여 제정한 법률이나, 이사건 토지의 경우 도상가분할 토지확정시 매도자(구 한국토지공사)와 과징금을 부과한 청원군이 담합하여 일어난 사건이기 때문에 매수자의 반대급부 이행일은 법령상 문구해석만 가지고 적용하더라도 토지분할 확정측량일이 아닌 매매대금 청

산일로 보아야 하고 매도자와 청원군이 담합하지 않았다는 증거를 제시(개인정보 보호법을 사유로 자료공개거부)하지 않는한 기만행위이므로 과징금 부과는 당연히 취소되어야 합니다.

-미확정 토지에 대한 확정시 구 한국토지공사(주행위자)와 청원군(방조자)이 반사회적 행위를 했음에도 불구하고 충청북도와 청원군은 이미 법령해석이 이루어진 것을 삭제하고 사건개요도 민원인에게 불리하도록 허위로 작성하여 법무부로부터 민원인에게 불리한 해석을 받아 민원인의 2년간 급료에 해당하는 과징금을 부과하였기 때문에 경제적, 정신적, 육체가 가해자 이므로 이에 상응하는 처벌을 받아야 합니다.

-같은블록내 10개 필지에 대한 토지분할시 지적법령에 따라 1cm단위로 측정하고 0.1㎡단위로 산출해야하고 블록면적증감을 안분(소송중 확인해보니 0.7~0.8㎡감소)해야하나 민원인은 3년 6개월전에 매매대금을 납부하였으나 5.1㎡감소(-27cm)하였기 배신감에 용납은해도 인정은 할수없다는 생각에 반화금 신청을 적극적으로 하지 않았고 재산세도 납부하였으나 재산권 권리행사도 못했는데, 청산금 반환금이행의무가 민법상 매도자에게 있음에도 불구하고 과징금을 부과받아야 하고 3.8㎡가 증가한 매수자는 면적확정후 재산세도 내지않았고 8년후에 소유권 이전을 해도 과징금을 부과받지 않아도 된다면 평등의 원칙을 지킨 법률이 아니고 불공정한 법률이므로 위헌입니다.

-다시말하면 재산적 정신적 피해자인 매수자에게 반사회적 행위를 할 의도가 있었다는 판단은 잘못된것이고 매수자는 매도자 및 청원군에 도움을 준 것이 확실한데도 이를 인정하지 않고 이사건이 일어난 사유와 이사건 토지의 조성과정, 헌법, 민법, 지적법, 사회적 정의, 행정절차법을 간과한 판결은 청원군(충청북도)의 사기행위를 사법부에서 정당하다고 인정한것이므로 우리나라는 법치주의가 아니고 관치주의 라는 것을 분명히 보여준 것입니다.

-더욱이 사법부에서는 경제적 피해자인 민원인을 심리하면서 쌍무계약

에서 매매계약을 성실히 이행한 민원인에게 매도자 및 청원군이 자신들에게 유리하도록 토지분할을 한 것은 역차별이 분명한데도 재판관이 실수이든 고의이든 마찬가지라고 변론진행을 하는등 진의아닌 의사표시까지 하여 구 한국토지공사에 사실조회한 내용을 철회토록 종용하고도 법무부에 질의한 내용이 사실과 다르더라도 경제적, 정신적, 육체적인 가해자의 주장이 옳다는 것은 부정부패한 사람이거나, 직무수행능력이 부족한 사람으로 판단되므로 이에대한 철저한 조사가 필요하다고 판단됩니다.

5. 사법부의 판단이 있었더라도 사회적 정의상 가해자와 피해자가 바뀌었고 헌법재판소의 구 실명법은 위헌이 타당하다고 판단한 사유를 인용하지 않았고 부과권자가 원인을 제공한 사건에 대하여 현 실명법을 중립적으로 적용하지 않은 것은 현 실명법은 현실성이 없어 헌법재판소의 불합치 판결에 정면으로 위반되는것이 명백하므로 청원군은 부동산 등기 특별 조치법에 의한 과태료 부과징수 규칙 제2조 4호에 의거 민원인이 매도자로부터 청산금을 받은날까지를 등기를 해태한 상당한 사유가 있는 것으로 보아 과징금 부과는 취소되어야 하고,

-충청북도는 감사지적한 사항이고 기존법령해석을 삭제하였고 위증까지 하여 판결된 사건이므로 청원군이 과징금을 취소할수 있는 명분을 청원군에 제공하여야함에도 불구하고 이사건 해결을 청원군에만 미루는 것과 허위 문서를 작성하고도 사유를 밝히지 않는 청원군은 복지부동 행위이므로 감사원과 안전행정부에서는 철저히 조사하여 무고한 국민으로부터 약탈자, 살인자로 인식되지 않도록 해야할것입니다.

6. 이 사건이 발생하게된 원인제공의 1차책임자이며 이사건 토지 매도자인 현 한국토지주택공사는 이사건 토지등의 매매계약서에 사업의 계속시행여부가 불투명하여 사업지연에 따른 민원을 사전예방코자 매도자는 매매대금 30%까지 약정기일을 미룰수 있다는 조항까지 넣어 매각하였고 이사건 토지조성 과정을 누구보다도 잘알고있고 토지분할 확정측량시 위법한 사실에 대하여 수긍을 하면서도 민원인이 배반자라는

인식을 갖게했고, 위법행위에 따른 반환금 지급방법까지 평등권을 지키지 않았고, 매도자의 반대급부 이행일을 공시자료로 활용토록 조치하지 않았고 토지분할 확정측량일로부터 청산금 반환일까지 민법에 정한 이자를 7년동안 주지않았고 민원인에게 자료체출을 거부하였을 뿐만아니라 2심법원을 통한 사실조회 답변을 하지않았고 민원인은 소송사실을 고지하였기 때문에 구상권을 청구하였으나 소송방법에 의하지 아니하고는 현재 담당자가 개인돈으로 지급할수 없다고 이행을 하지않고있으나 이사건만으로도 민원인은 여러 가지 질병을 추가로 앓고 있으므로 더 이상 버틸힘이 없습니다.

7. 법령해석 및 적용상 문제점

법무부에서는 부동산 실권리자가 명의등기에 관한 법률 시행령(안)에도 반대급부의 이행이 사실상 완료된날은 대금청산일로 공표한바 있으며 부동산 등기특별 조치법 제2조1항에 대한 기존법령 해석(토지분할 확정측량결과 면적증가시)은 법령해석 요청 취지로 볼 때 소유권보존등기 형식을 빌린 표시변경등기(환지등기)이후에 대금정산이 이루어진 것이 분명하며(대금정산이 먼저였다면 질의를 할필요가 없음)이는 적용 기준일이 지방세법상 취득일(간주취득)이 아니고 소득세법상 취득일(대금청산)이라는 것이 확실하므로 면적이 감소하여 환불해야 하는 경우에도 매수자의 귀책사유(연락처,주소변경등)가 없는한 매매대금 청산일로 보아야 합니다.

특별조치법 및 실명법을 부동산 거래질서를 확립하기 위하여 제정한 법률인데도 불구하고 미확정 부동산(도상 가분할 토지)에 대한 해당 법률을 해석적용함에 있어서 매매완료 시점을 판단할 때 확정측량결과 면적이 감소하여 환급을 받아야 할 경우 매수인의 동시이행 항변권을 인정하지 않은 것은 매도인은 권리만 있고 의무가 없다는 것이므로 헌법 제11조에 의한 평등권 및 민법 제2조에 의한 신의성실 및, 지적법령에 저촉되어 오히려 부동산 거래질서를 흐트러트리는 것을 장려하는 법률인 것입니다.

과징금 부과권자(청원군)는 이사건 토지조성 과정 및 매도자의 불법행위로 매수자로부터 이득을 얻었고 매수인의 장기미등기 사유에 대한 원인을 제공한 객관적 사실이 있고 자기의무를 게을리(행정구역 변경관계로 사업준공까지 6개월소요)하여 매수자들에게 피해를 주었고 부동산 실명법 제5조(과징금)⑤항을 지키지 않은 것은 과징금이 증가하였고 허위문서까지 작성하였으므로 과징금 부과는 당연히 취소하여야 합니다.

본인이 매수한 필지가 속한 블록의 당초분양면적과 토지분할 확정측량 면적을 비교해보면 본인이 매수한 오창읍 양청리 745-7 필지는 토지분할 확정측량 3년 6개월전에 토지대금을 납부하였는데 5.1㎡ 감소(3,015원 추가납부→481,930원 환불)되도록 필지경계표지를 위법하게 설치하였고 재산세도 납부하였고, 청산금도 환불 못받았는데 확정측량일 또는 환지등기일(확정측량일로부터 10개월)로부터 3년이 경과하였다고 과징금을 부과받아야하고 동소 745- 필지를 매수한 사람은 3.8㎡가 증가하여 환지등기후 8년이 지난후에 소유권 이전등기를 하여도 재산세, 과징금을 내지 않아도 된다면 헌법에서 정한 평등권에 입각한 법령의 제정, 해석적용 이라고 볼수 없으므로 토지분할 확정측량 결과 면적이 감소한경우에도 매매대금 청산(주고받는 것을 깨끗이 정리함)일로 보아야 매도자와 매수자간의 권리와 의무가 공존하고 공정한 토지매매 거래로서 입법목적의 정당성과 법익의 균형성을 갖춘 법률로 인정된다고 사료됩니다.

사건을 판단함에 있어 헌법재판소의 구 부동산 실권리자 명의등기에 관한 법률에 대한 불합치 판결사유를 인용하지 않았고
현행실명법의 과징금 산출시 반영토록 되어있는 위반기간 판단의 적정성 여부에 대하여 과징금 부과권자인 청원군이 반론을 제기하지 않았는데도 법원이 자의적으로 판단한 것은 중립성을 훼손한 판결이므로 과징금 부과는 취소되어야 합니다.

-소유권 이전과 관련하여 공공기관과의 매매는 반사회적 행위이라기 보다는 권리의 불행사에 불과하고 행정의무 위반한 것에 불과하다고 볼 수 있다.
(구 실명법의 검토내용)

-일률적으로 30%를 적용하는 것은 헌법 제37조 2항에 의한 비례의 원칙에 어긋나므로 위헌판결을 하는 것이 타당하나 위헌판결을 할 경우 사회적 혼란을 가져올 염려가 있으므로 헌법 불합치 판결을 선고하였다.(구 실명법)

-현행 실명법에서는 거래금액, 위반기간을 감안하여 부과토록 되어있는바 청

원군이 본인에게 지방세법 제191조(납기)②항에 의거 2006년 재산세 부과시 매도자로부터 통보를 받고 과세 통보기간이 지나 수시부과(136,550원)를 하였고 과세기간이 지나 정정 부과징수(275,510원)를 한 증거를 제시하였는데도 그것만으로는 청원군이 그 당시 실명법 위반자라는 인식을 하기에 부족하다는 판결을 한 것은 청원군 및 충청북도의 사기 행위를 옹호한것이므로 법원은 입법권 및 행정권 까지도 가지고 있다는 월권행위를 한 것입니다. (2심에서는 토지분할 확정측량후 취득세를 납부한 것이 1심 판결문에 나타나있기 때문에 매매대금이 완납되었다는 사실을 판단할 수 있으며 청원군은 실명법을 위반하였다는 사실을 알았을때는 지체없이 부과토록 되어있는 실명법조항은 차명거래일 경우에만 해당된다는 잘못된 반론을 제기했을 뿐이다.)

법률의 해석 및 적용은 평등해야 하고 미확정 부동산에 대한 쌍무계약은 사업시행자(매도자) 행정관서, 매수자가 신뢰를 바탕으로 이행되어야 함에도 불구하고 매매계약을 성실히 이행한 매수자를 토지분할 확정측량시 매도자 및 청원군에 유리하도록 역차별 하였고 환불금 지급이 늦어 소유권 이전이 지연되었는데, 소유권 이전은 않되었지만 실질적인 소유자라고 지방세법에 의하여 재산세를 부과징수 하였음에도 불구하고 토지분할이 왜 불법으로 시행되었는지 답변도 하지 않았고, 재산세를 무슨 근거로 부과하였고, 부과당시 어떤사유로 장기 미등기자라는 판단을 못했는지 답변도 하지 않았고 청원군 및 충청북도는 과징금 부과 과정 및 재판 과정에서 공문서 위조, 법령해석 질의서류를 법원에 제출하라는 요구사항 불이행, 사실조회 답변시 위증하였다고 사료됨에도 불구하고 과징금 부과가 정당하다고 판시한 법원은 선량한 매수자를 간과하였기 중립을 지켰다고 볼 수 없습니다.

평등권을 침해한 토지분할 확정측량 결과 면적이 증가한 경우에는 잔금이 남아있으므로 소유권 이전등기에 필요한 서류를 매도자가 발급해주지 않으므로 무한정 소유권 이전 등기를 미룰수 있고(등기선례)불공정 행위로 면적이 감소한 경우에는 토지분할확정 측량일에 완납처리 되어 매도자에 대한 배신감 때문에 적극적으로 환불요청 하지않아 (구두로 퇴직금 입금 계좌로 환불금 입금요청) 3년이내에 소유권 이전 등기를 하지 않았다고 과징금이 부과된다면 비례의원칙 및 평등권을 기조로한 법률이라고 볼 수 없습니다.
※한국토지주택공사 김환기부장 :면적정산금 반환신청 서류를 받지않고 정산금을 지급한 것은 한건도 없다. 한국토지주택공사 노재영 차장 : 직원들 급

료도 은행계좌번호를 구두로 확인하여서는 지급을 하지 않고 있다.

매도자 및 청원군, 법원에서는 매매계약서에 토지분할 확정측량시 면적 증감이 있을 경우 정산하기로 되어있으므로 위법한 행위가 아니라고 주장하고 있으나 이는 어디까지나 평등권 및 신의성실의 원칙에 바탕을 둔것이며 이는 지적 법령을 지키지 못한 정당한 사유를 제시하지 않는한 매수자는 권리가 없고 매도자만 권리가 있다는 불공정한 계약이며 저는 매도자가 토지분할 확정측량을 위법으로 시행하게된 진위를 파악코자 1250여 필지중 77필지 대금납부현황, 지방세등 납부현황 자료를 매도자 및 청원군에 제출할 것을 요구하였으나 개인정보 보호법에 위반된다고 자료를 제출하지 않고 있기 때문에 위법한것만 가지고는 매도자등(구 한국토지공사, 청원군)의 횡포라고 볼수없다면 매수자는 형사고발에 의하지 아니하고는 불법한 행위였다는 주장할 방법이 없으므로 현행 실명법은 비례의원칙 및 평등권을 침해한 위헌인 법률입니다.

청원군은 매도자로부터 사실상의 소유자는 매수자라는 통보(확실한증거있음)를 받고 과세통보기간 및 과세납부기간이 경과한 2006.10.2. 매수자에게 재산세를 부과징수 하였으므로 환지등기후 3년이 지난시점이기 때문에 그 당시 과징금을 부과하지 않고 과징금이 늘어난 2011.7.7 사전고지하여 부과한 것은 부동산 실명법 제5조(과징금)⑤항 동법시행령 제3조(과징금의 부과징수등)①항을 위반한 것입니다.
또한, 부동산 실명법 제4조의2(장기미등기자에 대한 과징금 부과기준)에 조세를 포탈하거나 법령에의한 제한을 회피할 목적이 아닌 경우에는 100분의 50을 감경할수 있다고 되어있고 판례(서울고등법원 2004누 6619)에 의하면 "장기미등기자에게 조세를 포탈하거나 법령에 의한 제한을 회피할 목적이 없는경우 원칙적으로 부동산 실명법 시행령 별표의 기준에 따른 과징금을 50/100으로 감경하여 부과하는 것이 타당하다" 판시하였고
* 일반적으로 제재적 행정처분이 사회통념상 재량권의 범위를 일탈하였거나 남용하였는지의 여부는 처분사유로 된 위반행위의 내용과 당해처분에 의하여 달성하려는 공익목적 및 이에 따르는 제반사정등을 객관적으로 심리하여 공익침해의 정도와 그 처분으로 개인이 입게된 불이익을 비교형량하여 판단하여야 한다.(대법원1992.6.23. 선고 92누2851판결등 참조) 판시하였으나 이를 적용하지 않았습니다.

안전 행정부에서는 부동산 환지등기 신청일로부터 완료일까지 43일이 소요된 것은, 환지등기 신청일 기준일과 소유권이전등기 신청기준일이 중첩되므로 동기관이 잘못한 것이 아니냐는 저의 질문에 부동산 등기 특별 조치법에 의한 과태료 부과징수 규칙 제2조 4호에 의거 환지등기 신청일로부터 완료일까지는 시장군수가 등기신청 기간에 산입하지 않을수 있으므로 등기관의 위법은 아니라는 답변을 들었습니다.
따라서 매도자가 환지등기 완료일(2002.10.04)을 표시하여 관리해왔다면 매도자로부터 등록세용 토지대금 완납확인서를 팩스로 받은 시점은 등록세와 관련하여 다른사람에 비해 더 부담해야 되는 것이 없었기 때문에 소유권 이전이 지연되지 않았을것입니다.(취등록세 부과권자인 청원군도 관리하지 않았기 때문에 전산상으로 토지분할 확정측량일만 나타남)

제가 청원군을 통해 부동산 등기특별조치법 제2조1항의 해석 자료를 충청북도에 전달되었는데 충청북도에서 법무부 질의시 삭제한 것은 행정 절차법 제4조를 위반한 것이라고 판단하여 법령해석을 안전 행정부에 질의한바 2013.5.8 행정절차법 제4조1항은 "행정청은 직무를 수행함에 있어서 신의에 따라 성실이 하여야 한다."고 규정하고 있고, 제2항은 "행정청은 법령등의 해석 또는 행정청의 관행이 일반적으로 국민들에게 받아들여진 때에는 공익 또는 제3자의 정당한 이익을 현저히 해할 우려가 있는 경우를 제외하고는 새로운 해석 또는 관행에 의하여 소급하여 불리하게 처리하여서는 아니된다."고 규정하고 있는바, 이는 행정청은 행정권을 행사함에 있어서 신의에 좇아 성실히 수행하여야 할 의무가 발생하여, 행정청이 스스로 행해온 법령의 해석, 관행 등을 국민의 신뢰에 반하는 임의적인 변경의 금지를 선언한 것이라 할 수있습니다. 라고 답변했으므로 충청북도 행정심판위원회, 청원군, 충청북도는 행정절차법 제4조를 위반하여 저에게 신체의 자유를 침해한 바 있습니다.(3년간 잠을 제대로 자지못해, 심신이 망가질대로 망가짐)

8. 사회적 정의에 어긋나는 행정행위

민원인은 IMF 구제금융시절 구 한국토지공사 충북지사에 재직중 지사관내 오창공단의 도상가분할 단독주택지 356㎡를 44,956,000원에 청원군이 취득세 납부시기를 토지분할 확정측량 이후로 미루었기 때문에 3년 6개월후 공사 준공 예정인 토지를 3년분할 납부 방식이 아닌 일시납(5개월)으로 애사심에서 매매계약(1998.6.8)을 체결하였고 상위직급자 퇴직전략에의하여 명예퇴직하였고 퇴직금으로 매매대금을 선납하여(1998.7.24)1250여 필지 매수자 중 가장먼저 계약을 이행하였음에도 불구하고 구 한국토지공사는 토지분할 확정측량시(2001.12.26) 오히려 역차별(5.1㎡ 감소)하였기 본인은 청원군 및 매도자에 농락 당하였(매도자에게 4번, 청원군에 2번속음)다고 판단하여 적극적으로 정산금 반환을 요청하지 않아 이 사건이 발생하는 계기가 되었고, 제가 일시납을 하였다고 하더라도 745- 필지 매수자처럼 당초 분양면적보다 면적이 증가 했다면 저의 의지에 따라 최소한 3년은 소유권 이전을 미룰 수 있었을것이고 매도자로부터 독촉이 있었을 것이므로 장기미등기 사건은 발생하지 않았을 것입니다.

충청북도에서 사업시행자를 구 한국토지공사(매도자)에 넘겨주지 않았다면 제가 연고가 없는 지역에서 이사건 토지를 매수할 이유가 전혀 없었고, IMF 규제 금융시기가 아니었으면 공사 규정상 매수할수도 없고, 상위직급 퇴직전략에 의하여 실직도 하지 않았고, 부부가 실직으로 인한 중증 환자가 되지도 않았을 것이며, 청원군이 매매조건(취득세 납부시기)에 관여 하지 않았으면 애사심이 있더라도 일시납으로 매매계약을 할이유가 없었으므로, 1250여명의 단독주택지 매수자중 가장먼저 매매대금을 납부하지도 않았을 것이기 때문에 구 한국토지공사가 토지분할 확정측량(한국토지공사에서 직접 필지경계표지 설치)시 원가절감(경계표지를 공사에서 설치하느냐 대한 지적공사에서 설치하느냐 여부)을 하고 세제상 청원군 및 매도자에게 유리하도록 위법행위를 하였다 하더라도 일시납유도에 따른 배신감을 느끼진 않았을것이고, 매도자, 청원군, 충청북도에서 관련 법률의 준수 하지않은 것, 허위문서를 작성하여 보은을 원수로 되갚은 것 중 한가지 사유만 없었더라도 이사건은 발생하지 않았습니다.

토지분할 확정측량은 의식구조 및 업무편의상 매매대금을 완납한 사람이 손해이기 쉬우며(면적이 증가할 경우에는 매도자는 매수자로부터 추가로 돈을 받아야 하는 번거로움이 있고 재산세 납부 대상자 이며 면적이 감소하는 경우에는 유권해석에 의하여 재산세는 매수자가 납부해야되며, 오창산단의 경우 청원군은 사업시행자의 보유재산세는 50%감면 되므로 면적이 감소하면 2배의 재산세를 매수자에게 부과 할수있음)면적감소에 따른 환급금을 받지 않았는데(민법상 매도자 책임)도 확정측량일을 매매대금완료일로 본다면 매도자 및 청원군은 자신들에게 유리하다고 판단하여 일시납(자금회수를 하여 조성공사가 중지되지 않도록함)을 유도 하였으므로 더욱이 평등권을 지켰어야 합니다.

※한국토지주택공사 김ㅇ성 : 토지분할 확정측량 당시는 시세가 분양가 이하여서 면적이 줄어들었으면 좋겠다는 사람이 많았으므로 다른 매수자의 면적을 늘려주기 위하여 면적을 감소시키지는 않았다.

충청북도는 무리한 사업계획을 세웠다가 각종개발사업의 인허가권을 가지고 있는 지위를 이용하여 구 한국토지공사로 하여금 시행토록 하여 사업손실을 가져오게 했고 구 한국토지공사는 IMF구제금융시절 직원들에게 반강제적으로 토지를 매수토록 하였고 2차로 퇴직금 및 급여가 많은 상위 직급자를 퇴직시켰으며, 오창공단 공급시 매도자와 청원군은 조성공사를 중단할 위기에 처하자 협의하여 일시납을 유도하여 저는 일시납으로 계약체결 하였기마음이 내키지않았지만 퇴직금으로 선납(일시납으로 계약한 경우 년 18%할인)할 수밖에 없었습니다.

매도자 및 청원군은 3년 6개월후 토지분할 측량당시 공급가격이하로 부동산거래 가격이 형성 되었기 때문에(저는 1998년 7월 24일 매매대금을 납부하였으나 1999년도에 부동산 경기 활성화를 위하여 부동산등기 특별조치 법령에 한시적으로 미등기 전매가 가능토록 법령개정)토지대금을 완납한 매수자가 많지않아 취득세 및 재산세 수납 실적이 저조한 것으로 판단하여, 담합하여 완납한 매수자는 면적이 증가하지 않도록 시행한 것으로 판단됩니다.

저는 매도자의 경영진에 2번속아 일시납 매수하였고 명예퇴직하여 실업자가 되었는데, 도움을 받은 매도자 및 청원군은 저를 토지분할 확정측량시 역차별 하는 농락행위를 했기 때문에 동시이행 항변권이 있다고 판단하였습니다.

저는 이사건 토지를 재산의 증식 수단으로 매수한것도 아니며 매매대금을 그어느 누구보다도 성실히 납부하여 매도자 및 청원군에 도움을 주었으나 매도자, 청원군, 충청북도가 사회적 정의에 반하는 행위로 과징금을 부과한 내용은 다음과 같습니다.

청원군은 자신들에게 도움이된다는 판단으로 매도자와 협의하여 취득세 납부시기를 토지분할 확정측량이후로 미뤄 일시납을 유도해놓고 매도자가 토지분할 확정측량시 가급적 완납한 매수자가 많도록 매도자와 청원군이 담합했다.(사실이 아니라면 매도자가 토지분할 확정측량시 토지대금 납부현황을 제출하지 않을 이유가 없다)

청원군은 사업승인권한 및 지직측량결과 승인권한이 있으므로 민법상 매도자의 불법행위에 대한 방조자이므로 공동책임이 있다.

2006년 재산의 부과징수시 기존법령해석에 따라 과징금을 부과하지 않았다가 충청북도에서 감사지적을 받자 청원군과 충청북도는 허위로 문건을 작성해 법령해석을 다시의뢰해 2년간 급료에 해당되는 과징금을 부과한 것은 살인행위나 다름없다.

재판에 승소하기 위하여 원고가 제기한 법원의 자료제출(충청북도에서 법무부에 질의내용)요구도 묵살했다.(청원군이 7일후에 제출하였다고 하자 문서를 새로작성 하는것도 아니고 있는문서를 제출하는 것이므로 내일까지 제출하라함)

민원인이 제출한 과징금 부과 사전고지에 따른 의견서와 청원군, 충청북도 질의내용 차이

민원인 의견제출서 내용 ✓

1998 : 토지대금납부(확정측량시 면적감소 대비 104,040원 남김)

2001.12.26 : 지번 및 지적확정, 정산금반환 사유발생

202.01.23 : 취득세 납부

2009.03.02 : 면적정산금 환급받음(구두에 의한 환급신청을 서류제출 하라고 공사에서 받아주지 않아 늦어짐)

부동산 특별조치법 제2조제1항에 관한질의해석(법무부) : 추가제출

정산금 입금통장사본 (날자금액 정정함)

용지매매계약서

양도세영수증 첨부

인견비 사본

중증환자 진료내역 및 병원비

오창공단 활성화를 위한 한국토지공사 전 현직의 공로를 감안하여 선처부탁

청원군→충청북도

2001.12.26 : 취등록세를 납부한 일자로 보여짐

2002.08.07 : 택지개발 완료후 확정측량 지번결정 및 등기부 생성

(추후 확인된바 등기신청을 했다가 반려되어 8.22 촉탁등기신청 2002.10.04 등기부작성 완료)

2009.03.02 : 면적정산금 환급받음

부동산등기특별조치 제2조1항에 관한 질의해석(법무부)

정산금 입금통장사본

용지매매계약서

"신뢰받는 감사원, 국민과 함께 합니다."

감 사 원

바른감사
바른나라

수신자 김정선

(경유)

제목 민원서류 반려

1. 감사원은 국민이 겪는 어려움과 각종 불편사항을 해결하기 위해 항상 노력하고 있습니다.

2. 귀하께서 2014. 4. 15. 감사원에 제출하신 민원(접수번호 : 제2014-03982호)을 검토한 결과, 이 건 민원은 대법원(사건번호 : 2013두12089)에서 확정된 사안이므로 「감사원민원사무처리규정」에 따라 민원서류를 반려해 드립니다.

3. 귀하께 건강과 행복이 함께 하기를 기원합니다. 끝.

감 사 원 장

조사관 김윤호 감사관 성예석 대전사무소장 전결 05/19 이상천

협조자

시행 대전사무소-2552 (2014. 05. 19.) 접수

우 302-701 대전광역시 서구 청사로 189 (둔산동 920) / http://www.bai.go.kr

전화 042-481-6712 전송 042-481-6747 / iloveccnd@korea.kr / 비공개(6)

수신 : 서울시 서대문구 통일로 87(미근동)
국민권익 위원회 이성보 위원장님 귀중

발신 :

김정선

제목 : 도상가분할 토지에 대한 청원군(충청북도)의 사기성 과징금 부과 고발

1. 국민의 권리구제 업무를 위하여 수고하시는 위원장님이하 위원회에 근무 하시는 직원들의 노고에 감사드립니다.

2. 본인은 청원군으로부터 부동산등기 특별조치법 제2조 1항의 적용을 받는자로서 부동산 실권리자 명의 등기에 관한 법률 제10조 1항(장기미등기)에 해당된다는 사유로 24,071,000원 과징금을 부과 받았으나 당해 법률의 입법취지, 법령해석상의 문제점, 사회적 정의에 어긋나는 행정행위, 구 실명법의 헌법 불합치 사유, 현 실명법의 적용상 문제점을 제시하여 행정심판, 효력정지, 지방법원, 고등법원, 대법원에 과징금 부과 취소요청을 하였으나 심리불속행으로 패소하여 본인소유 부동산이 모두 청원군으로부터 압류촉탁 등기된 사람입니다.

3. 충청북도에서 구 한국토지공사로 사업시행자가 변경된 오창산업 단지내 단독주택지인 이사건 토지는 특성상 유사 필지수가 1200개가 넘고 불특정 다수인이 거래할수 있는 토지이고 공기업으로부터 매수한 토지이므로 관련법상 반사회적 행위를 할 수 있는 대상토지라고 볼수 없으며 미확정 부동산에 대한 쌍무계약에 청원군이 관여하여 일시납을 유도해 놓고서 확정시 담합하여 매도자의 불법행위로 경제적 이득을 보았음에도 불구하고 문서까지 위조하여 어려운 여건에 처한 민원인에게 반사회적 행위를 하였다고 과징금을 부과한 것은 보은을 원수로 되갚은 사기행위이며 간접살인 행위입니다.

4. 청원군과 충청북도, 구 한국토지공사는 자신들의 필요에 의하여 일시납을 유도하여 민원인으로부터 경제적 도움을 받았(숙원사업에 매매대금선납 받음)으면서도, 3년6개월후 토지분할 확정측량시 헌법 제11조, 민법 제2조, 지적법 시행령 제43조, 제47조를 지키지 않고 의도된 위법행위(필지분할시 면적증감을 안분하지 아니함)를 했기 때문에 매매계약 일부 무효인 법률행위를 하여 민원인에게 피해를 주었기 동시이행항변권이 있다고 판단하였습니다.

-민원인은 이 사건 토지를 재산증식수단으로 매수한것도 아니고 직장생활을 계속하고 싶어 자살골 토지(공사직원들이 단독주택지의 30%이상을 매수하거나 매매알선)를 매수하였고 3년분할 납부계약시 부리되는 이자가 시중은행 금리보다 많이 낮았지만, 부족되는 매수자금은 처가에서 차용할수 있었으므로 이자소득세를 감안하면 일시납으로 계약하는 것이 많이 불리할것같지 않았고 청원군에서 취득세 납부시기를 토지분할 확정측량 이후로 미루었기 때문에 지방세도 불리할 것 같지 않아 애사심에서 일시납 계약을 하여 충청북도, 청원군, 구 한국토지공사에 이사건 토지등의 조성공사가 중지되지않도록 도움을 주었습니다.

-본인은 구 한국토지공사의 2차 경영전략인 상위직급자 퇴직전략(그당시 77%퇴직, 퇴직금규정 일원화, 주공과의통합, 다면평가)에 의하여 명예퇴직 하였고 일시납으로 계약을 했기 때문에 퇴직금으로 선납하여 단독주택지 매수자 1250여명중 가장먼저 매매대금을 납부(면적감소예상하여 104,040원 남겨둠)하였습니다.

-부동산 등기 특별조치법 및 부동산 실명법은 매도자와 매수자가 담합하거나 매수자가 자기의무를 게을리하므로서 탈세등 부당 이득을 방지하기 위하여 제정한 법률이나, 이사건 토지의 경우 도상가분할 토지확정시 매도자(구 한국토지공사)와 과징금을 부과한 청원군이 담합하여 일어난 사건이기 때문에 매수자의 반대급부 이행일은 법령상 문구해석만 가지고 적용하더라도 토지분할 확정측량일이 아닌 매매대금 청산일로 보아야 하고 매도자와 청원군이 담합하지 않았다는 증거를 제

시(개인정보 보호법을 사유로 자료공개거부)하지 않는한 기만행위이므로 과징금 부과는 당연히 취소되어야 합니다.

-미확정 토지에 대한 확정시 구 한국토지공사(주행위자)와 청원군(방조자)이 반사회적 행위를 했음에도 불구하고 충청북도와 청원군은 이미 법령해석이 이루어진 것을 삭제하고 사건개요도 민원인에게 불리하도록 허위로 작성하여 법무부로부터 민원인에게 불리한 해석을 받아 민원인의 2년간 급료에 해당하는 과징금을 부과하였기 때문에 경제적, 정신적, 육체가 가해자 이므로 이에 상응하는 처벌을 받아야 합니다.

-같은블록내 10개 필지에 대한 토지분할시 지적법령에 따라 1cm단위로 측정하고 0.1㎡단위로 산출해야하고 블록면적증감을 안분(소송중 확인해보니 0.7~0.8㎡감소)해야하나 민원인은 3년 6개월전에 매매대금을 납부하였으나 5.1㎡감소(-27cm)하였기 배신감에 용납은해도 인정은 할수없다는 생각에 반환금 신청을 적극적으로 하지 않았고 재산세도 납부하였으나 재산권 권리행사도 못했는데, 청산금 반환금이행의무가 민법상 매도자에게 있음에도 불구하고 과징금을 부과받아야 하고 3.8㎡가 증가한 매수자는 면적확정후 재산세도 내지않았고 8년후에 소유권 이전을 해도 과징금을 부과받지 않아도 된다면 평등의 원칙을 지킨 법률이 아니고 불공정한 법률이므로 위헌입니다.

-다시말하면 재산적 정신적 피해자인 매수자에게 반사회적 행위를 할 의도가 있었다는 판단은 잘못된것이고 매수자는 매도자 및 청원군에 도움을 준 것이 확실한데도 이를 인정하지 않고 이사건이 일어난 사유와 이사건 토지의 조성과정, 헌법, 민법, 지적법, 사회적 정의, 행정절차법을 간과한 판결은 청원군(충청북도)의 사기행위를 사법부에서 정당하다고 인정한것이므로 우리나라는 법치주의가 아니고 관치주의 라는 것을 분명히 보여준 것입니다.

-더욱이 사법부에서는 경제적 피해자인 민원인을 심리하면서 쌍무계약에서 매매계약을 성실히 이행한 민원인에게 매도자 및 청원군이 자신

들에게 유리하도록 토지분할을 한 것은 역차별이 분명한데도 재판관이 실수이든 고의이든 마찬가지라고 변론진행을 하는등 진의아닌 의사표시까지 하여 구 한국토지공사에 사실조회한 내용을 철회토록 종용하고도 법무부에 질의한 내용이 사실과 다르더라도 경제적, 정신적, 육체적인 가해자의 주장이 옳다는 것은 부정부패한 사람이거나, 직무수행능력이 부족한 사람으로 판단되므로 이에대한 철저한 조사가 필요하다고 판단됩니다.

5. 사법부의 판단이 있었더라도 사회적 정의상 가해자와 피해자가 바뀌였고 헌법재판소의 구 실명법은 위헌이 타당하다고 판단한 사유를 인용하지 않았고 부과권자가 원인을 제공한 사건에 대하여 현 실명법을 중립적으로 적용하지 않은 것은 현 실명법은 현실성이 없어 헌법재판소의 불합치 판결에 정면으로 위반되는것이 명백하므로 청원군은 부동산 등기 특별 조치법에 의한 과태료 부과징수 규칙 제2조 4호에 의거 민원인이 매도자로부터 청산금을 받은날까지를 등기를 해태한 상당한 사유가 있는 것으로 보아 과징금 부과는 취소되어야 하고

-충청북도는 감사지적한 사항이고 기존법령해석을 삭제하였고 위증까지 하여 판결된 사건이므로 청원군이 과징금을 취소할수 있는 명분을 청원군에 제공하여야함에도 불구하고 이사건 해결을 청원군에만 미루는 것과 허위 문서를 작성하고도 사유를 밝히지 않는 청원군은 복지부동 행위이므로 감사원과 안전행정부에서는 철저히 조사하여 무고한 국민으로부터 약탈자, 살인자로 인식되지 않도록 해야할것입니다.

6. 이 사건이 발생하게된 원인제공의 1차책임자이며 이사건 토지 매도자인 현 한국토지주택공사는 이사건 토지등의 매매계약서에 사업의 계속시행여부가 불투명하여 사업지연에 따른 민원을 사전예방코자 매도자는 매매대금 30%까지 약정기일을 미룰수 있다는 조항까지 넣어 매각하였고 이사건 토지조성 과정을 누구보다도 잘알고있고 토지분할 확정측량시 위법한 사실에 대하여 수긍을 하면서도 민원인이 배반자라는 인식을 갖게했고, 위법행위에 따른 반환금 지급방법까지 평등권을 지

키지 않았고, 매도자의 반대급부 이행일을 공시자료로 활용토록 조치하지 않았고 토지분할 확정측량일로부터 청산금 반환일까지 민법에 정한 이자를 7년동안 주지않았고 민원인에게 자료체출을 거부하였을 뿐만아니라 2심법원을 통한 사실조회 답변을 하지않았고 민원인은 소송사실을 고지하였기 때문에 구상권을 청구하였으나 소송방법에 의하지 아니하고는 현재 담당자가 개인돈으로 지급할수 없다고 이행을 하지않고있으나 이사건만으로도 민원인은 여러 가지 질병을 추가로 앓고 있으므로 더 이상 버틸힘이 없습니다.

7. 법령해석 및 적용상 문제점

법무부에서는 부동산 실권리자가 명의등기에 관한 법률 시행령(안)에도 반대급부의 이행이 사실상 완료된날은 대금청산일로 공표한바 있으며 부동산 등기특별 조치법 제2조1항에 대한 기존법령 해석(토지분할 확정측량결과 면적증가시)은 법령해석 요청 취지로 볼 때 소유권보존등기 형식을 빌린 표시변경등기(환지등기)이후에 대금정산이 이루어진 것이 분명하며(대금정산이 먼저였다면 질의를 할필요가 없음)이는 적용 기준일이 지방세법상 취득일(간주취득)이 아니고 소득세법상 취득일(대금청산)이라는 것이 확실하므로 면적이 감소하여 환불해야 하는 경우에도 매수자의 귀책사유(연락처,주소변경등)가 없는한 매매대금 청산일로 보아야 합니다.

특별조치법 및 실명법을 부동산 거래질서를 확립하기 위하여 제정한 법률인데도 불구하고 미확정 부동산(도상 가분할 토지)에 대한 해당 법률을 해석적용함에 있어서 매매완료 시점을 판단할 때 확정측량결과 면적이 감소하여 환급을 받아야 할 경우 매수인의 동시이행 항변권을 인정하지 않은 것은 매도인은 권리만 있고 의무가 없다는 것이므로 헌법 제11조에 의한 평등권 및 민법 제2조에 의한 신의성실 및, 지적법령에 저촉되어 오히려 부동산 거래질서를 흐트러트리는 것을 장려하는 법률인 것입니다.

과징금 부과권자(청원군)는 이사건 토지조성 과정 및 매도자의 불법행위로 매수자로부터 이득을 얻었고 매수인의 장기미등기 사유에 대한 원인을 제공한 객관적 사실이 있고 자기의무를 게을리(행정구역 변경관계로 사업준공까지 6개월소요)하여 매수자들에게 피해를 주었고 부동산 실명법 제5조(과징금)⑤항을 지키지 않은 것은 과징금이 증가하였고 허위문서까지 작성하였으므로 과징금 부과는 당연히 취소하여야 합니다.

본인이 매수한 필지가 속한 블록의 당초분양면적과 토지분할 확정측량 면적을 비교해보면 본인이 매수한 오창읍 양청리 745-7 필지는 토지분할 확정측량 3년 6개월전에 토지대금을 납부하였는데 5.1㎡ 감소(3,015원 추가납부→481,930원 환불)되도록 필지경계표지를 위법하게 설치하였고 재산세도 납부하였고, 청산금도 환불 못받았는데 확정측량일 또는 환지등기일(확정측량일로부터 10개월)로부터 3년이 경과하였다고 과징금을 부과받아야하고 동소 745 [illegible]필지를 매수한 사람은 3.8㎡가 증가하여 환지등기후 8년이 지난후에 소유권 이전등기를 하여도 재산세, 과징금을 내지 않아도 된다면 헌법에서 정한 평등권에 입각한 법령의 제정, 해석적용 이라고 볼수 없으므로 토지분할 확정측량 결과 면적이 감소한경우에도 매매대금 청산(주고받는 것을 깨끗이 정리함)일로 보아야 매도자와 매수자간의 권리와 의무가 공존하고 공정한 토지매매 거래로서 입법목적의 정당성과 법익의 균형성을 갖춘 법률로 인정된다고 사료됩니다.

사건을 판단함에 있어 헌법재판소의 구 부동산 실권리자 명의등기에 관한 법률에 대한 불합치 판결사유를 인용하지 않았고
현행실명법의 과징금 산출시 반영토록 되어있는 위반기간 판단의 적정성 여부에 대하여 과징금 부과권자인 청원군이 반론을 제기하지 않았는데도 법원이 자의적으로 판단한 것은 중립성을 훼손한 판결이므로 과징금 부과는 취소되어야 합니다.

-소유권 이전과 관련하여 공공기관과의 매매는 반사회적 행위이라기 보다는 권리의 불행사에 불과하고 행정의무 위반한 것에 불과하다고 볼 수 있다.
(구 실명법의 검토내용)

-일률적으로 30%를 적용하는 것은 헌법 제37조 2항에 의한 비례의 원칙에 어긋나므로 위헌판결을 하는 것이 타당하나 위헌판결을 할 경우 사회적 혼란을 가져올 염려가 있으므로 헌법 불합치 판결을 선고하였다.(구 실명법)

-현행 실명법에서는 거래금액, 위반기간을 감안하여 부과토록 되어있는바 청원군이 본인에게 지방세법 제191조(납기)②항에 의거 2006년 재산세 부과시

매도자로부터 통보를 받고 과세 통보기간이 지나 수시부과(136,550원)를 하였고 과세기간이 지나 정정 부과징수(275,510원)를 한 증거를 제시하였는데도 그것만으로는 청원군이 그 당시 실명법 위반자라는 인식을 하기에 부족하다는 판결을 한 것은 청원군 및 충청북도의 사기 행위를 옹호한것이므로 법원은 입법권 및 행정권 까지도 가지고 있다는 월권행위를 한 것입니다. (2심에서는 토지분할 확정측량후 취득세를 납부한 것이 1심 판결문에 나타나있기 때문에 매매대금이 완납되었다는 사실을 판단할 수 있으며 청원군은 실명법을 위반하였다는 사실을 알았을때는 지체없이 부과토록 되어있는 실명법조항은 차명거래일 경우에만 해당된다는 잘못된 반론을 제기했을 뿐이다.)

법률의 해석 및 적용은 평등해야 하고 미확정 부동산에 대한 쌍무계약은 사업시행자(매도자) 행정관서, 매수자가 신뢰를 바탕으로 이행되어야 함에도 불구하고 매매계약을 성실히 이행한 매수자를 토지분할 확정측량시 매도자 및 청원군에 유리하도록 역차별 하였고 환불금 지급이 늦어 소유권 이전이 지연되었는데, 소유권 이전은 않되었지만 실질적인 소유자라고 지방세법에 의하여 재산세를 부과징수 하였음에도 불구하고 토지분할이 왜 불법으로 시행되었는지 답변도 하지 않았고, 재산세를 무슨 근거로 부과하였고, 부과당시 어떤사유로 장기 미등기자라는 판단을 못했는지 답변도 하지 않았고 청원군 및 충청북도는 과징금 부과 과정 및 재판 과정에서 공문서 위조, 법령해석 질의서류를 법원에 제출하라는 요구사항 불이행, 사실조회 답변시 위증하였다고 사료됨에도 불구하고 과징금 부과가 정당하다고 판시한 법원은 선량한 매수자를 간과하였기 중립을 지켰다고 볼 수 없습니다.

평등권을 침해한 토지분할 확정측량 결과 면적이 증가한 경우에는 잔금이 남아있으므로 소유권 이전등기에 필요한 서류를 매도자가 발급해주지 않으므로 무한정 소유권 이전 등기를 미룰수 있고(등기선례)불공정 행위로 면적이 감소한 경우에는 토지분할확정 측량일에 완납처리 되어 매도자에 대한 배신감 때문에 적극적으로 환불요청 하지않아 (구두로 퇴직금 입금 계좌로 환불금 입금요청) 3년이내에 소유권 이전 등기를 하지 않았다고 과징금이 부과된다면 비례의원칙 및 평등권을 기조로한 법률이라고 볼 수 없습니다.

2014. 4. 14. 민원인 김정선

국민의 나라 정의로운 대한민국

국민권익위원회

국민권익위원회

수신 김경선 귀하

(경유)

제목 민원 이송 알림(2CA-1806-143521)

1. 귀하께서 우리 위원회에 제출한 민원(2CA-1806-143521, 법령 심사시 해석을 명확히 하기 위한 조문을 삭제한 사유 답변요구)에 대하여 다음과 같이 알려드립니다.

2. 귀하의 민원은 법제처에서 1995년도에 「부동산 실권리자명의 등기에 관한 법률 시행령(안)」 심사시 장기미등기의 기산일을 명확히 하기 위한 조항 등을 삭제한 것 등에 대한 사유를 답변해 줄 것을 요청하는 민원으로서, 「민원 처리에 관한 법률」 제16조에 따라 법제처로 이송하였으며, 처리결과는 해당기관으로부터 직접 받아보실 수 있음을 알려드립니다. 감사합니다. 끝.

국민권익위원회

조사관 정철호 행정문화교육 전결 2018. 6. 12. 민원과장 장경수

협조자

시행 행정문화교육민원과-5359 (2018. 6. 12.) 접수

우 30102 세종특별자치시 도움5로 20 (어진동) / www.acrc.go.kr

전화번호 044-200-7353 팩스번호 044-200-7929 / chj063@korea.kr / 비공개(6)

국민의 작은 소리도 크게 듣겠습니다.

발신 :

김정선

수신 : 김기표 부위원장님 친전

제목 : 부동산실명법 장기미등기 기산일에 대한 해석

내용 : 1. 귀하의 국민권익위원회 부위원장 취임을 진심으로 축하드리며 25년 전일로 서신을 올리게된 점 매우 송구스럽습니다.

2. 저는 국가부도위기시절 구 한국토지공사에 재직중 충청북도와 구 청원군이 오창산업단지내 도상가분할 토지를 일시납 계약을 하더라도 지방세를 토지면적 확정시까지 유예시켜 주겠다는 조건을 제시하였기 구사적 애사심에서 1998.6.8. 구 한국토지공사와 5개월 약정 일시납 계약을 체결하였고

3. 장기근속자 퇴직전략에 의하여 퇴직금으로 46일만에 매매대금을 납부하였습니다.

4. 3년5개월 후 구 한국토지공사는 토지면적 확정시 부동산등기 제도를 악용하는 역차별로 민원인 토지를 오차로 인정할수 없는 5.1㎡를 감소시키고 같은 블록내 3년분할 납부 계약을 하여 연체중인 매수자 토지는 3.8㎡를 증가(소송중 확인)시켜주었기

5. 민원인은 2002.1.23. 취득세는 가산세 없이 납부하였으나 소유권이전등기에는 관심이 없었고 2009.3.2. 청산금을 환급해주었기 소유권 이전등기를 경료하였고

6. 법제처에서 시행령 공포를 위한 사전심사시 누가 법률해석을 하더라도 같을것이라고 장기미등기 기산일은 대금청산일로 한다는 시행령(안) 제6조를 직권삭제 하였기 2011년 충청북도는 구 청원군에 대한 감사시 매매대금이 완납되었으면 그날이 장기미등기 기산일이라고 민원인에게 장기미등기 과징금을 부과토록 했고

7. 법무부에 법령질의를 한 결과 매매대금이 완납 되었고 매도자로부터 소유권이전등기에 필요한 서류를 발급받을수있는날로 해석하였기 민원인은 1,282명 단독주택지 매수자중 유일하게 부동산 평가의 20%에 해당하는 과징금을 부과징수 당하였습니다.

8. 부동산 실명법 제10조제1항은 부동산등기 특별조치법 제2조제1항의 적용을 받는자라는 전제조건이 있었기 민원인은 2011.7.25 부동산특별조치법 제2조제1항에 대한 법무부 해석을 충청북도에 구청원군을 통해 전달하였으나

9. 충청북도는 법무부 해석을 삭제하는등 문서를 위변조하여 법무부에 질의하고도 법원의 문서 명령제출을 거부하여 행정소송시 원고는 24년동안 판례가 없는 패소판결을 받았고

10. 청주지방법원등은 구 청원군, 구 한국토지공사, 충청북도를 상대로 한 민사소송에서도 피고 무서증 무변론 원고 판결을 패소하였기

11. 국가를 상대로 서울중앙지방법원에 손해배상 청구소송을 하여 2020.2.4. 변론하기로 되어있습니다.

12. 법원에 법률공포 관보, 시행령(안) 공포 관보 등 67개 증거자료를 제출하여도 청주지방 법원은 증거로서 채택하지 않았습니다.

13. 법률자문가이신 귀하의 고견을 부탁드립니다.

첨 부 : 1. 법률안 심의보고서(1995.2.18.)
2. 부동산실명법 시행령 국무회의결(1995.5.9.)
3. 법률공포 관보(1995.3.30.)
4. 시행령(안) 공포 관보(1995.4.4.)
5. 부동산 등기특별조치법 제2조로 제1항에 관한 질의

2020. 1. 20. 김영선 올림

法律案 審議報告書

분 류 번 호	이국 11210-	기 안 자	결 재 자
수 명 일 자	1995. 2 . 17.	金基杓 法制官 曺正燦 法制官	
심의보고일자	1995. 2 . 18.		
보 존 기 간	10 년		

보조기관			
차 장			
법제조정실장		제 2 국장	
		제안관서	國務委員 洪在擊 (副總理 兼 財政經濟院長官) 國務委員 安又萬 (法務部長官)

합의법제관	房基浩 : 尹長根 : 洪斗杓 : 鄭泰容 :
제 목	不動産實權利者名義登記에관한法律案

위의 法律案을 별지와 같이 심의완료하였으므로

이에 보고합니다.

※ 審議經過報告 :

▣ 발신인 :

▣ 제보자는 익명으로 하여주시기 바랍니다.

▣ 제보 사건명

충청북도가 도상가분할 토지를 성실한 국민을 상대로 사기사건으로 이용했다.

▣ 사건번호

2012 구합 596호 부동산 장기 미등기에 따른 과징금 부과 처분취소
2012 누 597 부동산 장기 미등기에 따른 과징금 부과처분취소
2013 두 12089 부동산 장기 미등기에 따른 과징금 부과취소건
2014 가단 13242 사기성 과징금에 대한 손해배상청구
2015 나 10227 사기성 과징금에 대한 손해배상청구

충청북도가 성실한 국민을 상대로 도상가분할 토지를 사기수단으로 이용했다.(부동산 실권리자 명의등기에 관한 법률 제10조 제1항 제1호 관련)

1. 민원인은 국가경제위기시절 공기업 소속직원으로서 실직하지 않으려고 충청북도 청원군 소재 도상가분할 자사토지에 대한 매매계약을 일시납으로 체결하였고 애사심에서 3년 분할납부 아닌 일시납을 선택한 사유는 청원군과 충청북도에서 지방세 납부시기를 필지분할 이후로 미루었기 때문이며, 공기업의 2차 경영전략인 상위직급자 퇴직전략에 의하여 향후 11년간의 근로 활동기회를 상실하였고 퇴직금으로 선납까지 하여 청원군과 충청북도, 공기업에 경제적 도움을 주었으나 공기업은 3년 분할 납부계약자의 잔금약정일로부터 6개월 후 토지면적 확정시 매매대금 완납필지수를 늘려 청원군, 충청북도, 공기업에 부당이익이 되도록 매매대금 성실납부자의 매수 토지 면적이 감소되도록 역차별하였고 민원인은 1,282필지 매수자중 가장먼저 매매대금을 납부하고도 유일하게 장기 미등기 과징금을 부과 받았다.

- 충청북도,청원군,공기업은 충청북도의 숙원사업인 오창산업단지 조성공사가 국가경제위기로 중지 위기에 직면하자 1998년 공기업에서 조성중이던 도상가분할 단독주택지의 매각조건으로 지방세법 시행령 제73조(취득의시기등) ①항 본문과 지방세법 제120조(신고납부: 취득한 날로부터 30일 이내)에 불구하고 취득세 납부시기(추후 법제처 해석에 의하면 사실상 사용이 불가능하더라도 완납했으면 재산세 납부의무자임)를 토지분할 확정측량 이후로 미루었기
민원인은 부족한 돈을 차용하기로 하고 애사심에서 44,956,000원에 356㎡(가지번 272-5, 확정지번 000-7)를 일시납으로 공기업과 계약체결(1998.6.8)하였고 곧이어 공기업의 상위직급자 퇴직전략(121명중 93명퇴직)에 의하여 퇴직금으로 1,282개 단독주택지 매수자중 가장먼저 매매대금을 납부(1998.7.24 : 매매계약서에 계약단가로 정산하기로 되어있어 면적감소 대비 104,040원 남겨둠)하였으나 3년6개월후 토지분할 확정측량(필지분할: 2001.12.26)시 공기업은 객관적인 토지분할이

되도록 경계표지 설치를 대한지적공사에 의뢰하지 않고 직접 설치하여 지적법, 헌법,민법에 명시된 신의 성실의 원칙 및 평등권을 지키지 않고 충청북도, 청원군, 공기업과 매매대금 비성실 납부자에게 유리하도록 매매대금 성실납부자를 역차별하여 민원인에게 정신적 충격을 주었고, 공기업은 면적감소에 따른 환급해야할 채무까지도 이행하지 않았는데, 청원군은 공동불법행위자 및 부당이득 취득자로서 충청북도의 감사지적에 의하여 경제적 도움을 준 민원인에게 24,071,740원의 과징금을 부과 징수한 것은 사회적 정의 및 사법적 정의에 반한다.

- 민원인과 우월적 지위에 있는 공기업간의 도상가분할토지 매매계약에 청원군과 충청북도가 관여하고도 그 사실을 은폐하여 (지방세법 위반 행위는 공무원법 등에 저촉되므로 서류상에 남아있지 않고 공기업이 확정측량일을 매매대금 완납일로 통보) 행정절차 법 제4조 (신의성실 및 신뢰보호)를 위반한 것이 이사건의 핵심이며 자신들의 권리를 일부 포기하겠다고 일시납 매매계약을 유도한 것은 포괄매도 행위이며, 공기업이 토지면적 확정시 지방세관련 충청북도, 청원군, 공기업, 매매대금 비성실 납부자에게 부당이득이 되도록 일시납 매매계약자 및 매매대금 성실납부자를 역차별 한 것은 보은을 원수로 되갚은 공동불법행위이다.

2. 민원인은 토지분할 확정측량 실시 3년 5개월전에 매매대금은 납부하였고 면적감소 예상하여 104,040원 잔금을 남겨 놓았으므로 공기업이 지적법령을 지켰다면 민원인은 3,015원 채무자가 되어야 하나 오차라고 인정할 수 없는 5.1㎡를 감소시켜 481,930원 채권자로 전환시켜 청원군, 충청북도가 주장하는 매수자의 반대급부 이행일에 도달 시켰고. 같은 블록 내 연체금액이 많았던 3년 분할 납부계약자 매수 토지는 3.8㎡가 증가되어 지적확정 8년 후에 매매대금을 완납하여 부동산등기특별조치법, 부동산 실권리자 명의등기에 관한 법률에 의한 매수자의 권리제한이 적용 배제되었으므로 지적이 증가한 경우에는 매매대금 정산일이므로 지적이 감소할 경우에도 확정측량일이 아닌 매매대금 청산일을 매수자의 반대급부 이행일로 판단하여야 민법상 채권채무 관

계와 합치된다.

- 미확정 부동산(도상가분할토지)의 매매계약은 매도자가 조성자금이 필요하여 선매각하는 것임에도 불구하고 토지면적 확정시 매도자는 매매대금 납부현황을 참조하여 행정편의 및 세제상 이익이 되도록 주관적 (오차라고 주장할 수 있는 약간의 면적증감)일수있기 때문에 매매대금 성실납부자가 불리(오차가 발생할 수 있기 때문에 지적이 감소되도록 역차별 전략) 할 수 있는 맹점이 있다.

- 이 사건은 이 같은 맹점과 지방세법을 충청북도 등이 악용하여 경제적 이득 및 부당이득을 얻었고 민원인은 오히려 오차의 범위를 훨씬 벗어난 역차별을 받은 배신감과 공기업 등의 작위의무 미이행으로 소유권이전 등기가 늦어진 피해자이나 청원군과 충청북도는 부동산 실권리가 명의등기에 관한 법률의 허점(동법시행령에 소득세법 시행령 162조와 맥락을 같이하여 매매대금 청산일을 원칙적으로 한다고 공표하였으나 시행령에 포함시키지 않았음)을 악용하여 대금을 선납하더라도 다른 매수자보다 사용시기가 앞당겨 질수 없는 토지를 1,282개 단독주택지 매수자중 가장먼저 매매대금을 납부한 민원인에게 유일하게 장기미등기 과징금을 부과 징수한 것은 법치주의 국가에서는 일어날 수 없는 일이다.

3. 부동산 실권리자가 명의등기에 관한 법률 제 10조 1항 제1호 (쌍무계약의 장기미등기자등에 대한 벌칙등)는 법률 제정할 당시 동법시행령에 미확정 부동산의 경우 청산일로 하겠다고 공표하였으나 시행령에 포함하지 않을 사유를 법령제안 부처인 기획재정부, 법령소관 부처인 법무부, 사법부인 법원행정처에서 국회에서 제정된 법률이라고 한정된 지식의 소유자인 판사의 판단에만 맡기는 것은 직무해태이다.
부동산거래질서 확립을 위하여 제정한 법률이 오히려 부동산거래질서를 어지럽히도록 유도하는 역할을 한다면 반경제 질서 법률인 것이다.

- 부동산 실권리자 명의 등기에 관한법률 제10조 제1항(장기 미등기자

수신 :서울특별시 마포구 상암로 267.
mbc뉴스담당자 ;부동산실명법(우편번호03925)
발신:

제목: 보도자료 .

내용:1.국가의 법조조직 및 지방행정청이 삼권분립의 원칙을 위반하고 헌법 제37조제2항등을 위반한 부동산실명법 제정목적에 반하는 법률심사,법률해석 ,법률적용으로 직권남용 및 직무유기 하였습니다.

2 법률시행16년(21년)후 법률시행전 해석과 다른 추상적 독선적 법규범로10년동안 피고 무반박 원고패소 판결을 하였기 판결서로서 법리적사유를 명백히하여 달라는 청구 의 소를 기각 하므로서,

3.토지조성자금 선 조달업무를 방해하고,부동산등기법을 개정하고, 지적측량비용증가,국민들에게 거래대금을 연체하는 것이 유리하다는 것을 공식적으로 국가가 인정한 것이므로

4.국민들의 주권을 침해하고 국민들에게 반사회질서를 유도하는 판결을 하였으므로 이는 부당이득에 해당되고 국가 및 국민 모두에게 피해를 주는 판결이므로 익명으로 보도해 주시기 바랍니다.

첨부:1법률제정과정 및충청북도 등의 법률위반과 사기행위 개요

2.부동산실명법이 지방세 세입권자인 행정청의 적반하장 사기법률로 둔갑

3.재심이유서.

4.2020나2020676 부동산실명법 장기미등기 기산일공개 및 손해배상청구의소 준비서면(증거설명서149개)

5부동산실명법제10조제1항제1호는 대국민기만법률이다.

6.청주지방법원은 충청북도의 사기행위 양성기관이다.

7.대법원마저 충청북도 사기행위 방패역할을할것인가.

8.부동산 등기특별조치법제2조제1항에관한질의(법무부)

9.기획재정부 회신문서.끝

수신 :서울특별시영등포구 여의공원로13(여의도동).
kbs 뉴스담당자 ;부동산실명법(우편번호07235)

발신: . 김정선

제목: 보도자료 .

수신 :서울특별시 마포구 상암산로76.
ytn 뉴스담당자 ;부동산실명법(우편번호03926)

발신 . 김정선

제목: 보도자료 .

수신 :서울특별시 종로구 율곡로2길25(수송동).
연합뉴스 뉴스담당자 ;부동산실명법(우편번호03143)

발신 . 김정선

제목: 보도자료 .

수신 :서울특별시 종로구 청계천로 1.
동아일보 뉴스담당자 ;부동산실명법(우편번호03178)

발신: 김정선

제목: 보도자료 .

수신 :서울특별시 중구세종대로21길33.(정동).
조선일보 뉴스담당자 ;부동산실명법(우편번호04519)

발신 . 김정선

제목: 보도자료 .

제11장 재심청구 후 최종 청원문서

수신 :세종특별자치시 한누리로499(어진동) 세종포스트빌딩
황서종 국가인사 혁신처장님 친전 (우편번호30102)
발신: 김정선

제목: 재판관 및 공무원 징계요청.
내용:1.국가의 법조조직 및 지방행정청이 삼권분립의 원칙을 위반하고 헌법 제37조제2항등을 위반한 부동산실명법 제정목적에 반하는 법률심사,법률해석 ,법률적용으로 직권남용 및 직무유기 하였습니다.
2 법률시행16년(21년)후 법률시행전 해석과 다른 추상적 독선적 법규범로10년동안 피고 무반박 원고패소 판결을 하였기 판결서로서 법리적사유를 명백히하여 달라는 청구 의 소를 기각 하므로서,
3.토지조성자금 선 조달업무를 방해하고,부동산등기법을 개정하고, 지적측량비용증가,국민들에게 거래대금을 연체하는 것이 유리하다는 것을 공식적으로 국가가 인정한 것이므로
4.국민들의 주권을 침해하고 국민들에게 반사회질서를 유도하는 판결을 하였으므로 이는 부당이득에 해당되고 국가 및 국민 모두에게 피해를주는 판결이므로 이사건 관련공무원 및 재판관들을 징계처분하여 주시기 바랍니다.
첨부:1법률제정과정 및충청북도 등의 법률위반과 사기행위 개요
2.부동산실명법이 지방세 세입권자인 행정청의 적반하장 사기법률로 둔갑
3.재심이유서.
4.2020나2020676 부동산실명법 장기미등기 기산잉공개 및 손해배상청구의소 준비서면(증거설명서149개)
5부동산실명법제10조제1항제1호는 대국민기만법률이다.
6.청주지방법원은 충청북도의 사기행위 양성기관이다.
7.대법원마저 충청북도 사기행위 방패역할을할것인가.
8.부동산 등기특별조치법제2조제1항에관한질의(법무부)
9.기획재정부 회신문서.끝

수신 :서울특별시 서초구 서초대로219

김상환 법원 행정처장님 친전 (우편번호06590)

발신: 김정선

제목: 재판관 및 공무원 징계요청.

내용:1.국가의 법조조직 및 지방행정청이 삼권분립의 원칙을 위반하고 헌법 제37조제2항등을 위반한 부동산실명법 제정목적에 반하는 법률심사,법률해석 ,법률적용으로 직권남용 및 직무유기 하였습니다.

2 법률시행16년(21년)후 법률시행전 해석과 다른 추상적 독선적 법규범로10년동안 피고 무반박 원고패소 판결을 하였기 판결서로서 법리적사유를 명백히하여 달라는 청구 의 소를 기각 하므로서,

3.토지조성자금 선 조달업무를 방해하고,부동산등기법을 개정하고, 지적측량비용증가,국민들에게 거래대금을 연체하는 것이 유리하다 는 것을 공식적으로 국가가 인정한 것이므로

4.국민들의 주권을 침해하고 국민들에게 반사회질서를 유도하는 판결을 하였으므로 이는 부당이득에 해당되고 국가 및 국민 모두에게 피해를주는 판결이므로 이사건 관련공무원 및 재판관들을 징계처분하여 주시기 바랍니다.

첨부:1법률제정과정 및충청북도 등의 법률위반과 사기행위 개요

2.부동산실명법이 지방세 세입권자인 행정청의 적반하장 사기법률로 둔갑

3.재심이유서.

4.2020나2020676 부동산실명법 장기미등기 기산일공개 및 손해배상청구의소 준비서면(증거설명서149개)

5부동산실명법제10조제1항제1호는 대국민기만법률이다.

6.청주지방법원은 충청북도의 사기행위 양성기관이다.

7.대법원마저 충청북도 사기행위 방패역할을할것인가.

8.부동산 등기특별조치법제2조제1항에관한질의(법무부)

9.기획재정부 회신문서.끝

"공정한 눈으로 밝은 세상을 만듭니다."

법원행정처

수신자 김정선

경유

제목 민원회신(김정선)

법원행정처장실을 경유하여 우리 처에 접수(2021. 5. 28. 제2373호), 인사혁신처로부터 이송되어 우리 처에 접수(2021. 6. 4. 제2510호)된 귀하의 각 민원에 대한 회신입니다.

1. 귀하의 민원요지는 대법원 2020다298716호 사건과 관련하여 재판결과에 대한 부당함을 호소하고, 문제 해결과 관련자 처벌을 요구하는 내용으로 보입니다.

2. 헌법 제103조는 "법관은 헌법과 법률에 의하여 그 양심에 따라 독립하여 심판한다."라고 규정하고 있는 바, 그 취지는 구체적인 사건의 재판은 오로지 그 사건을 담당한 법관만이 헌법과 법률에 의하여 양심에 따라 진행하여 판단할 수 있고 당해 법관 외에 누구도 재판에 관여할 수 없다는 것이며, 나아가 확정된 재판은 법률이 정한 특별한 경우 이외에는 이에 대하여 불복을 신청할 수 없습니다.

3. 법원은 다툼이 있는 당사자의 제소나 검사의 공소제기가 있는 경우에 제3자의 입장에서 법률을 해석·적용하여 공정한 판단을 내리는 사법기관이므로, 재판절차 외에서 법원이 법률적 해석 또는 의견 표명을 하거나, 귀하의 민원서에 의하여 스스로 어떠한 사실을 조사하고 그에 대한 조치를 취하는 것은 법원의 업무특성상 허용되지 아니함을 양해하여 주시기 바라며, 고소·고발, (재)수사에 관한 것은 경찰서, 검찰청 등 해당 수사기관에 제출하시기 바랍니다.

4. 아울러 구체적인 법률관계에 대하여는 변호사, 법무사, 대한법률구조공단 (www.klac.or.kr 전화 : 국번 없이 132) 등 유/무료 법률상담을 통하여 도움을 받으실 수 있음을 알려드립니다. 끝.

시행 종합민원과-4694 (2021.06.08.) 접수 ( )

우 06590 서울 서초구 서초대로 219(서초동) / http://www.scourt.go.kr

전화 02-3480-1424 /전송 / I @scourt.go.kr / 공개

수신:경상남도 진주시 충의로 19(충무공동) 한국토지주택공사
김현준 사장님 귀중　　　　우편번호(52852)

발신:
김정선 드림

제목: 전직 직원 역차별 갑질행위(재산권 약탈 방조)에 따른 구상권 청구

1.국민의 재산권을 소재로 하는 공사업무 특성상 공익과 사익 사이 번민하시는 사장님이하 직원들의 노고에 감사드리며 ,귀공사의 무궁한 발전을 기원합니다.
2.구 한국토지공사에서 시행한 오창산업단지(사업손실 780억원:행정구역 변경신청 시기 실기로 사업준공지연:2002.6.28관보게시)소유권이전 등기 해태 관련 귀공사 충북판매고객센터-1275(2012.06.1.)호등 관련입니다.
3.LH 공사로 통합이전 구 한국토지공사 직원 이었던 저는 IMF 시절인 1998.6.8. 토지 실수요자가 없어 정부정책 및 소속회사의 우월적 지위에 의하여 오창산업단지 내 단독주택지 1필지를 매수계약 체결한바있으며 (소속직원들이 단독주택지의 3분의1이상매수하거나 매매알선).1998.7.20. 명예퇴직 하였고.2002.11.1.부터 현재까지 구한국토지공사 전현직 직원들의 경조사 친목모임인 반봉사 직책인 사단법인 토우회 사무국장을 맡고 있는 김정선입니다.
4.저는 시·군세 세입권자 겸 도세 세입대행자인 구청원군이 지방세 세수물건 조기확보를 위해 그 당시 구한국토지공사 오창산업단지 단장 이었던 이동국과 지방세 세입시기를 토지면적 확정일을 기산일로 하여 세입하겠다고 업무협의를 하였기
5. 충북지사 사업처장이었던 저는 잔금일부를 연체하면 소유권이전등기 신청 시기를 매수자가 결정 할수있는 도상가분할 토지거래의 일반적 전형계약인 3년분할 납부계약을 하지않고 ,구사적애사심에서 여러가지로 불리한 5개월약정 일시납 (1998.11.8.잔금납부.356㎡;44,956,000원)을 하였고 1998.7.24.퇴직금으로 미확정 부동산 이었으므로 104,040원 잔

금만 남겨놓고 매매대금을 선납하여 결과적으로는 귀공사에 재산권을 할애해준 바 있습니다

6.3년5개월후 구한국토지공사는 토지면적 확정시(2001.12.26.)블록단위 면적증감을 지적법 및 평등의 원칙에 의하여 10개 필지에 안분(0.7㎡ 감소)하지않고 도상가분할 토지 소유권이전 등기제도를 역악용 전직직원이었던 저의 매수 토지는 오차로 도저히 인정할 수 없는 5.1㎡를 감소시키는 자존심을 짓밟는 역차별을 하였고 ,매수자가 소유권이전등기제도를 악용할 목적으로 고의로 연체중이던 매수자 토지는 3.8㎡를 증가(소송중 확인)시켜주는 역대우를 하고도

7.안면몰수당한 저에게 청산금(원금기준 481,930원)을 서류로 신청하라고 퇴직금 지급계좌로 7년후 지급(2009.3.2.)하였기 2009.10.30.소유권이전 등기를 경료하였고

8. 2011.8.17. 불법(사업착수유효기간경과)으로 토지조성사업을 하도록 하여 사업손실을 끼친 충청북도(구청원군)가 허위공문서(법무부 법령해석 삭제등) 로 부동산 실명법 장기미등기 관련 조문(법제처에 의한 미필적 고의 조문)을 법무부(구재정경제원에서 법무부로 이관)에 질의하여

9. 구청원군은 부동산 평가액의 20%에 해당하는 24,071,740원의 과징금을 2011.12.29. 부과하므로서 1,282개 단독 주택지 매수자중 가장먼저 매매대금을 납부한 저는 법무부의 불법행위인 진정소급입법해석(전제조건인 부동산 등기특별조치법 및 부동산실명법 시행전 해석은 대금청산일 → 대금청산일로 볼수없음)으로 유일한 장기미등기자 가 되었읍니다.

10.저는 과징금 부과 통지를 받고서 구청원군을 상대로 과징금부과 처분취소 소송을 진행 하면서 귀공사에 청산금 지급 지체 책임이 있으므로 토지면적 확정일로부터 청산금을 지급한날 까지 연체이자를 지급하여 달라는 민원(2012.5.24.)을 제출하였으나 귀공사 에서 이자를 지급할수 없다고 회신(2012.6.1.)함에 따라

11. 토지면적 확정시 역차별로 재산권을 좀도둑질 까지 당한 저는 권한을 가진자는 권리만 있고 우월적 지위에있는 자에세 적선를 베픈 국민은 의무만 있다는 억지논리 때문에 7년동안 권리 행사를 못하고도 2년간 급료에 해당하는 재산권을 몰수당하는

12.법률 시행 16년후 첫 회생자가 되었기 가해자 및 국가를 상대로 10년간의 소송을 할 수밖에 없었고 대한민국의 법조조직은 소송을 해 본 사람 만이 알 수 있는 법리적 사실적 정의는 털끝 만치도 없는 치외법권자 조직이라는 것을 이번에 깨달았읍니다.

13. 행정소송중 제가 귀공사의 고의성 여부를 확인하기 위하여 신청한 1,282개 단독 주택지중 표본으로 79개 필지의 토지면적 확정당시의 대금 납부현황을 알 수 있는 토지매각원부 열람마저 귀공사는 개인정보보호법을 이유로 거부하였고

14.법원을 통한 사실조회신청 에 대한 회신도 독촉에도 불구하고 거부하였고 소송에 참여하지도 않아 원고는 패소하였기 귀공사만을 상대로 손해배상청구 소송을 할수도 있었으나 사실상의 소유자는 민원인이라고 재산세 부과시 과징금을 부과하지않아 과징금이 증가하였고 헌법불합치 결정에의한 과징금 감경규정도 재량권이라고 적용하지 않았기 귀공사 및 허위문서를 작성한 충청북도 도 포함시켜 민사소송을 하게되었고

15.귀공사와 충청북도를 포함한 민사소송에서도 충청북도 및 구청원군은 직원을 소송대리인으로 선임하였으나 귀공사는 1심(단독심)에서 소송대리인을 업무를 잘알고있는 직원이나 사내변호사를 선임하지않고 외부변호사를 선임 적법하게 매각하였다는 답변 외에는 변론할 내용이 없다고 법정진술 하였음에도 변론분위기와는 180도 다르게 법원은 무법천지로 피고 무변론 원고패소 판결을 하였습니다.

16.부동산 등기제도를 역악용한 귀공사는 사실확인을 일체 거부 하였으므로 저의 구상권 청구에 응하여야 함에도 이에 응하지않아 저는 법리를 오해토록 23년간 방치한 국가를 상대로 한 손해배상 청구를 하였으나

17. 귀공사등 가해자와의 기판력을 법원이 인정하여 저는(원고)는 5천 6백만원(소송가액 5천만원 + 현금공탁6백만원)의 손해와 10년의 건강을 잃어버렸으므로 토지면적확정시 갑질행위를 하고도 소송에 일체 응하지 않은 귀공사에 구상권을 청구합니다.

18.만약 귀공사에서 구상권 청구를 거부한다면 귀공사는 일시납계약으로 재산권을 할애해준 전직 직원에게 토지면적 확정시 역차별하여 행정청 및 귀공사는 결과적으로 전직직원으로부터 지방세 좀도둑질 까지하였 고

19.더욱이 귀공사는 사유없이 담합하여 저의 재산권을 좀도둑질 까지한 행정청이 법률시행16년후 적반하장 으로 허위문서 까지 작성하여 판례가 없는 부동산 취득가격 보다도 많은 지방세 강도행위를 하여도 모르는체 일체사건에 불응하다가

20.국가기록원 보존 법률제정자료, 국회소장 법률제정과정, 기획재정부 문서 , 국토교통부 문서 ,행정안전부 문서를 원고가 추가로 제출하여도 재심사유가 안된다(2015재나105 사건)고 변론기일에 갑자기 나타나 전직 직원인 피해자에게 도움을 못줄망정 훼방까지 하였으므로

21.저는 국민들에게 매매대금의 5%정도(갑질행위를 하여도 매매대금이 완납처리 되지않토록)를 연체(익히 알려진 공공연한 비밀)하는 것이 귀공사로 부터 역차별 갑질행위에 의하여 좀도둑질 내지 재산권을 몰수당하지 않고 지방세를 절감 할수 있는 방법이라고 알릴 수밖에 없습니다.

22. 귀공사는 명예(기업 이미지 손상 여부)및 실리(대금연체자 증가 방지)를 추구 할것인가 국민들에게 고지된 헌법 및 각종법률은 모두 간과하고 새로운 추상적 법규범으로 해석하고 셀프 판결을 하는 삼권 분립의 원칙을 위반한 공무원,법조조직 한정 치산자들의 합작판결을 수용할 것인가는 귀공사의 판단에 달려있습니다.

2021.6.18. 민원인 김정선 (인)

첨부:1.확정측량결과에 의한 각필지별 경계점 표지환산오차(소유권이전등기 제도를 악용한 역차별토지면적확정:745블록 10개필지7.2㎡감소)

2.역차별 받은 민원인 토지매각원부 (745-7; 5개월약정일시납계약 46일만에이행 5.1㎡감소: 역채권자이므로 1282명매수자중 유일한 장기미등기자)

3.3년분할납부 계약후 역대우받은 연체자토지 토지대장(745- 증 3.8㎡; 토지면적확정후 9년간 채무자이었으므로 2010.10.13.소유권 이전을 하였어 도 장기미등기자 가아님)

4.민원인 용지매매계약서(1998.11.8.잔금약정)

5.역차별받은 민원인 취득세납부용토지대금 완납 확인서(2002.1.8.)

6.취득세영수증(지방세납부유예조건에따라 가산세없음:2002.1.23.)

7.등록세납부용 토지대금완납확인서(토지면적 확정일만 표기되어있

고 표시변경등기신청일 또는등기완료일 표기없음:2002.11.26)

8.재산세 전가(귀공사→청원군→민원인:2006년재산세 수시부과,금액정정부과;2006.9.28.;2006.10.2.)

9.면적정산관련 환불신청안내(2009.2.12. ;귀공사→민원인)

10.청산금입금(2009.3.2. 귀공사→민원인 퇴직금지급계좌)

11.소유권이전등기(2009.3.30.)

12.부동산등기특별조치법 제2조제1항에관한 질의해석(표시변경등기후 대금청산일,법무부:원고가2011.8.8.국가법령정보 센타자료를 출력하여 구청원군을통해 충청북도에 전달하였으나 충청북도가 삭제하여 법령질의).

13.부동산 실명법 관련 질의에 대한회신(법무부,2011년11월; 대금청산일로볼수없음.불법행위인 진정소급입해석)

14.부동산장기미등기에 따른과징금 부과통지(2011.12.29.구청원군:24,071,740원)

15.오창과학단지 면적정산에따른 이자지급요청(2012.5.24. 원고→귀공사.불이행시 책임은 귀공사에있음)

16.민원회신(2012.6.1.;이자지급할수없음)

17.오창공단 관련민원처리 위법 시정요구(2002.6.5.)

18.민원회신(2012.6.13.)

19.오창과학단지 확정측량에대한회신(대한지적공사→민원인.:귀공사가 설치한 경계표지에대한실측;2012.7.25.)

20.오창공단 매각원부 자료제공 및 환불금지연에따른 연체이자지급요청(원고→귀공사:2012.7.26.)

21.오창공단 불법행위조사및시정,자료 제출요청(2012.8.9.;원고→귀공사 감사실→충북지역본부)

22.민원회신(2012.8.17.)

23.사실조회신청서(2012누547:원고→대전고등청주→귀공사:2012.9.6.)

24.사실조회독촉(2012.12.10.:2012누547:대전고등청주→귀공사:회신거부)

25.소송고지서(원고→대전고등청주→귀공사:2013.3.27.)

26.문서제출 명령서(원고→대전고등청주→귀공사:2013.3.27.)
27.청구원인에대한 답변(2014 가단 13242 :2014.8.14.:소송대리인 권영국)
28.위법자는 채권자가아닌 채무자 이어야합니다.(2014.1.23.:과징금에 대한 구상권 청구;민원인→충북지역본부장,산업단지처장,감사실장,홍보실장)
29.기획재정부 문서(2016.4.8.;시행령안에는 대금청산일로 규정하였으나 법제처가 누가법령을 해석을 하더라도 같을 것이므로 세법을 원용할 필요가 없다고 직권삭제
30.국토교통부 문서(2016.3.4.,2017.1.20.:사인간의 거래인 용지매매계약으로 발생된 피해등으로 선분양제도 폐지곤란)
31..전직직원을 역차별하고도 재산권까지 약탈해가는 공사에 대한 진정(2017.8.16. 민원인→박상우 한국토지주택공사사장님 친전)
32.공사에 대한진정 회신(2017.8.23.;민원수용 불가)

수신:경상남도 진주시 충의로 19 (충무공동) 한국토지주택공사
김현준 사장님 친전 우편번호(52852)

발신 :

김정선 (인) 드림

제목 :귀공사는 향후 매수자의 매매대금 연체로 인한 도저히 회복 할 수 없는 손해를 감당 하시겠습니까 ?

내용:1.사장님을 비롯한 귀공사 직원들의 노고에 감사드리며 ,저는 전 소속직원 및 전·현직 경조사 전달 실무자로서 40년간 귀공사직원들과 희로애락을 같이한 소인으로서 귀공사의 무궁한 발전을 기원 드립니다.

2.부동산 실권리자 명의등기에 관한 법률 제10조 제1항 제1호로 규정한 반대급부 이행일에 대하여 구재정경제원이 법률시행전인 1995.4.26. 잔금청산일로 해석한것을 16년후 청산일로 볼수 없다는 법무부 소급 법률해석은 결과적으로 도상가분할토지 거래특성상 매매대금연체로 귀공사에 막대한 수입감소와 행정업무폭증,조성비용증가,그간 역차별받은 매수자의폭발적 민원이 예측되며

3.귀공사는 부동산 소유권 이전 등기제도 악용한 토지면적 확정시 역차별을 하고도 법원에 묵비권을 행사하였음에도 불구하고 청원인의 5년간 급료에 해당하는 손해보상요구를 10년동안 위임전결로 받아들 이지 않았습니다.

4.국가경제위기시절 청원인등 구한국토지공사 소속직원들이 도상가분할 토지를 직접매수 하여 토지조성 자금을 조달하였기 2002년 6월28일 사업준공 할 수 있었던 오창산업단지내 단독주택지의 토지면적확정(2001.12.26.)시 귀공사의 역차별에 따른 소유권이전등기 지연으로, 대금납부 13년후 행정청의 적반하장 장기미등기 과징금 징수와 관련된 손해배상 구상권청구 청원 입니다.

5.사장님도 잘 아시는 바와 같이 1975년 토지금고를 설립 공영개발을 시작한 후 부동산의 소유권이전 등기는 매수자가 고의로 잔금일부를 연체할 경우 사업시행자(매도자)가 소유권 이전 등기에 필

요한 서류를 발급해주지 아니하므로(동시이행 항변권) 소유권 이전 등기 신청관련 행정청이 행정의무 해태에 따른 과태료 또는 과징금을 부과하는 규정을 45년간 제정할 수 없었습니다..

6.따라서 귀공사 에서는 토지면적 확정을 위한 지적측량 경계표지 설치시 실수로 당초 분양면적보다 증가할 경우 증가한 면적에 대한 대금납부 지체로 인한 소유권이전이 지연 될수 있으므로 귀 공사가 역악용 매매대금을 사실상완납한 매수자토지 는 역차별로 면적을 감소 시키고 고의로 연체한 매수자 토지는 역 대우로 면적을 증가시켜 주어 악의의 매수자 에게는 소유권이전 등기신청 시기를 법령(부동산등 기 특별조치법 및 부동산실명 법) 에 의한 제한을 받지 않고 매수자가 결정하 도록 하는 우월적 지위를 남용해왔습니다.

7. 이사건 토지등 의 경우 소속직원들이 사적자치의 원칙에 의하여 매수계약을 체결한 것이 아니고 소속회사의 우월적 지위에 의한 매수계약 이었으므로 3년 분할 납부 계약후 5~10% 잔금을 남겨놓은 악의의 매수자가 많았으므로. 귀공사에서는 2001.12.26. 토지면적 확정시 블록단위 면적증감을 각필지에 안분하지 않고 청원인매수토지를 오차로 도저히 인정할 수 없는 면적을 감소시키 는 부동산 소유권이전 등기제도를 역 악용하고도 청산금을 언제든지 지급할 수 있는 여건이었음 에도 7 년후 퇴직금 계좌로 입금하였습니다

8.국가경제위기시절 귀공사 오창산업단지 단장과 구청원군의 합의로 토지면적확정시 까지 도세인 취·등록세와 시,군세인 재산세를 유예하였기 청원인은 애사심 에서 사익보다 공익을 위해 소유권이전등기 신청시기를 매수자가 결정할 여지가 있는 3년분할 납부계약이 아닌 일시납 계약을 체결 하였고 귀공사의 장기근속자 퇴직경영전략에 따라 명예퇴직하여 5개월약정을 46일만에 이행하였기 청원인은 경제적으로 귀공사 및 충청북도 ,구청원군에 재산권을 할애해 준것입니다.

9.귀공사는 토지면적확정시 블록단위 면적증감을 각필지에 0.7㎡씩 안분 감소시키지 않고 3년5개월 전 매매대금을 사실상 완납한 청원인 토지는5.1㎡를 감소시켰고 7년후 4.3㎡에 해당하는 청산금을 지급하였기 소유권을 이전하였음에도 소유권이전 등기 경료 2년후,부동산 실명법 시행 16년후, 추상적 법규범에 의한 유일한 장기미등

기자로서 부동산 평가액의 20% 과징금을 귀공사의 역차별 토지면적 확정 으로 지방세 공동 좀도둑질 까지한 구청원군에 납부하여야하고,

10.같은 블록내 3년분할 납부 계약 체결후 고의로 연체중인 매수자 토지는 3.8㎡를 증가시켜주어 청원인보다 12년 늦게 매매대금을 납부하였음에도 장기미등기자가 아니므로 부동산 실명법제10조제1항의 진정소급해석은 하나(표시변경 등기가 완료되면 소유권이전등기 신청이 가능하다)만 알고 열여섯(국민, 국가, 매수자,매도자 모두가 피해자가 된다)은 모르는 법률제정목적에 반하는 법률이므로 향후 국민들은 매매대금을 연체할 것이 명백하므로 귀공사는 향후 막대한 손실을 감당 하셔야 합니다.

11.구 재정경제원은 법무부 소관 법률인 부동산 등기특별조치법 제2조제1항 제1호를 인용하여 부동산 실명법 제10조제1항제1호로 부동산 등기 특별조치법 제2조 제1항(소유권 이전등기 의무)제11조(과태료)의 적용을 받는자로서 부동산 취득일(서로대가적인 채무를 부담하는 경우에는 반대급부의이행이 사실상 완료된날)로부터 3년이내에 소유권이전등기를 신청하지않은 등기권리자에게 부동산 평가액의 30%과징금을 부과하겠다고 법무부와 공동으로 1995.3.30.공포하였습니다.

12.법제처의 심의를 거쳐 공포한 시행령 (안)6조에 반대급부의 이행이 사실상완료된 날은 대금청산일로 한다 라고 되어있었으나 시행령공포전 법제처가 갑자기 돌변하여 누가법률해석을 하더라도 같을것이라고 직권삭제 하므로서 행정절차법 제5조를 위반한 미필적 고의법률이 1995.7.1.시행되었습 니다.

13.구재정경제원은 시행령(안)제6조는 삭제하였지만 법률해설집으로 1995.4.26.잔금청산일이라고 밝혔으므로 법률 시행후 이와 다른 해석을 하는 것은 헌법 제13조 2항에 반하며 25년동안 판례가 없습니다.

14.헌법 재판소의 헌법 불합치결정에 의한 개정법률 공포(안)및 시행령 (안)을 구재정경제원 으로부터 이관 받은 법무부는 잔금 청산일로 해석 하면 법리에 대한 논쟁이 없었기(국가기록원 보존자료를 법무부가 공개거부) 2002.3.30.과징금 감경규정만 을 신설 하였습니다 .

15.법무부는2011.8.17. 충청북도의 허위공문서에 의한 법령질의해석을 의뢰받고 대금청산일로 볼수 없다고 해석하여 전제조건인 부동산 등기

특별조치법 제2조제1항 해석(법제처 국가법령정보센타에 게시되어 있었음)과 배치되는 자기모순 해석으로 헌법 제1조 및 제11조, 제37조제2항 행정 절차법 제4조를 위반했고 .

16.법무부해석을 충청북도로 통보받은 구청원군은 부동산실명법 제5조제5항(제10조3항)위반(사실상 소유자라고 재산세 부과시 과징금을 부과하지않아 과징금 증가) 및 헌법불합치결정에 의한 제10조 제2항(과징금 감경)도 판례 를 무시하고 부동산 쌍무계약에 불법개입하여 청원인의 재산권을 이용하여 불법불로소득을 얻고도 불법개입한 자료를 보관하지 않았기 사업시행자에게 확인도 하지않고 법령상 최고의 과징금을 재산권 을 할애 해준 청원인 에게 부과하는 치외법권적 적반하장 행정처분을 하였읍니다.(구청원군의 전산자료는 실제로 매매대금을 납부한 날은 기록에 없고 재산세유예조건 협의에 의해 일괄로 구한국토지공사 가 2001.12.26.매매대 금을 완납한 것으로 통보한 날만기록)

17.귀공사는 토지면적확정시 부동산 소유권 이전등기 제도를 악용하고도 구청원군의 과징금 부과 사전 통보에 따라 귀공사에 요청한 토지면적 확정일로부터 청산금 지급일 까지 이자지급도 거절하고 과징금 부과 후 역차별 토지면적확정이 고의성이있는지 여부를 판단할 수 있는 토면적확정시 매매대금납부율을 1,282개 필지중 표본으로 79개필지에 대 한 사실조회를 하였으나 법원의 독촉에도 거부하였고 과징금부과 취소 소송에 참여도 거부하였고 소송사실 고지도 묵살하였습니다..

18.귀공사가 행정편의적 역차별을 이실직고 했더라면 과징금 부과가 취소되어 피해자 없이 사건이 조기에 해결되었을 것임에도 사실확인을 거부하자 법원은 용지매매계약서에 면적정산 하기로 약정되어 있으므로 평등권 침해가 아니고 법령질의시 사실과 다르게 질의했다고 하더라도 판결에 영향을 미치지 않는다고 귀공사 및 청원인에게 불리하도록 헌법 제103조를 위반한 무법천지 판결을 하였습 니다.

19.귀공사 에서는 면적정산 관련하여 공사가 패소한 바가 없다고 하나 이는 면적증감이 재산적 가치 차이일 경우 판결이며 부동산 평가액의 30%까지 부과되는 법률적용시기가 매매대금을 성실하게 납부한자는 역차별받아 면적정산일 또는 부동산 취득일이 아니기 때문에 공시관리 되지 않는 표시변경 등기완료일이 기산일 이고 매매대금을 연체

한 매수자는 역대우를 받아 매수자의 의지에 의하여 확정된 면적에 대 한 대금완납일 이라면.국민들 은 매매대금을 연체할 것이므로 도저히 회복할 수 없는 손해를 귀공사 가 감당하여야 합니다 .

20.청원인은 구청원군,귀공사,허위문서로 법령질의한 충청북도를 상대로 손해배상 청구 민사소송을 제기하였으나 행정소송 기판력을 법원이 인정하여 피고 무변론 원고패소 판결을 하였기(변론조서)

21.청원인은 정부조직법을 위반 주권, 재산권,평등권, 신체의자유를 침해하고 과잉금지의 원칙 ,법률 불소급의 원칙 ,과세불소급의원칙 ,채층의 법칙,비례의 원칙을 위반하고,행정권 직무유기를 한 법제처 ,법무부,법원 ,법원행정처 부동산등기과를 상대로 국가소송을 하였으나 법원이 기판력을 인정하였기 불복하여 2021.04.09.대법원에 재심을 신청하여 법리 검토가 언제 끝날지 모르는 상황이며

22. 귀공사는 청원인의 직접민원 및 법원을 통한 수십차례 사실확인을 일체 거부하고 소송법상 직원이 수행할수 있음에도 외부변호사를 선임하여 사유는 적시하지않고 적법하게 매각한것이고, 직원이 재심사유가 안 된다는 각각 한줄의 답변이 10년동안 전부였기 귀공사가 1%의 배려만 있어더라도 모두 피해없이 조기에 종결될 사건이 청원인이 공사의 치부를 국민들에게 알리고 싶지않아 10년 동안 사건이 진행 되었고

23.과징금납부, 소송비용등 손해에 대한 구상권 청구를 위임전결로 3차례나 거부하였기 경영권이 있는 사장님에게 마지막으로 호소하는 바이며 역시 위임 전결로 회신한다면 저는 정신적 육체적 피해로 오장육부 가 망가져 백혈구 감소증으로 코로나 19 예방접종도 못하는 상태로

24. 저는 목숨이 끊어지기 전에 법조조직 및 지방행정청,한국토지주택공사는 치외법권자 로서 모두 범법자이며 애사심으로 소속회사에 적선을 베프는 것은 재산권을 몰수당하는 자살행위라는 것을 유인물로서 국민들 에게 알리고자 하며 청원인의 입증자료는 수백 페이지에 달하고 귀공사가 소지하고 있어 생략하오며 향후 귀공사의 자폭행위나 다름없는 경제적 ,인적손실은 자업자득 이라는 점을 양지하여 주시기 바랍니다. .

2021.11.19. 청원인 김정선 (인)

수신:충청북도 청주시 상당구 상당로 82(문화동) 충청북도
이시종 도지사님 친전 우편번호(28515)

발신 :
김정선 (인) 드림

제목 :귀도는 배은망덕한 적반하장,무법천지 행위로 도저히 회복할 수 없는 손해를 감당 하시겠습니까 ?

내용:1.도지사님을 비롯한 귀도 직원들의 노고에 감사드리며 저는 미력하지만 오창산업단지 조성에 기여한 구한국토지공사 직원으로서 귀도 의 무궁한 발전을 기원 드립니다

2.부동산 실권리자 명의등기에 관한 법률 제10조 제1항 제1호로 규정한 반대급부 이행일에 대하여 구재정경제원이 법률시행전인 1995.4.26. 잔금청산일로 해석한것을 적반하장으로16년후인 2011년 청산일로 볼수 없 다는 귀도의 소급 법률해석은 결과적으로 도상 가분할토지 거래특성상 매매대금연체로 귀도 및 사업시행자에게 막대한 수입감소와 행정업무폭증,조성비용증가로 도저히 회복 할수 없는 반 부동산거래질서 유도행위입니다 .

3.국가경제위기시절 귀도가 지방세 유예조건을 제시하고 청원인등 구 한국토지공사 소속직원들이 도상가분할 토지를 직접매수 하여 토지조성 자금을 조달하였기 2002년 6월28일 사업준공 할수 있었던 오창산업단지내 단독주택지의 토지면적확정(2001.12.26.)시 구 한국토지공사의 역차별에 따른 소유권이전등기 지연에대하여,

4. 대금납부13년후 귀도의 법리오해 와 허위공문서 작성으로 구청원군의 적반하장 장기미 등기 과징금 징수와 관련된 청원인의 5년간 급료에해당하는 손해배상(5천6백만원) 구상권 청구 청원 입니다.

5.충청북도는 첨단 산업을 유치하기 위하여 1992.5.13.건설부로부터 구청원군 오창면 ,옥산면 일원을 지방공업단지로 지구 지정을 받아 ,숙원사업인 오창산업단지 시행자로 구한국토지공사를 1993.12.16. 지정하였고,

6.용지 보상후 구 한국토지공사가 부동산 경기침체로 토지를 필요로 하는 실수요 자가 없었기 소속직원들 에게 우월적 지위를 남용해 비교적 매각이 용이한 단독주택지를 매각하여 조성사업비를 조달할 수밖에 없었고

7.충청북도는 지방세 세수물건을 조기확보하기 위하여 부동산 취득세,등록세 대행권자인 구 청원군으로 하여금 토지면적 확정일까지 유예시켜 주겠다는 조건을 구 한국토지공사에 제시해 청원인등은 구 한국토지공사 직원중 3년분할납부 계약이 아닌 일시납 계약을 한 매수자가 있었으며

8.구 한국토지공사 직원들이 1,282개 단독주택지중 3분의1 이상 매수하거나 매매알선 하였기 충청북도와 구청원군은 지방세 유예 조건으로 지방세 세수물건이 조기 확보되었기 약 18억 8천만원 으로 추정되는 불로 소득을 얻었습니다.

9.충청북도와 구청원군이 일시납 계약을 유도하지 않았으면 사업비 조달이 어려워 소유권 이전이 5년후에 가능할지도모르는 경제여건 이었으므로 청원인 은 3년 분할 납부 계약을 하여 잔금 일부를 남겨놓았다가 토지면적 확정후 소유권이전 등기시기를 스스로 결정할 수 있었으므로 장기미등기 사건이 발생할리는 만무합니다

10.또한 구한국토지공사가 부동산 등기제도를 역악용하여 토지면적 확정시 매매대금을 사실상 완납한 매수자 토지는 감소시키고 매매 대금을 연체중인 매수자토지는 증가시켜주는 역차별(79개필지중 25 개필지는 오차로 인정할 수 없는 면적증감)하므로서 10%만 계산하더라도 충청북도와 구청원군은 약3억 8천만원의 불법불로 소득 까지 얻었습니다.

11.충청북도는 구한국 토지공사를 사업시행자로 지정하고 사업을 원활히 추진 토록하기 위하여 지원반을 설치하였으나 오히려 합의사항을 수차례 번복하는 등 훼방을 하므로서 지구지정 유효기간을 1년 3개월 넘긴1996.8.5.위법으로 사업에착수하였고 사업준공 보고서에 의하면 회계적 으로 780억원의 사업손실을 초래하였읍니다 .

12.상기와 같이 충청북도는 사업시행 인허가권을 가진 우월적지위를 이용해 100% 정부출자기관 인 구한국토지공사 및 그소속 직원들에

게 막대 한 경제적 손실 및 7년 동안 권리 행사를 못하게 하는 등 정신적 육체적 고통을 주었음에도.

13.충청북도는 배은망덕 하게도 퇴직금으로 매매대금을 사실상 가장 먼저 납부한 청원인에게 13년후, 매도자가 역차별하고도 청산금을 7년후 지급하 였기 소유 권이전 등기를 경료한 2년후 ,등기관의 의견을 수렴하지 않고 법률시행 16년후 법률해석례 및 판례가 없는 진정 소급해석으로 유일하게 부동산 평가액의 20% 장기미등기 과징금을 구청원군으로 하여금 부과토록 배은망덕한 적반하장 감사처분을 하였 고

14,청원군과 충청북도는 청원인이 3년5개월전 매매대금을 사실상 완납하였고 구한국토지공사가 부동산등기제도를 역악용한 토지면적 확정으로 토지면적 확정일 현재(2001.12.26.) 역채권자가 되었고 2002.1.23.지방세유예 조건에의하여 취득세를 납부하였고 7년후인 2009.3.2.구한국토지공사가 역채무를 이행하였음에도.

15.구청원군은 감사처분에 의하여 충청북도와 구청원군이 지방세 유예조건을 제시하였 다는 사실을 몰랐고 전산상 으로는 토지면적 확정일(2001.12.26.)만 표시되어 있으므로 토지면적 확정일에 취득세 뿐만아니고 등록세까지 납부한 것으로 추정하고,구한국토지공사가 표시변경 등기를 1차로선청한 날(2002.8.7.)에 토지면적이 확정 된것으로 사건 개요를 사실과 다르게2011.8.8. 작성하였고.

16. 충청북도 토지정보과도 또한 부동산 쌍무계약 당사자에게 부동산 거래일을 확인도 하지 않고 청원군의 잘못된 사건개요를 그대로 인용하고. 부동산 실명법 제10조제1항은 부동산 등기특별 조치법 제2조제1항의 적용을 받는자 라는 조건이 있으므로 청원인을 장기 미등기자라고 감사지적을 하였음에도 청원인이 구청원군을 통하여 제출(2011.8.8.)한 부동산 등기 특별 조치법 제2조 제1항에 대한 법무부 법률해석 (1993.7.2.사업준공된 안산신도시 가분할 토지거래 의 경우 표시변경 등기후 **대금청산일)및 5개월** 약정일시납 용지매매계약서를 삭제하여2011.8.17. **법무부에** 부동산 실명법 제10조제1항 에대한 **법률해석을 의뢰한 것은 명백한** 허위 공문서 작성입니다.

17.충청북도행정 심판 위원회는 청원인이 신청한 구술심리도 행정심판법 제40조를 위반하여 거절하고도 회의록을 대법원에 까지 10년간 개인 정보보호를 위하여 공개 할수 없다고 회신하였고 충청북도와 구청원군은 청원인의 요구에 의하여 법원이 법무부에 질의한 문서를 제출하라는 명령을 거부하여 재판을 받았으므로 명백한 사기행위를 한 것입니다

18.충청북도와 구청원군(현청주시)는 헌법과 법률을 준수하지 않아도 되는 치외법권자 인가요?

19.도지사님도 잘 아시는 바와 같이 1975년 토지금고를 설립 공영개발을 시작한 후 부동산의 소유권이전 등기는 매수자가 고의로 잔금 일부를 연체할 경우 사업시행자(매도자)가 소유권 이전 등기에 필요한 서류를 발급해주지 아니하므로(동시이행 항변권) 소유권 이등기 신청관련 행정청이 행정의무 해태에 따른 과태료 또는 과징금을 부과하는 규정을 45년간 제정할 수 없었습니다..

20.따라서 한국토지공사 에서는 토지면적 확정을 위한 지적측량 경표지 설치시 실수로 당초 분양면적보다 증가할 경우 증가한 면적에 대한 대금납부 지체로 인한 소유권이전이 지연 될수 있으므로 구한국토지공사가 역악용하여 매매대금을 사실상완납한 매수자토지는 역차별로 면적 을 감소 시키고 고의로 연체한 매수자 토지는 역대우로 면적을 증가시켜 주어 악의의 매수자 에게는 소유권이전등 신청시기를 법령(부동산등기 특별조치법 및 부동산실명법) 에한 제한을 받지 않고 매수자가 결정하도록 하는 행정편의적 우월적 지위를 남용해 왔습니다.

21. 이사건 토지등 의 경우 소속직원들이 사적자치의 원칙에 의하여 매수계약을 체결한 것이 아니고 소속회사의 우월적 지위에 의한 매수계약 이었으므로 3년 분할 납부 계약후 5~10% 잔금을 남겨놓은 악의의 매수자가 많았으므로. 구한국토지공사에서는 2001.12.26. 토지면적 확정시 블록단위 면적증감을 각필지에 안분하지 않고 전직직원인 청원인매수 토지를 오차로 도저히 인정할수 없는 면적을 감소(5.1㎡)시키는 부동산 소유권이전등기제도를 역 악용하고도 청산금을 언제든지 지급할 수 있는 여건이었음에도 7 년후 퇴직금 계좌

로 입금하였으므로 충청북도,구청원군,,구한국토지공사는 가해자였습니다.

23.국가경제위기시절 구한국토지공사 오창산업단지 단장과 구청원군의 합의로 토지면적확정시 까지 도세인 취·등록세와 시,군세인 재산세를 유예하였기 청원인은 애사심 에서 사익보다 공익을 위해 소유권이전등기 신청시기를 매수자가 결정할 여지가 있는 3년분할 납부계약이 아닌 일시납 계약을 체결 하였고 소속회사의 장기근속자 퇴직 경영전략에 따라 40대에 명예퇴직하여 5개월약정을 46일만에 이행하였기 청원인 경제적으로 소속회사 및 충청북도 ,구청원군에 재산권을 할애해 준것 입니다.

24.구한국토지공사는 토지면적확정시 블록단위 면적증감을 각필지에 0.7㎡씩 안분 감소시키지 않고 3년5개월 전 매매대금을 사실상 완납한 청 원인 토지는5.1㎡를 감소시켰고 7년후 4.3㎡에 해당하는 청산금을 지급하였기 소유권을 이전하였음에도 소유권이전 등기 경료 2년후,부동산 실명법 시행 16년후, 귀도와 법무부의 추상적 법규범에 의한 유일한 장기미등기자로서 부동산 평가액의 20% 과징금을 구한국토지공사의 역차별 토지면적 확정으로 지방세 공동 좀도둑질까지한 구청원군에 납부하여야하고,

25.같은 블록내 3년분할 납부 계약 체결후 고의로 연체중인 매수자 토지는 3.8㎡를 증가시켜주어 청원인보다 12년 늦게 매매대금을 납부하였음에도 장기미등기자가 아니므로 부동산 실명법제10조제1항의 귀도 진정소급해석은 하나(표시변경 등기가 완료되면 소유권이전등기 신청이 가능하다)만 알고 열여섯(국민, 국가, 매수자,매도자 모두가 피해자가 된다)은 모르는 법률제정목적에 반하는 법률이므로 향후 국민들은 매매대금을 연체할 것이 명백하므로 귀도는 향후 막대한 손실을 감당하 셔야 합니다.

27.구 재정경제원은 법무부 소관 법률인 부동산 등기특별조치법 제2조제1항 제1호를 인용하여 부동산 실명법 제10조제1항제1호로 부동산 등기 특별조치법 제2조 제1항(소유권 이전등기 의무)제11조(과태료)의 적용을 받는자로서 부동산 취득일(서로대가적인 채무를 부담하는 경우에는 반대급부의이행이 사실상 완료된날)로부터 3년이내에 소유권이전등

기를 신청하지않은 등기권리자에게 부동산 평가액의 30%과징금을 부과하겠다고 법무부와 공동으로 1995.3.30.공포하였습니다.

28.법제처의 심의를 거쳐 공포한 시행령 (안)6조에 반대급부의 이행이 사실상 완료된 날은 대금청산일로 한다 라고 되어있었으나 시행령공포 전 법제처가 갑자기 돌변하여 누가법률해석을 하더라도 같을것이라고 직권삭제 하므로서 행정절차법 제5조를 위반한 미필적 고의법률이 1995.7.1.시행되었습 니다.

29.구재정경제원은 시행령(안)제6조는삭제하였지만 법률해설집으로 1995.4.26.잔금청산일이라고 밝혔으므로 법률 시행후 이와 다른 해석을 하는 것은 헌법 제13조 2항에 반하며 25년동안 판례가 없습니다.

30.헌법 재판소의 헌법 불합치결정에 의한 개정법률 공포(안)및 시행령(안)을 구재정경제원 으로부터 이관 받은 법무부는 잔금 청산일로 해석 하면 법리에 대한 논쟁이 없었기(국가기록원 보존자료를 법무부가 공개거부) 2002.3.30.과징금 감경규정만 을 신설 하였습니다 .

31.법무부는2011.8.17. 귀도의 허위공문서에 의한 법령질의해석을 의뢰받고 대금청산일로 볼수 없다고 해석하여 전제조건인 부동산 등기 특별조치법 제2조제1항 해석(법제처 국가법령정보센타에 게시되어 있었음)과 배치되는 자기모순 해석으로 헌법 제1조 및 제11조, 제37조제2항 행정 절차법 제4조를 위반했고 .

32.법무부해석을 귀도로부터 통보받은 구청원군은 부동산실명법 제5조제5항(제10조3항)위반(사실상 소유자라고 재산세 부과시 과징금을 부과하지않아 과징금 증가) 및 헌법불합치결정에 의한 제10조 제2항(과징금 감경)도 판례 를 무시하고 부동산 쌍무계약에 불법개입하여 청원인의 재산권을 이용하여 불법불로소득을 얻고도 불법개입한 자료를 보관하지 않았기 사업시행자에게 확인도 하지않고 법령상 최고의 과징금을 재산권 을 할애 해준 청원인 **에게** 부과하는 **치외법권적 적반하장** 행정처분을 하였읍니다.(구청원군의 전산자료는 실제로 **매매대금을** 납부한 날은 기록에 없고 재산**세유예조건 협의에 의해 일괄로 구한국토**지공사 가 2001.12.26.매매대 **금을 완납한 것으로 통보한 날만기록)**

33.매도자는 **토지면적확정시 부동산 소유권 이전등기 제도를 악용하고도** 구청원군의 **과징금** 부과 **사전 통보에 따라 매도자에 요청한 토지면적**

확정일로부터 청산금 지급일 까지 이자지급도 거절하고 과징금 부과 후 역차별 토지면적확정이 고의성이있는지 여부를 판단할 수 있는 토 면적확정시 매매대금 납부율을 1,282개 필지중 표본으로 79개필지에 대 한 사실조회를 하였으나 법원의 독촉에도 거부하였고 과징금부과 취소 소송에 참여도 거부하였고 소송사실 고지도 묵살하였습니다..

34매도자가 묵비권을 행사하지 않았으면 과징금 부과가 취소되어 피해자 없이 사건이 조기에 해결되었을 것임에도 사실 확인을 거부하자 법원은 용지매매계약서에 면적정산 하기로 약정되어 있으므로 평등권 침해가 아니고 법령질의시 사실과 다르게 질의했다고 하더라도 판결에 영향을 미치지 않는다고 헌법제 1조및 제103조를 위반한 무법천지 판결을 하였습 니다.

35.매도자는 면적정산 관련하여 매도자가 패소한 바가 없다고 하나 이는 면적증감이 재산적 가치 차이일 경우 판결이며 부동산 평가액의 30%까지 부과되는 법률적용시기가 매매대금을 성실하게 납부한자는 역차별 받아 면적정산일 또는 부동산 취득일이 아니기 때문에 공시관리 되지 않는 표시변경 등기완료일이 기산일 이고 매매대금을 연체한 매수자는 역대우를 받아 매수자의 의지에 의하여 확정된 면적에 대한 대금완납일 이라면.국민들은 매매대금을 연체할 것이므로 도저히 회복할 수 없는 손해를 귀도 및 사업시행자가 감당하여야 합니다.

36.청원인은 구청원군,매도자,허위문서로 법령질의한 충청북도를 상대로 손해배상 청구 민사소송을 제기하였으나 행정소송 기판력을 법원이 인정하여 피고 무변론 원고패소 판결을 하였기(변론조서)

37.청원인은 정부조직법을 위반 주권, 재산권,평등권, 신체의자유를 침해하고 과잉금지의 원칙 ,법률 불소급의 원칙,과세 불소급의원칙 ,채층의 법칙,비례의 원칙을 위반하고,행정권 직무유기를 한 법제처 ,법무부,법원 ,법원행정처 부동산등기과를 상대로 국가소송을 하였으나 법원이 기판력을 인정하였기 불복하여 2021.04.09.대법원에 재심을 신청하여 법리 검토가 언제 끝날지 모르는 상황이며

38. 귀도는 청원인의 도지사 직접면담,서류면담 및 구청원군(현청주시)지도 요청,민원,법원을 통한 수십차례 사건해결 요청을 거부하여 귀도

가 사회적약자에대하여 1%의 배려만 있어더라도 모두 피해없이 조기에 종결될 사건이 10년 동안 사건이 진행 되었기 최종결정권이 있는 도지사님에게 마지막으로 호소하는 바 이며 역시 위임 전결로 회신한다면 저는 정신적 육체적 피해로 오장육부 가 망가져 백혈구 감소증으 로 코로나 19 예방접종도 못하는 상태로

39. 저는 목숨이 끊어지기 전에 법조조직 및 충청북도,청주시,한국토지주택공사는 치외법권자 로서 모두 범법자이며 대한민국 행정권자 에게 선의로 적선을 베프는 것은 재산권을 몰수당하는 자살행위라는 것을 유인물로서 국민들 에게 알리고자 하며 청원인의 입증자료는 수백 페이지에 달하고 귀도가 소지하고 있어 생략하오며 향후 귀도의 자폭행위나 다름없는 명예 및 경제적 ,인적손실은 자업자득 이라는 점을 양지하여 주시기 바랍니다. .

2021.11.23. 청원인 김정선 (인)

3627

수신:충청북도 청주시 상당구 상당로 82,(문화동) 충청북도 의회
박문희 의장님 귀중 우편번호(28515)

발신 :
김정선(인)드림

제목:충청북도는 우월적지위를 이용해 전 공기업소속직원의 재산권을 약탈하였읍니다 .

내용:1.귀 도의회 의 무궁한 발전을 기원하오며 저는 구한국토지공사 직원으로서 국가부도위기 시절 회사회생을 위해 손해를 각오한 오창산업단지내 자폭토지 매수자 였습니다.

2.오창산업단지는 충청북도가 지역균형발전을 위해 산업입지 및 개발에관한 법률에 의거 구건설부로부터 지방공업단지 지구지정(1992.5.13.)을 받아 구한국토지공사(이하"공사"라한다)를 사업시자로 지정(1993.12.16.)하였고 1996.8.5. 공사가 충청북도에 실시계획을 신청하였으므로 사업착수 유효기간 (지구정일로부터3년)을 1년 3개월 넘겼기 법률적으로는 원인무효인 토지를 공사,충청북도,구 청원군이 조성한 바 있읍니다.

3.사업착수가 지연된 사유는 충청북도에 설치한 지원반이 무리한 요구로 공사가 도저히 사업을 시행할수 없었고 공사는 오창산업단지 조성 공사로 2004년기준 780억원의 사업손실이 있었습니다.

4.국가부도 위기로 공사는 조성공사비용을 실수요자로부터 조달할수 없었기 소속직원들에게 위력을 이용해 매각할 수밖에 없었고 충청북도는 지방세 세수물건 조기확보를 위해 취득세 세입대행자인 구 청원군으로 하여금 토지면적확정일 까지 유예조건을 제시하였기

5.청원인등 일부 공사직원은 일시납계약을 하였고 대부분은 도상가분할토지 전형계약인 3년분할 납부계약을 하여 소유권 이전시기를 매수자가 결정하려고 5~10% 잔금을 남겨놓았고.1999.3.30. 부동산 등기특별조치법에 미등기전매가 가능하도록 법률개정후 매매계약을 체결한 공사직원도 다수 있었으며 부동산 등기특별조치법 및 부동산 실명법 에서 규정하고있는 반대급부의 이행이 완료된날이 대금청산일이 아니라면.다음과 같은사유로 지방세유예조건을 제시해서는 안되는 사안이었습니다.

6..매수자가 소유권이전을 지체할 목적으로 잔금일부를 연체할 경우나 당초 분양면적보다 면적이 증가할 경우 잔금을 완납할때까지 매도자에게 동시이행항변권이 있어 소유권이전이 불가능하며 청원인은 토지면적확정 3년5개월전 매매대금을 선납하였으나 토지면적 확정시 공사의 전략적 역차별에 의한 역채권자 이었기 공사의 청산금지급 의무와 청원인의 소유권 이전 등기신청은 동시 이행 관계가 있다고 판단하여 자존심 때문에 7년동안 권리 행사를 못한 피해자임에도

7.충청북도의 일시납 계약 호소에 따른 대금납부13년후,청산금 지급에 따른 소유권이전등기 2년후 쌍무계약에 지방세 유예조건으로 불법개입하여 지방세 불법 불로소득을 얻은 충청북도 (감사실 :신승민 ,토지정보과:조혜민,이완구,한흥구)와 구청원군(민원과:윤영재,박의선,김항구) 은 부동산 등기제도를 악용할 의사가 있었다고 부동산 평가액의 20% 장기미등기 과징금을 1,282명 매수자중 가장먼저 매매대금을 납부한 청원인 에게 유일하게 부과 하였다

8.충청북도행정심판위원회는행정심판법제40조를위반,구술심리도 거부하였고 행정청이 관여하지 않은 사건에서도 국세나 지방세를 연체하지 않았으면 과징금을 50%감경한 재결 사례가 있었음에도 행정청이 매수자의 재산권을 이용해 불법불로소득을 얻었기 발생한 사건에 대하여 감경도 하지않았고 10년동안 회의록을 대법원에도 공개하지 않은것은 행정심판 위원회도 사기행위에 가담한 것입니다.

9.과징금 부과 취소 소송 1심 전 효력정지 신청 청구 사건에서 구청원군 윤영재는 법관이 내일까지 충청북도에서 법무부에 질의한 문서를 제출하라는 명령을 거부하였다.

10.구청원군(현청주시)을 상대로한 과징금부과 처분 취소 소송시 공사의 전략적 역차별이었는지 여부를 확인하기 위하여 표본으로 6개 블록 79개 필지에 대해 토지면적확정 당시 매매대금 납부율(%) 사실조회를 신청하였으나 한국토지주택공사(이하“현공사”라한다)는 법원의 독촉에도 불구하고 회신을 거부하였고,소송에의 참여도 거부하였기 법원은 매매계약서에 면적정산하기로 되어있으므로 평등권 침해가 아니라고 원고 패소판결을 하였다 .

11.부동산 취득일 또는대금청산일로 공표한 법률 시행16년후 공시관 리되지않는 표시변경 등기 완료일으로의 연대채무자 의 진정소급해석은 사실상의 소유자라고 재산세 부과시 장기미등기 과징금을 부과하지않았기 구청원군의 부동산 실명법 제5조제5항(제10조제3항)위반이었고 헌법재판소의 헌법불합치 결정에 의한 과징금 감경규정(제10 제2항)도 구청원군이 재량권이라고 적용하지 않았기 현 공사와 허위공문서를 작성한 충청북도를 포함하여 손해배상 청구 민사소송을 제기하였으나

12. 피고들은 모두 변론기일에 변론할 내용이 없다고 진술한 것이 전부였고 충청북도와 청주시는 행정소송 기판력을 인정해 달라는 답변서를 제출하였기 원고(청원인)는 패소 하였읍니다

13.충청북도 및 청주시(구청원군)는 1998년 경제여건상 5년후 소유권이전이 가능할 오창산업단지 단독주택지에 대하여 공사에 토지면적확정시 까지 지방세 유예조건을 제시 청원인등 소속직원들에게 5개월약정 일시납 계약을 권유 한바 있습니다.

14.1,282개 단독주택지의 3분의 1이상을 애사심에서 소속직원들이 매수하거나 알선 하므로서 그회수 자금으로 조성공사를 시행하여 2001.12.26.토지면적을 확정 할 수 있었으므로 청원인등 공사 소속직원들은 오창산업단지 조성에 기여한 공로자입니다.

15.공사는 토지면적확정시 지적법령 및 평등의 원칙에 의하여 블록 단위 면적증감을 각필지에 안분(0.7㎡씩감소)하지 않고 부동산 소유권 이전 등기제도를 역악용 3년5개월전 매매대금을 납부한 청원인 매수토지(확정지번 745-7)는 5.1㎡(356㎡→350.9㎡)는 감소시키고 3년분할 납부계약후 연체중인 매수자 토지(745-[illegible])는 오히려 3.8㎡(352㎡→355.8㎡)를 증가시켜주켜주어 토지면적확정 9년후 등기신청해태에따른 행정 처분없이 2010.10.13. 소유권이전 등기를 경료하도록 역대우하였고

16. 2002.1.8.전략적역차별에 의한 매매대금 완납처리 매수자에게 취득세를 자진납부토록 구비서류를 발송했기 청원인은 2002.1.23. 취득세를납부했고,청산금을 퇴직금지급계좌로 지급할 것을 요청하였으나 서류로 신청하라고 거부했고.재산세를 전가하고도

회계감사 지적에 의하여 2009.3.2.에 이르러서야 청산금을 지급했고 그후 청원인은 소유권이전 등기를 경료 하였다 .

17. 청원인이 1998.6.8. 일시납 계약체결(356㎡:44,956,000원)후 퇴직금으로 1998.7.24.매매대금을 선납(미확정 부동산이었으므로 잔금 104,040원 남김)까지 하였으나 공사와의 협의에 의하여 청원군의 전산상 자료에는 2001.12.26.토지면적을 확정한 날에 매매대금을 완납한 것으로 입력되어 있었기(공사에서 2002.1.8. 매매대금 완납 처리자 일괄 통보)

18. 충청북도의 감사지적(매수자가 매도자에게 지급할 채무가 없고 표시변경등기가 완료되면 소유권이전이 가능하므로 청원인이 장기미등기자이다)에 의하여 청원군은 2011.8.8.공사의 역차별(지적법령 에의하여 0.7㎡씩 감소로 안분했다면 3,015원 채무자→ 5.1㎡감소시켜 557,450원 역채권자로전환:취득세 납부)에의한 완납처리일에 취득세 뿐만아니고 등록세 까지 납부하고,소유권보존 등기형식을 빌린 표시변경 등기신청일(2002.8.7.→ 반려되어 2002.8.22.촉탁재신청)에 지번(745-7) 및지적(350.9㎡)이 확정되었음에도 2009.3.2.청산금을 수령한것으로 다시말하면 지적확정전 등록세도 납부한 것으로 사건개요를 허위로 작성하여 표시변경등기가 완료되면 소유권이전이 가능하므로 장기미등기자라는 의견으로 충청북도에 법령질의를 했고

19.2011.8.17.충청북도는 청원인이 청원군을 경유 제출한 부동산 실명법 장기 미등기조문의 적용의 전제조건인 부동산 등기 특별조치법 제2조제1항에 대한 도상 가분할토지 거래(1993.7.2.사업준공된 안산 신도시)의 법무부해석(표시변경등기완료후 대금청산일)과 5개월 약정 일시납계약서를 삭제하여 표시변경등기가 완료되면 소유권이전이 가능하므로 장기미등기자에 해당된다는 의견으로 법무부에 법령해석을 의뢰하여 청원인의 과징금 부과전 주장과 다르게 청산일로 볼 수 없다는 회신을 받아 청원군에 시달했고

20.표시변경등기완료일은 부동산 취득일이 아니므로 매도자,지방세 징수관리자등도 공시관리 되지않는 연월일(현공사 회신문서에 의하면2002.10.4.경)이어서 청원군이 토지면확정일(2001.12.26.)로 기산

일을 소급해 행정처분(2011.12.29.:과징금 24,071,740원부과)을 한 것은 공시된 규정이아닌 추상적 법규범에 의한 명백한 적반하장 사기행위를 한 것 입니다.

21.부동산 실명법 주관발의자인 구재정경제원(공동 발의자 법무부)이 부동산실명법제10조제1항 제1호로 규정한 반대급부이행이 완료된날은 대금청산일로 한다는 시행령(안)제6조를 법제처에서 누가법률해석을 하더라도 같을 것 이라고 직권삭제하여 미필적 고의법률이 1995.7.1. 시행되었지만

22.구재정경제원이 1995.4.26.법률해설집으로 잔금청산일로 공표하였고, 시행령 공포전 소득세법 시행령 제162조에 의한 부동산 취득일이 기간계산일이라고 국무회의를 통과하였고 전제조건인 부동산등기특별조치법의 반대급부이행일도 청산일이라는 법무부해석이 국가 법령정보센타에 게시되어있었기 현재까지 장기미등기 기산일을 청산 일로 볼수 없다는 판례는 이사건 외에는 없습니다.

23.반대급부이행일을 표시변경 등기완료일 이라고 하더라도 구청원군이 지방세 세수물건 조기확보를 위해 불법개입하여 불로소득을 얻은 연대 역채무자이므로 부동산 등기특별조치법 에 의한 과태료 부과징수규칙 제2조의4(시장,군수등이 등기신청해태에 상당한 사유가 있다고 인정하는 경우에는 의무기간에 산입하지 아니한다)를 적용해 청원인에게 과징금을 부과해서는 안되는 사건이었습니다.

24.부동산 등기신청 해태 여부에 대한 판단을 전문기관 인 등기소의 의견수렴없이 대금청산일로 볼수없다는 해석은 매매대금을 성실히 납부한 매수자 는 소유권이전 등기의무기산일을 매도자가 역차별로 조기 결정하고,매 매대금 연체자 는 매수자가 임의로 결정하는 법률이므로 이사건 관련자들은 중학교 학생 수준도 안되는 지적소유자라고 사료됩니다

25.충청북도 지사 이시종님은 청원인이 2차례 비서에게 보고여부를 확인했고 2차례 직접 방문하여 면담을 요청 하였으나 비서관이 전달 하겠다고 약속하였으므로 이사건 에서 자유로울수 없읍니다.

26.청원인은 국가(법제처,법무부,법원행정처 부동산등기과,법원)을 상대로 149개 증거로 장기미등기 기산일 공개 및 손해배상을 청

구하였으나 소송수행자는 무답변 하였고 소송대리인이 행정소송과 청주시,공사.,충청북도 상대로한 민사소송 기판력을 인정해 달라는 요구를 법원이 받아들여 법리가 실종된 원고 패소판결을 하였기

27.청원인은 2021.4.9.대법원에 재심을 신청한 상태로 재판일을 알수없고 10년간 마음 졸이며 살아왔기에 건강이 나빠져 목숨이 끊어지기전에 공권력을 가진자는 모두 경제적 범죄자(가칭)라는 책자를 발간 하여 국민들 에게 알리고져 합니다.

28.청원인의 십수차례 민원을 간과하고 지방세법,소득세법,취득세,재산세도 모르기 때문에 법률해석을 함에 있어서 하나만 알고 열여섯은 몰라 반 부동산거래질서 ,적반하장 행위가 적법한 판결이므로 재심사유도 안된다 고 충청북도가 10년동안 법원에 답변을 하므로서 결국은 충청북도,청주시,현 공사 ,국가기관, 국민 모두가 피해자가 되는 즉 승자 패자 모두 패배 판결이 되었다고 사료됩니다.

29.이사건은 충청북도가 취득세 유예조건을 제시하지 않았더라면 청원인이 3년분할 납부계약을 체결하였을 것이 명백하여 사건이 발생할수 없었으며 이사건 판결이 충청북도 경영에 악영향을 미칠 사건으로서 충청북도가 불법불로소득 및 허위공문서 작성을 인정하지않아 사법적 구제절차가 종료되었기 때문에 도지사에게 직접 구상권을 청원한것을 민원과 과장 전결로 회신하는 것은 고위공직자의 직무유기행위이며 이들은 임기가 끝나면 그만이지만 근무기간이 많이 남아있는 공무원들의 자폭행위이며 도민들에게 피해가 클 사안이므로 청원인의 구상권 청구에 도지사 나 부지사가 직접 판단하도록 도의회 의장님께서 건의하여 주시기 바랍니다.

2021. 12.16. 청원인 김정선(인)

첨부:1.용지매매계약서

2.역차별받은 청원인 매수토지 토지매각원부(745-7)

3.역대우받은 매수자 토지대장(745-

4.확정 측량 결과에 의한 각필지별 경계점 표지환산오차.

5.취득세 납부 영수증 사본

6.재산세 납부영수증 사본

7..청산금 입금 통장사본.
8.부동산 등기특별조치법 제2조 제1항에관한 질의(2011.8.8.)
9.부동산 실명법 시행령안 관보(1995.4.4.)
10. 기획재정부 회신문서(2016.4.4.)사본
11.청원군 질의공문사본.(→충청북도:2012.8.8.)
12.충청북도 질의공문 사본.(→법무부:2012.8.17.)
13.사실조회 신청서1.(청원인→한국토지주택공사:2012.9.6.)
14.사실조회독촉(대전고등청주→한국토지주택공사2012.12.10.)
15..과징금 입금 확인서.(2014.7.09. ;청주시청원구 24,071,740 원)
16.충청북도 지사 이시종님 친전(2014.3.13. 민혜숙비서확인)
17.충청북도는 국민들의 재산권 및 알권리를 침탈하는곳이고 청주지방법원은 국민들의알권리를 말살하는곳이다.(2018.6.11._)
18 청주지방법원은 충청북도의 사기행위 양성기관이다.(2018.11.29.
19.대법원마저 충청북도 사기행위 방패역할을 할것인가 (2018.12.4.)
20.2021재다 556 사건 재심 이유서(2021.4.21.청원인→대법원)
21.부동산 실명법이 지방세 세입권자인 행정청의 적반하장 사기 법률로 둔갑.
22.귀도는 배은망덕한 적반하장 무법천지 행위로 도저히 회복할 수 없는 손해를감당하시겠습니까(2021.11,23. 내용증명)
23.반복민원으로 종결처리(충청북도→청원인;2021.12.7.)

수신:충청북도 청주시 상당구 상당로 155 (북문로3가) 청주시 의회
최 충 진 의장님 귀중 우편번호(28542)

발신 :
김정선(인)드림

제목:청주시는 우월적지위를 이용해 전 공기업소속직원의 재산권을 약탈하였읍니다 .

내용:1.귀 시의회 의 무궁한 발전을 기원하오며 저는 구한국토지공사 직원으로서 국가부도위기 시절 회사회생을 위해 손해를 각오한 오창산업단지내 자폭토지 매수자 였읍니다.

2.오창산업단지는 충청북도가 지역균형발전을 위해 산업입지 및 개발에관한 법률에 의거 구건설부로부터 지방공업단지 지구지정(1992.5.13.)을 받아 구한국토지공사(이하"공사"라한다)를 사업시자로 지정(1993.12.16.)하였고 1996.8.5. 공사가 구청원군을 경유 충청북도에 실시계획을 신청하였으므로 사업착수 유효기간 (지구정일로부터3년)을 1년 3개월 넘겼기 법률적으로는 원인무효인 토지를 공사,충청북도,구 청원군이 조성한 바 있읍니다.

3.사업착수가 지연된 사유는 충청북도에 설치한 지원반이 무리한 요구로 공사가 도저히 사업을 시행할수 없었고 공사는 오창산업단지 조성 공사로 2004년기준 780억원의 사업손실이 있었습니다.

4.국가부도 위기로 공사는 조성공사비용을 실수요자로부터 조달할수 없었기 소속직원들에게 위력을 이용해 매각할 수밖에 없었고 구 청원군이 토지면적확정일 까지 지방세 유예조건을 제시하였기

5.청원인등 일부 공사직원은 일시납계약을 하였고 대부분은 도상가 분할토지 전형계약인 3년분할 납부계약을 하여 소유권 이전시기를 매수자가 결정하려고 5~10% 잔금을 남겨놓았고.1999.3.30. 부동산 등기특별조치법에 미등기전매가 가능하도록 법률개정후 매매계약을 체결한 공사직원도 다수 있었으며 부동산 등기특별조치법 및 부동산 실명법 에서 규정하고있는 반대급부의 이행이 완료된날이 대금청산일이 아니라면.다음과 같은사유로 지방세유예조건을 제시해서는 안되는 사안이었습니다.

6..매수자가 소유권이전을 지체할 목적으로 잔금일부를 연체할 경

수신:충청북도 청주시 상당구 상당로155(북문로3가)청주시
한범덕 청주시장님 친전 우편번호(28542)

발신:

김정선 (인)드림.

제목:청주시는 사유없이 국가공기업 소속직원의 재산권을 약탈하는 기관 입니다

내용.:1.귀시는 배은망덕한 적반하장,무법천지 행위로 도저히 회복할 수 없는 손해를 감당하시겠습니까? 라는 제목으로 내용증명 구상권(손해배상)을 시장님에게 청구하였으나 문서를 민원과에서 반려하였기 재 발신 합니다

2.부동산 등기신청의 해태여부는 1990.8.1.공포한 부동산 등기특별 조치법에 의하여 등기관이 판단하여야 하며 등기신청 해태 책임이 등기의무자(구 지적법령을 위반한 역채무자) 및 불법개입한 연대채무자(충청북도.구청원군)있음에도 7년동안 권리행사를 못한 역채권자인 등기권리자에 있다는 것은 일반행정 공무원이 등기관의 권리를 침해한 독선적 불법 행위이며 반 부동산거래질서법으로 둔갑 된 것입니다

3.청주시(구청원군)가 국가부도위기시절 오창산업단지내 단독주택지 쌍무계약 에 토지면적 확정시까지 지방세 유예조건을 제시하였기 청원인은 1998.6.8.소속회사인 구한국토지공사와 가지번 272-5,가지적 356 ㎡를 애사심에서 5개월 약정 일시납 계약(44,956,000원)을 하였고 명예퇴직하여 5개월 약정을 46일 만에 이행하여 그회수자금으로 구한국토지공사가 조성공사를 차질없이 시행하였으므로 청주시,충청북도, 구한국토지공사는 사회적 약자인 청원인의 재산권을 이용해 지방세 불로 소득을 얻었읍니다.

4.소속회사의 위력에 의한 매수이었기 도상가분할 토지 표준계약인 3년 분할 매매계약을 체결하여 소유권 이전 등기신청시기를 법령에 의한 제한을 받지않고 매수자가 결정하기 위하여 5~10% 잔금을 남겨놓은 매수자가 많았고 부동산 경기 침체 장기화로 부동산 등기특별조치법에 미등기전매(양도세 탈루)를 허용하는 한시적 조문 (1999.3.30.)을 신설한 후 매수한 자도 많았습니다.

5.구한국토지공사는 2001.12.26.토지면적확정시 부동산소유권이전 등기제도를 역 악용 1998.7.24.매매대금을 납부한 청원인 매수토지는 자존심이 상할 정도인 5.1㎡를 감소(확정지번: 오창읍 양청리 745-7, 확정지적 350.9㎡)시켜 역채권자로 전환시켰고 같은블록내 3년분할 납부계약 체결후 연체중이던 매수자(확정지번 745-2)는 3.8㎡를 증가(352㎡ →355.8㎡)시켜 주어 2010.10.13..과태료나 과징금 없이 소유권을 이전하였으므로 청주시.충청북도.한국토지공사는 청원인의 재산권 을 이용해 지방세 불법 불로소득을 얻었다

6.구한국토지공사는 구청원군과의 협의에 의하여 토지면적확정일을 청원인 및 구청원군에 통보하여 취득세 자진신고 및 수납받도록 했고(2002.1.23.:3년5개월후 가산세없음) 역차별에 의한 청산금을 지급하지도 않았고 지방세법에 의하여 재산세를 사실상의소유자라고 청원인에게 전가했고(50%감면 수시부과→100%수시부과징수)2009.3.2. 청산금(557,450원)을 지급했기 청원인은 2009.10.30. 소유권이전 등기를 경료했습 니다.

7.충청북도(감사관실)와 구청원군은 청원인이 부동산등기 특별조치법 제2조제 1항의적용을 받는자로서 부동산실명법 제10조제1항에 해당된다고 장기미등기 과징금 부과 사전고지를 하고도

8. 2011.8.17. 구청원군과 충청북도(토지정보과)는 허위문서 까지 작성(3년5개월 후인 2001.12.26. 역차별 받아 청원인은 역채권자→취득세뿐만 아니 라 등록세 까지 납부하였고 8개월후 지적확정 및 7년후에 청산금 받음:5개월약정일시납 계약서삭제 :부동산실명법 전제조건인 부동산 등기 특별조치법 제2조제1항 법무부해석 삭제)하여 표시변경등기가 완료되면 소유권이전이 가능하므로 청원인이 장기미등기자에 해당 된다는 의견으로 법무부에 법령질의를 하여 대금청산일로 볼수없다는 헌법 제13조제2항을 위반한 진정소급해석을 받음으로서 매수자들에게 매매대금을 연체하라는 법률이 되었습니다.

9. 부동산의 소유권이전 등기는 매수자의 잔금이 남아있을 경우 소유권이전 등기신청자체가 불가능하며 부동산 등기특별조치법 제2조제1항은 부동산 실명법 공포전인 1993.7.2.준공된 안산신도시 도

상가분할 토지거래의 경우 매도자의 표시변경등기후 매수자의 대금 청산일 이라고 법무부에서 유권해석을 하였고

10. 장기미등기 기산일은 부동산실명법 에는 명시되어 있지 않지 만(법제처에서 누가 법령해석을 같을 것이라고 시행령에 청산일로 한다는 규정을 직권삭제) 법률시행전 인 1995.4.26.잔금청산일로 고지하였고 소득세법 시행령162조에의한 부동산 취득일 이라고 국무회의를통과후(1995.5.19.) 동법 및 동법시행령은 1995.7.1. 시행되었으므로 청주시의 허위문서에 의한 법무부 법률해석은 명백한 국민기만 법률 해석으로서 불필요한 등기행정행위(등기완료일 공시관리)가 수반되어야하고 국민,국가 모두가 피해자가 되는 반 경제적 법률인 것입니다.

11.구청원군은 사유없이 청원인의 재산권을 이용해 지방세 불로소 득,불법불로소득을 얻은 가해자임에도, 헌법재판소의 헌법불합치 결정에의한 신설조문(부동산 실명법 제10조 제2항)도 판례가 있음에도 적용(50%감 경)하지 않았고 과징금이 증가하지 않도록 장기 미등기 라는 사실을 알았을 때(사실상의 소유자라고 재산세부과)에는 지체없이 부과하여야 한다 는제5조제5항(제10조3항)도 적용하지않고 법령상 최고의 과징금 20%인 24,071,740원을 2011.12.29. 부과하였다.

12.충청북도 행정심판 위원회는 행정심판법 제40조를 위반하여 구 술심리를 거부하였고 청원군 윤영재는 효력정지 신청사건 법정에서 판사가 법무부에 법령 질의한 충청북도 문서를 내일까지 법원에 제출하라는 명령을 행정소송 1심 판결시까지 제출하지 않았고

13.2심에서 매도자인 구한국토지주택공사의 역차별 고의성 여부를 판 단할 수 있는 토지면적확정시 각필지(표본으로 79개)매매대금 납 부률 에대한 사실확인을 독촉에도 불구하고 회신을 거부하자 재판 장은 충청북도에서 법무부에 질의한 문서가 사실과 다르더라도 판결에 영향이 없다고 심리미진 무법천지 판결을 하였고 구청원군 은 개인정보보호법을 위반 청원인의 모든재산을 압류등기를 .하였 다

14.청원인은 청주시에 과징금 납부후 청주시,한국토지주택공사,충청북도 상대로 사기성 과징금에 대한 손해배상 청구 민사소송을 하였고 소송수행자 (청주시 정윤) 및 소송대리인 모두 변론할 내용이 없다고 차례로 진술했음에도 충청북도가 변론 종결7일후 판결선고 7일전 소송수행자 변경을 신청하자 판사 나경선 은 180도 달라진 피고 무서증 무 변론 원고패소 판결을하였다

15.청원인은 상기피고를 상대로한 재심 소송 및 국가를 상대로한 소송을 진행하였으나 피고들이 표시변경등기가 완료되면 소유권이전 이 가능하다는 변론과 구청원군을 상대로한 과징금부과 처분 취소 소송판결을 인정해달라는 요구를 법원이 받이들였고

16. 부동산 등기특별조치법 시행30년,부동산 실명법 시행 25년동안 판례 및 해석례가 없는 판결이었기 국가(법제처,법무부 ,법원행정처 부동산 등기과,법원)를 상대로 부동산 실명법 장기미등기 기산일 공개 및 손해배상 청구 대법원 재심을 2021.4.9.신청하였으나 판결이 언제 끝날지 알 수 없어

17.청주시가 구상권 청구에 응하지 않는다면 10년간 마음을 졸이며 살아온 제목숨이 끊어지기전에 충청북도, 청주시 ,한국토지주택공사.국가의 법조조직은 모두 범법자로 구성된 사기조직이라는 것을 유인물로서 알림과 동시에 헌법상 공무원은 봉사자라고 규정하고 있음에도 사회적약자의 재산권을 불법으로 약탈하고 있는 공무원의 퇴직연금을 국가예산으로 충당 해서는 안된다는 사실을 알리는 것이 국민의 한사람으로서 도리라고 생각합니다,

2021.12.7. 김정선(인)

첨부: 1.반송된 내용증명 원본 1부
2.반송문서 사본1부.
3.용지매매계약서 사본 1부
4.청원인매수토지(745-7)매각원부(한국토지주택공사)사본 1부
5.역대우 받은 매수자 토지 (745-^)토지대장(구청원군)
6.청원인 매수토지 등기부 등본 (1998.6.8.매매)
7.확정 측량 결과에의한 각필지별 경계점 표지환산오차.

8.취득세영수증(3년5개월후 납부하였으나 가산세없음)

9.재산세영수증(50%감면 수시부과,100%수시부과 영수증

10.청산금 입금 통장사본(2009.3.2.)

11. 부동산등기 특별조치법 제2조제1항에대한 질의(2011.8.8.출력 구청원군에전달)

12.부동산 실명법 관련 법무부 질의내용 정보공개(충청북도→청원인 2011.8.17. 2012.5.7.)

13. 부동산 실명법 관련 질의에대한 회신(법무부→충청북도)

14 .부동산 압류등기 일부해제알림(구청원군→청원인)

15.기획 재정부 회신문서

수신:충청북도 청주시 상당구 상당로 155(북문로3가) 청주시
한범덕 시장님 친전 우편번호(28542)

발신
김정선 (인) 드림

제목 :귀시는 배은망덕한 적반하장,무법천지 행위로 도저히 회복할 수 없는 손해를 감당 하시겠습니까 ?

내용:1.사장님을 비롯한 귀시 직원들의 노고에 감사드리며 저는 미력하지만 오창산업단지 조성에 기여한 구한국토지공사 직원으로서 귀시 의 무궁한 발전을 기원 드립니다

2.부동산 실권리자 명의등기에 관한 법률 제10조 제1항 제1호로 규정한 반대급부 이행일에 대하여 구재정경제원이 법률시행전인 1995.4.26. 잔금청산일로 해석한것을 적반하장으로16년후인 2011년 청산일로 볼수 없 다는 귀시의 소급 법률해석은 결과적으로 도상 가분할토지 거래특성상 매매대금연체로 귀시 및 사업시행자에게 막대한 수입감소와 행정업무폭증,조성비용증가로 도저히 회복 할수 없는 반 부동산거래질서 유도행위입니다 .

3.국가경제위기시절 구청원군이 지방세 유예조건을 제시하고 청원인등 구 한국토지공사 소속직원들이 도상가분할 토지를 직접매수 하토지조성 자금을 조달하였기 2002년 6월28일 사업준공 할수 있었던 오창산업단지내 단독주택지의 토지면적확정(2001.12.26.)시 구 한국토지공사의 역차별에 따른 소유권이전등기 지연에대하여,

4. 대금납부13년후 구청원군 의 법리오해 와 허위공문서 작성으로 구청원군의 적반하장 장기미 등기 과징금 징수와 관련된 청원인의 5년간 급료에해당하는 손해배상(5천6백만원) 구상권 청구 청원 입니다.

5.충청북도는 첨단 산업을 유치하기 위하여 1992.5.13.건설부로부터 구청원군 오창면 ,옥산면 일원을 지방공업단지로 지구 지정을 받아 ,숙원사업인 오창산업단지 시행자로 구한국토지공사를 1993.12.16. 지정하였고,

6.용지 보상후 구 한국토지공사가 부동산 경기침체로 토지를 필요로 하는 실수요 자가 없었기 소속직원들 에게 우월적 지위를 남용해 비교적 매각이 용이한 단독주택지를 매각하여 조성사업비를 조달할 수밖에 없었고

7.구청원군은 지방세 세수물건을 조기확보하기 위하여 토지면적 확정일까지 지방세 를 유예시켜 주겠다는 조건을 구 한국토지공사에 제시해 청원인등은 구 한국토지공사 직원중 3년분할납부 계약이 아닌 일시납 계약을 한 매수자가 있었으며

8.구 한국토지공사 직원들이 1,282개 단독주택지중 3분의1 이상 매수하거나 매매알선 하였기 충청북도와 구청원군은 지방세 유예 조건으로 지방세 세수물건이 조기 확보되었기 약 18억 8천만원으로 추정되는 불로 소득을 얻었습니다.

9.충청북도와 구청원군이 일시납 계약을 유도하지 않았으면 사업비 조달이 어려워 소유권 이전이 5년후에 가능할지도 모르는 경제여건 이었으므로 청원인 은 3년 분할 납부 계약을 하여 잔금 일부를 남겨놓았다가 토지면적 확정후 소유권이전 등기시기를 스스로 결정할 수 있었으므로 장기미등기 사건이 발생할리는 만무합니다.

10.또한 구한국토지공사가 부동산 등기제도를 역악용하여 토지면적 확정시 매매대금을 사실상 완납한 매수자 토지는 감소시키고 매매대금을 연체중인 매수자토지는 증가시켜주는 역차별(79개필지중 25개필지는 오차로 인정할 수 없는 면적증감)하므로서 10%만 계산하더라도 충청북도와 구청원군은 약3억 8천만원의 불법불로 소득까지 얻었습니다.

11.충청북도는 구한국 토지공사를 사업시행자로 지정하고 사업을 원활히 추진 토록하기 위하여 지원반을 설치하였으나 오히려 합의사항을 수차례 번복하는 등 훼방을 하므로서 지구지정 유효기간을 1년 3개월 넘긴1996.8.5.위법으로 사업에착수하였고 사업준공 보고서에 의하면 회계적 으로 780억원의 사업손실을 초래하였읍니다 .

12.상기와 같이 구청원군은 사업시행 인허가권을 가진 우월적지위를 이용해 100% 정부출자기관 인 구한국토지공사 및 그소속 직원들에게 막대 한 경제적 손실 및 7년 동안 권리 행사를 못하게 하는

2021.11.25

등 정신적 육체적 고통을 주었음에도.

13.구청원군은 배은망덕 하게도 퇴직금으로 매매대금을 사실상 가장 먼저 납부한 청원인에게 13년후, 매도자가 역차별하고도 청산금을 7년후 지급하 였기 소유 권이전 등기를 경료한 2년후 ,등기관의 의견을 수렴하지 않고 법률시행 16년후 법률해석례 및 판례가 없는 진정 소급해석으로 유일하게 부동산 평가액의 20% 장기미등기 과징금 24,071,740원을 부과하는 배은망덕한 적반하장행정처분을 하였 고

14,청원군과 충청북도는 청원인이 3년5개월전 매매대금을 사실상 완납하였고 구한국토지공사가 부동산등기제도를 역악용한 토지면적 확정으로 토지면적 확정일 현재(2001.12.26.) 역채권자가 되었고 2002.1.23.지방세유예 조건에의하여 취득세를 납부하였고 7년후인 2009.3.2.구한국토지공사가 역채무를 이행하였음에도.

15.구청원군은 충청북도의 감사처분에 의하여 충청북도와 구청원군이 지방세 유예조건을 제시하였 다는 사실을 몰랐고 전산상 으로는 토지면적 확정일(2001.12.26.)만 표시되어 있으므로 토지면적 확정일에 취득세 뿐만아니고 등록세까지 납부한 것으로 추정하고,구한국토지공사가 표시변경 등기를 1차로선청(2002.8.7.)한날 에 토지면적이 확정 된것으로 사건 개요를 사실과 다르게2011.8.8. 작성하였고.

16. 충청북도 토지정보과도 또한 부동산 쌍무계약 당사자에게 부동산 거래일을 확인도 하지 않고 구청원군의 잘못된 사건개요를 그대로 인용하고. 부동산 실명법 제10조제1항은 부동산 등기특별 조법 제2조제1항의 적용을 받는자 라는 조건이 있으므로 청원인을 장기 미등기자라고 감사지적을 하였음에도 청원인이 구청원군을 통하여 제출(2011.8.8.)한 부동산 등기 특별 조치법 제2조 제1항에 대한 법무부 법률해석 (1993.7.2.사업준공된 안산신도시 가분할 토지거래 의 경우 표시변경 등기후 대금청산일)및 5개월 약정일시납 용지매매계약서를 삭제하여2011.8.17. 법무부에 부동산 실명법 제10조제1항 에 대한 법률해석을 의뢰한 것은 명백한 허위 공문서 작성입니다.

17.충청북도행정 심판 위원회는 청원인이 신청한 구술심리도 행정심판법 제40조를 위반하여 거절하고도 회의록을 대법원에 까지 10년간 개인 정보보호를 위하여 공개 할수 없다고 회신하였고 충청북도와 구청원군은 청원인의 요구에 의하여 법원이 법무부에 질의한 문서를 제출하라는 명령을 거부하여 재판을 받았으므로 명백한 사기행위를 한 것입니다

18.충청북도와 구청원군(현청주시)는 헌법과 법률을 준수하지 않아도 되는 치외법권자 인가요?

19.시장님도 잘 아시는 바와 같이 1975년 토지금고를 설립 공영개발을 시작한 후 부동산의 소유권이전 등기는 매수자가 고의로 잔금 일부를 연체할 경우 사업시행자(매도자)가 소유권 이전 등기에 필요한 서류를 발급해주지 아니하므로(동시이행 항변권) 소유권 이등기 신청관련 행정청이 행정의무 해태에 따른 과태료 또는 과징금을 부과하는 규정을 45년간 제정할 수 없었습니다..

20.따라서 한국토지공사 에서는 토지면적 확정을 위한 지적측량 경표지 설치시 실수로 당초 분양면적보다 증가할 경우 증가한 면적에 대한 대금납부 지체로 인한 소유권이전이 지연 될수 있으므로 구한국토지공사가 역악용하여 매매대금을 사실상 완납한 매수자토지는 역차별로 면적을 감소 시키고 고의로 연체한 매수자 토지는 역대우로 면적을 증가시켜 주어 악의의 매수자 에게는 소유권이전등 신청시기를 법령(부동산등기 특별조치법 및 부동산실명법) 에한 제한을 받지 않고 매수자가 결정하도록 하는 행정편의적 우월적 지위를 남용해 왔습니다.

21. 이사건 토지등 의 경우 소속직원들이 사적자치의 원칙에 의하여 매수계약을 체결한 것이 아니고 소속회사의 우월적 지위에 의한 매수계약 이었으므로 3년 분할 납부 계약후 5~10% 잔금을 남겨놓은 악의의 매수자가 많았으므로. 구한국토지공사에서는 2001.12.26. 토지면적 확정시 블록단위 면적증감을 각필지에 안분하지 않고 전직 직원인 청원인 매수 토지를 오차로 도저히 인정할수 없는 면적을 감소(5.1㎡)시키는 부동산 소유권이전등기제도를 역 악용하고도 청산금을 언제든지 지급할 수 있는 여건이었음에도 7 년후 퇴직금 계좌

로 입금하였으므로 충청북도,구청원군,,구한국토지공사는 가해자였습니다.

23.국가경제위기시절 구한국토지공사 오창산업단지 단장과 구청원군의 합의로 토지면적확정시 까지 도세인 취·등록세와 시,군세인 재산세를 유예하였기 청원인은 애사심 에서 사익보다 공익을 위해 소유권이전등기 신청시기를 매수자가 결정할 여지가 있는 3년분할 납부계약이 아닌 일시납 계약을 체결 하였고 소속회사의 장기근속자 퇴직 경영전략에 따라 40대에 명예퇴직하여 5개월약정을 46일만에 이행하였기 청원인은 경제적으로 소속회사 및 충청북도 ,구청원군에 재산권을 할애해 준것 입니다.

24.구한국토지공사는 토지면적확정시 블록단위 면적증감을 각필지에 0.7㎡씩 안분 감소시키지 않고 3년5개월 전 매매대금을 사실상 완납한 청 원인 토지는5.1㎡를 감소시켰고 7년후 4.3㎡에 해당하는 청산금을 지급하였기 소유권을 이전하였음에도 소유권이전 등기 경료 2년후,부동산 실명법 시행 16년후, 귀시와 충청북도, 법무부의 추상적 법규범에 의한 유일한 장기미등기자로서 부동산 평가액의 20% 과징금을 구한국토지공사의 역차별 토지면적 확정으로 지방세 공동 좀도둑질 까지한 구청원군에 납부하여야하고,

25.같은 블록내 3년분할 납부 계약 체결후 고의로 연체중인 매수자 토지는 3.8㎡를 증가시켜주어 청원인보다 12년 늦게 매매대금을 납부였음에도 장기미등기자가 아니므로 부동산 실명법제10조제1항의 귀시 진정소급해석은 하나(표시변경 등기가 완료되면 소유권이전등기 신청이 가능하다)만 알고 열여섯(국민, 국가, 매수자,매도자 모두가 피해자 가 된다)은 모르는 법률제정목적에 반하는 법률이므로 향후 국민들은 매매대금을 연체할 것이 명백하므로 귀시는 향후 막대한 손실을 감당 하 셔야 합니다.

27.구 재정경제원은 법무부 소관 법률인 부동산 등기특별조치법 제2조제1항 제1호를 인용하여 부동산 실명법 제10조제1항제1호로 부동산 등기 특별조치법 제2조 제1항(소유권 이전등기 의무)제11조(과태료)의 적용을 받는자로서 부동산 취득일(서로대가적인 **채무를 부담하는 경우에**는 반대급부의이행이 사실상 완료된날)로부터 **3년이내에 소유권이전등**

기를 신청하지않은 등기권리자에게 부동산 평가액의 30%과징금을 부과하겠다고 법무부와 공동으로 1995.3.30.공포하였습니다.

28.법제처의 심의를 거쳐 공포한 시행령 (안)6조에 반대급부의 이행이 사실상 완료된 날은 대금청산일로 한다 라고 되어있었으나 시행령공포 전 법제처가 갑자기 돌변하여 누가법률해석을 하더라도 같을것이라고 직권삭제 하므로서 행정절차법 제5조를 위반한 미필적 고의법률이 1995.7.1.시행되었습 니다.

29.구재정경제원은 시행령(안)제6조는삭제하였지만 법률해설집으로 1995.4.26.잔금청산일이라고 밝혔으므로 법률 시행후 이와 다른 해석을 하는 것은 헌법 제13조 2항에 반하며 25년동안 판례가 없습니다.

30.헌법 재판소의 헌법 불합치결정에 의한 개정법률 공포(안)및 시행령 (안)을 구재정경제원 으로부터 이관 받은 법무부는 잔금 청산일로 해석 하면 법리에 대한 논쟁이 없었기(국가기록원 보존자료를 법무부가 공개거부) 2002.3.30.과징금 감경규정만 을 신설 하였습니다 .

31.법무부는2011.8.17. 충청북도의 허위공문서에 의한 법령질의해석을 의뢰 받고 대금청산일로 볼수 없다고 해석하여 전제조건인 부동산 등기특별조치법 제2조제1항 해석(법제처 국가법령정보센타에 게시되어 있었음)과 배치되는 자기모순 해석으로 헌법 제1조 및 제11조, 제37조 제2항, 행정 절차법 제4조를 위반했고 .

32.법무부해석을 충청북도 로부터 통보받은 구청원군은 부동산실명법 제5조제5항(제10조3항)위반(사실상 소유자라고 재산세 부과시 과징금을 부과 하지않아 과징금 증가) 및 헌법불합치결정에 의한 제10조 제2항(과징금 감경)도 판례 를 무시하고 부동산 쌍무계약에 불법개입하여 청원인의 재산권을 이용하여 불법불로소득을 얻고도 불법개입한 자료를 보관하지 않았기 사업시행자에게 확인도 하지않고 법령상 최고의 과징금 을 재산권 을 할애 해준 청원인 에게 부과하는 치외법권적 적반하장 행정처분을 하였읍니다.(구청원군의 전산자료는 실제로 매매대금을 납부한 날은 기록에 없고 재산세유예조건 협의에 의해 일괄로 구한국토지공사 가 2001.12.26.매매대 금을 완납한 것으로 통보한 날만 기록)

33.매도자는 토지면적확정시 부동산 소유권 이전등기 제도를 악용하고도

구청원군의 과징금 부과 사전 통보에 따라 매도자에 요청한 토지면적 확정일로부터 청산금 지급일 까지 이자지급도 거절하고 과징금 부과 후 역차별 토지면적 확정이 고의성이있는지 여부를 판단할 수 있는 토 면적확정시 매매대금 납부율을 1,282개 필지중 표본으로 79개필지에 대한 사실조회를 하였으나 법원의 독촉에도 거부하였고 과징금부과 취소 소송에 참여도 거부하였고 소송사실 고지도 묵살하였습니다..

34매도자가 묵비권을 행사하지 않았으면 과징금 부과가 취소되어 피해자 없이 사건이 조기에 해결되었을 것임에도 사실 확인을 거부하자 법원은 용지매매계약서에 면적정산 하기로 약정되어 있으므로 평등권 침해가 아니고 법령질의시 사실과 다르게 질의했다고 하더라도 판결에 영향을 미치지 않는다고 헌법제 1조및 제103조를 위반한 무법천지 판결을 하였습니다.

35.매도자는 면적정산 관련하여 매도자가 패소한 바가 없다고 하나 이는 면적증감이 재산적 가치 차이일 경우 판결이며 부동산 평가액의 30%까지 부과되는 법률적용시기가 매매대금을 성실하게 납부한자는 역차별 받아 면적정산일 또는 부동산 취득일이 아니기 때문에 공시관리 되지 않는 표시변경 등기완료일이 기산일 이고 매매대금을 연체한 매수자는 역대우를 받아 매수자의 의지에 의하여 확정된 면적에 대한 대금완납일 이라면.국민들은 매매대금을 연체할 것이므로 도저히 회복할 수 없는 손해를 귀시 및 사업시행자가 감당하여야 합니다.

36.청원인은 구청원군,매도자,허위문서로 법령질의한 충청북도를 상대로 손해배상 청구 민사소송을 제기하였으나 행정소송 기판력을 법원이 인정하여 피고 무변론 원고패소 판결을 하였기(변론조서)

37.청원인은 정부조직법을 위반 주권, 재산권,평등권, 신체의자유를 침해하고 과잉금지의 원칙 ,법률 불소급의 원칙,과세 불소급의원칙 ,채층의 법칙,비례의 원칙을 위반하고,행정권 직무유기를 한 법제처 ,법무부,법원 ,법원행정처 부동산등기과를 상대로 국가소송을 하였으나 법원이 기판력을 인정하였기 불복하여 2021.04.09.대법원에 재심을 신청하여 법리 검토가 언제 끝날지 모르는 상황이며

38. 귀시는민원,법원을 통한 사건해결을 위한 수십차례 청원을 거부하여

귀시가 사회적약자에대하여 1%의 배려만 있어더라도 모두 피해없이 조기에 종결될 사건이 10년 동안 사건이 진행 되었기 최종결정권이 있는 시장님에게 마지막으로 호소하는 바 이며 역시 위임 전결로 회신한다면 저는 정신적 육체적 피해로 오장육부 가 망가져 백혈구 감소증 으로 코로나 19 예방접종도 못하는 상태로

39. 저는 목숨이 끊어지기 전에 법조조직 및 충청북도,청주시,한국토지주택공사는 치외법권자 로서 모두 범법자이며 대한민국 행정권자 에게 선의로 적선을 베프는 것은 재산권을 몰수당하는 자살행위라는 것을 유인물로서 국민들 에게 알리고자 하며 청원인의 입증자료는 수백 페이지에 달하고 귀시가 소지하고 있어 생략하오며 향후 귀시의 자폭행위나 다름없는 명예 및 경제적 ,인적손실은 자업자득 이라는 점을 양지하여 주시기 바랍니다. .

2021.11.23. 청원인 김정선 (인)